CW01652015

# Le Coran

Traduit et annoté par
A. Penot

Alif
Éditions

# INTRODUCTION

## SOMMAIRE

## DE L'INTRODUCTION

# INTRODUCTION

## Pourquoi une nouvelle traduction ?

Texte fondamental à l'usage de plus d'un milliard d'hommes, le Coran se présente comme l'ultime texte sacré révélé au Prophète Muhammad, lui-même Sceau des prophètes et descendant par la chair d'Abraham, le « père du monothéisme ». Pour un occidental, habitué à une présentation spécifiquement chrétienne du sacré, ce texte a de quoi dérouter. « Mélangeant » différentes perspectives, il peut faire succéder à des considérations purement spirituelles des sentences à caractère juridique, des anecdotes relatives à un passé plus ou moins lointain, des considérations strictement morales, des formules exprimant une sagesse et il faut avouer qu'il y a là de quoi laisser perplexe le lecteur le mieux intentionné.

Mais ce « désordre » n'est qu'apparent et les musulmans le sentent bien, qui tentent régulièrement de découvrir la ou les clefs qui leur permettront d'étudier le Coran après voir redécouvert le plan d'ensemble ayant servi à la construction de l'édifice ; qui en se basant sur la numérologie, qui sur la valeur numérique des lettres arabes, qui sur la cosmologie, autant d'explications qui ont leur valeur sans doute mais qui ne peuvent assurément lever le voile que sur une infime partie du mystère, d'autant que le Coran affirme bien haut son inviolabilité : *« Si la mer servait d'encre en vue d'écrire les paroles de mon Seigneur, elle se serait tarie sans que les paroles de mon Seigneur aient été épuisées quand bien même Nous l'aurions doublée d'une autre mer en guise d'encre »* (Cor. 18, 109).

Alors, si l'on admet que le Coran est insondable et a fortiori intraduisible, pourquoi en avoir entrepris une énième traduction ?

Nous répondrons tout d'abord que c'est précisément sa complexité qui justifie cette multitude d'approches que l'on peut en conséquence considérer comme toutes fondées. Si nous prenons la traduction de tel éminent historien à titre d'exemple, elle entend restituer la littéralité du texte d'une manière systématique, ce qui la rend souvent dissonante pour une oreille francophone. Cela étant, même si nous nous refusons à adopter une telle méthode, nous admettons bien volontiers que ce parti pris a été l'occasion d'une traduction qui n'est pas sans mérites. Et l'on pourrait en dire autant de la plupart des traductions dont la perspective a souvent été leur force et leur faiblesse à la fois. Pour ne pas déroger à la règle, nous nous sommes fixé un objectif limité, sans être assuré pour autant de l'avoir atteint : il nous a semblé, quant à nous, qu'il n'existait aucune traduction qui s'adresse à un public peu au fait des bases les plus élémentaires de l'Islam. Rendre le Coran « accessible » à tous sans jamais le trahir, tel a été notre but, mais, quels que soient les mérites de cet essai, nous ne serons pas assez insensé pour prétendre avoir mis au jour « la » traduction. Si, simplement, nous entendions dire que la lecture du Coran paraissait plus abordable à certains dans la présentation que nous en avons faite, nous aurions amplement atteint notre but. Que l'on ne s'attende donc pas à des commentaires qui fassent appel à une exégèse subtile. Nous n'avons délibérément retenu que ceux des commentaires traditionnels qui visaient à éclairer le sens le plus immédiat.

Pour un musulman, le Coran est la Parole de Dieu et, comme tel, il ne saurait faire l'objet de la moindre contestation. Cela ne veut pas dire que tous ses versets soient parfaitement clairs, et nombreux sont ceux pour lesquels les savants de l'Islam, les *'ulamas*, ont admis une multiplicité d'interprétation toutes légitimes pour peu qu'elles soient faites dans les règles de l'art. Mais il n'est pas question pour autant de remises en cause radicales qui se justifieraient par l'évolution de la société ou par l'intervention « musclée » d'une critique historique bien décidée au fond à en découdre avec toutes les religions. Que le Coran ait un caractère historique, cela ne fait aucun doute : nombre de versets ont été révélés à l'occasion d'événements précis, mais cette historicité ne doit jamais nous faire perdre de vue le caractère symbolique de la révélation qui en fait tout le prix. À titre d'exemple, si la sourate quarante-huit, dite « la Victoire » (*al-fath*), est bien une description de la prise de La Mecque qui consacra la suprématie du Prophète sur les tribus polythéistes de la péninsule arabique, d'aucuns n'ont pas manqué d'y voir une description du combat spirituel dont l'aboutissement est l'illumination finale (*fath*) symbolisée par cette prise de La Mecque. Selon Sayyidnâ 'Alî, il n'est aucun verset du Coran qui ne revête une ou plusieurs significations ésotériques ; aussi faut-il se garder de croire qu'une analyse « historique », si fine soit-elle, suffirait à percer ce mystère que nous avons évoqué au début de notre introduction. Il est même certains orientalistes pour lesquels il suffirait d'aligner un bataillon de spécialistes (sociologues, psychologues, linguistes, anthropologues, etc.) pour parvenir à nous en livrer une traduction exemplaire. Inutile de dire que nous l'attendons avec impatience tout en craignant que le défi lancé par le Coran à ceux qui seraient tentés de l'imiter ne vaille dans une moindre mesure pour ceux qui sont tentés de le traduire : « *Dis : Si les djinns et les hommes unissaient* [leurs efforts][1] *en vue de produire un Coran semblable à celui-ci, ils échoueraient* [dans leur tentative] *même s'ils se soutenaient mutuellement.* » (Cor. 17, 88).

Cependant, pour être tout à fait honnête, précisons que les musulmans eux-mêmes ont eu recours à des fins d'exégèse à des équipes de « spécialistes » qui ont élaboré différentes catégories de commentaires : c'est ainsi qu'ont vu le jour des commentaires à coloration juridique (*tafsîr fiqhî*), des commentaires linguistiques (*tafsîr*

1 Litt. : s'unissaient…

*lughawî*), des commentaires spirituels (*tafsîr sûfî*), des commentaires reposant sur les traditions (*tafsîr bi l-ma'thûr*), pour ne citer que les plus représentatifs.

Mais la perspective traditionnelle de ces commentateurs exclut que leurs explications puissent recouvrir celles de nos modernes orientalistes si ce n'est incidemment.

## Classification du Coran

En dépit, ou plutôt à cause du caractère touffu que l'on reconnaît volontiers au Livre, les auteurs musulmans ont tenté d'établir une classification des versets selon divers critères pour se donner un instrument destiné à faciliter son exégèse : versets médinois (révélés à Médine), versets mecquois (révélés à La Mecque), versets à caractère juridique (*âyât al-'ahkâm*), versets fondant la doctrine musulmane (*âyât al-'aqâ'id*), versets clairs ou bien établis (*al-muhkamât*), versets ambigus (*al-mutashabihât*), versets abrogeants et abrogés (*al-nâsikh wa al-mansûkh*), versets narrant l'histoire des communautés antérieures (*al-qisas*), etc.

Certaines catégories se recoupent parfois ; c'est ainsi que l'on considère généralement que la plupart des versets à caractère juridique sont médinois, tandis que ceux qui contiennent les fondements de la foi sont, le plus souvent, d'origine mecquoise. Mais, là encore, il faut se garder de toute tentative de systématisation outrancière même si ce genre de grille facilite les recherches de l'exégète ou plus simplement du lecteur.

Dans un ouvrage récent, un auteur contemporain a même démontré que le Coran pouvait être lu selon un canevas[2] qui en faisait une véritable « carte » de l'itinéraire devant être parcouru par les « connaissants ». Encore une fois, toutes ces explications ne font que démontrer, si besoin était, la richesse du texte sans l'épuiser pour autant.

Toujours est-il que parmi les grands découpages que nous venons d'évoquer, il en est un qui doit plus particulièrement retenir notre attention : celui qui distingue la Loi d'avec la doctrine ou encore la Loi d'avec la Voie.

Pour les juristes qui vont s'employer à réglementer le quotidien de la communauté (la *umma*) comme pour les spirituels et les théologiens, le Coran constitue la référence essentielle et la source de toute réflexion salutaire, d'autant que le texte lui-même affirme sans ambages : *Nous n'avons rien omis* (ou : *négligé*) *dans le Livre*; et c'est la raison pour laquelle les *fuqahâ'* s'efforceront de trouver la réponse aux questions d'ordre pratique dans le Coran avant d'envisager toute autre solution.

## Les Fondements de la Loi

On rapporte qu'un membre du consulat britannique désireux de mettre le

2 « Un Océan sans rivages », Michel Chodkiewicz, le Seuil, 1997.

sultan 'Abd al-Hamîd en défaut l'interrogea précisément sur le verset précité. Est-il vrai, lui demanda-t-il, que Dieu affirme n'avoir rien omis dans votre Livre révélé ?

— C'est exact, répondit le sultan.

— Y a-t-Il enseigné la manière de faire le pain ?

— Bien entendu, lui répondit le sultan sans se démonter. Là-dessus, il fit venir une équipe de boulangers qui firent du pain sous les yeux de l'Anglais.

— Ce n'est pas ce que je vous demandais, triompha alors ce dernier.

— Mais si, reprit paisiblement le sultan. Il est enseigné dans le Coran : *Demandez aux gens de science, si vous êtes dans l'ignorance*. C'est ce que j'ai fait...

Cette anecdote, pour peu qu'elle soit exacte, illustre de façon magistrale la façon dont les musulmans considèrent le Coran comme une tautologie. Principe et fondement de toute connaissance, le Coran contient de *manière implicite* toutes les connaissances possibles. Cela ne signifie nullement qu'il aborde toutes choses dans le détail, mais simplement que toute connaissance légitime doit trouver en lui sa justification.

À côté de cela le Prophète affirme : « On m'a révélé le Coran, et avec lui, son semblable », paroles qui, de l'avis unanime des juristes, contiennent une claire allusion à la Tradition prophétique (*sunna*). Ces sentences prophétiques constituent, avec le Coran, le consensus des *'ulamas* et l'effort d'interprétation (*ijtihâd*), les sources fondamentales du droit islamique.

Si l'on exclut le shiisme qui, du fait de ses particularités, ne se réclame pas exactement des mêmes sources, l'Islam (sunnite) a fonctionné *grosso modo* à travers ses quatre écoles sur la base de ces principes pendant quatorze siècles. Si ces écoles sont aujourd'hui les seules représentatives du courant majoritaire de l'Islam, c'est tout simplement parce qu'elles sont les seules à avoir (providentiellement) survécu, de nombreuses autres ayant disparu sous la pression des événements.

Cela étant, ces écoles ont été récemment battues en brèche par la naissance de ce que l'on a du mal à appeler un courant de pensée, tant la pensée semble absente du wahhabisme et de ses dérivés. Nous ne pensons pas que ce soit ici le lieu d'aborder un tel sujet, mais ce qu'il nous semble indispensable de souligner, c'est que le Coran, qui fut longtemps considéré comme un texte difficile et dont l'interprétation ne pouvait être abandonnée à n'importe qui, est désormais traité comme un texte « banal » par les partisans du « simplisme » wahhabite. Un *credo* on ne peut plus simple, un moralisme intransigeant mais de façade qui dissimule parfois mal les écarts de ses sectateurs, un littéralisme étroit doublé d'une tendance très nette à la vulgarisation, telles sont les principales tendances de ce mouvement religieux que nous étudierons en son temps.

Or, il n'est pas inutile de rappeler, en ces temps de « libre examen » version islamique, que la notion d'*idhn*, ou « permission d'enseigner », a toujours été un aspect majeur de la transmission du savoir en Islam. Que doit-on penser de ces légions d'universitaires d'origine musulmane qui, forts d'un diplôme acquis parfois laborieusement en droit, économie ou sciences sociales, se sentent investis de la mission de réexpliquer les textes à leurs malheureux compatriotes qui n'ont pas bénéficié de leur « *cursus* universitaire »[3] ? Et c'est précisément chez ces « lettrés » que le wahhabisme fait le plus de ravages ! La vérité est que celui-ci est une idéologie strictement antitraditionnelle qui contient en germe la destruction de l'Islam classique, pour peu qu'elle continue de se développer avec le soutien des pétrodollars.

Nous nous bornerons à ces brèves considérations à titre de mise en garde : le Coran n'est pas un gros « bréviaire » de platitudes moralisantes à l'usage des simplistes. C'est un texte ardu dont le sens littéral n'exclut pas une multitude de significations plus complexes ainsi que nous l'avons déjà signalé. Aussi, convient-il de l'aborder sans précipitation avec la conviction énoncée par le Prophète lui-même : « La meilleure des générations est la mienne, suivie par la génération postérieure, puis par la génération postérieure », sans s'imaginer que les derniers venus vont subitement apporter des lumières qui auraient totalement fait défaut à leurs prédécesseurs.

## Le style coranique

Il n'est pas question pour nous d'étudier le « style coranique » comme s'il s'agissait d'une « œuvre littéraire » quelconque dont on chercherait à analyser les procédés stylistiques, même si le Coran a souvent servi de modèle aux écrivains en quête d'inspiration. Ce qu'il faut retenir selon nous c'est avant tout deux choses :

— Jamais les Arabes, qu'ils soient favorables ou hostiles à l'Islam, n'avaient été séduits par un texte comme ils le furent par le Coran ; or, ils étaient, à l'époque du Prophète, au sommet de leur art littéraire.

— D'autre part, il convient de signaler ce que ce texte peut avoir de déroutant pour le lecteur dans la façon dont il nous délivre son message. Tout d'abord pour ce qui est de la séduction, pour ne pas dire la fascination, qu'exerça le Coran sur les Arabes des premiers siècles nous rapporterons trois anecdotes.

La première se déroule entre un bédouin et le Prophète lui-même. Le bédouin s'approche du Prophète et lui déclare tout de go : « Ô Muhammad, il est deux mots employés dans le Coran qui ne font pas partie de notre langue arabe.

— Quels sont-ils ? lui demande le Prophète.

3 À titre d'anecdote, un universitaire marocain nous a même affirmé que, dans son pays, les diplômés fraîchement investis de leur nouveau bagage n'adressaient la parole qu'aux diplômés de même catégorie. C'est ainsi que les docteurs ne s'adressent qu'aux docteurs, les licenciés aux licenciés, etc. Bien entendu, il ne peut s'agir que d'une catégorie minoritaire, mais outre la stupidité que révèle une telle attitude, il faut savoir que ce sont généralement ceux-là qui sont le plus volontiers disposés à réinterpréter les textes.

— *Kubbâr* (qui signifie « très grand ») et *'ujjâb* (« très étonnant »), répond le bédouin.

— Lève-toi, lui ordonne alors le Prophète. L'autre s'exécute. Assieds-toi, lui intime à nouveau le Prophète. Le bédouin s'exécute. Lève-toi ! Le bédouin se lève. Assieds-toi ! Excédé, le bédouin s'écrie : Tu te moques de moi, ô Muhammad, alors que je suis l'un des notables (*min kubbâr qawmî*) de ma tribu ? Voici une chose bien étonnante (*'ujjâb*) ! employant ainsi, sans même s'en rendre compte, les deux mots dont il reprochait au Coran de faire usage.

Un autre épisode connu de la vie du Prophète fait état d'une rencontre entre l'Envoyé de Dieu et al-Walîd b. al-Mughîra : envoyé comme délégué auprès du Prophète afin de lui faire un certain nombre de propositions alléchantes dans le but de le faire renoncer à sa mission, celui-ci reçoit pour toute réponse le début de la sourate « *Fussilat* » que lui récite L'Envoyé de Dieu :

**« *Au Nom de Dieu, le Tout Miséricordieux, le Très Miséricordieux***
1 *Hâ, Mîm.*
2 *Cette révélation provient du Très Miséricordieux, du Tout Miséricordieux.*
3 *C'est un Livre dont les versets ont été détaillés en un Coran arabe à l'intention d'un peuple* [enclin] *au savoir* (litt. : *d'un peuple qui sait*),
4 *en guise de bonne nouvelle et de mise en garde mais la plupart d'entre eux se sont détournés en sorte qu'ils n'entendent rien.*
5 *Nos cœurs, disent-ils, sont voilés à l'égard de ce à quoi tu nous convies, nos oreilles sont frappées de surdité et un voile nous sépare ; œuvre donc* [de ton côté] *et nous agirons du nôtre !*
6 *Dis leur : Je ne suis qu'un mortel comme vous auquel il est inspiré que votre divinité est une Divinité Unique ! Témoignez de votre droiture envers Elle et demandez-Lui pardon ; et malheur aux polythéistes,*
7 *ceux qui n'acquittent pas l'aumône légale et nient* [l'existence] *de l'Ultime Demeure !*
8 *Certes ceux qui ont cru et pratiqué les bonnes œuvres auront une récompense ininterrompue.*
9 *Dis leur : Reniez-vous donc Celui qui a créé la terre en deux jours pour Lui attribuer des pairs, Lui qui est le Seigneur des mondes ?*
10 *Il a ancré les montagnes à sa surface, Il l'a bénie et a déterminé ses richesses en quatre jours exactement,* [voilà en réponse] *aux curieux.*
11 *Puis Il S'est établi au ciel alors que celui-ci était de la fumée et lui a dit ainsi qu'à la terre : Venez à Moi bon gré mal gré. Nous venons* [à Toi] *de notre plein gré, répondirent-ils.*
12 *Il façonna sept Cieux en deux jours et inspira à chacun d'eux Son Commandement*

*et Il orna le ciel de ce monde de luminaires [destinés aussi] à le protéger. C'est ainsi que tout fut déterminé par le Puissant, le Très Savant.*
13 *Et s'ils se détournent dis leur : Je vous mets en garde contre des foudres semblables à celles qui ont frappé 'Âd et Thamûd,*
14 *lorsque leurs envoyés vinrent à eux de toutes parts pour les inciter à n'adorer que Dieu. Si Dieu l'avait voulu, dirent-ils, Il aurait fait descendre Ses anges et nous nions le message avec lequel vous avez été envoyés. »*

Subjugué, al-Walîd revint auprès des Qurayshites qui le pressèrent de questions. « Par Dieu, leur répondit-il, je n'ai jamais entendu de telles paroles. Cessez de lui faire du tort, car je crains que sa prédication n'ait de l'avenir. S'il est anéanti par les tribus arabes, vous n'aurez pas versé le sang d'un proche et Dieu vous aura débarrassés de lui. Et s'il triomphe, sa victoire sera la vôtre. » Cependant devant l'insistance des Qurayshites qui, voulant à tout prix mettre un terme aux progrès de l'Islam, lui demandaient quels arguments avancer pour dénigrer le Prophète, ce dernier eut cette réflexion : « Par Dieu, il ne s'agit pas là de divination ; nous connaissons les devins et leurs divagations. Il n'est pas davantage fou ! Nous connaissons bien les effets de la folie : étouffements, tremblements, bégaiements et délires. Il ne s'agit pas non plus d'un poète ; nous connaissons tout de la poésie, sa métrique, ses rimes, sa versification. Il n'est pas non plus de ces magiciens qui soufflent dans des nœuds afin de paralyser les individus.

Par Dieu, ses propos ont une incontestable beauté et l'on pourrait en comparer le texte fondamental à un palmier dont les ramifications sont les dattes. Quoi que vous disiez à son sujet, on saura que cela est faux. Aussi, ce que vous direz de moins invraisemblable, c'est qu'il est un magicien venu pour semer la discorde par le biais de sa magie entre l'homme et son frère, entre l'époux et son épouse, entre les membres d'une même tribu. »

À une époque plus récente enfin, on rapporte que le célèbre al-Junayd fut attaqué par un bandit de grand chemin qui ne tarda pas à tomber sous le charme du shaykh. Avant de le quitter, celui-ci lui demanda : « Maître, enseigne-moi une partie de ce que Dieu t'a enseigné. » Le shaykh lui récita alors ce verset : *« C'est le ciel qui est le siège de votre subsistance et de ce qui vous est promis ! »* (Cor. 51, 22)

Trois ans s'écoulèrent sans que le shaykh entendit parler davantage de son voleur devenu un disciple par la grâce de Dieu. Or, tandis qu'al-Junayd faisait ses tournées rituelles autour de la Ka'ba, il entendit quelqu'un qui le hélait dans la foule. Se retournant, il vit l'homme qu'il avait rencontré dans les circonstances que nous venons de décrire et qui lui disait : « Maître, accorde-m'en davantage. »

Le shaykh lui lut aussitôt le verset suivant : *« Et par le Seigneur des cieux et de la terre, tout cela est aussi vrai que le fait que vous soyez doués de la parole ! »*(Coran, 51, 23)

« Maître s'écria le bédouin effaré, qu'est-ce donc qui a contraint notre Seigneur à jurer ainsi en Se prenant Lui-même à témoin de la véracité de Ses dires ? » Et il s'écroula raide mort après avoir répété inlassablement sa question.

Si nous avons longuement insisté sur ce point, c'est afin de faire bien sentir au lecteur quel pouvait être l'impact du texte sur les contemporains du Prophète comme sur les Arabes des premiers siècles de l'Islam. Est-il besoin d'ajouter que cette sensibilité s'est perdue au fil du temps et que la majorité des arabophones eux-mêmes seraient bien en peine aujourd'hui d'y voir ce qu'y voyaient leurs ancêtres ?

Pour ce qui est du caractère déroutant du Coran, nous allons signaler quelques points qu'il convient de garder en mémoire lors de la lecture du texte. Tout d'abord le brusque passage du singulier au pluriel ou vice versa, lorsque Dieu S'adresse aux hommes ; ou encore le fait que Dieu parle de Lui-même à la troisième personne, voilà qui a de quoi dérouter un esprit « cartésien ». En voici un premier exemple : *Il y a répandu toutes sortes d'espèces et Nous avons fait descendre du ciel* (31, 10). Dans les deux cas, le pronom renvoie à Dieu. On notera le passage de la troisième personne du singulier à la première du pluriel.

Et encore : « [Il est Celui] *qui a fait pour vous de la terre un lieu de repos et des cieux un édifice dont Il a fait descendre la pluie grâce à laquelle Il fait pousser à votre intention des fruits à titre de subsistance et n'accordez pas de pairs à Dieu alors que vous savez bien* [qu'Il est Unique]. *Et si vous êtes dans le doute au sujet de ce que Nous avons révélé à Notre serviteur...* » (Cor. 2, 22-23).

Un autre élément qui a de quoi surprendre un lecteur non averti est la juxtaposition de thèmes qui n'ont aucun lien apparent entre eux ; ainsi dans cette même sourate n° 2 on trouve énumérées dans un ordre déroutant quatre questions pour le moins différentes : la répudiation, la prière dite de l'après-midi, la prière accomplie au cours d'un combat, et le legs d'une pension allouée à l'épouse d'un défunt :

« *Si* [maintenant] *vous les avez répudiées après leur avoir prescrit une dot,* [donnez-leur] *la moitié de ce que vous aviez prescrit, à moins que l'*[ex-]*épouse ou son tuteur* (litt. : *celui qui a en main le lien du mariage*) *ne vous en fasse grâce, et n'oubliez pas les faveurs que vous vous êtes* [mutuellement] *consenties ; certes, Dieu voit tout ce que vous faites. Accomplissez vos prières avec régularité,* [en particulier] *la prière médiane, et* [au cours de celles-ci] *tenez-vous droit, en silence* (ou encore : *recueillis*). *Et si vous redoutez* [un ennemi ou un danger, accomplissez la prière] *en marchant ou sur votre monture ; et si* [de nouveau] *vous vous sentez en sécurité, souvenez-vous de Dieu* [en priant] *comme Il vous l'a enseigné alors que vous étiez dans l'ignorance* (litt. : *ce que vous ignoriez*).

*Que ceux d'entre vous qui sont sur le point de* (litt. : qui viennent à) *décéder lèguent* [par voie testamentaire] *à leurs épouses un budget annuel* (matâ') *couvrant une année* [complète] *sans qu'elles puissent être chassées* [du domicile conjugal] ;

[toutefois] *si elles le quittent de leur plein gré, vous ne serez pas blâmés pour la façon dont elles auront disposé d'elles-mêmes en tout bien tout honneur* (bil ma'rûf) *et Dieu est Puissant et Sage.* » (Cor. 2, 237-240).

Nous nous contenterons de ces deux exemples pour montrer au lecteur avec quelle prudence il convient d'aborder le Coran sans se hâter de porter des jugements à l'emporte-pièce, notamment sur la fiabilité de la traduction. Bien entendu, les interprétations auxquelles peuvent donner lieu ce genre de considérations ne figurent pas dans des exégèses élémentaires. On pourra trouver des éléments de réponse dans des commentaires ésotériques tels que le *bahr al-madîd* ou dans d'autres ouvrages semblables.

### Traductions antérieures

Dans une édition de sa traduction du Coran datant de 1980, le professeur Hamîdullah dénombrait environ une quarantaine de traductions du Coran en français, et ce sans avoir la prétention d'être exhaustif. Il va sans dire, que depuis, ce nombre n'a cessé d'augmenter ce qui montre l'intérêt croissant des non-musulmans pour un texte qui a pourtant la réputation de ne pas être d'une lecture facile. Il ne serait d'ailleurs pas inintéressant de regrouper toutes ces traductions afin de les étudier en parallèle, sourates par sourates, et d'apprécier la manière dont la traduction a évolué de manière générale.

Pour notre part, nous nous sommes essentiellement référé à cinq d'entre elles :

— En premier lieu, celles de MM. Sadoq Mazigh et Si Hamza Bû Bakr. Ces deux-là présentent, selon nous, l'avantage d'allier l'élégance à la fiabilité, si ce n'est qu'Hamza Bû Bakr privilégie la seconde, tandis que Mazigh s'éloigne parfois un peu trop du sens littéral pour restituer le texte en un français élégant. Notre tentative se situe en quelque sorte « au milieu » de ces deux traductions.

— Celle de M. Ghédira, dont l'esprit n'est pas très éloigné de celui des deux précédentes.

— Celle de M. Edouard Montet, recteur honoraire de l'université de Genève, qui date un peu, puisqu'elle est parue en 1929. C'est précisément ce caractère « vieillot » qui nous a poussé à nous en servir, car l'auteur évite ainsi quelques préjugés de traducteurs plus récents. Cela dit, le sens est globalement bien rendu.

— Celle de M. Berque à laquelle on peut accorder quelques trouvailles. On déplorera cependant que de telles recherches, notamment dans le domaine de la linguistique, aient abouti à une aussi curieuse traduction.

— Et très occasionnellement, celle du professeur Hamîdullah qui offre l'avantage de la littéralité, mais ce parti pris a malheureusement eu des conséquences gênantes pour l'élégance du texte dans la traduction qu'il en a proposée.

Il convient de signaler à cette occasion que le « marché » du livre islamique en

France a vu fleurir une certain nombre de traductions d'une qualité plus que douteuse. Il est sans doute louable de vouloir présenter l'héritage de l'Islam à un public non musulman mais nous avons trop souvent la fâcheuse impression qu'il s'agit davantage pour quelques « marchands du temple » de lancer un « produit » qui marche que de publier des traductions de qualité, même lorsqu'il s'agit du Coran. Là où l'on aurait pu s'attendre à un travail plus soigné que celui des orientalistes, c'est malheureusement trop souvent l'inverse qui s'est produit.

Pour ce qui est des commentaires (*tafâsîr*), nous nous sommes référé au *tafsîr al-Jalâlayn* ainsi qu'à celui d'Ahmad b. Juzay al-Gharnâtî connu familièrement sous le nom de *tafsîr al-Kalbî*. Ce n'est que lorsque nous avons été confronté à de sérieuses difficultés de traduction que nous nous sommes référé à des exégèses plus élaborées telles que celle d'Âlousî, ou enocre celle d'al-Qurtubî.

Lorsque nous proposons plusieurs possibilités de traduction pour un mot, une phrase ou un verset, ce sont presque toujours des possibilités envisagées par des commentateurs reconnus ; dans le cas où la traduction ne repose sur aucun commentaire classique, nous le signalons systématiquement en précisant la source pour éviter toute ambiguïté.

Nous ne nous sommes jamais astreint à traduire un terme arabe par un seul équivalent français, considérant qu'une telle option, même si elle offre l'avantage d'harmoniser le texte, présentait le grave inconvénient d'appauvrir une langue d'une diversité inépuisable, et cela d'autant moins que les commentateurs musulmans eux-mêmes attestent de la pluralité de sens d'un même mot selon le contexte.

## Quelques points de repère chronologique

569-570 : Naissance du Prophète Muhammad à La Mecque en Arabie (actuellement Arabie saoudite). Il appartient au clan des Banî Hâshim, membre de la puissante tribu des Qurayshites qui domine à cette époque le grand centre commercial et religieux qu'est La Mecque.

577 : Le Prophète Muhammad est orphelin. Il est recueilli par son grand-père 'Abd al-Muttalib, puis au décès de celui-ci par son oncle Abû Tâlib.

590-595 : Il accompagne des caravanes commerciales en Syrie. Il rencontre à Bosra le moine chrétien Bahîra qui reconnaît en lui le Prophète annoncé par les Écritures.

610 : Ayant pris l'habitude de se retirer dans une grotte du mont Hirâ', non loin de La Mecque, pour y méditer, il reçoit la première révélation du Coran par l'intermédiaire de l'ange Jibrîl (Gabriel). Ces révélations se poursuivront jusqu'en 632.

613 : Début des persécutions exercées par les Qurayshites contre les premiers musulmans.

615 : Exode des premiers musulmans qui quittent La Mecque pour trouver refuge auprès du roi chrétien d'Abyssinie (Éthiopie).

620 : « L'année du deuil » pour le Prophète : Mort d'Abu Tâlib son oncle et de Sayyida Khadîja sa femme. Cette même année est aussi celle du Voyage Nocturne et de son Ascension au ciel (*al-Mi'râj*) transporté sur la jument ailée, al-Buraq, conduite par Jibrîl. Transporté de La Mecque à Jérusalem en une nuit, il montera sur une échelle de lumière des cimes du temple jusqu'à la présence Divine.

622 : Date de l'Hégire (émigration) qui correspond au début du calendrier musulman. Le Prophète Muhammad s'enfuit de La Mecque pour se réfugier à Yathrib ; qui prendra le nom de Médine (*Madinat al-Nabî*), la ville du Prophète.

624 : Victoire de Badr sur les Qurayshites et mise en place des premiers fondements des institutions du pouvoir musulman.

625 : Défaite des musulmans à la bataille de Uhud face aux Qurayshites.

628 : Trêve de Hudaybiyya conclue par un pacte de non-agression.

629 : Premier pèlerinage des musulmans à La Mecque, suivi de la rupture de la trêve de Hudaybiyya.

630 : Entrée pacifique du Prophète à La Mecque, qui pardonne à ses anciens ennemis. Après avoir détruit les idoles dans la Ka'ba, il regagne Médine.

632 : Dernier pèlerinage du Prophète à La Mecque (pèlerinage de l'Adieu). Retour à Médine où Dieu rappelle Son Prophète à lui le 6 juin 632.

632-634 : Califat d'Abû Bakr. Début de la recension du Coran.

634-644 : Califat de 'Umar. Poursuite de la recension du Coran.

644-656 : Califat de 'Uthmân. Recension définitive du Coran selon le texte arrêté par Zayd Ibn Thâbit, ancien « secrétaire » du Prophète.

656-661 : Califat de 'Alî. Bataille de Siffîn (657) qui marque le début de la division de la communauté musulmane en trois branches : sunnites, shiites et kharijites.

710 : Introduction des signes vocaliques dans le texte du Coran.

943 : Fixation des modalités de la lecture coranique.

## Mots-clefs

Avant d'entreprendre la lecture du Coran, il nous a paru indispensable de donner au lecteur l'explication de quelques termes qui reviennent régulièrement tout au long du texte et dont la compréhension facilite grandement l'accès au reste du Livre. Ces termes ne seront pas nécessairement repris dans le glossaire qui figure à la fin de l'ouvrage. Il conviendra de noter les différentes significations que peut revêtir un même mot selon le contexte.

| | |
|---|---|
| *Dhikr* • | Souvenir, Rappel, Coran, répétition d'une formule incantatoire. |
| *Ghanî* • | L'un des principaux Noms divins dont la signification littérale est « le Riche ». Cette richesse divine est en réalité synonyme d'autonomie, d'indépendance, de plénitude et de souveraineté, ce qui l'apparente à un autre Nom divin : *al-Samad*. |
| *Hakîm* • | Ce Nom divin implique deux notions complémentaires : celle de sagesse et de justice d'une part, et celle de « faire les choses à la perfection » (*ihkâm*) d'autre part. |
| *Polythéisme* • | Cf. le mot *shirk*. |
| *Shirk* • | Associationnisme, à ne pas confondre avec la théorie philosophique qui porte ce nom. En Islam, c'est le péché capital, celui qui consiste à attribuer un pouvoir réel à un autre que Dieu. Il est de deux natures apparent ou caché (*khafî*). Le *shirk* manifeste est l'idolâtrie pure et simple. Le *shirk* caché revient à se laisser voiler par les causes secondes en croyant, par exemple, que le médicament guérit, que le couteau coupe, que le feu brûle, etc., alors qu'il n'est d'autre Agent que Dieu. Enfin une forme encore plus pernicieuse de *shirk khafî* consiste à adorer son *ego* en le substituant plus ou moins consciemment à Dieu. |
| *Zulm, zâlim* • | Ce substantif signifie avant tout « ne pas mettre les choses à leur place ». Ce n'est que par voie de conséquence qu'on a pu le traduire par « injustice » ou par « transgression ». |

## Conventions

Les mots figurant entre crochets [ ] sont des rajouts que nous avons jugés utiles à la compréhension du texte contrairement à ceux qui figurent entre parenthèses ().

Lorsque le mot « Signes » est orthographié avec une majuscule il reçoit le sens de « versets » d'un texte révélé (Coran, Thora, Évangile), alors qu'orthographié avec une minuscule (signes) il est synonyme de « miracles ».

Orthographié avec une majuscule, le mot « Jour » signifie Jour du Jugement.

Orthographié avec une majuscule, le mot « Rappel » est un des noms donné au Coran, tandis que le mot rappel en minuscule signifie simplement : « exhortation ».

## Remerciements

Nous tenons à remercier tout particulièrement M. Patrick Marcelot ainsi que Mme Claude Bachelet qui ont bien voulu s'astreindre à un long travail de relecture avec tout ce que cela comporte de fastidieux. Leurs conseils nous ont été plus que précieux pour réaliser notre objectif dans des délais raisonnables.

Nous tenons également à remercier M. Antonio Disanza dont la compétence en matière d'informatique nous est toujours du plus grand secours ainsi que MM. Dhib Abd al-Raouf et Taleb Muhammad dont l'aide nous a été précicieuse. Certains d'entre eux ont même participé financièrement à la publication de cet ouvrage tout en nous demandant de respecter leur anonymat. Qu'ils soient tous assurés de notre gratitude tant il est vrai qu'un travail de cette nature ne saurait être mené à son terme sans le soutien sans faille d'une équipe soudée.

A. Penot

## Sourate 1

# La Luminaire

1 Au Nom de Dieu, le Tout Miséricordieux, le Très Miséricordieux,
2 La louange *[revient]* à Dieu, le Souverain des mondes,
3 le Tout Miséricordieux, le Très Miséricordieux,
4 le Roi au Jour du Jugement,
5 c'est Toi que nous adorons et c'est Toi dont nous implorons le secours.
6 Conduis-nous sur la voie droite,
7 la voie de ceux sur lesquels Tu répands Tes grâces, et non celle de ceux qui encourent Ta colère, ni celle des égarés.

Sourate 2

# La Génisse

*Au Nom de Dieu, le Tout Miséricordieux, le Très Miséricordieux,*

1 Alif, Lâm, Mîm.
2 Voilà le Livre qui ne fait point de doute ! Il est une guidance pour
ceux qui veulent se prémunir (ou encore : pour les *[êtres]* pieux),
3 ceux qui croient à ce qui échappe *[à leurs sens]*, qui s'acquittent de la
prière et redistribuent[1] une partie de la subsistance que Nous leur
avons accordée,

**Commentaire** : Se prémunir traduit *muttaqîna* qui dérive en effet de *wiqâya*, «protection» ou de *waqâ*, « protéger ». L'idée attachée au verbe *ittaqâ* est celle de l'immunité accordée à ceux qui respectent les prescriptions divines.
L'idée qu'on puisse se prémunir contre Dieu a de quoi dérouter les non-musulmans et en particulier les chrétiens pour lesquels Dieu est Amour. Sans renier la notion d'amour divin, l'Islam insiste sur le fait que tout vient de Dieu *(kullu min'indi llâh)*, la guidance comme l'égarement, et qu'il convient de Lui demander de nous préserver de Ses artifices *(makr)* avec la même insistance qu'on doit Lui demander de nous mettre au nombre de Ses élus. L'idéal musulman se situe ainsi entre crainte et espérance *(khawf wa rajâ')*, crainte d'être égaré par Lui, espoir d'être guidé par Lui également, ce que résume parfaitement cette parole du Prophète : Je Te demande de me préserver de Toi-même.
Ce qui échappe, ou encore ce qui est celé et ne peut être appréhendé (par les sens ou par des voies rationnelles) est le sens littéral du verbe *ghâba* qui a donné le mot *ghayb*. Il s'agit de toutes les réalités dont le Coran nous informe telles que le Paradis, l'enfer, le pont du *Sirât* etc., et dont nous ne pouvons avoir connaissance par nous-mêmes.
Une partie traduit le partitif *mimmâ*, litt. : de ce que.

4 ceux qui croient à ce qui t'a été révélé, à ce qui a été révélé avant toi et
sont convaincus de l'existence de la Demeure Ultime.
5 Ceux-là sont sur la voie[2] de leur Seigneur, ceux-là sont assurés de la
réussite.

1 Litt. : dépensent.
2 Litt. : la guidance, *hudan*.

6 Quant aux mécréants, que tu les mettes en garde ou non ils ne croiront pas !

7 Dieu a recouvert d'un voile leur cœur, leur ouïe et leur vue ; un terrible châtiment leur est réservé.

8 Parmi les hommes il en est qui affirment : Nous avons foi en Dieu et au Jour dernier, alors qu'ils n'y croient pas.

9 Ils *[s'imaginent]* duper Dieu et ceux qui ont la foi, mais en réalité ils ne leurrent qu'eux-mêmes sans même s'en rendre compte.

10 Leurs cœurs recèlent une maladie et Dieu l'a fait empirer ; un châtiment douloureux leur est réservé à cause des mensonges qu'ils proféraient.

**Commentaire :** La maladie évoquée dans le verset est le doute et l'hypocrisie. Dieu l'a fait empirer en révélant le Coran au Prophète qui ne fait que rajouter au doute des mécréants.

11 Et si l'on vient à leur dire : Ne semez pas la corruption sur terre, ils répliquent : Nous ne faisons qu'améliorer *[les choses]*.

12 En réalité, ils sont bien des corrupteurs, mais ils ne s'en rendent même pas compte

13 Et si l'on vient à leur dire : Croyez comme tous ces gens qui ont la foi, ils rétorquent : Croirons-nous donc comme les sots ? En réalité, ce sont eux les sots, mais ils sont *[plongés]* dans l'ignorance.

14 S'ils viennent à rencontrer ceux qui ont la foi, ils leur disent : Nous aussi nous croyons. Mais dès qu'ils sont en tête-à-tête avec leurs démons ils leur disent : Nous sommes avec vous, nous ne faisions que prendre ceux-là en dérision !

15 C'est Dieu qui les tourne(ra) en dérision et qui leur accorde(ra) un délai afin qu'ils s'aveuglent dans leurs débordements.

**Commentaire :** « Accorder un délai » est le sens le plus généralement attribué au mot *yamuddu*. Certains commentateurs cependant estiment que ce mot est ici synonyme de *yazîdu*, « Il augmente ». Auquel cas on pourrait traduire la fin du verset de la façon suivante : et les pousse à s'aveugler dans leurs débordements.

16 Ce sont eux qui ont troqué la guidance pour l'égarement : leur troc (Litt. : leur commerce) ne leur a pas été profitable car ils n'avaient pas fait le bon choix[3].

---

3 Litt. : ils n'étaient pas bien guidés.

17 Ils sont comparables à celui qui a allumé un feu éclairant tout ce qui
se trouve autour de lui et que Dieu a privé de la vue et abandonné,
aveugle, dans les ténèbres.
18 Sourds, muets et aveugles, ils ne reviendront pas.
19 Ou encore *[semblables à ceux qui]*, lorsqu'une pluie tombe du ciel
accompagnée de ténèbres, de tonnerre et d'éclairs, se bouchent les
oreilles de leurs doigts à cause du fracas *[du tonnerre]* par crainte de
la mort et Dieu cerne les mécréants.

**COMMENTAIRE** : Au verset 16, le Coran compare celui qui affiche une foi mensongère à un homme qui allume un feu ; de même que le feu éclaire les alentours, la foi fût-elle hypocrite peut se communiquer, illuminant ainsi l'entourage du tartufe qui demeure quant à lui dans les ténèbres. Au verset 19, c'est le Livre saint qui est symbolisé par la pluie. Le tonnerre représente les avertissements que contient le Coran ; les ténèbres symbolisent le doute dans lequel sont plongés les mécréants face à la révélation tandis que les éclairs sont une allusion aux preuves fulgurantes qui y sont contenues. Selon Ibn Mas'ûd, les Qurayshites se bouchaient effectivement les oreilles pour ne pas écouter la récitation coranique.

20 Peu s'en faut que l'éclair ne leur ravisse la vue. Chaque fois qu'il les
éclaire ils avancent à sa lumière mais lorsqu'elle disparaît ils s'arrêtent,
et si Dieu l'avait voulu Il les aurait rendus sourds et aveugles car Dieu est
Omnipotent.

**COMMENTAIRE** : Ainsi en va-t-il des hypocrites pour lesquels la lumière de la révélation brille occasionnellement. Il leur arrive donc d'admettre certains articles de foi, mais sitôt qu'ils perdent de vue cette lumière ils retournent à la mécréance sans hésitation.

21 Hommes, adorez votre Seigneur qui vous a créés ainsi que ceux qui
vous ont précédés ; peut-être Le craindrez-vous ?
22 *[Il est Celui]* qui a fait pour vous de la terre un lieu de repos[4] et des
cieux un édifice dont Il a fait descendre la pluie grâce à laquelle Il fait
pousser à votre intention des fruits à titre de subsistance et n'accordez
pas de pairs à Dieu alors que vous savez bien *[qu'Il est Unique]*.
23 Et si vous êtes dans le doute au sujet de ce que Nous avons révélé à
Notre serviteur, eh bien produisez une sourate semblable et invoquez
ceux qui vous assistent en dehors de Dieu si vous êtes sincères !
24 A défaut de le faire, et vous ne le ferez certes pas, préservez-vous
(ou encore : redoutez) donc de ce feu dont le combustible, constitué
d'hommes et de pierres, a été apprêté pour les mécréants.

---

4 Litt. : un lit

25 Annonce à ceux qui ont cru et pratiqué les bonnes œuvres qu'ils auront *[droit à]* des jardins sous lesquels s'écouleront des fleuves. Chaque fois qu'ils en recevront des fruits en guise de subsistance, ils s'exclameront : Ce sont les fruits dont nous avons été précédemment gratifiés. Ils en auront *[en effet]* reçu de semblables *[aux fruits d'ici-bas]* et ils auront au Paradis des épouses pures *[de toutes menstrues]* et y demeureront à jamais.
26 Dieu n'a certainement *(inna)* pas honte de prendre pour exemple un moustique ou tout être plus conséquent. Ceux qui ont cru savent qu'il s'agit d'une vérité *[venant]* de leur Seigneur, mais les mécréants, eux, s'étonnent : Qu'a donc voulu dire Dieu à travers cet exemple ? C'est *[pourtant]* par lui qu'Il en guide un grand nombre, et *[encore]* par lui qu'Il en égare autant. Mais par ce symbole Il n'égare que les corrompus
27 qui rompent le pacte engagé avec Dieu après l'avoir conclu ainsi que les liens que Dieu leur a ordonné de maintenir et qui sèment la corruption sur terre : ce sont eux qui courent à leur perdition.

**Commentaire** : Les liens que Dieu a ordonné de maintenir sont les liens de la foi et les liens du sang.

28 Comment pouvez-vous nier *(takfurûn)* Dieu alors que vous étiez morts, qu'Il vous a donné la vie ? Puis Il vous fera périr, puis Il vous revivifiera à nouveau, et c'est à Lui que vous serez ramenés.
29 C'est Lui qui a créé pour vous tout ce qui se trouve sur terre, puis Se tournant vers le ciel Il a parachevé Sa création en *[en faisant]* sept cieux ; Il est Omniscient.

30 Et lorsque ton Seigneur eut dit aux anges : Je M'en vais placer un lieutenant sur terre, vas-Tu y placer quelqu'un qui va la corrompre et y répandre le sang, s'étonnèrent *[les anges]*, alors que nous prononçons Ta louange et Te sanctifions ? Je sais ce que vous ignorez leur répondit-Il.

31 Et Il enseigna à Adam les noms de toutes choses qu'Il présenta ensuite aux anges en leur demandant : Faites-M'en connaître les noms si vous êtes sincères !

32 Gloire à Toi ! répondirent-ils. Nous n'avons d'autre science que celle que Tu as daigné nous enseigner car Tu es le Très Savant, le Très Sage.

33 *[Dieu]* dit *[alors à Adam]* : Fais-leur connaître leurs noms ! Et lorsqu'Adam les eut informés de leurs noms, *[Dieu leur]* demanda : Ne vous avais-Je point dit connaître le secret des cieux et de la terre, et connaître ce que vous affichez aussi bien que ce que vous dissimulez ?

34 Et lorsque Nous ordonnâmes aux anges de se prosterner devant Adam, tous s'exécutèrent à l'exception d'Iblîs qui, empli d'orgueil, s'y refusa car il était du nombre des mécréants.

35 Nous *[lui]* dîmes : Ô Adam, demeure avec ton épouse dans ce jardin et mangez-y en abondance de ce que vous désirez, mais n'approchez pas cet arbre car alors vous seriez des transgresseurs.

36 Satan les fit trébucher hors du Paradis, leur faisant perdre leur condition. Nous leur dîmes : Soyez précipités *[hors du Paradis]*, ennemis les uns des autres, et la terre dont vous jouirez un temps donné sera votre lieu de résidence.

37 Adam reçut alors des paroles *[grâce auxquelles]* Dieu accepta son repentir ; car Il accepte le repentir *[de Ses serviteurs]* et Il est le Très Miséricordieux.

**Commentaire :** De l'avis général ces paroles sont l'invocation mentionnée dans le Coran : « Seigneur, nous nous sommes fait du tort à nous-mêmes et si Tu ne nous pardonnes pas et ne nous fais pas miséricorde, nous courons à notre perte. » (Cor. 6, 128)

38 Nous leur dîmes : Soyez tous précipités hors du Paradis ; ou bien
vous recevrez une direction de Ma part et ceux qui la suivront ne
connaîtront ni crainte ni affliction ;
39 quant aux mécréants et à ceux qui traitent Nos signes de mensonges,
ceux-là seront les hôtes[5] du feu, ils y demeureront à jamais.
40 Ô fils d'Isrâ'îl, souvenez-vous des faveurs que Je vous ai accordées et
respectez vos engagements, Je tiendrai les Miens. Et c'est Moi qu'il
vous faut craindre !
41 Ajoutez foi à ce que Je viens de révéler et qui confirme les Écritures[6]
en votre possession et ne soyez pas les premiers à les renier ; ne tro-
quez pas Mes Signes (ou : Mes versets) pour un vil prix, c'est Moi
qu'il vous faut redouter !
42 Ne créez pas de confusion entre la Vérité et l'erreur (ou encore : ne revê-
tez pas la Vérité de l'erreur) alors que vous connaissez *[la Vérité]*.
43 Accomplissez la prière, acquittez l'aumône prescrite et inclinez-vous
*[en prière]*[7] avec ceux qui s'inclinent.
44 Ordonnez-vous la vertu aux hommes en vous excluant[8] *[de ces recom-
mandations]* ? Avez-vous toute votre raison ?
45 Armez-vous de patience et cherchez un recours dans la prière ; et celle-
ci est pénible certes, sauf pour ceux qui *[goûtent au]* recueillement,[9]
46 ceux qui sont convaincus[10] de rencontrer leur Seigneur et d'être rame-
nés vers Lui.
47 Ô fils d'Isrâ'îl, souvenez-vous des faveurs dont Je vous ai comblés et
*[souvenez-vous]* que Je vous ai préférés au (litt. : élus sur le) reste des
mondes.
48 Et préservez-vous[11] du Jour où nul ne sera utile à autrui, où l'on n'ac-
ceptera de rachat ni d'intercession de personne et où les êtres ne
seront pas secourus.

5 Litt. : les gens.
6 Litt. : ce qui, *mâ*.
7 Ou encore : devant Moi.
8 Litt. : en vous oubliant.
9 Litt. : qui se recueillent.
10 Litt. : qui pensent.
11 Litt. : Ou encore redoutez le Jour où. Sur le sens du mot *ittaqû*. Cf. commentaire du verset 3.

49 Et lorsque Nous vous délivrâmes des armées de Pharaon qui vous infligeaient le pire des supplices, immolant vos fils tout en laissant vos femmes en vie : cela constituait certainement une terrible épreuve de la part de votre Seigneur (on pourrait traduire d'une façon diamétralement opposée : cette délivrance était une faveur insigne de votre Seigneur).

**Commentaire** : L'épisode est connu ; à la suite de la prédiction d'un devin stipulant qu'un enfant à naître allait mettre en péril le règne de Pharaon, celui-ci fit immoler tous les nouveau-nés en Égypte en espérant enrayer cette malédiction. On connaît la suite…

50 Et lorsque Nous fendîmes la mer, Nous vous sauvâmes en noyant sous vos yeux l'armée de Pharaon.
51 *[Souvenez-vous]* lorsque Nous avons fixé rendez-vous à Mûssâ (Moïse) pendant quarante nuits *[pour lui enseigner les Tables de la Loi]* ; vous avez pris le veau *[d'or pour idole]* pendant son absence, vous comportant en transgresseurs.
52 Puis Nous vous pardonnâmes après cet épisode[12] afin que vous vous montriez reconnaissants.
53 Et *[souvenez-vous encore]* lorsque Nous révélâmes à Mûssâ les Écritures et le Discernement[13] afin que vous soyez guidés,
54 lorsque Mûssâ dit à son peuple : Vous vous êtes fait du tort à vous-mêmes en prenant ce veau *[pour idole]* ; repentez-vous auprès de votre Créateur en mettant fin à vos jours. Cela sera préférable pour vous au regard de votre Seigneur. Il accepta toutefois votre repentir car Il accepte *[volontiers]* le repentir *[de Ses serviteurs]* et Il est le Très Miséricordieux.
55 Et *[souvenez-vous encore]* lorsque vous dîtes à Mûssâ : Nous ne croirons pas en toi tant que nous n'aurons pas vu Dieu de nos propres yeux. La foudre se saisit (ou encore : s'empara) de vous tandis que vous regardiez *[impuissants]*.
56 Puis Nous vous avons ressuscités afin que vous vous montriez reconnaissants.
57 Nous vous avons ensuite abrités sous un nuage *[dans le désert]* en faisant descendre pour vous de la manne et des cailles : Goûtez à cette délicieuse nourriture dont Nous vous avons gratifiés ! Et ce n'est pas à Nous qu'ils firent du tort, en réalité ils ne firent de tort qu'à eux-mêmes.

---

12 Litt. : après cela.

13 Le Discernement est l'un des noms donnés au Coran ainsi que cela sera expliqué par la suite. Dans ce verset il est également appliqué à la Thora. Cf. Cor. 2, 185, commentaire.

58 Et *[souvenez-vous]* lorsque Nous leur dîmes : Entrez dans cette cité et mangez-y où vous le voudrez *[goûtant ainsi]* à l'opulence. Prosternez-vous en franchissant sa porte et dites : Absous *[nos péchés]* ! Nous vous pardonnerons vos fautes et redoublerons *[les récompenses]* des hommes vertueux.

**Commentaire** : L'impératif absous ! traduit le mot *hitta*, « ôter », « enlever », « abaisser ». Les juifs durent le prononcer avant d'entrer dans Jérusalem.

59 Mais les transgresseurs substituèrent un autre mot à celui qui leur avait été transmis et Nous fîmes descendre sur eux un châtiment du ciel comme rétribution de leur perfidie.
60 Et lorsque Mûssâ demanda de l'eau pour son peuple, Nous lui ordonnâmes : Frappe ce rocher de ton bâton ! Il en jaillit alors douze sources et chacun des hommes reconnaissait la sienne (litt. : sa boisson). Mangez et buvez de ce dont Dieu vous a gratifiés et ne commettez point en corrupteurs d'iniquités sur terre.

**Commentaire** : Chacune des douze tribus d'Isrâ'îl avait une source qui lui était attribuée. Certains n'ont pas manqué d'y voir un symbole de la connaissance spirituelle qui ne peut être enseignée à tous de la même manière.

61 Et lorsque vous dîtes *[à Mûssâ]* : Ô Mûssâ, nous ne supporterons plus longtemps de ne manger qu'une seule nourriture. Invoque donc ton Seigneur en notre faveur afin qu'Il fasse pousser pour nous des produits de la terre : légumes, concombres, ail, lentilles et oignons, il *[Mûssâ]* leur dit : Troquerez-vous des mets délicats pour une nourriture vile ? Descendez en Égypte, vous y trouverez ce que vous demandez. Ils furent alors frappés de misère et d'indigence et encoururent la colère de Dieu, parce qu'ils niaient les signes de Dieu, tuaient injustement les prophètes et se montraient désobéissants et transgresseurs !

62 Ceux qui ont cru, juifs, chrétiens et sabéens, ceux qui ont cru en Dieu
et au Jour dernier et ont œuvré pieusement auront leur récompense
auprès de leur Seigneur : ils ne connaîtront ni crainte ni affliction.
63 Et lorsque Nous acceptâmes votre alliance et que Nous élevâmes le
mont Sinaï au-dessus de vos têtes *[en guise de menace, Nous vous
ordonnâmes]* : Recevez avec une ferme résolution ce *[Livre]* que Nous
vous avons transmis et souvenez-vous de ce qu'il contient ; peut-être
*[Me]* craindrez-vous.
64 Puis après cela vous vous êtes détournés, et n'étaient la faveur et la
Miséricorde de Dieu à votre endroit, vous couriez à votre perte.
65 Déjà vous connaissiez le sort de ceux d'entre vous qui avaient trans-
gressé le sabbat. Nous leur avions ordonné de se transformer en sin-
ges repoussants.
66 De cette métamorphose Nous fîmes un signe pour les générations
antérieures *[à la vôtre]* et *[pour celles]* à venir et une exhortation pour
ceux qui *[Nous]* craignent.
67 Et lorsque Mûssâ eut dit à son peuple : Dieu vous ordonne de sacri-
fier une génisse, ils le raillèrent : Veux-tu nous tourner en dérision ? Je
demande à Dieu, répondit-il, de me préserver de l'ignorance[14].
68 Invoque ton Seigneur, lui dirent-ils alors, afin qu'Il nous précise com-
ment est cette génisse ? Il dit qu'il s'agit d'une génisse ni trop jeune ni
trop vieille, plutôt d'âge moyen, leur répondit Mûssâ ; faites donc ce
qui vous est ordonné !
69 Invoque pour nous ton Seigneur, poursuivirent-ils, afin qu'Il nous pré-
cise quelle est la couleur de sa robe ? Il dit qu'il s'agit d'une bête rousse
d'un roux foncé et plaisante à regarder.

14 Litt. : d'être des ignorants.

70 Invoque pour nous ton Seigneur, reprirent-ils de nouveau, afin qu'Il nous la décrive clairement car trop de génisses se ressemblent à nos yeux et nous serons, si Dieu le veut, bien inspirés.
71 Il dit qu'il s'agit d'une génisse qui n'a jamais été asservie pour labourer la terre ni irriguer les champs, exempte de défauts (ou aussi : n'ayant jamais travaillé) et de taches. Maintenant, lui dirent-ils, tu nous as éclairés (litt. : tu nous as dit la vérité) et ils la sacrifièrent mais peu s'en fallut qu'ils ne le fassent pas.
72 Et [souvenez-vous], lorsque vous avez tué cet homme, vous disputant ensuite à son sujet, que Dieu a divulgué ce que vous dissimuliez.
73 Nous dîmes : Frappez *[le mort]* avec un membre de cette génisse, c'est ainsi que Dieu ressuscite les morts et Il vous fit voir Ses signes afin que vous y réfléchissiez.

**Commentaire** : On rapporte en effet que le mort touché par un des membres de la génisse ressuscita.

74 Mais depuis, vos cœurs se sont endurcis : ils sont devenus comme de la pierre, voire plus durs encore, car de certains rochers jaillissent des fleuves, d'autres se fendent pour laisser passer l'eau et il en est même qui s'écroulent par crainte de Dieu. Et rien de ce que vous faites n'échappe à Dieu.
75 Espériez-vous qu'ils *[les juifs]* s'en remettent à vous alors qu'une fraction d'entre eux ayant entendu la Parole de Dieu l'altéraient sciemment après l'avoir méditée ?
76 Rencontrent-ils ceux qui croient ? ils leur disent : Nous avons la foi. Mais sitôt qu'ils se retrouvent entre eux ils disent : Les entretenez-vous de ce que Dieu vous a révélé afin qu'ils s'en servent d'argument contre vous auprès de votre Seigneur ? Avez-vous toute votre raison ?

**Commentaire** : De l'avis général des commentateurs, les rabbins interdisaient à leurs ouailles de faire état de la venue du Prophète annoncé par leurs Écritures de crainte que les juifs ne reconnaissent en lui le Sceau de la prophétie, ou que les musulmans ne s'en servent comme argument à leur encontre.

77 Ignorent-ils que Dieu sait aussi bien ce qu'ils dissimulent que ce qu'ils affichent ?

78 Parmi eux se trouvent des illettrés qui ne connaissent que la lettre *(amânî)* des Écritures (litt. : le Livre) et ne se livrent qu'à des conjectures.

**Commentaire** : Le mot *amânî* que l'on pourrait traduire par « espoirs fallacieux » a donné lieu à diverses gloses offrant plusieurs possibilités de traduction. En voici trois parmi les plus couramment admises :

— qui ne connaissent des Écritures que ce qui est conforme à leurs passions ;

— qui ne connaissent que des mensonges en guise d'Écritures ;

— qui ne connaissent les Écritures que par ouï-dire.

79 Malheur à ceux qui réécrivent de leur main les Écritures puis prétendent que cela vient de Dieu afin de les troquer pour un vil prix ! Malheur à eux pour ce que leurs mains ont écrit ! Malheur à eux pour ce qu'ils ont ainsi acquis !

80 Et ils ont dit *[aussi]* : Le feu ne nous atteindra qu'un nombre de jours comptés. Réponds *[-leur]* : Avez-vous reçu de la part de Dieu un engagement, auquel cas Dieu ne saurait se dédire de Ses engagements, ou bien avancez-vous au sujet de Dieu ce que vous ignorez ?

81 Oh que non ! Ceux qui commettent[15] une faute et sont cernés par leurs péchés, ceux-là seront les hôtes du feu, ils y demeureront à jamais.

82 Ceux qui ont cru et ont fait œuvre pie, ceux-là sont les hôtes du Paradis, ils y demeureront à jamais.

83 Et *[souvenez-vous]* lorsque Nous reçûmes l'engagement des fils d'Isrâ'îl de n'adorer que Dieu[16], de témoigner de la bienveillance envers leurs père et mère, leurs proches, envers les orphelins et les indigents et de ne parler aux hommes qu'avec bienveillance, d'accomplir la prière et d'acquitter l'aumône prescrite; puis vous vous êtes détournés à l'exception d'un petit nombre d'entre vous en vous écartant *[du chemin tracé]*.

15 Litt. : s'acquièrent.

16 Litt. : vous n'adorerez que Dieu.

84 Et lorsque Nous reçûmes votre engagement de ne pas verser le sang et de ne pas exiler une fraction d'entre vous, vous avez acquiescé et vous étiez témoins *[de ce pacte]*.

85 Et voilà que vous vous entre-tuez et chassez une fraction d'entre vous de leurs demeures en vous liguant contre eux afin de les opprimer et de leur faire du mal ; et s'ils viennent à vous comme captifs vous payez leur rançon alors qu'il vous était interdit de les exiler ? Ne croyez-vous donc qu'à une partie des Écritures tout en reniant l'autre ? Et quelle autre rétribution, pour celui qui se comporte ainsi, que d'être humilié dans la vie d'ici-bas et d'être refoulé, au Jour du Jugement, vers le plus cruel des châtiments ? Rien de ce que vous faites ne saurait échapper à Dieu.

**Commentaire :** Certaines tribus juives étaient amenées en effet à se combattre en vertu de traités d'allégeance qui les liaient à des tribus arabes. C'est ainsi que les Banî Qurayza alliés des Aws combattirent à plusieurs reprises les Banî Nadîr alliés des Khazraj, détruisant ainsi les demeures dont ils les chassaient ; mais sitôt que des juifs étaient faits prisonniers, leurs coreligionnaires payaient leurs rançons afin de les faire libérer. Interrogés à propos de leur curieuse attitude, ils prétendaient payer les sommes exigées pour se conformer à la Thora. Mais si on leur demandait pour quelle raison ils combattaient aux côtés des polythéistes, ils répondaient ne pas vouloir faire défection à leurs alliés. Sommés par le Coran de choisir entre une attitude qui plaît à Dieu et une autre qui leur vaut la faveur des hommes, ils s'entendent poser cette redoutable question : Ne croyez-vous donc qu'à une partie des Écritures tout en reniant l'autre ?

86 Ceux-là ont troqué l'Ultime Demeure contre la vie de ce monde si bien que leur châtiment ne sera pas allégé et qu'ils ne seront pas secourus.

87 Déjà Nous avions révélé les Écritures à Mûssâ et lui avions fait succéder d'autres envoyés. Nous avions accordé Nos signes (c'est-à-dire les miracles) à Jésus fils de Marie et l'avions raffermi par l'Esprit saint. Pourquoi, chaque fois qu'un envoyé vous apporte une doctrine qui contrecarre vos passions, vous enflez-vous d'orgueil, traitant les uns de menteurs et assassinant les autres ?

88 Nos cœurs sont voilés, répondirent-ils. C'est plutôt Dieu qui les a maudits pour leur mécréance en sorte qu'ils sont hommes de peu de foi.

89 Après qu'ils eurent reçu de la part de Dieu un Livre confirmant leurs propres Écritures, et alors qu'ils demandaient auparavant *[à Dieu]* de leur accorder la victoire *[en invoquant le Prophète de la fin des temps]*, ils ne le reconnurent pas lorsqu'il vint à eux ; pire, ils le renièrent ; que la malédiction de Dieu soit sur les mécréants.
90 A quel détestable prix ont-ils vendu leur âme : renier par dépit ce que Dieu avait révélé, parce que Dieu avait fait descendre Ses faveurs sur un serviteur de Son choix. Ainsi ont-ils encouru colère sur colère et un châtiment humiliant est réservé aux mécréants.
91 Et si l'on vient à leur dire : Ajoutez foi à ce que Dieu a révélé, ils répliquent : Nous croyons à ce qui nous a été révélé mais ils nient les révélations ultérieures alors qu'elles sont la Vérité confirmant *[les Écritures]* dont ils sont possesseurs. Dis *[-leur]* : Pourquoi tuer *[dans ce cas]* les prophètes de Dieu antérieurs si vous aviez la foi ?
92 Déjà Mûssâ était venu à vous avec des preuves et malgré ce (litt. : et puis) vous aviez pris le veau *[pour idole]* après son départ, vous comportant de façon inique.
93 Et lorsque Nous prîmes acte de votre engagement et que Nous élevâmes le Sinaï au-dessus de vos têtes *[en guise de menace]* : Prenez avec une ferme résolution ce que Nous avons révélé et obéissez. Nous avons entendu et désobéi *[répondirent-ils]*. Et leur cœur s'imprégna *[de l'amour]* du veau *[d'or]* à cause de leur mécréance. Dis-leur : A quelle détestable extrémité vous pousse votre foi, vous qui *[prétendez]* être croyants[17].

17 Litt. : Quelle détestable chose vous ordonne votre foi, si vous êtes croyants.

94 Dis *[-leur]* : S'il est vrai que la Demeure Ultime vous soit acquise auprès de Dieu à l'exclusion des autres hommes, espérez donc la mort si vous êtes sincères.

95 Jamais ils n'espèreront la mort à cause des méfaits commis par leurs mains et Dieu connaît parfaitement les transgresseurs.

96 Tu trouveras les juifs plus attachés à la vie que tous les autres hommes, fussent-ils polythéistes : chacun d'eux souhaiterait pouvoir vivre mille ans, mais une telle durée *[de vie]* ne lui épargnera *[cependant]* pas le châtiment et Dieu voit tout ce qu'ils font.

**Commentaire** : Selon une autre « grille de lecture » on pourrait proposer aussi cette autre traduction : Tu trouveras les juifs plus attachés à la vie que tous les autres hommes ; et parmi les polythéistes il en est qui souhaiteraient pouvoir vivre mille ans…

97 Dis *[-leur]* : Que ceux qui sont ennemis de Gabriel *[sachent]* qu'il a fait descendre *[le Coran]* dans ton cœur avec la permission de Dieu afin de confirmer les Écritures en leur possession et à titre de guidance et de bonne nouvelle pour les croyants.

98 Que ceux qui sont ennemis de Dieu, de Ses anges, de Ses envoyés, de Gabriel et de Mikâ'îl *[sachent]* que Dieu est l'ennemi des mécréants.

99 Sans aucun doute *(inna)* Nous t'avons révélé des versets limpides que les prévaricateurs seront les seuls à nier.

100 Et chaque fois qu'ils ont contracté un engagement, une fraction d'entre eux l'a violé ; pire, la plupart d'entre eux ne croient pas.

101 Et lorsqu'un Envoyé vint à eux de la part de Dieu, qui confirmait les Écritures en leur possession, une fraction de ceux qui avaient reçu ces Écritures rejetèrent le Livre de Dieu derrière leur dos comme s'ils en ignoraient tout.

102 Ils se sont conformés à ce que suivaient (ou encore : récitaient, suivant l'autre sens du verbe *talâ yatlû*) les démons dans le royaume de Salomon, et ce n'est pas Salomon qui a sombré dans la mécréance mais bien ces mêmes démons : ils enseignaient aux hommes la magie ainsi que ce qui avait été enseigné aux deux anges de Babylone, Harût et Mârût. Mais ces deux-là n'instruisaient personne dans leur art (*bihî*) sans lui dire : Nous sommes une tentation, aussi garde-toi de la mécréance. Ainsi, les hommes apprenaient d'eux à séparer le mari de son épouse mais ils ne pouvaient faire de tort à quiconque sans la permission de Dieu ; ils apprenaient ce qui leur était nuisible et non pas ce qui pouvait leur être utile, tout en sachant que celui qui vendait ce savoir n'avait aucune part à l'Ultime Demeure. A quel détestable prix ont-ils vendu leurs âmes, si seulement ils savaient !
103 Si seulement ils avaient cru et craint *[Dieu]*, la récompense *[qu'ils en auraient retirée]* auprès de Lui eût été bien plus profitable. L'eussent-ils su seulement !
104 Ô vous qui croyez, ne dites pas : *Râ'inâ* ! (Sois attentif à nous !) mais plutôt : *Nzurnâ* ! (Regarde-nous !) et obéissez ! Un châtiment terrible est reservé aux mécréants.

**Commentaire :** Les musulmans avaient coutume de dire au Prophète : *Râ'inâ* ! qui peut se traduire par « observe-nous », « sois attentif à nous », cela dans l'espoir que le Prophète les corrige si nécessaire. Les juifs se répétaient le mot en lui donnant une autre de ses significations, (*Râ'inâ* peut vouloir dire également « accorde-nous des facilités » , « fais-nous un rabais ») ou encore une signification péjorative attestée par la langue hébraïque avec l'intention affichée de faire du tort au Prophète. Le Coran interdit donc aux musulmans l'emploi de ce vocable en le remplaçant par un autre de même sens mais qui ne prête pas à confusion.

105 Les mécréants, gens du Livre ou polythéistes, ne voulaient pas qu'une faveur venant de votre Seigneur vous soit accordée[18] ; or Dieu distingue qui Il veut en lui accordant Sa Miséricorde et Dieu détient une faveur immense.

18 Litt. : ne descende sur vous.

106 Il n'est pas un verset que Nous abrogions ou que Nous fassions tomber dans l'oubli que nous ne le remplacions par un verset préférable ou *[à tout le moins]* équivalent. Ignores-tu que Dieu est Omnipotent ?
107 Ignores-tu que Dieu possède le royaume des cieux et de la terre ? En dehors de Dieu vous n'avez ni Protecteur ni Soutien !
108 A moins que vous ne vouliez exiger de votre Envoyé les mêmes *[signes]* qui avaient déjà été demandés à Mûssâ ? Quiconque troque la foi pour la mécréance s'est d'ores et déjà écarté du chemin droit.
109 Nombre de gens du Livre et de polythéistes, après que la Vérité leur soit clairement apparue, aimeraient, poussés par la jalousie, vous faire replonger dans la mécréance après que vous ayez eu la foi. Montrez-vous indulgents et pardonneurs jusqu'à ce que Dieu vous fasse connaître Son Ordre car Dieu est Omnipotent.
110 Accomplissez la prière, acquittez l'aumône prescrite et tout le bien que vous vous offrez par avance *[en vue du Jugement]* ne sera pas perdu[19] auprès de Dieu car Dieu voit tout ce que vous faites.
111 Les gens du Livre ont dit : N'entreront au Paradis que les juifs ou les chrétiens. Tels sont leurs espoirs fallacieux. Dis *[-leur]* d'en faire la preuve s'ils sont sincères[20].
112 Que non ! Quiconque soumet sa face devant Dieu en faisant montre de vertu trouvera sa récompense auprès de son Seigneur et il ne connaîtra plus la peur ni l'affliction.

19 Litt. : vous le retrouverez.
20 Litt. : faites-en la preuve.

113 Les juifs ont affirmé que les chrétiens n'avaient aucune part *[à la Vérité]* ; *[de même]* les chrétiens ont affirmé *[que le credo des]* juifs ne reposait sur rien, alors qu'ils récitent les uns et les autres les Écritures. C'est ainsi : les ignorants s'expriment par des paroles analogues aux leurs, et c'est Dieu qui, au Jour du Jugement, tranchera au sujet de ce qui faisait l'objet de leur différend.
114 Qui donc se montre plus inique que celui qui empêche que l'on ne mentionne le Nom de Dieu dans Ses sanctuaires et qui œuvre à leur destruction ? Ceux-là n'ont pas à y entrer si ce n'est avec crainte ; ils subiront une humiliation en ce monde et un terrible châtiment leur est réservé dans l'Ultime Demeure.
115 Et c'est à Dieu qu'appartiennent l'Orient et l'Occident ; où que vous vous tourniez, là est la Face de Dieu car Dieu embrasse *[toutes choses]* et Il est Omniscient.
116 Ils ont affirmé que Dieu avait pris un fils : Gloire à Lui ! alors qu'Il possède ce qu'il y a sur terre et dans les cieux et que tous *[les êtres]* Lui sont soumis.

**Commentaire** : Ce reproche est adressé aux chrétiens qui ont fait de Jésus fils de Marie le « fils de Dieu », ce qui est au regard de l'Islam une formulation totalement inacceptable.

117 Créateur des cieux et de la terre, lorsqu'Il décide d'une chose il Lui suffit de dire : Sois ! pour qu'elle voit le jour[21].
118 Les ignorants *[te]* disent : Pourquoi Dieu ne nous parle-t-Il pas ? Et pourquoi ne nous a-t-on pas montré de signes ? Ce sont les mêmes propos qui ont été tenus par leurs prédécesseurs car leurs cœurs se ressemblent. Nous avons déjà produit *[suffisamment]* de signes pour ceux qui sont doués de certitude.
119 Certes, Nous t'avons envoyé *[porteur]* de la Vérité *[à la fois]* pour mettre en garde et annoncer la bonne nouvelle et il ne te sera demandé aucun compte des habitants de la Géhenne.

21 Litt. : et elle est.

120 Ni les juifs ni les chrétiens ne seront satisfaits de toi tant que tu ne
te seras pas conformé à leur tradition *(milla)*. Dis : Il n'est d'autre voie
que celle *[tracée]* par Dieu[22] ; et si tu te conformais à leurs passions
après la science qui t'a été révélée, tu ne trouverais en Dieu ni Soutien
ni Protecteur.
121 Ceux auxquels Nous avons révélé les Écritures les récitent avec atten-
tion[23] ; ceux-là y croient ; quant à ceux qui les nient, ils sont voués à la
perdition.
122 Ô fils d'Isrâ'îl, souvenez-vous des faveurs dont Je vous ai comblés et
*[souvenez-vous]* que Je vous ai préférés au (litt. : élus sur le) reste des
mondes,
123 et redoutez le Jour où nul ne sera utile à autrui, où l'on n'acceptera
de rachat ni d'intercession de personne, et où les êtres ne seront pas
secourus.
124 Et *[souvenez-vous]* lorsque son Seigneur éprouva Ibrâhîm (Abraham)
par des prescriptions[24], et que celui-ci les mit en pratique : Je ferai de
toi, lui dit-Il, un guide pour les hommes. Et *[qu'en sera-t-il]* de ma
postérité ? lui demanda *[Ibrâhîm]*. Mon pacte ne concerne pas les
transgresseurs, lui répondit Dieu.
125 Et *[souvenez-vous encore]* lorsque Nous fîmes de la Demeure *[sacrée]*
*(la Ka'ba)* un lieu de convergence sûr pour les hommes *[en enjoignant]* :
Prenez la station d'Ibrâhîm (Abraham) pour lieu de prière.
Et Nous chargeâmes Ibrâhîm et Ismâ'îl (Ismaël) de purifier Ma
Demeure pour ceux qui en feraient les tournées rituelles, y feraient
une retraite ou qui viendraient s'y incliner et s'y prosterner.
126 Et *[souviens-toi]* lorsqu'Ibrâhîm fit cette invocation : Seigneur, fais de
ce pays une contrée sûre et accorde à ceux d'entre ses habitants qui
croient en Dieu et au Jour dernier des fruits en guise de subsistance.
Et quant aux mécréants, répondit *[Dieu]*, Je leur accorderai aussi une
brève jouissance puis Je les contraindrai au châtiment du feu et quel
détestable avenir !

22 Litt. : que celle de Dieu.

23 Litt. : comme il convient de les réciter.

24 Litt. : des paroles, *kalimât*

127 Et *[souviens-toi]* lorsqu'Ibrâhîm éleva avec Ismâ'îl les fondations de la
Demeure *[sacrée]* : Seigneur, *[dirent-ils]*, accepte de nous *[cette œuvre]*
car Tu es Celui qui entend et sait tout.
128 Seigneur, fais de nous des musulmans soumis à Toi, et fais de notre
postérité une communauté *(umma)* qui Te soit soumise ! Enseigne-
nous nos rites et accepte notre repentir car Tu es enclin à accepter le
repentir *[de Tes serviteurs]* et Tu es le Très Miséricordieux.
129 Seigneur, suscite parmi eux un Envoyé issu des leurs qui leur récitera
Tes versets, leur enseignera la sagesse et le Livre *[sacré]* et qui les puri-
fiera car Tu es le Puissant, le Sage.
130 Et qui donc se détourne de la religion d'Ibrâhîm en dehors des insen-
sés, alors que Nous l'avons déjà élu en ce bas monde et que dans l'Ul-
time Demeure il figurera parmi les gens pieux ?
131 *[Souviens-toi]* lorsque son Seigneur lui ordonna de se soumettre[25] : Je
me soumets au Seigneur des mondes, répondit-il.
132 Et Ibrâhîm ainsi que Ya'qûb (Jacob) recommandèrent cette *[tradition]*
à leurs fils : Mes fils, Dieu a choisi pour vous cette religion, aussi ne
mourez qu'en professant l'Islam.
133 Etiez-vous donc témoins lorsque Ya'qûb (Jacob) sur le point de mou-
rir demanda à ses fils : Qu'adorerez-vous après moi ? Nous adorerons
ton Dieu et le Dieu de tes pères, Ibrâhîm, Ismâ'îl et Ishâq (Isaac), un
Dieu Unique auquel nous sommes soumis.
134 Voici une génération (litt. : une communauté) qui a disparu ; elle a
emporté[26] ce qu'elle s'est acquis et vous aurez, quant à vous, ce que
vous vous êtes acquis et il ne vous sera demandé nul compte de leurs
œuvres.

**Commentaire** : De leurs œuvres, c'est-à-dire des œuvres de la génération qui a disparu.

25 Litt. : soumets-toi.

26 Litt. : elle a.

135 Soyez juifs ou chrétiens et vous serez guidés ont prétendu *[les gens du Livre]*; réplique *[-leur]*: Plutôt *[suivre]* la religion d'Ibrâhîm en pur *[monothéiste]* et il n'était pas du nombre des associateurs[27].

136 Dites *[-leur]*: Nous avons foi en Dieu, en ce qui nous a été révélé et en ce qui a été révélé à Ibrâhîm, à Ismâ'îl, à Ishâq, à Ya'qûb et aux tribus [d'Isrâ'îl]; et aussi ce qui a été révélé de la part de leur Seigneur à Mûssâ, à Jésus et aux prophètes. Nous ne faisons de différence entre aucun d'entre eux et c'est à Dieu que nous sommes soumis.

137 S'ils adoptent votre croyance[28], alors ils seront guidés; mais s'ils s'en détournent, ce n'est *[au fond]* que parce qu'ils sont en désaccord avec vous et Dieu vous suffira contre eux; Il est Celui qui entend et sait tout.

138 Telle est la coloration[29] *[que]* Dieu *[nous a donnée]*[30]. Et qui donc assigne une meilleure orientation (litt.: colore mieux) que Dieu? Quant à nous, nous L'adorons.

139 Dis *[-leur]*: Argumenterez-vous avec nous au sujet de Dieu alors qu'Il est notre Seigneur et le vôtre, que nous avons nos œuvres et vous les vôtres et que nous Lui sommes entièrement dévoués *(mukhlisûn)*?

140 Ou bien soutiendrez-vous qu'Ibrâhîm, Ismâ'îl, Ishâq, Ya'qûb et les *[douze]* tribus étaient juifs ou chrétiens? Dis *[-leur]*: Qui donc est le mieux Informé[31], vous ou Dieu? Et qui donc est plus inique que celui qui dissimule par-devers lui un témoignage[32] que Dieu *[lui a confié]*? Et rien de ce que vous faites ne saurait échapper à Dieu.

141 Voici une communauté (ou encore: une génération) qui a disparu; elle a emporté[33] ce qu'elle s'est acquis et vous emporterez, quant à vous, ce que vous vous êtes acquis et il ne vous sera demandé nul compte de ses (litt.: de leurs) œuvres.

---

27 Les termes *mushrikûn*, « associateurs », et *shirk*, « associationnisme », appellent quelques remarques car ils font partie du vocabulaire fondamental du Coran et servent à désigner le péché capital par excellence: le *shirk* en effet est le seul péché qui ne puisse être pardonné. Donner un associé à Dieu revient, du point de vue de l'Islam, à considérer qu'il puisse exister en dehors de Lui une autre cause efficace. Ainsi, ce ne sont pas le feu qui brûle, ni la nourriture qui rassasie, ni le médicament qui guérit, mais bien Dieu qui agit comme unique cause efficiente, voilé par toutes ces causes secondes. Il en résulte deux sortes d'associationnisme: tout d'abord la « banale » idolâtrie qui consiste à donner à Dieu une « représentation » qui va se substituer progressivement à Celui qu'elle était censée initialement représenter; et une autre forme plus subtile qui consiste à s'imaginer que d'autres agents ont une action réelle aux côtés de Dieu.

28 Litt.: s'ils ajoutent foi à la même chose que vous.

29 La « coloration » *(sibgha)* dont il est question dans ce verset est bien entendu celle de l'Islam et c'est pourquoi la plupart des commentaires en font un synonyme du mot *dîn*, « tradition », « religion ».

30 Litt.: coloration de Dieu, *sibghatu-Llâh*.

31 Litt.: le plus savant.

32 Ce témoignage est celui des Écritures en faveur du Prophète de l'Islam, que juifs et chrétiens dissimulaient pour se soustraire au nouveau statut qu'il était chargé de promulguer.

33 Litt.: elle a.

142 Les plus sots des hommes s'interrogeront : Qu'est-ce qui les a détournés de l'orientation rituelle *(Qibla)* qui était la leur ? Réponds : C'est à Dieu qu'appartiennent l'Orient et l'Occident et Il guide qui Il veut sur une voie droite.

143 C'est ainsi que Nous avons fait de vous une communauté médiane afin que vous soyez témoins à l'encontre des hommes[34] et que l'Envoyé soit témoin à votre encontre. Nous n'avions établi ta précédente orientation rituelle qu'afin de distinguer ceux qui suivraient l'Envoyé de ceux qui apostasieraient[35] ; cela est certes une chose pénible, sauf pour ceux que Dieu a guidés. Et Dieu n'est pas tel qu'Il veuille vous priver des bénéfices de votre foi car Dieu est Compatissant et Miséricordieux envers les hommes.

144 Nous te voyons tourner régulièrement ton visage vers le ciel (ou encore : lever ta face...) ; aussi te ferons-Nous prendre une orientation qui aura ta faveur. Désormais tourne ta face en direction de la Mosquée sacrée et où que vous soyez, tournez votre face dans cette direction ! Certes ceux qui ont reçu les Écritures savent que cette disposition (litt. : cela) est la Vérité venant de leur Seigneur et rien de ce que vous faites ne saurait échapper à Dieu.

145 Et même si tu produisais[36] toutes sortes de signes à ceux qui ont reçu les Écritures, ils n'en suivraient pas *[pour autant]* ton orientation pas plus que tu ne suivras la leur ; du reste, les uns ne suivent pas l'orientation des autres. Et si tu te conformais à leurs passions en dépit de la science qui t'a été révélée, tu serais sans nul doute au nombre des transgresseurs.

---

34 Il peut sembler curieux que les prophètes soient des témoins « à charge » à l'encontre de leurs communautés respectives d'autant plus qu'un rôle de médiateurs leur est explicitement reconnu au Jour de la Résurrection. En réalité, les prophètes sont un des aspects du discernement que doivent opérer les textes sacrés. Salvateurs pour les uns, ils constituent fatalement une « accusation » implicite pour ceux qui refusent de se soumettre à leurs injonctions, fussent-ils de leur communauté. Selon la plupart des commentaires la précédente orientation rituelle est celle de Jérusalem qu'il fallut modifier pour celle de La Mecque. Certains cependant estiment que c'est La Mecque d'avant l'Islam qui est évoquée ; l'épreuve aurait alors été de s'orienter vers Jérusalem, ce qui n'était pas du goût de la plupart des Arabes. Toujours est-il que cette dernière interprétation paraît peu vraisemblable.
La fin du verset est une réponse à la question que se posaient certains compagnons : Qu'adviendra-t-il de ceux d'entre nous qui sont morts avant le changement de Qibla ? Conserveront-ils le bénéfice de leurs prières ? Dieu leur fait donc cette réponse : Et Dieu n'est pas tel qu'Il veuille vous priver des bénéfices de votre foi...
Berque fait remarquer que ce verset situé exactement au milieu de la sourate « La Génisse », puisque cette dernière en comprend deux cent quatre-vingt-six, fait de La Mecque le nouveau « centre du monde » à partir duquel chacun est appelé à se déterminer. Ceux qui acceptent cette nouvelle orientation, qui a désormais valeur normative, constituent la communauté médiane (umma wasata) à l'aune de laquelle l'humanité tout entière sera jugée en vertu du statut de « gens de la fitra » qui leur est conféré : ceux-ci ont en effet retrouvé le chemin de l'humanité primordiale.

35 Litt. : détourneraient les talons. L'expression française un peu triviale « retourner sa veste » donne une idée assez exacte de son équivalent arabe *inqalaba 'alâ 'aqibayhi*.

36 Litt. : si tu apportais.

146 Ceux auxquels Nous avons révélé le Livre le connaissent comme ils connaissent leurs propres enfants, mais il y une fraction d'entre eux qui dissimule la Vérité en connaissance de cause.

**Commentaire** : Pour les uns c'est le Coran que les gens du Livre connaissent tout en faisant semblant de l'ignorer. Selon d'autres c'est la personne du Prophète dont la description leur était donnée par leurs Écritures et dont ils n'ignoraient rien.

'Abd Allâh b. Salâm, l'un des principaux juifs acquis à l'Islam, n'affirmait-il pas connaître mieux le Prophète que ses propres enfants ?

147 La Vérité vient *[tout entière]* de ton Seigneur, ne sois donc pas de ceux qui doutent !
148 Chacun a une direction qui lui est propre (ou encore, selon une autre interprétation : chacun a la direction que Dieu lui a assignée). Empressez-vous plutôt *[d'accomplir]* des œuvres pies. Où que vous soyez, Dieu vous rassemblera tous *[pour la Résurrection]* car Il est Omnipotent.
149 Et d'où que tu partes[37] *[en voyage]*, tourne ta face en direction de la Mosquée sacrée, car telle est la prescription équitable[38] venant de ton Seigneur et rien de ce que vous faites ne saurait échapper à Dieu.
150 Et d'où que tu partes, tourne ta face en direction de la Mosquée sacrée; où que vous soyez, tournez votre face vers elle afin que les gens soient privés d'arguments contre vous, exception faite des injustes. Ne les craignez cependant pas, mais *[en revanche]* craignez-Moi, cela afin que Je parachève Mes faveurs à votre endroit ; sans doute serez-vous bien guidés.
151 C'est ainsi que Nous vous avons envoyé un Prophète *[choisi]* parmi vous qui vous récite Nos versets, vous purifie, qui vous enseigne le Livre et la sagesse et vous enseigne ce que vous ignoriez.
152 Invoquez-Moi, Je Me souviendrai de vous, témoignez-Moi de la gratitude et ne Me reniez pas.
153 Ô vous qui avez la foi, armez-vous de patience et cherchez un recours dans la prière ; certes Dieu est avec ceux qui montrent de la constance.

37 Litt. : d'où que tu sortes, *kharajta*.

38 Litt. : telle est la Vérité.

154 Et ne dites pas de ceux qui ont été tués pour la cause de Dieu qu'ils sont morts ! En réalité ils sont vivants mais vous ne le sentez pas (ou : vous n'avez pas consience de *[leur présence]*).
155 Nous vous éprouverons quelque peu par la faim, la peur, la perte de vos biens et de vos récoltes et *[jusque]* dans vos personnes ; *[cependant]* annonce la bonne nouvelle à ceux qui sont constants,
156 ceux qui, lorsqu'une catastrophe s'appesantit sur eux, s'exclament : C'est à Dieu que nous appartenons et c'est vers Lui que nous retournons ;
157 ceux-là, les bénédictions et la Miséricorde venant de leur Seigneur se répandent sur eux et ceux-là sont bien guidés.
158 Nul doute *(inna)* *[que les collines de]* *Safâ* et *Marwâ* soient des signes de Dieu ; celui qui accomplit le parcours rituel entre ces deux collines en se rendant à la Demeure sacrée *[lors du pèlerinage]* ou du pèlerinage mineur n'encourt aucun blâme. Et Dieu *[outre qu'Il]* est Reconnaissant à l'égard de ceux qui accomplissent des œuvres surérogatoires, est *[aussi]* parfaitement Informé.
159 Ceux qui dissimulent les preuves qui ont été révélées après que Nous les ayons exposées aux gens dans le Livre, ceux-là sont maudits de Dieu et des imprécateurs.
160 Exception faite de ceux qui se sont repentis et se sont réformés en exposant *[ce qu'ils avaient dissimulé]*. A ceux-là Je consentirai Mon pardon car J'accepte volontiers le repentir *[de Mes serviteurs]* et Je suis le Très Miséricordieux.
161 Certes ceux qui ont sombré et sont morts dans la mécréance seront frappés de la malédiction de Dieu, des anges et de tous les hommes.
162 Ils en seront à jamais les victimes[39] et leur supplice ne sera ni allégé ni différé.
163 Et votre Dieu est un Dieu Unique, il n'est de Dieu que Lui, le Tout Miséricordieux, le Très Miséricordieux.

39 De cette malédiction.

164 Certes dans la création des cieux et de la terre, dans la succession des jours et des nuits, dans les vaisseaux qui évoluent sur la mer *[en transportant]* ce qui est utile aux hommes, dans la pluie que Dieu fait tomber du ciel vivifiant ainsi la terre de sa stérilité[40] tout en y disséminant toutes sortes d'êtres rampants, dans la soumission des vents et des lourds nuages assujettis entre ciel et terre, il y a des signes pour ceux qui *[savent les]* méditer.
165 Il est des hommes qui choisissent en dehors de Dieu des idoles[41] qu'ils aiment à l'égal de Dieu, mais ceux qui ont la foi éprouvent davantage d'amour pour Dieu. Si seulement les transgresseurs, lors de la vision *(yarâ)* du châtiment, se rendaient compte que la force tout entière appartient à Dieu et que Dieu *[inflige]* un châtiment douloureux !

**Commentaire :** Il existe une autre lecture qui entraînerait cette modification de la traduction : Si seulement tu voyais (*tarâ* au lieu de *yarâ*) les transgresseurs, lorsque, confrontés au châtiment, ils se rendront compte que la force… ou encore : tu te rendrais compte au lieu de ils se rendront compte.

166 Et lorsque les meneurs[42] se désolidariseront de ceux qui les ont suivis, et qu'ayant vu le châtiment, ils rompront toute relation,
167 lorsque ceux qui les ont suivis s'écrieront : Ah ! si seulement nous pouvions retourner sur terre afin de les désavouer comme ils l'ont fait pour nous ! C'est ainsi que Dieu leur fera voir leurs fautes comme autant *[de sources]* de regrets et jamais ils ne sortiront du feu.
168 Hommes, nourrissez-vous de ce que la terre produit de bon et de licite et ne suivez pas les traces du shaytân (*diable*) car il est pour vous un ennemi déclaré.
169 Il ne vous ordonne que le mal et la turpitude et *[il vous ordonne]* de dire au sujet de Dieu ce que vous ignorez.

---

40 Litt. : vivifiant la terre morte.
41 Litt. : des pairs, des égaux.
42 Litt. : ceux qui ont été suivis.

170 Et si on leur demande de suivre ce que Dieu a révélé, ils répondent : Nous préférons nous conformer à ce que suivaient nos pères. Et si leurs pères étaient privés de raison et de repères[43] ?

171 Ceux qui ont sombré dans la mécréance sont comparables à celui qui lance un cri *[en direction du bétail]* qui n'en perçoit qu'un appel sonore sans en entendre *[le sens]*. Sourdes, muettes et aveugles, ces bêtes sont dépourvues de raison.

**Commentaire :** Ainsi traduit, on comprend du verset que les mécréants, lorsqu'ils adressent leurs invocations à leurs idoles, ne seront pas plus compris de celles-ci que le bouvier ne l'est de ses vaches lorsqu'il leur lance un appel.
Il existe cependant une autre traduction possible de ce verset qui compare les mécréants eux-mêmes à ce bétail stupide. Sourds aux appels de la foi, ils ne comprennent rien au discours qui leur est adressé : Les mécréants sont comparables *[au bétail]* auquel on lance un cri dont il ne perçoit qu'un appel sonore sans en entendre *[le sens]*. Sourds, muets et aveugles, ils sont dépourvus de raison.

172 Ô vous qui avez la foi, nourrissez-vous de ces aliments délicieux que Nous vous avons accordés en guise de subsistance et témoignez de la reconnaissance à Dieu si c'est *[bien]* Lui que vous adorez.

173 Dieu vous a seulement interdit la chair non sacrifiée, le sang, la viande de porc et tout ce qui a été sacrifié à un autre que Dieu. *[Cependant]* quiconque est contraint *[d'en manger]* n'encourt pas de blâme *[à condition]* de ne pas en manger plus *[que le nécessaire, ghayra bâghin]* et de ne pas transgresser *[la Loi]*, car Dieu est Pardonneur et Miséricordieux.

**Commentaire :** Le mot *bâghin* est susceptible de plusieurs interprétations : 1) A condition de ne pas être un bandit *(bâghin)* de grand chemin qui détrousse *('âdin)* les voyageurs. 2) Et de ne pas être un glouton *(bâghin)* qui en mange plus que le strict nécessaire *('âdin)*.

174 Ceux qui dissimulent une partie de ce que Dieu a révélé dans le Livre pour le vendre à un vil prix, ceux-là n'ingurgiteront que du feu dans leurs entrailles et Dieu ne leur parlera pas au Jour du Jugement, Il ne fera pas leur éloge et un supplice douloureux leur sera réservé.

175 Ceux-là sont ceux qui ont troqué la guidance pour l'égarement et le pardon pour le châtiment ; sont-ils si endurants au feu[44] ?

176 Ce supplice *[leur sera infligé]* parce que Dieu a révélé le Livre au moyen de (ou encore : porteur de)[45] la Vérité et que ceux qui font du Livre un objet de divergence sont *[avec vous]* en profond *(ba'îd)*[46] désaccord.

43 Litt. : de guidance.
44 Litt. : comme ils semblent armés pour endurer le feu !
45 Litt. : par la vérité.
46 On aurait également pu traduire *ba'îd* par : de façon tendancieuse.

177 La vertu ne consiste pas à tourner le visage vers l'Orient ou l'Occident mais elle consiste à croire en Dieu, au Jour dernier, à Ses anges, à Ses Écritures et à Ses prophètes ; à donner en dépit de sa cupidité du bien à ses proches, aux orphelins, aux indigents, aux voyageurs, aux mendiants ou *[en vue de racheter]* des esclaves ; à accomplir la prière, à acquitter l'aumône prescrite, à tenir les engagements conclus, à faire montre de constance dans l'adversité et la maladie et lors des combats. Ceux-là [qui se comporteront ainsi] auront témoigné de leur sincérité et de leur crainte [de Dieu].

178 Ô vous qui avez la foi, le talion vous a été prescrit en cas de meurtre : l'homme libre [sera tué] pour l'homme libre, l'esclave pour l'esclave, la femme pour sa semblable. Il sera exigé sans brutalité *(bi-l-ma'rûf)* de celui qui aura bénéficié de la clémence de son frère[47] *[un dédommagement]* qu'il acquittera de bonne grâce ; cette disposition est un allégement et une Miséricorde[48] de votre Seigneur. Quiconque témoignera de l'hostilité *[au meurtrier]* après un tel arrangement aura à subir un châtiment douloureux[49].

179 Pour vous, la loi du talion épargnera des vies[50] ; vous qui êtes doués d'intelligence, peut-être éprouverez-vous de la crainte.

180 Il vous a été prescrit, quand l'un de vous est à l'article de la mort et qu'il a laissé du bien derrière lui, de faire un testament conformément à l'usage (ou encore : équitable, *bi-l-ma'rûf*) en faveur des père et mère et des proches ; ceci est un devoir pour les gens pieux.

181 Quiconque le modifiera après en avoir pris connaissance se charge d'un péché qui n'incombera qu'à ceux qui l'ont altéré car Dieu entend et sait tout.

---

47 *Man 'ufiya lahu min akhîhi shay'.*

48 Les parents de la victime sont en droit de renoncer à se venger du meurtrier (celui qui aura bénéficié de la clémence de son frère) qui devra alors acquitter le prix du sang (*diya*). Si un tel arrangement parvient à sa conclusion, les parents de la victime ne sont plus en droit de venger leur mort par le sang (Quiconque témoignera de l'hostilité *[au meurtrier]* après un tel arrangement aura à subir un châtiment douloureux).
Il existe toutefois une autre traduction possible qui fait du sujet apparent de la phrase *Man 'ufiya lahu min akhîhi shay'* le parent de la victime et non plus le meurtrier :

49 Ou ô vous qui avez la foi, le talion vous a été prescrit en cas de meurtre : l'homme libre *[sera tué]* pour l'homme libre, l'esclave pour l'esclave, la femme pour sa semblable. Que ceux qui ont reçu de leur frère (il s'agit ici du meurtrier) un dédommagement adoptent ensuite une attitude clémente ; et que *[le coupable de son côté]* acquitte *[le prix du sang]* avec empressement ; cette disposition est un allégement et une Miséricorde de votre Seigneur. Quiconque témoignera de l'hostilité *[au meurtrier]* après un tel arrangement aura à subir un châtiment douloureux

50 Ou encore : est source de vie. Litt. : il y a de la vie dans le talion.

182 Celui qui, pour avoir redouté la malhonnêteté et l'injustice d'un testateur, a tenté de les[51] concilier n'a commis aucune faute, car Dieu est Pardonneur et Miséricordieux.
183 Ô vous qui avez la foi, le jeûne vous a été prescrit de même qu'il a été prescrit à ceux qui vous ont précédés ; sans doute *[Me]* craindrez-vous.
184 *[Il vous a été prescrit]* un nombre de jours limité. Ceux qui sont malades ou bien en voyage *[devront remplacer les jours manqués]* par un nombre de jours équivalent. Quant à ceux qui ne sont pas en mesure de jeûner[52], qu'ils se rachètent en nourrissant un pauvre. Ceux qui feront preuve de largesse *[en la circonstance, fa man tataww'a khayran]* en retireront un grand bien, mais il est préférable pour vous de jeûner, pour peu que vous soyez doués d'entendement.
185 Le mois de ramadân *[est celui]* au cours duquel le Coran a été révélé comme guidance pour les hommes *[en exposant]* les détails de cette guidance et de ce Discernement[53]. Celui d'entre vous qui aura vu *[le croissant lunaire marquant]* le commencement du mois devra le jeûner. Quant au malade et au voyageur, ils compenseront les jours non jeûnés par un nombre de jours équivalent ; cela afin que vous puissiez le jeûner en totalité et magnifier Dieu *[le jour de la rupture]* pour vous avoir guidés. Dieu veut vous faciliter *[la tâche]*, Il ne veut pas vous la rendre pénible.
186 Et si Mes serviteurs te questionnent à Mon sujet, *[qu'ils sachent]* que Je suis proche et que J'exauce les requêtes de celui qui Me supplie lors de ses invocations. Aussi qu'ils répondent à Mes requêtes et qu'ils aient foi en Moi ; sans doute seront-ils guidés.

---

51 Les désigne le testateur et les héritiers.

52 Le tronçon de phrase ceux qui ne sont pas en mesure de jeûner est également susceptible de deux interprétations. En effet, la phrase arabe *alladhîna yutîqûnahu* signifie rigoureusement le contraire de ce qui figure dans notre traduction, à savoir : ceux qui sont en mesure de jeûner. Ceux qui ont voulu conserver le sens littéral en ont conclu que ce verset, offrant à ceux qui ne souffraient d'aucune faiblesse la possibilité d'échapper au jeûne moyennant une aumône, était une tolérance des débuts de la révélation, mais qu'elle avait été abrogée ultérieurement par la suite de ce même verset : Celui d'entre vous qui aura vu *[le croissant lunaire marquant]* le commencement du mois devra le jeûner. Les tenants de cette interprétation estiment en toute logique que la phrase qui suit (*fa man tatawwa'a khayran*) signifie dans ce cas : quant à ceux qui renonceront spontanément à l'aumône *[pour le jeûne]*, ils en retireront un grand bien. Pour d'autres, il convient de l'interpréter de la façon suivante : ceux qui sont en mesure de jeûner *[avec difficulté]*, d'où la traduction que nous avons proposée. Dans ce cas, *man tattawa'a khayran* signifie : ceux qui feront preuve de largesse en acquittant le rachat (*fidya*) qui leur est imposé pour avoir manqué le jeûne.

53 Le « Discernement » ou la « Discrimination » est un des noms donnés au Coran. Envisagé sous son aspect « synthétique », le Coran, tout entier est révélé au Prophète en une seule nuit (la « Nuit de la Mesure ») selon un mode de transmission inaccessible au commun des mortels. Ce n'est que sa révélation graduelle traduite en langage humain (en une claire langue arabe) qui est destinée à l'ensemble de l'humanité. C'est également cette révélation graduelle qui établit la distinction entre licite et illicite, bon et mauvais, amis et ennemis, qui reçoit à juste titre le nom de « Discernement » ou « Discrimination ».

187 Il vous est permis de commercer avec vos épouses pendant les nuits du
*[mois de]* jeûne. De même qu'elles sont un vêtement pour vous, vous
en êtes un pour elles; Dieu savait que vous vous dupiez vous-mêmes
*[durant les nuits du jeûne en transgressant Ses interdits]*; Il a accepté
votre repentir et S'est montré Indulgent envers vous. Désormais, cohabitez avec elles en recherchant ce que Dieu vous a destiné[54] (*mâ kataba Allâhu lakum*); mangez et buvez jusqu'à ce que vous distinguiez la blancheur de l'aurore des ténèbres de la nuit. Puis complétez votre jeûne jusqu'au *[début de]* la nuit et ne commercez pas avec vos épouses alors que vous êtes retirés dans les mosquées. Telles sont les limites fixées par Dieu : ne vous en approchez pas ! C'est ainsi que Dieu explicite Ses signes en faveur des hommes; peut-être Le craindront-ils !
188 Ne vous emparez pas mutuellement de vos biens de manière illicite
et ne corrompez pas[55] les dirigeants[56] afin d'engloutir injustement une
fraction des biens d'autrui alors que vous *[vous]* savez *[en tort]*.
189 Ils te questionneront au sujet des mansions lunaires; dis-leur qu'elles permettent aux hommes de déterminer le temps et en particulier celui du pèlerinage. La vertu ne consiste pas à entrer dans les maisons en passant par le toit[57] mais elle consiste à craindre *[Dieu]*; entrez donc dans *[vos]* demeures en passant par la porte et ayez la crainte de Dieu; peut-être réussirez-vous.
190 Combattez pour la cause de Dieu ceux qui vous combattent, mais
sans outrepasser les limites car Dieu n'aime pas les transgresseurs.

---

54 Ce que Dieu vous a destiné (*mâ kataba Allâhu lakum*), c'est-à-dire l'enfant que Dieu vous a destiné selon certains commentateurs. D'autres estiment que le mot *kataba* a ici le sens de « prescrire », d'où cette autre traduction également possible : en recherchant ce que Dieu vous a *[nouvellement]* prescrit, à savoir la possibilité de manger, de boire et d'avoir des rapports sexuels pendant les nuits du mois de jeûne.
Jusqu'à ce que vous distinguiez la blancheur de l'aurore des ténèbres de la nuit est une traduction assez libre du texte arabe qui parle clairement d'un fil blanc et d'un fil noir qu'il conviendrait de distinguer avant d'interrompre le repas. On a même rapporté que la précision donnée par le mot *fajr*, « aurore », n'aurait été révélée que dans un second temps suite à la confusion créée par le verset. Certains compagnons en effet, prenant le texte à la lettre, attendaient de pouvoir distinguer un fil blanc d'un fil noir en pensant que c'est ainsi que l'on déterminait l'aurore. Le Prophète leur expliqua alors qu'il s'agissait d'une métaphore tout en s'amusant parfois de leur naïveté.

55 Litt. : n'offrez pas de pot de vin.

56 Le mot *hukkâm*, pluriel de *hâkim*, peut aussi bien désigner un juge qu'un gouverneur ou toute autre personne investie de l'autorité. C'est ce qui a motivé notre traduction.

57 Certains musulmans considéraient en effet qu'en revenant du pèlerinage ils se devaient de rentrer chez eux par le toit afin de ne pas se séparer du ciel. Cette pratique vraisemblablement antéislamique est fustigée par le Coran comme ne faisant pas partie du hajj. Le Livre saint invite les musulmans qui se préoccupent de questions futiles telles que les mansions de la lune à traiter plutôt les problèmes qui se posent à eux en partant sur des bases saines sans tenter « d'entrer dans la maison par le toit ».

191 Tuez-les où que vous les rencontriez et chassez-les d'où ils vous ont chassés[58] : la sédition est pire que le meurtre ; ne les combattez pas cependant dans la Mosquée sacrée tant qu'ils ne vous y combattent pas mais s'ils le font, alors tuez-les ! Telle est la rétribution des mécréants.

192 Et s'ils renoncent *[à la mécréance]*, Dieu est Pardonneur et Miséricordieux.

193 Combattez-les afin que la sédition ne se répande pas et que la religion soit consacrée exclusivement à Dieu, et s'ils renoncent *[au polythéisme]* ne leur témoignez plus d'hostilité, exception faite de ceux qui auront un comportement inique.

194 *[Une agression au cours d']* un mois sacré *[vaut]* pour *[une agression au cours d']* un mois sacré[59] : le talion s'applique aussi aux choses saintes. A celui qui vous agresse, ripostez par une agression semblable ; craignez Dieu et sachez que Dieu est aux côtés (litt. : avec, *ma'a*) de ceux qui *[Le]* redoutent.

195 Et dépensez vos biens pour la cause de Dieu sans vous précipiter vous-mêmes à votre propre perte[60] et témoignez de votre vertu car Dieu aime ceux qui œuvrent vertueusement.

196 *[Après avoir entamé]* le pèlerinage ou la *'umra*[61], menez-les à leur terme en vue de *[plaire à]* Dieu, et si vous en êtes empêchés, faites un sacrifice à votre portée *(mâ stayssara min al-hady)* mais ne vous rasez pas la tête avant que la bête sacrificielle ne soit parvenue au lieu où il convient *(mahilla)* *[de l'égorger]*. Quant aux malades et à ceux qui souffrent d'une affection à la tête, qu'ils se rachètent *[après s'être coupé les cheveux]* par un jeûne, une aumône ou un sacrifice. Si maintenant vous êtes en sécurité, que celui qui aura bénéficié *(man tamatta'a)* *[d'une désacralisation]* entre la *'umra* et le pèlerinage fasse un sacrifice à sa portée et, s'il n'a pas de quoi le faire, qu'il jeûne trois jours durant le pèlerinage et sept jours une fois revenu *[chez lui]*, ce qui lui fera une durée *[de jeûne]* de dix jours complets. *[Cependant]*, ceci n'est valable que pour ceux dont la famille ne réside pas dans la Mosquée sacrée ; craignez donc Dieu et sachez que Dieu est impitoyable dans Son châtiment.

---

58 Chassez-les d'où ils vous ont chassés, c'est-à-dire de La Mecque, Dieu la préserve et l'honore.

59 Un mois sacré pour un mois sacré , c'est-à-dire : de la même façon que vous avez été empêchés par les Qurayshites d'accomplir le pèlerinage au cours d'un mois sacré, vous prendrez La Mecque par la force au cours d'un autre mois sacré car, en vertu de la loi du talion, la violation des choses saintes (*hurumât*) en engendre une semblable.

60 Sans vous précipiter vous-mêmes à votre propre perte en renonçant à faire un effort financier en vue de la « guerre sainte », ce qui vous exposerait aux coups de vos ennemis.

61 La *'umra* ou « pèlerinage mineur » est une obligation religieuse qui ne comprend que deux des rites du pèlerinage : les tournées rituelles autour de la *Ka'ba* et le parcours, sa'î, qui relie la colline de Safâ à celle de Marwa. Le fidèle qui se rend à La Mecque en vue d'accomplir son pèlerinage a le choix entre l'accomplissement de ce rite isolément, sans le faire précéder d'une 'umra, ou au contraire l'accomplissement de ces deux rites ensemble.

197 Le pèlerinage *[doit s'accomplir]* pendant des mois déterminés[62]. Celui qui se l'impose pendant cette période doit éviter les propos obscènes, les transgressions et les polémiques et Dieu est Informé du bien que vous faites. Faites des provisions tout en sachant que la meilleure des provisions est la crainte de Dieu ; aussi, redoutez-Moi, vous qui êtes doués d'intelligence.
198 Vous ne serez pas blâmés pour avoir recherché les faveurs de votre Seigneur et lorsque vous redescendrez *(afadtum*[63]*)* de *'Arafât*, invoquez Dieu dans la station sacrée ! Souvenez-vous de Lui pour ce qu'Il vous a guidés, alors qu'avant Lui vous étiez au nombre des égarés.
199 Puis entamez la redescente en empruntant le même chemin que le *[commun]* des gens[64] et demandez pardon à Dieu car Dieu est Pardonneur et Miséricordieux.
200 Une fois que vous aurez accompli vos rites souvenez-vous de Dieu de la façon dont vous vous souveniez de vos pères[65] ou même avec davantage de force, car il est des hommes qui disent : Seigneur, accorde-nous *[des faveurs]* en ce monde et qui n'auront aucune part à l'Ultime Demeure.
201 D'autres L'invoquent en disant : Seigneur, accorde-nous un bienfait en ce monde et un bienfait dans l'Ultime Demeure et préserve-nous du châtiment du feu.
202 Ceux-là auront une part à ce qu'ils ont acquis *[par leurs œuvres]* et Dieu est prompt à *[vous]* rétribuer.

---

62 Les mois déterminés sont *Shawwâl, Dhû-l-Qi'da* et *Dhû-l-Hijja*. Selon al-Bukhârî, les Yéménites accomplissaient le pèlerinage sans faire de provisions et disaient d'eux-mêmes : « Nous avons confiance en Dieu ». C'est pour corriger cette prétention injustifiée que Dieu révéla à cette occasion : Faites des provisions tout en sachant que la meilleure des provisions est la crainte de Dieu.

63 Le terme *afâda* que nous avons rendu par « redescendre » évoque l'idée d'effusion, de déferlement, de descente ; il est de la même racine que le mot *fayd* généralement employé par les spirituels musulmans pour parler d'une effusion de la grâce ou d'une descente des secrets seigneuriaux et de la ***baraka***. C'est un peu comme si la foule transformée par sa rencontre avec Dieu dans la plaine de 'Arafât en redescendait en véhiculant Sa grâce.
La phrase : pour avoir recherché les faveurs de votre Seigneur est interprétée d'ordinaire par les juristes comme la latitude laissée au pèlerin de s'adonner au commerce en période de hajj.
La station sacrée dont il est question dans ce passage est celle de Muzdalifa.

64 Il semble que cet ordre soit adressé aux Qurayshites qui refusaient d'observer la station de 'Arafât sous prétexte qu'en tant qu'habitants du territoire sacré (*haram*) ils ne pouvaient stationner que dans le territoire sacré ; c'est pourquoi ils s'arrêtaient à Muzdalifa qui faisait encore partie du ***haram*** tandis que le commun des pèlerins stationnait à 'Arafât qui se trouvait dans le ***hill***, territoire géographique encerclant le ***haram*** et déterminé par six points nommés en arabe ***mîqât***. C'est à partir du ***hill*** que le pèlerin qui vient de l'extérieur (*âfâqî*) devra se mettre en état de consécration. Précisons encore que le Prophète se rendait à 'Arafât avant même que cette injonction n'eut été donnée par le Coran.

65 Les anciens Arabes avaient en effet pour coutume de vanter les mérites de leurs ancêtres auprès des stèles dites de lapidation du diable.

203 Invoquez Dieu pendant des jours comptés[66]; celui qui aura hâté *[son départ]* au deuxième jour n'encourt pas de blâme, pas plus que celui qui le diffère au troisième pour peu qu'ils aient la crainte *[de Dieu]*; craignez Dieu et sachez que c'est auprès de Lui que vous serez rassemblés.

204 Il est des gens dont les propos relatifs à la vie de ce monde te séduiront et qui prendront Dieu à témoin de ce qu'ils ont dans le cœur alors qu'ils sont Ses pires ennemis.

205 Sitôt qu'ils t'ont quitté, ils œuvrent à semer la corruption sur terre en ravageant les champs et en détruisant le bétail; or Dieu n'aime pas la corruption.

**Commentaire**: Révélé à propos d'al-Akhnas b. Sharîq qui, après avoir annoncé sa conversion devant le Prophète, s'était empressé de brûler des récoltes et de détruire du bétail appartenant aux musulmans, ce verset concerne bien évidemment tous les hypocrites quels que soient leurs actes et leurs mobiles.

206 Et si l'on vient à lui demander de craindre Dieu, sa fierté le conduit à s'obstiner (litt.: à pécher). La Géhenne aura raison de lui (litt.: lui suffira): quelle détestable couche!

**Commentaire**: Le feu est comparé à une couche, voire à un berceau, qui entoure « son enfant » de toutes parts.

207 Il est des hommes en revanche qui rachètent leur âme par désir de plaire à Dieu et Dieu est Compatissant envers Ses serviteurs.

208 Ô vous qui avez la foi[67], mettez-vous tous en paix *(silm)* *[les uns avec les autres]*[68] et ne suivez pas les traces du diable, car il est pour vous un ennemi déclaré.

209 Et si vous faites un faux pas après avoir reçu de telles preuves, sachez que Dieu est Puissant et Sage.

210 Qu'attendent-ils donc? Que Dieu *[en personne]* vienne à l'ombre des nuages au-devant d'eux accompagné des anges et qu'ainsi tout soit consommé? Mais c'est à Dieu que seront ramenées toutes choses!

---

66 Les jours comptés sont les trois jours qui suivent le jour du sacrifice (soit les dix, onze et douze de Dhû al-Hijja). L'invocation dont il s'agit sont les « magnificat » *(takbîrs)* que l'on doit répéter après chaque prière à partir du jour du sacrifice jusqu'à l'après-midi *('asr)* du treize.

67 Cette invitation est adressée aux gens du Livre (vous qui avez la foi) qui sont ainsi conviés à rejoindre le clan des protégés (*dhimmis*), lesquels acquittaient un tribut (*jizya*) au pouvoir musulman, ce qui les mettait à l'abri des exactions en les faisant bénéficier des avantages de la « pax islamica ».

D'autres ont voulu voir dans ce verset une invitation à l'Islam en faisant du mot *silm* un synonyme d'Islam. D'un point de vue linguistique cette interprétation est moins vraisemblable mais, dans cette hypothèse, le discours s'adresse encore aux gens du Livre.

D'autres encore ont estimé que l'injonction s'adressait aux musulmans auxquels il était demandé de faire preuve de fermeté dans leur religion et de ne pas s'en détourner.

68 Litt.: entrez dans la paix ou dans la pacification.

211 Demande aux fils d'Isrâ'îl combien Nous leur avons produit de signes évidents ? *[Sachez]* que Dieu est prompt à châtier celui qui altère la faveur de Dieu une fois qu'elle lui est parvenue !

212 La vie de ce monde a été embellie aux yeux des mécréants et c'est pourquoi ils tournent en dérision ceux qui ont la foi. Pourtant, ceux qui ont la crainte de Dieu les domineront au Jour du Jugement et Dieu dispense Sa subsistance sans compter aux personnes de Son choix.

213 Les hommes formaient *[tout d'abord]* une seule communauté, puis Dieu *[leur]* envoya des prophètes chargés de les mettre en garde et de leur apporter la bonne nouvelle ; avec leur venue (litt. : avec eux) Il révéla les Écritures au moyen de (ou encore : porteur de)[69] la Vérité afin de trancher leurs différends ; seuls ceux qui avaient reçu des Écritures *[antérieures]* trouvèrent matière à polémique dans les nouvelles preuves qui leur étaient apportées à cause de la jalousie *[qui les animait]*. Dieu guida ceux qui avaient la foi vers la Vérité qui faisait l'objet d'un litige entre les hommes : et Dieu guide ceux qu'Il a élus sur une voie droite.

214 Ou bien comptiez-vous entrer en Paradis sans avoir subi les épreuves de ceux qui vous ont précédés[70] ? Frappés par l'indigence et les calamités, ils ont été destabilisés *(zulzilû)* au point de faire dire à l'Envoyé et à ceux qui avaient cru avec lui : A quand la victoire de Dieu ? Ne sont-ils pas assurés de Sa victoire prochaine ?

215 Ils te demandent ce qu'ils doivent dépenser ? Dis-leur : Destinez le bien que vous dépensez à vos père et mère, à vos proches, aux orphelins, aux indigents, aux voyageurs, et Dieu est parfaitement Informé du bien que vous faites.

69 Litt. : par.

70 Litt. : sans que l'exemple de ceux qui vous ont précédés ne vous soit parvenu ?

216 Le combat vous a été imposé alors qu'il vous est odieux ; il se peut
que vous détestiez quelque chose de bénéfique pour vous et que vous
aimiez quelque chose qui vous est nuisible. Dieu Seul sait et vous, vous
ne savez pas.
217 Ils te questionneront au sujet des mois sacrés : Peut-on combattre pen-
dant cette période ? Réponds *[-leur]* : Combattre en période de mois
sacré est une faute capitale, mais détourner de la voie de Dieu, renier
Dieu et la Mosquée sacrée et en exiler les habitants est une faute bien
pire au regard de Dieu, car fomenter des troubles *(fitna)* est pire que
le meurtre. Au reste, ils n'auront de cesse de vous combattre jusqu'à ce
qu'ils vous fassent renier votre religion si cela leur était possible. Or,
celui d'entre vous qui désavoue sa religion et meurt en mécréant réduit
ses œuvres à néant en ce monde et dans l'Ultime Demeure : ceux-là sont
voués (litt. : sont les compagnons) au feu, ils y demeureront à jamais.
218 Ceux qui ont la foi, qui ont accompli l'Hégire et combattu pour la
cause de Dieu, ceux-là espèrent la Miséricorde de Dieu et Dieu est
Pardonneur et Miséricordieux.
219 Ils t'interrogent au sujet du vin et des jeux de hasard. Dis *[-leur]* :
Tous deux génèrent (litt. : contiennent) un péché capital et des avan-
tages pour les hommes. Cependant le péché l'emporte sur les avan-
tages. Ils te demandent encore : Que doivent-ils dépenser *[en aumô-
nes]* ? Réponds-leur : Le superflu ; c'est ainsi que Dieu vous expose Ses
signes, sans doute méditerez-vous sur ce bas monde et sur l'Ultime
Demeure.

220 Ils te questionneront au sujet des orphelins. Dis : Améliorer leur sort est une œuvre pie. Mais si vous les immiscez dans votre entourage, vous les traiterez comme vos frères. Et Dieu sait distinguer celui qui cherche à bien faire de celui qui cherche à nuire. S'Il l'avait voulu, Il vous aurait placés dans une situation gênante[71], mais Dieu est Puissant et Sage.
221 N'épousez pas les femmes polythéistes tant qu'elles n'auront pas la foi ; une esclave croyante est certes préférable à une polythéiste même si celle-ci vous plaît, et ne donnez pas *[vos femmes]* en mariage à des polythéistes tant qu'ils n'auront pas la foi ; un esclave croyant est préférable à un polythéiste même si celui-ci vous plaît. Ceux-là vous appellent au feu alors que Dieu vous convie au Paradis et au pardon selon Sa volonté (litt. : avec Sa permission). Dieu expose Ses signes aux hommes afin qu'ils se souviennent.
222 Ils te questionnent au sujet des menstrues. Réponds *[-leur]* : Les menstrues sont nuisibles. Aussi évitez vos épouses pendant cette période et ne les approchez pas jusqu'à ce que leurs règles cessent[72]. Lorsqu'elles se seront purifées *[par une grande ablution]* vous pourrez avoir avec elles des rapports conformes à ce que Dieu a prescrit, car Dieu aime ceux qui se repentent et qui se purifent.

**Commentaire** : On aurait tout aussi bien pu traduire sans trahir le texte : des rapports là où Dieu vous les a prescrits, car le rapport anal est strictement interdit.

223 Vos épouses sont un champ pour vous : allez à vos champs comme vous l'entendez mais non sans faire précéder *[l'acte]* de quelque mérite pour vous. Craignez Dieu, sachez que *[bientôt]* vous Le rencontrerez et annonce cette bonne nouvelle aux croyants.

**Commentaire** : Mais non sans faire précéder *[l'acte]* de quelque mérite pour vous tel que la prononciation de la *basmala*.

224 Ne faites pas de Dieu la référence obligée (*'urda*) de vos serments[73] *[vous engageant ainsi]* à vous montrer vertueux, à Le craindre, ou à réconcilier les gens car Dieu entend et sait tout.

71 Il vous aurait placés dans une situation gênante en vous empêchant de côtoyer les orphelins, ce qui aurait occasionné un manque à gagner pour les tuteurs pauvres et empêché les orphelins de bénéficier d'une famille d'adoption.

72 Litt. : qu'elles soient pures.

73 Autre traduction possible : Ne faites pas de Dieu dans vos serments un empêchement à faire le bien, à témoigner de crainte pieuse ou à réconcilier les gens car Dieu entend et sait tout.
Selon la première traduction, Dieu invite les hommes à ne pas multiplier les serments bien intentionnés en Le prenant à témoin de crainte qu'ils ne puissent tenir tous leurs engagements.
Selon la seconde, Dieu les invite au contraire à ne pas jurer de ne pas faire le bien sous le coup de la colère ou de l'énervement.
Ces deux possibilités de traduction sont attestées par les différents commentaires.

225 Dieu ne vous tiendra pas rigueur des serments prononcés par inadvertance mais Il prendra en compte les serments passés intentionnellement et Dieu est Pardonneur et Longanime.
226 A ceux qui jurent de s'abstenir de leurs femmes un délai de quatre mois *[est accordé]* et, s'ils se délient *[de leur serment]*, Dieu est Pardonneur et Miséricordieux.

**Commentaire :** S'ils se délient *[de leur serment]* en ayant des rapports conjugaux avant quatre mois révolus et en acquittant l'expiation prévue à cet effet.

227 Mais s'ils se résolvent à les répudier *[qu'ils sachent]* que Dieu entend et sait tout !
228 Les femmes répudiées attendront dans l'isolement une période de trois menstrues *[avant de pouvoir se remarier]* et il ne leur sera pas permis de dissimuler ce que Dieu a créé dans leurs entrailles si tant est qu'elles croient en Dieu et au Jour dernier. Leurs époux seront en droit de les reprendre pendant cette période s'ils souhaitent se réconcilier. Elles ont des droits équivalents à leurs devoirs en toute équité quoique les hommes leur soient supérieurs d'un degré et Dieu est Puissant et Sage.
229 La répudiation *[qui permet à l'époux de reprendre sa femme]* se fait par deux fois ; au-delà, gardez-la en la traitant convenablement ou renvoyez-la avec bienveillance et il ne vous est pas permis de reprendre ne fût-ce qu'une partie de ce que vous lui avez donné *[en dot ou en cadeau]* sauf si les époux craignent de ne pouvoir observer les prescriptions (litt. : les limites) divines. Toutefois vous ne serez pas blâmés si, craignant de ne pouvoir observer ces prescritions, l'épouse rachète *[sa liberté]*. Telles sont les prescriptions divines, ne les transgressez pas car ceux qui les transgressent sont ceux-là qui *[se]* font du tort *[ainsi qu'à autrui]*.
230 Et s'il la répudie *[une troisième fois]*, il ne lui sera plus permis de l'épouser tant qu'elle n'aura pas épousé un tiers. Et si son *[nouveau]* mari vient à la répudier, alors ils ne seront pas blâmés de reprendre la vie commune s'ils pensent pouvoir observer les prescriptions divines. Telles sont les prescriptions divines que Dieu expose à un peuple en mesure de les comprendre (litt. : à un peuple qui sait).

231 Maintenant, si vous avez répudié vos épouses et que le délai de viduité soit *[sur le point]* d'expirer, reprenez-les en les traitant correctement *(bi-l-ma'rûf)*, ou renvoyez-les avec bienveillance *(bi-l-ma'rûf)*. Ne les retenez pas contre leur gré pour leur faire du tort ; quiconque verse dans ce travers se fait du tort à lui-même. Ne prenez pas les signes de Dieu en dérision et souvenez-vous des faveurs qu'Il vous a faites ainsi que du Livre et de la sagesse qu'Il vous a révélés et par lesquels Il vous exhorte. Craignez Dieu et sachez qu'Il est Omniscient.

**Commentaire :** Reprenez-les en les traitant correctement *(bi-l-ma'rûf)* c'est-à-dire en assurant leurs dépenses et en les traitant avec douceur ou renvoyez-les avec bienveillance *(bi-l-ma'rûf)* en leur faisant un cadeau *(mut'a)*.

232 Si vous avez répudié vos femmes et que le délai de viduité soit écoulé, ne les empêchez pas de se remarier avec leur *[ex-]*mari si tous deux parviennent à un accord convenable (ou : équitable) ; cette mise en garde est destinée à ceux qui ont foi en Dieu et au Jour dernier. Cela est plus convenable pour vous, plus probe et Dieu sait, alors que vous êtes dans l'ignorance.

**Commentaire :** Ce verset fut révélé à propos de Ma'qil b. Yassâr qui s'opposait à ce que l'ex-mari de sa sœur la reprenne après l'avoir répudiée.

233 Les mères *[nourricières]* allaiteront leurs enfants deux années révolues pour celles *[du moins]* qui entendent mener l'allaitement à son terme. Et c'est au père qu'incombe, selon ses moyens, de lui verser un salaire et de la vêtir ; on n'imposera à chacun que ce qu'il est en mesure de supporter. On ne fera du tort ni au père ni à la mère à travers leur enfant et l'héritier *[du père]* aura à supporter les mêmes charges que celui-ci ; ils ne seront pas à blâmer si, après s'être consultés, ils décident d'un commun accord de sevrer l'enfant. Vous ne serez pas davantage blâmés d'avoir sollicité une nourrice *[étrangère]* pour vos enfants si vous acquittez son salaire en toute équité. Craignez Dieu et sachez qu'Il voit tout ce que vous faites.

**Commentaire :** L'héritier *[du père]* aura à supporter les mêmes charges que celui-ci. Les commentaires diffèrent généralement sur l'identité de cet héritier. Pour les uns, il s'agit de l'héritier du père quel qu'il soit : c'est ce qui ressort de notre traduction. Pour d'autres, il s'agit du nouveau-né lui-même, voire de son héritier s'il venait à mourir ou encore du seul de ses parents survivants. Toujours est-il que le salaire de l'allaitement ne saurait incomber qu'aux parents ou au nouveau-né lui-même dans le cas où il serait orphelin et où il posséderait quelque bien. Dans tous les autres cas envisagés, il est permis de considérer ce verset comme abrogé.

234 Que les épouses de ceux d'entre vous qui viennent à décéder en les laissant derrière eux observent une période de viduité de quatre mois et dix jours ; une fois qu'elles auront atteint le terme *[de ce délai]* vous n'aurez pas à vous reprocher la manière dont elles disposeront d'elles-mêmes en toute honnêteté et Dieu est parfaitement Informé de ce que vous faites.

235 Vous n'aurez pas davantage à vous reprocher de suggérer *[de façon allusive]* le mariage à ces veuves ni de l'envisager en secret (litt. : de le dissimuler en vous-mêmes) ; cependant ne les entretenez pas secrètement de promesse *[de mariage]* si ce n'est pour leur tenir des propos décents et ne prenez pas la ferme décision de contracter un mariage avant que le délai ne soit parvenu à son terme. Sachez que Dieu sait ce qui se passe en vous, aussi gardez-vous de Lui et sachez que Dieu est Pardonneur et Longanime.

236 Il n'y a pas de mal à répudier une femme (litt. : les femmes) avant d'avoir consommé *[le mariage]* ou de lui avoir prescrit *[le montant de]* sa dot. *[Toutefois]*, faites-leur plaisir *[en leur offrant un cadeau, mut'a]* à la mesure de votre richesse ou de votre pauvreté, ceci est un devoir pour les gens de bien.

237 Si *[maintenant]* vous les avez répudiées après leur avoir prescrit une dot, *[donnez-leur]* la moitié de ce que vous aviez prescrit, à moins que l'*[ex-]*épouse ou son tuteur (litt. : celui qui a en main le lien du mariage) ne vous en fasse grâce, et n'oubliez pas les faveurs que vous vous êtes *[mutuellement]* consenties ; certes, Dieu voit tout ce que vous faites.

**Commentaire des versets 236 et 237 :** Certains voient dans le verset 236 l'établissement du montant de la dot selon que l'épouse a été répudiée avant ou après la consommation du mariage. D'autres pensent qu'il établit la licéité de la répudiation avant la consommation du mariage, car certains compagnons la croyaient en effet chose interdite.

Le Prophète lui-même répudia une femme sans avoir consommé le mariage parce qu'elle avait témoigné de la répulsion à son égard. De façon générale, les juristes considèrent que la répudiation est entre les mains de l'époux car ce dernier s'emporte moins facilement et risque donc moins de compromettre l'avenir du couple de façon inconsidérée. Celui qui a en main le lien du mariage (v. 237) : Sayyidnâ 'Alî, entre autres, estimait qu'il s'agissait de l'époux et non du tuteur. Dans ce cas, l'indulgence (*'afwu*) serait du fait de l'époux qui persisterait à donner à la femme répudiée ce qui lui revient de droit même si elle lui en faisait grâce. Et n'oubliez pas les faveurs que vous vous êtes *[mutuellement]* consenties : il s'agit de la demi-dot accordée par l'époux ou au contraire abandonnée par l'épouse et son tuteur.

238 Accomplissez vos prières avec régularité, *[en particulier]* la prière médiane[74], et *[au cours de celles-ci]* tenez-vous droit, en silence (ou encore : recueillis).
239 Et si vous redoutez *[un ennemi ou un danger, accomplissez la prière]* en marchant ou sur votre monture ; et si *[de nouveau]* vous vous sentez en sécurité, souvenez-vous de Dieu *[en priant]* comme Il vous l'a enseigné alors que vous étiez dans l'ignorance (litt. : ce que vous ignoriez).
240 Que ceux d'entre vous qui sont sur le point de (litt. : qui viennent à) décéder lèguent *[par voie testamentaire]* à leurs épouses un budget annuel *(matâ')* couvrant une année *[complète]* sans qu'elles puissent être chassées *[du domicile conjugal]*; *[toutefois]* si elles le quittent[75] de leur plein gré, vous ne serez pas blâmés pour la façon dont elles auront disposé d'elles-mêmes en tout bien tout honneur *(bi-l-ma'rûf)* et Dieu Puissant et Sage.
241 Les femmes répudiées ont droit à une compensation (*matâ'*) équitable constituant un devoir pour ceux qui ont la crainte de Dieu.
242 C'est ainsi que Dieu explicite Ses signes afin que vous réfléchissiez[76].
243 N'as-tu pas considéré *[l'exemple de]* ceux qui ont quitté leurs territoires par milliers par crainte de la mort[77]. Dieu les a fait périr (litt. : leur a enjoint de mourir) puis Il les a ressuscités car Dieu dispense Ses faveurs aux hommes mais la plupart des hommes sont ingrats.
244 Combattez pour la cause de Dieu et sachez que Dieu entend et sait tout.
245 Qui donc consentira à Dieu un prêt grâcieux (*hasanan*) qu'Il lui rendra au centuple (litt. : qu'Il multipliera de façon conséquente) *[sachant que]* c'est Dieu qui retient *(yaqbid)* et dispense *(yabsut)* *[la subsistance des êtres]* et *[que]* c'est à Lui que vous serez ramenés ?

---

74 De l'avis général la prière médiane est celle de l'après-midi (*'asr*). En silence : ce verset marque un changement dans l'attitude à observer en prière ; jusqu'à sa révélation en effet, les compagnons étaient autorisés à parler en cours de prière.

75 Telle était la pratique initiale concernant les veuves : elles étaient en droit de demeurer au domicile conjugal une année révolue en étant assurées d'y trouver le gîte et le couvert et de quoi se vêtir. Ce verset a été abrogé puisque la période de deuil a été ramenée à quatre mois et dix jours ; quant au « budget annuel » qui traduit assez librement le mot *matâ'* (jouissance, biens de consommation), il été remplacé par la part d'héritage qui revient à la veuve et qui s'élève au huitième ou au quart des biens du défunt selon les cas.

76 Litt. : peut-être réfléchirez-vous. Les commentateurs sont unanimes à voir dans ce peut-être et dans de nombreux autres disséminés à travers le Coran une certitude ou une incitation.

77 Selon les exégètes, il s'agit d'une fraction des fils d'Isrâ'îl qui s'étaient refusés à combattre pour la cause de Dieu et auxquels il avait été demandé de se sacrifier à cause de leur refus. On ne trouve guère de précisions supplémentaires à propos de cet énigmatique verset. On pourra toutefois le mettre en rapport avec le verset 53 de cette même sourate où un sacrifice analogue est demandé aux membres de cette communauté après l'épisode du veau d'or, ce qui tendrait à prouver que ce genre de châtiment ne leur était pas inconnu. Du point de vue de l'histoire sacrée, on pourrait se demander à quelle période les sacrifices animaux sont venus se substituer aux sacrifices humains. L'histoire d'Abraham sacrifiant son fils en offre un exemple significatif.

246 N'as-tu pas médité (litt. : vu) *[le comportement d']* une fraction des fils d'Isrâ'îl *[venus]* après Mûssâ lorsqu'ils dirent à l'un de leurs prophètes : Envoie-nous un roi *[afin que]* nous combattions pour la cause de Dieu. Se pourrait-il, leur répondit *[Samuel]*, que vous vous dérobiez au combat s'il vous était prescrit ? Et pourquoi, lui dirent-ils, ne combattrions-nous pas pour la cause de Dieu alors que nous avons été expulsés de nos terres et privés de nos fils ? Mais lorsque le combat leur fut imposé, ils se détournèrent à l'exception d'un petit nombre d'entre eux et Dieu a une parfaite connaissance des transgresseurs.

247 Leur prophète leur dit alors : Dieu vous a envoyé Tâlût (*Saül*) pour roi. Comment la royauté pourrait-elle lui être attribuée à notre détriment *[rétorquèrent les juifs]* alors que nous y avons plus de droit que lui : il n'a reçu *[en effet]* aucun bien en abondance ! Dieu, leur dit-il, l'a élu au-dessus de vous et lui a donné davantage de science et de force (litt. : corpulence) *[qu'à vous]*, et Dieu accorde Son royaume à qui Il veut : Il embrasse toutes choses et Il est le Très Savant.

248 Leur prophète leur dit : Le signe de sa royauté sera l'Arche *[d'Alliance]* qui contient une Paix (c'est-à-dire une « présence ») *[venant]* de votre Seigneur et des reliques abandonnées par les familles de Mussâ et de Hârûn ; elle sera portée par les anges, cela est certes pour vous un signe si vous êtes croyants.

249 Lorsque Tâlût se fut mis en route avec ses armées, il leur dit : Dieu va vous éprouver *[par l'eau]* d'un fleuve. Quiconque en boira, exception faite de ceux qui en auront bu une gorgée *[dans la paume]* de leur main, n'aura plus rien à voir avec moi (litt. : n'est pas des miens) ; quiconque s'en abstiendra sera des miens. Ils en burent tous à l'exception d'un petit nombre d'entre eux, et lorsque Tâlût et ceux qui avaient cru en (litt. : avec) lui l'eurent traversé, ils dirent : En ce jour, nous n'aurons pas la force d'affronter Goliath et ses armées. Ceux qui pensaient bien rencontrer Dieu *[leur]* objectèrent : Combien de troupes (*fi'at*, litt. : groupe) en infériorité numérique (*qalîla*) ont eu le dessus sur des troupes nombreuses avec la permission de Dieu et Dieu est aux côtés (litt. : avec) des patients.
250 Et lorsqu'ils se présentèrent devant Goliath et ses armées ils invoquèrent *[Dieu en ces termes]* : Notre Seigneur, arme-nous de patience, affermis nos pas et accorde-nous la victoire sur la troupe des mécréants.
251 C'est ainsi qu'ils les défirent avec la permission de Dieu ; Dâwûd occit Goliath et Dieu lui accorda la royauté et la sagesse *[après la mort de Saül et de Samuel]* et Il lui enseigna ce qu'Il voulut. Et si Dieu ne contenait (litt. : ne repoussait) les hommes les uns par les autres, la terre se serait corrompue (ou encore : eût été détruite) mais Dieu dispense Ses faveurs à l'ensemble des mondes.
252 Tels sont les signes de Dieu que Nous te narrons en toute sincérité ; certes tu es du nombre des envoyés.

253 A certains de ces envoyés, Nous avons accordé davantage de faveurs qu'aux autres : il en est auxquels Dieu a parlé, Il en a élevé d'autres de plusieurs degrés. Nous avons accordé les preuves *(bayyinât)* à Jésus fils de Marie et l'avons raffermi par l'Esprit saint et si Dieu l'avait voulu, ceux qui leur ont succédé (c'est-à-dire : qui ont succédé à ces prophètes) ne se seraient pas entre-tués après avoir reçu de *[telles]* explications *(bayyinât)* ; malheureusement ils ont divergé, certains y ajoutant foi, d'autres les reniant et si Dieu l'avait voulu ils ne se seraient pas entre-tués mais Dieu fait ce qu'Il veut.

COMMENTAIRE : C'est sans doute le moment de rappeler que du point de vue islamique le Prophète est considéré comme le Sceau de la prophétie ; c'est pour cette raison que la Révélation islamique résume et récapitule toutes les traditions antérieures de la même façon que l'Envoyé — qui est antérieur à tous les prophètes suivant le hadîth célèbre selon lequel il était Prophète alors qu'Adam était encore entre l'eau et l'argile — vient clore le cycle de cette prophétie dont il est le Sceau. Pour cette même raison, il apparaît comme ayant bénéficié de toutes les grâces accordées aux prophètes antérieurs, grâces dont il est à la fois la source et le dépositaire.

254 Ô vous qui avez la foi, dépensez *[en aumônes ou en zakât]* une partie de ce que Nous vous avons accordé avant qu'un Jour ne vous surprenne où il n'y aura plus ni vente, ni ami *[secourable]*, ni intercession, et *[quant aux]* mécréants, ce sont eux les transgresseurs.

255 Dieu est tel qu'il n'y a pas de divinité en dehors de Lui, le Vivant qui subsiste par Lui-même ; Il n'est sujet ni à l'assoupissement ni au sommeil. Il possède ce qu'il y a dans les cieux et ce qui est sur terre. Qui donc peut prétendre servir auprès de Lui d'intermédiaire sans Sa permission. Il sait ce qui se trouve devant eux comme ce qui se trouve derrière et ils n'embrassent de Sa science que ce qu'Il a bien daigné leur en accorder. Son Trône *(Kursî*[78]*)* contient les cieux et la terre et leur garde ne Lui pèse en rien. Il est l'Elevé, le Sublime.

256 Point de contrainte en religion ! Désormais la Vérité est distincte de l'égarement. Quiconque renie les faux dieux (*tâghût*) et ajoute foi en Dieu se saisit d'une corde indéfectible qui ne saurait être tranchée. Et Dieu entend et sait tout.

COMMENTAIRE : Il doit être entendu que Point de contrainte en religion ! signifie simplement que l'on ne saurait contraindre quelqu'un à adhérer à une religion quelconque et non pas, comme certains se plaisent à l'imaginer, qu'une religion ne comporte point de contraintes.

78 Parfois traduit par piédestal.

257 Dieu est le Protecteur de ceux qui ont la foi : Il les fait passer des ténèbres à la lumière. Les mécréants, quant à eux, ont les démons *(tâghût)* pour protecteurs qui les font passer de la lumière aux ténèbres. Ceux-là sont les gens du feu, ils y demeureront à jamais.

258 N'as-tu pas médité *[l'exemple]* de celui qui argumenta avec Ibrâhîm au sujet de son Seigneur parce que Dieu lui avait accordé le royaume *[et qu'il péchait de ce fait par excès de confiance]* ? Lorsqu'Ibrâhîm répondit *[à sa question : Qui est ton Seigneur ?]* : Mon Seigneur est Celui qui donne la vie et la mort. Moi aussi je donne la vie et la mort ! lui répliqua-t-il. Dieu, reprit alors Ibrâhîm, fait se lever le soleil à l'Orient. Fais-le donc se lever à l'Occident ! C'est ainsi que fut confondu le mécréant et Dieu ne guide pas le peuple des transgresseurs.

259 *[Médite encore l'exemple de]* celui qui, passant devant une cité déserte et en ruine, se demanda : Comment Dieu la revivifiera-t-Il après sa destruction ? Dieu le fit périr une centaine d'années puis Il le ressucita et lui demanda : Combien de temps es-tu resté ainsi ? Une journée, ou une partie de la journée ? lui répondit-il. Tu viens plutôt de passer un siècle ici ! lui dit-Il. Regarde pourtant ton repas, il n'est pas encore avarié[79] et regarde ton âne *[qui est toujours en vie]* ! *[Tout ceci]* afin que Nous fassions de toi un signe pour les hommes. Considère comment Nous revivifions les os pour les revêtir ensuite de chair ! Quand il se fut rendu à l'évidence, il s'exclama : Je sais *[désormais pour l'avoir vu]* que Dieu est Omnipotent.

79 Litt. : il n'a pas bougé.

260 Et *[souviens-toi]* lorsqu'Ibrâhîm demanda à son Seigneur : Montre-moi
comment tu vivifies les morts ! Tu n'as donc pas la foi ? lui demanda-t-
Il. Sans aucun doute, répondit Ibrâhîm, mais *[je Te demande cela]* afin
d'apaiser mon cœur. Prends donc quatre oiseaux, lui commanda-t-Il,
découpe-les en morceaux et places-en un sur chacune des montagnes
*[environnantes]* et puis appelle-les : ils viendront à toi à tire d'ailes et
sache que Dieu est Puissant et Sage.
261 Ceux qui dépensent leurs biens pour la cause de Dieu sont comparables
à un grain qui a généré sept épis. Chaque épi contient cent grains ; Dieu
multiplie *[les récompenses]* des personnes de Son choix et Il embrasse et
connaît toute chose.
262 Ceux qui dépensent leurs biens pour la cause de Dieu sans s'en glori-
fier ni en faire de reproche par la suite auront une récompense auprès
de leur Seigneur ; ils ne connaîtront plus de crainte ni d'affliction.
263 Un refus amène suivi du pardon *[de Dieu]* est préférable à un reproche
consécutif à une aumône. Dieu est l'Indépendant, le Longanime.

**Commentaire :** Mieux vaut refuser avec délicatesse de faire l'aumône que de la faire avec ostentation ou en adressant des reproches au bénéficiaire. La première attitude peut même nous valoir le pardon de Dieu ou, selon d'autres commentaires, l'indulgence du demandeur qui ne s'est pas vu repousser avec rudesse.
Quant à l'attribut divin *Ghany* qui signifie littéralement « Riche », nous l'avons traduit par « Indépendant » car il est souvent opposé dans le Coran à l'indigence *(faqr)* des créatures qui dépendent de Dieu en toutes choses.

264 Ô vous qui avez la foi, ne réduisez pas vos aumônes à néant (ou encore :
ne les rendez pas vaines) en vous en glorifiant ou en vous montrant
insultants ; *[vous seriez alors]* comparables à celui qui distribue ses
biens par ostentation sans croire en Dieu ni au Jour dernier. Un tel
individu est semblable à un rocher recouvert de terre, sur lequel s'est
déversée une pluie abondante révélant (litt. : laissant) un caillou stérile
(litt. : lisse) : ils ne pourront *[tirer aucun parti]* de ce qu'ils ont acquis et
Dieu ne guide pas la communauté des mécréants.

**Commentaire :** Celui qui dépense ses biens uniquement par ostentation n'en tirera pas plus de profit qu'un agriculteur ne saurait récolter des semences qui ont été déposées par erreur sur un rocher recouvert de terre. Dans les deux cas l'illusion du bienfait ne saurait résister longtemps à l'examen : stérilité du rocher et vanité de la fausse vertu sont bel et bien synonymes.

265 Ceux qui dépensent leurs biens par souci de plaire à Dieu et par
conviction personnelle sont comparables à un jardin situé sur une col-
line, sur lequel s'est déversée une pluie abondante et qui a donné des
fruits deux fois *[dans la saison]* ; si le jardin n'est pas arrosé par la pluie,
il l'est par la rosée et Dieu voit tout ce que vous faites.
266 L'un de vous souhaiterait-il, alors qu'il jouit d'une palmeraie et d'une
vigne arrosées par des fleuves avec toutes sortes de fruits à sa dispo-
sition, les voir dévastées par un feu propagé par le vent alors qu'il est
atteint par la vieillesse et n'a que de chétifs rejetons ? C'est ainsi que
Dieu vous expose Ses signes, peut-être les méditerez-vous ?
267 Ô vous qui croyez, faites l'aumône des meilleures choses que vous
ayez acquises ainsi que des produits que Nous avons fait pousser pour
vous hors de terre et ne choisissez pas ce qu'il y a de vil pour le donner
en aumône alors que vous-mêmes ne le prendriez qu'en fermant les
yeux et sachez que Dieu est Souverain et Digne de louanges.
268 Le diable vous menace de la pauvreté et vous ordonne *[de commettre]*
des turpitudes alors que Dieu vous promet Son pardon et Sa grâce :
Il embrasse et connaît toutes choses.
269 Il accorde la sagesse à qui Il veut et celui qui s'est vu accorder la sagesse
a reçu un bien considérable, mais seuls ceux qui sont doués d'intelli-
gence se remémorent cela.

270 Certes, quelles que soient les largesses que vous dispensez ou les vœux que vous formulez, Dieu en est parfaitement Informé et les injustes n'auront pas de partisans (*'ansâr*).

271 Si vous donnez vos aumônes au vu de tous, c'est assurément une bonne chose, mais si vous les donnez aux pauvres avec discrétion, cela est encore mieux et Dieu effacera en partie vos fautes car Il est parfaitement Informé de ce que vous faites.

272 Ce n'est pas à toi qu'incombe leur guidance mais Dieu guide qui Il veut. C'est à vous que profitent les biens que vous dépensez *[en aumônes]* et vous ne dépenserez rien *[qui soit acceptable]* si ce n'est *[offert]* en vue de plaire à Dieu[80]. Les biens que vous dépensez en aumônes vous seront rétribués en totalité et vous ne serez pas lésés.

**COMMENTAIRE :** Selon la traduction qui est proposée ici, on doit comprendre que seules les œuvres désintéressées seront profitables à leurs auteurs. D'autres commentateurs cependant n'ont pas manqué de voir dans ce verset un éloge adressé aux compagnons du Prophète qui ne dépensent rien sans que ce soit en vue d'obtenir la satisfaction de Dieu.

273 *[Les aumônes reviennent]* aux pauvres qui se sont consacrés *[au combat]* pour la cause de Dieu et qui ne peuvent vaquer à leurs occupations sur terre. L'ignorant les croit riches à cause de leur retenue. Tu les reconnaîtras à leur aspect : ils n'importunent pas les gens par leurs demandes et Dieu est parfaitement Informé des largesses que vous dispensez.

**COMMENTAIRE :** Vaquer à leurs occupations sur terre est synonyme de vaquer à leurs occupations terrestres. Il s'agit de tous ceux qui, occupés à la défense de l'Islam par l'épée ou l'enseignement, ne peuvent consacrer leur temps à gagner leurs moyens de subsistance. Aux premiers temps de l'Islam, le « trésor public musulman » leur allouait généralement une pension.

274 Ceux qui dispensent leurs biens de jour comme de nuit, en secret et au vu de tout le monde, auront leur récompense auprès de leur Seigneur ; ils ne connaîtront ni la crainte ni l'affliction.

80 Litt. : en vue de la Face de Dieu.

275 Ceux qui mangent le fruit de l'usure se lèveront *[au Jour du Jugement]* pareils au possédé se débattant sous les attouchements du diable; cela parce qu'ils ont prétendu que le commerce était comparable à l'usure; or Dieu a légitimé le commerce et a prohibé l'usure. Quiconque s'abstiendra *[de cette pratique]* après avoir reçu un avertissement de son Seigneur conservera ce qu'il a précédemment acquis et c'est à Dieu qu'il appartient de juger son cas. Ceux qui récidiveront seront les compagnons (ou encore : seront voués) du feu; ils y demeureront à jamais.

276 Dieu anéantira *[le produit]* de l'usure et Il fera fructifier les aumônes et Dieu tient en aversion tout mécréant endurci et pécheur.

277 Ceux qui ont cru et pratiqué les œuvres pies, qui ont accompli la prière et acquitté l'aumône légale auront leur rétribution auprès de leur Seigneur. Ils ne connaîtront ni la crainte ni l'affliction.

278 Ô vous qui avez la foi, renoncez à ce qui vous reste *[à récupérer]* de l'usure si vous êtes *[d'authentiques]* croyants.

279 Et si vous n'y renoncez pas *[attendez-vous]* à une guerre sans merci de la part de Dieu et de Son Envoyé. Si toutefois vous vous repentez, vous aurez droit à reprendre votre capital sans léser autrui ni être vous-mêmes lésés.

280 Si *[votre débiteur]* se trouve dans la gêne, accordez-lui un délai jusqu'à un moment plus favorable mais il sera préférable pour vous de lui remettre gracieusement sa dette[81] si vous connaissez *[votre intéret]*.

281 Et redoutez[82] le Jour où vous serez ramenés à Dieu, où chaque être[83] sera rétribué selon ses mérites[84] et ils ne seront pas lésés.

81 Litt. : si vous faites l'aumône.

82 Ou encore : Prémunissez-vous contre le Jour…

83 Litt. : chaque âme.

84 Litt. : selon ce qu'elle aura acquis.

282 Ô vous qui avez la foi, si vous contractez une dette à terme échu, mettez-la par écrit. Que celui d'entre vous qui sait écrire l'inscrive fidèlement et que nul ne se refuse à écrire ainsi que Dieu le lui a enseigné. Qu'il écrive sous la dictée du débiteur qui, par crainte de Dieu, n'en devra rien retrancher[85]. Si le débiteur est un individu prodigue, faible ou incapable de dicter lui-même, que ce soit son tuteur qui le fasse en toute honnêteté. Demandez en outre le témoignage de deux hommes, et si vous ne disposez pas de deux hommes, *[demandez le témoignage]* d'un homme et de deux femmes qui auront votre agrément en tant que témoins, en sorte que si l'une de *[ces]* deux *[dernières]* vient à oublier, l'autre lui remettra *[les choses]* en mémoire. Que les témoins ne refusent pas leur témoignage s'ils y sont appelés (ou : conviés) et ne dédaignez pas de mettre par écrit une dette, quel qu'en soit le montant, grand ou petit, en en précisant l'échéance. Cela est plus équitable au regard de Dieu et plus propice à rétablir le bon témoignage et à vous éviter le doute ; à moins qu'il ne s'agisse d'une transaction commerciale immédiate (ou : au comptant) que vous réglez entre vous, auquel cas il ne vous sera pas fait grief de ne pas l'écrire. Néammoins, prenez un témoin de vos transactions et que ni le témoin ni le scribe ne soient exposés à des représailles (ou : à des pressions), car ce serait de l'inconduite de votre part. Gardez-vous[86] de Dieu, Il vous dispensera Sa science et Il est Omniscient.

85 Litt. : qu'il craigne Dieu et n'en retranche rien.

86 Sur la façon de traduire *ittaqû*, se reporter au commentaire du verset 3 de cette même sourate. Signalons simplement qu'en traduisant *ittaqâ* par « se garder de » nous conservons deux des notions essentielles de la racine *waqâ* : se protéger et redouter.

283 Si vous êtes en voyage et que vous ne trouvez pas de scribe, exigez donc un gage. Maintenant, si vous avez confiance les uns dans les autres, que celui auquel aura été confié un dépôt le restitue *[à son propriétaire]* et gardez-vous de votre Seigneur Dieu ! Ne dissimulez pas votre témoignage, car celui qui le dissimule possède un cœur coupable et Dieu est parfaitement au courant de ce que vous faites.
284 Tout ce qui est dans les cieux et sur la terre appartient à Dieu. Que vous dévoiliez ce qui est en vous ou que vous le dissimuliez, Dieu vous en demandera compte. Il pardonnera à qui Il veut et châtiera qui Il veut et Dieu est Omnipotent.
285 L'Envoyé a cru à ce qui lui a été révélé de la part de son Seigneur, ainsi que les croyants : tous ont cru en Dieu, en Ses anges, en Ses Livres et en Ses envoyés. Nous ne faisons de différence entre aucun de Ses envoyés. Ils ajoutèrent : Nous avons entendu et nous avons obéi, nous implorons Ton pardon, Seigneur, et notre destin nous ramène vers Toi *[inéluctablement]*.

**Commentaire :** Quand le Coran affirme que Dieu ne fait aucune différence entre Ses envoyés, il faut bien comprendre que c'est le contenu des différents messages qui est en cause et non la personne même des envoyés, car il existe par ailleurs quelques versets coraniques (cf. le verset 253 de cette même sourate) et de nombreux hadîths qui attestent au contraire de la supériorité de certains prophètes et notamment de celui qui est considéré comme le Sceau de la prophétie - sur lui la grâce et la paix -.

286 Dieu n'impose à personne de charge qui ne soit dans ses capacités ; le bien qu'il aura accompli sera compté en sa faveur, et le mal commis lui sera compté à son détriment. Seigneur, ne nous tiens pas rigueur de nos oublis ni de nos erreurs. Seigneur, ne nous charge pas d'un fardeau semblable à celui que Tu as imposé à ceux qui nous ont précédés ! Seigneur, ne nous fais pas supporter ce dont nous n'avons pas la force ! Montre-Toi Indulgent envers nous, pardonne-nous et fais-nous Miséricorde ! Tu es notre Souverain, aussi accorde-nous la victoire sur le peuple des mécréants.

Sourate 3

# La Famille de 'Imrân

*Au Nom de Dieu, le Tout Miséricordieux, le Très Miséricordieux*

1 Alif, Lâm, Mîm.
2 Dieu qui est tel qu'il n'est de dieu que Lui, le Vivant qui subsiste par Lui-même.
3 Il t'a révélé le Livre en toute Vérité[1] pour confirmer les Écritures antérieures de même qu'auparavant Il a révélé la Thora et l'Évangile
4 en guise de direction pour les hommes, puis Il a révélé le Discernement. Ceux qui ont été voilés[2] à l'égard des Signes de Dieu sont promis à un châtiment terrible et Dieu est Puissant et en mesure (ou : à même) de Se venger !
5 Et certes rien n'échappe à Dieu que ce soit sur terre ou dans les cieux !
6 Il est Celui qui vous imprime votre forme dans les matrices selon Son bon Vouloir. Il n'est de Dieu que Lui le Puissant, le Sage.
7 Il est Celui qui t'a révélé le Livre : certains de ses verset sont clairs (ou : intangibles, selon le double sens du mot *muhkam*[3]) et constituent les fondements (ou : l'essentiel, litt. : la Mère) du Livre ; d'autres sont ambigus (ou : abrogés, toujours selon la même ambivalence de sens). Ceux dont le cœur n'est pas droit[4] s'attachent à ce qu'il a d'équivoque par goût du trouble (ou encore : pour semer la confusion) et pour rechercher des interprétations *[douteuses]* alors que Seul Dieu connaît son exégèse. Quant à ceux dont la science est fermement établie, ils se contentent de dire[5] : Nous y ajoutons foi *[puisque]* tout provient de notre Seigneur et seuls ceux qui sont doués d'intelligence tiennent compte des conseils.
8 Seigneur, conserve à nos cœurs leur droiture[6] après nous avoir guidés et accorde-nous une miséricorde qui *[nous]* vienne de Toi car Tu *[en]* es le Dispensateur *(Wahhâb)*.
9 Seigneur, c'est Toi qui réuniras les gens en ce Jour qui ne fait pas de doute. Certes Dieu ne faillit pas à Sa promesse.

1 Ou encore : porteur de la Vérité.

2 C'est le sens initial de la racine *kafara*, « cacher », « dissimuler ». Pour cette raison, Berque refuse de traduire *kâfir* par mécréant alors que nous voyons, quant à nous, une raison supplémentaire d'employer cette traduction. La mécréance en effet est au sens étymologique du terme une « mauvaise croyance », une conception faussée par des considérations qui ne sont pas de mise en la circonstance, ce qui, nous semble-t-il, traduit assez bien l'idée qui ressort du verbe *kafara*.

3 *Muhkam* signifie, ainsi que nous l'avons brièvement signalé, à la fois « intangible », « immuable », et « clair » ou « sans ambiguïté ». Il semble donc que les versets qui ne sont pas susceptibles d'être modifiés ni abrogés soient aussi ceux qui ne présentent pas d'ambiguïté de sens. Pour Ibn'Abbâs, *muhkam* signifiait « non abrogeable » tandis que la majorité des commentateurs donnent à *muhkam* le sens d'« évident ». C'est al-Kalbî qui suggère, entre autres, que ces deux significations se recoupent. La « Mère du Livre » est une expression coranique qui désigne les fondements intangibles des Écritures musulmanes, étant entendu que ces fondements en constituent la majeure partie.

4 Litt. : est déviant.

5 Litt. : ils disent.

6 Litt. : ne fais pas dévier nos cœurs.

10 Face à Dieu, ni les biens des mécréants ni leurs enfants ne leur seront d'un quelconque secours, et ce sont eux qui tiendront lieu de combustible au feu.
11 Imitant les habitudes (ou : à l'instar) de la famille de Pharaon et de ceux qui les ont précédés, ils ont traité Nos Signes de mensonges ; Dieu les a châtiés pour leurs péchés et Il châtie avec sévérité.
12 Dis aux mécréants : Vous serez vaincus et rassemblés dans la Géhenne et quelle détestable couche !

**Commentaire :** De l'avis le plus répandu, ce verset était destiné aux juifs médinois. Nous avons déjà signalé au verset 206 de la sourate « La Génisse » que le feu est comparé à une couche, voire à un berceau, qui entoure « son enfant » de toutes parts.

13 Vous avez pourtant eu un signe à travers ces deux factions qui se sont entrechoquées : l'une combattant pour la cause de Dieu et l'autre, mécréante. Cette dernière voyait de ses yeux *[la première]* deux fois plus nombreuse *[qu'elle ne l'était en réalité]* et Dieu assiste de Son soutien qui Il veut[7]. Il y a certes là de quoi méditer pour ceux qui sont doués de clairvoyance.

**Commentaire :** Deux lectures ont été faites de ce verset qui ont conduit à deux interprétations opposées. Selon la première, les croyants virent la façon dont les polythéistes furent détruits malgré leur évidente supériorité numérique, auquel cas il aurait fallu proposer la traduction suivante : vous voyiez bien qu'ils étaient deux fois plus nombreux que vous mais Dieu assiste…
Mais selon la seconde, ce sont les mécréants qui, dans le doute où ils sont plongés, s'illusionnent sur le nombre des musulmans, ce qui contribue grandement à leur saper le moral.

14 L'amour des choses désirables *[telles que]* les femmes, les enfants, les grandes quantités d'or et d'argent, les chevaux de race, le bétail et les cultures a été rendu séduisant aux yeux des hommes. Or, ceci est la jouissance de la vie de ce monde et c'est auprès de Dieu que se trouve le meilleur refuge.
15 Dis-leur : Vous indiquerai-je mieux que tout cela ? Ceux qui se seront prémunis *[de leur Seigneur]* auront auprès de Lui des jardins sous lesquels s'écoulent (ou encore : arrosés par) des fleuves où ils demeureront à jamais, ainsi que des épouses pures *[de toutes menstrues]* ; l'agrément de Dieu leur sera consenti et Dieu ne perd pas Ses serviteurs de l'œil,

7 Allusion à la bataille de Badr.

16 ceux qui disent : Seigneur, nous avons la foi, aussi pardonne-nous nos péchés et préserve-nous du châtiment du feu !
17 ceux qui se montrent patients, sincères et soumis[8] ; qui font l'aumône et qui implorent le pardon *[de Dieu]* au point du jour.
18 Dieu atteste, ainsi que Ses anges et ceux qui ont reçu la science, qu'il n'est de Dieu que Lui qui assure la justice. Point de divinité en dehors de Lui, le Puissant, le Sage.
19 Au regard de Dieu, il n'est de religion que l'Islam ; de dépit, ceux qui avaient reçu les Écritures divergèrent entre eux une fois que la science leur eut été transmise ; et si quelqu'un nie les signes de Dieu, *[qu'il sache]* que Dieu est prompt à faire les comptes.

**Commentaire :** De dépit, parce que la révélation semble toujours privilégier une fraction de croyants au détriment de l'autre. Cet argument revient fréquemment dans le Coran ; tant qu'une nouvelle révélation n'est pas venue trancher les différends des gens du Livre, leurs divergences demeurent légitimes mais elles n'ont plus de raison d'être une fois que ces débats ont été tranchés. Il ne reste plus alors qu'à se soumettre bon gré mal gré.

20 S'ils veulent en découdre avec toi *[en matière de religion]*, dis-leur : Je me suis soumis à Dieu avec tous ceux qui m'ont suivi. Demande à ceux qui ont reçu les Écritures ainsi qu'aux illettrés *(umiyyîn)* : Avez-vous adopté l'Islam ? S'ils l'ont fait, c'est qu'ils sont bien guidés, mais s'ils s'en détournent, alors seule t'incombe la transmission *[du message]* ; et Dieu ne perd pas Ses serviteurs de l'œil.

**Commentaire :** Les illettrés sont regardés d'ordinaire comme étant les polythéistes arabes.

21 Annonce un châtiment douloureux à ceux qui nient les signes de Dieu et tuent injustement les prophètes de même que tous ceux qui ordonnent l'équité.
22 Ceux-là sont ceux dont les œuvres sont réduites à néant en ce monde et dans l'Ultime Demeure et qui n'auront personne pour les secourir.

8 Ou encore : qui font montre de retenue.

23 N'as-tu pas médité l'exemple de ceux qui ont reçu leur part des Écritures ? Ayant été invités à s'en remettre au Livre de Dieu afin d'arbitrer leurs différends, voilà qu'une fraction d'entre eux se dérobe et s'en détourne !

**Commentaire** : Alors que le Prophète s'était rendu chez un groupe de juifs médinois parmi lesquels figuraient al-Nu'mân b. 'Umar et al-Hârith b. Zayd, ces derniers lui demandèrent: Quelle est ta religion?

— Celle d'Ibrâhîm , leur répondit-il.

— Ibrâhîm était juif, persiflèrent-ils en matière d'argument.

— Apportez-moi une Thora en guise d'arbitre entre vous et moi, reprit l'Envoyé de Dieu. Mais ils s'y refusèrent et le verset fut révélé à cette occasion.

24 Cela parce qu'ils ont prétendu que le feu ne les atteindrait que durant des jours comptés (ou encore : durant quelques jours) et *[parce]* que les mensonges qu'ils proféraient les ont illusionnés sur leur propre religion.

**Commentaire** : Voici un autre argument qui reviendra fréquemment dans le Coran ; les communautés antérieures, pour avoir altéré leurs Écritures, ont fini par croire à une impunité qu'elles se sont forgée de toutes pièces à force de commentaires tendancieux. En réalité, l'élection d'une communauté n'est jamais acquise et seules ses œuvres permettent d'affirmer qu'elle est encore digne de la faveur de Dieu.

25 Qu'en sera-t-il lorsque Nous les aurons rassemblés pour ce Jour qui
ne fait point de doute et où tous les êtres, rétribués selon leurs mérites, ne seront point lésés ?
26 Dis : Ô Mon Dieu, *[Toi qui es le]* Possesseur du Royaume, Tu l'accordes à qui Tu veux et Tu le ravis à qui Tu veux ; Tu élèves qui Tu veux et Tu humilies qui Tu veux, tout le bien est entre Tes Mains car Tu es Omnipotent.
27 Tu fais glisser la nuit dans le jour et le jour dans la nuit, Tu fais sortir le mort du vif et le vif du mort et Tu accordes Ta subsistance sans compter aux gens de Ton choix.
28 Que les croyants ne prennent pas pour protecteurs des mécréants en excluant d'autres croyants ; ceux qui contracteraient une telle alliance auraient rompu tout lien avec Dieu à moins que vous ne cherchiez à vous prémunir contre les mécréants. Dieu vous met en garde contre Lui-même et c'est vers Lui que le destin vous ramène *[inéluctablement]*.
29 Dis *[-leur]* : Que vous le dissimuliez ou que vous le dévoiliez, Dieu sait ce que recèlent vos cœurs[9], comme Il connaît ce qu'il y a sur la terre et dans les cieux car Dieu est Omnipotent.

9 Litt. : vos poitrines.

30 Le Jour où chaque âme sera confrontée au bien et au mal qu'elle aura commis, elle souhaitera pouvoir mettre la plus grande distance possible entre elle et ses œuvres *[impies]* ; Dieu vous met en garde contre Lui-même et Il est Compatissant envers Ses serviteurs.
31 Dis *[-leur]* : Si vous aimez Dieu, conformez-vous à moi ; Dieu vous aimera et vous pardonnera vos péchés et Dieu est Pardonneur et Miséricordieux.
32 Dis *[-leur]*: Obéissez à Dieu et à Son Envoyé et s'ils se détournent, *[qu'ils sachent]* que Dieu n'aime pas les mécréants.
33 Certes Dieu a élu Adam, Nûh, les familles d'Ibrâhîm et de 'Imrân au-delà des mondes
34 en tant que postérités issues les unes des autres.
35 *[Ainsi]* lorsque l'épouse de 'Imrân fit *[cette invocation]* : Seigneur, j'ai fait le vœu de Te consacrer totalement le fruit de mes entrailles. Accepte de moi cette offrande, car Tu entends et sais tout.
36 Et lorsqu'elle eut accouché, elle s'adressa *[à Dieu]* : Seigneur, j'ai accouché d'une fille – Dieu savait bien ce qu'elle avait mis au monde, il n'en va certes pas du garçon comme de la fille ! – et je lui ai donné pour nom Marie ; je la placerai ainsi que sa postérité sous Ta protection contre Satan le lapidé.
37 Son Seigneur fit un accueil favorable à l'enfant, Il lui assura une croissance remarquable et ce fut Zakariyâ qui la prit à sa charge. Chaque fois qu'il pénétrait chez elle dans l'oratoire il y trouvait des vivres : Ô Marie, d'où cela te vient-il ? lui demandait-il. Elle répondait : Cela *[me]* vient de Dieu, car Dieu prodigue sans compter Ses bienfaits à qui Il veut.

38 C'est en ce lieu[10] que Zakariyâ invoqua son Seigneur : Seigneur, Lui dit-il, accorde-moi de Ta part une postérité bénie, car Tu exauces les prières[11].

39 Tandis qu'il était debout en prière dans l'oratoire, les anges l'appelèrent : Dieu t'annonce la naissance de Yahyâ, un seigneur chaste et un prophète d'appartenance pieuse, qui confirmera le Verbe venant de Dieu.

**Commentaire :** Il s'agit bien évidemment du prophète Jean-Baptiste chargé d'annoncer la venue de Jésus aux enfants d'Isrâ'îl. Précisons que le nom arabe de Jean, Yahyâ, signifie le « vivant » ce qui s'accorde bien avec sa fonction de « baptiste » qui redonne la vie par le baptême.

40 Seigneur, invoqua-t-il, comment aurais-je un fils alors que j'ai atteint le seuil de la vieillesse et que mon épouse est stérile ? C'est ainsi, lui répondit-Il, Dieu fait ce qu'Il veut.

41 Seigneur, reprit-il, *[de cela]* donne-moi un signe. Ton signe consistera à ne parler aux hommes que par gestes durant trois jours ; invoque fréquemment ton Seigneur et prononce Sa gloire au soir comme au matin.

42 Ô Marie, Dieu t'a choisie et purifiée ; Il t'a élue parmi les femmes de l'univers (litt. : des mondes).

**Commentaire :** On peut mentionner ici une prière chrétienne que reprend presque intégralement la formule coranique : « Il t'a choisie entre toutes les femmes. »

43 Ô Marie, invoque ton Seigneur avec ferveur, prosterne-toi et incline-toi avec ceux qui s'inclinent *[en prière]*.

44 Ce récit relève du mystère[12] ; Nous te le révélons car tu n'étais pas avec eux lorsqu'ils lançaient leurs calames[13] pour savoir lequel d'entre eux prendrait soin de Marie (ou encore : la prendrait à sa charge) et tu n'étais pas davantage avec eux lorsqu'ils se *[la]* disputaient.

45 Et lorsque les anges lui dirent : Ô Marie, Dieu t'annonce la naissance d'un Verbe *[venant]* de Lui. Il s'appellera le Messie, Jésus fils de Marie, *[il jouira]* d'une grande considération en ce monde et dans l'Ultime Demeure et *[sera]* du nombre des rapprochés.

---

10 C'est en ce lieu, ou encore : c'est à ce moment… Ce genre de verset devrait faire réfléchir ceux qui contestent que des lieux, des personnages ou des moments privilégiés puissent être sources de bénédictions. Zacharie qui est prophète n'hésite pas à invoquer Dieu en un lieu qu'il considère comme béni du fait de la présence de la pieuse Marie et c'est précisément là qu'il est exaucé ; le fait est d'autant plus remarquable qu'aucun musulman n'a songé à accorder à Marie la dignité prophétique.

11 Litt. : Tu entends.

12 Le mystère, c'est-à-dire ce qui n'est pas connaissable par les sens ni par la raison et qui de ce fait n'est connu que par révélation. Cf. le commentaire (Cor. 2, 3).

13 Selon les commentateurs, les rabbins se servirent des calames qui leur servaient à recopier la Thora afin de procéder à un tirage au sort en vue de prendre Marie en tutelle. Selon d'autres, il s'agissait de flèches divinatoires telles qu'elles étaient en usage chez les anciens Arabes. Nous avons vu plus haut que Marie devait être consacrée au service du Temple.

46 Il s'adressera aux hommes dès le berceau puis *[plus tard]* en tant
qu'homme mûr et sera d'entre les gens pieux.
47 Seigneur, lui dit-elle, comment aurais-je un enfant alors qu'aucun
homme ne m'a touchée ? C'est ainsi, répondit l'ange, que Dieu crée
ce qu'Il veut. S'Il décide d'une chose, il Lui suffit de dire : Sois ! pour
qu'elle voit le jour (litt. : pour qu'elle soit).
48 Il lui enseignera les Écritures et la sagesse, la Thora et l'Évangile
49 et il *[sera Son]* envoyé *(rasûlan)* auprès des enfants d'Isrâ'îl. Je suis
venu à vous *[leur dira-t-il]* avec un signe de votre Seigneur : à partir de
boue, je façonnerai devant vous une forme d'oiseau, puis je lui soufflerai dessus et, avec la permission de Dieu, il deviendra un oiseau
vivant ; je guérirai l'aveugle et le lépreux et ressusciterai les morts avec
la permission de Dieu ; je vous informerai de ce que vous avez mangé
et de ce que vous avez dissimulé dans vos demeures. En tout cela il y
aura certainement un signe pour vous si vous êtes des croyants *[sincères]*.
50 *[Je suis venu]* pour confirmer la Thora qui est entre vos mains et rendre en partie licite ce qui vous avait été interdit ; je suis venu avec un
signe de mon Seigneur, aussi gardez-vous de Dieu et obéissez-moi !
51 Certes, Dieu est mon Seigneur et le vôtre, adorez-Le donc car telle est
la voie droite !
52 Quand Jésus fut convaincu de leur mécréance, il *[leur]* demanda: Qui
m'assistera *[dans le chemin menant]* vers Dieu ? Nous sommes les
auxiliaires de Dieu, répondirent les apôtres, nous avons foi en Dieu ;
témoigne donc que nous sommes soumis[14] !

14 Il ne faut jamais perdre de vue le « jeu de mots » implicite auquel donne lieu le terme *muslim* qui signifie à la fois « musulman » et « soumis ».

53 Seigneur, nous croyons à ce que Tu as révélé et nous avons suivi l'envoyé ; inscris-nous au nombre des témoins !

54 Alors ils usèrent d'artifices *[contre Jésus]* mais Dieu déjoua leurs ruses[15] et Dieu est le plus fin des stratèges !

55 Et lorsque Dieu S'adressa à Jésus : Je te ferai périr[16] *[lui dit-Il]* et Je t'élèverai auprès de Moi ; Je t'éloignerai[17] des mécréants et Je placerai ceux qui t'ont suivi au-delà des mécréants jusqu'au Jour du Jugement, puis c'est à Moi que vous serez ramenés et Je trancherai entre vous ce qui faisait l'objet de vos différends.

56 Les mécréants, Je les châtierai avec sévérité en ce monde et dans l'Ultime Demeure et ils n'auront personne pour les secourir.

57 A ceux qui ont cru et pratiqué les bonnes œuvres, Dieu accordera l'intégralité de leur récompense et Dieu n'aime pas les injustes.

58 Cela, que Nous te récitons, fait partie des signes et du sage Rappel.

**Commentaire** : Le « sage Rappel » ou encore la « sage Invocation » ou la « sage Mémorisation » *(al-dhikr al-hakîm)* est une des désignations traditionnelles du Coran.

59 Au regard de Dieu, Jésus est *[en tout point]* comparable à Adam ; Il le créa de terre et lui intima : Sois ! et il fut.

60 La Vérité procède *[tout entière]* de ton Seigneur ; ne sois pas de ceux qui en doutent !

61 Dis à ceux qui *[prétendent]* argumenter avec toi à son sujet en dépit de la science qui t'est parvenue : Venez donc ! Convions nos fils et les vôtres, nos femmes et les vôtres, et nos propres personnes et puis invoquons (ou encore : implorons) Dieu[18] en appelant Sa malédiction sur les imposteurs !

**Commentaire** : Conviés par le Prophète qui, à cet effet, leur avait envoyé les membres de sa famille bénie, 'Alî, Fâtima, al-Hassan et al-Hussayn, à une malédiction mutuelle, les chrétiens de Najrân se dérobèrent par crainte du châtiment divin qu'ils redoutaient de voir s'appesantir sur eux.

15 Les juifs ayant résolu de livrer Jésus aux Romains afin de le faire tuer, Dieu éleva Son prophète aux cieux afin de lui épargner le supplice : tel est le stratagème divin auquel le Coran fait allusion dans ce verset.

16 Certains commentateurs ont voulu éluder la difficulté soulevée par la phrase Je te ferai périr en faisant de *mutawwafîka* un synonyme de *qâbiduka* : « Je Me saisirai de toi. » D'autres ont envisagé cette mort comme se produisant après la seconde venue de Jésus, d'autres encore ont fait de cette mort un sommeil ; toujours est-il que le Coran affirme par ailleurs sans ambages (4, 157) que Jésus n'a pas été tué par les Romains mais que ces derniers furent victimes d'une illusion *(shubbiha lahum)*. Par ailleurs, cette dernière expression, elle-même assez énigmatique, peut recouvrir des sens assez différents ; ainsi, on pourrait la traduire par : « ils furent plongés dans la perplexité » ou encore : « il leur fut suggéré par ressemblance » « ou par un sosie *[qu'ils l'avaient tué...]*. » Il n'en reste pas moins vrai que, de l'avis général, Jésus n'a pas connu la mort ; il n'y goûtera que lors de son retour en tant que « calife » de la fin des temps.

17 Litt. : Je te purifierai.

18 Ou encore : Adressons-nous des malédictions mutuelles !

62 Certes, il s'agit là d'histoires véridiques; il n'est d'autre divinité que Dieu et Dieu est bel et bien le Puissant, le Sage.
63 Mais s'ils s'en détournent, Dieu connaît fort bien les corrupteurs.
64 Dis : Ô gens du Livre, venez-en *[à adopter]* une parole consensuelle entre vous et nous (ou encore : acceptable par vous et nous), *[à savoir que]* nous n'adorerons que Dieu sans rien Lui associer et nous ne nous prendrons pas les uns les autres pour seigneurs en excluant Dieu ! Et s'ils se dérobent, dites : Témoignez que nous sommes musulmans !
65 Ô gens du Livre, pourquoi vous disputer au sujet d'Ibrâhîm alors que Thora et Évangile n'ont été révélés qu'après lui ? Avez-vous toute votre raison ?
66 Vous vous disputez sur ce dont vous avez connaissance ? *[Soit]*, mais pourquoi vous disputer encore à propos de ce que vous ignorez ? Dieu sait mais vous, vous êtes dans l'ignorance.

**Commentaire** : Le Coran fustige les juifs et les chrétiens qui se lançaient dans d'âpres débats pour savoir lesquels d'entre eux avaient reçu l'intégralité de l'héritage abrahamique. Question secondaire en soi et le Livre les engage à s'occuper de questions internes d'un intérêt plus immédiat. Saint Paul, dans l'une de ses épîtres, traite longuement de cette question en évoquant le personnage biblique de Melchissédec.

67 Ibrâhîm n'était ni juif ni chrétien mais il était un pur monothéiste soumis *(musliman)* *[à Dieu]* et n'était pas d'entre les associateurs.

**Commentaire** : Nous avons traduit *musliman* par soumis ce qu'ont fait du reste nombre de traducteurs avant nous. Il n'en reste pas moins vrai que le Coran fait de l'ensemble des prophètes des musulmans, ce qui ne constitue nullement un anachronisme mais bien une revendication d'universalité de la part d'une religion qui se présente comme la tradition venue restaurer la pureté originelle *(fitra)*. Pour ce qui est du terme associateur, cf. le commentaire de Cor. 2, 134.

68 Ceux qui sont le plus à même de se réclamer d'Ibrâhîm sont ceux qui l'ont suivi ainsi que ce Prophète et ceux qui ont cru *[en lui]* et Dieu est le Protecteur *(Walî)* des croyants.

**Commentaire** : Le Prophète descendant d'Ibrâhîm par la chair et selon l'Esprit est venu revivifier la religion de son ancêtre. C'est d'ailleurs l'une des raisons pour lesquelles un certain nombre de rites remontant à Ibrâhîm (tels que les rites du pèlerinage) ont été maintenus quoique réadaptés aux besoins de l'ultime révélation.

69 Une fraction des gens du Livre aurait souhaité vous égarer, mais en réalité ils n'égarent qu'eux-mêmes sans s'en rendre compte.
70 Ô gens du Livre, pourquoi nier les signes de Dieu alors que vous en êtes les témoins ?

71 Ô gens du Livre, pourquoi créer la confusion entre la Vérité et l'erreur[19] et dissimuler la Vérité alors que vous *[la]* connaissez ?

72 Une fraction des gens du Livre a *[même]* donné ce conseil : Ajoutez foi à ce qui a été révélé aux croyants en début de journée et reniez-le sur le soir, peut-être reviendront-ils *[sur leur croyance]* !

**Commentaire** : Ce verset fut révélé à propos de trois juifs ('Abd Allâh b. al-Sayf, 'Adî b. Zayd et al-Hârith b. 'Awf) qui avaient effectivement affiché l'Islam en début de journée et l'avait renié sur le soir pour faire dire aux gens : « Ceux-là, compte tenu de leur connaissance des Écritures, ne l'ont certes pas renié sans raisons valables ! » Procédé pour le moins curieux !

73 Et ne faites confiance qu'à ceux qui s'accordent avec votre religion ! Réponds *[-leur]* : *[Ne croyez-vous pas]* que quelqu'un puisse recevoir ce que vous avez vous-mêmes reçu ou en débattre avec vous auprès de votre Seigneur ? Et conclus : En vérité, la grâce est dans la Main (ou encore : entre les Mains) de Dieu, Il l'accorde à qui Il veut et Dieu embrasse et connaît toutes choses.

74 Il favorise qui Il veut de Sa Miséricorde et Dieu détient une faveur immense !

75 Parmi les gens du Livre il en est auxquels tu peux confier un quintal et qui te le rendront. Il en est d'autres qui, si tu leur confies un seul dinar, ne te le rendront pas à moins que tu ne les y contraignes[20] (ou encore : que tu ne les surveilles sans relâche) ; cela, parce qu'ils ont décrété n'être tenus à aucun devoir envers les illettrés proférant sciemment des mensonges sur le compte de Dieu.

**Commentaire** : Parmi les gens du Livre certains ne s'estimaient pas tenus par les engagements contractés avec les Arabes polythéistes tout en prétendant qu'il s'agissait là d'un statut divin, ce que le Coran conteste.

76 Certainement pas ! Ceux qui respectent leurs engagements et se prémunissent *[du châtiment sauront]* que Dieu aime ceux qui s'en prémunissent.

77 Ceux qui acquièrent un vil argent *[en trahissant]* le pacte contracté avec Dieu et en prononçant des serments *[mensongers]* n'auront aucune part à l'Au-delà. Au Jour du Jugement, Dieu ne leur adressera même pas la parole, Il ne leur accordera pas un regard et ne prononcera pas leur éloge ; un châtiment douloureux leur est réservé !

19 Litt. : pourquoi revêtir la Vérité de l'erreur ?

20 Litt. : que tu ne restes debout auprès d'eux.

78 Il y a bien un groupe qui déforme les Écritures en ânonnant[21] afin que vous preniez leur charabia pour partie intégrante des Écritures alors qu'il n'a rien à voir avec les Écritures, et qui prétend que cela vient de Dieu alors que cela ne vient certes pas de Dieu et qui profère sciemment des mensonges au sujet de Dieu !

**Commentaire** : Cette révélation concernait, entre autres, Ka'b b. al-Ashraf qui déformait sciemment les passages de la Thora notamment ceux où il était question de la venue du Prophète.

79 Il n'appartient pas à un homme qui a reçu de Dieu les Écritures, la sagesse et la prophétie, de dire ensuite aux gens : Soyez mes serviteurs et non ceux de Dieu, mais *[il leur dira plutôt]* : Soyez des docteurs *[de la Loi] (rabbâniyyîn)* puisque vous enseignez les Écritures et les étudiez.

**Commentaire** : A propos de *rabbâniyyîn*, il convient de remarquer que les commentaires laissent une assez grande latitude de traduction. Aussi pourrait-on le traduire par : consacrez-vous au Seigneur en enseignant les Écritures... ou encore plus simplement par : soyez « seigneuriaux », sans trahir le texte nous semble-t-il.

80 Dieu ne vous ordonne nullement de prendre les anges ni les prophètes pour seigneurs ! *[Comment]* vous ordonnerait-il la mécréance après que vous soyez devenus musulmans ?
81 Et *[souviens-toi]* lorsque Dieu prit *[cet]* engagement des prophètes : Si un envoyé vient à vous confirmant les Écritures et la sagesse que Je vous ai transmises, vous ajouterez foi en lui et le soutiendrez. Puis Il ajouta : Acceptez-vous *[cet engagement]* ? Conclurez-vous avec Moi cette alliance ? Nous l'acceptons, répondirent-ils. Alors témoignez-en et Je serai avec vous pour en témoigner aussi !
82 Et ceux qui se détourneront après un tel pacte, ceux-là sont les dépravés !
83 Souhaitent-ils une autre religion que celle de Dieu alors que tout ce qui est dans les cieux et sur la terre Lui est soumis de gré ou de force et qu'ils seront *[tous]* ramenés à Lui ?

21 Litt. : en se déformant la langue.

84 Dis *[-leur]* : Nous avons foi en Dieu, en ce qui nous a été révélé et en ce qui a été révélé à Ibrâhîm, à Ismâ'îl, à Ishâq, à Ya'qûb et aux tribus *[d'Isrâ'îl]* ; et aussi à ce qui a été révélé de la part de leur Seigneur à Mûssâ, à Jésus et aux prophètes. Nous ne faisons de différence entre aucun d'entre eux et c'est à Lui que nous sommes soumis.
85 Or, quiconque souhaite adopter une autre religion que l'Islam se verra refuser son choix et sera dans l'Ultime Demeure au nombre de ceux qui *[ont couru]* à leur perte[22].

**Commentaire** : L'Islam se présente comme une religion venant clore et récapituler tout un cycle de prophétie. C'est pourquoi il intègre des éléments essentiels de toutes les traditions antérieures en leur permettant de se perpétuer selon une modalité adaptée aux conditions de l'époque. C'est précisément pour cette raison que toute apostasie est considérée comme une régression et punie de la peine de mort. Cette attitude n'est d'ailleurs pas spécifique de l'Islam et le fameux « hors de l'Eglise point de salut » en constitue un exemple particulièrement éloquent. Cela étant, le pouvoir musulman s'est assez peu soucié de l'errance de ses ouailles tant qu'il n'était pas directement menacé, ce qui ne veut pas dire que l'apostat n'était pas réellement « mort » dès lors qu'il se coupait délibérément de la communauté, son milieu d'origine.

86 Comment Dieu guiderait-Il un peuple qui a renié sa foi[23] après avoir témoigné de la véracité de l'Envoyé et avoir reçu les preuves *[de sa sincérité]* ? Et Dieu ne guide pas le peuple des injustes.
87 Ceux-là auront pour rétribution la malédiction de Dieu, des anges et de l'humanité entière.
88 Ils y demeureront à jamais ; leur châtiment ne sera pas allégé et ils ne seront pas secourus.
89 Exception faite de ceux qui, après leur reniement, se seront repentis et réformés car Dieu est Pardonneur et Miséricordieux.
90 Cependant, ceux qui ont apostasié après avoir eu la foi puis qui se sont enfoncés dans la mécréance se verront refuser leur repentir ; ceux-là sont les égarés.
91 Quant aux mécréants qui sont morts en tant que tels, même s'ils offraient tout l'or du monde[24] en vue de se racheter cela leur serait refusé. Un châtiment douloureux leur est destiné et ils n'auront personne pour les secourir.

---

22 Litt. : au nombre des perdants.
23 Litt. : qui a renié après avoir eu la foi.
24 Litt. : autant d'or que la terre peut en contenir.

92 Vous n'atteindrez pas *[à la plénitude]* de la vertu sans dépenser une partie *(mimmâ)* de ce que vous chérissez, et quelque aumône que vous fassiez Dieu en est parfaitement Informé.
93 Avant que ne soit révélée la Thora, tous les aliments étaient licites pour les enfants d'Isrâ'îl, à l'exception de ce qu'Isrâ'îl s'était lui-même interdit. Dis *[-leur]* : Apportez-moi donc la Thora et lisez-la *[devant moi]* si vous êtes sincères.

**Commentaire** : Il s'agit d'une réponse implicite aux juifs qui prétendaient qu'Ibrâhîm était affligé des mêmes interdits alimentaires qu'eux, avec en filigrane la volonté de se l'approprier. Isrâ'îl, quant à lui, s'était interdit la viande de chameau à la suite d'un vœu.

94 Ceux qui après une telle explication *[poursuivent]* leurs allégations mensongères au sujet de Dieu sont iniques.
95 Dis *[-leur]* : Dieu a témoigné de la Vérité ; suivez donc la religion d'Ibrâhîm qui était un pur monothéiste et n'était pas d'entre les associateurs[25].
96 Le premier Temple à avoir été établi pour les hommes se situe à Bakka, *[édifice]* béni et direction pour l'univers.
97 Il contient des signes évidents, dont la station d'Ibrâhîm ; celui qui y pénètre y est en sécurité et il appartient à Dieu d'imposer aux hommes le pèlerinage à la Maison sacrée, du moins pour ceux qui ont les moyens de s'y rendre ; et quant aux mécréants, Dieu est Souverain *(Ghanî)* à l'égard des mondes.

**Commentaire** : La Richesse de Dieu *(al-Ghinâ)* est l'expression symbolique de l'Indépendance divine à l'égard des mondes, Richesse à laquelle correspond notre indigence de créature.

98 Dis *[-leur]* : Ô gens du Livre, pourquoi niez-vous les signes de Dieu alors qu'Il est Témoin de vos actions ?
99 Dis *[-leur]* : Ô gens du Livre, pourquoi détournez-vous ceux qui ont la foi de la voie *[qui mène à]* Dieu ? Vous voudriez la rendre tortueuse tout en étant témoins *[de sa véracité]*. Or, rien de ce que vous faites n'échappe à Dieu.
100 Ô vous qui avez la foi, si vous obéissez *[ne serait-ce qu']* à une fraction de ceux qui ont reçu les Écritures, ils vous feront retomber dans la mécréance après que vous ayez eu la foi.

25 Cf. commentaire de Cor. 2, 134.

101 *[Au reste]*, comment pourriez-vous renier (ou encore: demeurer mécréants) alors qu'on vous récite les versets de Dieu et que Son Envoyé est parmi vous[26] ? Et ceux qui se saisissent de ce qui les relie à Dieu (ou encore: ceux qui se saisissent du lien *[établi avec]* Dieu) seront conduits sur une voie droite.
102 Ô vous qui croyez, gardez-vous de Dieu comme il convient de s'en prémunir[27] et ne mourez qu'en professant l'Islam[28].
103 Saisissez-vous tous de ce qui vous relie à Dieu et ne vous divisez pas[29] ! Et souvenez-vous de la faveur que Dieu vous a faite en accordant vos cœurs alors que vous étiez ennemis : par un effet de Sa grâce vous êtes devenus des frères. Vous étiez au bord d'un abîme de feu et Il vous en a sauvés ; c'est ainsi qu'Il vous expose Ses signes afin que vous soyez guidés[30].
104 Formez une communauté[31] qui convie *[les gens]* au bien, qui ordonne le licite et interdit ce qui est répréhensible, ceux-là connaîtront la réussite.
105 Et ne soyez pas comme ceux qui se sont divisés et qui ont divergé après avoir reçu les preuves ; un terrible châtiment leur est réservé.
106 *[Ce sera]* le Jour où des visages rayonneront tandis que d'autres s'assombriront ; quant à ceux dont le visage se sera assombri *[il leur sera demandé]* : Ainsi vous avez renié après avoir eu la foi ? Goûtez donc au supplice que vous ont valu vos dénégations.
107 Ceux dont le visage sera rayonnant baigneront à jamais dans la Miséricorde de Dieu.
108 Tels sont les versets de Dieu que Nous te récitons en toute vérité et Dieu ne veut pas d'injustice à l'égard des mondes.

---

26 Ou encore : au milieu de vous.

27 La traduction la plus répandue ne nous semble pas dépourvue d'intérêt, aussi la citons-nous dans cette note : Ô vous qui croyez, craignez Dieu comme Il doit être craint.

28 Litt. : ne mourez pas sans être musulmans.

29 Ou encore : ne divergez pas !

30 Litt. : peut-être serez-vous guidés.

31 Litt. : Qu'il y ait parmi vous une communauté.

109 C'est à Dieu qu'appartient ce qu'il y a dans les cieux et sur la terre, et c'est à Dieu que seront ramenées toutes choses.
110 Vous êtes la meilleure communauté qui ait été suscitée pour les hommes : vous ordonnez le licite, interdisez le répréhensible et vous croyez en Dieu. Si seulement les gens du Livre avaient eu la foi, c'eût été préférable pour eux. Certains d'entre eux sont croyants, mais la plupart d'entre eux sont des pervers.
111 Ils ne pourront pas vous faire de tort si ce n'est en paroles[32] et, s'ils vous combattent, ils prendront la fuite[33] et ne seront *[jamais]* victorieux.
112 Où qu'ils se trouvent, ils seront frappés d'avilissement sauf *[s'ils sont protégés]* par un engagement[34] contracté avec Dieu ou avec les hommes ; ils ont encouru la colère de Dieu et ont été frappés d'indigence parce qu'ils niaient les signes de Dieu, tuaient injustement les prophètes et se montraient désobéissants et transgresseurs !
113 Les gens du Livre ne sont pas tous semblables ; parmi eux se trouve une communauté qui défend *(qâ'ima) [la Vérité]* et psalmodie les versets de Dieu pendant la nuit en se prosternant.
114 Ils croient en Dieu et au Jour dernier, ordonnent le licite, interdisent le répréhensible et s'empressent d'accomplir des œuvres pies ; ceux-là sont au nombre des gens pieux.
115 Ce qu'ils ont accompli en guise de bien ne leur sera pas contesté et Dieu connaît (litt. : sait) bien ceux qui se gardent *[du châtiment]*.

32 Litt. : *'Illâ 'adhan* : si ce n'est des « nuisances ». Les commentaires précisent que ces nuisances sont essentiellement des paroles blessantes ou déplacées.
33 Litt. : ils vous tourneront le dos.
34 Litt. : un lien, *habl*.

116 Confrontés à Dieu, ni les biens des mécréants ni leurs enfants ne leur
seront d'un quelconque secours ; ceux-là sont destinés[35] au feu, ils y
demeureront à jamais.
117 Les biens que *[les mécréants]* dépensent en ce bas monde *[en vue de
nuire au Prophète]* sont comparables à un vent brûlant qui s'est abattu
sur le champ d'un peuple se faisant du tort à lui-même et l'a dévasté ;
ce n'est pas Dieu qui S'est montré injuste *(zalama)* envers eux, mais ce
sont eux qui se sont fait du tort *(zalamû)* à eux-mêmes.
118 Ô vous qui avez la foi, ne prenez pas d'intimes en dehors des vôtres
car ils feraient tout pour vous corrompre ;[36] ils aimeraient vous voir
en difficulté, la haine perce dans leurs bouches[37] et ce que dissimulent
leurs cœurs (litt. : poitrines) est encore pire. Nous vous avons exposé
Nos signes pour peu que vous soyez doués de raison.
119 Voici que vous leur témoignez de l'affection alors qu'ils ne vous aiment
pas ; vous croyez à toutes les Écritures révélées *[alors qu'ils ne croient
pas aux vôtres]* et s'ils vous rencontrent ils vous affirment qu'ils ont
la foi. Mais sitôt qu'ils sont seuls ils s'en mordent les doigts de dépit
contre vous. Dis *[-leur]* : Crevez de votre rage ! Certes Dieu sait parfaitement ce que recèlent les cœurs (litt. : les poitrines).
120 Lorsqu'un bienfait vous échoit, ils en éprouvent du ressentiment[38] mais
lorsqu'un malheur vous atteint, ils s'en réjouissent. *[Toutefois]* si vous
vous montrez constants et que vous vous prémunissez *[du châtiment]*,
leurs artifices ne vous nuiront en rien car Dieu cerne leurs méfaits.
121 Lorsqu'au matin tu as quitté ta famille pour assigner aux croyants leur
poste de combat : Dieu entendait et savait tout.

---

35 Litt. : sont les compagnons du feu.
36 Ou encore : ils n'auraient de cesse de vous corrompre
37 Ou encore : leur sort par la bouche.
38 Ou encore : ils s'en affligent. Cf. Hamza Bû Bakr ou Ameur Ghédira.

122 Lorsque deux de vos troupes songèrent à fléchir alors que Dieu était leur Protecteur : c'est à Lui que les croyants doivent s'en remettre[39].
123 Dieu vous a accordé la victoire à Badr alors que vous étiez quantité négligeable. Gardez-vous donc de Dieu afin de *[Lui]* témoigner votre gratitude.
124 *[Souviens-toi]* lorsque, t'adressant aux croyants, tu leur demandas : Ne vous suffira-t-il pas que votre Seigneur vous soutienne en vous envoyant trois mille anges descendus *[du ciel]* ?
125 Certes ! Eh bien, si vous vous montrez persévérants et que vous savez vous prémunir *[de Dieu]*, lorsque vos ennemis fondront sur vous à l'improviste votre Seigneur vous assistera de cinq mille anges porteurs de signes distinctifs.
126 Dieu ne fit de ce soutien qu'une bonne nouvelle afin d'apaiser vos cœurs et la victoire ne saurait venir que de Dieu, le Puissant, le Sage.
127 *[Cette victoire, Il vous l'a accordée]* afin de décapiter les mécréants[40] et de les refouler pour qu'ils s'en retournent chez eux dépités (ou encore : sur un échec).
128 Tu n'as aucune part à la décision ; soit ils se repentent *[en adoptant l'Islam]*, soit Il les châtiera car ce sont des oppresseurs.
129 C'est à Dieu qu'appartient ce qu'il y a dans les cieux et sur la terre ; Il pardonne à qui Il veut et châtie qui Il veut et Dieu est Pardonneur et Miséricordieux.
130 Ô vous qui avez la foi, ne mangez pas du produit de l'usure en redoublant les bénéfices usuraires *[précédents]* et sachez vous garder de Dieu ; sans doute[41] réussirez-vous !
131 Et gardez-vous du feu qui a été apprêté pour les mécréants.
132 Obéissez à Dieu et à Son Envoyé, peut-être vous sera-t-il fait miséricorde.

---

39 Ce verset fut révélé à propos des Banî Hâritha et des Banî Salama qui songèrent un instant à faire défection devant le grand nombre de Qurayshites qui leur était opposé. Fort heureusement, grâce à l'aide de Dieu, ils se ressaisirent et finirent par trouver en eux les ressources de poursuivre le combat.

40 *Liyaqta'a tarafan min alladhina kafarû* a été traduit généralement par : afin de mettre en pièces les mécréants, ce qui semble effectivement correspondre au sens littéral des deux premiers mots de la phrase : afin de « couper en morceaux des mécréants ». Commentaires à l'appui, il nous semble toutefois que l'affaiblissement que la bataille de Badr a occasionné aux Qurayshites avec la perte de quelques-uns de leurs plus grands chefs *[ce que rend notre traduction]* est l'idée qui ressort de ce verset bien plus qu'une mise en déroute de l'armée des polythéistes. Cela étant, les deux faits ne sont pas incompatibles.

41 Litt. : peut-être. Les commentateurs s'accordent pour voir dans ce « peut-être » et dans tous ceux qui émaillent le Coran l'expression d'une certitude qui n'est pas affichée clairement, ce qui la rapproche de notre litote. Cependant, nous n'en avons pas supprimé systématiquement la traduction littérale, nous réservant de la conserver selon le contexte.

133 Et empressez-vous d'obtenir le pardon de votre Seigneur et de gagner un Paradis vaste comme les cieux et la terre, préparé à l'intention de ceux qui se sont prémunis *[du châtiment]*,

134 ceux qui font l'aumône dans l'aisance comme dans la difficulté, qui contiennent leur colère et qui se montrent indulgents envers les gens : Dieu aime les êtres vertueux ;

**Commentaire :** Il y aurait beaucoup à dire sur les mots *muhsinîn* (vertueux) et *ihsân* (« vertu », mais surtout « perfection ») dont la traduction en français met en évidence une connotation morale qui n'y figure pas forcément. *L'ihsân* est *stricto sensu* le bien-faire et même le savoir-faire quel que soit le domaine de l'activité envisagée. Ainsi le *hadîth* nous enseigne-t-il, lors d'un sacrifice rituel, qu'il faut sacrifier correctement la bête *(ahsinû al-dhibha)*, c'est-à-dire ne pas la faire souffrir. Par ailleurs il est question, dans un autre *hadîth*, de la station de *l'ihsân* consistant à adorer Dieu comme si on Le voyait. Là encore, c'est de la perfection d'une attitude dont il est question et non pas simplement de vertu morale. La traduction française tend donc à affadir le terme et il conviendra de ne jamais perdre de vue le sens initial de la racine pour en percevoir, à travers ou plutôt en dépit de la traduction, la véritable portée.

135 ceux qui, lorsqu'ils commettent une turpitude ou se font du tort à eux-mêmes se remémorent Dieu, demandent pardon de leurs péchés – et qui donc pardonne les péchés si ce n'est Dieu ? – et qui ne persistent pas délibérément[42] dans ce qu'ils ont fait *[de mal]*,

136 ceux-là auront pour récompense le pardon de leur Seigneur et des jardins sous lesquels s'écoulent des fleuves : ils y demeureront à jamais. La belle récompense que celle de ceux qui œuvrent *[pieusement]* !

137 Des civilisations *(sunan)* ont disparu avant vous ! Parcourez la terre et considérez quel a été le châtiment de ceux qui traitaient *[les prophètes]* d'imposteurs !

138 Ce *[Livre]* est une explication claire *(bayân)* destinée aux hommes ainsi qu'une direction et une exhortation à l'usage de ceux qui se préservent *[du châtiment]*.

139 Ne faiblissez pas ! Ne vous affligez pas ! Car vous aurez le dessus si vous êtes des croyants *[sincères]*.

140 Si vous êtes victimes de blessures, vos adversaires en ont reçu de semblables ; Nous alternons les « jours avec » et les « jours sans » entre les hommes afin que Dieu sache ceux qui ont la foi et qu'Il prenne parmi vous des martyrs. Et Dieu n'aime pas les *[individus]* iniques,

42 Ou encore : sciemment.

141 *[la défaite]* étant destinée à éprouver (ou : à purifier ou encore : à mettre en lumière) les croyants et à anéantir les mécréants.

**Commentaire :** La défaite n'a donc pas les mêmes effets selon les camps : épreuve purificatrice pour les uns, elle se révèle une catastrophe pour les polythéistes.

142 Ou bien comptiez-vous entrer au Paradis alors que Dieu n'avait pas encore pris connaissance de ceux qui allaient combattre *[pour Sa cause]* et faire preuve d'endurance *[au combat]* ?

**Commentaire :** Ce genre de verset et ses semblables pourrait laisser entendre que Dieu apprend certaines choses au fur et à mesure des événements. Cette supposition contredit bien évidemment la théologie musulmane selon laquelle la Science divine éternelle n'est pas un acquis ; elle n'est donc pas susceptible d'une quelconque évolution ou amélioration. Cette manière de parler à destination des humains n'a d'autre but que de couper court à leurs éventuels arguments.

143 Or, vous espériez la mort avant de la rencontrer et maintenant vous l'avez vue de vos yeux. (Ou encore : Or, vous espériez le combat avant d'y participer, et maintenant vous avez vu la mort de vos propres yeux.)
144 Muhammad n'est qu'un Envoyé qu'ont précédé d'autres envoyés. Se pourrait-il, s'il mourait *[de mort naturelle]* ou était tué, que vous reveniez sur vos pas ? Celui qui retournerait sur ses pas ne saurait nuire en rien à Dieu et Dieu récompensera ceux qui font montre de gratitude.
145 Il n'appartient à personne de rendre l'âme sans la permission de Dieu selon un décret *(kitâb)* fixé à son terme. A celui qui espère la récompense de ce bas monde, Nous donnerons sa part ; et à celui qui espère la récompense de l'Ultime Demeure, Nous donnerons également sa part et Nous récompenserons ceux qui font montre de gratitude.
146 Combien de docteurs *[de la Loi]* ont combattu aux côtés des prophètes ? Ils ne se sont pas laissé abattre, pas plus qu'ils n'ont donné de signes de faiblesse ni capitulé du fait de ce qu'ils avaient subi pour la cause de Dieu. Dieu aime ceux qui font preuve de constance.
147 Ils se bornèrent à dire : Seigneur, pardonne-nous nos péchés et les excès de notre inconduite ; raffermis nos pas et accorde-nous la victoire sur le peuple des mécréants.
148 Dieu leur accorda une récompense en ce bas monde et une excellente récompense en l'Ultime Demeure et Dieu aime les *[êtres]* vertueux *(muhsinîn*[43]*)*.

43 Cf. le commentaire du v. 134 de la même sourate.

149 Ô vous qui avez la foi, si vous vous soumettez aux mécréants, ils vous feront revenir sur vos pas et vous retomberez dans la perdition.

150 Plutôt *[se souvenir que]* Dieu eſt votre Maître et qu'Il eſt le meilleur des soutiens.

151 Nous mettrons la crainte au cœur des mécréants pour avoir donné à Dieu des associés auxquels Il n'avait accordé aucun pouvoir ; le feu sera leur refuge : quel déteſtable asile pour les tyrans !

152 Dieu vous avait bien tenu *[Sa]* promesse lorsqu'*[au début du combat]* vous les aviez anéantis avec Sa permission ; puis vous vous êtes relâchés, cessant de vous accorder sur l'ordre *[donné]* auquel vous avez désobéi après avoir vu l'objet de vos convoitises. Il en eſt parmi vous qui convoitent ce bas monde, et d'autres qui convoitent l'Ultime Demeure. Puis Il vous a fait reculer devant eux afin de vous éprouver et vous a accordé ensuite Son indulgence. Et Dieu diſpense *[volontiers]* Sa Grâce aux croyants.

**Commentaire :** Ce verset fait référence à la bataille de 'Uhud dont le cours s'était inversé après que les archers, placés au sommet de la montagne, eurent contrevenu aux ordres du Prophète en abandonnant leur poſte d'observation par crainte de ne pouvoir participer au partage du butin, ce à quoi fait allusion cette partie du verset : après avoir vu l'objet de vos convoitises. Dieu démontre ainsi aux croyants que la défaite leur incombait en totalité et que, n'était leur désobéissance, la bataille se serait soldée par une victoire comme elle en prenait le chemin.

153 *[Il vous a accordé Son indulgence, notamment[44]]* lorsque, dans votre fuite[45], vous ne vous retourniez sur personne alors que l'Envoyé vous appelait sur vos arrières ; Dieu vous rétribua en rajoutant un souci à ceux qui étaient déjà les vôtres afin que vous ne vous affligiez ni de *[la perte]* de ce qui vous avait échappé ni de ce qui vous avait été infligé. Et Dieu eſt parfaitement Informé de vos actes.

**Commentaire :** Aux soucis de la défaite vint s'ajouter en effet l'inquiétude qui s'empara des musulmans lorsque se répandit le bruit infondé de la mort du Prophète. On peut imaginer le vent de déroute qui souffla ce jour-là sur les croyants.

Ce qui vous avait échappé : il s'agit évidemment du butin dont ils ne purent s'emparer du fait de la déroute ; ce qui vous avait été infligé : c'eſt-à-dire la défaite avec son corollaire de morts, de blessés et de captifs.

44 La partie en exergue reprend la fin du verset précédent.

45 Litt. : lorsqu'en gravissant *[la montagne]*, *tus'idûn*. Ce sont les commentaires qui parlent de fuite.

154 Après l'angoisse, Dieu fit descendre la Paix sur vous sous forme d'un assoupissement qui envahit une fraction d'entre vous, tandis que les autres, préoccupés de leurs personnes, se forgeaient au sujet de Dieu une opinion fausse telle *[qu'on s'en forgeait]* au temps de l'ignorance *(jâhiliyya)* en disant : Avons-nous part à la décision ? Réponds-leur : Le Commandement tout entier appartient à Dieu. Ils dissimulent par-devers eux des pensées qu'ils n'expriment pas devant toi en disant : Si seulement nous avions eu part à la décision, nous n'aurions pas été tués ici même ! Réponds-leur : Même si vous étiez restés dans vos demeures, la mort aurait frappé dans leurs lits ceux qui étaient destinés à mourir, afin que Dieu éprouve *[par ce combat]* votre for intérieur[46] et qu'Il épure vos cœurs et Dieu connaît bien le tréfonds de vos âmes[47].
155 C'est en punition de certains péchés qu'ils avaient commis que le diable a pu faire trébucher ceux d'entre vous qui ont pris la fuite le jour où les deux troupes se sont entrechoquées ; Dieu leur a déjà témoigné Son indulgence, car Dieu est Pardonneur et Longanime.
156 Ô vous qui avez la foi, ne soyez pas semblables aux mécréants qui disent à leurs frères lorsqu'ils partent en voyage ou au combat : S'ils étaient demeurés avec nous, ils ne seraient pas morts et ne se seraient pas fait tuer ; ces suppositions *(dhâlika)*, Dieu veut les transformer en regrets dans leur cœur. C'est Dieu qui fait vivre et qui fait mourir et Dieu voit bien tout ce que vous faites.
157 Si vous vous faites tuer pour la cause de Dieu ou que vous décédiez *[de mort naturelle; sachez que]* la Miséricorde de Dieu et Son pardon valent mieux que tout ce qu'ils amassent.

46 Litt. : vos poitrines.
47 Litt. : vos poitrines.

158 Et si vous décédez ou si vous vous faites tuer pour la cause de Dieu, c'est auprès de Dieu que vous serez rassemblés.

159 C'est un effet de la Miséricorde divine si tu t'es montré souple à leur égard. Eusses-tu fait preuve de rudesse et de dureté qu'ils se seraient dispersés autour de toi ; passe sur leurs erreurs *('u'fu 'anhum)*, demande *[à Dieu]* de leur pardonner et consulte-les pour prendre tes décisions mais, une fois résolu, remets-t'en à Dieu car Dieu aime ceux qui placent leur confiance en Lui.

160 Si Dieu vous accorde la victoire, qui donc pourra vous vaincre ? Et s'Il veut vous humilier, qui donc pourra vous soutenir en dehors de Lui ? Et c'est à Dieu que les croyants doivent s'en remettre.

161 Il n'appartient pas à un prophète de commettre un larcin et celui qui fraude se présentera au Jour du Jugement avec le produit de son larcin, puis chaque âme sera rétribuée selon ses mérites et nul ne sera lésé.

**Commentaire :** Selon les commentateurs, le larcin auquel il est fait allusion dans le verset aurait consisté à dérober une part du butin.

162 Celui qui recherche la satisfaction de Dieu est-il comparable à celui qui encourt Sa colère et dont le refuge est la Géhenne ? Quel détestable avenir !

163 Ils occupent des degrés différents auprès de Dieu et Dieu voit fort bien ce que vous faites.

164 Dieu a certes accordé un don *[considérable]* aux croyants en leur envoyant un Prophète issu des leurs qui leur récitait Ses versets, les purifiait et leur enseignait le Livre et la sagesse alors qu'ils étaient auparavant dans un égarement manifeste.

165 Comment, après avoir essuyé une défaite alors que vous veniez de remporter deux victoires, vous demandez-vous : D'où cela nous vient-il ? Dis*[-leur]* : Cela est de votre fait, car Dieu est Omnipotent.

166 Le revers dont vous avez été victimes le jour où les deux troupes se sont affrontées ne s'est produit qu'avec la permission de Dieu afin qu'Il prît connaissance des croyants,

**Commentaire** : Cf. le commentaire du verset 142 de la même sourate.

167 ainsi que des hypocrites, lesquels, si l'on venait à leur demander de venir combattre pour la cause de Dieu ou de s'enrôler, répondaient : Si nous avions la conviction d'un combat, nous vous suivrions. En ce jour, ils étaient plus proches de la mécréance que de la foi ; ils disaient *[leur désir du combat]* de la bouche et non du cœur et Dieu sait mieux *[que quiconque]* ce qu'ils dissimulent.
168 A ceux qui, étant restés chez eux, disaient de leurs frères : S'ils nous avaient obéi, ils n'auraient pas été tués, réplique : Épargnez-vous donc la mort[48] si vous êtes sincères !
169 Ne crois surtout pas que ceux qui ont été tués pour la cause de Dieu soient morts. Ils sont bel et bien vivants auprès de leur Seigneur et comblés de faveurs !
170 Satisfaits de ce que Dieu leur a accordé *[par un effet]* de Sa Grâce, ils se réjouissent *[à l'idée]* que ceux qu'ils ont laissés derrière eux et qui ne les ont pas encore rejoints n'éprouveront plus de crainte et ne seront pas affligés
171 *[et]* ils sont ravis des bienfaits et de la Grâce de Dieu, *[et aussi à l'idée]* que Dieu ne frustre point de leur récompense les croyants
172 qui ont répondu à *[l'appel de]* Dieu et de *[Son]* Prophète malgré les blessures reçues. A ceux d'entre eux qui se sont vaillamment comportés et qui ont su se prémunir *[de Dieu]*, une magnifique récompense est *[promise]*.
173 Ceux auxquels on *(an-nâs)* disait : Les gens *(an-nâs)* se sont ligués contre vous, craignez-les donc ! leur foi s'en trouva accrue et ils s'exclamèrent : Dieu nous suffit ! Quel excellent Garant !

**Commentaire** : Après la défaite de Uhud, le Prophète prit le parti de poursuivre les Qurayshites avec l'intention de leur porter un coup décisif. Alors qu'il se rendait à Humrâ' al-Assad, Abû Sufyân qui avait été informé de sa décision fit remettre aux caravaniers des 'Abd al-Qays qui partaient pour Médine un chargement de raisins secs avec pour mission de décourager les musulmans dans leur entreprise. Ce sont donc les 'Abd al-Qays qui dirent aux musulmans : Les gens (c'est-à-dire Abû Sufyân et les tribus arabes) se sont ligués contre vous.

---

48 Litt. : repoussez donc la mort.

174 Ceux-là s'en retournèrent chez eux comblés d'un bienfait et d'une grâce de Dieu sans avoir subi le moindre mal. Ils ont recherché la satisfaction de Dieu et Dieu détient une grâce incommensurable.
175 Il ne s'agissait que de Satan qui effrayait ses protégés ; ne les craignez pas, redoutez-Moi plutôt, si vous êtes *[d'authentiques]* croyants.

**Commentaire** : Ceux qui se livraient à une propagande afin de décourager les croyants n'étaient que les alliés du diable qui tentait par ce biais de les dissuader du combat.

176 Que ceux qui s'engouffrent (litt. : se précipitent) dans la mécréance ne t'affligent pas ! Ils ne pourront nuire à Dieu en rien ; Dieu veut simplement ne leur laisser aucune part à l'Ultime Demeure, un terrible châtiment leur est réservé.
177 Ceux qui ont troqué la foi pour la mécréance ne pourront nuire à Dieu en rien ; un châtiment douloureux leur est réservé.
178 Et que les mécréants n'aillent pas s'imaginer que le délai que nous leur consentons est un bien pour eux ; Nous ne le leur avons accordé qu'afin qu'ils accumulent les péchés et un châtiment humiliant leur est réservé.
179 Dieu n'était pas disposé à mettre en garde les croyants contre leur situation actuelle sans avoir fait la distinction entre les vertueux et les débauchés[49], pas plus qu'Il n'était disposé à vous instruire de ce qui est occulté ; *[pour cela]*, Dieu a seulement élu les envoyés de Son choix et, si vous croyez *[tout en sachant]* vous garder *[de Dieu]* une récompense sublime vous est destinée.
180 Que ceux qui sont avares des faveurs que Dieu leur a prodiguées ne s'imaginent pas qu'elles sont un bien pour eux. Elles seraient plutôt un mal ! Au Jour du Jugement, les biens dont ils sont avares les enserreront tel un carcan et c'est à Dieu qu'appartient l'héritage des cieux et de la terre et Dieu est parfaitement Informé de vos actes.

49 Ou encore : entre le noble et le vil.

181 Dieu a entendu les énormités de ceux qui affirmaient : Certes, Dieu est pauvre et nous, nous sommes riches ; Nous consignerons leurs paroles ainsi que les meurtres qu'ils ont injustement commis sur la personne des prophètes et leur dirons : Goûtez au supplice du feu !

182 Ce châtiment vous le devez à ce que vos mains ont acquis[50] et Dieu n'est certes pas injuste envers Ses serviteurs !

183 *[A]* ceux qui ont dit : Dieu a reçu notre engagement de ne pas croire à un prophète tant qu'il n'aura pas fait une offrande qui sera dévorée par un feu *[céleste]*, réponds[51] : Des envoyés sont venus vous trouver avant moi avec des signes, et notamment celui que vous demandez. Pourquoi donc les avoir tués si vous étiez sincères *[dans votre foi en eux]* ?

**Commentaire** : Lorsque les juifs voulaient s'assurer de la validité de leurs aumônes, ils les exposaient au grand jour en attendant qu'un feu céleste vienne les consumer et ils avaient même fait de cette pratique un défi destiné à prouver l'authenticité des prophètes.

184 Et s'ils te traitent d'imposteur, ils avaient fait de même avec certains des prophètes qui t'ont précédé bien qu'ils eussent apporté des signes, les Psaumes et un Livre limpide.

185 Toute âme goûtera la mort mais ce n'est qu'au Jour de la Résurrection que vous serez rétribués. Quiconque sera écarté du feu et introduit au Paradis aura goûté à la réussite et la vie de ce monde n'est qu'un plaisir illusoire.

186 Vous serez éprouvés dans vos biens et dans vos personnes et vous entendrez, de la part de ceux qui ont reçu les Écritures avant vous comme des polythéistes, bien des propos blessants, mais *[en la circonstance]* faire preuve de constance et savoir se garder *[de Dieu]* est un témoignage de fermeté.

---

50 Litt. : vous ont offert par avance.

51 Litt. : dis.

187 Et *[souviens-toi]* lorsque Dieu prit de la part de ceux qui avaient reçu les Écritures l'engagement d'en parler clairement aux hommes et de ne rien en dissimuler, ils les rejetèrent pourtant derrière leur dos et les vendirent à un vil prix; quelle détestable affaire!

**Commentaire**: Certains commentateurs estiment que le passage des Écritures mis en cause dans ce verset a trait à la venue du Prophète, aussi interprètent-ils les mots *latubayyinun-nahu li-nnâs* (d'en parler clairement aux hommes) comme une invitation adressée aux gens du Livre à ne rien cacher des attributs de l'Envoyé de Dieu.

188 Ne t'imagine pas que ceux qui se réjouissent de leurs œuvres et qui aiment à être loués pour ce qu'ils n'ont pas fait soient à l'abri du châtiment: un châtiment douloureux leur est réservé!

189 C'est à Dieu qu'appartient le royaume des cieux et de la terre et Dieu est Omnipotent.

190 Certes, il y a dans la création des cieux et de la terre, et dans l'alternance des nuits et des jours, des signes pour ceux qui sont doués d'intelligence,

191 ceux qui se remémorent Dieu, debout, assis ou couchés sur le côté, et qui méditent sur la création des cieux et de la terre: Notre Seigneur, Tu n'as pas créé cela en vain. Gloire à Toi! et préserve-nous du châtiment du feu!

192 Seigneur, ceux que Tu feras entrer au feu seront couverts d'opprobre et les injustes n'auront aucun recours.

193 Seigneur, nous avons entendu un héraut nous inviter à la foi en notre Seigneur et nous y avons cru; Seigneur, pardonne-nous nos péchés, efface nos fautes et fais-nous périr avec les justes!

194 Seigneur, accorde-nous ce que Tu nous a promis *[par la bouche]* de Tes prophètes et ne nous humilie pas au Jour du Jugement car Tu ne faillis pas à Ta promesse.

195 Leur Seigneur répondit à leur invocation : Je n'omettrai de comptabiliser les œuvres d'aucun d'entre vous, hommes ou femmes, car vous êtes issus les uns des autres. Je rachèterai les fautes de ceux qui ont accompli l'Hégire, qui ont été exilés de leurs territoires et qui ont subi des torts pour Ma cause, qui ont combattu et ont été tués, et Je les introduirai dans un Paradis arrosé par des fleuves[52] à titre de récompense venant de Dieu et Dieu détient auprès de Lui une récompense magnifique.
196 Que la prospérité[53] des mécréants dans ce pays ne te fasse pas illusion !
197 Brève jouissance ! Puis leur refuge sera la Géhenne et quelle détestable couche[54] !
198 Mais ceux qui se seront prémunis de leur Seigneur habiteront des jardins arrosés par des fleuves ; ils demeureront à jamais en un séjour *[qui leur sera assigné]* de la part de Dieu et ce qui se trouve auprès de Dieu est préférable pour les justes.
199 Parmi les gens du Livre, il s'en trouve qui croient en Dieu, à ce qui vous a été révélé, à ce qui leur a été révélé et *[qui sont]* recueillis devant Dieu : ils ne vendent pas les versets de Dieu à un vil prix. Ceux-là auront leur récompense auprès de leur Seigneur et Dieu est prompt à faire les comptes.
200 Ô vous qui avez la foi ! Soyez patients, incitez-vous à la constance et à la fermeté *[vis-à-vis de l'ennemi]* et gardez-vous de Dieu ; sans doute réussirez-vous !

52 Litt. : sous lequel s'écoulent des fleuves.

53 Litt. : les activités.

54 Cf. commentaire de Cor. 2, 206.

Sourate 4

# Les Femmes

*Au Nom de Dieu, le Tout Miséricordieux, le Très Miséricordieux*

1 Ô hommes, gardez-vous de votre Seigneur qui vous a créés d'un seul être (litt.: d'une âme unique), puis qui a créé de celui-ci son épouse et qui a fait naître de leur union un grand nombre d'hommes et de femmes. Gardez-vous de Dieu dont vous vous réclamez pour vous adresser[1] des requêtes ! Et prémunissez-vous aussi des liens du sang car Dieu vous observe attentivement.

2 Remettez leurs biens aux orphelins *[à leur majorité]* sans substituer un bien vil à ce qu'ils ont de précieux et ne mangez pas leurs biens en les mêlant aux vôtres car cela constituerait un péché considérable.

3 Et si vous craignez de ne pas vous montrer équitables vis-à-vis des orphelins épousez autant de femmes *[étrangères]* qu'il vous est permis : deux, trois ou quatre. Mais si vous craignez de ne pas vous montrer équitables n'en prenez qu'une ou prenez des esclaves, il vous sera alors plus facile de ne pas être partial.

4 Et remettez aux femmes leur dot en guise de présent ; si elles vous en abandonnent une partie de bonne grâce, mangez-en en toute quiétude sans en redouter les conséquences.

5 Ne remettez pas aux insensés les biens que Dieu vous a confiés pour votre subsistance. Accordez-leur *[sur ces biens]* nourriture et vêtements et parlez-leur avec bonté.

6 Éprouvez *[le jugement]* des orphelins jusqu'à ce qu'ils soient en âge de se marier et si vous constatez qu'ils sont devenus matures remettez-leur leurs biens sans vous empresser de les dilapider avant qu'ils n'aient grandi. Que celui *[d'entre vous]* qui est riche s'abstienne *[d'en faire usage]* ; et quant au pauvre, il pourra en faire un usage modéré (litt.: équitable). Et lorsque vous leur remettrez leurs biens, faites-vous assister de témoins et Dieu suffit pour apurer les comptes.

**Commentaire :** Recommandation est faite aux tuteurs ayant des orphelins à charge de ne rien prélever sur leurs biens de façon à leur en remettre l'intégralité lors de leur majorité. Cependant, si le tuteur n'a pas les moyens, il pourra toujours prélever sur ces biens un salaire correspondant au travail fourni pour l'éducation de l'enfant. Certains ont soutenu que ce verset était abrogé par cet autre : ceux qui dilapident les biens de l'orphelin injustement. Sayyidnâ 'Umar estimait quant à lui que tout prélèvement sur les biens d'un orphelin devait être considéré comme un prêt et, de ce fait, remboursé ultérieurement.

1 Il entrait dans les mœurs des Arabes d'invoquer Dieu (en usant de la formule « Par Dieu », *Billâhi*) afin de convaincre quelqu'un d'engager une action quelconque.

7 Les hommes auront droit à une part de l'héritage que leurs parents ou leurs proches auront abandonné ; et les femmes également auront droit à une part de l'héritage que leurs parents ou leurs proches auront abandonné ; quel que soit son montant, minime ou considérable, une part leur est due.

8 Si des parents, des orphelins ou des indigents assistent au partage, donnez-leur-en quelque chose et adressez-leur des paroles aimables.

9 Que les tuteurs[2] *[aient pour leurs pupilles]* les mêmes craintes qu'ils éprouveraient s'ils laissaient derrière eux des enfants en bas âge et qu'ils se gardent de Dieu en leur tenant des propos aimables ;

**Commentaire** : Selon cette interprétation du verset, les tuteurs sont priés de traiter leurs pupilles avec le même soin qu'ils prendraient de leurs propres enfants notamment en les ménageant dans leurs propos.

Selon une autre interprétation radicalement différente, le verset fait allusion aux gens qui assistent le mourant et lui conseillent de distribuer ses biens en aumône au préjudice des héritiers, auquel cas on pourrait traduire de cette façon :

10 ceux qui dilapident injustement les biens de l'orphelin s'emplissent les entrailles de feu et ils seront la proie du feu.

11 Dieu vous recommande *(yûsî)* au sujet de vos enfants d'accorder à l'enfant mâle deux fois plus qu'à la fille. S'il n'y a que des filles, elles auront droit aux deux tiers de l'héritage si elles sont plus de deux, et s'il n'y en a qu'une, elle aura droit à la moitié[3] tandis que les père et mère *[du défunt]* auront droit chacun à un sixième de l'héritage si le défunt a un enfant *[ou plus]*. Mais s'il est sans enfant et que ses père et mère héritent de lui, le tiers revient *[dans ce cas]* à la mère sauf s'il a des frères et sœurs *(ikhwa)*, auquel cas elle n'hérite plus que du sixième, tout cela après que les dettes et le legs *[éventuel du testateur]* aient été acquittés. Vous ignorez qui de vos pères ou de vos enfants vous seront le plus utiles *[en cas de besoin]*. Cette prescription émane de Dieu, le Très Savant, le Très Sage.

2 Les légataires craignent *[de dilapider leur héritage]* en laissant derrière eux des enfants en bas âge avec un avenir incertain. Qu'ils se gardent de Dieu en prononçant des paroles pertinentes *[ou : de bon sens, relativement à l'héritage]* ;

3 Dans ces deux cas comme dans d'autres semblables, le restant de l'héritage revient soit aux autres héritiers, soit aux légataires, soit au trésor public *(bayt al-mâl)*.

12 Vous avez droit *(il s'agit des hommes)* à la moitié de l'héritage de vos épouses sans enfants ; mais vous n'aurez plus droit qu'au quart de la succession si elles ont un enfant *[de vous ou d'un précédent lit]*, cela après que les dettes et le legs *[du testateur]* aient été acquittés. Vos épouses quant à elles ont droit au quart de votre succession si vous n'avez pas d'enfants *[d'elle ou d'une autre]*, et si vous avez un enfant leur part est réduite au huitième après que les dettes et le legs *[éventuel du testateur]* aient été acquittés ; et si un homme (ou une femme) meurt sans ascendant ni postérité *(kalâla)* et qu'il ait un *[demi-]*frère ou une *[demi-]*sœur, celui-ci ou celle-ci héritera du sixième. S'ils sont plus d'un, alors ils se partageront le tiers, déduction faite des dettes et du legs *[éventuel du testateur]*, sans préjudice *[des héritiers]* ; et Dieu est Très Savant et Longanime.

**Commentaire** : Le mot *kalâla* signifie que le défunt n'a laissé derrière lui ni ascendants ni descendants directs (tels que père et grand-père ou fils et petit-fils).

La suite du verset ne fait pas état de demi-frère ni de demi-sœur mais bien de frère et de sœur : ce sont les commentateurs unanimes qui y ont vu des demi-frères ou des demi-sœurs apparentés au défunt par la mère.

Quant au préjudice qui pourrait être fait aux héritiers (ou à d'autres), Ibn 'Abbâs en donnait à titre d'exemple le legs *(wasiyya)* adressé à un des héritiers en sus de la part qui lui revient de droit *(fard)*, ce qui est interdit.

13 Telles sont les limites *[établies]* par Dieu et Dieu introduira dans des jardins arrosés de fleuves quiconque Lui obéit ainsi qu'à Son Envoyé ; ils y séjourneront à jamais : ceci est une réussite sublime.

14 Et quiconque désobéit à Dieu et à Son Envoyé et transgresse Ses prescriptions[4] sera plongé (litt. : introduit) dans le feu où il demeurera à jamais et il subira un châtiment humiliant.

---

4 Litt. : outrepasse les bornes, dépasse les limites.

15 Contre celle d'entre vos femmes coupable d'une turpitude, requérez le témoignage de quatre personnes ; et s'ils apportent leur témoignage, retenez-la dans sa demeure jusqu'à ce que la mort s'empare d'elle ou que Dieu ne lui trouve une issue.

**Commentaire :** La punition initiale de l'adultère (que le Coran désigne dans le verset comme la turpitude) consistait à retenir le (ou la) coupable chez lui (ou chez elle) jusqu'à sa mort. Puis ce verset fut abrogé au profit d'un autre qui stipulait de faire du tort au coupable en l'insultant et en lui adressant des reproches, certains interprètes considérant par ailleurs que cette peine était applicable aux hommes exclusivement. Puis cette peine fit place à la lapidation pour les hommes et femmes mariés et à la flagellation pour les célibataires. Les conditions exigées pour constater un adultère étant quasi irréalisables[5], cette peine n'a pour ainsi dire jamais été appliquée sauf lorsque le coupable se dénonçait et réclamait lui-même son application. Et même dans ce cas, le juge doit l'inviter par trois fois à revenir sur sa décision avant de la lui faire appliquer, c'est dire le caractère essentiellement dissuasif d'une sanction qui a fait couler beaucoup d'encre.

16 Et si deux d'entre vous commettent une turpitude, malmenez-les[6] ! S'ils se repentent et s'amendent, alors laissez-les tranquilles ! Car Dieu accepte volontiers le repentir *[de Ses serviteurs]* et Il est le Très Miséricordieux.

17 Dieu ne consent Son repentir qu'à ceux qui commettent une faute par ignorance (ou : par sottise) et s'en repentent presque aussitôt. A ceux-là Dieu consent Son Indulgence et Dieu est Très Savant, Très Sage.

18 Le repentir n'est pas consenti à ceux qui *[ne cessent de]* commettre des fautes jusqu'au moment où, sur le point de mourir, ils s'écrient : « Maintenant je me repens », pas plus qu'à ceux qui meurent en mécréants ; ceux-là, Nous leur avons apprêté un châtiment douloureux !

19 Ô vous qui avez la foi, il ne vous est pas permis d'hériter des femmes *[comme d'un bien]* contre leur gré, ni de les retenir *[de force]* (*lâ ta'dulûhunna*) en vue de leur reprendre une partie de ce que vous leur avez donné, à moins qu'elles ne commettent une turpitude manifeste. Traitez-les avec bienveillance et, si vous éprouvez de l'aversion pour elles, il se peut que vous détestiez une chose alors que Dieu aura placé en elle un bien considérable.

5 Il faut que quatre témoins aient constaté la pénétration aussi clairement « que l'on voit une plume pénétrer dans un encrier ». Si la formule peut prêter à sourire, c'est qu'elle est l'expression d'un témoignage assez peu vraisemblable.

6 Malmenez-les ou encore : sévissez contre eux (Masson) en les frappant, en les insultant et en leur adressant des reproches. Ce verset peut concerner un couple ordinaire comme il peut s'adresser aux homosexuels ainsi que le laissent à entendre certains commentaires. Ces sanctions ont été abrogées ultérieurement pour être remplacées par d'autres comme nous venons de le voir au verset précédent.

20 Si maintenant vous souhaitez substituer à une épouse à laquelle vous avez accordé une dot considérable[7] une autre, n'en reprenez rien ! La reprendriez-vous au prix d'une infamie et d'un péché flagrant ?

**Commentaire :** Pour certains commentateurs, ce verset est le complément du précédent; l'homme qui répudie son épouse avec l'intention d'en changer n'est pas en droit de recevoir de l'argent de celle qu'il répudie.

21 Comment pourriez-vous reprendre la dot après avoir cohabité avec elle et après qu'elle ait reçu de vous un engagement solennel ?
22 N'épousez pas les femmes que vos pères ont eu pour épouses — à moins que ce ne soit déjà chose faite[8] —, car cela constitue une perversion, une abomination et une conduite[9] détestable !
23 Vous sont interdites : vos mères, vos filles, vos sœurs, vos tantes maternelles et paternelles, vos nièces filles de vos frères ou de vos sœurs, vos mères nourricières qui vous ont allaités, vos sœurs de lait, les mères de vos épouses et les filles de vos épouses avec lesquelles vous avez consommé le mariage et qui sont à demeure chez vous — si toutefois vous n'avez pas consommé le mariage *[avec leurs mères]*, vous ne serez pas blâmables *[de les avoir épousées]* —, les épouses de vos fils par la chair ; *[il vous est également interdit]* d'épouser deux sœurs à la fois — à moins que ce ne soit déjà chose faite — et Dieu est Pardonneur et Très Miséricordieux.

**Commentaire :** Il existe une règle de jurisprudence qui résume une des prescriptions contenues dans ce verset : « Le simple contrat avec la fille interdit la mère ; la cohabitation avec la mère est nécessaire pour interdire la fille », la différence entre les deux cas étant que, dans le premier, la consommation n'est pas requise. De l'avis général, le fait que la fille habite ou n'habite pas chez l'époux de sa mère est sans conséquence.
Il n'est pas possible d'avoir deux sœurs sous un même toit, mais si une épouse vient à décéder ou à être répudiée, il est possible d'épouser sa sœur car cette situation ne rentre pas dans le cas de figure envisagé par le verset.

7 Litt. : un quintal.
8 Ou encore : exception faite du passé.
9 Ou encore : un usage, une coutume, *sabîlan*.

24 *[Vous sont également interdites]* : les femmes mariées[10] exception faite de vos esclaves ; telles sont les prescriptions de Dieu à votre endroit. En dehors de celles qui viennent d'être mentionnées, il vous est permis de chercher, moyennant votre argent, à vous marier (Litt. : à vous préserver) sans commettre d'adultère. Remettez obligatoirement sa dot à toute femme dont vous avez joui, mais une fois cette obligation remplie vous ne serez pas blâmés pour vous être accordés sur un montant en sus, car Dieu est Très Savant et Très Sage.

25 Que ceux qui n'ont pas les moyens *(tawlan)* d'épouser des femmes libres *(muhsana*[11]*)* et croyantes se rabattent sur de jeunes esclaves croyantes[12] ; Dieu en sait plus que quiconque sur votre foi. Vous êtes d'une origine commune. Épousez-les avec la permission de leurs maîtres et remettez-leur la dot d'usage en tant que femmes vertueuses qui s'abstiennent de l'adultère et de prendre un amant. Et si, une fois préservées *[par les liens du mariage]*, elles commettent néanmoins l'adultère, elles auront à subir la moitié de la peine imposée à la femme libre *[dans un cas semblable]*. Cette concession est destinée à ceux d'entre vous qui craignent de ne pas supporter *[le célibat]*, mais *[si ce n'est pas le cas]* il est préférable pour vous d'user de patience et Dieu est Pardonneur et Très Miséricordieux.

26 Dieu veut vous exposer *[Ses exigences]*, vous ramener[13] aux usages de vos devanciers et vous accorder votre repentir. Et Dieu est à la fois Très Savant et Très Sage.

**Commentaire** : Pour ce qui est des devanciers, il s'agit bien évidemment des prophètes et des gens pieux qui ont précédé cette communauté.

10 Il va de soi qu'il est interdit d'épouser une femme mariée à moins qu'il ne s'agisse d'une prise de guerre (les femmes mariées exception faite de vos esclaves). La fin du verset insiste sur le caractère obligatoire de la dot surtout après consommation du mariage, mais il est d'autres commentateurs qui s'accordent à y voir une allusion au mariage temporaire, abrogé ultérieurement de l'avis unanime des sunnites.

11 Le mot *muhsana* inclut deux notions bien distinctes : femme protégée ou préservée de l'inconduite, et femme libre ; selon le contexte, nous aurons recours à l'une ou l'autre de ces traductions. L'esclave encourt théoriquement la moitié de la peine de la femme mariée ; cependant comme la peine prévue à cet effet est la lapidation et que celle-ci ne peut être bien entendu divisée en deux, les *'ulamâs* sont tombés d'accord pour admettre qu'il fallait lui administrer cinquante coups de fouet c'est-à-dire la moitié de la peine applicable à une femme libre non mariée.
L'esclave non mariée, quant à elle, est passible d'une simple admonestation selon les uns, ou de la même peine que l'esclave mariée selon les autres.
Vous êtes d'une origine commune (litt. : certains d'entre vous sont issus des autres, *ba'dukum min ba'd*) peut signifier, selon les commentateurs, que vos esclaves sont des vôtres, ou encore que votre religion vous met sur un pied d'égalité. Les anciens Arabes répugnaient en effet à épouser des esclaves, aussi le Coran les invite-t-il à faire la part des choses et à ne pas hésiter à les épouser en cas de nécessité.

12 Même dans ce cas, l'esclave conserve son statut.

13 Litt. : vous guider vers.

27 Dieu veut agréer votre repentir mais ceux qui s'abandonnent à leurs passions voudraient que vous cédiez largement à vos penchants *[pervers]*.
28 Dieu veut alléger vos difficultés[14], mais l'homme a été créé tout de faiblesse.
29 Ne vous emparez pas mutuellement de vos biens de manière illicite, exception faite d'une opération commerciale *[menée]* d'un commun accord et ne vous entre-tuez pas car Dieu est pour vous Tout de Miséricorde.

**COMMENTAIRE :** Ne vous entre-tuez pas devrait être traduit en toute logique par : ne vous suicidez pas (*lâ taqtulû anfusakum*). Ce sont les commentaires des juristes (y compris parmi les compagnons du Prophète) qui laissent deviner ce sens du verset. Toutefois 'Amr b. al-'Âss estimait que le suicide était également compris par l'interdit sans que le Prophète, semble-t-il, ne le contredise.

30 Quant à celui qui tue *[un tiers]* injustement par *[simple]* inimitié, Nous le précipiterons dans le feu ; cela est pour Dieu chose facile !
31 Si vous vous abstenez des péchés capitaux, Nous vous remettrons vos péchés et vous établirons en un lieu honorable.
32 Ne convoitez pas les biens[15] par lesquels Dieu a établi la supériorité (litt. : une préférence) des uns sur les autres ; les hommes auront une part correspondant à ce qu'ils ont acquis et, de même, les femmes auront une part correspondant à ce qu'elles ont acquis ; et demandez à Dieu de vous accorder Ses faveurs car Dieu est Omniscient.

**COMMENTAIRE :** Au vu de ce qui leur était alloué comme part d'héritage, certaines femmes se surprenaient à souhaiter participer aux combats en vue d'être traitées à l'égal des hommes pour toucher les mêmes droits à la succession. Le Coran les invite à ne pas convoiter ces biens et à admettre leur statut.

33 Nous avons établi pour chacun d'eux *[hommes et femmes]* des ayants droit qui recueilleront une part de la succession laissée par les père et mère ou par les proches ; remettez leur part à ceux avec lesquels vous êtes liés par un serment car Dieu est Témoin de toute chose.

**COMMENTAIRE :** Il existe une autre traduction possible du début du verset : Chacun des biens laissés par vos père et mère ou par vos proches aura son héritier…

— Remettez leur part à ceux avec lesquels vous êtes liés par un serment… : à l'époque antéislamique on pouvait se constituer un héritier par serment, mais cette pratique fut abolie ultérieurement par le Prophète.

---

14 Dieu veut alléger vos difficultés notamment en vous facilitant le mariage.

15 Litt. : ce que.

34 Les hommes ont autorité sur les femmes en vertu de la préférence que Dieu a accordée aux uns sur les autres et en vertu des dépenses qu'ils font *[pour assurer leur subsistance]*. Les femmes pieuses sont celles qui ont de la retenue et savent préserver ce que leurs époux ignorent *(lil-ghayb)* par un effet de la Sollicitude divine. Quant à celles dont vous craignez les incartades, admonestez-les, faites lit à part et corrigez-les ! Si elles vous obéissent *[de nouveau]* ne cherchez plus à leur nuire car Dieu est Grand et Élevé.

**Commentaire** : Par un effet de la Sollicitude divine traduit les termes *bi mâ hafiza Allâh* que les commentaires « traduisent » par *bi ri'âyati llâhi*, ce qui justifie notre interprétation. Selon d'autres tout aussi plausibles on aurait pu traduire ainsi : ... qui savent préserver en l'absence de leurs époux ce que Dieu leur a ordonné de préserver.

35 Et si vous redoutez une séparation, envoyez-leur deux arbitres choisis l'un parmi la famille de l'époux et l'autre parmi la famille de l'épouse. S'ils *[les arbitres]* souhaitent les réconcilier, Dieu mettra les époux d'accord et Dieu est Très Savant et parfaitement Informé.

**Commentaire** : Généralement les interprétations divergent quant à savoir si ce sont les époux qui cherchent à se réconcilier ou les arbitres qui cherchent à les concilier.

36 Adorez Dieu et ne Lui associez rien, montrez-vous bienveillants envers vos père et mère, vos proches parents, les orphelins et les indigents, les voisins qui vous sont apparentés et ceux qui vous sont étrangers, le compagnon de voyage, l'homme de passage et les esclaves en votre possession. Dieu n'aime pas les insolents prétentieux :
37 ceux qui font preuve d'avarice et qui ordonnent l'avarice à autrui tout en dissimulant les faveurs que Dieu leur a accordées ; et Nous avons préparé un châtiment humiliant pour les mécréants ;

38 ceux qui dépensent ostensiblement leurs biens au vu des gens sans
croire en Dieu ni au Jour dernier et quelle détestable compagnie que de
prendre le diable pour compagnon !
39 Que leur en aurait-il coûté s'ils avaient cru en Dieu et au Jour dernier
et fait l'aumône d'une partie de ce que Dieu leur avait accordé sachant
que Dieu sait tout d'eux ?
40 Dieu ne lèse personne fût-ce du poids d'un atome : il n'est de bien-
fait dont il ne multiplie *[la rétribution]* en accordant de Sa part une
magnifique récompense *[en sus]*.
41 Et qu'en sera-t-il lorsque Nous produirons un témoin à l'encontre de
chaque communauté et que tu seras témoin de la tienne ?
42 Ce Jour-là les mécréants et ceux qui ont désobéi à l'Envoyé souhaite-
ront être engloutis par la terre et pourtant ils ne pourront dissimuler
aucun de leurs discours devant Dieu.
43 Ô vous qui avez la foi, n'approchez pas la prière alors que vous êtes
ivres jusqu'à ce que vous sachiez ce que vous dites, ni en état d'impu-
reté majeure jusqu'à ce que vous vous purifiiez — à moins que vous
ne soyez en voyage —. Et si vous êtes malades ou en voyage et que
vous vous soyez soulagés ou que vous ayez eu des rapports avec une
femme, ayez recours[16], si vous ne trouvez pas d'eau, à une terre pure
dont vous vous frotterez le visage et les mains *[tayammum]*, car Dieu
est Indulgent et Pardonneur.

**Commentaire** : Seul le voyageur peut « approcher de la prière » sans s'être purifié à la suite d'un rapport conjugal, le *tayammum* lui tenant lieu dans ce cas de grande ablution.

En état d'impureté majeure traduit le verbe *lâmastum*, littéralement : « si vous avez touché » ; les juristes l'ont interprété diversement, en faisant soit un synonyme de simples caresses, soit une allusion à toutes les formes d'attouchement hormis l'acte sexuel, soit enfin une allusion à l'acte sexuel lui-même. Il est évident que, dans les deux premiers cas, c'est uniquement l'ablution mineure qu'il s'agit de remplacer par le *tayammum*.

44 N'as-tu pas médité *[l'exemple]* de ceux qui ont reçu leur part des Écri-
tures ? Ils achètent leur *[propre]* égarement et voudraient que vous
fassiez aussi fausse route.

**Remarque** : Ils achètent leur *[propre]* égarement en troquant le « ciel » contre la vie d'ici-bas.

16 Litt. : visez, ayez pour but, pour intention.

45 Dieu connaît parfaitement vos ennemis et Dieu est un Protecteur et un Soutien suffisant !

46 *[Il en connaît]* parmi ces juifs qui modifient *[le sens]* des mots en les changeant de place et disent avec une langue fourchue[17] : Nous avons écouté et désobéi, écoute*[-nous]*, puisses-Tu ne pas entendre[18], aie des égards pour nous *(Râ'inâ)* ! Si seulement ils avaient dit : Nous avons écouté et obéi, écoute et regarde-nous, c'eût été préférable pour eux et plus équitable, mais Dieu les a maudits pour leur mécréance si bien qu'ils sont de peu de foi.

**Voir Commentaire** du verset 104 de la sourate « La Génisse ».

47 Ô vous qui avez reçu les Écritures, ajoutez foi à ce que Nous avons révélé confirmant les textes en votre possession[19] avant que Nous ne vous défigurions en ramenant votre face d'avant en arrière et que Nous ne vous maudissions comme Nous l'avions fait de ceux qui violaient le sabbat et l'Ordre de Dieu est irréversible[20].

48 Certes, Dieu ne pardonne pas qu'on Lui associe quoi que ce soit, mais exception faite de ce péché, Il pardonne à qui Il veut ; et quiconque donne un associé à Dieu se rend coupable d'un crime impardonnable.

49 N'as-tu pas médité *[l'impudence]* de ceux qui se décernent eux-mêmes des éloges ? C'est plutôt à Dieu qu'il revient de faire l'éloge des personnes de Son choix et ils ne seront pas lésés ne fût-ce que d'un fétu.

50 Considère la façon dont ils profèrent des mensonges au sujet de Dieu ! N'est-ce pas suffisant comme péché manifeste ?

51 N'as-tu pas médité l'exemple de ceux qui ont reçu leur part des Écritures : ils croient au diable et à la magie et disent des mécréants qu'ils sont sur une meilleure voie que ceux qui ont la foi.

**Remarque :** Il est assez paradoxal, en cette époque de rationalisme outrancier, de retrouver des attitudes qui semblent caractéristiques de l'époque et du milieu qui vit naître la révélation. Combien y a-t-il de gens aujourd'hui pour afficher une foi « sans failles » dans le diable tout en remettant Dieu en cause ?

17 Litt. : Cette expression nous semble rendre assez bien le *layyan bi 'alsinatihim* : en se tordant la langue.

18 Litt. : écoute ce qui est inaudible.

19 Litt. : confirmant ce qui est en votre possession.

20 Litt. : est déjà accompli.

52 Ce sont ceux-là que Dieu a maudits, et tu ne trouveras personne pour secourir ceux que Dieu a maudits.
53 Auraient-ils part au royaume qu'ils n'en donneraient pas aux hommes le moindre sou !
54 Ou bien jalousent-ils les gens à cause des faveurs que Dieu leur a accordées ? N'avions-Nous pas accordé la sagesse et les Écritures à la famille d'Ibrâhîm ? Ne leur avions-Nous pas fait présent d'un royaume magnifique ?
55 Certains d'entre eux ont cru *[aux Écritures]*, d'autres s'en sont détournés ; la Géhenne constitue un brasier bien suffisant !
56 Ceux qui ont nié Nos signes, Nous les ferons consumer par le feu : aussitôt que leur peau sera brûlée, Nous la remplacerons par une autre afin qu'ils *[continuent]* de goûter au supplice. Certes Dieu est Puissant et Sage.
57 Ceux qui ont cru et pratiqué les œuvres pies, Nous les introduirons dans des jardins arrosés par des fleuves ; ils y demeureront à jamais. Ils y auront des épouses pures *[de toutes menstrues]* et Nous les mettrons à l'abri d'une fraîcheur ombragée.
58 Dieu vous ordonne de restituer les dépôts confiés à leurs ayants droit et, si vous arbitrez entre les gens, de juger avec équité. Quelle édifiante recommandation Dieu vous fait là ! et Dieu entend et voit tout.
59 Croyants, obéissez à Dieu et à Son Envoyé ainsi qu'à ceux d'entre vous qui détiennent l'autorité, et si vous avez un différend sur un sujet quelconque remettez-vous-en à Dieu et à Son Envoyé, si vous croyez en Dieu et au Jour dernier. Cela est préférable et procède d'une saine compréhension[21].

21 Ou encore : Cela aura *[pour vous]* d'heureuses conséquences. Les deux significations sont attestées par les exégètes.

60 N'as-tu pas remarqué *[l'attitude de]* ceux qui prétendent avoir cru en
ce qui t'a été révélé et en ce qui a été révélé avant toi. Ils veulent prendre le diable *(al-tâghût)* pour juge alors qu'il leur a été ordonné de le renier et Satan veut les égarer sans espoir de retour *(ba'îdan)*.
61 Et si on leur dit : Adhérez au Livre que Dieu a révélé et venez au Prophète,
tu vois les hypocrites se détourner résolument de toi[22] *(sudûdan)*.
62 Qu'adviendra-t-il d'eux le Jour où, pour prix des crimes commis par
leurs mains, la catastrophe s'appesantira sur eux et qu'ils viendront alors te trouver en jurant : Nous n'avions en vue que la vertu *(ihsânan)* et la conciliation.
63 Ceux-là, Dieu sait ce qu'ils ont dans le cœur ; laisse-les tranquilles, admoneste-les et parle-leur d'eux-mêmes en termes qui portent *(balîghan)*.
64 Et Nous n'avons envoyé de prophètes qu'afin qu'ils soient obéis *[de leurs communautés]* avec la permission de Dieu ; si seulement, lorsqu'ils se sont fait du tort à eux-mêmes, ils étaient venus te trouver et avaient demandé le pardon de Dieu et que l'Envoyé ait demandé pardon pour eux, ils auraient trouvé Dieu enclin à la Miséricorde et à accepter leur repentir.

**Commentaire :** Ce verset est l'un des plus éloquents en faveur de l'intercession *(al-shafâ'a)*.

65 Non, par ton Seigneur, ils n'atteindront pas la plénitude de la foi
tant qu'ils ne t'auront pas fait juge de leurs différends et qu'ensuite ils n'éprouveront plus aucune réticence à l'égard du jugement que tu auras prononcé et ne s'y soumettront sans réserves.

22 Ou encore : en bloc.

66 Si Nous leur avions prescrit de se suicider ou de s'exiler de leurs demeures, ils ne l'auraient pas fait exception faite d'un petit nombre d'entre eux. Si seulement ils avaient mis en pratique les conseils qu'on leur avait donnés, c'eût été préférable pour eux et plus propice à les conforter *[dans leur foi]*.
67 Alors, Nous leur aurions accordé de Notre part une récompense sublime,
68 et Nous les aurions conduits sur une voie droite.
69 Ceux qui obéissent à Dieu et à Son Envoyé seront aux côtés de ceux sur lesquels Dieu répand Ses grâces : prophètes, véridiques, martyrs et gens pieux. Quelle plaisante compagnie que la leur !
70 Cette faveur vient de Dieu et il suffit que Dieu sache *[toute chose]*.
71 Ô vous qui avez la foi, prenez vos précautions et mobilisez-vous par petits groupes[23] ou en masse.
72 Il en est parmi vous qui « traînent des pieds » (ou encore : qui cherchent à ralentir l'action) et qui disent, lorsqu'un malheur vient à s'abattre sur vous : Dieu m'a fait la faveur de n'être pas tué avec eux en martyr.
73 Et lorsque vous bénéficiez d'une faveur divine ils s'exclament, comme s'il n'y avait entre vous aucun lien d'amitié : Si seulement j'avais été avec eux, j'aurais profité d'une réussite magnifique !
74 Qu'ils combattent donc pour la cause de Dieu, ceux qui achètent la vie de ce bas monde au prix de l'Ultime Demeure ; Nous accorderons une récompense magnifique à celui qui combat pour la cause de Dieu, qu'il emporte la victoire ou qu'il soit tué.

23 Ou encore : par détachements.

75 Qu'avez-vous à ne pas combattre pour la cause de Dieu et pour celle des faibles, hommes femmes et enfants qui implorent : Seigneur, fais-nous quitter cette cité dont les habitants sont iniques et envoie-nous de Ta part un protecteur et un soutien.

76 Ceux qui ont la foi combattent pour la cause de Dieu tandis que les mécréants combattent pour la cause du diable *(tâghût)*. Combattez les auxiliaires *('awliyâ')* du diable, car ses artifices sont grossiers (litt. : faibles).

**Commentaire** : Selon sayyidnâ 'Umar, le *tâghût* symbolisait Satan tandis qu'Ibn 'Abbâs l'identifiait au juif Ka'b b. al-'Ashraf et d'autres à la magie. Au verset 256 de la sourate « La Génisse », nous avons traduit en accord avec certains commentaires ce mot par « faux dieux », mais nous aurions tout aussi bien pu le rendre par « idoles ». C'est dire la multiplicité de significations impliquées dans ce vocable qui ont toutes un point commun cependant : celui de désigner ce que l'on pourrait être tenté de substituer à Dieu.

77 N'as-tu pas médité l'exemple de ceux à qui on a dit de cesser le combat (ou : de renoncer au combat), d'accomplir la prière et d'acquitter l'aumône légale ; lorsque le combat leur fut prescrit, voilà qu'une fraction d'entre eux se mit à craindre les gens à l'égal de Dieu, voire davantage, et à se plaindre : Seigneur, pourquoi nous avoir prescrit le combat ? Si seulement Tu nous accordais un bref délai ! Réponds-leur : Brève est la jouissance de ce bas monde et l'Ultime Demeure est préférable pour ceux qui savent se prémunir *[de Dieu]* et vous ne serez pas lésés, fût-ce d'un fétu.

78 Où que vous soyez la mort vous atteindra même si vous vous trouviez dans des tours fortifiées. Un bonheur leur échoit-il ? aussitôt ils s'écrient : Cela nous vient de Dieu. Mais si un malheur les frappe ils se lamentent : Cela est de ta faute (litt. : cela vient de toi). Dis-leur : Tout *[vous]* vient de Dieu ! Mais qu'ont donc ces gens qui ne comprennent presque rien à ce qu'on leur dit ?

79 Ce qui t'échoit de bien *[te]* vient de Dieu, ce qui t'échoit de mal ne vient que de toi-même ; Nous t'avons envoyé vers les hommes comme Prophète et Dieu est un Témoin suffisant !

**Commentaire** : Même si ce verset semble contredire celui qui le précède, il ne faut voir là que matière à enseignement. Dans le précédent, Dieu invite les croyants à ne pas commettre l'erreur grossière qui consiste à croire que le « mal » n'est pas créé par Dieu. Tout être, si vil soit-il, n'échappe ni à Son emprise ni à Sa création. Dans le suivant, Dieu nous enseigne les convenances ; certes le mal vient de Dieu mais il n'est pas séant de le Lui attribuer, même si cela est conforme à la Vérité.

80 Quiconque obéit au Prophète a d'ores et déjà obéi à Dieu; quant à celui qui se détourne, Nous ne t'avons pas envoyé afin de le protéger.
81 Ils prétendent: *[Nous te sommes]* soumis *(tâ'a)*! Mais sitôt sortie de chez toi, une fraction d'entre eux prend nuitamment des dispositions contraires à ce que tu as dit; Dieu consignera leurs complots. Laisse-les et remets-t'en à Dieu: Dieu suffit comme Garant!
82 Que ne méditent-ils le Coran? S'il était venu d'un autre que Dieu, ils y auraient trouvé de grandes contradictions.
83 Sitôt que leur parvient un bruit relatif à la paix ou à la guerre, ils s'en font l'écho alors que s'ils l'avaient rapporté à l'Envoyé et à ceux d'entre eux qui détiennent l'autorité, ceux qui cherchent à en être informés l'auraient appris de la bouche de ces derniers. Et n'étaient la faveur de Dieu et Sa Miséricorde, vous auriez suivi le diable à l'exception d'un petit nombre d'entre vous.

**Commentaire:** Cette traduction est conforme aux commentaires les plus répandus. Il y a cependant quelques commentaires qui identifient ceux qui cherchent à en être informés à ceux d'entre eux qui détiennent l'autorité, auquel cas il faudrait traduire ainsi: alors que, s'ils l'avaient rapporté à l'Envoyé et à ceux d'entre eux qui détiennent l'autorité, ceux d'entre eux qui *[sont habilités]* à interroger l'Envoyé l'auraient su.

84 Combats pour la cause de Dieu! Tu n'es en charge que de toi-même! Incite les croyants *[au combat]*! Peut-être Dieu contiendra-t-Il l'hostilité des mécréants car Dieu est plus redoutable et plus sévère dans la répression.
85 Quiconque intercède avec honnêteté aura sa part de cette intercession. Et quiconque intercède sans conscience sera doublement fautif. Et Dieu est Omnipotent *(muqîtan*[24]*)*.
86 Si l'on vous adresse une salutation, saluez plus courtoisement encore ou rendez simplement le salut car Dieu tient compte de tout.

24 Certains exégètes font de *Muqît* un synonyme de *Hafiz* (Protecteur, qui veille...) tandis que d'autres le font dériver de *qût* (subsistance) et lui donnent le sens de Celui qui dispense les moyens d'existence.

87 Dieu qui eſt tel qu'il n'eſt de divinité que Lui ! Il vous rassemblera en
ce Jour de la Résurreɑion qui ne fait point de doute et qui donc eſt
plus crédible[25] que Dieu en paroles ?
88 Qu'avez-vous donc à vous scinder en deux partis au sujet des hypo-
crites alors que Dieu les a égarés pour prix de ce qu'ils ont acquis ?
Voudriez-vous guider ceux que Dieu a égarés ? Celui que Dieu égare,
tu ne lui retrouveras pas son chemin.
89 Ils voudraient qu'à leur inſtar vous sombriez dans la mécréance afin
que vous en soyez au même point *(sawâ')* qu'eux. Ne les prenez pas
pour alliés tant qu'ils n'auront pas émigré pour la cause de Dieu et
s'ils se détournent, emparez-vous d'eux et tuez-les où que vous les
trouviez. Et ne les prenez ni pour alliés ni pour partisans !

**Commentaire :** Ce verset et le précédent ont été révélés à propos d'un groupe de gens qui étaient reſtés à La Mecque en prétendant s'être convertis sans avoir pour autant accompli l'Hégire. Les musulmans se partagèrent bien vite à leur sujet. Fallait-il s'emparer de leurs biens quand l'occasion s'en présentait ou les considérer comme des croyants et les laisser tranquilles. Le Coran fournit dans le verset une réponse sans ambiguïté : Ne les prenez pas pour alliés tant qu'ils n'auront pas émigré pour la cause de Dieu.

90 *[Tuez-les où que vous les trouviez]* à l'exception de ceux qui visitent
une tribu *(qawm)* à laquelle vous êtes liés par un traité ou de ceux qui
viennent vous trouver le cœur[26] serré à l'idée de vous combattre ou de
combattre leur tribu ; si Dieu l'avait voulu, Il les aurait rendus maîtres
de vous et ils vous auraient combattus. Aussi, s'ils vous évitent, ne
vous combattent pas et vous offrent leur soumission, Dieu ne vous
permet pas de leur témoigner de l'hoſtilité.
91 Vous en verrez d'autres qui voudraient s'assurer aussi bien de vous
que de leur peuple ; chaque fois qu'ils sont à nouveau confrontés à
la sédition, ils y plongent *[sans hésiter]*. S'ils ne vous évitent pas, s'ils
ne vous offrent pas leur soumission et ne cessent de vous combat-
tre, emparez-vous d'eux et tuez-les où que vous les trouviez. Contre
ceux-là, Nous vous avons accordé un pouvoir évident.

**Commentaire :** Le début de ce verset fut révélé au sujet des membres de certaines tribus traîtresses telles que Assad et Ghatafân qui affichaient l'Islam sitôt qu'ils se rendaient à Médine et professaient l'idolâtrie en retournant dans leurs tribus afin de se préserver des uns et des autres.

25 Litt. : plus sincère.

26 Litt. : la poitrine.

92 Il n'appartient pas à un croyant d'en tuer un autre si ce n'est par erreur ; quiconque tue un musulman involontairement devra affranchir un esclave croyant et remettre à sa famille le prix du sang à moins qu'elle ne lui en fasse grâce. Si la victime est un croyant appartenant à une tribu ennemie, contentez-vous de libérer un esclave croyant et si elle appartient à une tribu à laquelle vous êtes liés par un traité, remettez le prix du sang à sa famille et libérez un esclave croyant. Si vous n'en possédez pas, jeûnez deux mois consécutifs en guise de repentance auprès de Dieu et Dieu est *[à la fois]* Très Savant et Très Sage.

**Commentaire :** Il faut préciser que le « prix du sang », fixé par la sunna à cent chameaux, incombe aux parents, à la tribu ou même au quartier dans lequel habite le meurtrier ; seul l'affranchissement d'un esclave incombe à ce dernier. Cette mesure qui introduit une notion de responsabilité collective nous permet d'entrevoir le luxe de précautions avec lequel on choisissait son entourage. Le proverbe *al-jâr qabla al-dâr* (« le voisin avant la maison ») n'était pas un vain mot.

Dans le cas où la victime, fût-elle croyante, appartenait à une tribu ennemie, le Livre interdisait aux croyants de reverser le prix du sang pour ne pas renforcer les ennemis de l'Islam.

93 Quiconque aura tué délibérément un croyant aura la Géhenne pour rétribution ; il y demeurera à jamais et Dieu sera courroucé contre lui, Il le maudira et lui apprêtera un châtiment terrible.

94 Ô vous qui avez la foi, si vous partez en guerre pour la cause de Dieu, montrez-vous circonspects et ne dites pas, par convoitise des biens de ce monde, à quelqu'un qui vous adresse la salutation de la paix : Tu n'es pas croyant *[d'autant plus qu']* auprès de Dieu se trouve un butin considérable. C'est ainsi que vous vous comportiez par le passé mais, depuis, Dieu vous fait don *[de Ses faveurs]*. Renseignez-vous car Dieu est parfaitement Informé de vos actes.

**Commentaire :** Le verset 95 contient une allusion à un épisode de la *sîra*[27] qui opposa un compagnon du Prophète à un converti de fraîche date. Comme ce dernier lui adressait une salutation, il le tua en pensant qu'il s'agissait là d'une ruse et s'empara de ses biens comme d'un butin. Mis au courant de ce fait, le Prophète en colère lui adressa d'amers reproches et lui ordonna de verser à la famille de la victime le « prix du sang ».

---

27 La vie du Prophète.

95 Les croyants qui restent chez eux — exception faite de ceux qui sont atteints d'une infirmité[28] — et ceux qui combattent de leurs biens et de leurs personnes pour la cause de Dieu ne sont pas sur un pied d'égalité. Dieu a favorisé d'un degré les combattants qui exposent leurs biens et leurs personnes par rapport à ceux qui témoignent d'une défaillance. Cependant Il a promis à chacun une belle récompense tout en favorisant les combattants sur les non-combattants d'une magnifique rétribution :
96 *[en les élevant de]* plusieurs degrés et *[en leur accordant]* Son Pardon et Sa Miséricorde et Dieu est Pardonneur et Très Miséricordieux.
97 En les faisant périr, les anges demanderont à ceux qui se faisaient du tort à eux-mêmes : Où en étiez-vous *[de votre religion]* ? Nous étions impuissants *(mustad'afîn)* ici-bas, répondront-ils. La terre de Dieu n'était-elle pas assez vaste pour émigrer ? Ceux-là auront la Géhenne pour refuge ; quel détestable avenir !
98 Exception faite des opprimés *(mustad'afîn)*, hommes, femmes et enfants incapables d'imaginer un stratagème ni de trouver un moyen *[pour gagner une terre d'exil]* :
99 ceux-là, il se peut que Dieu efface leurs fautes et Dieu est Indulgent et Pardonneur.
100 Celui qui s'expatrie[29] pour la cause de Dieu trouvera bien des endroits[30] d'où il contraindra *[ses adversaires]*, ainsi que de grands espaces[31] et c'est à Dieu qu'incombe la rétribution de quiconque quitte sa demeure pour accomplir l'Hégire en vue de Dieu et de Son Envoyé et qui est surpris *[en route]* par la mort.
101 Vous ne serez pas blâmés d'écourter les prières si, en voyage, vous craignez que les mécréants ne vous surprennent[32], car ils sont pour vous des ennemis déclarés.

28 Ou encore : exception faite de ceux qui y sont contraints.
29 Ou encore : s'exile, *yuhâjir*.
30 Ou encore : des refuges.
31 Ou encore : de l'aisance.
32 Ou encore : ne vous corrompent

102 Si tu es parmi eux et que tu diriges leur prière, qu'une fraction d'entre eux l'accomplisse avec toi après avoir pris leurs armes. Après s'être prosternés *[pour la première rak'a]* qu'ils se placent derrière vous et que l'autre groupe qui n'a pas encore prié vienne te rejoindre après avoir pris ses précautions et ses armes. Les mécréants souhaiteraient que vous perdiez de vue armes et bagages afin de fondre sur vous comme un seul homme. Vous ne serez pas blâmés d'avoir posé vos armes si vous êtes gênés par la pluie ou si vous êtes malades ; toutefois, prenez vos précautions et Dieu a apprêté pour les mécréants un châtiment humiliant.

**COMMENTAIRE :** Il y a plusieurs traductions possibles selon les diverses modalités de la « prière de la peur » envisagées. Nous préférons engager le lecteur à se reporter aux ouvrages de jurisprudence.

103 Une fois la prière accomplie, invoquez Dieu, debout, couchés ou sur le côté. Et quand le calme sera revenu, accomplissez la prière *[normalement]* ! Certes la prière est prescrite aux croyants en des moments déterminés.

104 Et ne faiblissez pas dans la poursuite des mécréants ; si vous souffrez, ils éprouvent les mêmes souffrances que vous, mais vous espérez de Dieu ce qu'ils ne sauraient espérer. Et Dieu est *[à la fois]* Très Savant et Très Sage.

105 Certes Nous t'avons révélé le Livre contenant la Vérité afin d'arbitrer entre les hommes selon ce que Dieu t'aura fait voir et ne te fais pas l'avocat des traîtres[33].

**COMMENTAIRE :** La fin du verset fut révélée à propos de Ta'ma b. al-Abayriq qui avait volé de la nourriture et des armes à l'un des Médinois. Sa tribu vint plaider la cause de Ta'ma devant le Prophète qui les crut sincères. La révélation coranique vint lever le voile sur leur ignominie.

Selon certains commentaires, ce verset contient une légitimation de *l'ijtihâd*, l'effort de réflexion personnelle. Dans cette hypothèse, la phrase selon ce que Dieu t'aura fait voir signifierait : selon ce que Dieu t'a permis de tirer comme conclusions du Livre révélé. Pour les autres : ce que Dieu t'aura fait voir n'est qu'une allusion à l'inspiration prophétique et ils estiment que la légitimation de *l'ijtihâd* nous est donnée par le *hadîth* et non par le Coran.

---

33 Ou encore : ne prends pas le parti des traîtres.

106 Et demande pardon à Dieu, car Dieu est Pardonneur et Très Miséricordieux.
107 Ne plaide pas en faveur de ceux qui se leurrent eux-mêmes, car Dieu n'aime pas les pécheurs perfides.
108 Ils cherchent à se dissimuler au regard des hommes sans chercher à se cacher de Dieu alors qu'Il est avec eux lorsque de nuit ils ourdissent en paroles des complots qu'Il désavoue ; et Dieu cerne leurs œuvres.
109 Vous voilà en train de plaider leur cause dans la vie de ce monde, mais qui les défendra devant Dieu au Jour du Jugement, ou bien qui acceptera de les représenter ?
110 Celui qui commet une faute ou qui se fait du tort à lui-même et qui demande ensuite le pardon de Dieu trouvera Dieu *[enclin]* à *[lui]* pardonner et à *[lui]* faire miséricorde[34].
111 Quiconque commet[35] une faute l'acquiert à son détriment et Dieu est Très Savant, Très Sage.
112 Et quiconque commet un péché ou une faute et l'impute à un innocent se charge d'une infamie et d'un péché manifeste.
113 N'était la faveur que Dieu t'a accordée ainsi que Sa Miséricorde, une fraction d'entre eux aurait résolu de t'égarer ! *[En vérité]* ils n'égarent qu'eux-mêmes et ne te nuisent en rien. Dieu t'a révélé le Livre et la sagesse, Il t'a enseigné ce que tu ignorais : la faveur que Dieu t'a faite est immense.

34 Litt. : trouvera Dieu Pardonneur et Miséricordieux. Ou encore : trouvera auprès de Dieu Pardon et Miséricorde.

35 Litt. : s'acquiert.

114 Il n'y a rien de bon dans la plupart de leurs apartés sauf lorsque l'un d'eux ordonne de verser l'aumône, d'appliquer ce qui est licite ou de réconcilier les gens entre eux. Quiconque s'acquitte de ces actes par désir de plaire à Dieu recevra de Nous une magnifique rétribution.
115 Celui qui témoigne de l'hostilité au Prophète après que la bonne direction lui soit apparue et qui suit une autre voie que celle des croyants, Nous l'abandonnerons à son choix et le précipiterons dans la Géhenne : quelle exécrable destination !

**Commentaire** : Il existe un *hadîth* qui fait écho à la fin du verset : Dieu suffira à quiconque place sa confiance en Lui mais celui qui s'en remet à un autre que Lui, Il l'abandonnera à ce qui a sa confiance.

116 Certes Dieu ne pardonne pas qu'on Lui associe quoi que ce soit mais, exception faite de ce péché, Il pardonne à qui Il veut ; et quiconque donne un associé à Dieu s'égare grandement.
117 Les polythéistes n'invoquent, à la place de Dieu, que des femelles et un diable rebelle
118 que Dieu a maudit et qui a dit : Je prendrai de force une partie de Tes serviteurs qui me revient de droit ;
119 je les égarerai et leur donnerai des espoirs fallacieux. Je leur ordonnerai de fendre les oreilles des animaux domestiques et d'altérer la création de Dieu ; et quiconque prend le diable pour protecteur à la place de Dieu est manifestement voué à la perdition.

**Commentaire** : Selon certains commentateurs, l'altération envisagée au verset 119 n'est autre que la castration des animaux sans aucune justification valable ; d'autres veulent y voir une allusion au tatouage.

120 Il leur fait des promesses et leur donne des espoirs fallacieux et le diable ne leur promet que de l'illusion !
121 Ceux-là auront la Géhenne pour refuge sans y trouver la moindre échappatoire.

122 Ceux qui ont eu la foi et pratiqué des œuvres pies, Nous les introduirons dans des jardins arrosés par des fleuves et ils y demeureront à jamais. C'est une promesse de Dieu et *[comme telle]* véridique. Et qui donc tient des propos plus crédibles que Dieu ?
123 L'issue ne tient ni à vos espérances ni à celles des gens du Livre ! Quiconque accomplit un méfait sera rétribué en fonction, et il ne trouvera en dehors de Dieu personne pour le protéger ni le soutenir.
124 Et quiconque, homme ou femme, accomplit des œuvres pies alors qu'il a la foi entrera au Paradis où il ne sera pas lésé, fût-ce d'un noyau de datte.
125 Qui donc professe de meilleure religion que celui qui a prosterné sa face devant Dieu en témoignant de sa vertu et qui a suivi la tradition d'Ibrâhîm en pur monothéiste, sachant que Dieu a pris Ibrâhîm pour ami intime *(khalîlan)* ?
126 A Dieu appartient ce qu'il y a dans les cieux et sur la terre et Dieu cerne toute chose.
127 Ils te questionnent : Quels sont leurs devoirs vis-à-vis des femmes ? Dis-leur : Dieu, ainsi que les passages qui vous sont récités dans le Livre, vous renseignent au sujet des femmes orphelines auxquelles vous refusez ce qui leur est dû alors que vous désirez les épouser, *[comme ils vous renseignent]* sur les jeunes gens sans défense *(mustad'afîn)* et sur les orphelins *[en vous prescrivant]* de prendre soin d'eux avec équité. Et quel que soit le bien que vous faites, Dieu en est parfaitement Informé.

**Commentaire :** Nous avons vu précédemment que les anciens Arabes
— épousaient volontiers les orphelines à leur goût sans leur remettre de dot,
— négligeaient de remettre leur héritage aux enfants (les jeunes gens sans défense)
— et spoliaient les orphelins de leurs biens, toutes choses sur lesquelles le Coran s'est prononcé sans appel.

128 Si une femme craint que son époux n'exerce des brutalités à son encon-
tre ou ne se détourne d'elle, ils ne seront pas blâmés de rechercher une
conciliation ; l'âme étant portée à l'égoïsme (litt. : l'avarice[36]), la concilia-
tion se révèle préférable et si vous vous montrez vertueux et que vous
vous gardez *[de Dieu]*, Dieu est parfaitement Informé de vos actes.
129 Quand bien même en auriez-vous la ferme résolution, vous ne pour-
rez faire montre d'une équité parfaite entre plusieurs femmes. Ne
montrez pas un penchant excessif *[pour l'une d'entre elles]* laissant
ainsi l'autre comme en suspens[37]. Mais si vous réparez *[les torts com-
mis]* et si vous vous gardez de Dieu, sachez que Dieu est Pardonneur
et Miséricordieux.
130 Si les deux époux se séparent, Dieu, dans Sa largesse, fera en sorte
qu'ils puissent se passer l'un de l'autre ; Dieu embrasse toute chose, Il
est Tout de Sagesse.
131 C'est à Dieu qu'appartient ce qu'il y a dans les cieux et sur la terre ;
Nous avons déjà recommandé à ceux qui ont reçu les Ecritures avant
vous, comme Nous vous l'avons recommandé, de se prémunir de
Dieu. Si vous sombrez dans la mécréance, *[sachez]* qu'à Dieu n'en
revient pas moins tout ce qu'il y a dans les cieux et sur la terre, qu'Il
est Souverain *(Ghanî)* *[à l'égard des êtres]* et qu'Il est Glorieux.
132 C'est à Dieu qu'appartient ce qu'il y a dans les cieux et sur la terre et
Dieu est un Garant *(Wakîl*[38]*)* suffisant.
133 Ô hommes, s'Il le veut, Il peut vous anéantir pour vous remplacer par
d'autres, et Dieu est parfaitement capable de cela.
134 Que celui qui désire la récompense d'ici-bas *[sache]* que c'est auprès
de Dieu que se trouvent les récompenses d'ici-bas et celles de l'Ul-
time Demeure. Dieu entend et voit tout.

---

36 L'avarice doit être comprise ici au sens large : l'homme, par nature, n'abandonne pas facilement ses prérogatives au profit d'autrui pas plus qu'il ne renonce à ses désirs. La conciliation est donc une recherche du moyen terme.

37 Laissant ainsi l'autre comme en suspens, c'est-à-dire qu'elle ne saurait se considérer ni comme une femme mariée ni comme une femme répudiée, étant en quelque sorte « suspendue » entre ces deux statuts.

38 Le terme *Wakîl* a laissé bien des traducteurs dans l'embarras. Beaucoup en ont fait un patron ou un protecteur alors qu'en réalité le Wakîl est plutôt un représentant ou un fondé de pouvoir, ce qui semble mal s'accorder de la majesté divine. En réalité, cette notion de délégation *(wakâla)* rejoint en quelque sorte celle de protection *(walâya)* : le protégé de Dieu *(walî)* qui s'abandonne totalement à Dieu est sommé par Dieu Lui-même de se détourner des affaires du monde pour se consacrer exclusivement à Lui. C'est donc Dieu qui va prendre ses affaires en main, parce que, l'ayant élu, Il n'admet plus qu'il se détourne de Lui, fût-ce un instant. En contrepartie, l'élu qui a accepté d'abandonner ses prérogatives pour Dieu va voir désormais ses affaires prises en charge par Dieu, ce qui est parfaitement exprimé par ce hadîth sanctissime *(qudsî)* : « Mon serviteur, sois avec Moi comme Je le veux et Je serai avec toi comme tu le veux. » N'était la crainte de choquer, nous aurions pu traduire le mot Wakîl par Substitut, voire par Représentant.

135 Ô vous qui avez la foi, efforcez-vous de rendre la justice en témoignant devant Dieu, fût-ce à votre détriment, à celui de vos père et mère ou de vos proches. Pauvre ou riche, c'est Dieu qui a le coupable en charge ; ne vous abandonnez pas à vos passions de crainte de vous écarter de la vérité (ou encore : que le fait de suivre vos penchants ne vous empêche pas d'être équitables) et si vous déformez la vérité ou que vous vous en détourniez, *[sachez]* que Dieu est parfaitement Informé de ce que vous faites.

136 Ô vous qui avez la foi croyez en Dieu et en Son Envoyé, au Livre qui a été révélé à Son Envoyé et aux Écritures qui ont été révélées avant lui ; quiconque nie Dieu, Ses anges, Ses Écritures, Ses envoyés et le Jour dernier, s'égare grandement.

137 Ceux qui ont eu la foi, puis qui sont tombés dans la mécréance, puis ont eu de nouveau la foi et sont retombés dans la mécréance pour finir par s'enfoncer dans celle-ci, Dieu ne sera pas enclin à leur pardonner ni à les guider sur la bonne voie.

138 Annonce aux hypocrites,

139 ceux qui choisissent leurs alliés parmi les mécréants en excluant les croyants, qu'ils sont voués à un châtiment douloureux. Recherchent-ils pour eux-mêmes la puissance ? la puissance tout entière n'appartient qu'à Dieu.

**Commentaire :** La phrase: ils sont voués à un châtiment douloureux fait partie du verset 138. Nous en avons modifié l'ordre en tenant compte de la structure de la phrase française.

140 Déjà il vous a été révélé dans le Livre de ne pas vous asseoir en compagnie de ceux qui nient ou se moquent des Signes (ou : des versets) de Dieu jusqu'à ce qu'ils engagent une autre conversation, sinon vous seriez semblables à eux ! Certes Dieu réunira tous les hypocrites et les mécréants dans la Géhenne,

141 ceux qui guettent *[vos revers de fortune]* et qui vous demandent, lorsque vous venez de remporter une victoire : N'étions-nous pas avec vous ? *[Ceux]* qui disent aux mécréants, lorsqu'ils ont part à la victoire : N'étiez-vous pas en notre pouvoir[39] ? Ne vous avons-nous pas protégés des croyants ? C'est Dieu qui arbitrera vos différends au Jour de la Résurrection et Dieu ne donnera pas l'avantage aux mécréants sur les croyants.

142 Les hypocrites *[s'imaginent]* tromper Dieu mais en réalité c'est Lui qui les leurre. Lorsqu'ils se disposent à faire la prière, ils se lèvent avec paresse faisant montre d'ostentation et ne se remémorent Dieu que rarement.

143 Hésitants *[entre les deux partis]*, ils ne se rallient ni aux uns ni aux autres, et tu ne trouveras pas de voie pour celui que Dieu veut égarer.

144 Ô vous qui avez la foi, ne prenez pas de mécréants pour alliés en excluant les croyants ! Voudriez-vous donner à Dieu des arguments décisifs[40] contre vous ?

145 Certes, les hypocrites seront relégués au plus bas degré en enfer et tu ne trouveras personne pour les secourir.

146 Exception faite de ceux qui se sont repentis et amendés en s'accrochant à ce qui les relie à Dieu et qui ont consacré leur religion à Dieu de façon exclusive : ceux-là seront en compagnie des croyants et Dieu consentira aux croyants une magnifique récompense.

147 Dieu, qu'a-t-Il donc à faire de votre châtiment si vous *[Lui]* témoignez de la gratitude et que vous croyez ? Et Dieu vous saura gré *[de votre foi]* et Il est Très Savant.

39 Autre traduction possible : Ne vous avons-nous pas soutenus ?

40 Litt. : un pouvoir évident.

148 Dieu n'aime pas que l'on divulgue un méfait à haute voix, sauf si l'on est
victime d'une injustice. Dieu entend et sait tout.
149 Que vous dévoiliez un bienfait, que vous le dissimuliez ou que vous
excusiez quelqu'un d'une faute, *[sachez que]* Dieu est Indulgent et
Puissant.
150 Ceux qui veulent opposer un déni à Dieu et à Ses envoyés, qui veu-
lent établir une différence entre Dieu et Ses envoyés en prétendant
ajouter foi à une partie du Livre tout en niant l'autre et qui veulent
emprunter une voie à mi-chemin entre foi et mécréance,
151 en vérité ceux-là sont les mécréants et nous avons apprêté pour les
mécréants un châtiment humiliant.
152 Quant à ceux qui ont cru en Dieu et en Ses envoyés et qui n'ont fait de
différence entre aucun de Ses envoyés, Il leur accordera leur récom-
pense et Dieu est Pardonneur et Miséricordieux.
153 Les gens du Livre te demandent de faire descendre sur eux un Livre
venu du ciel; ils avaient déjà demandé à Mûssâ beaucoup plus que
cela lorsqu'ils lui avaient dit: Fais-nous voir Dieu de nos yeux! La
foudre s'était emparée d'eux pour prix de leur iniquité, puis ils avaient
pris le veau pour idole après avoir reçu toutes sortes de signes et Nous
les avions encore excusés de ce forfait en accordant à Mûssâ un pou-
voir évident.
154 Nous avions élevé le Sinaï au-dessus d'eux pour prix de leur engage-
ment[41] et leur avions dit: Franchissez la porte en vous prosternant;
Nous leur avions également dit: Ne transgressez pas le sabbat et
Nous avions reçu de leur part un ferme engagement[42].

41 Ou encore : pour prix de leur alliance.
42 Cf. les versets 56-64 de la sourate « La Génisse ».

155 Pour avoir rompu leur engagement, avoir nié les Signes de Dieu et avoir tué les prophètes injustement, *[Nous les avons maudits]*; pour avoir dit: Nos cœurs ne perçoivent rien[43] alors que c'est Dieu qui les avait scellés pour prix de leur mécréance si bien qu'ils étaient de peu de foi,

156 pour leur mécréance et pour avoir proféré au sujet de Marie d'ignobles calomnies,

157 pour avoir soutenu qu'ils avaient mis à mort le Messie, Jésus fils de Marie, alors qu'ils ne l'avaient ni tué ni crucifié, victimes qu'ils étaient d'une ressemblance — *[du reste]* ceux qui divergèrent à son sujet doutent encore de son identité —, *[Nous les avons maudits]*; ils n'avaient là-dessus aucune certitude, se livrant seulement à des conjectures et n'étaient nullement certains de l'avoir tué[44].

**Commentaire:** D'après les commentateurs, l'identité du crucifié fit l'objet d'âpres discussions entre les apôtres; certains ne doutaient pas un instant qu'il s'agissait bien du Christ ressuscité alors que d'autres soutenaient le contraire. Les Évangiles canoniques et apocryphes se font l'écho de la perplexité dans laquelle furent plongés les apôtres après la crucifixion et des divergences auxquelles elle donna lieu.

158 En réalité Dieu l'a élevé à Lui et Dieu est Très Puissant, Très Sage.

159 Il n'en est pas un d'entre les gens du Livre qui ne croira en lui avant sa mort[45], et au Jour de la Résurrection il témoignera à leur encontre.

160 Pour prix de leur iniquité et pour avoir détourné nombre de gens de la voie de Dieu[46], Nous avons interdit aux tenants du Judaïsme d'excellents mets qui leur étaient pourtant tolérés[47],

161 et pour avoir reçu le prix de l'usure alors que cela leur était interdit, pour s'être emparés[48] des biens des gens de manière illicite, Nous avons préparé à ceux d'entre eux qui avaient renié un châtiment douloureux.

162 Mais ceux d'entre eux dont la science est solide ainsi que ceux qui croient, ceux qui accomplissent la prière, qui acquittent l'aumône prescrite, qui croient en Dieu et au Jour dernier, ceux-là ajoutent foi à ce qui t'a été révélé et à ce qui a été révélé avant toi. Nous leur attribuerons une récompense sublime.

---

43 Litt.: sont recouverts d'un voile.
44 Ou encore: il est certain qu'ils ne l'avaient pas tué.
45 Ou encore: et les gens du Livre n'auront d'autre choix que de croire en lui avant leur mort.
46 Ou encore: pour s'être fréquemment détournés de la voie de Dieu.
47 Litt.: licites.
48 Litt.: pour avoir mangé.

163 Certes Nous t'avons inspiré la révélation comme Nous l'avions inspirée à Nûh (Noé) et à d'autres prophètes après lui ; Nous avons inspiré Ibrâhîm, Ismâ'îl, Ishâq, Ya'qûb et les *[douze]* tribus, Jésus, Ayyûb, Hârûn, Sulaymân et Nous avons transmis les Psaumes à Dâwûd.
164 Nous *[avons inspiré]* des prophètes dont Nous t'avons déjà conté l'histoire et d'autres dont Nous ne t'avons rien dit, et Dieu a bien parlé à Mûssâ ;
165 *[Nous avons inspiré]* des prophètes chargés d'annoncer la bonne nouvelle et de mettre en garde afin que les hommes n'aient plus d'arguments à opposer à Dieu après leur envoi et Dieu est Puissant et Sage.
166 Cependant Dieu est Témoin de ce qu'Il t'a révélé selon Sa Science et les anges en témoignent également et le témoignage de Dieu se suffit à lui-même[49].
167 Ceux qui ont nié *[Dieu]* et qui ont détourné *[les gens]* de la voie de Dieu se sont grandement égarés.
168 Dieu n'est pas enclin à pardonner à ceux qui ont sombré dans la mécréance et dans l'iniquité ni à les guider sur une voie quelconque,
169 à l'exception de celle qui mène à la Géhenne où ils demeureront à jamais et cela est pour Lui chose facile.
170 Ô hommes, un Envoyé est venu vous apporter la Vérité venant de votre Seigneur : croyez *[en lui]*, ce sera préférable pour vous et, si vous *[le]* reniez, *[sachez qu']* à Dieu appartient ce qu'il y a dans les cieux et sur la terre et qu'Il est à la fois Très Savant et Très Sage.

---

49 Litt. : Dieu est suffisant comme Témoin.

171 Ô gens du Livre, ne soyez pas excessifs dans votre religion et ne dites de Dieu que la Vérité. Le Messie, Jésus fils de Marie, n'est que l'envoyé de Dieu, Son Verbe qu'Il a projeté en Marie et un Esprit venant de Lui. Croyez en Dieu et en Ses envoyés et cessez de dire *[un Dieu en]* trois *[personnes]*, cela sera préférable pour vous. Dieu, gloire à Lui, ne saurait être qu'une Divinité Unique ! Comment aurait-Il un fils alors que tout ce qui se trouve dans les cieux et sur la terre Lui appartient ? Et Dieu est un Garant suffisant !

172 Ni le Messie ni les anges qui jouissent de la proximité *[divine]* ne dédaignent d'être des serviteurs de Dieu et *[que]* ceux qui refusent de Le servir et s'enorgueillissent *[sachent]* que Dieu les rassemblera tous auprès de Lui.

173 Ceux qui auront cru et pratiqué les œuvres pies se verront accorder l'intégralité de leur récompense et Il leur en donnera même davantage par un effet de Sa Grâce. Quant à ceux qui ont témoigné du dédain et de l'orgueil, Il leur infligera un châtiment douloureux et ils ne trouveront personne en dehors de Dieu pour les protéger ni les secourir.

174 Ô hommes, il vous est venu une preuve de la part de votre Seigneur et Nous avons fait descendre vers vous une lumière éclatante.

175 Dieu fera entrer au sein de Sa Miséricorde et de Sa Grâce ceux qui auront cru et se seront attachés à Lui et Il les conduira sur une voie droite.

176 Ils te questionnent *[au sujet de la succession dévolue aux héritiers collatéraux]* ; dis-leur : Dieu vous instruit au sujet de ceux qui n'ont pas d'héritiers directs[1] ; si un homme sans enfants décède en laissant une sœur, celle-ci héritera de la moitié de sa succession[2], de même qu'il héritera d'elle *[en totalité]* si elle n'a pas d'enfants. Si elles sont deux sœurs *[ou plus]*, elles auront droit aux deux tiers de sa succession, et s'il y a des frères et des sœurs, l'enfant mâle aura droit à deux fois plus que la femme. Dieu vous donne des explications claires à ce sujet de peur que vous ne vous égariez et Dieu est Omniscient.

Sourate 5

# La Table servie

*Au Nom de Dieu, le Tout Miséricordieux, le Très Miséricordieux*

1 Ô vous qui avez la foi, honorez vos engagements ; il vous est permis *[de consommer la chair]* du bétail à l'exception de ce qui vous est interdit[3] dans *[le Livre]* et du gibier *[tué]* alors que vous êtes en état de consécration. Et Dieu statue comme bon Lui semble[4].

2 Ô vous qui avez la foi, ne profanez pas les rites divins, ni les mois sacrés, ni les bêtes sacrificielles, ni les guirlandes *[qui servent à les repérer]*[5], ni les pèlerins en route pour la Maison sacrée qui recherchent la faveur de leur Seigneur ainsi que Son agrément ; une fois désacralisés, il vous sera loisible de chasser, et que l'animosité d'un peuple qui vous a repoussés de la Mosquée sacrée ne vous incite pas à les agresser ; encouragez-vous mutuellement à la vertu et à la crainte *[de Dieu]* et ne vous incitez ni au péché ni à la haine, car Dieu châtie durement.

1 Ascendants ou descendants.

2 Le restant de l'héritage revenant aux autres héritiers, aux légataires ou au trésor public en l'absence des uns et des autres.

3 Litt. : lu.

4 Litt. : comme Il veut.

5 Ces guirlandes ou colliers (*qalâ'id*) étaient suspendus au cou des bêtes sacrificielles et servaient entre autres à les distinguer les unes des autres.

3 Vous sont interdites les chairs mortes *[c'est-à-dire : non sacrifiées]* ainsi que le sang, la viande de porc, et tout ce qui a été immolé à un autre que Dieu ; la bête étouffée, la bête assommée, tuée dans une chute ou d'un coup de corne, ou encore *[à moitié]* dévorée par un prédateur, exception faite de celles que vous avez sacrifiées *[à temps]*. *[Il vous est également interdit de consommer]* des bêtes sacrifiées sur les autels de pierre[6] et d'user de flèches divinatoires[7], autant de choses qui relèvent de la perversion *(fisq)*. A dater de ce jour tout espoir est perdu pour les mécréants *[d'anéantir]* votre religion. Ne les craignez pas, redoutez-Moi plutôt ! En ce jour, J'ai parachevé pour vous votre religion, J'ai parfait pour vous Ma grâce et Je vous ai agréé l'Islam comme religion. *[Cependant]* quiconque est contraint par la famine *[de manger une chair illicite]* sans se laisser aller délibérement au péché *[doit savoir que]* Dieu est Pardonneur et Miséricordieux.

4 Ils te demanderont quels sont les aliments licites ? En ce jour, les aliments sains *(tayyibât*[8]*)* vous sont licites *[ainsi que le gibier qui vous a été rapporté]* par les prédateurs que vous avez dressés tels des chiens selon ce que Dieu vous a enseigné. Mangez les proies qu'ils ont attrapées en invoquant le Nom de Dieu sur celles-ci et gardez-vous de Dieu car Il est prompt à faire les comptes.

5 En ce jour les aliments sains sont considérés pour vous comme licites, ainsi que la nourriture des gens du Livre, de même que votre nourriture est licite pour eux. *[Il vous est également permis de prendre pour épouses]* des femmes chastes *(muhsanât)*, musulmanes (litt. : croyantes) ou *[choisies]* parmi les gens qui ont reçu les Écritures avant vous, à condition de leur remettre leur dot et d'être vous-mêmes chastes et non des libertins acoquinés avec des maîtresses. Et quiconque renie sa foi verra ses œuvres réduites à néant et, dans l'Ultime Demeure, il sera de ceux qui ont signé leur perdition.

---

6 *Al-nusub* : il s'agissait de pierres de grande taille que les Arabes vénéraient sans pour autant les adorer et sur lesquelles ils sacrifiaient leurs offrandes.

7 Les anciens Arabes usaient de flèches divinatoires avant d'entreprendre un travail quelconque. Si la flèche portait la mention « fais » ou « ne fais pas », ils se conformaient à l'ordre donné. Si elle portait la mention « délai », ils retiraient une flèche. Selon quelques commentateurs, certaines flèches étaient utilisées différemment afin de connaître la façon de répartir la chair des animaux sacrifiés. Dans tous les cas de figure ces pratiques sont prohibées par le Coran.
En ce jour, J'ai parachevé pour vous votre religion… passe pour avoir été le dernier verset révélé au Prophète, révélation qui se produisit au cours du pèlerinage de l'adieu.

8 Les aliments sains *(al-tayyibât)* sont à la fois les aliments licites et les aliments succulents selon les interprétations des uns et des autres. Faute de termes qui recouvrent ces deux notions à la fois, nous avons eu recours à l'adjectif « sain » qui, sans être pleinement satisfaisant, nous paraît être le mieux adapté.

**Commentaire du verset 5 :** La nourriture des gens du Livre est licite à condition d'avoir été égorgée et d'avoir été sacrifiée au Nom de Dieu ou, à tout le moins, de ne pas avoir été sacrifiée à un « autre que Lui ». Si la viande casher semble présenter généralement ces garanties, il ne semble pas qu'on puisse en dire autant de la viande consommée par les chrétiens.

Le mot *muhsanât* qui est déjà présent au verset vingt-cinq de la sourate « Les Femmes » recouvre quatre significations : musulmanes, mariées, chastes ou libres. Le contexte exclut bien évidemment les deux premières. Certains juristes n'ont retenu que la chasteté comme condition autorisant les musulmans à épouser les « femmes du Livre chastes » quel que soit leur statut, libres ou esclaves, alors que d'autres, faisant de la liberté une condition supplémentaire, ont interdit le mariage d'un musulman avec une esclave juive ou chrétienne.

6 Ô vous qui croyez, lorsque vous vous levez pour accomplir la prière, lavez votre visage, vos mains *[et vos avant-bras]* jusqu'aux coudes, frottez-vous la tête *[de votre main humide]*, *[lavez-vous]* les pieds jusqu'aux chevilles et, si vous avez accompli l'acte sexuel *(lâmastum)*[9], purifiez-vous. Si vous êtes malades ou en voyage ou si vous venez de satisfaire vos besoins naturels ou de caresser vos épouses et que vous ne trouviez pas d'eau, purifiez-vous en usant d'une terre pure et essuyez-vous-en le visage et les mains : Dieu ne veut pas vous causer de gêne, mais Il veut vous purifier et parachever Ses faveurs envers vous ; peut-être serez-vous reconnaissants !

7 Souvenez-vous des faveurs que Dieu vous a accordées et de l'engagement qu'Il a reçu de vous lorsque vous dîtes : Nous avons entendu et obéi ; et gardez-vous de Dieu car Dieu sait fort bien ce que recèlent les cœurs[10].

8 Ô vous qui avez la foi, efforcez-vous de témoigner de la justice en observant vos devoirs envers Dieu et que l'animosité entre deux peuples ne vous incite pas à vous montrer injustes ; soyez équitables, cela vous rapprochera de la crainte *[de Dieu]* et gardez-vous de Dieu car Il est parfaitement Informé de vos actes.

9 A ceux qui ont cru et pratiqué les œuvres pies Dieu a promis *[Son]* pardon ainsi qu'une récompense sublime.

---

9 Cf. commentaire de Cor. 4, 43.

10 Litt. : les poitrines.

10 Quant à ceux qui ont nié et traité Nos signes de mensonges, ceux-là
seront voués à la Géhenne[11].
11 Ô vous qui avez la foi, souvenez-vous de la faveur que Dieu vous a
faite lorsque certaines personnes songèrent à porter la main sur vous
et que Dieu retint leur bras en vous protégeant *[d'eux]* ; gardez-vous
de Dieu et c'est en Dieu que les croyants placent leur confiance.

**Commentaire :** Trois épisodes historiques peuvent être à l'origine de la révélation de ce verset :
— lorsque Gabriel avertit le Prophète du complot qu'avaient ourdi contre lui les juifs Banî Nadîr : ces derniers voulaient l'assassiner en l'écrasant sous un rocher ;
— lorsqu'un bédouin se précipita sur le Prophète le sabre à la main avec l'intention de le tuer et qu'il lui demanda : Qui te protège contre moi ? — Dieu, lui répondit le Prophète, et le bédouin laissa tomber son sabre ;
— lorsque les mécréants tentèrent d'anéantir les croyants au moment de la révélation de la prière dite de « la peur ».

12 Dieu avait reçu l'engagement des enfants d'Isrâ'îl. Nous avions sus-
cité parmi eux douze représentants et Dieu[12] leur avait dit : Je serai
avec vous tant que vous accomplirez la prière, acquitterez l'aumône
légale, ajouterez foi en Mes envoyés, les soutiendrez et accorderez à
Dieu un prêt gracieux ; Je vous remettrai vos fautes et vous introdui-
rai dans des jardins arrosés par des fleuves. Quant à ceux d'entre vous
qui auront renié ce pacte, ils ont d'ores et déjà perdu le bon chemin.
13 Pour avoir trahi leur engagement, Nous les avons maudits et avons
endurci leurs cœurs : ils ont altéré le sens des mots en les changeant de
place et oublié une partie de ce qu'on leur avait ordonné[13]. Tu ne ces-
seras de t'apercevoir de leur perfidie et peu feront exception ; *[cepen-
dant]* montre-toi indulgent et généreux car Dieu aime les vertueux[14].

---

11 Litt. : ceux-là seront les compagnons de la Gehenne.

12 Dieu, Nous, Dieu… Nous n'avons pas jugé utile de remettre le « sujet » à la même personne, ce genre de changement étant manifestement opéré à dessein, il nous a paru préférable de le laisser tel quel.

13 Litt. : rappellé.

14 Ce verset a été abrogé par ceux qui prônent le combat.

14 Il en est, parmi ceux qui se proclament chrétiens, dont Nous avons reçu l'engagement et qui ont oublié une part de ce qui leur avait été ordonné. Aussi avons-Nous suscité entre eux l'inimitié et la haine jusqu'au Jour du Jugement et Dieu leur rappellera leurs *[curieuses]* pratiques.

**Commentaire :** Selon la terminologie coranique, le terme *nasârâ* désigne les partisans *(ansârs)* de 'Issâ. Pour les punir de s'être ainsi approprié un titre qu'ils ne méritaient pas, Dieu a suscité parmi eux la discorde en faisant autant de sectateurs de 'Issâ s'entre-déchirant.

15 Ô gens du Livre, Notre Envoyé est venu à vous pour mettre en lumière bien des éléments des Écritures que vous dissimuliez tout en passant sur de nombreux manques. Une lumière vous est venue de la part de Dieu ainsi qu'un Livre explicite.

16 C'est par elle que Dieu guide ceux qui recherchent Son agrément sur les chemins de la paix. Il les fait passer des ténèbres à la lumière avec Sa permission et les conduit sur une voie droite.

17 Ils ont bien sombré dans la mécréance ceux qui ont dit que Dieu n'était autre que le Messie fils de Maryam. Réplique *[-leur]* : Qui donc pourrait empêcher Dieu d'anéantir le Messie fils de Maryam ainsi que sa mère et tous ceux qui sont sur terre alors que le royaume des cieux et de la terre et de ce qu'ils contiennent Lui appartient ? Il crée ce qu'Il veut et Dieu est Omnipotent.

18 Les juifs et les chrétiens ont prétendu être les fils de Dieu et Ses bien-aimés ! Réponds-leur : Pourquoi donc vous punit-Il pour vos péchés ? En réalité vous n'êtes qu'une partie de cette humanité que Dieu a créée, Il pardonne à qui Il veut et châtie qui Il veut. C'est à Dieu qu'appartient le royaume des cieux, de la terre et de ce qu'ils contiennent et c'est auprès de Lui qu'est notre devenir.
19 Ô gens du Livre, Notre Envoyé est venu à vous après une longue période sans prophètes, pour votre édification et afin que vous ne puissiez pas dire : Nous n'avons reçu personne qui nous mette en garde et nous annonce la bonne nouvelle. Maintenant il est venu celui qui *[vous]* a mis en garde et qui *[vous]* a annoncé la bonne nouvelle et Dieu est Omnipotent.
20 Et *[rappelle-toi]* lorsque Mûssâ eut dit à son peuple : Mon peuple, souvenez-vous des faveurs que Dieu vous a faites en suscitant parmi vous des prophètes, en faisant de vous des rois et en vous accordant ce qu'Il n'avait accordé à personne à travers les mondes.
21 Ô mon peuple, entrez dans cette terre sainte que Dieu vous a promise et ne revenez pas sur vos pas car vous retourneriez à la perdition.

**Commentaire** : Pour certains commentateurs l'injonction ne revenez pas sur vos pas est à prendre à la lettre car il est dit que les juifs hésitèrent à entrer dans la terre promise dont ils redoutaient d'être chassés manu militari. Ils songèrent même à retourner en Égypte après s'être désigné un chef qui devait les conduire en sens inverse à travers le désert. D'autres font de cette phrase une expression de l'apostasie ; on pourrait alors la traduire par : ne revenez pas à vos égarements.

22 Mûssâ, lui dirent-ils, cette cité est le siège d'un peuple de tyrans et nous n'y entrerons pas avant qu'ils n'en sortent. Et c'est seulement s'ils en sortent que nous y entrerons.
23 *[C'est alors que]* deux hommes qui avaient la crainte *[de Dieu]* — Dieu leur avait accordé cette faveur — leur dirent : Franchissez cette porte ; si seulement vous la franchissez vous aurez la victoire et placez votre confiance en Dieu si vous êtes *[d'authentiques]* croyants.

24 Mûssâ, lui dirent-ils, nous n'y entrerons jamais aussi longtemps qu'ils y seront ; allez donc combattre, toi et ton Seigneur, tandis que nous demeurons ici même.

25 Mon Dieu, invoqua Mûssâ, je ne suis maître que de ma personne et de celle de mon frère (ou : je ne réponds que de moi et de mon frère) ; détache-nous de ce peuple de pervers.

26 Cette terre, lui répondit-Il, leur sera interdite pendant quarante années au cours desquelles ils erreront sur terre ; et ne t'afflige pas pour ce peuple de pervers.

27 Raconte-leur en toute vérité l'histoire des fils d'Adam lorsqu'ils offrirent une oblation qui fut acceptée de l'un des deux et refusée de l'autre. Je te tuerai, lui dit alors Qâbîl (Caïn). Dieu n'accepte que les offrandes de ceux qui se gardent de Lui, lui dit Hâbîl (Abel).

28 Si tu lèves la main sur moi pour me tuer, je ne ferai pas de même[15] car j'ai la crainte de Dieu, le Seigneur des mondes.

29 Je veux que tu endosses mon péché et le tien et que tu sois voué au feu, car telle est la rétribution des injustes.

**Commentaire** : Mon péché et le tien signifie le péché que j'eusse commis si je m'étais comporté aussi inconsidérément que toi.

30 La passion[16] le poussa néanmoins à tuer son frère et il sombra dans la perdition.

31 Dieu lui envoya alors un corbeau qui se mit à gratter la terre afin de lui montrer comment dissimuler la nudité de son frère. Malheur à moi ! s'écria-t-il, je n'ai même pas été capable de faire comme ce corbeau et de dissimuler la nudité de mon frère ! et il fut pris de regrets.

---

15 Litt. : je ne lèverai pas la main sur toi.

16 Litt. : Son âme.

32 C'est pour cette raison que Nous avons prescrit *[cette règle]* aux
enfants d'Isrâ'îl : Quiconque tue une personne qui n'a elle-même ni
tué ni répandu la corruption sur terre sera considéré comme s'il avait
tué l'humanité entière. Et celui qui sauve la vie d'un seul homme sera
considéré comme ayant vivifié l'humanité entière. Et bien que Nos
envoyés soient venus à eux avec des signes, nombre d'entre eux malgré
cela se rendirent coupables d'abus.
33 Il n'est de rétribution, pour ceux qui déclarent la guerre à Dieu et à
Son Envoyé et qui œuvrent à répandre la corruption sur terre, que
l'exécution, la crucifixion, l'ablation des mains et des pieds (main
droite, pied gauche et vice versa) ou le bannissement ; cela sera pour
eux une humiliation en ce monde et un terrible châtiment leur est
réservé dans l'Ultime Demeure,
34 exception faite de ceux qui se seront repentis avant que vous n'ayez
mis la main sur eux et sachez que Dieu est Pardonneur et Miséricor-
dieux.
35 Ô vous qui avez la foi, gardez-vous de Dieu et cherchez un moyen
(ou encore : un intermédiaire) pour accéder à Lui ; faites des efforts
*(jâhidû)* pour Sa cause, peut-être réussirez-vous !

**Commentaire** : « L'intermédiaire » peut être de diverse nature : œuvres pies, invocations, etc. N'en déplaise aux wahhabites, l'intercession du Prophète - sur lui la grâce et la paix - n'a pas cessé avec son rôle terrestre, comme l'attestent les nombreuses visions du Prophète dans lesquelles il continue de prodiguer ses conseils et de transmettre sa *baraka* aux croyants.

Nous avons traduit *jâhidû* par faites des efforts plutôt que par combattez qui nous semblait trop restrictif.

36 Certes, même si les mécréants disposaient de tout l'or du monde[17] et
d'encore autant en guise de rançon *[pour s'épargner]* le châtiment au
Jour de la Résurrection, ils se le verraient refuser ; un cruel supplice
leur est destiné.

17 Litt. : de tout ce que contient la terre.

37 Ils voudront sortir du feu mais ils n'en sortiront pas ! Ils sont voués à un châtiment sans fin.

38 Coupez la main du voleur, homme ou femme, pour prix de ce qu'ils se sont acquis et à titre de représailles de la part de Dieu, et Dieu est Puissant et Sage.

39 Dieu acceptera le repentir de celui qui s'est repenti de son iniquité et s'est amendé, car Dieu est Pardonneur et Miséricordieux.

40 Ne sais-tu pas que le royaume des cieux et de la terre appartient à Dieu ? Il châtie qui Il veut et pardonne à qui Il veut et Dieu est Omnipotent.

41 Ô Prophète, ne t'afflige pas pour ceux qui se précipitent dans la mécréance, affichant leur foi en paroles tandis que leurs cœurs demeurent incrédules ; parmi les juifs, il en est qui prêtent l'oreille aux mensonges et qui prêtent l'oreille aux propos de certains de leurs coreligionnaires qui ne sont pas venus te trouver ; ils altèrent le sens des mots en les changeant de place et disent : Si l'on vous transmet ceci, prenez-le et si l'on vous transmet autre chose, gardez-vous-en ! Pourriez-vous prémunir contre Dieu celui que Dieu veut plonger dans l'erreur ? Ceux-là sont ceux dont Dieu n'a pas voulu purifier les cœurs : ils sont voués à l'opprobre en ce monde et un terrible châtiment leur est destiné dans l'Ultime Demeure.

42 Prêtant l'oreille aux mensonges avec complaisance, avides *(akkâlûn)* d'illicite, s'ils ont recours à toi[18] accepte de leur servir d'arbitre ou bien laisse-les ! Si tu te détournes d'eux ils ne pourront te nuire en rien mais, si tu prononces un jugement entre eux, fais-le en toute équité car Dieu aime les justes.

43 Comment du reste te feraient-ils juge alors qu'ils possèdent la Thora qui contient le Jugement de Dieu et dont ils se détournent cependant ? Ceux-là ne sont pas des croyants !

**Commentaire :** Tout ce passage montre à l'évidence que certains juifs demandaient occasionnellement une *fatwâ* au Prophète dans l'espoir de voir adoucir leurs peines. C'est ce qui se produisit lorsque deux d'entre eux qui avaient commis l'adultère vinrent le consulter à ce sujet en présence de 'Abd Allâh b. Salâm, converti à l'Islam d'origine juive et descendant d'Aaron. Le Prophète leur demanda alors quelle était la peine prévue par la Thora ; ils lui répondirent que la flagellation et le fait de plonger le visage de celui qui avait commis l'adultère dans de l'eau brûlante étaient les peines prévues à cet effet.
Le Prophète les contredit en précisant que la Thora prévoyait la lapidation. Devant leurs dénégations il s'en fit apporter une et, malgré les tentatives faites pour dissimuler le passage concerné, 'Abd Allâh b. Salâm les contraignit à le lire. Le Prophète ordonna alors leur lapidation.

44 Certes Nous avons révélé la Thora contenant une direction et une lumière au moyen desquelles les prophètes soumis *[à Dieu]* ainsi que les docteurs *[de la Loi]* et les savants ont arbitré, en vertu de ce qu'ils avaient été chargés de retenir des Écritures et en qualité de témoins *[de leur véracité]*, pour le compte des juifs. Ne craignez donc pas les hommes mais redoutez-Moi et ne vendez pas Mes versets pour un vil prix. Ceux qui ne conforment pas leur jugement à ce que Dieu a révélé, ceux-là sont les mécréants.

45 Et Nous y avons prescrit : une vie pour une vie, œil pour œil, nez pour nez, dent pour dent. Et pour les blessures, la loi du talion ! Pour ceux qui renoncent à leur droit, ce sera une expiation et ceux qui ne conforment pas leur jugement à ce que Dieu a révélé, ceux-là sont les injustes.

**Commentaire :** Pour ceux qui renoncent à leur droit, ce sera une expiation : ce qui revient à dire que Dieu effacera les péchés de ceux qui ont renoncé à exercer le droit du talion. Selon une autre interprétation, si la victime pardonne à l'agresseur Dieu lui accordera également Son Pardon. Dans ce dernier cas il conviendrait de traduire : si la victime renonce à ses droits cela tiendra lieu d'expiation pour l'agresseur.

18 Litt. : s'ils viennent te trouver.

46 Sur les traces des prophètes Nous avons envoyé 'Issâ fils de Maryam pour confirmer la Thora qui avait été révélée avant lui. Nous lui avons transmis l'Évangile contenant une direction et une lumière afin de confirmer la Thora antérieure et à titre de guidance et d'exhortation pour ceux qui se prémunissent *[du châtiment]*.
47 Que les gens de l'Évangile jugent en fonction de ce que Dieu y a révélé ; ceux qui ne conforment pas leur jugement à ce que Dieu a révélé, ceux-là sont les pervers.
48 Nous t'avons révélé le Livre en toute vérité pour confirmer les Écritures antérieures et témoigner *[de leur authenticité]* ; arbitre entre eux en te conformant à ce que Dieu a révélé et ne suis pas leurs passions en te détournant de la Vérité qui t'a été donnée. A chacun d'entre vous Nous avons accordé une loi et une voie, et si Dieu l'avait voulu Il aurait fait de vous une communauté unique, mais Il a voulu vous éprouver à travers ce qu'Il vous avait révélé ; faites montre d'émulation dans les œuvres pies, c'est auprès de Dieu que vous serez tous ramenés et Il vous instruira sur l'objet de vos différends.
49 *[Et Nous t'avons également inspiré]* d'arbitrer entre eux en te conformant à ce que Dieu a révélé sans suivre leurs passions et de te garder d'eux de crainte qu'ils ne te détournent d'une partie de ce que Dieu t'a révélé. Et s'ils font volte-face, sache simplement que Dieu veut les châtier pour quelque péché qu'ils ont commis et que nombre de gens sont des pervers.
50 Que cherchent-ils ? Le jugement du temps de l'ignorance ? Et pour ceux qui sont doués de certitude, qui donc possède un meilleur jugement que Dieu ?

51 Ô vous qui avez la foi, ne prenez ni les juifs ni les chrétiens pour
alliés ! Ils sont alliés les uns des autres ; celui d'entre vous qui les pren-
dra pour alliés est un des leurs car Dieu ne guide pas les communau-
tés iniques.
52 Tu verras ceux dont le cœur est malade s'empresser de rechercher
leur amitié en disant : Nous craignons d'être victimes d'un revers du
sort. Et si Dieu accordait la victoire *[aux croyants]* ou provoquait un
événement favorable[19], n'éprouveraient-ils pas de regrets quant à ces
pensées qu'ils dissimulaient au plus profond d'eux-mêmes?
53 Les croyants diront alors : N'est-ce pas ceux-là qui juraient par Dieu
en usant des serments les plus solennels qu'ils étaient de notre bord ?
*[Aujourd'hui]* leurs œuvres sont réduites à rien et ils ont intégré le
clan des perdants.
54 Ô vous qui avez la foi, que ceux d'entre vous qui apostasient *[sachent]*
que Dieu les remplacera par un peuple qu'Il aimera et dont Il sera
aimé, humble envers les croyants, inflexible envers les mécréants ; il
combattra pour la cause de Dieu sans craindre les blâmes des détrac-
teurs ; telle est la faveur de Dieu, Il l'accorde à qui Il veut et Dieu
embrasse et connaît toute chose.
55 Vous n'avez de protecteurs (*walî*)[20] que Dieu et Son Envoyé ainsi
que ceux qui ont cru : ceux qui accomplissent la prière et acquittent
l'aumône alors qu'ils sont inclinés.

**Commentaire** : Ce verset fut révélé à propos de sayyidnâ 'Alî qui fit don de son anneau à un mendiant alors qu'il était en prière.

56 Que celui qui prend Dieu, Son Envoyé et les croyants pour alliés
*[sache]* que le*[s]* parti*[sans]* de Dieu seront bien les vainqueurs.
57 Ô vous qui avez la foi, ne choisissez pas d'alliés parmi ceux qui ont
reçu les Écritures avant vous et qui ont fait de votre religion un objet
de dérision et de moquerie, ni parmi les mécréants et gardez-vous de
Dieu si vous êtes *[d'authentiques]* croyants.

19 Tel que le fait de dévoiler l'identité des hypocrites.

20 Nous avons traduit le terme *walî* tantôt par « protecteur », tantôt par « protégé », tantôt par « allié » suivant les différents contextes.

58 Lorsque vous lancez l'appel à la prière ils le raillent et le tournent en
dérision, cela parce que c'est un peuple qui n'a pas sa raison.
59 Dis-leur : Ô gens du Livre, pourquoi nous en vouloir ainsi ? Unique-
ment parce que nous croyons en Dieu, en ce qui nous a été révélé et
en ce qui a été révélé avant nous ou parce que la plupart d'entre vous
sont des pervers[21] ?
60 Dis-leur : Ne vous indiquerai-je pas une sanction encore pire ? Ceux
que Dieu a maudits, contre lesquels Il S'est mis en courroux, ceux
dont Il a fait des porcs, des singes et des adorateurs du diable, ceux-là
sont dans une bien mauvaise posture et fort éloignés du chemin de la
Vérité.

**Commentaire** : Selon les commentateurs, certains juifs furent transformés en porcs et en singes en deux occasions : pour avoir trangressé le sabbat et pour avoir traité 'Issâ d'imposteur.

61 S'ils viennent à vous, c'est en vous affirmant qu'ils ont la foi alors
qu'ils sont entrés chez vous en mécréants et qu'ils en sont ressortis en
mécréants, mais Dieu sait ce qu'ils dissimulent.
62 Tu verras un grand nombre d'entre eux rivaliser d'ardeur *[pour s'adon-
ner au]* péché, à l'iniquité et pour engloutir l'illicite. Quel détestable
comportement !
63 Si leurs savants et leurs docteurs ne les empêchaient pas de pécher en
paroles et d'engloutir l'illicite, à quels actes odieux ne se seraient-ils
pas livrés ?
64 Les juifs ont prétendu que la Main de Dieu était liée ! Puissent leurs
mains être liées, puissent-ils être maudits pour leurs blasphèmes.
Non, les Mains de Dieu sont bel et bien ouvertes et Il rétribue *[Ses
serviteurs]* comme Il l'entend. Ce qui t'a été révélé de la part de ton
Seigneur ne fera qu'accroître chez nombre d'entre eux leurs déborde-
ments et leur mécréance et Nous avons suscité entre eux l'inimitié et
la haine jusqu'au Jour de la Résurrection ; chaque fois qu'ils ont attisé
les feux de la guerre, Dieu les a éteints. Ils parcourent le pays afin d'y
répandre la corruption et Dieu n'aime pas les corrupteurs.

---

21 Deux autres possibilités de traduction nous sont offertes pour la fin de ce verset : et parce que nous croyons que la plupart d'entre vous sont des pervers. Ou encore : en ce qui a été révélé avant nous sachant qu'il nous a été révélé que la plupart sont des pervers.

65 Si seulement les gens du Livre avaient eu la foi et s'étaient gardés *[du
châtiment]* Nous leur aurions remis leurs péchés et les aurions intro-
duits dans les jardins des délices.
66 Si seulement ils avaient appliqué la Thora, l'Évangile et tout ce qui
leur a été révélé de la part de leur Seigneur, ils se seraient nourris de
ce qui est au-dessus d'eux et de ce qui se trouve sous leurs pieds ; cer-
tains d'entre eux sont équitables (ou encore : modérés) mais nombre
d'entre eux commettent des actes détestables.
67 Ô Envoyé *[de Dieu]*, transmets ce qui t'a été révélé de la part de ton
Seigneur et si tu ne le fais pas *[en totalité]*, ce sera comme si tu n'en
avais rien transmis et c'est Dieu qui te protégera des hommes car Dieu
ne guide pas le peuple des pervers.
68 Ô gens du Livre, vous ne vous reposez sur rien[22] *[de solide]* tant que
vous ne mettez pas en pratique la Thora et l'Évangile ainsi que ce qui
vous a été révélé de la part de votre Seigneur. Ce qui t'a été révélé de
la part de ton Seigneur ne fera qu'accroître chez nombre d'entre eux
leurs débordements et leur mécréance ; ne t'afflige donc point pour le
peuple des mécréants.
69 Ceux qui ont eu la foi, juifs, chrétiens, sabéens, tous ceux qui ont cru
en Dieu et au Jour dernier et ont œuvré pieusement ne connaîtront
ni la peur ni l'affliction.
70 Nous avions pourtant reçu l'engagement des fils d'Isrâ'îl ; chaque fois
qu'un envoyé est venu leur apporter une doctrine qui contrecarre
leurs passions, ils ont traité les uns de menteurs et ont assassiné les
autres.

22 Litt. : vous n'êtes sur rien.

71 Ils se sont imaginé qu'ils ne seraient jamais éprouvés ; aussi ont-ils fermé les yeux et se sont-ils bouché les oreilles *[sur leurs égarements]*. Dieu a ensuite accepté leur repentir, puis ils sont devenus de nouveau sourds et aveugles et Dieu voit parfaitement ce qu'ils font.

72 Ils ont sombré sans aucun doute dans la mécréance ceux qui ont dit : Dieu n'est autre que le Messie fils de Maryam alors que le Messie s'adressant aux fils d'Isrâ'îl leur avait demandé : Adorez Dieu, mon Seigneur et le vôtre, car Dieu a interdit l'accès du Paradis à celui qui Lui donne un associé ; le feu lui servira de refuge et les oppresseurs n'auront aucun recours.

73 Ils ont sombré dans la mécréance ceux qui ont soutenu que Dieu était la troisième *[personne]* de la trinité (litt. : de trois) ; il n'est de divinité qu'une Divinité Unique et s'ils ne cessent de tenir ces propos *[scandaleux]* un châtiment douloureux atteindra ceux d'entre eux qui professent la mécréance.

74 Pourquoi ne se repentent-ils pas auprès de Dieu et ne Lui demandent-ils pas pardon *[sachant]* que Dieu est Pardonneur et Miséricordieux ?

75 Le Messie fils de Maryam n'est qu'un prophète qu'ont précédé d'autres prophètes, sa mère était une femme véridique et tous deux prenaient de la nourriture *[comme n'importe quel être humain]* ; considère comment Nous leur exposons Nos signes, et puis considère comment ils s'en détournent !

76 Dis-leur : Adorerez-vous, en excluant Dieu *[de votre adoration]*, ce qui n'est en mesure ni de vous nuire ni de vous être utile alors que Dieu entend et sait tout ?

77 Ô gens du Livre, ne soyez pas excessifs dans votre religion au point
de déformer la Vérité et ne suivez pas les passions d'une fraction qui
s'est égarée dans le passé tout en égarant de nombreux autres et qui se
sont éloignés du chemin de la Vérité (litt.: du bon chemin).
78 Les mécréants d'entre les fils d'Isrâ'îl ont été maudits par la bouche
de David et de 'Issâ fils de Maryam pour s'être montrés rebelles et
transgresseurs.
79 Ils ne s'interdisaient mutuellement aucun acte blâmable auquel ils
étaient accoutumés *(fa'alûhu)*; que leurs actes étaient odieux !
80 Tu verras nombre d'entre eux prendre les mécréants pour alliés ; à
quel acte détestable les ont poussés leurs âmes ? Il leur a valu la colère
de Dieu et de demeurer à jamais dans le supplice.
81 Eussent-ils cru en Dieu, au Prophète et à ce qui lui a été révélé, qu'ils
ne les auraient pas pris pour alliés. Mais un grand nombre d'entre eux
sont des pervers.
82 Tu t'apercevras que les gens les plus hostiles à ceux qui ont la foi sont
les juifs et les associateurs, et tu t'apercevras que ceux qui témoigne-
raient le plus volontiers leur affection à ceux qui ont la foi sont ceux
qui se disent chrétiens. La raison en est qu'il y a parmi eux des doc-
teurs et des moines qui ne s'enflent pas d'orgueil,

83 et dont tu verras, lorsqu'ils écoutent ce qui a été révélé à l'Envoyé, les yeux s'emplir de larmes parce qu'ils y ont reconnu la Vérité. Seigneur, disent-ils, nous y ajoutons foi : inscris-nous au nombre des témoins !
84 Pourquoi ne croirions-nous pas en Dieu et à la Vérité qui nous est parvenue alors que nous espérons que notre Seigneur nous fera entrer en Paradis en compagnie des gens pieux ?
85 Dieu leur attribuera, en récompense de ce qu'ils ont dit, des jardins arrosés par des fleuves. Ils y demeureront à jamais : telle est la récompense des vertueux.
86 Quant aux mécréants et à ceux qui ont traité Nos signes de mensonges, ceux-là sont voués à la Géhenne.
87 Ô vous qui avez la foi, n'interdisez pas les aliments sains que Dieu a établis licites pour vous et n'enfreignez pas *[les règles]* car Dieu n'aime pas les transgresseurs.
88 Mangez des mets licites et succulents dont Dieu vous a gratifiés et gardez-vous de Dieu en qui vous croyez.
89 Dieu ne vous tiendra pas rigueur des serments prononcés par inadvertance mais Il prendra en compte les serments passés intentionnellement ; l'expiation *[pour se délier d'un serment]* consiste à nourrir dix pauvres de l'ordinaire dont vous nourrissez vos propres familles, ou encore à les vêtir ou à libérer un esclave. Et que celui qui n'en a pas les moyens jeûne pendant trois jours, telle sera pour vous l'expiation des serments que vous avez prononcés[23] *[sans les respecter]*. Tenez vos serments ; c'est ainsi que Dieu vous expose Ses signes, peut-être serez-vous reconnaissants !

23 Litt. : que vous avez jurés.

90 Ô vous qui avez la foi, le vin, les jeux de hasard, les autels sacrificiels et les flèches divinatoires[24] constituent une souillure et sont l'œuvre du diable, aussi évitez-les, peut-être réussirez-vous.
91 Le diable n'a d'autre but que de faire naître l'inimitié et la haine entre vous par le biais du vin et des jeux de hasard et de vous détourner du souvenir de Dieu et de la prière ; quand donc allez-vous cesser ?
92 Obéissez à Dieu et à Son Envoyé et soyez sur vos gardes ! Et si vous vous détournez, sachez que seule incombe à Notre Envoyé une claire transmission *[du message]*.
93 Ceux qui croient[25] et pratiquent les œuvres pies ne seront pas blâmés pour ce qu'ils auront mangé *[dans le passé]* s'ils se sont gardés *[de Dieu]* et ont pratiqué les œuvres pies, puis qu'ils se gardent *[encore]* de Dieu *[à l'avenir]* et pratiquent les œuvres pies, puis qu'ils se gardent *[toujours]* de Dieu et fassent montre de bienveillance car Dieu aime les bienveillants.
94 Ô vous qui avez la foi, Dieu vous éprouvera par quelque gibier à portée de vos mains ou de vos lances[26], afin qu'Il sache quels sont ceux qui Le redoutent à l'insu des hommes. Quiconque se rend coupable de transgression en dépit de cet interdit *(ba'da dhâlik)* est voué à un châtiment douloureux.
95 Ô vous qui avez la foi, ne tuez pas de gibier alors que vous êtes en état de consécration et celui d'entre vous qui en tue délibérément devra sacrifier un animal domestique de même valeur que le gibier abattu ; l'estimation en sera faite par deux hommes équitables choisis parmi vous et la bête sacrificielle *(hadyan)* sera conduite *(bâlighi)* dans le territoire sacré[27]. Ou bien *[il pourra encore]* se racheter *(kaffâra)* en nourrissant des pauvres ou en accomplissant un jeûne équivalent *[à cette expiation, kaffâra]*, cela afin qu'il médite[28] les conséquences de son geste. Dieu vous a pardonné le passé, mais Il Se vengera de celui qui recommence et Il est en mesure de Se venger.

---

24 Cf. le commentaire du verset 3 de cette sourate.

25 La traduction du début du verset est conforme à l'interprétation la plus répandue. Il en existe une autre cependant qui donnerait une traduction légèrement différente : Ceux qui croient et pratiquent les œuvres pies ne seront pas blâmés pour ce qu'ils mangent s'ils se gardent *[de l'illicite]*.
La répétition du verbe *ittaqâ* a été diversement expliquée par les commentateurs sans qu'aucune explication n'emporte totalement l'adhésion. Quant au mot bienveillants qui traduit *muhsinîn* (« vertueux »), on le considère généralement comme impliquant un sous-entendu : *ilâ al-nâs* (« pour les gens »), d'où notre

26 Il s'agit du gibier qu'il est interdit au pélerin de chasser eu égard à son état de consécration.

27 Litt. : à la *Ka'ba*. Ce sont les commentateurs qui estiment que la Ka'ba est ici un symbole du territoire sacré dans son ensemble.

28 Litt. : qu'il goûte.

96 Il vous est licite de manger ce qui a été pêché en mer ainsi que ce qu'elle
rejette à titre de subsistance aussi bien pour les côtiers[29] que pour les
voyageurs *[se rendant à La Mecque]*. En revanche chasser le gibier sur
terre vous est interdit tant que vous êtes en état de sacralisation et
gardez-vous de Dieu auprès de qui vous serez rassemblés.
97 Dieu a fait de la *Ka'ba*, le Temple sacré, une Demeure sûre pour les
hommes *[de même qu'Il a consacré]* le mois sacré, les bêtes sacrificiel-
les et les colliers[30], cela afin que vous sachiez que Dieu sait ce qui se
passe dans les cieux et sur la terre et qu'Il est Omniscient.
98 Sachez que Dieu châtie avec sévérité et que Dieu est Pardonneur et
Miséricordieux.
99 Seule la transmission incombe à l'Envoyé et Dieu sait ce que vous
montrez et ce que vous dissimulez.
100 Dis-leur : Le noble et le vil ne sont point équivalents même si le vil
te séduisait du fait de son abondance ; ô vous qui êtes doués d'intelli-
gence, gardez-vous de Dieu, peut-être réussirez-vous !
101 Ô vous qui avez la foi, ne posez pas de questions sur des sujets dont la
divulgation pourrait vous nuire (ou : vous déplaire). Si cependant vous
posez de telles questions lors de la révélation du Coran, elles vous seront
dévoilées. Dieu vous pardonne votre curiosité ! Et Dieu est Pardonneur
et Longanime.
102 Un peuple les a déjà posées avant vous, puis ils sont devenus des
mécréants[31] pour les avoir posées.
103 Dieu n'a consacré ni la *bahîra*, ni la *sâ'iba*, ni la *wasîla* ni le *hâmî*[32], mais
les mécréants profèrent des mensonges au sujet de Dieu et la plupart
d'entre eux n'ont pas leur raison.

29 Litt. : pour vous. Les commentateurs estiment que vous désigne tous ceux qui côtoient la mer : pêcheurs, habitants du littoral, etc.

30 Il semble que les colliers auxquels il est fait allusion dans ce verset ne soient pas les mêmes que ceux qui sont évoqués au verset 2 de la même sourate. Dans celui-ci il s'agissait de guirlandes que l'on passait autour du cou des animaux destinés au sacrifice, alors que, dans le verset qui nous occupe, il s'agirait plutôt de colliers que les pèlerins se fabriquaient avec des branchages pour témoigner de leur condition et éviter les conflits.

31 Cette accusation est portée contre les fils d'Isrâ'îl qui demandaient le statut de certaines prescriptions et s'empressaient de renier la révélation lorsqu'elle n'était pas à leur goût.

32 Ayant constaté que le statut de certains rites et monuments anté-islamiques avait été maintenu, un groupe de croyants demanda au Prophète ce qu'il fallait penser d'autres pratiques en vigueur chez les anciens Arabes. La réponse donnée fait table rase d'un certain passé et établit une nette distinction entre les rites sacrés, fussent-ils antéislamiques, et les institutions purement humaines.
La *bahîra* était une chamelle qui avait eu dix portées et dont on fendait les oreilles afin de la distinguer des autres. Elle était abandonnée au pré où elle pouvait paître en toute liberté sans être exposée au sacrifice ni qu'il lui soit demandé le moindre travail.
La *wasîla* était une chamelle qui avait eu des jumeaux, mâle et femelle. De ce jour, il n'était plus question de la sacrifier.
La *sâ'iba* était une chamelle que son propriétaire laissait au pré à la suite d'un vœu.
Quant au *hâmî*, qui signifie « le chaud », c'était un étalon qui avait engendré dix femelles d'affilée et qui devenait de ce fait interdit à la monte et au bât.

104 Si on leur dit : Accourez *[afin d'écouter]* ce que Dieu a révélé, accourez à Son Envoyé, ils répondent : La religion que nous avons trouvée chez nos pères nous suffit ! Et si leurs pères étaient dans l'ignorance de tout ? Et s'ils n'étaient pas *[bien]* guidés ?

105 Ô vous qui avez la foi, vous n'êtes tenus que par vous-mêmes. Ceux qui s'égarent ne sauraient vous nuire si vous êtes vous-mêmes guidés. C'est auprès de Dieu que vous retournerez tous et Il vous fera voir quelles étaient vos œuvres.

106 Ô vous qui avez la foi, lorsque l'un d'entre vous est sur le point de mourir, que deux témoins choisis parmi vous pour leur équité assistent *[à la rédaction]* du testament[33] ; si vous êtes en voyage et que l'épreuve de la mort vous surprenne[34], *[choisissez-les]* parmi des étrangers que vous retiendrez après la prière et qui jureront[35], en cas de suspicion de votre part, de ne pas monnayer leur serment fût-ce en faveur d'un proche et de ne pas dissimuler ce témoignage *[auquel ils sont tenus]* devant Dieu, sans quoi ils seraient au nombre des coupables.

107 Et s'il s'avère qu'ils ne méritent pas la confiance[36], deux autres témoins proches du défunt *(awlayân)*[37] et choisis parmi ceux qui ont été spoliés (litt. : leurs victimes)[38] se substitueront à eux en jurant : Par Dieu, notre témoignage est plus fiable que le leur et si nous ne tenions pas parole[39] c'est que nous serions injustes !

**Autre traduction possible :** Que deux autres témoins choisis parmi les victimes que les premiers *(awlayân)* avaient spoliées. Cette interprétation fait de *awlayân* le sujet du verbe *istahaqqa* et non plus un qualificatif de *âkharân*.

108 Ainsi sera-t-il plus aisé de produire un témoignage authentique et de faire craindre *[aux témoins]* une récusation de leurs serments après les avoir produits ; gardez-vous de Dieu et soyez attentifs[40] car Dieu ne guide pas le groupe des pervers.

---

33 Litt. : témoignent au moment du testament.

34 Litt. : ne vous atteigne.

35 Litt. : qui jureront par Dieu.

36 Litt. : qu'ils se sont rendus coupables d'un péché [qui frappe leur témoignage d'incapacité].

37 Ou encore : ayant plus de droits sur l'héritage.

38 *Min alladhîna stahaqqa 'alayhim*, désigne à la fois ceux qui ont part à l'héritage et ceux qui en ont été spoliés.

39 Litt. : si nous transgressions.

40 Litt. : écoutez.

109 *[Redoutez]* le Jour où Dieu réunira les prophètes et leur demandera :
Que vous a-t-on répondu ? Nous n'en savons rien, diront-ils, c'est Toi
qui connaît tout ce qui nous est celé.
110 Lorsque Dieu s'adressera à 'Issâ fils de Maryam : Souviens-toi des grâ-
ces que Je t'ai accordées ainsi qu'à ta mère ; lorsque Je t'ai affermi de l'Es-
prit saint, tu t'adressas aux hommes dès le berceau et *[une fois]* parvenu
à l'âge mûr ; *[souviens-toi]* lorsque Je t'enseignai le Livre et la Sagesse, la
Thora et l'Évangile ; lorsque tu façonnas de boue, avec Ma permission,
une forme d'oiseau qui devint sous l'effet de ton souffle un oiseau vivant
avec Ma permission ; lorsque tu guéris l'aveugle-né et le lépreux avec
Ma permission ; lorsque tu réssuscitas les morts avec Ma permission ;
et lorsqu'enfin J'éloignai de toi les fils d'Isrâ'îl qui s'écriaient après que tu
leur aies produit tous ces signes : Voici une magie manifeste !

**Commentaire** : Selon le Coran, assez curieusement du reste, 'Issâ s'adresse aux hommes en deux circonstances de temps bien différentes : dès le berceau, et parvenu à l'âge de la prédication. Il est du reste l'un des très rares nouveau-nés auxquels l'Islam attribue cette capacité toute particulière de parler à la naissance. Il faut sans doute rapprocher cela de ce qu'enseigne la tradition chrétienne à savoir que 'Issâ enfant enseigne les docteurs du Temple pour ne « réapparaître » que longtemps après comme le Messie. Il semble que ce ne soit pas là un cas particulier puisque dans la vie d'un grand nombre de prophètes on peut distinguer une période publique, celle de la révélation proprement dite, et une période plus secrète qui précède généralement la révélation et qui est loin d'être dépourvue d'intérêt. La vie du Prophète elle-même nous en offre un exemple éloquent.

111 Et lorsque J'inspirai aux apôtres de croire en Moi et en Mon envoyé :
Nous avons la foi, répondirent-ils, témoigne que nous *[Te]* sommes
soumis *(muslimûn)*.
112 Et lorsque les apôtres demandèrent à 'Issâ : Ô fils de Maryam, ton
Seigneur peut-Il faire descendre du ciel une table garnie sur nous ?
Gardez-vous de Dieu, répondit-il, si vous êtes *[réellement]* croyants.
113 Nous voulons simplement manger à cette table afin que nos cœurs
s'apaisent et que nous sachions que tu nous as dit vrai ; nous serons
ensuite témoins de sa réalité.

114 'Issâ fils de Maryam fit alors cette invocation : Seigneur, fais-nous descendre du ciel une table garnie qui sera un festin pour nous, du premier au dernier, en même temps qu'un signe venant de Toi et accorde-nous notre subsistance car Tu es le Meilleur de ceux qui y pourvoient.

**Commentaire :** Certains ont voulu voir dans cet épisode une allusion à la cène, tandis que pour d'autres il contient une allusion à une vision de Pierre (Act. x, 9-16) bien que rien de particulier ne vienne étayer ces affirmations.

115 Alors Dieu leur dit : Je m'en vais la faire descendre sur vous, mais après un tel signe[41] J'infligerai un châtiment sans précédent dans l'univers à celui d'entre vous qui *[Me]* reniera.

116 Et lorsque Dieu *[S'adressant à 'Issâ]* lui dit : Ô 'Issâ fils de Maryam, est-ce toi qui as dit aux hommes de te prendre ainsi que ta mère pour des divinités en excluant Dieu ? Exalté sois-Tu ! répondit-il. Il ne m'appartient pas de revendiquer ce que je ne possède pas ! Tu sais ce qui se passe en moi tandis que J'ignore ce qui est en Toi et c'est Toi qui connais tout ce qui nous est celé.

117 Je ne leur ai dit que ce que Tu m'avais ordonné de leur dire : Adorez Dieu, mon Seigneur et le vôtre, et j'étais témoin à leur encontre tant que je demeurai parmi eux. Et lorsque Tu m'eus rappelé auprès de Toi, c'est Toi qui pris soin de les observer et Tu es Témoin de toute chose.

**Commentaire :** Tu m'eus rappelé auprès de Toi est la traduction du mot arabe *tawaffaytanî* de *tawaffâ* : « faire périr », « se faire restituer », ou « rappeler à Lui » lorsqu'il s'agit de Dieu. Comme 'Issâ n'est pas mort sur la croix, les commentateurs comme les traducteurs ont choisi la seconde option. L'emploi que fait le Coran de ce vocable ambigu n'en est pas moins remarquable quand on sait l'obscurité qui entoure la genèse du Christianisme.

118 Si Tu les châties, ils ne sont que Tes serviteurs, et si Tu leur pardonnes, Tu es le Puissant, le Sage.

119 Voici venu le Jour, dit Dieu, où les véridiques tireront parti de leur sincérité. Des jardins arrosés par des fleuves leur sont réservés : ils y demeureront à jamais. Que Dieu soit satisfait d'eux ! Qu'ils soient satisfaits de Lui ! Telle est la réussite sublime.

120 C'est à Dieu qu'appartient le royaume des cieux, de la terre et de ce qu'ils contiennent et Il est Omnipotent.

---

41 Litt. : après cela.

Sourate 6

# Le Bétail

*Au Nom de Dieu, le Tout Miséricordieux, le Très Miséricordieux*

1 Louange à Dieu qui a créé les cieux et la terre, qui a établi les ténèbres et la lumière et ne voilà-t-il pas que les mécréants donnent des pairs à leur Seigneur ?
2 Il est Celui qui vous a créés de boue et qui a décidé du jour de votre mort[1]. Un autre terme bien déterminé[2] est connu de Lui *[Seul]* et malgré cela vous doutez encore !
3 Il est Dieu dans les cieux et sur la terre ; Il sait ce que vous dissimulez comme Il sait ce que vous dévoilez ; Il connaît les œuvres que vous avez acquises.
4 Pas un des signes de leur Seigneur ne leur parvient sans qu'ils s'en détournent.
5 Déjà, ils avaient traité la Vérité de mensonge lorsqu'elle leur était parvenue ; ils auront bientôt des nouvelles de ce dont ils se gaussaient.
6 N'ont-ils pas réfléchi au nombre de générations[3] que Nous avons anéanties ? Nous leur avions donné un pouvoir sur terre[4] que Nous ne vous avons pas accordé. Nous fîmes descendre sur elles la pluie en abondance et avions fait en sorte que les fleuves s'écoulent sous leurs pieds. Puis Nous les fîmes périr pour leurs péchés, faisant surgir après elles d'autres générations.
7 Eussions-Nous fait descendre sur toi un Livre consigné sur des feuillets et qu'ils aient pu le toucher de leurs mains, les mécréants ne s'en seraient pas moins écriés : Magie manifeste que tout cela !
8 Si seulement, ont-ils dit, on avait fait descendre un ange auprès de lui ! Si Nous avions fait descendre un ange, leur sort eût été réglé sans que le moindre répit leur soit accordé.

**Commentaire :** Ce verset est une réponse à certains polythéistes qui demandaient au Prophète : pourquoi Dieu ne t'envoie-t-Il pas un ange pour confirmer ta mission ? Dieu leur fait savoir que, si tel avait été le cas, Il aurait précipité leur châtiment sans tarder.

1 Litt. : qui a décrété votre terme.

2 Il s'agit du Jour de la Résurrection.

3 Litt. : *qarn*, « siècle ». Ce sont les gens qui habitaient à telle ou telle époque qui sont à prendre en considération et non l'époque comme telle.

4 Ou encore : une stabilité, un crédit, des moyens. Nous les avions établies sur terre plus solidement que Nous ne l'avons fait pour vous (Masson), etc.

9 Eussions-Nous fait de l'envoyé un ange, que Nous lui aurions donné une apparence humaine et les aurions plongés dans cette même confusion qu'ils commettent déjà.

**Commentaire** : Il s'agit des envoyés dans leur ensemble et non pas du Prophète en particulier, encore que grammaticalement parlant, la seconde hypothèse eût été possible.

10 Avant toi, d'autres envoyés avaient déjà été tournés en dérision ; les moqueurs furent néanmoins cernés par le châtiment même dont ils se gaussaient.

11 Dis-leur : Parcourez la terre afin de considérer comment furent châtiés les dénégateurs.

12 Demande-leur : A qui appartient ce qu'il y a dans les cieux et sur la terre ? Réponds : A Dieu ! Il S'est prescrit à Lui-même la Miséricorde ; Il vous réunira pour le Jour qui ne fait point de doute. Ceux qui sont voués à la perdition sont ceux qui n'ont pas la foi.

13 C'est à Lui qu'appartiennent ceux qui sont à demeure (ou encore : qui sont au repos) de nuit comme de jour et Il est Celui qui entend et sait tout.

14 Dis-leur : Prendrai-je pour Protecteur un autre que Dieu, alors qu'Il est le Créateur des cieux et de la terre, qu'Il alimente *[Ses créatures]* alors qu'Il n'a nul besoin d'être sustenté[5] ? Dis : On m'a ordonné d'être le premier à me soumettre *(awwalu man aslam)* et à ne pas être *[du nombre]* des associateurs.

15 Dis : Je crains, en désobéissant à mon Seigneur, le châtiment d'un Jour redoutable *('azîm)*.

16 En ce Jour, celui qui sera épargné[6] aura certes fait l'objet de Sa Miséricorde ; ce sera *[pour lui]* une réussite éclatante !

17 Si Dieu t'inflige une épreuve, nul ne pourra t'en délivrer en dehors de Lui ! Et s'Il t'octroie un bienfait, c'est qu'Il est Omnipotent.

18 Il est le Contraignant par-delà Ses créatures et Il est le Savant, l'Informé.

5 Litt. : qui nourrit et qui n'est pas nourri ?

6 Litt. : écarté.

19 Demande-leur : De quelle chose le témoignage est-il le plus grand ?
Réponds : Dieu est Témoin entre vous et moi ; ce Coran m'a été ins-
piré afin de vous mettre en garde ainsi que tous ceux auxquels il par-
viendra. Soutiendrez-vous[7] sérieusement qu'il y a d'autres divinités
avec Dieu ? Réponds : Je ne témoignerai pas de cela ! Dieu est une
Divinité Unique, et je désavoue ce que vous Lui associez.
20 Ceux auxquels Nous avons révélé les Écritures le *[re]*connaissent
comme ils reconnaissent leurs propres enfants[8] ; mais ceux qui n'ont pas
la foi sont voués à la perdition.
21 Et qui donc fait preuve de plus d'iniquité que celui qui profère des
énormités au sujet de Dieu et qui traite Ses signes de mensonges. Les
injustes ne connaîtront pas la réussite.
22 Le Jour où Nous vous rassemblerons tous et où Nous vous dirons :
Où sont vos associés que vous prétendiez *[être des divinités]* ?
23 alors (Litt. : puis) ils n'auront d'autre excuse à avancer que de dire : Par
Dieu, Seigneur, nous n'étions point des associateurs.

**Autre traduction possible** : Leur mécréance se terminera pourtant sur cette récusation : Par Dieu, Seigneur nous n'étions point des associateurs.

24 Réfléchis sur la façon dont ils vont se contredire et dont (litt. : com-
ment) leurs illusions vont les abandonner.
25 Il en est parmi eux qui te prêtent l'oreille, mais Nous avons recouvert
leur cœur d'un voile et les avons frappés de surdité de crainte qu'ils
ne te comprennent. Même s'ils voyaient *[toutes sortes]* de signes[9] ils n'y
croiraient pas, au point que lorsqu'ils viennent te voir pour en décou-
dre avec toi les mécréants s'exclament : Ce ne sont là que de vieilles
fables[10] !
26 Ils interdisent *[aux gens]* d'y croire[11] et eux-mêmes s'en éloignent ;
ils ne sont cause que de leur propre perdition sans même s'en rendre
compte.
27 Si tu les voyais quand on les aura arrêtés devant le feu et quand ils
s'exclameront : Si seulement nous étions ramenés *[sur terre]*, nous ne
traiterions plus les signes de notre Seigneur de mensonges et serions
au nombre des croyants !

---

7 Litt. : Témoignerez-vous ?

8 Cf. commentaire du verset 146 de la sourate « La Génisse ».

9 Litt. : tous les signes.

10 Litt. : que les fables des anciens.

11 C'est-à-dire de croire au Coran.

28 En réalité, *[ils ne parleront ainsi]* que parce que les vices qu'ils dissi-
mulaient auparavant apparaîtront au grand jour ; et s'ils étaient rame-
nés *[sur terre]* ils transgresseraient de nouveau les mêmes interdits car
ils ne sont que des menteurs
29 et ils diraient : Il n'est d'autre vie que celle[12] de ce monde et nous ne
serons pas ressuscités !
30 Si tu les voyais lorsqu'on les fera comparaître devant leur Seigneur :
Tout ceci n'est-il pas la réalité ? leur demandera-t-Il. Certes, par notre
Seigneur ! répondront-ils. Eh bien goûtez à ce supplice auquel vous
apportiez vos dénégations !
31 Ils sont *[bel et]* bien perdants ceux qui démentaient la possibilité d'une
rencontre avec Dieu, si bien que lorsque l'Heure les surprendra ils
s'écrieront : Malheur à nous pour avoir gaspillé notre vie *[sur terre]* !
et ils porteront le poids de leurs fautes sur leurs dos. Quel exécrable
fardeau[13] !
32 La vie de ce monde n'est que jeux et frivolité et l'Ultime Demeure est
sans conteste préférable pour ceux qui se gardent *[de Dieu]*. N'êtes-
vous pas doués de raison ?
33 Nous savons que leurs propos t'affligent, cependant ce n'est pas toi
qu'ils traitent de menteur mais les injustes nient les signes de Dieu.
34 D'autres envoyés avant toi avaient été traités de menteurs ; ils suppor-
tèrent accusations et persécutions jusqu'à l'arrivée de Notre secours,
et nul ne saurait modifier les promesses[14] de Dieu ; ainsi as-tu été par-
tiellement informé de l'histoire des envoyés.
35 Si leur éloignement t'est intolérable et que tu souhaites creuser une
galerie souterraine ou élever une échelle aux cieux afin de leur pro-
duire ces signes *[alors, fais-le !]* Si Dieu l'avait voulu, Il les aurait tous
réunis dans la bonne direction : ne sois pas du nombre des igno-
rants !

---

12 Litt. : que notre vie.

13 Litt. : Quelles détestables fautes auront-ils commises !

14 Litt. : les paroles.

36 Il n'exauce que ceux qui sont à l'écoute et, pour ce qui est des morts, Dieu les ressuscitera et tous seront ramenés à Lui.

**Commentaire** : Selon certains commentateurs les morts symbolisent les mécréants qui pas plus que les morts ne comprennent goutte au discours que Dieu leur adresse. La compréhension ne leur revient qu'à la Résurrection qu'on peut entendre soit dans son sens littéral, soit en faisant un symbole de l'adhésion à l'Islam.

37 Ils ont argumenté : Si seulement un signe de son Seigneur était descendu sur lui ! Réponds-leur : Dieu est parfaitement en mesure (*Qâdir*) de faire descendre un signe mais la plupart d'entre eux sont dans l'ignorance.
38 Il n'est pas un être rampant évoluant sur terre ni d'oiseaux volant de leurs ailes qui ne constituent des communautés comparables à la vôtre. Nous n'avons rien omis dans ce Livre ; puis ils seront tous rassemblés auprès de leur Seigneur.
39 Ceux qui ont traité Nos signes de mensonges sont sourds, muets et plongés dans les ténèbres ; Dieu égare qui Il veut et met qui Il veut sur une voie droite.
40 Dis-leur : Faites-moi savoir en toute sincérité, si le châtiment de Dieu s'abattait sur vous ou si l'Heure vous surprenait, en appelleriez-vous à un autre que Dieu ?
41 Certes non ! C'est bien Lui que vous invoqueriez et qui vous délivrerait, s'Il le veut, de ce contre quoi vous L'invoquez. Vous en oublieriez même ceux que vous Lui associez !
42 Nous avions déjà envoyé des prophètes aux communautés qui t'ont précédé et leur avions infligé le malheur et l'adversité afin qu'elles s'humilient *[devant Nous]*.
43 Que ne Nous ont-ils supplié lorsque la détresse s'est abattue sur eux ? Mais leurs cœurs s'étaient endurcis et le diable avait embelli leurs œuvres à leurs yeux.
44 Lorsqu'ils eurent oublié ce rappel salutaire[15], Nous leur ouvrîmes toutes les portes *[de ce monde]* jusqu'au moment où, alors qu'ils étaient satisfaits de ce qu'ils avaient reçu, Nous fondîmes sur eux brutalement les laissant désemparés.

15 Ou encore : ces épreuves salutaires.

45 C'est ainsi que ces peuples iniques furent exterminés du premier au
dernier ; la louange en revient à Dieu, le Seigneur des mondes !
46 Dis-leur : A votre avis, si Dieu vous avait ôté l'ouïe et la vue et qu'Il
ait apposé un sceau sur vos cœurs, quelle divinité, en dehors de Dieu,
vous en aurait rendu l'usage ? Considère comment Nous conjuguons
les signes et comment ils s'en détournent.
47 Dis-leur : Qu'en penseriez-vous si le châtiment s'abattait soudainement
sur vous, ou encore avec fracas ? Qui ferions-Nous périr si ce n'est le
peuple des injustes ?
48 Nous n'envoyons les prophètes qu'afin de mettre en garde et de porter
la bonne nouvelle ; quiconque croit en eux et s'amende ne connaîtra ni
la peur ni l'affliction.
49 *[En revanche]* le châtiment frappera ceux qui ont traité Nos signes de
mensonges pour prix de leur perversité.
50 Dis-leur : Je ne prétends pas devant vous posséder les trésors de Dieu,
je ne connais pas ce qui *[nous]* est celé *(al-ghayb)* et je ne prétends pas
davantage être un ange. Je ne fais que suivre ce qui m'est inspiré. Dis-
leur : L'aveugle et celui qui voit en sont-ils au même point ? Y avez-
vous réfléchi ?
51 Usant de ton inspiration *(bihi)*, avertis ceux qui redoutent d'être ras-
semblés auprès de leur Seigneur qu'ils n'auront en dehors de Lui ni
protecteur ni intercesseur, afin qu'ils se prémunissent.
52 Et ne repousse pas ceux qui invoquent matin et soir leur Seigneur par
désir de Sa Face. Ce n'est pas à eux qu'il incombe de faire ton compte,
ni à toi de faire le leur en vue de les repousser. *[Et si tu le faisais]* tu
serais alors du nombre des injustes.

53 C'est ainsi : Nous les avons éprouvés les uns par les autres afin que les mécréants[16] disent : Est-ce ceux-là que Dieu a favorisés de Ses dons entre nous tous ? Dieu ne connaît-Il pas mieux que quiconque ceux qui ont de la gratitude ?

54 Si ceux qui croient à Nos signes viennent à toi, dis-leur : La paix soit sur vous ! Votre Seigneur S'est prescrit à Lui-même la Miséricorde ; ainsi, celui qui commet un méfait par ignorance puis s'en repent et s'amende *[trouvera Dieu]* Pardonneur et Miséricordieux.

55 C'est ainsi que Nous détaillons Nos signes afin que soit mise en évidence la voie des criminels.

56 Dis-leur : On m'a interdit d'adorer les idoles que vous invoquez en dehors de Dieu. Dis : Je ne me conformerai pas à vos passions sans quoi je serais un égaré et non l'un de ceux qui ont été guidés.

57 Dis-leur : Je m'appuie sur une preuve de mon Seigneur que vous traitez de mensonge. Je ne dispose pas de ce *[châtiment]* que vous réclamez avec empressement et dont la décision n'appartient qu'à Dieu. Dieu décide selon la Vérité et Il est meilleur Juge (ou encore : le meilleur des juges).

58 Dis-leur : Si je disposais de ce châtiment que vous appelez sur vous sans délai, le différend qui nous oppose eût été réglé, et Dieu connaît parfaitement les injustes.

**Commentaire** : Un certain nombre de chefs Qurayshites mettaient en effet le Prophète au défi de faire la preuve de sa mission en demandant à Dieu de hâter le châtiment dont il les menaçait. Ils demandaient entre autres que Dieu fasse pleuvoir sur leur tête une pluie de pierres comme Il l'avait déjà fait pour le peuple de Loth.

59 Dieu possède les clefs de ce qui est celé ; il n'est que Lui qui en dispose[17]. Il sait ce qui se passe sur terre et sur mer, il n'est pas une feuille qui tombe sans qu'Il le sache, pas une graine dans les profondeurs[18] de la terre, pas un végétal sec ou verdoyant qui ne soit consigné dans un Livre explicite *(mubîn)*.

---

16 Litt. : ceux-là.

17 Litt. : qui les connaisse.

18 Litt. : dans les ténèbres.

60 C'est Lui qui vous rappelle à Lui (litt.: qui vous fait périr) de nuit et qui sait ce que vous avez fait (litt.: ce quevous vous êtes acquis) dans la journée; puis Il vous ressuscite de jour afin que s'accomplisse le terme fixé, puis c'est auprès de Lui que vous serez ramenés et Il vous rappellera[19] les œuvres que vous accomplissiez.
61 Il est le Contraignant par-delà Ses serviteurs et Il vous envoie Ses anges gardiens si bien que lorsque la mort visite l'un d'entre vous Nos envoyés le font périr sans aucune faiblesse (ou encore: sans négligence).
62 Puis ils seront ramenés auprès de Dieu, leur véritable Souverain *(Mawlâhum al-Haqq)*[20]. La décision ne Lui appartient-elle pas? et Il est le plus prompt à faire les comptes.
63 Dis-leur: Qui donc vous sauve des catastrophes[21] sur terre comme sur mer en sorte que vous L'invoquez humblement au plus profond de vous-mêmes: Si jamais Il nous épargne au cours de cette épreuve, nous saurons Lui témoigner notre gratitude.
64 Dis: C'est Lui qui vous en délivrera ainsi que de toute affliction.
65 Dis: Il est en mesure d'envoyer un châtiment sur vos têtes ou sous vos pieds ou de semer la confusion parmi vous *[en faisant de vous]* des sectes afin que vous goûtiez à la violence les uns des autres. Considère comment Nous conjuguons ces *[divers]* signes afin qu'ils *[les]* comprennent.

**Commentaire**: Sur vos têtes est une allusion aux déluges de pierres qui se sont abattus sur certaines communautés comme celle de Loth – sur lui la paix –. Sous vos pieds est la traduction de cette autre forme de châtiment qu'étaient les tremblements de terre.

66 Ta communauté a traité *[ce Coran]* de mensonge alors qu'il est la pure Vérité. Dis-leur: Je ne suis pas votre garant[22].
67 Chaque prédiction a son échéance: bientôt vous le saurez!
68 Et lorsque tu vois ceux qui raillent Nos versets, détourne-toi d'eux jusqu'à ce qu'ils changent de conversation. Et si le diable te fait oublier *[cette recommandation]*, sitôt que tu t'en souviendras ne reste plus en compagnie des injustes.

---

19 Litt.: Il vous fera voir.
20 Ou encore: leur Souverain, la Vérité (ou la Réalité) si l'on considère *al-Haqq* comme un nom divin et non comme un qualificatif de *Mawlâ*.
21 Litt.: des ténèbres.
22 Ou encore: Je ne suis pas chargé de vous protéger.

69 Ceux qui se gardent *[de Dieu]* ne sont tenus en rien de leur demander des comptes, mais simplement de leur rappeler *[Dieu]* afin qu'ils s'en prémunissent.

70 Détourne-toi de ceux qui prennent leur religion pour un jeu et pour un divertissement et qui sont illusionnés par la vie d'ici-bas ; édifie-les au moyen du Coran de crainte que les êtres[23] ne soient retenus en arrière[24] à cause de ce qu'ils auront commis et qu'ils n'aient ni protecteur ni intercesseur en dehors de Dieu. Offriraient-ils une rançon plénière qu'elle serait refusée : ceux-ci se sont perdus à cause de leurs œuvres (litt. : leurs acquis). Une eau en ébullition leur est destinée ainsi qu'un châtiment douloureux pour prix de leur mécréance.

71 Dis : Invoquerons-nous en dehors de Dieu des idoles qui ne pourront nous nuire ni nous être utiles et revenir ainsi sur nos pas après que Dieu nous ait guidés, pareils à celui que les démons ont égaré sur terre et qui demeure perplexe tandis que ses compagnons l'appellent dans la bonne direction : Rejoins-nous ! Dis : La direction *[indiquée par]* Dieu, telle est la bonne direction ! Et on nous a ordonné de nous soumettre au Seigneur des mondes,

72 d'accomplir la prière et de nous garder *[de Lui]* car c'est auprès de Lui que vous serez rassemblés.

73 Il est Celui qui a créé les cieux et la terre selon la Vérité. Dit-Il à une chose : Sois ! *[aussitôt]* elle est car Sa parole est la Vérité et c'est à Lui qu'appartiendra le royaume au Jour où l'on soufflera dans la trompe. Il connaît ce qui est occulté (*ghayb*) et ce qui est manifeste et Il est le Sage, l'Informé.

**Commentaire :** C'est à Lui qu'appartiendra le royaume... Il est évident que le royaume Lui appartient déjà mais ce Jour-là il n'y aura personne pour le contester.

---

23 Litt. : les âmes.

24 Ou encore : ne s'exposent à leur perte ; ne subissent un affront.

74 Et lorsqu'Ibrâhîm dit à Azar, son père : Ainsi tu prends des idoles pour divinités ? Il me semble que toi et ton peuple vous êtes dans un égarement manifeste.
75 Et c'est ainsi que Nous fîmes voir à Ibrâhîm le royaume des cieux et de la terre afin qu'il soit convaincu.
76 Lorsque la nuit l'eut enveloppé de son obscurité, il vit une étoile et s'exclama : Voici mon Seigneur ! mais quand elle eut disparu, il se rétracta : Je n'aime pas ce qui est évanescent !
77 Lorsqu'il vit la lune se lever, il s'exclama de nouveau : Voici mon Seigneur ! mais quand elle déclina, il fit cette prière : Si mon Seigneur ne me guide pas, je serai au nombre des égarés.
78 Lorsqu'enfin il vit le soleil se lever, il proclama : Voici mon Seigneur, c'est lui le plus grand. Mais quand il se fut couché, il s'adressa à son peuple : Je n'ai rien à voir avec ce que vous Lui associez.
79 J'ai tourné[25] ma face vers Celui qui a créé les cieux et la terre en pur monothéiste et je ne suis pas d'entre les associateurs.
80 Son peuple argumenta contre lui. Voulez-vous en découdre avec moi au sujet de Dieu alors qu'Il m'a guidé ? Je ne crains en rien ceux que vous Lui associez. Je ne redoute que mon Seigneur s'Il veut me faire du tort *(shay'an)*. Il embrasse toute chose de Sa Science, n'y avez-vous pas réfléchi ?
81 Comment redouterais-je ceux que vous associez à Dieu alors que vous ne craignez pas de Lui donner pour associés des idoles *[sachant]* qu'Il ne vous a donné aucun argument pour les adorer ? Lequel des deux partis a le plus de raisons de se sentir en sécurité, vous qui êtes doués de savoir ?

25 Litt. : dirigé.

82 Ceux qui ont cru et n'ont pas obscurci leur foi *[en la teintant]* d'associationnisme[26], ceux-là connaîtront la quiétude et ce sont eux qui sont bien dirigés.
83 Tel est l'argument que Nous avons fourni à Ibrâhîm à l'encontre de son peuple ; Nous élevons qui Nous voulons de plusieurs degrés ; certes ton Seigneur est Très Savant, Très Sage.
84 Nous lui avons accordé Ishâq et Ya'qûb, tous deux Nous les avons guidés comme Nous avions guidés Nûh avant eux et, parmi sa postérité, Dâwûd, Sulaymân, Ayyûb, Yûssuf, Mûssâ et Hârûn[27]. C'est ainsi que Nous rétribuons les vertueux.
85 *[Nous avons également guidé]* Zakariyya, Yahyâ, 'Îssâ, et Ilyâs[28] : tous étaient au nombre des gens pieux.
86 De même Ismâ'îl, al-Yassa', Yûnus et Lût[29] : Nous avons élu chacun d'entre eux au-delà des mondes,
87 ainsi que d'autres choisis parmi leurs pères, leur postérité et leurs frères ; Nous les avons choisis et conduits sur une voie droite.
88 Telle est la guidance de Dieu au moyen de laquelle Il guide les serviteurs de Son choix ; Lui eussent-ils donné un associé que toutes les œuvres qu'ils avaient accomplies auraient été réduites à néant.
89 Ceux-là sont ceux auxquels Nous avions accordé les Écritures, l'autorité et la prophétie; s'ils viennent à les renier, Nous les confierons à un autre peuple qui ne leur opposera pas de déni.
90 Ces prophètes sont ceux que Dieu a guidés ; conforme-toi à leur guidance[30], et dis *[aux polythéistes]* : Je ne vous demande pas de salaire pour prix de la révélation, elle n'est qu'un Rappel destiné à l'ensemble des mondes.

---

26 Litt. : d'iniquité.
27 David, Salomon, Job, Joseph, Moïse et Aaron.
28 Zacharie, Jean, Jésus, Elie.
29 Ismaël, Elisée, Jonas et Loth.
30 Ou encore : prends la même direction qu'eux.

91 Ils n'ont pas apprécié Dieu à Sa juste valeur lorsqu'ils ont dit : Dieu n'a jamais rien révélé à un être humain ! Réponds-leur : Qui donc a révélé les Écritures que Mûssâ vous a apportées en guise de lumière et de direction pour les hommes et que vous consignez sur des feuillets à destination du public tandis que vous en dissimulez la majeure partie ? Qui vous a enseigné ce que vous ignoriez, vous et vos pères ? Dis : *[C'est]* Dieu ! et abandonne-les à leurs jeux stériles.

92 Et voici un Livre béni que Nous avons révélé confirmant les Écritures antérieures afin que tu mettes en garde la Mère des cités (La Mecque) et ses alentours ; ceux qui croient en l'Ultime Demeure ajoutent foi en ce Coran et se montrent réguliers dans l'accomplissement de leurs prières.

**Commentaire** : La Mecque a reçu ce surnom de « Mère des cités » ou de « prototype des cités » parce qu'elle est considérée par le Coran lui-même comme le premier temple à avoir été édifié pour les hommes. Cf. Cor. 3, 96.

93 Qui donc est plus inique que celui qui profère des mensonges au sujet de Dieu et prétend avoir reçu une révélation alors que rien ne lui a été inspiré ? Ou que celui qui prétend pouvoir faire descendre cela même que Dieu a révélé ? Si tu voyais les injustes dans les affres de la mort tandis que les anges *[leur disent]* en tendant les mains vers eux : Rendez l'âme ! Aujourd'hui vous allez être rétribués par un châtiment humiliant pour avoir proféré des mensonges au sujet de Dieu et pour vous être enorgueillis à l'audition de Ses versets.

94 Vous êtes venus à Nous isolés, tels que vous étiez lors de votre première création, abandonnant derrière vous les biens que Nous vous avions accordés. Nous ne voyons pas vos intercesseurs, *[ceux]* auxquels vous prétendiez être associés. Vos liens sont-ils rompus avec eux et vos prétentions envolées ?

95 Certes Dieu a enfoui le grain et le noyau *[en vue de les faire pousser]*;
Il fait sortir le mort du vif et le vif du mort. Tel est Dieu, comment
vous en détournez-vous ?
96 C'est Lui qui a fait jaillir l'aurore, qui a fait de la nuit un moment de
quiétude et du soleil et de la lune une base pour *[vos]* calculs. Tout
cela est déterminé par le Tout-Puissant, le Très Savant.
97 C'est Lui qui a placé pour vous les étoiles dans le ciel afin de vous
guider dans les ténèbres sur terre comme sur mer. Ces signes, Nous
les avons mis en évidence pour un peuple capable de les méditer.
98 C'est Lui qui vous a créés d'un être unique ; certains déposés *[dans les
reins de leurs pères, d'autres]* dans le réceptacle matriciel ; Nous avons
suffisamment détaillé Nos signes pour un peuple doué de compré-
hension.

**Autre traduction possible :** certains sont établis à la surface de la terre, d'autres reposent en son sein.

99 C'est Lui qui a fait descendre l'eau du ciel ; de cette eau, Nous faisons
germer toutes les plantes dont Nous tirons la végétation qui donne
naissance *[à son tour]* à des grains en épis (litt. : superposés). A partir
de la spathe du palmier naissent des régimes de dattes qui pendent à
portée de la main. Nous faisons également croître des jardins plantés
de vignes, des oliviers et des grenadiers dont certains se ressemblent
et d'autres non. Contemple leurs fruits lorsqu'ils poussent et vien-
nent à maturité ; certes, tout cela offre des signes pour un peuple de
croyants.
100 Ils ont donné à Dieu des djinns pour associés alors qu'Il les a créés et
ils Lui ont attribué (litt. : inventé) par ignorance des fils et des filles.
Gloire à Lui, exalté soit-Il au-delà de ce qu'ils Lui attribuent !
101 Créateur des cieux et de la terre, comment aurait-Il des enfants alors
qu'Il n'a pas de compagne, qu'Il a créé toute chose et qu'Il est Omnis-
cient ?

102 Tel est Dieu, votre Seigneur, il n'est de divinité que Lui ! Adorez-Le donc Lui qui est Garant de tout.
103 Les regards ne Le perçoivent pas, mais Lui sonde les regards[31] et Il est le Subtil, l'Informé.
104 Il vous est venu des intuitions de la part de votre Seigneur ; quiconque y voit clair, voit pour lui-même et quiconque s'aveugle, s'aveugle à son détriment et je ne suis pas votre garant.
105 C'est ainsi que Nous développons les versets afin qu'ils disent : Tu as étudié (*darasta*[32]), et afin de les exposer clairement à un peuple en mesure d'apprendre.
106 Conforme-toi à ce qui t'est inspiré de la part de ton Seigneur, il n'est de Dieu que Lui, et éloigne-toi des polythéistes.
107 Si Dieu l'avait voulu, ils ne Lui auraient pas donné d'associés ; Nous ne t'avons pas chargé de les protéger ni de leur tenir lieu de garant.
108 N'insultez pas les idoles qu'ils invoquent en dehors de Dieu car ils en viendraient à insulter Dieu par hostilité et par ignorance ; c'est ainsi que Nous avons embelli leurs œuvres aux yeux de chaque communauté et c'est auprès de leur Seigneur qu'ils seront ramenés. Il leur rappellera quelles étaient leurs œuvres.
109 Ils ont juré devant Dieu par les serments les plus solennels[33] qu'ils ajouteraient foi au premier signe qui leur parviendrait. Dis-leur : Les prodiges relèvent de Dieu Seul. Et si un signe leur parvenait, qui vous garantit[34] qu'ils y croiraient ?
110 Nous brouillerons[35] leur cœur et leur vue pour les punir de n'avoir pas cru une première fois et Nous les laisserons s'aveugler dans leurs débordements.

---

31 Plus littéralement : Les regards ne L'atteignent point, mais c'est Lui qui perçoit les regards.

32 Cet argument qui veut faire du Coran le résultat d'une compilation des Écritures antérieures reviendra fréquemment dans la bouche des gens du Livre. Comme il ne résiste guère à un examen sérieux, beaucoup d'orientalistes ont renoncé à l'employer quoiqu'il réapparaisse périodiquement. C'est ainsi que nous avons récemment entendu sur une radio nationale un éminent sorbonnard professeur d'hébreu* soutenir sans rire que l'Islam était un mélange de Judaïsme et de Christianisme mais qu'il devait beaucoup plus au Judaïsme puisque le nom de Moïse apparaissait plus fréquemment dans le Coran que celui de Jésus. Avec de tels arguments on pourrait aussi rechercher à quel prophète biblique le Christianisme doit le plus avec l'espoir de l'y rattacher ? Et pourquoi s'arrêter en si bon chemin et ne pas étudier les origines sumériennes ou égyptiennes du Judaïsme en ne considérant plus celui-ci que comme une déformation de celles-là (ce que prétendent d'ailleurs certains adversaires du Judaïsme).
Signalons encore qu'une autre lecture du mot *darasta* en *dârasta* pourrait entraîner la modification suivante : afin qu'ils disent : Tu as rappelé aux gens du Livre…

33 Ou encore : ils ont juré par Dieu à grand renfort de serments (J. Berque).

34 Litt. : qui vous fait sentir.

35 **Nous** brouillerons leur cœur et leur vue comme Nous l'avions fait la première fois lorsqu'ils n'y ont pas cru.

111 Quand bien même aurions-Nous fait descendre les anges auprès d'eux, quand bien même les morts leur auraient-ils parlé, quand bien même aurions-Nous rassemblé devant eux toute chose, ils n'y auraient pas cru sans que Dieu le veuille mais la plupart sont dans l'ignorance.
112 C'est ainsi : Nous suscitons des ennemis à chaque prophète, des démons choisis parmi les djinns et les hommes qui se suggèrent mutuellement de belles paroles trompeuses ; si ton Seigneur l'avait voulu, ils ne l'auraient pas fait. Détourne-toi d'eux et de leurs mensonges.
113 *[...de belles paroles trompeuses]* afin que les cœurs de ceux qui ne croient pas à l'Ultime Demeure soient attentifs à ces suggestions, qu'ils les agréent et qu'ils commettent les péchés qu'ils doivent s'acquérir.
114 Comment pourrais-je désirer d'autre arbitre que Dieu alors que c'est Lui qui a révélé à votre intention le Livre détaillé ? Ceux auxquels Nous avons accordé les Écritures savent pertinemment qu'il s'agit d'un Livre révélé en toute vérité de la part de ton Seigneur ; aussi, ne sois pas de ceux qu'habite le doute.
115 Ainsi s'accomplit la Parole de ton Seigneur selon la Vérité et la Justice. Nul n'est en mesure d'altérer Ses paroles et Il entend et sait tout.

**Commentaire** : Dans ce verset il est fait allusion aux deux aspects du Coran, doctrinal *(sidqan)* et législatif *('adlan)*.

116 Si tu te conformes à la plupart de ceux qui sont sur terre, ils te fourvoieront hors de la voie de Dieu. Ils ne suivent que des conjectures et se bornent à inventer des mensonges.
117 Ton Seigneur connaît mieux que quiconque ceux qui s'égarent hors de Sa voie et ceux qui sont bien dirigés.
118 Mangez de *[toute chair]* sur laquelle on aura prononcé le Nom de Dieu si vous croyez à Ses versets.

119 Qu'avez-vous à ne pas manger de chair sur laquelle le Nom de Dieu a été prononcé alors qu'Il a déjà détaillé pour vous ce qui vous est interdit sauf lorsque vous y êtes contraints ! Nombreux sont ceux qui égarent autrui du fait de leurs passions et de leur ignorance ; certes ton Seigneur connaît les transgresseurs mieux que quiconque.

120 Renoncez aux vices cachés comme aux vices affichés ; ceux qui commettent des fautes seront rétribués pour ce qu'ils perpétraient.

121 Ne consommez pas de chairs qui n'ont pas été sacrifiées au Nom de Dieu[36] car c'est une perversion ; les démons font des suggestions à leurs alliés (ou encore : protégés, *awliyâ'*) afin qu'ils en décousent avec vous et si vous leur obéissez vous serez d'entre les associateurs.

122 Comment celui qui était mort, que Nous avons vivifié et auquel Nous avons accordé une lumière avec laquelle il évolue parmi les hommes, serait-il comparable à celui qui est plongé (ou : qui erre) dans les ténèbres et qui ne s'en sort pas ? C'est ainsi, leurs œuvres ont été embellies aux yeux des mécréants.

123 C'est ainsi que Nous avons placé dans chaque cité les plus grands de ses criminels afin qu'ils usent de stratagèmes ; mais en réalité ils ne leurrent qu'eux-mêmes sans s'en rendre compte.

124 Un verset leur parvient-il qu'ils disent : Nous ne croirons pas en toi jusqu'à ce que tu produises les mêmes signes que les *[précédents]* envoyés de Dieu ! Dieu sait mieux *[que quiconque]* à qui confier Sa mission[37]. Devant Dieu, ceux qui ont commis des crimes seront victimes du mépris et d'un châtiment sévère pour prix de leurs stratagèmes.

---

36 Litt. : sur lesquelles le Nom de Dieu n'a pas été prononcé.

37 Ou encore : à qui Il accorde la prophétie.

125 Dieu ouvre le cœur[38] de celui qu'Il veut conduire à l'Islam, mais Il
oppresse la poitrine de celui qu'Il veut égarer lui causant ainsi de la
gêne, semblable à quelqu'un qui voudrait s'élever dans l'atmosphère[39] ;
c'est ainsi que Dieu jette l'opprobre sur ceux qui n'ont pas la foi.
126 Telle est la voie de ton Seigneur, *[la voie]* droite ! Nous *[en]* avons
détaillé les signes pour un peuple capable de les méditer.
127 La Demeure de la paix leur est destinée auprès de leur Seigneur ; Il
sera leur Protecteur en récompense de ce qu'ils accomplissaient.
128 Le Jour où Il les rassemblera *[Il leur dira]* : Ô peuple des djinns, vous
avez abusé les hommes. Leurs affidés parmi les hommes plaideront :
Seigneur, nous avons simplement joui les uns des autres et nous avons
atteint la limite que Tu nous avais impartie. Le feu vous servira de
refuge, leur dira-t-Il. Vous y demeurerez à jamais à moins que Dieu
n'en décide autrement, car ton Seigneur est Très Savant, Très Sage.
129 C'est ainsi que Nous abandonnons les tyrans[40] les uns aux autres pour
prix de ce qu'ils ont acquis.
130 Ô peuple des djinns et des hommes, des envoyés choisis parmi vous
ne sont-ils pas venus vous trouver afin de vous réciter Mes versets
et de vous mettre en garde contre l'échéance de ce Jour ? Nous en
témoignons contre nous-mêmes, diront-ils. La vie de ce monde les
avait illusionnés, et ils ont témoigné à leur détriment qu'ils étaient
des mécréants.
131 C'est que ton Seigneur n'anéantit[41] pas une cité pour son iniquité tant
que ses habitants sont sans défiance[42].

**Commentaire :** La première traduction laisse entendre que Dieu n'anéantit pas de cité tant qu'elle n'a pas reçu de prophète (tant que ses habitants sont sans défiance).

D'après la seconde traduction possible, il faut comprendre que Dieu n'anéantit pas de cité aussi corrompue soit-elle sans lui avoir envoyé de prophète (ses habitants sont sans défiance) car cela constituerait une injustice.

---

38 Litt. : dilate la poitrine.

39 Litt. : dans le ciel.

40 Ou encore : Nous accordons à certains tyrans un pouvoir sur leurs pairs ...

41 Ou encore : C'est que ton Seigneur n'anéantit pas une cité injustement alors que ses habitants sont sans défiance.

42 Ou encore : inconscients (Hamza Bû Bakr) ou à l'improviste (Ameur Ghedira).

132 Chacun d'entre eux recevra une station[43] en conformité avec ses œuvres
et rien de ce que vous faites n'échappe à ton Seigneur.
133 Ton Seigneur est Souverain *[à l'égard de Ses créatures]*[44] et Il est Tout
de Miséricorde (*Dhû al-Rahma*) ; s'Il le veut, Il vous anéantira pour
vous remplacer après coup par qui Il veut, de la même façon qu'Il
vous a fait descendre de la postérité d'autres peuples.

**Commentaire :** Il est fait allusion dans ce verset à Noé et à sa descendance.

134 Ce qui vous a été promis se réalisera *[inéluctablement]* et vous ne serez
pas en mesure *[de le repousser]*.
135 Dis : Ô mon peuple, agissez selon vos moyens et j'agirai *[de même]* et
vous goûterez bientôt aux conséquences dans l'Ultime Demeure ; les
tyrans ne connaîtront certainement pas la réussite !
136 Et ils ont attribué à Dieu une part des récoltes et du bétail qu'Il a
pourtant créés, en disant : Voici pour Dieu — c'est ce qu'ils préten-
dent —, et voici pour ceux que nous Lui associons. Ce qui est destiné
à leurs idoles ne peut échoir à Dieu ! Mais ce qui est destiné à Dieu
peut profiter à leurs idoles : quel exécrable manque de jugement !

**Commentaire :** Les anciens Arabes avaient en effet coutume de destiner leurs offrandes à Dieu et à leurs idoles ; lorsque le souffle du vent poussait ce qui était destiné à Dieu vers leurs idoles, ils laissaient les choses en l'état et s'estimaient satisfaits. Lorsqu'on se trouvait dans le cas contraire, ils ramenaient les offrandes déplacées à leur destination initiale. En période de famine, ils mangeaient volontiers la part destinée à Dieu mais évitaient de manger celle qui revenait à leurs idoles.

137 C'est ainsi que leurs associés ont embelli aux yeux de nombre de poly-
théistes le meurtre de leurs enfants afin de les perdre et de rendre leur
religion encore plus obscure. Et si Dieu l'avait voulu, ils ne l'auraient
pas fait ; laisse-les donc, eux et leurs inventions mensongères !

43 Litt. : des degrés.

44 Ou encore : n'a nul besoin [de Ses créatures].

138 Ils ont prétendu : Ce bétail et ces récoltes sont interdites *[à la consommation]* ; seuls en mangeront, disent-ils, ceux que nous avons choisis. Telles autres *[bêtes]* sont interdites à la monte, telles autres *[sont sacrifiées]* sans qu'ils mentionnent sur elles le Nom de Dieu. *[Autant de pratiques attribuées]* mensongèrement à Dieu qui les rétribuera *[comme il convient]* pour prix de leurs mensonges.

**Commentaire** : Les bêtes interdites à la monte sont celles dites *sâ'iba* qui sont évoquées au verset 103 de la sourate 5, « La Table garnie ». Nous rappelons qu'il s'agissait d'une chamelle que son propriétaire laissait au pré à la suite d'un vœu et plus généralement de tout animal que les Arabes avaient décrété impropre à la monte pour des raisons fantaisistes. Pour ce qui est des bêtes sur lesquelles le Nom de Dieu n'est pas prononcé, certains commentateurs les ont assimilées purement et simplement à la catégorie précédente, celle des bêtes interdites à la monte, parce que ces dernières ne se rendaient ni au pèlerinage ni à la *'umra* du fait de leur statut et ne pouvaient de ce fait « entendre » prononcer la *talbiyya* par leurs cavaliers. Toujours selon les Arabes, le statut de ces animaux avait été établi par Dieu Lui-même. Là encore, le Coran leur oppose un démenti formel.

139 Ils ont également prétendu que les portées de ces *[catégories d']*animaux étaient exclusivement « réservées à nos hommes, interdites à nos épouses » sauf si l'embryon[45] était mort-né, auquel cas hommes et femmes y étaient associés ; Dieu les rétribuera pour avoir légiféré ainsi car Il Très Savant, Très Sage.

140 Ceux qui ont assassiné leurs enfants par stupidité et par ignorance et qui se sont interdit ce que Dieu leur avait dispensé sont perdants. Ils s'étaient bel et bien égarés et suivaient une mauvaise direction.

141 C'est Lui qui a fait pousser pour vous des jardins à claire-voie[46] *(ma'rûshât)* et d'autres à même le sol[47] ainsi que des palmiers et des récoltes aux goûts variés, des grenadiers de même espèce et d'espèces différentes ; mangez-en les fruits lorsqu'ils en donnent et acquittez l'impôt le jour de la récolte, mais ne gaspillez rien car Dieu tient les gaspilleurs en aversion.

142 Il vous a accordé du bétail, des bêtes adultes *(hamûlatan)* et leurs petits *(farshan)*[48] : mangez de ce dont Dieu vous a gratifiés et ne suivez pas les traces du diable car il est pour vous un ennemi déclaré.

45 C'est-à-dire que seuls les embryons mort-nés étaient consommables, selon eux, par les deux sexes.

46 Ou encore : en espaliers

47 Ou encore : cultivés et sauvages.

48 Les termes *hamûlatan* et *farshan* ont reçu des interprétations différentes. Pour les uns, *farshan* désigne les petits des animaux domestiques (veaux, agneaux, chevreaux, etc.) par opposition à leurs géniteurs adultes *(hamûlat)*. D'autres estiment que *hamûla* désigne les chameaux que l'on charge *(hammala)* de marchandises, alors que le *farsh* désigne les moutons que l'on couche *(farasha)* pour le sacrifice ou dont on fait des descentes de lit *(furush)*. D'où certaines traductions parfaitement correctes qui font de *hamûla* l'animal de bât ou de selle et de *farsh* l'animal à fourrure ou même la literie.

143 Il vous a accordé *[de manger]* huit animaux soit quatre couples (mâle
et femelle) : *[tout d'abord]* deux ovins et deux caprins. Demande-leur :
Est-ce les mâles *[boucs et moutons]* que Dieu a rendus illicites ou bien
les femelles *[chèvres et brebis]* ? ou encore ce que renferment les matri-
ces de celles-ci ? Faites-moi part de votre science si vous êtes sincères !
144 Puis deux camélidés et deux bovins ; est-ce les mâles *[chameaux et
bœufs]* que Dieu a prohibés ou bien les femelles *[chamelles et génis-
ses]* ? ou encore ce que renferment les matrices de celles-ci ? A moins
que vous n'ayez été témoins de cette recommandation lorsque Dieu
vous l'a adressée ? Et qui donc est plus inique que celui qui profère
des mensonges au sujet de Dieu afin d'égarer les gens par ignorance ?
Certes Dieu ne guide pas le peuple des prévaricateurs.
145 Dis : Dans ce qui m'a été inspiré je ne trouve pas d'aliments interdits
pour celui qui veut se nourrir si ce n'est une bête morte *[non sacrifiée]*,
le sang répandu, la chair de porc qui est une souillure et un animal
sacrifié perversement à un autre que Dieu. *[Cependant]* ton Seigneur
se montrera Pardonneur et Miséricordieux à l'égard de celui qui est
contraint *[d'en manger à condition]* de ne pas en manger plus *[que le
nécessaire, ghayra bâghin]* et de ne pas outrepasser *[la Loi]*.

**Remarque :** A propos des termes *bâghin* et *ghayra 'âdin* se reporter au commentaire du verset 173 de la seconde sourate « La Génisse ».

146 Aux juifs Nous avons interdit tout animal ongulé de même que Nous
leur avons interdit les graisses des bovins et des ovins, excepté celles
situées sur leurs dos ou dans leurs entrailles ou celles qui demeurent
attachées aux os. Nous les avons « rétribués » par ces interdits afin de
les châtier de leur iniquité et certes Nous sommes Sincère.

**Autre traduction possible :** ...Nous leur avons interdit les graisses des bovins et des ovins excepté celles situées sur leurs dos et Nous leur avons interdit leurs entrailles.

147 Et s'ils te traitent d'imposteur dis-leur : Votre Seigneur détient une Miséricorde immense, mais Il ne retient pas pour autant Sa colère contre un peuple de criminels.

148 Les polythéistes diront : Si Dieu l'avait voulu, ni nous ni nos pères ne Lui aurions donné d'associés et nous n'aurions rien déclaré illicite ; de la même manière ceux qui les précédaient traitaient *[leurs prophètes]* d'imposteurs jusqu'à ce qu'ils aient goûté à Notre châtiment. Dis-leur : Avez-vous quelque connaissance à nous montrer ? *[En réalité]* vous ne suivez que des conjectures et ne forgez que des mensonges.

149 Dis : C'est à Dieu que revient[49] l'argument décisif (ou : péremptoire) ; l'eût-Il voulu qu'Il vous aurait tous guidés sans exception.

150 Dis-leur : Produisez vos témoins, ceux qui attestent que c'est Dieu qui a décrété tout cela illicite. Et s'ils produisent leur témoignage, ne témoigne pas avec eux et ne te conforme pas aux passions de ceux qui ont traité Nos signes de mensonges ni de ceux qui ne croient pas à l'Ultime Demeure et qui s'écartent de leur Seigneur.

151 Dis-leur : Approchez afin que je vous récite ce que votre Seigneur vous a ordonné : de ne rien Lui associer, de témoigner de la bienveillance envers vos père et mère, de ne pas tuer vos enfants par crainte de la misère car c'est Nous qui pourvoyons à leurs besoins ainsi qu'aux vôtres ; de ne pas approcher le vice[50] *[peu importe]* qu'il soit caché ou affiché, de ne pas tuer un être vivant *(nafs)* dont Dieu a interdit le meurtre sans raison valable ; telle est la recommandation qu'Il vous adresse afin que vous y réfléchissiez.

**Commentaire :** Selon le *hadîth*, il n'est que trois cas où la peine de mort soit envisageable :
— l'adultère de l'homme ou de la femme mariés ;
— l'apostasie ;
— le talion.

49 Litt. : qu'appartient.
50 Litt. : des turpitudes.

152 Et ne vous approchez des biens de l'orphelin qu'animés des meilleures
intentions[51] et ce jusqu'à ce qu'il soit devenu mature. Acquittez la juste
mesure et faites bon poids *[lors d'une vente]* ; Nous n'imposons à cha-
cun que ce qu'il est en mesure de supporter et lorsque vous prononcez
un jugement montrez-vous équitables fût-ce à l'égard d'un parent. Res-
pectez les engagements contractés vis-à-vis de Dieu : toutes choses qu'Il
vous recommande afin que vous les méditiez.
153 Telle est Ma voie dans toute sa rectitude ; suivez-la et n'empruntez
point les sentiers qui vous égareront hors de la voie de Dieu. Cette
recommandation, Il vous l'adresse afin que vous sachiez vous prému-
nir.
154 Puis Nous avons révélé les Écritures[52] à Mûssâ à titre de faveur *[accor-
dée à]* cet être de perfection *(alladhî ahsan)* et afin de donner le détail
de toute chose ; et aussi en guise de guidance et de miséricorde afin
que vous croyez (litt. : peut-être croiront-ils...) à la rencontre avec
votre Seigneur.

**AUTRES TRADUCTIONS POSSIBLES** : Puis Nous avons révélé les Écritures à Mûssâ afin de parachever Nos faveurs vis-à-vis des hommes vertueux *[de sa communauté]*.

155 Quant à ce Livre, Nous l'avons révélé comme une bénédiction ; suivez
ses enseignements[53] et, afin qu'il vous soit fait miséricorde, gardez-vous
156 de dire : Les Écritures ont été révélées à deux communautés avant nous
et *[pour autant]* nous ne nous sommes pas souciés de les étudier,
157 ou de dire : Si les Écritures nous avaient été révélées, nous aurions été
mieux guidés qu'eux. Désormais une preuve, une guidance et une misé-
ricorde vous sont parvenues de la part de votre Seigneur ; qui donc se
montre plus inique que celui qui traite Nos versets de mensonges et en
détourne *[les gens]* ? Nous rétribuerons ceux qui détournent les gens de
Nos versets par le pire des châtiments pour prix de leurs manigances.

---

51 Ou encore : si ce n'est dans son intérêt. Se reporter aux versets 4-6 de la sourate 4 « Les Femmes ».

52 Puis Nous avons révélé les Écritures à Mûssâ afin de parachever Nos faveurs vis-à-vis des hommes *[en général]*.
Dans la première des traductions, c'est Mûssâ qui est sujet de *ahsana* ; dans la seconde, le sujet est « celui qui s'est montré vertueux » *[sous-entendu : dans la communauté de Mûssâ]*. Dans la troisième, c'est Dieu Lui-même qui agit selon la perfection (*ahsana*) et parachève Sa faveur (*itmâman*).

53 Litt. : suivez-le.

158 Qu'attendent-ils ? L'apparition des anges, celle de ton Seigneur ou
de certains des signes de ton Seigneur ? Le Jour où se produiront
certains de Ses signes, la foi de celui qui n'aura ni cru auparavant ni
acquis quelque œuvre pie ne lui sera de la moindre utilité ; dis-leur :
Attendez donc, nous attendrons de notre côté.
159 Tu n'as rien à voir avec ceux qui ont divisé leur religion en la scindant
en sectes ; leur sort est entre les Mains de Dieu, puis Il leur rappellera
comment ils agissaient[54].
160 Quiconque accomplit une bonne action en recevra une récompense
décuplée et quiconque en accomplit une mauvaise sera rétribué uni-
quement en fonction de celle-ci et nul ne sera lésé.
161 Certes, c'est Mon Seigneur qui m'a conduit sur une voie droite, une
religion de la rectitude *[qui n'est autre que cette tradition]* d'Ibrâhîm, ce
pur monothéiste qui ne donnait pas à Dieu d'associés.
162 Dis-leur : Ma prière, mes rites, ma vie, ma mort, il n'est rien qui n'ap-
partienne à Dieu, le Seigneur des mondes
163 qui est sans associés. C'est cela que l'on m'a ordonné de professer et je
suis le premier à me soumettre.
164 Dis : Souhaiterais-je un autre Seigneur que Dieu alors qu'Il est le
Seigneur de toute chose, que tout être qui commet une faute la com-
met à son détriment et que nul ne portera le fardeau d'un tiers ? Puis
vous serez ramenés auprès de votre Seigneur qui vous montrera quel
était l'objet de vos différends.
165 C'est Lui qui a fait de vous Ses lieutenants sur terre, élevant certains
d'entre vous au-dessus des autres de plusieurs degrés afin de vous
éprouver à travers ce qu'Il vous avait accordé. Certes, ton Seigneur
est prompt à châtier de même qu'Il est le Pardonneur, le Très Miséri-
cordieux.

54 Litt. : ce qu'ils faisaient.

Sourate 7

# Les Remparts

*Au Nom de Dieu, le Tout Miséricordieux, le Très Miséricordieux*

1 Alif, Lâm, Mîm, Sâd
2 Voici un Livre que Nous t'avons révélé — que ta poitrine n'en soit pas
oppressée — afin de mettre *[les hommes]* en garde et à titre de rappel
pour les croyants.
3 Conformez-vous à ce qui vous a été révélé de la part de votre Seigneur
et ne suivez pas d'autres protecteurs que Lui ! Vous vous en souvenez
rarement !
4 Combien de cités avons-Nous anéanties ? Notre châtiment les a sur-
pris de nuit ou alors qu'ils étaient assoupis[1].
5 Ils n'eurent d'autre argument au moment où le châtiment s'est appe-
santi sur eux que de dire : Vraiment nous étions des injustes !
6 Nous demanderons des comptes à ceux à qui il a été envoyé *[des prophètes]*
et Nous en demanderons aux prophètes eux-mêmes.
7 Et Nous leur raconterons *[leur histoire]* en connaissance de cause car
Nous n'étions pas absent.
8 En ce Jour seule la Vérité aura du poids ! Ceux dont les œuvres pèseront
lourdement *[dans la balance]* seront promis à la réussite.

**Commentaire :** En tenant compte des commentaires, le début du verset est généralement traduit de la façon suivante : Ce Jour-là, la pesée des œuvres sera équitable. Il nous a semblé que notre traduction, strictement littérale, ne trahissait ni l'esprit ni la lettre du texte.

9 Ceux dont les œuvres ne pèseront guère se seront perdus eux-mêmes
pour avoir traité injustement Nos signes de mensonges.
10 Nous avons raffermi votre position sur terre et vous y avons accordé de
quoi vivre : mais vous n'êtes guère reconnaissants.
11 Nous vous avons créés, puis Nous vous avons donné votre forme et
avons ordonné aux anges de se prosterner devant Adam. Ils se sont
tous exécutés excepté Iblîs qui ne se prosterna pas.

---

1 C'est-à-dire durant la journée.

12 Qu'est ce qui t'a retenu de te prosterner alors que Je te l'avais ordonné ?
lui demanda Dieu.
—Je vaux mieux que lui ; Tu m'as créé de feu quand Tu l'as créé de boue !
13 —Que ce soit ta chute du ciel ! Il ne t'appartient pas de t'y enorgueillir ; sors donc, car tu fais partie des êtres méprisables.
14 —Accorde-moi un délai, demanda-t-il, jusqu'au Jour où ils seront ressuscités !
15 —Il t'est accordé, lui dit-Il.
16 —Puisque Tu m'as égaré, je les guetterai sur Ta voie droite,
17 puis je les assaillirai devant eux, derrière eux, sur leur droite et sur leur gauche et Tu n'en trouveras pas beaucoup de reconnaissants.

**Commentaire :** Selon Ibn 'Abbâs, devant eux symbolise ce bas monde, derrière eux notre Demeure Ultime, la droite et la gauche symbolisant quant à elles les œuvres pies et les fautes.

18 Sors d'ici, lui dit Dieu, chassé et couvert d'opprobre ; J'emplirai la Géhenne de vous tous, toi et ceux qui t'auront suivi.
19 Ô Adam, demeure avec ton épouse dans ce jardin et mangez *[de ses fruits]* où que vous le désirez, mais n'approchez pas cet arbre car vous compteriez alors pour des transgresseurs.
20 Le diable leur fit alors des suggestions afin que leur apparaisse leur nudité[2] qui était demeurée jusque là cachée ; Votre Seigneur, leur dit-il, ne vous a interdit cet arbre qu'afin que vous ne deveniez pas des anges et que vous ne soyez pas immortels.
21 Et il leur jura qu'il était pour eux de bon conseil !
22 Ainsi, par sa ruse, il les attira dans un piège ; quand ils eurent goûté à cet arbre, leur nudité leur apparut et ils se mirent alors à se couvrir des feuilles du Paradis. Leur Seigneur les interpella : Ne vous avais-Je pas défendu d'approcher cet arbre ? Ne vous avais-Je pas dit que le diable est pour vous un ennemi déclaré ?

**Commentaire :** Selon les commentateurs, la ruse du diable consista à jurer car Adam et Eve ne pouvaient imaginer que l'on se parjurât.

2 Litt. : leurs parties honteuses.

23 Seigneur, Lui dirent-ils, nous nous sommes fait du tort à nous-mêmes
et si Tu ne nous pardonnes pas et ne nous fais pas miséricorde, nous
courons à notre perte.
24 Soyez précipités *[hors du Paradis]*, leur dit-Il, ennemis les uns des
autres, et la terre dont vous jouirez un temps donné sera votre lieu de
résidence.
25 C'est là que vous vivrez, là que vous mourrez, et de là que vous serez
ressuscités[3].
26 Ô fils d'Adam, Nous vous avons envoyé[4] des vêtements et des parures
afin de dissimuler votre nudité. *[Mais]* l'habit constitué par la crainte
de Dieu est bien préférable ; il fait partie des signes de Dieu, peut-être
vous en souviendrez-vous !
27 Ô fils d'Adam, que le diable ne vous leurre pas comme *[il l'avait fait]*
en chassant vos père et mère du Paradis et en les dévêtant afin de leur
montrer leur nudité. Il vous voit lui et ses légions là où vous ne les
voyez pas. Nous avons fait des démons les alliés des incroyants.
28 Lorsqu'ils commettent une turpitude ils prétextent : Nous avons vu[5]
nos pères pratiquer cette coutume et c'est Dieu qui nous l'a prescrite.
Dis-leur : Dieu n'ordonne ni la turpitude ni l'illicite ; allez-vous pré-
tendre au sujet de Dieu ce que vous ignorez ?
29 Dis-leur : Mon Seigneur a ordonné l'équité *[comme Il a ordonné]* de
tourner notre face vers Lui dans chaque mosquée et de L'invoquer en
ne consacrant notre religion qu'à Lui Seul. Vous reviendrez *[à la vie]*[6]
de la même façon qu'Il vous a créés à l'origine[7].
30 Il a guidé les uns tandis que les autres étaient justement contraints
à l'errance pour avoir pris les démons pour protecteurs en dehors de
Dieu tout en s'imaginant qu'ils étaient sur la bonne voie.

3 Litt. : qu'on vous fera sortir.
4 Litt. : Nous avons fait descendre.
5 Litt. : Nous avons trouvé.
6 Lors de la Résurrection.
7 Litt. : qu'Il vous a commencé.

31 Ô fils d'Adam, revêtez (litt. : prenez) vos plus beaux atours *[pour vous rendre]* dans chaque mosquée ; mangez et buvez mais sans excès car Dieu a les gaspilleurs en aversion[8].
32 Dis-leur : Qui donc a prohibé les parures que Dieu a produites pour Ses serviteurs ainsi que les mets délicieux qu'Il vous a dispensés ? Dis-leur : Destinés aux croyants *[comme aux incroyants]* en ce monde, ils seront l'apanage exclusif des croyants au Jour de la Résurrection. C'est ainsi que Dieu détaille Ses signes pour un peuple qui *[en]* connaît *[la portée]*.

**Commentaire :** Les Arabes s'interdisaient en effet certains aliments notamment pendant les périodes de pèlerinage où ils se privaient notamment de lait et de graisse. De la même manière ils faisaient les tournées rituelles autour de la Ka'ba en état de nudité complète en signe de dépouillement. Comme en bien des versets à caractère « législatif », le Coran fait la part des choses.

33 Dis : Mon Seigneur n'a interdit que les turpitudes, affichées ou dissimulées, le péché et l'oppression injustifiée ; *[Il vous a également interdit]* de donner à Dieu des associés alors qu'Il ne vous a donné aucun argument pour les adorer et de dire à Son sujet ce que vous ignorez.
34 Chaque communauté a un terme fixé ; une fois le terme échu, ils ne pourront ni l'avancer ni le différer, fût-ce d'une seule heure.
35 Ô fils d'Adam, si des envoyés issus de vos rangs viennent à vous afin de vous narrer Mes versets, *[sachez]* que ceux qui se gardent *[de Dieu]* et s'amendent ne connaîtront ni la peur ni l'affliction.
36 Ceux qui les ont traités de mensonges et s'en sont détournés par orgueil, ceux-là sont voués au feu, ils y demeureront à jamais.
37 Et qui donc est plus inique que celui qui a forgé des mensonges sur le compte de Dieu et qui a traité Nos Signes d'impostures ? Ceux-là obtiendront la part *[de ce monde]* qui leur est destinée jusqu'au moment où nos émissaires viendront pour les faire passer de vie à trépas et leur demanderont : Où sont ces idoles que vous invoquiez en dehors de Dieu ? Elles nous ont fait défaut, répondront-ils, et ils témoigneront à leur détriment de leur propre mécréance.

8 Ou encore : Dieu tient ceux qui commettent des excès en aversion.

38 Entrez dans le feu, leur dira-t-Il, en compagnie des communautés de
djinns et d'hommes qui vous ont précédés ; chaque fois qu'une com-
munauté y entrera, elle maudira la communauté précédente[9], si bien
que, lorsqu'elles y seront toutes rassemblées, la dernière arrivée dira à
la première : Seigneur, ce sont ceux-là qui nous ont égarés ; redouble
leur tourment dans le feu ! Chacun se le verra redoublé, leur répon-
dra-t-Il. Malheureusement vous l'ignorez encore.
39 La première communauté *[de prévaricateurs]* répondra *[à la dernière]* :
Vous n'avez rien de mieux que nous ; goûtez donc au supplice que
vous ont valu vos œuvres.
40 On n'ouvrira pas les portes du ciel à ceux qui ont traité Nos signes
d'impostures et ils n'entreront au Paradis que lorsqu'un chameau pas-
sera par le chas d'une aiguille ; c'est ainsi que Nous rétribuons les cri-
minels.
41 La Géhenne leur tiendra lieu de couche et ils seront enveloppés *[de
feu]* ; c'est ainsi que Nous rétribuons les injustes.
42 Ceux qui ont cru et pratiqué les œuvres pies — Nous n'imposons
à personne de charge qui ne soit dans ses capacités —, ceux-là sont
destinés au Paradis, ils y demeureront à jamais.
43 Nous aurons ôté de leurs cœurs toute rancune, des fleuves s'écoule-
ront sous leurs pieds et ils s'exclameront : Louange à Dieu qui nous
a conduits jusqu'ici[10] et nous n'aurions pu y être conduits si Dieu ne
nous avait pas guidés. Les émissaires de notre Seigneur étaient bien
venus nous apporter la Vérité. Alors on les appellera : Voici le Paradis
dont vous avez hérité grâce à vos œuvres.

9 Litt. : sa sœur.

10 Ou encore : qui nous a guidés vers la foi.

44 Les hôtes du Paradis interpelleront ceux de l'enfer : Nous avons vu que les promesses de notre Seigneur s'étaient réalisées[11] ! Avez-vous trouvé la même chose ? Les promesses de votre Seigneur se sont-elles réalisées ? Certes répondront-ils, tandis qu'un héraut leur lancera cet appel : Que la malédiction divine s'abatte sur les transgresseurs !

45 *[sur]* ceux qui détournaient *[les hommes]* de la cause de Dieu, qui cherchaient à la rendre tortueuse et qui niaient l'existence de l'Ultime Demeure.

46 *[Paradis et enfer]* seront séparés d'un voile et sur les remparts *(a'râf*[12]*)* évolueront des hommes qui reconnaîtront les uns et les autres à leurs signes distinctifs. Ils interpelleront les compagnons du Paradis *[en ces termes]* : Que la paix soit sur vous ! n'y étant pas eux-mêmes entrés alors qu'ils l'espéraient avec force.

47 Mais lorsque leurs regards se porteront sur les hôtes du feu, ils feront cette invocation : Seigneur, ne nous mets pas en compagnie de ce peuple de transgresseurs !

48 Ceux qui seront sur ces remparts héleront des hommes qu'ils reconnaîtront à leurs signes distinctifs : A quoi vous ont servi votre nombre et votre orgueil[13] ?

49 N'est-ce pas là ceux dont vous juriez que Dieu ne leur accorderait pas Sa Miséricorde ? Entrez au Paradis. Point de crainte à vous faire et vous n'y serez plus affligés.

50 Les hôtes du feu en appelleront à ceux du Paradis : Versez un peu d'eau sur nous ou quelque bien dont Dieu vous a gratifiés. Dieu, leur répondront-ils, les a interdits aux mécréants

51 qui ont fait de leur religion un jeu et un objet de distraction et qui ont été séduits par la vie de ce monde. En ce Jour Nous les oublierons comme ils avaient oublié cette échéance et parce qu'ils niaient Nos signes.

---

11 Litt. : Nous avons trouvé que les promesses de notre Seigneur étaient vraies.

12 Les *a'râf* désignent une colline ou encore des remparts qui entourent le Paradis. Ceux qui y évoluent sont ceux dont les bonnes actions sont rigoureusement annulées par leurs mauvaises, si bien qu'il leur est interdit d'entrer au Paradis sans qu'ils méritent l'enfer pour autant. Une autre version veut en faire des martyrs morts au combat auquel ils ont participé sans le consentement de leurs pères ; privés du Paradis à cause de leur désobéissance, ils sont néanmoins préservés du feu du fait de leur statut. Le Coran fait souvent allusion à une zone intermédiaire entre Paradis et enfer qui permet de voir l'un et l'autre à la fois et même de faire du second une image inversée du premier. C'est le caractère intermédiaire de ces *a'râf* qui a poussé certains traducteurs à traduire ce mot par « limbes », terme emprunté à la théologie catholique mais qui ne recoupe pas vraiment celui *d'a'râf*. C'est bien entendu à ce vocable que la sourate doit son nom.

13 Ou encore : et tout ce qui faisait votre orgueil ?

52 Nous vous avons apporté un Livre que Nous avons détaillé en connaissance de cause à titre de guidance et de miséricorde pour ceux qui ont la foi.

53 Qu'attendent-ils si ce n'est la réalisation de ce qu'il annonce ? Le Jour où ses prédictions se réaliseront, ceux qui l'avaient naguère oublié diront : Les envoyés de notre Seigneur étaient donc bien venus nous apporter la Vérité ! Pouvons-nous avoir des intercesseurs qui plaident en notre faveur ? Ou bien ne pourrions-nous pas être ramenés sur terre afin d'œuvrer autrement que nous ne l'avions fait ? Ils auront été cause de leur propre perte et les illusions qu'ils invoquaient se seront dissipées !

54 Certes votre Seigneur est Dieu qui a créé les cieux et la terre en six jours puis S'est établi sur le Trône ; la nuit enveloppe[14] le jour *[de son obscurité]* et le fait rapidement disparaître[15] et *[Il a créé]* le soleil, la lune et les étoiles qui sont soumis à Son Ordre. La création et le Commandement ne relèvent-ils pas de Lui ? Béni soit Dieu le Seigneur des mondes !

**Commentaire** : A propos du célèbre verset : *[Dieu]* S'est établi sur le Trône, il convient de rappeler la non moins célèbre réponse que fit l'imâm Mâlik à celui qui lui en demandait la signification : « L'action de s'asseoir relève de l'évidence, la manière *[dont Il S'est établi]* nous est quant à elle inconnue et une telle question constitue une innovation blâmable. »

55 Invoquez votre Seigneur humblement et en secret car Il n'aime certes pas les transgresseurs.

56 Ne semez pas la corruption sur terre après que *[ses populations]* se soient amendées et invoquez-Le, *[partagés]* entre la crainte et l'espérance, car la Miséricorde de Dieu est à la portée des vertueux.

57 C'est Lui qui envoie les vents annonciateurs de la pluie (litt. : de la bonne nouvelle, *bushrâ*) devançant Sa Miséricorde jusqu'au moment où Nous les dirigeons, porteurs de lourds nuages, vers une contrée stérile sur laquelle Nous faisons tomber la pluie. Grâce à elle Nous faisons pousser toutes sortes de fruits ; c'est ainsi que Nous ressusciterons les morts. Peut-être y réfléchirez-vous !

**Commentaire** : Selon une autre lecture qui transforme *bushrâ* en *nushuran*, il faudrait traduire ainsi : C'est Lui qui envoie les vents en ordre dispersé avant *[que ne se manifeste]* Sa Miséricorde…

Nous aurions pu donner également une autre traduction qui ne diffère guère de celle-ci : C'est Lui qui envoie les vents comme bonne nouvelle annonciatrice de Sa Miséricorde.

---

14 Ou encore : recouvre.

15 Litt. : et le rattrape rapidement.

58 Les plantes poussent *[en abondance]* dans les contrées fertiles avec la permission de leur Seigneur, tandis que les terres stériles produisent avec parcimonie. C'est ainsi que Nous produisons Nos signes à destination d'un peuple reconnaissant.
59 Déjà Nous avions envoyé Nûh auprès de son peuple. Ô mon peuple, leur avait-il dit, adorez Dieu car vous n'avez d'autres divinités que Lui. Je redoute pour vous le châtiment d'un jour terrifiant.
60 Les notables de sa tribu lui répondirent : Nous pensons bien que tu es dans un égarement manifeste.
61 Ô mon peuple, reprit-il, je ne suis nullement un égaré mais un envoyé du Seigneur des mondes,
62 chargé de vous communiquer les messages de mon Seigneur ; je suis pour vous de bon conseil et je sais *[pour le tenir]* de Dieu ce que vous ignorez.
63 Pourquoi vous étonner ? Parce qu'un rappel de votre Seigneur vous est parvenu par le biais de l'un d'entre vous afin qu'il vous mette en garde et que vous vous prémunissiez *[du châtiment]* ; peut-être alors vous sera-t-il fait miséricorde ?
64 Ils le traitèrent d'imposteur et Nous le sauvâmes ainsi que ceux qui étaient avec lui dans l'Arche tout en faisant périr par la noyade ceux qui avaient traité Nos signes de mensonges car c'était une communauté aveuglée.
65 Et Nous avons envoyé au peuple de 'Âd leur frère Hûd. Ô mon peuple, leur dit-il, adorez Dieu car vous n'avez d'autres divinités que Lui ! Saurez-vous vous en prémunir ?
66 Les notables de sa tribu qui avaient renié *[sa foi]* lui dirent : Nous te voyons enfoncé dans ta stupidité et nous pensons que tu comptes parmi les imposteurs !
67 Ô mon peuple, reprit-il, je ne suis nullement un sot mais un envoyé du Seigneur des mondes,

68 chargé de vous communiquer les messages de mon Seigneur et je suis pour vous un conseiller loyal.
69 Pourquoi vous étonner ? Parce qu'un rappel de votre Seigneur vous est parvenu par l'intermédiaire de l'un d'entre vous afin qu'il vous mette en garde ? Souvenez-vous que Dieu a fait de vous Ses lieutenants après le peuple de Nûh et qu'Il vous a donné davantage de force ! Remémorez-vous les bienfaits de Dieu afin de réussir.
70 Ainsi, lui dirent-ils, tu es venu nous trouver afin que Nous adorions Dieu Seul et que nous délaissions les idoles qu'adoraient nos pères ? Fais en sorte que le châtiment dont tu nous menaces s'abatte sur nous si tu es sincère.
71 Vous avez d'ores et déjà mérité un châtiment et la colère de votre Seigneur. Argumentez-vous contre moi uniquement pour des noms que vous avez attribués, vous et vos pères, *[à vos idoles]* alors qu'Il ne vous a donné aucun argument pour les adorer ? Attendez donc ! Je serai avec vous de ceux qui sont dans l'attente.
72 Nous le sauvâmes ainsi que ceux qui étaient avec lui par un effet de Notre Miséricorde et exterminâmes du premier au dernier ceux qui avaient traité Nos signes d'impostures et qui n'étaient pas des croyants.
73 Et à Thamûd Nous avons envoyé leur frère Sâlih : Ô mon peuple, leur dit-il, adorez Dieu, car vous n'avez d'autres divinités que Lui ! Déjà vous avez reçu une preuve de votre Seigneur : voici la chamelle de Dieu qui sera un signe pour vous ; laissez-la paître sur la terre de Dieu et ne lui faites aucun mal car vous vous exposeriez à un châtiment douloureux.

74 Souvenez-vous lorsqu'après 'Âd Dieu fit de vous Ses lieutenants et qu'ils vous fit habiter sur terre, édifiant des palais en plaine et creusant des habitations troglodytes en montagne; souvenez-vous des faveurs de Dieu et ne commettez point, en corrupteurs, d'iniquités sur terre.
75 Ceux d'entre les notables de sa tribu qui s'étaient enflés d'orgueil s'adressèrent ainsi aux croyants réduits à l'impuissance : Saviez-vous que Sâlih est envoyé de la part de son Seigneur ? Nous avons foi dans la mission qui lui a été confiée, répondirent-ils.
76 Ceux qui étaient enflés d'orgueil répliquèrent : Quant à nous, nous nions ce qui fait l'objet de votre foi !
77 Ils sacrifièrent alors la chamelle violant ainsi l'Ordre de leur Seigneur. Ô Sâlih, dirent-ils, fais en sorte que le châtiment dont tu nous menaces s'abatte sur nous si tu es bien un envoyé.
78 Surpris par un séisme[16], ils gisaient au matin dans leurs demeures, face contre terre.
79 Il se détourna d'eux et leur dit : Ô mon peuple, je vous ai transmis le message de mon Seigneur et vous ai prodigué de bons conseils ; malheureusement vous n'aimez pas les conseilleurs.
80 Et *[souviens-toi de]* Lût lorsqu'il dit à son peuple : Commettez-vous des turpitudes que nul à travers les mondes n'a commises avant vous ?
81 Vous copulez avec des hommes en renonçant aux femmes pour assouvir vos appétits ? Vous êtes un peuple livré à ses excès.

16 Les commentaires précisent que ce tremblement de terre fut provoqué par un cri que poussa Gabriel sur l'Ordre de son Seigneur.

82 Pour toute réponse son peuple ordonna : Expulsez-les de votre cité car ce sont des gens qui se targuent de pureté.
83 Nous le sauvâmes ainsi que sa famille excepté son épouse qui demeura en arrière.
84 Nous fîmes pleuvoir sur eux des pierres : considère quelle fut la fin des criminels !
85 Et à Madyan, *[Nous envoyâmes]* leur frère Shu'ayb qui leur dit : Ô mon peuple, adorez Dieu car vous n'avez d'autres divinités que Lui ! Déjà vous avez reçu une preuve de votre Seigneur. Acquittez la juste mesure et faites bon poids *[lors d'une vente]* et ne grugez pas les gens sur la marchandise ; ne semez pas la corruption sur terre après que *[sa population]* se soit amendée ; tout cela sera préférable pour vous si vous êtes des croyants *[sincères]*.
86 Ne vous postez pas sur tous les chemins afin de menacer ceux qui croient et de les détourner de la voie de Dieu en la présentant comme une voie tortueuse. Souvenez-vous lorsque vous étiez peu nombreux comment Dieu a multiplié vos effectifs ! Et prenez en considération la fin des corrupteurs !

**Commentaire :** Il semble en effet que la tribu de Shu'ayb se livrait volontiers au brigandage.

87 Et si une fraction d'entre vous ajoute foi à ma mission et que l'autre la nie, faites montre de patience jusqu'à ce que ce soit Dieu qui tranche entre nous et Il est le meilleur des juges !

88 Les notables de sa tribu qui s'étaient enorgueillis s'écrièrent : Nous t'expulserons de notre cité, Shu'ayb, et tous ceux qui ont cru avec toi à moins que vous ne reveniez à notre religion. Et s'il nous déplaisait *[d'y revenir]* ? demanda-t-il.

89 Nous ne ferions que mentir sur le compte de Dieu si nous retournions à votre religion après qu'Il nous en ait délivrés ! Il ne nous appartient pas d'y retourner à moins que notre Seigneur Dieu n'en décide ainsi. Notre Seigneur embrasse toute chose de Sa Science. C'est à Dieu que nous nous en remettons ; Seigneur, arbitre entre notre peuple et nous selon la Vérité car Tu es le meilleur des juges.

**Commentaire** : Les commentateurs s'accordent à dire que Shu'ayb en tant que prophète (et à ce titre infaillible, fût-ce avant d'avoir reçu sa mission) ne peut avoir adhéré à une religion de « mécréants ». Le discours que Dieu lui met dans la bouche (si nous retournions à votre religion après qu'Il nous en ait délivré) ne peut être que celui du peuple au nom duquel il s'exprime mais non ses propres paroles.

90 Les notables de son peuple qui avaient nié *[sa mission]* leur dirent : Si vous suivez Shu'ayb, vous courez à votre perte.

91 Ils furent surpris par un séisme et au matin ils gisaient dans leurs demeures, la face contre terre.

92 Ceux qui avaient traité Shu'ayb d'imposteur *[disparurent sans laisser de traces]*, on eût dit qu'ils n'avaient jamais vécu là ; ce sont ceux qui avaient traité Shu'ayb d'imposteur qui avaient causé leur propre perte.

93 Il se détourna d'eux et leur dit : Ô mon peuple, je vous ai transmis les messages de mon Seigneur et vous ai prodigué mes conseils ; pourquoi m'affligerais-je pour un peuple de mécréants ?

94 Et Nous n'avons pas envoyé de prophète dans une cité sans leur infliger la misère et les épreuves afin qu'ils s'humilient.

95 Puis Nous substituâmes l'aisance au malheur si bien qu'ils connurent la prospérité et finirent par dire : Nos pères connaissaient aussi l'aisance et la difficulté *[par un jeu des lois naturelles]*. C'est alors que nous leur infligeâmes un supplice soudain avant qu'ils aient pu s'en rendre compte.

96 Si seulement les habitants de ces cités avaient eu la foi et s'étaient gardés *[du châtiment]*, Nous leur aurions donné accès aux bénédictions du ciel et de la terre. Mais comme ils avaient traité *[les prophètes]* d'imposteurs, Nous les avons châtiés pour prix de ce qu'ils s'étaient acquis.

97 Les habitants de ces cités sont-ils assurés que Notre châtiment ne les surprendra pas de nuit ou pendant qu'ils sont assoupis ?[17]

98 Les habitants de ces cités sont-ils assurés que Notre châtiment ne les surprendra au matin tandis qu'ils se détendent ?

99 Se sentent-ils à l'abri de la ruse divine ? Or, seuls ceux qui courent à leur perte se croient à l'abri de Ses ruses.

100 N'est-il pas évident aux yeux de ceux qui héritent de la terre après ses anciens occupants que, si Nous l'avions voulu, Nous les aurions châtiés de leurs fautes et aurions apposé un sceau sur leurs cœurs en sorte qu'ils n'entendent plus ?

101 Nous te narrons quelques histoires relatives à ces cités ; leurs envoyés sont venus à eux avec des signes mais ils n'étaient pas disposés à croire ce qu'ils avaient qualifié d'imposture par le passé. C'est ainsi que Dieu scelle le cœur des mécréants.

102 Nous n'avons trouvé chez la plupart d'entre eux aucune fidélité à leurs engagements ; au contraire, Nous avons constaté que la plupart d'entre eux étaient des pervers.

103 Après eux Nous avons envoyé Mûssâ armé de Nos signes auprès de Pharaon et de ses notables qui les nièrent ; médite toutefois quelle fut la fin des corrupteurs.

104 Ô Pharaon, lui dit Mûssâ, je suis l'envoyé du Seigneur des mondes

17 Pendant l'après-midi, c'est-à-dire de jour.

105 et je me dois de ne dire que la Vérité au sujet de Dieu ; je suis venu à vous muni d'une preuve de votre Seigneur, aussi laisse partir avec moi les enfants d'Isrâ'îl.
106 Si tu es venu avec un signe, lui répondit Pharaon, produis-le *[devant moi]* si tu es sincère.
107 Mûssâ jeta alors son bâton qui, aussitôt, se transforma très distinctement en serpent.
108 Puis il retira sa main *[de son habit]* et voilà qu'elle apparut d'un blanc lumineux aux yeux des spectateurs.
109 Certes c'est là un magicien très habile, s'écrièrent les notables de l'assemblée de Pharaon.
110 Il veut vous bannir de votre pays ; que me conseillez-vous ?
111 Retiens-le ainsi que son frère, et envoie dans toutes les cités des hommes qui rassembleront
112 et te ramèneront tous les magiciens versés *[dans leur art]*.
113 Les magiciens vinrent alors trouver Pharaon et lui demandèrent : Aurons-nous une récompense si nous sommes vainqueurs ?
114 Pour sûr, leur répondit-il, et de plus vous ferez partie de mes intimes *(muqarrabîn)*.[18]
115 Mûssâ, lui dirent-ils, soit tu jetteras ton bâton le premier, soit c'est nous qui commencerons.
116 Commencez ! leur dit-il. Lorsqu'ils les eurent jetés, ils ensorcelèrent les regards de l'assistance et leur inspirèrent de la crainte en étalant une magie peu commune.
117 Nous inspirâmes alors à Mûssâ de jeter son bâton et le voici qui dévore tous leurs artifices.
118 Alors la vérité éclata et toutes leurs manigances furent mises en échec.[19]
119 C'est à ce moment qu'ils connurent la défaite et qu'ils se retirèrent humiliés.
120 Projetés à terre les magiciens se retrouvèrent prosternés !

---

18 Litt. : le mot proches ou rapprochés *(muqarrabîn)* désigne dans la terminologie coranique les saints que Dieu prend en charge. Pharaon, qui prétend à la seigneurie, se livre là à une parodie en désignant ceux qui cherchent à le satisfaire comme « ses » saints.

19 Ou encore : volèrent en éclat, ou encore : furent frappées de nullité.

121 Nous croyons au Seigneur des mondes, proclamèrent-ils,
122 le Seigneur de Mûssâ et de Hârûn.
123 Ainsi vous croyez en Lui avant que je ne vous en aie accordé la permission ? dit Pharaon. Ce n'est qu'une de vos ruses, que vous avez ourdies en ville afin d'en expulser les habitants ! Mais vous allez bientôt connaître *[ma réaction]*.
124 Je vous ferai couper les mains et les pieds opposés avant de vous crucifier tous sans exception.

**Commentaire :** Les mains et les pieds opposés, c'est-à-dire main droite, pied gauche et vice et versa. Cette peine était généralement appliquée aux bandits de grand chemin ou encore aux voleurs récidivistes.

125 De toute façon, répondirent-ils, c'est auprès de notre Seigneur que nous retournerons !
126 Ton seul motif pour te venger de nous est que nous ayons cru aux signes qui nous sont venus de notre Seigneur ; Seigneur, accorde-nous de la constance et fais en sorte que nous mourions en étant soumis *[à Toi]*.
127 Les notables de l'entourage de Pharaon se courroucèrent : Vas-tu laisser Mûssâ semer la corruption sur terre et se détourner de toi et de tes divinités ? Nous tuerons leurs enfants, les rassura-t-il, tout en épargnant leurs femmes et les soumettrons à notre supériorité.
128 Recourez à l'aide de Dieu et soyez patients, dit Mûssâ à son peuple, car la terre appartient à Dieu qui la lègue aux serviteurs de Son choix et une heureuse issue est promise à ceux qui se prémunissent.
129 Avant que tu viennes à nous, nous étions opprimés et nous le sommes encore après ta venue, lui dirent-ils. Il se peut que votre Seigneur anéantisse votre ennemi et fasse de vous leurs successeurs sur terre afin de voir comment vous vous y comportez.
130 Nous avions déjà infligé à l'entourage de Pharaon des années de sécheresse ainsi qu'une diminution de leurs récoltes afin de les faire réfléchir.

131 S'ils bénéficiaient d'une période de prospérité, ils la prenaient comme un dû. Mais s'ils étaient victimes d'une catastrophe ils faisaient de Mûssâ et des siens des oiseaux de mauvais augure ! Leur sort n'était-il pas plutôt entre les Mains de Dieu ? Hélas, la plupart d'entre eux l'ignoraient.

132 Nous ne croirons pas en toi quel que soit le signe que tu produiras devant nous afin de nous ensorceler, lui dirent-ils.

133 Alors Nous envoyâmes contre eux des pluies diluviennes, des sauterelles, des poux, des grenouilles et du sang : autant de signes distincts que dans leur orgueil ils méprisèrent, car ils étaient un peuple de criminels.

134 Lorsque le châtiment s'appesantit sur eux, ils s'adressèrent à Mûssâ : Invoque ton Seigneur en vertu de ce qu'Il t'a promis[20] : s'il nous délivre de ces épreuves nous croirons en Lui et nous laisserons partir avec toi les enfants d'Isrâ'îl.

**Commentaire** : La promesse adressée à Mûssâ était précisément de délivrer les Égyptiens de l'affliction pour peu qu'ils se soumettent aux injonctions divines. Les épreuves qui leur furent infligées sont trop connues pour être évoquées dans le détail. Rappelons simplement que les grenouilles envahirent leurs demeures et vinrent se loger dans tous leurs récipients leur rendant la vie impossible. Quant au sang : sitôt qu'ils puisaient de l'eau, elle se transformait immédiatement en sang !

135 Et lorsque Nous eûmes différé le châtiment jusqu'au terme qui leur était imparti, ils violèrent leur engagement.

**Commentaire** : Jusqu'au terme qui leur était imparti, c'est-à-dire jusqu'au moment où Dieu les fit périr par la noyade.

136 Nous les punîmes en les noyant dans la mer parce qu'ils avaient traité Nos signes de mensonges sans s'en soucier le moins du monde.

137 Et Nous avons donné en héritage à ceux qui avaient été jadis réduits à l'impuissance les régions orientales et occidentales de cette terre que Nous avions bénie. C'est ainsi que s'accomplit la merveilleuse promesse de ton Seigneur en faveur des enfants d'Isrâ'îl pour avoir fait montre de constance et Nous détruisîmes les œuvres et les constructions de Pharaon et de son peuple.

---

20 Ou encore : comme à ton habitude.

138 Nous fîmes traverser la mer aux enfants d'Isrâ'îl et ils arrivèrent chez un peuple adorant des idoles qui lui étaient propres ; Mûssâ, dirent-ils, établis pour nous une idole semblable à celles qu'ils possèdent. Vous faites bien un peuple d'ignorants, leur répondit-il.

139 La situation de ces gens est désespérée et vaines sont leurs œuvres.

140 Souhaiterais-je pour vous une autre divinité que Dieu alors qu'Il vous a préféré au reste (litt. : élus au-dessus) des mondes ?

141 Et lorsque Nous vous délivrâmes des armées de Pharaon qui vous infligeaient le pire des supplices, immolant vos fils tout en laissant vos femmes en vie, cela constituait certainement une terrible épreuve de la part de votre Seigneur[21].

142 Nous fixâmes un rendez-vous à Mûssâ après trente nuits puis Nous prolongeâmes ce délai de dix nuits supplémentaires en sorte que le délai total de son Seigneur fut porté à quarante nuits. Remplace-moi auprès de mon peuple ! dit-il à Hârûn, son frère ; agis au mieux et ne suis pas le chemin des corrupteurs.

**Commentaire** : Selon certains commentateurs, Dieu avait fixé un délai d'un mois à Mûssâ afin qu'il se prépare à la rencontre du mont Sinaï, ce qu'il fit en observant un jeûne. Passé ce délai, Mûssâ craignit de rencontrer son Seigneur avec une haleine chargée, raison pour laquelle dix journées supplémentaires lui furent accordées. Ce n'est qu'au quarantième jour qu'eut lieu la rencontre initialement prévue dix jours plus tôt.

Cependant d'autres commentateurs considèrent que le premier mois fut l'occasion de rencontres quotidiennes et que c'est à la demande de Mûssâ que Dieu prolongea ces « conversations » *(munâjât)* afin de ne pas attrister Son prophète par une séparation trop brutale. Si l'on tient compte de cette autre exégèse, il conviendrait de modifier la traduction comme suit : Nous fixâmes un rendez-vous à Mûssâ pendant un mois que Nous complétâmes par dix journées supplémentaires, ce qui porta le nombre de rendez-vous fixés par son Seigneur à quarante nuits.

143 Lorsque Mûssâ se rendit à Notre rendez-vous et que son Seigneur lui eut parlé, il lui demanda : Seigneur, montre-Toi à moi afin que je Te contemple. Tu ne Me verras point, lui répondit *[Dieu]* ; regarde cependant la montagne, et si elle tient en place, alors tu M'y verras ; et lorsque son Seigneur Se manifesta sur la montagne, Il la réduisit en poussière et Mûssâ tomba foudroyé. Une fois revenu à lui, il s'exclama : Gloire à Toi ! je me repens auprès de Toi et je suis le premier des croyants.

---

21 On pourrait traduire d'une façon diamétralement opposée : cette délivrance était une faveur insigne de votre Seigneur.

144 Mûssâ, lui dit Dieu, Je t'ai élu au-delà des hommes en te favorisant de Ma mission et de Ma Parole ; reçois ce que Je t'ai donné et sois de ceux qui témoignent leur reconnaissance.
145 Et Nous lui avons écrit sur les Tables *[de la Loi]* toutes choses *[utiles en matière de religion]* afin de les exhorter et de tout leur détailler. Reçois-les avec détermination et ordonne à ton peuple de s'attacher à l'essentiel. Je vous ferai voir *[ce que J'ai fait]* du territoire des pervers.
146 Je détournerai de Mes Signes ceux qui s'enorgueillissent sur terre de manière injustifiée, si bien que s'ils voyaient toutes sortes de signes, ils n'y croiraient pas ! Et s'ils voyaient la voie de la raison[22], ils ne la suivraient pas, s'engouffrant en revanche dans celle de l'égarement ; cela parce qu'ils ont traité Nos signes d'impostures sans les prendre en considération le moins du monde.
147 Ceux qui ont traité Nos signes d'imposture ainsi que le rendez-vous de l'Ultime Demeure verront leurs œuvres réduites à néant ! Seront-ils rétribués pour autre chose que pour leurs œuvres ?
148 Après son départ, le peuple de Mûssâ prit pour idole un veau qu'ils avaient fabriqué à partir de leurs bijoux : il avait un corps et poussait un mugissement. Ne voyaient-ils pas qu'il ne leur parlait pas, qu'il ne les guidait sur aucune des voies qu'ils empruntaient et qu'ils avaient un comportement injustifié (litt. : injuste) ?
149 Puis lorsqu'ils s'aperçurent qu'ils s'étaient égarés, ils regrettèrent *[leur geste]* et émirent un remords : Si notre Seigneur ne nous fait pas miséricorde et ne nous pardonne pas nous courons à notre perdition.

22 Ou encore : de la rectitude. Il faut signaler que le mot *rushd*, « raison », « maturité », a parfois dans le Coran une connotation qui en fait paradoxalement le corollaire d'une voie de l'intuition *(basâ'ir)*. Si la voie de la raison est la voie commune, celle de l'intuition est celle des élus *(al-musatfawn al-akhyâr)*. Cela étant, le clivage, pour être bien réel, n'est pas aussi tranché que certains se l'imaginent, puisque tous les croyants peuvent bénéficier à un moment ou à un autre d'une intuition dont il restera à déterminer la portée.

150 Lorsque Mûssâ revint auprès de son peuple, à la fois courroucé et affligé il s'écria : A quel acte abominable vous êtes-vous livrés en vous substituant à moi ! Étiez-vous donc si pressés que vous ne puissiez attendre l'Ordre de votre Seigneur ? Et il jeta les Tables puis il saisit son frère par les cheveux et le traîna à lui. Ô fils de ma mère, s'excusa *[Hârûn]* il m'ont réduit à l'impuissance et ils m'auraient presque tué. Ne réjouis pas mes ennemis *[de mon infortune]* et ne me considère pas comme faisant partie de cette communauté de transgresseurs !

**Commentaire :** Il est dit qu'Aaron appela Mûssâ fils de ma mère en vue de l'attendrir bien qu'il fut son frère à part entière.
En vous substituant à moi ! C'est-à-dire en décidant quel devait être l'objet de votre culte alors que seul le prophète pouvait en décider.

151 Mon Dieu, invoqua Mûssâ, pardonne-moi ainsi qu'à mon frère, introduis-nous au sein de Ta Miséricorde car Tu es le plus Miséricordieux entre les miséricordieux.
152 Ceux qui ont pris le veau pour idole seront victimes de la colère de leur Seigneur et en butte à l'opprobre en ce monde. C'est ainsi que Nous rétribuons ceux qui profèrent des mensonges.
153 Certes Dieu se montrera Pardonneur et Miséricordieux vis-à-vis de ceux qui auront commis des fautes et s'en seront repentis par la suite tout en ayant la foi.
154 Et lorsque la colère de Mûssâ s'apaisa, il ramassa les Tables dont le texte contenait une guidance et une miséricorde pour ceux qui redoutent leur Seigneur.
155 Puis Mûssâ choisit soixante et dix hommes parmi son peuple *[pour les conduire avec lui]* à Notre rendez-vous. Et lorsqu'ils furent pris dans le tremblement de terre, Mûssâ s'écria : Seigneur, si Tu l'avais voulu Tu les aurais déjà anéantis et moi avec eux ! Nous feras-Tu périr pour les actes qu'ont commis les insensés parmi nous ? Ce n'est qu'une des épreuves par lesquelles Tu égares qui Tu veux et Tu guides qui Tu veux ! Tu es notre Protecteur, pardonne-nous ! Fais-nous miséricorde ! Tu es le meilleur de ceux qui accordent leur pardon !

156 Seigneur, assigne-nous un bienfait en ce monde et dans l'Ultime
Demeure car nous nous repentons auprès de Toi. J'infligerai Mon
châtiment à qui Je veux, répondit-Il, mais Ma Miséricorde embrasse
toute chose ; Je la destine à ceux qui se prémunissent *[du châtiment]*,
qui acquittent l'aumône légale et croient en Nos signes,
157 *[à]* ceux qui imitent l'Envoyé, le Prophète illettré dont ils connaissent
*[la description]* à travers leurs Écritures[23] : la Thora et l'Évangile. Il
*(c'est-à-dire le Prophète)* ordonne le licite, interdit ce qui est blâmable,
leur permet *[de consommer]* ce qui est sain et leur interdit les aliments
viciés. Il leur ôte ce qui leur pesait, ainsi que les chaînes qui les entra-
vaient ; ceux qui ont cru en lui, qui l'ont protégé, qui l'ont soutenu, qui
ont suivi la lumière qui a été révélée avec lui, ceux-là connaîtront la
réussite.

**Commentaire** : Nous reprenons ici le commentaire du verset 4 de la sourate 5, « La Table garnie ». Les aliments sains *(al-tayyibât)* sont à la fois les aliments licites et les aliments succulents selon les interprétations des uns et des autres. Faute de termes qui recouvrent ces deux notions à la fois, nous avons eu recours à l'adjectif « sain » qui, sans être pleinement satisfaisant, nous paraît être le mieux adapté.

Nous rajouterons simplement que les aliments viciés *(khabâ'ith)* sont l'équivalent inversé des *tayyibât*.

158 Dis : Hommes, je suis l'Envoyé de Dieu auprès de vous tous sans
exception ; Dieu, qui possède le royaume des cieux et de la terre : il
n'est de Dieu que Lui qui fait vivre et qui fait mourir. Croyez en Dieu
et en Son Envoyé, le Prophète illettré qui ajoute foi en Dieu et en Ses
Écritures[24] et suivez-le afin d'être guidés.
159 Et du peuple de Mûssâ se dégagea une communauté qui prit la Vérité
pour guide et jugea selon elle avec équité.

23 Litt. : qu'ils trouvent chez eux.
24 Litt. : Ses paroles.

160 Nous les repartîmes en douze tribus *[constituant autant de]* communautés et Nous inspirâmes à Mûssâ, lorsqu'il demanda de l'eau pour son peuple, de frapper le rocher de son bâton ; il en jaillit alors douze sources et chacun des hommes reconnut la sienne. Nous vous abritâmes ensuite sous un nuage *[dans le désert]* en faisant descendre pour vous la manne et les cailles : goûtez à cette délicieuse nourriture dont Nous vous avons gratifiés. Et ce n'est pas à Nous qu'ils firent du tort, en réalité ils ne firent de tort qu'à eux-mêmes.

161 Et lorsqu'il leur fut dit : Demeurez dans cette cité et mangez-y où vous le voudrez ; en franchissant sa porte, prosternez-vous et dites : Absous *[nos péchés]* ! Nous vous pardonnerons vos fautes et redoublerons *[les récompenses]* des hommes vertueux.

162 Mais ceux d'entre eux qui étaient iniques substituèrent un autre mot à celui qui leur avait été transmis et Nous fîmes descendre sur eux un châtiment du ciel comme rétribution de leur injustice.

163 Interroge-les au sujet de cette cité du bord de mer dont les habitants transgressaient le sabbat parce que ce jour-là les poissons affluaient à la surface de l'eau *[à portée de main]* alors que les autres jours ils désertaient *[les côtes]* ; c'est ainsi que Nous les éprouvâmes pour prix de leur perversion.

164 *[Souviens-toi]* lorsqu'une fraction d'entre eux s'étonna : Pourquoi
exhortez-vous un peuple que Dieu a décidé d'anéantir ou de châtier
avec sévérité ? C'est afin de ne pas encourir de reproches de notre Sei-
gneur, répondirent-ils : peut-être se garderont-ils *[de Lui]*.

**Commentaire :** Selon les commentateurs cette cité se répartit en trois catégories d'individus : les transgresseurs ; ceux qui sans enfreindre la loi n'adressèrent aucun reproche aux transgresseurs ; et enfin ceux qui respectèrent les interdits et tentèrent de les faire respecter. Au verset 164 le dialogue se déroule entre ces deux dernières catégories.

165 Et lorsqu'ils eurent oublié ce qui leur avait été rappelé, Nous sauvâ-
mes ceux qui interdisaient le mal et Nous infligeâmes un châtiment
sévère aux injustes pour prix de leurs perversions.
166 Et lorsque dans leur orgueil ils transgressèrent Nos interdits, Nous
leur ordonnâmes de se transformer en singes repoussants.
167 Et *[souviens-toi]* lorsque ton Seigneur eut pris la décision d'envoyer
quelqu'un contre eux jusqu'au Jour de la Résurrection afin de leur
infliger le pire des supplices, car Ton Seigneur est aussi prompt à châ-
tier qu'Il est Pardonneur et Très Miséricordieux.
168 Et Nous les avons dispersés sur terre en différentes communautés
— certains d'entre eux étaient pieux, d'autres ne l'étaient pas — et
Nous les avons éprouvés par les faveurs et les calamités afin qu'ils
reviennent *[à la raison]* (litt. : peut-être reviendront-ils).

**Commentaire :** Au risque d'employer une expression triviale, nous dirions volontiers que la politique employée à leur égard fut celle de la carotte et du bâton.

169 De piètres successeurs[25] prirent leur place qui avaient reçu les Écritu-
res en héritage ; ils s'emparèrent des biens de ce monde en prétendant
que cela leur serait pardonné[26]. La même quantité de ces biens était-
elle à leur portée qu'ils s'en emparaient de nouveau ! Leur engagement
vis-à-vis des Écritures ne les obligeait-il pas à ne dire que la vérité au
sujet de Dieu ? Ils en avaient pourtant étudié le contenu et savaient
bien que l'Ultime Demeure est préférable pour ceux qui se prémunis-
sent *[du châtiment]*. N'avez-vous plus toute votre raison ?
170 Et que ceux qui s'en tiennent à l'Écriture et accomplissent la prière
*[sachent]* que Nous n'oublierons pas de comptabiliser les œuvres de
ceux qui se sont amendés.

25 Le mot *khalf*, « successeur », « héritier », « remplaçant », contient une nuance péjorative contrairement à son quasi-homonyme *khalaf* qui en est dépourvu.

26 Le Coran emploie ici le style direct : cela nous sera pardonné.

171 *[Souviens-toi]* lorsque Nous arrachâmes la montagne au-dessus de leurs têtes, qu'elle les recouvrit de son ombre et qu'ils crurent qu'elle allait s'écraser sur eux. Recevez avec fermeté ce que Nous vous avons apporté *(c'est-à-dire les Tables de la Loi)* et souvenez-vous de ce qu'elles contiennent afin que vous *[puissiez]* vous en prémunir.
172 Et *[souviens-toi]* lorsque ton Seigneur eut tiré des reins des fils d'Adam leur postérité et qu'Il les fit témoigner contre eux-mêmes : Ne suis-Je pas votre Seigneur ? Certes oui, répondirent-ils, nous en témoignons. *[Il requit ce témoignage]* afin qu'au Jour de la Résurrection ils ne puissent pas dire : Nous étions dans l'ignorance de tout cela,
173 ni dire : Ce sont nos pères qui ont donné *[à Dieu]* un associé ; nous n'étions quant à nous que leur postérité et leurs successeurs. Vas-Tu nous anéantir à cause des méfaits commis par des saboteurs ?
174 C'est ainsi que Nous explicitons Nos signes afin qu'ils reviennent *[de leur mécréance]*.
175 Narre-lui l'histoire de celui auquel Nous avions communiqué Nos signes et qui s'en détourna[27]. Rattrapé par le diable, il fut de ceux qui se fourvoyaient.
176 Si Nous l'avions voulu, Nous l'aurions élevé grâce à Nos signes mais, attaché à ses passions, il[28] resta arrimé à la terre, comparable en cela à un chien qui halète, que tu le chasses ou que tu le laisses en repos. C'est ainsi que se comportent ceux qui traitent Nos signes d'impostures ; édifie-les par ces récits, peut-être les méditeront-ils ?
177 Quel pire exemple que le peuple de ceux qui ont traité Nos signes d'impostures se faisant ainsi du tort à eux-mêmes !
178 Celui que Dieu veut guider : celui-là seul est sur le bon chemin. Et ceux qu'Il égare courent à leur perte.

---

27 Litt. : qui s'en dépouilla *(insalakha)* comme un serpent qui se dépouille de sa peau lors de sa mue.

28 Les commentaires varient pour déterminer l'identité de ce personnage. Pour Ibn Mas'ûd, il s'agirait d'un enfant d'Isrâ'îl appartenant à la communauté de Mûssâ et que ce dernier avait envoyé en apôtre auprès du roi de Madyan. Dévoyé par celui-ci, il aurait renié sa religion pour un vil prix.
Ibn 'Abbâs y voit un homme de la tribu de Kan'ân qui avait connaissance du Nom suprême de Dieu et que Mûssâ aurait délégué auprès de sa tribu afin de les détourner de leur impiété. Après s'être laissé convaincre par le chef de la tribu, l'homme avait invoqué le Nom suprême de Dieu pour empêcher Mûssâ de pénétrer dans la cité. Mûssâ à son tour invoqua Dieu contre cette émissaire félon.
Pour 'Abd Allâh, fils de 'Amr ibn al-'Âss, il s'agirait d'Umayya b. abî al-Salt, connu pour sa science et sa sagesse, qui faillit se convertir à la veille de la bataille de Badr. Toujours est-il que le verset si Nous l'avions voulu, Nous l'aurions élevé grâce à Nos signes concerne cet individu.
Quant à la comparaison qui est faite entre ce personnage et un chien qui halète, elle est justifiée par le fait que cet animal est le seul à haleter en permanence, hiver comme été, fatigué ou non ; de même, l'homme égaré persiste dans son aveuglement, qu'il ait reçu ou non une exhortation.

179 Nous avons en les créant *[destiné]* un grand nombre d'hommes et de
djinns à la Géhenne en leur *[donnant]* un cœur avec lequel ils ne perçoivent rien, des yeux avec lesquels ils ne voient rien, des oreilles avec lesquelles ils n'entendent rien. Ceux-là sont comparables à du bétail, voire plus égarés encore ; ceux-là sont des inconscients !
180 Et c'est à Dieu qu'appartiennent les plus beaux Noms : invoquez-Le par Ses Noms et détournez-vous de ceux qui en font un mauvais usage ; ils seront rétribués en fonction de leurs œuvres.
181 Et parmi ceux que Nous avons créés se dégage une communauté qui a pris la Vérité pour guide et qui juge selon elle avec équité.

**Commentaire** : On rapporte qu'à l'audition de ce verset, le Prophète s'adressant à ses compagnons leur annonça qu'il leur était destiné.

182 Et quant à ceux qui ont traité Nos signes d'impostures, Nous les induirons graduellement en erreur sans même qu'ils s'en rendent compte.
183 Et Je leur accorderai *[de surcroît]* un délai car Mes stratagèmes sont infaillibles.
184 Que n'ont-ils réfléchi : leur compagnon n'est nullement possédé par un djinn ! Il est seulement chargé *[de leur adresser]* une claire mise en garde.
185 Que n'ont-ils observé (litt. : médité) le royaume des cieux et de la terre et toutes ces choses que Dieu a créées *[en considérant]* que leur fin n'était peut-être pas éloignée ? A quel discours ajouteront-ils foi après avoir entendu celui-ci ?[29]
186 Ceux que Dieu veut égarer *[ne trouveront pas]* de guide ; Il les laissera s'aveugler dans leurs débordements.
187 Ils t'interrogent au sujet de l'Heure : A quand son échéance ? Réponds-leur : La connaissance de l'Heure n'appartient qu'à mon Seigneur. Lui Seul la dévoilera en son temps. Son échéance *[prochaine]* pèse aux habitants des cieux et de la terre et elle vous surprendra à l'improviste. Ils t'interrogent comme si la question te préoccupait ! Dis-leur : La connaissance *[de cet événement]* n'appartient qu'à Dieu, mais la plupart des hommes sont dans l'ignorance.

29 Celui-ci, c'est-à-dire le Coran.

188 Dis : Je ne suis en mesure de m'être utile ou de me nuire que dans la mesure où Dieu le veut ; si j'avais eu la connaissance de ce qui est celé, j'aurais cherché à amasser du bien en quantité et j'aurais évité les épreuves ; je ne suis qu'un homme chargé de mettre en garde et d'annoncer la bonne nouvelle à un peuple enclin à croire.

189 C'est Lui qui vous a créés d'une personne (*nafs*, parfois traduit par âme) unique dont Il a tiré l'épouse (litt. : son épouse) afin qu'auprès d'elle il trouve du repos. Et lorsqu'il l'eut couverte, elle conçut un léger fardeau (*hamlan khafîfan*[30]) ; sa grossesse dura (*marrat bihi*) jusqu'à ce qu'ils invoquent leur Seigneur, après qu'elle soit devenue lourde : Seigneur, si Tu nous accordes un enfant pieux nous saurons nous montrer reconnaissants.

190 Et lorsque Dieu leur eut accordé un enfant sain de corps (*sâlihan*), ils Lui attribuèrent des associés en la personne de ce qu'Il leur avait accordé ; exalté soit Dieu au-delà de ce qu'ils Lui associent.

**Commentaire** : La théologie musulmane exclut qu'Adam, en sa qualité de prophète, ait pu attribuer à Dieu un quelconque associé. C'est donc sa postérité que le verset met en cause et non le prophète lui-même, car il est fréquent dans le Coran de substituer le nom d'un prophète à celui de sa communauté selon ce qu'enseigne le verset : Abraham était à lui seul une communauté.

191 Lui associent-ils des idoles qui ne créent rien alors qu'elles sont elles-mêmes créées,

192 et qui ne sont d'aucun secours ni pour eux ni pour elles-mêmes ?

193 Les convieriez-vous à suivre la bonne direction, qu'ils ne vous suivraient pas ; peu leur importe que vous les invoquiez ou que vous restiez muets.

**Commentaire** : Ce sont les idoles qui se soucient fort peu d'être invoquées, que ce soit pour guider autrui ou pour être guidées.

194 Ceux que vous invoquez en excluant Dieu [*de vos invocations*] ne sont que des serviteurs en tout point comparables à vous. Invoquez-les et qu'ils vous exaucent si vous êtes sincères !

195 Ont-ils des pieds pour marcher ? Des mains pour toucher ? Des yeux pour voir ? Des oreilles pour entendre ? Dis-leur : Invoquez vos associés et sans délai tendez-moi un piège !

---

30 Pour certains commentateurs le léger fardeau (*hamlan khafîfan*) n'est pas l'embryon mais le liquide spermatique.
Quant à la phrase : sa grossesse dura, sa traduction repose sur les commentaires qui font de *marra* un synonyme d'*istamarra* (durer). D'autres cependant lui préfèrent son sens littéral de « marcher » ce qui entraînerait la modification suivante : elle conçut un léger fardeau (*hamlan khafîfan*) qui ne l'empêcha pas de marcher jusqu'à ce qu'elle soit devenue lourde.

196 Mon Protecteur n'est autre que Dieu qui a révélé le Livre et qui prend en charge *[les intérêts]* des gens pieux.

197 Ceux que vous invoquez en excluant Dieu *[de vos invocations]* ne peuvent ni vous porter secours ni se secourir eux-mêmes.

198 Les convieriez-vous à suivre la bonne direction qu'ils n'entendraient rien ! Tu les verras fixer sur toi un regard absent[31].

199 Montre-toi indulgent *(khudhi l-'afwa)*, ordonne ce qui est conforme à la coutume *('urf)* et détourne-toi des ignorants.

**Autre traduction possible** : Prélève le surplus de leurs biens *(khudhi l-'afwa)*. Si c'est cette interprétation qui prévaut, il faut savoir que cet « impôt » tenait lieu de *zakât* avant que celle-ci n'ait été imposée par le Coran.

200 Et si tu es victime d'une suggestion diabolique, cherche refuge auprès de Dieu, car Il entend tout et Il est Omniscient.

201 Ceux qui se gardent *[de Dieu]*, lorsqu'ils sont effleurés par un spectre diabolique, se *[Le]* remémorent et les voilà redevenus clairvoyants.

202 Et les démons soutiennent leurs frères dans l'égarement sans aucune retenue.

203 Et si tu ne leur apportes pas de versets, ils s'étonnent : Pourquoi n'en forges-tu pas un ? Réponds-leur : Je ne fais que me conformer à ce qui m'est inspiré de la part de mon Seigneur. Ce *[Coran]* n'est qu'intuitions [inspirées] par votre Seigneur, Guidance et Miséricorde pour un peuple qui y ajoute foi.

**Autre traduction possible** : Et si tu ne leur produis pas de signes, ils s'étonnent : Pourquoi n'en demandes-tu pas un ?

204 Et si l'on vient à réciter le Coran *[devant vous]*, écoutez-le en silence : peut-être vous sera-t-il fait miséricorde !

205 Mentionne ton Seigneur en toi-même, humblement et avec respect, sans élever la voix, à l'aube et au crépuscule et ne sois pas au nombre des insouciants.

206 Ceux qui demeurent auprès de ton Seigneur ne dédaignent pas de L'adorer ; ils proclament Sa gloire et devant Lui se prosternent !

---

31 Litt. : Tu les verras regarder dans ta direction sans voir.

Sourate 8

# Le Butin

*Au Nom de Dieu, le Tout Miséricordieux, le Très Miséricordieux*

1 Ils te questionnent au sujet du butin ; dis*[-leur]* : C'est à Dieu et à Son
Envoyé que revient *[de répartir]* le butin. Craignez donc Dieu, raffermissez les liens qui vous unissent[1] et obéissez à Dieu et à Son Envoyé
si vous êtes croyants.
2 Les véritables croyants sont ceux dont les cœurs palpitent à la mention de Dieu, dont la foi augmente à l'audition de Ses versets[2] et qui
placent leur confiance en Dieu.
3 Ceux qui s'acquittent de la prière et dépensent en aumônes une partie
*(mimmâ)* de ce dont Nous les avons gratifiés,
4 ceux-là sont vraiment des croyants. Des places *[élevées]* leur seront
attribuées auprès de leur Seigneur ; le pardon ainsi qu'une noble
récompense leur seront accordés.
5 De même qu'une fraction des croyants répugnait à ce que ton Seigneur te fasse[3] sortir à bon droit de ta demeure,
6 *[de même]* ils discutent avec toi *[de la nécessité]* du combat *(haqq*[4]*)*
après qu'elle leur soit apparue *[clairement]* ; on dirait qu'on les conduit
à une mort *[certaine]* et qu'ils regardent *[sans pouvoir réagir]*.
7 *[Souviens-toi]* lorsque Dieu vous eut promis de vous emparer de l'un
des deux groupes (la caravane ou les combattants) ; vous eussiez aimé
vous emparer de celui qui n'offrait pas de résistance ! Dieu cependant
voulut manifester la Vérité par Ses paroles et décimer jusqu'au dernier mécréant,
8 afin de faire triompher la Vérité et de dissiper l'erreur, n'en déplaise
aux criminels.

1 Ou encore : Craignez Dieu et maintenez la concorde entre vous.
2 Litt. : lorsqu'on leur lit Ses versets.
3 Litt. : t'ait fait.
4 Litt. : la vérité ; la vérité dont il s'agit ici est précisément le combat.

9 Et lorsque vous imploriez le secours de votre Seigneur et qu'Il vous
exauça : Je vous apporterai le soutien de mille anges se succédant *[au
combat]*.
10 Dieu ne fit de ce soutien qu'une bonne nouvelle destinée à apaiser
votre cœur et la victoire ne saurait venir que de Dieu, car Il est Puis-
sant et Sage.
11 *[Souvenez-vous aussi]* lorsque le sommeil vous envahit en guise d'apai-
sement de Sa part et qu'Il fit tomber sur vous la pluie afin de vous
purifier et de vous préserver des suggestions diaboliques, de fortifier
vos cœurs et de raffermir vos pas,
12 lorsque ton Seigneur révéla aux anges : Je suis avec vous ! Confortez
ceux qui ont la foi : J'inspirerai *[quant à Moi]* la crainte au cœur des
mécréants. Frappez-les à la nuque ! Frappez-leur tous les doigts !
13 Cela pour avoir témoigné de l'hostilité à Dieu et à Son Envoyé et
Dieu châtie avec sévérité ceux qui Lui témoignent de l'hostilité ainsi
qu'à Son Envoyé.
14 Goûtez à ce châtiment et *[sachez]* que les mécréants sont voués au
supplice du feu.
15 Ô vous qui avez la foi, si vous rencontrez les mécréants qui marchent
contre vous ne leur tournez pas le dos !
16 Ceux qui leur tourneront le dos ce jour-là — à moins que ce ne soit
pour infléchir le combat ou pour rallier un autre groupe *[de combat-
tants]* — encourent la colère de Dieu, la Géhenne leur tiendra lieu de
refuge. Quel détestable avenir !

**Commentaire :** A moins que ce ne soit pour infléchir le combat en feignant la fuite pour mieux se retourner contre un adversaire trop sûr de lui.

17 Ce n'est pas vous qui les avez tués mais c'est Dieu *[Lui-même]* qui les a tués ! Et ce n'est pas Toi qui as lancé lorsque tu as lancé, mais c'est Dieu qui a lancé ! afin de donner aux croyants un gage de Sa faveur et Dieu entend et sait tout.

**Commentaire :** Le jour de Badr, le Prophète ramassa une poignée de graviers qu'il lança en direction des Qurayshites provoquant ainsi leur défaite.

18 Telle *[est Sa faveur à votre endroit]* et Dieu réduira à rien les stratagèmes des mécréants !

19 Demandiez-vous la victoire ? Elle a bien été remportée mais à votre détriment et si vous renoncez *[aux hostilités]*[5] cela sera préférable pour vous. Mais si vous reprenez *(ta'ûdû)* *[le combat]*, Nous recommencerons *(na'ud)* les représailles et vos partisans, fussent-ils nombreux, ne vous seront d'aucune utilité car Dieu est aux côtés[6] des croyants.

**Commentaire :** On rapporte en effet que les Qurayshites, notamment Abû Jahl, demandaient à Dieu d'accorder la victoire à la faction qui avait Ses faveurs.

20 Ô vous qui avez la foi, obéissez à Dieu et à Son Envoyé et ne vous détournez pas de lui alors que vous écoutez *[ses exhortations]*.

21 Et ne vous comportez pas comme ceux qui ont prétendu entendre alors qu'ils n'entendaient rien *[à ce qu'on leur disait]*.

22 Il n'est de pires bestiaux au regard de Dieu que les bestiaux sourds-muets dépourvus de raison !

23 Si Dieu avait su qu'il y avait quelque bien en eux, Il les aurait mis en situation d'entendre. *[Malheureusement]*, s'Il leur avait donné d'entendre, ils se seraient enfuis en se détournant *[de Ses enseignements]*.

24 Ô vous qui avez la foi, répondez à *[l'appel de]* Dieu et de Son Envoyé lorsqu'Ils vous convient à ce qui est vital pour vous (ou : à ce qui vous donne vie) et sachez que Dieu S'interpose entre l'homme et son propre cœur et que c'est auprès de Lui que vous serez rassemblés.

25 Et prémunissez-vous contre une sédition qui n'atteindra pas uniquement ceux d'entre vous qui auront fait preuve d'iniquité, tout en sachant que Dieu châtie avec la plus grande sévérité !

5 Ou encore : à la mécréance.

6 Litt. : avec.

26 Souvenez-vous lorsque vous étiez peu nombreux et méprisés sur
cette terre *[mecquoise]*, craignant que les gens ne vous enlèvent ; Dieu
vous a alors accordé un refuge, Il vous a raffermis de Son soutien et
vous a gratifiés d'aliments sains[7] afin que vous *[Lui]* témoigniez de la
reconnaissance.
27 Ô vous qui avez la foi, ne trahissez pas sciemment ce que l'on vous a
confié car, ce faisant, vous trahiriez Dieu et Son Envoyé.
28 Et sachez que vos enfants et vos biens ne sont qu'une tentation et que
Dieu dispose auprès de Lui d'une magnifique récompense.
29 Ô vous qui avez la foi, si vous vous gardez de Dieu Il vous accordera
du discernement, vous remettra vos fautes et vous pardonnera *[vos
péchés]* et Dieu détient une faveur immense !
30 *[Souviens-toi, ô Prophète,]* lorsque les mécréants te tendirent un piège
en vue de te capturer, de te tuer ou de te bannir ! Ils usaient d'artifices
*[contre toi]* mais Dieu déjoua leurs ruses et Dieu est le plus fin des
stratèges !
31 Lorsqu'on leur récite Nos versets, ils s'exclament : Nous *[les]* avons
déjà entendus ; si nous l'avions voulu, nous aurions dit la même chose,
ce ne sont là que d'antiques légendes[8] !
32 *[Souviens-toi]* lorsqu'ils dirent : Mon Dieu, si tout cela est bien la
Vérité *[révélée]* de Ta part, fais en sorte que le ciel déverse sur nous
une pluie de pierres ou inflige-nous un châtiment douloureux !
33 Or Dieu n'est pas enclin à les châtier tant que tu es parmi eux et Il
n'est pas davantage enclin à les châtier alors que *[les croyants]* demandent pardon.

---

7 C'est-à-dire goûteux et licites. Certains commentaires estiment qu'il s'agit là du butin dérobé à la guerre.

8 Litt. : des anciens. Ou encore : de vieilles fables.

34 Et qu'ont-ils donc pour eux qui fait que Dieu ne les châtierait pas alors qu'ils détournent *[les gens]* de la Mosquée sacrée dont ils n'ont nullement la charge ? Seuls en ont la charge ceux qui se prémunissent *[du châtiment]* mais la plupart d'entre eux sont dans l'ignorance.

**Autre traduction possible** : La phrase : dont ils n'ont nullement la charge traduit l'expression arabe *mâ kânû awliyâ'ahu*, cela si l'on considère que le pronom *hu* final se rapporte à la Mosquée sacrée. Si l'on estime qu'il se rapporte à Dieu, il faudra traduire ainsi : et qu'ils ne sont nullement Ses protégés.

35 Leur seule prière auprès du Temple consiste à siffler et à battre des mains ; goûtez donc au supplice pour prix de votre mécréance.

**Commentaire** : Lorsque les musulmans entamaient leurs prières, les Qurayshites se livraient en effet à ces singeries en vue de les faire tromper.

36 Certes les mécréants dépensent leurs biens en vue de détourner *[les hommes]* de la voie de Dieu ; une fois qu'ils les auront dépensés ils seront pour eux une source de regret, puis ils seront vaincus et ceux qui font profession de mécréance seront rassemblés dans la Géhenne.
37 Cela afin que Dieu distingue le bon grain de l'ivraie[9] et qu'Il entasse l'ivraie et la compresse à destination de la Géhenne ; ceux-là sont voués à la perdition.
38 Dis aux mécréants que s'ils renoncent à leurs dénégations le passé leur sera pardonné, mais s'ils récidivent, *[qu'ils méditent]* sur le passé édifiant des peuples anciens.
39 Combattez-les afin que la sédition ne se répande pas et que la religion soit consacrée exclusivement à Dieu, et s'ils renoncent *[au polythéisme, qu'ils sachent]* qu'aucune de leurs œuvres n'échappe au regard de Dieu[10].
40 Mais s'ils se détournent, sachez que Dieu n'en est pas moins votre Maître. Quel excellent Maître ! et quel excellent Soutien !

9 Litt. : le vil du noble.
10 Litt. : que Dieu voit parfaitement tout ce qu'ils font.

41 Et sachez que, quel que soit le butin dont vous vous êtes emparés, le cinquième[11] en revient à Dieu et à *[Son]* Envoyé ainsi qu'à sa parenté, aux orphelins, aux indigents et aux voyageurs, si vous croyez en Dieu et à ce que Nous avons révélé à Notre Envoyé le jour du discernement, *[c'est-à-dire]* le jour où les deux partis se sont affrontés *[à la bataille de Badr]* et Dieu est Omnipotent.
42 Vous vous trouviez alors sur le versant le plus proche et eux sur le versant éloigné, tandis que la caravane était en contrebas. Si vous vous étiez concertés, vous n'auriez pas été exacts au rendez-vous, *[mais il fallait]* que Dieu mène à bien une affaire déjà décidée[12] afin que ceux dont c'était le destin périssent preuves en main et que ceux dont c'était le destin survivent preuves en main ; certes Dieu voit et connaît toute chose !
43 *[Souviens-toi]* lorsque Dieu te fit voir en rêve le petit nombre de tes ennemis : s'Il te les avait fait voir nombreux, votre détermination aurait faibli et vous auriez divergé quant à la décision *[à prendre]*, mais Dieu vous en a préservés car Il sait fort bien ce que recèlent les cœurs.
44 *[Souviens-toi]* lorsqu'au cours de l'affrontement Dieu vous les fit voir moins nombreux *[qu'ils n'étaient]* et que pareillement Il réduisit votre nombre à leurs yeux, cela afin qu'Il mène à bien une affaire déjà décidée *[de toute éternité]* et c'est à Dieu que revient toute chose.
45 Ô vous qui avez la foi, lorsque vous rencontrez une faction ennemie, faites preuve de fermeté et souvenez-vous fréquemment de Dieu : sans doute[13] réussirez-vous !

**Commentaire du verset 42**: Le jour de Badr, les musulmans étaient partagés entre deux options : la poursuite de la caravane conduite par Abû Sufyân ou l'affrontement avec les Qurayshites. Ces derniers s'étant interposés entre eux et la caravane, ils n'eurent plus d'autre choix que de les affronter. Ils se retrouvèrent au point d'eau de Badr avec une

11 Bien que le verset soit clair, les juristes ne sont pas tous d'accord pour déterminer les catégories qui doivent bénéficier de ce cinquième *(khums)*. Pour les uns il convient de le diviser en six :
— une partie destinée à la construction et l'entretien de la Ka'ba ;
— une autre destinée au Prophète, puis au calife après la mort de celui-ci ;
— une revenant à la famille du Prophète - sur lui la grâce et la paix - ;
— une allouée aux indigents ;
— une autre aux orphelins ;
— une dernière enfin aux voyageurs.
Selon Shâfi'î, le royaume tout entier appartient à Dieu. Ce n'est donc que de manière purement symbolique que Celui-ci S'est attribué une part. Mâlik laisse à l'imâm le soin d'attribuer le *khums*. Quant à Abû Hanîfa, il l'accorde à trois catégories seulement : les indigents, les orphelins, et les voyageurs.

12 Litt. : afin que Dieu décidât d'une chose déjà faite.

13 Litt. : peut-être.

précision d'autant plus étonnante qu'ils ne s'étaient pas concertés au préalable. Dans ce verset, Dieu veut attirer l'attention des croyants sur le fait qu'il vaut parfois mieux s'en remettre à Dieu que de vouloir absolument tout planifier dans le détail.
Pour d'autres commentateurs, la concertation manquée est celle qui aurait dû permettre d'établir le rendez-vous de Badr entre les musulmans et les polythéistes. Les musulmans qui ignoraient tout du rapport des forces en présence se rendirent au combat en toute « quiétude ». Mais il est probable que, s'ils avaient été mis au courant de ce qui les attendaient, certains auraient été tentés de faire défection. La sagesse qui se dégage de ces deux commentaires c'est qu'une certaine forme d'ignorance peut être qualifiée à bon droit de « docte ignorance ».

46 Et obéissez à Dieu et à Son Envoyé sans vous livrer à des querelles qui entameraient votre courage et votre enthousiasme et soyez persévérants car Dieu est aux côtés[14] de ceux qui font montre de constance.

47 Et ne vous comportez pas comme ceux qui partirent au combat *[en affichant]* une arrogance ostentatoire tout en détournant les hommes de la cause de Dieu, *[sachant]* que Dieu cerne leurs œuvres.

48 *[Souvenez-vous]* lorsque le diable embellit leurs œuvres à leurs yeux et leur promit : En ce jour, nul homme ne sera en mesure de vous vaincre, car je suis votre protecteur ; mais lorsque les deux armées furent en présence, il tourna les talons en leur lançant : Je me désolidarise de vous car je vois ce que vous ne voyez pas. Pour ma part, je crains Dieu car Dieu châtie avec sévérité.

**Commentaire** : Lorsque les Qurayshites se rendirent à Badr, Iblîs prit la forme de Surâqa b. Mâlik afin de les rassurer sur le comportement de sa tribu dont ils redoutaient les attaques en leur affirmant qu'il serait leur protecteur.

49 *[Souviens-toi]* des propos que tinrent les hypocrites ainsi que ceux dont les cœurs recelaient une maladie : ceux-là sont aveuglés[15] par leur religion ! Dieu *[accorde cependant la victoire]* à ceux qui s'en remettent à Lui car Il est Puissant et Sage.

50 Si seulement tu pouvais voir les mécréants lorsque les anges les font périr en les frappant au visage et aux reins *[et en leur lançant]* : Goûtez au supplice du feu !

51 Cela *[vous est dû]* pour prix de ce qu'ont acquis vos mains ! Et [en aucun cas][16] Dieu n'est injuste vis-à-vis de Ses serviteurs.

52 Imitant les habitudes de la famille de Pharaon et de ceux qui les ont précédés, ils ont traité Nos Signes de mensonges ; Dieu les a châtiés de leurs péchés car Il est Puissant[17] et Il châtie avec sévérité.

14 Litt. : avec.
15 Litt. : illusionnés.
16 En aucun cas : ce rajout traduit la forme intensive *zallâm*.
17 Litt. : Fort, *Qawiyy*.

53 Dieu n'est pas enclin à priver[18] un peuple des faveurs qu'Il lui a accordées tant qu'il ne modifie pas lui-même sa condition : Dieu entend et sait tout.

**Commentaire :** L'élection dans le domaine spirituel ne constitue jamais un acquis définitif ; tant que le « peuple élu » (et ce, quel que soit ce peuple) observe les clauses qui constituent précisément le gage de l'élection, celle-ci lui est consentie. En revanche, s'il rompt « l'alliance », il chute d'autant plus lourdement qu'il avait bénéficié de faveurs insignes.

54 Imitant les habitudes de la famille de Pharaon et de ceux qui les ont précédés, ils ont traité de mensonges les Signes de leur Seigneur ; Nous avons alors noyé l'entourage de Pharaon, car tous étaient des individus iniques.

55 Les pires des bestiaux au regard de Dieu sont les mécréants privés de foi

56 qui violent systématiquement l'engagement que tu as contracté avec eux et qui ne se prémunissent de rien.

57 Si tu les rencontres en temps de guerre, contrains à la fuite ceux qui viennent derrière eux en leur *[infligeant un châtiment exemplaire]* destiné à les faire réfléchir.

58 Et si jamais tu redoutes la félonie d'une faction, dénonce *[le pacte qui vous lie en les en informant ; ainsi vous serez]* sur un pied d'égalité, car Dieu n'aime pas les félons.

59 Et ne va pas t'imaginer que les mécréants sont tirés d'affaire car ils ne sauraient Nous échapper.

60 Et préparez pour les combattre toute la force dont vous disposez ainsi que les chevaux parqués *[à cet effet]*. Vous terroriserez ainsi l'ennemi de Dieu et le vôtre ainsi que des ennemis dont vous ignorez l'identité et que Dieu Seul connaît[19]. Et tout ce que vous dépenserez pour la cause de Dieu vous sera restitué intégralement et vous ne serez pas lésés.

61 Et s'ils sont enclins à la paix accède à leur requête[20] et remets-t'en à Dieu car Il entend et sait tout.

18 Litt. : à modifier.

19 Ce passage contient une allusion aux hypocrites.

20 Litt. : tends également vers elle.

62 Et s'ils comptent[21] te trahir *[sache]* que Dieu te suffit ; c'est Lui qui t'a raffermi de Son assistance et *[de celle]* des croyants,
63 et qui a mis leurs cœurs à l'unisson. Eusses-tu dépensé tout l'or du monde[22] que tu n'y serais pas parvenu, mais c'est Dieu qui a rétabli la concorde entre eux car Il est Puissant et Sage.

**Commentaire :** Ce passage, bien que d'une portée plus générale, contient une allusion aux deux tribus médinoises des Aws et des Khazraj qui se disputaient la suprématie de la cité avant l'avènement de l'Islam. Leur conversion mettra fin à leurs querelles intestines.

64 Ô Prophète, Dieu te suffit ainsi que ceux des croyants qui t'ont suivi !
65 Ô Prophète, incite les croyants au combat : s'il s'en trouve vingt parmi eux qui fassent montre de constance, ils auront le dessus sur deux cents mécréants ; et s'il s'en trouve cent, ils parviendront à en vaincre un millier, car ce sont des gens *(les mécréants)* dépourvus d'entendement.
66 Désormais, Dieu, sachant que vous accusiez une certaine faiblesse, va alléger votre fardeau : s'il s'en trouve cent parmi vous capables de fermeté, ils l'emporteront sur un millier *[de mécréants]* et s'il s'en trouve un millier, ils en vaincront deux mille avec la permission de Dieu car Dieu est aux côtés de ceux qui font montre de constance.
67 Il n'appartient pas à un prophète de faire des prisonniers jusqu'à ce qu'il les élimine de la surface de la terre. Vous convoitez les biens de ce monde alors que Dieu veut *[pour vous]* l'Ultime Demeure, et Dieu est Puissant et Sage.
68 N'était ce que Dieu vous avait précédemment destiné, un terrible châtiment se serait abattu sur vous à cause de ce que vous vous êtes approprié.

**Commentaire :** Après la bataille de Badr, le Prophète offrit la liberté à certains prisonniers en échange d'une rançon tandis que d'autres, plus pauvres, étaient tenus d'enseigner l'écriture à ceux des musulmans qui l'ignoraient, afin de la recouvrer. Dieu lui reproche cette mansuétude comme Il reproche aux musulmans leur convoitise pour avoir préféré une rançon au surcroît de puissance que leur aurait conféré l'anéantissement des prisonniers. Cette attitude leur sera néanmoins pardonnée puisque, de toute éternité, Dieu avait prescrit aux musulmans la licéité du butin.

69 Profitez du butin dont vous vous êtes emparés comme d'un bien licite et savoureux et gardez-vous de Dieu car Dieu est Pardonneur et Miséricordieux.

---

21 Litt. : veulent.
22 Litt. : tous les biens de la terre.

70 Ô Prophète, dis aux prisonniers qui sont entre vos mains que, si Dieu décèle la moindre foi en leur cœur, Il leur restituera un bien plus précieux que celui qui leur a été dérobé et Dieu est Pardonneur et Très Miséricordieux.
71 Et *[qu'ils se souviennent]*, s'ils veulent te trahir, qu'ils ont déjà failli à Dieu qui les a mis en ton pouvoir, et Dieu est Puissant et Sage.
72 Ceux qui ont acquis la foi, qui ont accompli l'Hégire, qui ont combattu pour la cause de Dieu *[en faisant don]* de leurs biens et de leurs personnes, et ceux qui leur ont offert un refuge et les ont soutenus, ceux-là sont alliés les uns des autres. Quant à ceux qui ont la foi mais qui n'ont pas encore accompli l'Hégire, il ne vous appartient pas de leur offrir la moindre alliance tant qu'ils n'auront pas émigré. Toutefois, s'ils vous demandent votre appui pour défendre leur religion, vous êtes tenus de leur porter secours à moins que ce ne soit contre un peuple auquel vous êtes liés par un pacte et Dieu ne perd pas de vue[23] ce que vous faites.
73 Quant aux mécréants, ils sont alliés les uns des autres ; si vous n'adoptez pas ces conventions, il en résultera un grand trouble et la corruption sur terre.
74 Ceux qui ont eu la foi, qui ont accompli l'Hégire et qui ont combattu pour la cause de Dieu et ceux qui leur ont offert un refuge et les ont soutenus, ceux-là sont d'authentiques croyants ; ils auront droit au pardon *[divin]* et à une noble récompense.
75 Quant à ceux qui auront affiché leur foi ultérieurement, qui auront accompli l'Hégire et combattu à vos côtés[24], ceux-là sont des vôtres ; enfin ceux qui sont liés par le sang sont plus proches les uns des autres au regard du Livre de Dieu car Dieu est Omniscient.

23 Litt. : voit fort bien.

24 Litt. : avec vous.

Sourate 9

## L'Immunité ou le Repentir

1 Ceci est un désaveu adressé par Dieu et Son Envoyé à ceux d'entre les polythéistes avec lesquels vous aviez passé un pacte.

2 Vous pourrez évoluer dans le pays pendant quatre mois *[sans être inquiétés]* et sachez que vous n'échapperez pas à *[la vindicte de]* Dieu et que Dieu infligera une humiliation aux mécréants.

3 Annonce est faite aux hommes le jour du pèlerinage suprême que Dieu et Son Envoyé se sont dégagés de tout engagement vis-à-vis des polythéistes[1]. Si vous vous repentez cela sera préférable pour vous, mais si vous vous détournez sachez que vous n'échapperez pas à Dieu et mets les mécréants en garde contre un châtiment douloureux,

4 exception faite de ceux d'entre eux avec lesquels vous aviez contracté un pacte et qui l'ont respecté à la lettre[2] sans jamais prêter main forte à quelqu'un contre vous ; *[pour ceux-là]* menez le pacte conclu avec eux à son terme car Dieu aime ceux qui se gardent *[de la trahison]*.

5 Une fois les mois sacrés parvenus à leur terme, alors tuez les polythéistes où que vous les rencontriez : capturez-les, assiégez-les, épiezles de tous les postes de guet[3] et, s'ils se repentent, accomplissent la prière et acquittent l'aumône légale, laissez-leur la voie libre, car Dieu est Pardonneur et Miséricordieux.

6 Et si l'un des polythéistes demande ta protection accorde-la lui afin qu'il écoute la Parole de Dieu puis fais-le reconduire en lieu sûr, *[cette clémence leur étant accordée]* parce qu'il s'agit d'un peuple d'ignorants.

---

1 Ou encore : ont dénoncé tout lien... Le pèlerinage suprême s'entend ici par rapport au pèlerinage « mineur » appelé en arabe *'umra*.

2 Litt. : et qui ne l'ont violé en rien.

3 Hamza Bû Bakr traduit assez heureusement par tendez-leur des embuscades bien que ce ne soit pas tout à fait le sens littéral.

7 Comment les polythéistes pourraient-ils bénéficier d'un tel pacte avec Dieu et Son Envoyé, exception faite de ceux avec lesquels vous avez contracté un engagement dans la Mosquée sacrée ? Tant qu'ils se montreront loyaux avec vous montrez-vous loyaux avec eux car Dieu aime ceux qui se prémunissent.

8 *[Comment pourraient-ils bénéficier d'un tel pacte]* alors que, lorsqu'ils ont le dessus sur vous, ils ne respectent[4] à votre égard ni les liens du sang ni leurs engagements ? Ils cherchent à vous satisfaire de leurs bouches mais leurs cœurs s'y refusent et la plupart d'entre eux sont des pervers.

9 Ils ont troqué les signes de Dieu à un vil prix tout en détournant les gens de Sa voie[5]. Quel comportement exécrable !

10 Ils ne respectent[6] à votre égard ni les liens du sang ni leurs engagements : ce sont eux les transgresseurs !

11 S'ils s'amendent, accomplissent la prière et acquittent l'aumône légale, alors ils seront vos frères en religion. Nous détaillons Nos signes pour un peuple enclin au savoir[7].

12 Et s'ils rompent leurs engagements en se parjurant et qu'ils blasphèment contre votre religion, alors combattez les chefs de file de la mécréance car ils n'ont pas de parole[8] et ce afin qu'ils cessent *[les hostilités]*.

13 Pourquoi ne combattriez-vous pas un peuple qui a violé ses serments, qui a songé à bannir l'Envoyé *[de Dieu]* et qui a entamé les hostilités ? Les craignez-vous donc ? Vous avez bien plus de raisons de redouter Dieu si vous êtes d'authentiques croyants !

---

4 Litt. : ils n'observent, ils ne tiennent pas compte.

5 Ou encore : de Sa cause.

6 Litt. : Ils n'observent, ils ne tiennent pas compte.

7 Litt. : qui sait.

8 Litt : ils n'ont pas de serments.

14 Combattez-les ! Dieu les châtiera de vos mains et les humiliera ; Il vous accordera la victoire contre eux et apaisera les cœurs d'un peuple de croyants,
15 et Il dissipera la colère *[qui vous rongeait]* le cœur ; et Dieu agrée le repentir de qui Il veut et Il est Tout de science et de sagesse.
16 Vous étiez-vous imaginé que vous seriez laissés à l'écart alors que Dieu ne connaissait pas encore ceux d'entre vous qui combattraient *[pour Sa cause]* et qui ne prendraient pas d'intimes en dehors de Dieu, de Son Envoyé et des croyants ? Et Dieu est parfaitement Informé de ce que vous faites !

**Commentaire** : Au regard de l'Islam Dieu n'a nul besoin de voir les événements se dérouler pour en connaître l'issue ; le début du verset ne peut être considéré que comme une façon de parler destinée à couper court aux arguments de ceux qui seraient tentés de se prévaloir d'une attitude exemplaire sans avoir été éprouvés.

17 Il n'appartient pas aux polythéistes de fréquenter les mosquées de Dieu tout en portant contre eux-mêmes un témoignage de leur mécréance ; ceux-là sont ceux dont les œuvres seront réduites à néant et ils demeureront à jamais dans le feu.
18 Seuls sont habilités à fréquenter les mosquées[9] de Dieu ceux qui croient en Dieu et au Jour dernier, qui accomplissent la prière et acquittent l'aumône prescrite et qui ne redoutent que Dieu : il se peut que ceux-là soient bien dirigés.
19 Avez-vous fait de la charge qui consiste à abreuver les pèlerins ou à entretenir le Temple un équivalent de la foi en Dieu et au Jour dernier et du combat pour la cause de Dieu ? Au regard de Dieu ce ne sont nullement des choses équivalentes et Dieu ne guide pas le peuple des injustes.

**Commentaire** : Tandis qu'al-'Abbâs s'enorgueillissait d'être en charge des pèlerins et que Talha b. Munnabih faisait valoir ses « droits » sur la Ka'ba dont il détenait les clefs, sayyidnâ 'Alî fit remarquer qu'il s'était converti avant la plupart des croyants et qu'il avait longtemps combattu aux côtés de l'Envoyé de Dieu. Ce verset fut révélé pour le conforter contre ses « adversaires ».

20 Ceux qui ont eu la foi, qui ont accompli l'Hégire et qui ont combattu pour la cause de Dieu *[en sacrifiant]* leurs personnes et leurs biens, occuperont une place plus élevée auprès de Dieu : ceux-là connaîtront la réussite.

---

9 L'imâm Mâlik, après avoir établi un lien entre les polythéistes *(mushrikîn)* et les autres catégories de mécréants *(kuffâr)*, leur interdit non seulement l'entrée de la Mosquée sacrée mais de tous les lieux de culte musulman. Plus souple, Abû Hanîfa s'en tient au texte qui, malgré le pluriel employé, ne vise qu'à interdire l'accès de La Mecque et autorise les non-musulmans à visiter les mosquées en vue de les inviter à l'Islam.

21 Leur Seigneur leur fait part de Sa Miséricorde et de Sa satisfaction et leur annonce que des jardins leur sont destinés où ils goûteront à des plaisirs durables[10].
22 Ils y demeureront à jamais car Dieu détient auprès de Lui une récompense sublime.
23 Ô vous qui avez la foi, ne prenez ni vos pères ni vos frères pour alliés s'ils préfèrent la mécréance à la foi. Ceux d'entre vous qui s'en font des alliés affichent leur iniquité.
24 Dis-leur : Si vos pères, vos fils, vos frères, vos épouses, votre parenté, les biens que vous avez acquis, un commerce dont vous redoutez la récession et des demeures qui vous sont agréables vous sont plus chers que Dieu et Son Envoyé et que le combat pour la cause de Dieu, eh bien attendez donc l'échéance de l'Ordre divin et Dieu ne saurait guider le peuple des pervers.
25 Dieu vous a secourus victorieusement dans de nombreuses situations, mais le jour de Hunayn alors que vous étiez satisfaits de votre grand nombre — qui ne vous servit pourtant à rien — et que la terre malgré son ampleur vous paraissait trop exiguë pour vous contenir, vous avez tourné le dos en fuyant !

**Commentaire :** Le jour de Hunayn les musulmans se retrouvèrent douze mille hommes avant d'entamer le combat ce qui fit dire à certains imprudents qu'ils ne pourraient connaître la défaite eu égard à leur nombre. Rapidement la bataille tourna à leur désavantage et le Prophète se retrouva seul en compagnie d'un très petit nombre de combattants. Il se saisit alors, comme à Badr, d'une poignée de graviers qu'il lança en direction des polythéistes en criant : « Que vos visages soient défigurés ! ». Puis il ordonna de rallier les musulmans qui s'étaient enfuis en leur lançant un rappel au combat afin qu'ils se reprennent. En peu de temps la situation était renversée. Par cet exemple, Dieu voulut signifier aux musulmans que ni le nombre ni la puissance terrestre ne sont en mesure de renverser le cours du destin ; seules importent au regard de Dieu la droiture de l'intention et la conscience de notre faiblesse.

26 Puis Dieu fit descendre Sa Paix *(Sakîna)* sur Son Envoyé et sur les croyants ainsi que des armées invisibles à vos yeux et Il châtia les mécréants en rétribution de leur mécréance.

10 Ou encore : des jardins dans lesquels ils jouiront d'une béatitude permanente, ou encore : d'un plaisir sans fin.

27 Puis, après cette épisode, Dieu accepta le repentir des personnes de Son choix et Dieu est Pardonneur et Miséricordieux.
28 Ô vous qui avez la foi, les polythéistes ne sont que souillure ; qu'ils ne s'approchent donc plus de la Mosquée sacrée une fois cette année révolue. Si vous redoutez la pauvreté, Dieu, s'Il le veut, vous accordera une faveur telle que vous puissiez vous passer *[d'eux]*, car Dieu est Tout de science et de sagesse.

**Commentaire** : Il ne faut pas oublier que les pèlerins qui se rendaient à La Mecque constituaient une source de revenus considérables pour les Mecquois et que ce fut même un des sujets de divergence majeur entre le Prophète et les polythéistes, ces derniers redoutant que l'attitude des nouveaux convertis vis-à-vis des idoles du temple ne fasse fuir leurs adorateurs. Dieu se montre rassurant pour les croyants en leur promettant Son soutien en cas de nécessité.

29 Combattez ceux d'entre les gens du Livre qui ne croient ni en Dieu ni au Jour dernier, qui ne considèrent pas comme illicite ce que Dieu a interdit et qui ne professent pas la religion de la Vérité, jusqu'à ce qu'ils acquittent la capitation de la main à la main[11] en signe d'humiliation.
30 Les juifs ont prétendu que 'Uzayr était le fils de Dieu, de même que les chrétiens ont prétendu que le Messie était le fils de Dieu : telles sont les énormités que profèrent leurs bouches, *[en tout point]* semblables à celles de ceux qui les ont précédés dans la mécréance. Dieu les maudisse[12] ! Comment peuvent-ils mentir ainsi !
31 Ils ont fait de leurs rabbins, de leurs moines et du Messie fils de Maryam, des seigneurs tout en excluant Dieu *[de la souveraineté]*, alors qu'on leur avait seulement ordonné d'adorer un Dieu Unique *[tel qu']* il n'est de divinité que Lui : Gloire à Lui au-delà de tout ce qu'ils Lui associent.

11 Ou encore : jusqu'à ce qu'ils acquittent la capitation avec soumission en signe d'humiliation.
12 Litt. : les combatte.

32 De leurs bouches ils veulent éteindre la lumière de Dieu, mais Dieu n'aura de cesse d'en parachever l'éclat, n'en déplaise aux mécréants[13].
33 C'est Lui qui a envoyé Son Prophète avec la guidance et la religion de la Vérité afin de la faire prévaloir sur toutes les autres, n'en déplaise aux polythéistes.
34 Ô vous qui avez la foi, un grand nombre de rabbins et de moines s'emparent des biens des gens de manière illicite en détournant autrui de la voie de Dieu ; annonce un châtiment douloureux à ceux qui thésaurisent l'or et l'argent sans les dépenser pour la cause de Dieu :
35 le Jour où ces métaux seront portés au rouge en étant exposés au feu de la Géhenne et où on les leur appliquera sur le front, le dos, et les côtés, *[on leur dira]* : Voici ce que vous aviez épargné pour votre compte, goûtez maintenant à ce que vous thésaurisiez.
36 Devant Dieu, le nombre de mois est de douze selon les Écritures ; il en est ainsi depuis le jour où Dieu a créé les cieux et la terre. Quatre d'entre eux sont sacrés : telle est la religion de la rectitude. *[Particulièrement]* durant ces mois, abstenez-vous de vous faire du tort à vous-mêmes et combattez les polythéistes en toutes occasions de même qu'ils vous combattent en toutes occasions et sachez que Dieu est aux côtés de ceux qui se prémunissent.

13 Ou encore : dût-Il pour cela déplaire aux mécréants.

37 Reporter la sacralité d'un mois sur un autre *(al-nasî')* constitue une escalade dans la mécréance. Par cette pratique Dieu égare *[encore davantage]* les mécréants qui considèrent *[arbitrairement]* tel mois comme sacré une année et comme profane l'année suivante, cela afin que le nombre de mois *[qu'ils ont décrétés]* sacrés concorde avec celui établi par Dieu. Leurs œuvres les plus perverses ont été embellies à leurs yeux et Dieu ne guide pas le peuple des mécréants.

**Commentaire :** Comme la guerre était proscrite au cours des quatre mois sacrés, les polythéistes, lorsqu'ils étaient en guerre et qu'ils abordaient l'un de ces mois lui ôtaient arbitrairement ce caractère afin de poursuivre les combats ; puis ils réattribuaient cette sacralité à un autre mois afin que leur nombre reste stable, pratique que le Coran dénonce comme un « jeu » malhonnête.

38 Ô vous qui avez la foi, qu'aviez-vous, lorsqu'on vous demanda de vous enrôler pour la cause de Dieu, à faire défection[14] ? Préfériez-vous la vie de ce monde à celle de l'Ultime Demeure ? Or, les biens de ce monde ne sont que peu de choses comparés à ceux de l'Ultime Demeure !

39 Si vous ne vous engagez pas, Dieu vous infligera un châtiment douloureux. Il vous remplacera par un autre peuple et vous ne pourrez Lui faire le moindre tort car Dieu est Omnipotent.

40 Si vous lui refusez votre secours (c'est-à-dire au Prophète), *[sachez que]* Dieu l'avait déjà secouru lorsque les mécréants l'*[avaient contraint]* à l'exil : ils étaient alors deux en tout et pour tout[15] dans la grotte lorsqu'il dit à son compagnon : Ne t'afflige pas car Dieu est avec nous ! Dieu fit alors descendre Sa Paix sur lui et le soutint par des armées invisibles à vos yeux puis Il fit en sorte que la Parole de Dieu ait le dessus et que celle des mécréants soit étouffée[16] et Dieu est Puissant et Sage.

14 Litt. : à vous alourdir comme si vous étiez cloués au sol ?

15 Litt. : il était le deuxième de deux.

16 Litt. : ait le dessous.

41 Engagez-vous quelle que soit la difficulté[17] (ou encore : *[que vous soyez]* faibles ou forts) et combattez pour la cause de Dieu *[en sacrifiant]* vos biens et vos personnes : cela sera préférable pour vous si vous connaissez *[votre intérêt]*.

42 Ah ! s'il s'était agi d'un objectif facile ou d'une brève expédition, ils t'auraient sans nul doute suivi, mais que le chemin leur paraissait long ! Ils te jureront en prenant Dieu à témoin[18] : Si nous l'avions pu, nous serions partis avec vous ! *[Ce disant]*, ils provoquent leur propre perte, car Dieu sait qu'ils ne sont que des menteurs.

43 Dieu te pardonne ! Pourquoi leur as-tu permis *[de faire défection]* avant de pouvoir distinguer les menteurs de ceux qui étaient sincères ?

**Commentaire** : Le jour de Tabûk les hypocrites présentèrent des excuses afin de pouvoir rester chez eux sans prendre part à l'expédition : Tabûk était loin, on était au cœur de l'été et l'enjeu matériel était trop hypothétique ; autant de raisons qui refroidirent l'ardeur des tièdes. Le Prophète qui n'était pas dupe de leur duplicité accepta néanmoins leurs arguments sans y croire. Le Coran lui en fait le « reproche » en des termes qui ne laissent pas de doutes sur la délicatesse avec laquelle Dieu s'adresse à Son Envoyé car selon les Écritures c'eût été pour lui l'occasion de démasquer les hypocrites.

44 Ceux qui croient en Dieu et au Jour dernier ne te demandent pas la permission de combattre *[en sacrifiant]* leurs biens et leurs personnes et Dieu connaît parfaitement ceux qui se prémunissent.

45 Seuls ceux qui ne croient ni en Dieu ni au Jour dernier, dont les cœurs sont plongés dans le doute et qui se débattent dans leurs hésitations,[19] sollicitent de toi *[une dispense]*.

46 S'ils avaient voulu le combat, ils se seraient équipés à cette fin, mais il déplaisait à Dieu qu'ils y prennent part : aussi les découragea-t-Il (ou : les dissuada-t-Il) et ils s'entendirent conseiller de demeurer en compagnie de ceux qui faisaient défection.

47 S'ils étaient partis avec vous, ils n'auraient fait qu'ajouter à votre confusion et se seraient empressés de répandre des calomnies afin de jeter le trouble entre vous, d'autant qu'il s'en trouve parmi vous pour les écouter avec complaisance, mais Dieu connaît parfaitement les injustes.

17 Litt. : lourds ou légers.
18 Litt. : ils te jureront par Dieu.
19 Litt. : dans le doute.

48 Ils ont déjà joué les fauteurs de trouble par le passé[20] en te travestissant les réalités (ou : les faits) jusqu'à ce que la Vérité se manifeste à leur grand désappointement et que prévale l'Ordre de Dieu.

**Commentaire :** Le passage que nous avons traduit par : en te travestissant les réalités (ou : les faits) est commenté d'ordinaire de telle façon qu'on pourrait le traduire ainsi : en ourdissant diverses machinations. Toutefois la traduction que nous proposons ici nous paraît bien plus fidèle au sens littéral et son sens s'accorde mieux avec la fin de la phrase.

49 Il s'en trouve parmi eux pour te dire : Accorde-moi une dispense et ne me soumets pas à la tentation *(fitna)* ! N'ont-ils pas déjà succombé à la tentation ? Certes la Géhenne aura tôt fait de cerner les mécréants.

50 Obtiens-tu un succès[21] que cela leur déplaît, mais si tu es victime d'un revers[22] aussitôt ils s'écrient : *[Heureusement]* que nous avions pris d'avance nos dispositions (ou encore : nos précautions) et les voilà qui s'éloignent radieux !

51 Dis-leur : Il ne nous arrivera que ce que Dieu nous a destiné[23], Il est notre Souverain et c'est en Dieu que les croyants placent leur confiance[24].

52 Dis-leur : Que pouvez-vous prévoir pour nous en dehors de deux heureux événements[25] ? Tandis que, pour notre part, nous nous attendons à ce que Dieu vous inflige un châtiment de Son cru ou *[qu'Il vous éprouve]* par nos mains. Attendez donc et nous serons, à vos côtés, de ceux qui attendent.

53 Dis-leur : Que vous fassiez des aumônes de votre plein gré ou à contre-cœur, elles vous seront refusées car vous êtes un peuple de pervers.

54 Qu'est-ce qui a empêché d'accepter leurs dons sinon le fait qu'ils opposent un déni à Dieu et à Son Envoyé, qu'ils se rendent à la prière en traînant des pieds[26] et qu'ils ne donnent qu'à contre-cœur ?

---

20 Litt. : Ils ont déjà voulu semer le désordre dans le passé…

21 Litt : un bonheur

22 Litt. : un malheur

23 Ou encore : Seul ce que Dieu nous a destiné est en mesure de nous atteindre

24 Ou encore : et c'est à Lui qu'ils s'en remettent

25 Le martyre ou la victoire.

26 Litt. : paresseusement. Bien qu'un peu triviale, cette expression nous paraît rendre assez précisément la tournure arabe *wa hum kusâlâ*.

55 Ne te laisse pas séduire par leurs biens ni par leurs enfants ; Dieu veut
seulement les éprouver à travers eux dans leur vie d'ici-bas et veut
qu'ils rendent l'âme en faisant profession de mécréance.
56 Ils vous jurent, en prenant Dieu à témoin, qu'ils sont des vôtres alors
qu'en réalité ils n'ont rien à voir avec vous : mais ils sont seulement
motivés par la peur[27].
57 Trouveraient-ils un asile, une caverne ou un souterrain, qu'ils s'y diri-
geraient précipitamment !
58 Il en est parmi eux qui critiquent *[la façon dont tu répartis]* les dons :
leur en donne-t-on ? les voilà satisfaits ! Mais s'ils n'en reçoivent rien,
les voilà courroucés !
59 Si seulement ils s'étaient contentés de ce que Dieu et Son Envoyé leur
avait accordé en disant : Dieu nous suffit ! Dieu nous accordera *[tôt ou
tard]* Ses faveurs car c'est vers Lui que nous portent nos désirs.
60 Les aumônes sont exclusivement destinées aux pauvres, aux indigents,
à ceux qui les collectent, à ceux dont on s'est gagné les cœurs, aux
esclaves *[sur le point d'être affranchis]*, aux endettés, au *[combat pour]*
la cause de Dieu et aux voyageurs ; elle sont une obligation imposée
par Dieu et Dieu est à la fois Très Savant et Très Sage.

**Commentaire** : Les aumônes dans ce verset sont le mot employé pour désigner la *zakât*. Pour ce qui est des catégories de nécessiteux citées dans le verset, les juristes divergent afin de savoir si elles y ont toutes droit au même titre ou si l'imâm est en droit de les accorder aux catégories de son choix. Enfin, selon certaines écoles, la catégorie de ceux dont on s'est gagné les cœurs n'est plus à prendre en considération puisque l'Islam est suffisamment puissant pour ne plus chercher à « gagner » les cœurs en monnayant en quelque sorte leur adhésion.

61 Il en est qui font du tort au Prophète en disant : Il est tout ouïe ! Dis-
leur : Il est une oreille attentive à ce qui est un bien pour vous ; il croit
en Dieu, il fait confiance aux croyants tout en étant pour eux une
miséricorde. Ceux qui font du tort à l'Envoyé de Dieu auront à subir
un châtiment douloureux.

**Commentaire** : Par ce propos (il est tout ouïe) attribué à Nabîl b. al-Hârith, les hypocrites voulaient railler le Prophète qui, selon eux, acceptait n'importe quel propos de n'importe quelle personne : ils tentaient ainsi de le présenter comme un naïf irresponsable. Le Coran prend la défense de l'Envoyé de Dieu (qui était loin d'être dupe de leurs manigances) en précisant que la confiance est une qualité toute naturelle vis-à-vis des croyants.

---

27 Litt. : en réalité, ils sont un peuple craintif.

62 Ils vous font des serments en prenant Dieu à témoin afin de vous satisfaire cependant que Dieu et Son Envoyé sont plus en droit *[que vous d'exiger]* qu'ils Les satisfassent.
63 Ignorent-ils donc que celui qui témoigne de l'hostilité à Dieu et à Son Envoyé est voué au feu de la Géhenne où il demeurera à jamais ? Voici une terrible humiliation !
64 Les hypocrites redoutent que ne soit révélée à leur sujet une sourate qui fasse état *(tunbi'uhum)*[28] de ce qu'ils ont dans le cœur. Dis-leur : Eh bien, moquez-vous ! *[Tôt ou tard]* Dieu finira par dévoiler ce que vous redoutez.
65 Et si tu leur demandais des comptes *[de leurs propos]*, ils te répondraient : Ce ne sont que des bavardages et des jeux *[sans portée]*. Dis-leur : Est-ce de Dieu, de Ses signes et de Son Envoyé que vous vous moquez ?
66 Ne cherchez pas à vous justifier ! Vous êtes biens redevenus des mécréants après avoir eu la foi. Si Nous pardonnons à une fraction d'entre vous, Nous en châtierons une autre pour son comportement criminel.
67 Les hypocrites hommes et femmes sont de la même race ! Ils ordonnent le blâmable, interdisent le licite et « ne lâchent rien »[29]. Ils ont oublié de se souvenir de Dieu qui les a exclus (litt. : les a oubliés) *[de Sa Miséricorde]*. Certes les hypocrites sont bien des prévaricateurs.
68 Dieu a menacé les hypocrites, hommes et femmes, ainsi que les mécréants du feu de la Géhenne où ils demeureront à jamais et qui leur suffira amplement *[en guise de châtiment]*. Dieu les a maudits et ils sont voués à un châtiment perpétuel

---

28 Selon certains commentateurs, c'est aux hypocrites eux-mêmes que Dieu fait honte en leur dévoilant leur propre perfidie alors que pour d'autres, tels que Zamakhsharî, ce sont les croyants que Dieu informe de leur réalité.

29 Cette expression populaire rend assez bien, nous semble-t-il, l'expression arabe *yaqbidûn 'aydiyahum* : ils retiennent, (ou encore : ils serrent leurs mains) destinée à exprimer l'avarice.

69 comme ceux qui les ont précédés. Ils étaient pourtant plus puissants
que vous, plus riches et jouissaient d'une plus grande postérité. Ils
ont joui de la part qui leur était impartie *[en ce monde]* comme vous
jouissez, pareillement à eux, de celle qui vous est impartie, et vous
vous êtes livrés à des discussions oiseuses semblables à celles qu'ils
tenaient entre eux. Ceux-là sont ceux dont les œuvres ont été réduites
à néant en ce monde et dans l'Ultime Demeure ; ceux-là sont voués à
la perdition.
70 L'histoire des communautés qui les ont précédés ne leur est-elle donc
pas parvenue ? Celle de Nûh, de 'Âd, de Thamûd, d'Ibrâhîm, celle des
habitants de Madyan et celle des cités mises sens dessus dessous[30] ;
Dieu n'était pas enclin à leur faire du tort, mais ils se faisaient du tort
à eux-mêmes.
71 Les croyants et les croyantes sont alliés les uns des autres[31] : ils ordon-
nent le licite, interdisent le blâmable, accomplissent la prière, acquit-
tent l'aumône prescrite et obéissent à Dieu et à Son Envoyé. Ceux-là
feront l'objet de la Miséricorde divine car Dieu est Puissant et Sage.
72 Dieu a promis aux croyants et aux croyantes des jardins sous lesquels
s'écoulent des fleuves et où ils demeureront à jamais ainsi que des
demeures agréables dans les jardins d'Éden. Mais l'agrément consenti
par Dieu sera encore plus formidable : telle est la réussite éclatante !

30 Sodome et Gomorrhe.

31 Ou encore : sont protecteurs les uns des autres.

73 Ô Prophète, combats les mécréants et les hypocrites et montre-toi dur envers eux. La Géhenne leur tiendra lieu de refuge et quel détestable avenir !

74 En prenant Dieu à témoin[32], ils jurent n'avoir rien dit alors qu'ils l'ont bien proféré, ce blasphème de mécréant, en reniant leur foi après avoir embrassé l'Islam et en ourdissant ce complot manqué. Ils n'ont d'autre motif de rancœur que la richesse que Dieu, par un effet de Sa Grâce, ainsi que Son Envoyé leur ont accordée. S'ils se repentent, cela sera préférable pour eux, mais s'il se détournent, Dieu leur infligera un cruel châtiment en ce monde et dans l'Ultime Demeure et ils n'auront sur terre ni soutien ni protecteur.

75 Il en est parmi eux qui se sont engagés vis-à-vis de Dieu *[en disant]* : S'Il nous accorde *[partie]* de Ses faveurs, nous les distribuerons en aumônes et nous serons au nombre des gens pieux.

76 Mais lorsque Dieu leur eut accordé Ses faveurs, ils s'en montrèrent avares et s'éloignèrent en renonçant *[à leurs engagements]*.

77 Dieu les châtia en faisant naître l'hypocrisie en leurs cœurs *[hypocrisie qui durera]* jusqu'au Jour où ils Le rencontreront, cela pour avoir manqué à leurs promesses vis-à-vis de Dieu et pour prix de leurs mensonges.

78 Ignorent-ils que Dieu connaît leur for intérieur *(sirrahum)* et leurs apartés ? Et que Dieu est Celui qui connaît parfaitement toutes les choses celées ?

79 Ceux qui calomnient les croyants venus apporter spontanément plus que l'aumône prescrite, et qui calomnient et raillent également ceux qui trouvent à peine de quoi l'acquitter : ceux-là Dieu les tournera en dérision et ils sont voués à un châtiment douloureux.

---

32 Ce verset fut révélé à propos d'al-Jullâs b. Suwayd qui avait dit à son entourage : « Si ce que dit Muhammad est exact, nous sommes dans une plus mauvaise posture que des ânes. »
Interrogé par le Prophète au sujet de cette curieuse « profession de foi », il jura avec véhémence n'avoir jamais tenu de tels propos. Dieu dément son affirmation.
La fin du verset (en ourdissant ce complot manqué) est l'interprétation d'une phrase beaucoup moins précise dans le Livre saint qui dit simplement : en songeant à ce qu'ils n'ont pas obtenu. Les commentateurs y voient un complot ourdi par al-Jullâs contre celui qui avait transmis ses propos à l'Envoyé de Dieu, voire contre le Prophète lui-même, machination qui se conclut par un échec.
Cependant rien n'empêche de conserver au verset son sens littéral, auquel cas il conviendrait d'interpréter ce qu'ils n'ont pas obtenu comme étant la ruine de l'Islam.
Ils n'ont d'autre motif de rancœur que la richesse que Dieu, par un effet de Sa Grâce, ainsi que Son Envoyé leur ont accordée signifie que 'Abd Allâh b. Ubay et ses semblables au lieu de témoigner de leur gratitude à Dieu pour les richesses qu'Il leur avait accordées y virent un motif de rancœur supplémentaire car elles ne leur avaient pas valu le pouvoir qu'ils escomptaient.

80 Que tu demandes leur pardon ou que tu ne le demandes pas, Dieu
ne le leur accordera pas, l'eusses-tu demandé soixante-dix fois. Cela
parce qu'ils ont renié Dieu et Son Envoyé et que Dieu ne guide pas le
peuple des pervers.
81 Ceux qui ont fait défection se sont réjouis à l'idée de rester en arrière
*[en abandonnant]* l'Envoyé de Dieu. Il leur déplaisait de combattre *[en
faisant le sacrifice]* de leurs biens et de leurs personnes pour la cause
de Dieu. Ils prenaient pour prétexte : Ne vous engagez pas par cette
chaleur ! Réponds-leur (si tant est qu'ils soient capables de compren-
dre) : Le feu de la Géhenne est bien plus ardent !
82 Qu'ils rient donc un peu *[ici-bas]* avant de pleurer longuement[33] en
rétribution de ce qu'ils avaient acquis !
83 Et si Dieu te ramène *[de cette expédition]* vers une fraction d'entre eux
et qu'ils te demandent la permission de t'accompagner *[dans une autre
expédition]*, réponds-leur : Vous ne partirez jamais avec moi et jamais
vous ne combattrez un ennemi avec moi. Vous vous êtes contentés
de faire défection une première fois, désormais vous demeurerez[34] en
arrière avec les « planqués »[35].
84 Ne prie sur la dépouille d'aucun d'entre eux s'il vient à mourir, et ne te
tiens pas auprès de sa tombe car ils ont renié Dieu et Son Envoyé et
sont morts en pervers.
85 Ne te laisse pas séduire pas leurs biens ni par leurs enfants ; Dieu veut
seulement les éprouver à travers eux dans leur vie d'ici-bas et veut
qu'ils rendent l'âme en faisant profession de mécréance.
86 Une sourate est-elle révélée qui leur enjoint de croire en Dieu et de
combattre aux côtés de Son Envoyé, et voilà les gens fortunés parmi
eux qui s'écrient : Laisse-nous rester avec les « planqués » !

33 Litt. : Qu'ils pleurent beaucoup ! c'est-à-dire dans l'Ultime Demeure.

34 Dans le texte le verbe est à l'impératif.

35 Litt. : avec ceux qui restent *(al-qâ'idîna)*. Nous reconnaissons volontiers la trivialité de l'expression employée pour traduire ce terme, mais elle nous paraissait si bien correspondre à la catégorie d'individus mise en cause par le texte que nous nous sommes permis de l'employer.

87 Ils se sont contentés de rester avec ceux qui faisaient défection ; un sceau a été apposé sur leurs cœurs en sorte qu'ils ne comprennent rien.
88 Tandis que l'Envoyé et ceux qui ont cru avec lui ont combattu *[en sacrifiant]* leurs personnes et leurs biens : ceux-là jouiront des bienfaits, ceux-là connaîtront la réussite.
89 Dieu leur a apprêté des jardins arrosés de fleuves où ils demeureront à jamais : telle est la réussite sublime.
90 Les bédouins qui n'avaient pas d'excuses plausibles vinrent afin de rechercher une dispense et ceux qui n'avaient pas été sincères envers Dieu et Son Envoyé firent défection. Les mécréants d'entre ceux *[qui sont venus présenter leurs excuses]* seront victimes d'un châtiment douloureux.
91 Ne seront à blâmer ni les hommes chétifs, ni les malades, ni ceux qui ne trouvent rien à dépenser *[pour la cause de Dieu]* si *[toutefois]* ils se montrent sincères envers Dieu et Son Envoyé : il n'est pas question d'adresser de reproches aux hommes vertueux et Dieu est Tout de Pardon et de Miséricorde ;
92 *[ni d'en adresser]* à ceux auxquels tu as répondu, après qu'ils soient venus te trouver pour que tu les emmènes avec eux : Je n'ai pas les moyens de vous emmener avec moi ! et qui se sont alors éloignés les yeux emplis de larmes et attristés à l'idée de ne pas trouver les moyens *[de partir au combat]*.

**Commentaire** : Ce verset fut révélé à propos des banî Muqarran, six frères qui furent tous des compagnons du Prophète - sur lui la grâce et la paix -, ou encore à propos d'Ibn Mughaffal.

93 Il n'est d'actions à intenter que contre ceux qui sont venus te demander la permission *[de se défiler]* alors qu'ils avaient des moyens *[de combattre]* et qu'ils se sont contentés *[malgré cela]* de demeurer en compagnie de ceux qui faisaient défection : Dieu leur a apposé un sceau sur le cœur en sorte qu'ils ne savent rien.

94 Ils vous présenteront leurs excuses lors de votre retour auprès d'eux ; dis-leur : Ne vous excusez point, nous ne vous accorderons plus jamais aucun crédit car Dieu nous a renseigné sur votre compte et Dieu verra vos œuvres ainsi que Son Envoyé, puis vous serez ramenés auprès de Celui qui connaît ce qui est celé et ce qui est manifesté et Il vous rappellera quelles étaient vos œuvres !

95 Lorsque vous serrez de retour parmi eux, ils prêteront serment par Dieu *[de la véracité de leurs excuses]* afin que vous les laissiez tranquilles. Laissez-les car ils ont une souillure et la Géhenne leur tiendra lieu de refuge pour prix de ce qu'ils avaient acquis.

96 Ils prêtent devant vous des serments afin que vous soyez satisfaits d'eux. Fussiez-vous satisfaits d'eux que Dieu ne le serait pas, car Dieu n'accorde pas Sa satisfaction aux communautés de pervers.

97 Il n'est de pires mécréants ni de pires hypocrites que les bédouins et nul n'est plus disposé qu'eux à ignorer les limites de ce que Dieu a révélé à Son Envoyé et Dieu est Très Savant, Très Sage.

98 Il en est parmi les bédouins qui considèrent ce qu'ils ont dépensé — en aumône prescrite ou non — comme autant d'exactions et qui guettent vos revers de fortune. Qu'ils soient eux-mêmes victimes ! et Dieu entend et sait tout.

99 Il en est d'autres qui croient en Dieu et au Jour dernier et qui considèrent ce qu'ils ont dépensé comme autant de moyens de se rapprocher de Dieu et *[d'obtenir]* des invocations de l'Envoyé ; ces aumônes ne sont-elles pas un réel moyen de s'en rapprocher ? Dieu les fera bénéficier de Sa Miséricorde, car Il est Tout de Pardon et de Miséricorde.

100 Quant aux premiers devanciers d'entre les émigrés *[mecquois]* et les partisans *[médinois]* et à ceux qui les ont imités en excellence *(ihsân)*, ils seront satisfaits de Dieu comme Il sera satisfait d'eux et Il leur apprêtera des jardins arrosés par des fleuves où ils demeureront à jamais : telle est la réussite sublime !

101 Parmi les bédouins qui vous entourent ainsi que parmi les habitants de Médine se trouvent des hypocrites qui s'enhardissent dans la duplicité. Tu ne les connais pas, mais Nous, Nous les connaissons : Nous les châtierons deux fois *[en ce monde]* puis ils seront ramenés à un terrible supplice.

**Commentaire** : Le double châtiment dont il est question est constitué par les épreuves de la vie en ce monde et par le châtiment de la tombe. Rappelons que sayyidnâ 'Uthmân s'évanouissait régulièrement en passant devant une tombe lorsqu'il se rappelait la rigueur de ce supplice.

102 Il en est d'autres qui ont reconnu leurs fautes, mêlant ainsi œuvres pies et œuvres coupables ; sans doute Dieu leur pardonnera-t-Il car Il est Tout de Pardon et de Miséricorde.

103 Prélève sur leurs biens une aumône au moyen de laquelle tu les purifieras et tu accroîtras[36] *[leurs biens et leurs mérites]* et prie sur eux car ta prière est pour eux source de quiétude *(sakan)* et Dieu entend et sait tout.

104 Ignorent-ils donc que c'est Dieu qui accepte le repentir de Ses serviteurs et qui agrée les aumônes et que c'est Lui qui est enclin à absoudre *(Tawwâb)* et qu'Il est le Très Miséricordieux ?

105 Dis-leur : Œuvrez et Dieu verra vos œuvres ainsi que Son Envoyé et les croyants, puis vous serez ramenés auprès de Celui qui connaît ce qui est celé et ce qui est manifesté et Il vous rappellera quelles étaient vos œuvres.

106 Il en est d'autres dont le sort dépend de la Décision[37] de Dieu : soit Il les châtiera, soit Il agréera leur repentir et Dieu est Très Savant, Très Sage.

**Commentaire** : De l'avis général des commentateurs il s'agit des trois compagnons (Ka'b b. Mâlik, Mirâra b. al-Rabî' et Hilâl b. Umayya) qui avaient fait défection par simple paresse lors de la bataille de Tâbûk mais dont la sincérité n'était pas en cause. Aussi ne présentèrent-ils aucune excuse au Prophète qui remit leur sort entre les Mains de Dieu. Il leur fit subir néanmoins de multiples vexations de la part des croyants afin de leur faire prendre conscience de leur inconséquence et Dieu finit par agréer leur repentir à la satisfaction générale des compagnons du Prophète.

36 Selon le double sens du mot *zakkâ* qui signifie aussi bien « accroître » que « purifier ».

37 Litt. : de l'Ordre.

107 Que ceux qui ont fait de *[leur]* mosquée un moyen de nuire, de renier *[l'Islam]*, de semer la discorde entre les croyants ainsi qu'un poste de guet pour ceux qui ont déclaré la guerre à Dieu et à Son Envoyé avant *[sa construction]* tout en jurant n'avoir eu que les meilleures intentions *[sachent]* que Dieu est Témoin de leurs mensonges !

**Commentaire :** La « mosquée de la nuisance » (*masjid al-dirâr*) fut construite à l'instigation d'Abû 'Âmir al-Râhib (le moine), un Arabe chrétien qui avait affiché brièvement l'Islam en vue de le corrompre de l'intérieur, puis qui avait rapidement rallié le clan des hypocrites songeant même un instant à demander le secours de l'empereur de Byzance pour écraser dans l'œuf la religion naissante. C'est à lui notamment qu'il est fait allusion lorsque le Coran parle de ceux qui ont déclaré la guerre à Dieu et à Son Envoyé. Mosquée « concurrente » de la mosquée de Qubâ' dans laquelle se rendait le Prophète lors de son arrivée à Médine pour accomplir ses prières avec les fidèles, la « mosquée de la nuisance » sera dénoncée pour ce qu'elle est par l'intermédiaire de ce verset. Signalons, entre autres faits remarquables, que le célèbre compagnon Hanzala b. Abî 'Âmir qui reçut le surnom de *ghasîl al-Malâ'ika* (celui dont la dépouille a été ablutionnée par les anges) n'est autre que le fils du triste personnage évoqué dans ce verset. Ainsi, conformément à ce qu'affirme le proverbe, « l'épineux donna naissance à la rose »...
Pour en terminer avec cette brève explication, nous rappellerons que les hypocrites demandèrent au Prophète de venir prier dans la mosquée qu'ils avaient ainsi édifiée en vue de semer la discorde entre musulmans. La réponse leur fut donnée par le Coran lui-même dans le verset qui va suivre.

108 Ne t'y rends jamais ! Il est plus justifié de te rendre dans une mosquée qui, dès le premier jour, a eu la crainte de Dieu pour fondations. S'y retrouvent des hommes qui aiment à se purifier et Dieu aime ceux qui se purifient.
109 Qui donc est le plus à envier ? celui qui a fondé son édifice sur la crainte et la satisfaction de Dieu ou celui qui l'a fondé sur un chemin abrupt sur le point de s'écrouler, l'entraînant ainsi dans le feu de la Géhenne ? et Dieu ne guide pas les peuples injustes.
110 L'édifice qu'ils ont bâti constituera à jamais un doute qui leur rongera le cœur jusqu'à ce qu'il soit brisé et Dieu est Très Savant, Très Sage.
111 Certes Dieu a acheté aux croyants leurs personnes et leurs biens en leur accordant le Paradis *[en échange]* ; ils combattent pour la cause de Dieu en donnant la mort et en se faisant tuer. C'est une promesse dont Dieu S'est fait un devoir dans la Thora, l'Évangile et le Coran. Qui donc plus que Dieu est fidèle à ses promesses ? Réjouissez-vous donc du négoce que vous avez conclu : c'est là une réussite sublime.

112 *[Ces croyants sont]* les repentants, les adorateurs, ceux qui proclament Sa louange, les pèlerins, ceux qui s'inclinent et se prosternent, qui ordonnent le licite et interdisent le blâmable, ceux qui observent les normes divines ; annonce cette bonne nouvelle aux croyants.

113 Il ne sied ni au Prophète ni aux croyants d'implorer le Pardon de Dieu pour les polythéistes — fussent-ils leurs proches — après qu'ils aient acquis la certitude qu'ils étaient voués à la Géhenne.

114 Quant à la demande de pardon que fit Ibrâhîm en faveur de son père, elle n'était que la conséquence d'une promesse antérieure que Dieu lui avait faite ; mais lorsqu'il devint clair pour lui que son père était un ennemi de Dieu, il le désavoua. Certes Ibrâhîm *[Nous]* invoquait fréquemment et il était longanime.

115 Dieu n'est pas enclin[38] à égarer un peuple après l'avoir guidé sans lui avoir clairement exposé ce dont il doit se garder, car Dieu est Omniscient.

116 C'est à Dieu qu'appartient le royaume des cieux et de la terre ; Il donne la vie et la mort, et en dehors de Dieu vous n'avez ni soutien ni protecteur !

117 Dieu a agréé le repentir du Prophète et celui des émigrés *[mecquois]* et des partisans *[médinois]* qui l'ont suivi dans les moments difficiles après que le cœur d'une fraction d'entre eux ait failli dévier ; puis Il leur consentit Son repentir car Il est pour eux Bienveillant et Miséricordieux.

---

38 Ou encore : ce n'est pas de Dieu d'égarer un peuple.

118 *[Comme Il l'a consenti]* aux trois dont le pardon fut différé[39] jusqu'à ce que la terre, en dépit de son immensité, leur paraisse exiguë, que leur propre personne leur pèse et qu'ils soient enfin convaincus que Seul Dieu les abriterait de Lui-même (ou : les protégerait contre Lui-même) ; puis Il agréa leur repentir afin qu'ils reviennent à Lui, car Dieu est enclin à accepter le repentir *[de Ses serviteurs]* et Il est le Très Miséricordieux.

119 Ô vous qui avez la foi, gardez-vous de Dieu et demeurez avec ceux qui sont sincères.

120 Il n'est pas permis aux habitants de Médine ni aux bédouins vivant dans leur voisinage d'abandonner l'Envoyé de Dieu ni de lui préférer leurs propres personnes, car ni la soif, ni la fatigue, ni la faim ne sauraient les éprouver *[lorsqu'ils combattent]* pour la cause de Dieu. *[De plus]* ils ne foulent pas un empan de terre — au grand dépit des mécréants — et ils ne leur portent aucun coup qui ne leur soit compté comme autant d'œuvres pies car Dieu ne néglige rien de la rétribution des vertueux.

121 Ils n'effectueront pas une dépense (minime ou conséquente), ils ne traverseront pas une vallée sans que cela leur soit compté *[comme autant d'œuvres pies]* afin que Dieu les rétribue pour leurs œuvres de la plus belle manière.

122 Il n'incombe pas aux croyants de s'engager en masse. Pourquoi des groupes choisis parmi toutes les tribus ne se mettraient-ils pas à l'écart en vue d'approfondir leur religion et de mettre en garde leur communauté une fois que ses membres seront revenus auprès d'eux ? Ainsi resteraient-ils sur leur garde !

39 Autre traduction possible : qui furent relégués à l'arrière.

123 Ô vous qui avez la foi, combattez ceux d'entre les mécréants qui vous sont les plus proches et qu'ils trouvent en vous de la dureté et sachez que Dieu est aux côtés de ceux qui se gardent *[de Lui]*.

**Commentaire :** Selon certains commentateurs, il s'agit simplement d'une proximité physique mais la majorité y voit une recommandation à combattre sa propre parenté en signe de détermination. Toutefois, si l'on retenait la première hypothèse, il conviendrait de traduire ainsi : combattez ceux d'entre les mécréants qui sont dans votre voisinage immédiat.

124 Lorsqu'une sourate vient à être révélée, il s'en trouve pour demander : Duquel d'entre vous cette sourate a-t-elle accru la foi ? Pour ce qui est des croyants, elle a bien accru leur foi et ils s'en réjouissent.

125 Mais pour ce qui est de ceux dont le cœur est rongé par l'hypocrisie, celle-ci ne fait qu'ajouter à leur flétrissure si bien qu'ils mourront en mécréants.

**Commentaire :** Celle-ci c'est-à-dire la sourate qui n'a d'autres effets sur les mécréants que d'augmenter leur incrédulité.

126 Ne voient-ils pas qu'ils sont tentés *[de faire sédition]* chaque année une ou deux fois ? Et que jamais ils ne s'en repentent ni ne s'en souviennent ?

127 Et lorsqu'une sourate vient à être révélée, ils se jettent des regards *[interrogateurs]* : quelqu'un vous a-t-il vu ? Puis ils s'éloignent *[à la dérobée]* ; en réalité c'est Dieu qui a détourné leurs cœurs car il s'agit d'un peuple incapable d'entendement.

128 Un Envoyé issu des vôtres est venu à vous, qui est sensible à ce que vous endurez, qui veille soigneusement sur vous et qui est compatissant et miséricordieux pour les croyants.

129 Et si *[malgré cela]* ils se détournent, tu n'as qu'à dire : Dieu me suffit. Il n'est de divinité que Lui, c'est à Lui que je m'en remets et Il est le Seigneur du Trône sublime.

Sourate 10

# Jonas

*Au Nom de Dieu, le Tout Miséricordieux, le Très Miséricordieux*

1 Alif, Lâm, Râ'. Tels sont les signes du Livre empreint de sagesse.
2 Les hommes sont-ils plongés dans l'étonnement parce que Nous avons
inspiré à l'un d'entre eux de mettre en garde les gens et d'annoncer aux
croyants qu'*[au Jour de la Résurrection]* une belle rétribution *(qadama
sidqin)* les aura précédés auprès de leur Seigneur ? Les mécréants se
sont récriés : Voici une magie manifeste ! (ou, selon une autre lecture :
un magicien avéré !)
3 Certes votre Seigneur est Dieu, qui a créé les cieux et la terre en six
jours puis S'est établi sur le Trône en planifiant Son Commandement ;
il n'est *[question]* d'intercesseur qu'une fois Sa permission accordée.
Tel est votre Seigneur, adorez-Le donc ; vous en souviendrez-vous ?
4 C'est auprès de Lui que vous serez tous ramenés : c'est une promesse
que Dieu vous a faite en vérité. C'est Lui qui initie *(yabda'u)* la création
puis qui la fait ressurgir *(yu'îduhu)*[1] afin de rétribuer ceux qui ont cru
et pratiqué les œuvres pies en toute équité. Une eau en ébullition est
destinée aux mécréants ainsi qu'un châtiment douloureux en rétribu-
tion de leur déni.
5 C'est Lui qui a fait du soleil une clarté et de la lune une lumière et qui
a déterminé ses mansions afin que vous puissiez connaître le nombre
des années et *[établir]* un comput. Tout cela, Dieu ne l'a créé que selon
la Vérité : Il détaille Ses signes pour un peuple enclin à la connais-
sance.
6 Certes il y a des signes dans la succession des jours et des nuits ainsi
que dans ce que Dieu a créé dans les cieux et sur terre, pour un peuple
*[soucieux de]* se prémunir.

---

1 Ou encore : qui la recommence.

7 Ceux qui n'espèrent pas Nous rencontrer, qui se contentent de la vie
de ce monde et y trouvent leur quiétude ainsi que ceux qui ne font pas
attention à Nos signes,
8 ceux-là auront le feu pour asile en rétribution de ce qu'ils avaient
acquis.
9 Quant à ceux qui ont cru et pratiqué les bonnes œuvres, leur Sei-
gneur les conduira du fait de leur foi aux jardins des délices ; à leurs
pieds s'écouleront des fleuves.
10 Ils y invoqueront *[Dieu en disant]* : Gloire à Toi, ô mon Dieu ! y
échangeront leurs salutations *[en prononçant le mot]* : Paix ! et leur
ultime invocation sera : La louange *[revient]* à Dieu, le Seigneur des
mondes!
11 Si Dieu précipitait les malheurs des hommes aussi promptement
qu'ils espèrent des bienfaits, leur sort eût déjà été réglé. Aussi lais-
sons-Nous ceux qui ne souhaitent pas Nous rencontrer s'aveugler
dans leurs débordements.
12 Et lorsqu'un malheur frappe l'homme, il Nous invoque couché sur le
côté, assis ou encore debout ; et sitôt que Nous l'en avons délivré, il
passe outre comme s'il ne Nous avait jamais invoqué pour le malheur
dont il était victime : c'est ainsi que leurs œuvres ont été embellies aux
yeux de ceux qui sont outranciers.
13 Déjà, Nous avions anéanti les générations qui vous ont précédés
lorsqu'elles s'étaient comportées de façon inique et que leurs envoyés
étaient venus à elles avec des signes qu'elles n'étaient pas enclines à
croire[2] : c'est ainsi que Nous rétribuons les peuples de criminels.
14 Puis, Nous avons fait de vous leurs successeurs sur terre afin d'obser-
ver comment vous alliez œuvrer.

2 Ou encore : qu'ils n'étaient pas hommes à les croire.

15 Et lorsqu'en guise de preuves on récite Nos versets à ceux qui ne souhaitent pas Nous rencontrer, ils te disent : Apporte-nous un autre Coran que celui-ci ou bien change-le ! Réponds-leur : Il ne m'appartient pas de le changer de moi-même, je ne fais que me conformer à ce qui m'a été inspiré et je crains, si je désobéis à mon Seigneur, le châtiment d'un Jour redoutable.
16 Si Dieu l'avait voulu, je ne l'aurais pas récité devant vous et Il ne vous l'aurez pas fait connaître, d'autant plus que je suis resté un laps de temps parmi vous avant sa révélation. Y avez-vous réfléchi ?
17 Qui donc est plus injuste que celui qui profère des mensonges au sujet de Dieu ou qui traite Ses signes d'impostures ? Certes les criminels ne connaîtront pas la réussite.
18 Ils adorent, tout en excluant Dieu *[de ce culte]*, des idoles qui ne peuvent leur causer ni torts ni profits, en prétendant : Tels sont nos intercesseurs auprès de Dieu ! Dis-leur : Apprendrez-vous à Dieu ce qu'Il ignore dans les cieux et sur terre ? Gloire à Lui et exalté soit-Il au-delà de ce qu'ils Lui associent !
19 Les hommes ne constituaient qu'une seule communauté quand ils eurent des divergences et n'était la décision préalable de ton Seigneur *[de différer le Jugement]* le litige qui les opposait eût été tranché.
20 Ils disent : Si seulement un signe lui (c'est-à-dire au Prophète) était accordé de la part de son Seigneur ! Réponds-leur : Ce qui *[nous]* est celé[3] n'appartient qu'à Dieu ; attendez donc *[ce que vous demandez]*, je serai avec vous au nombre de ceux qui attendent.

---

3 *Al-ghayb*. Cf. sourate 11, verset 30 note 19 et verset 49.

21 Et lorsque Nous faisons goûter aux hommes Notre Miséricorde après qu'ils aient subi une épreuve, les voilà qui se mettent à frauder[4] *(makr)* devant Nos signes. Dis-leur : Dieu est plus prompt que vous dans l'usage d'artifices *(makran)* et Nos émissaires consigneront les vôtres.
22 C'est Lui qui vous fait évoluer sur terre comme en mer. Lorsqu'ils montent dans des vaisseaux poussés par des vents favorables, cela provoque leur enthousiasme jusqu'à ce que les vents soufflant en tempête les assaillent et que les vagues déferlent sur eux de toutes parts ; réalisant (litt. : songeant) qu'ils sont cernés, ils invoquent Dieu en Lui vouant un culte exclusif : Si Tu nous sauves de cette épreuve, nous serons de ceux qui témoignent de leur gratitude.
23 Et lorsqu'Il les eut sauvés, ils se mirent à répandre sans raison l'iniquité sur terre. Hommes, votre iniquité se retournera uniquement contre vous. Il ne s'agit que des plaisirs de la vie d'ici-bas, puis c'est à Nous que vous serez ramenés et Nous vous rappellerons quelles étaient vos œuvres.
24 La vie de ce monde est comparable à une eau que Nous faisons descendre du ciel. Les végétaux dont se nourrissent les animaux et les hommes l'absorbent si bien que la terre prend ses couleurs et s'embellit au point que les hommes s'imaginent être en mesure *[d'en cueillir les fruits]*. C'est alors que Notre Ordre l'atteint de nuit ou de jour et Nous la dévastons, comme si elle n'avait jamais rien donné auparavant. C'est ainsi que Nous exposons clairement Nos signes pour ceux qui sont doués d'entendement.
25 Et Dieu convie *[les hommes]* vers la Demeure de la Paix et dirige qui Il veut sur une voie droite.

4 Ou encore : à se défiler.

26 Ceux qui se seront comportés selon l'excellence *(ahsanû)* sont promis
à une excellente *[récompense]* voire davantage. Leurs visages ne seront
accablés ni par la poussière ni par l'humiliation ; ceux-là sont voués au
Paradis, ils y demeureront à jamais.
27 Ceux qui auront acquis des fautes seront rétribués en fonction[5] ; ils
seront accablés par l'humiliation et ne trouveront personne pour
les protéger de Dieu. Leurs visages seront comme recouverts des
lambeaux d'une nuit ténébreuse ; voués au feu, ils y demeureront à
jamais.
28 Le Jour où Nous les rassemblerons tous ensemble, Nous dirons à
ceux qui *[Nous]* donnaient des associés : Demeurez où vous êtes,
vous et vos associés ! puis Nous les séparerons. Ce n'est pas nous que
vous adoriez ! s'écrieront alors leurs idoles.
29 Il suffit *[leur répondront-elles]* que Dieu témoigne, en présence des
uns et des autres[6], que nous ignorions totalement votre adoration.
30 C'est à cette occasion que chaque âme sera éprouvée pour ce qu'elle
aura précédemment acquis, que les *[êtres]* seront ramenés vers la
Vérité : Dieu, leur Souverain *(Mawlâhum)*, et que les abandonneront
leurs *[divinités]* mensongères.
31 Dis : Qui donc vous accorde votre subsistance du ciel et de la terre et
qui possède votre ouïe et votre vue (litt : vos regards) ? Qui fait sortir
le vif du mort et le mort du vif ? Qui donc élabore le Commandement
*[de l'univers]* ? Ils te répondront : C'est Dieu ! Demande-leur alors :
Ne Le craindrez-vous point ?
32 Tel est bien votre Seigneur, l'absolue Réalité ! Qu'y a-t-il en dehors
de la Vérité si ce n'est l'égarement ? Et comment pouvez-vous vous en
laisser détourner ?
33 Et c'est ainsi que s'accomplit à l'encontre des pervers la Parole de ton
Seigneur selon laquelle ils ne croiront pas.

---

5 Litt. : par une sanction équivalente.

6 Litt. : entre nous et vous.

34 Dis-leur : Y a-t-il parmi vos associés quelqu'un qui initie la création
et la fasse resurgir ? Dis-leur : C'est Dieu qui initie la création et qui la
recommence, comment vous en éloignez-vous ?
35 Dis-leur : Y a-t-il parmi vos associés quelqu'un qui puisse *[vous]*
conduire vers la Vérité ? Dis-leur : Dieu conduit à la Vérité. Qui donc
est plus en droit d'être suivi : celui qui guide vers la Vérité ou celui
qui y conduit à condition d'être lui-même guidé ? Qu'avez-vous donc ?
Comment émettez-vous vos jugements ?
36 Et la plupart d'entre eux ne suivent que des conjectures ; or, les conjectures
ne dispensent en rien de la Vérité et Dieu sait fort bien ce qu'ils
font.
37 Ce Coran n'est pas susceptible d'être faussement attribué à un autre
que Dieu, mais il est la confirmation des Ecritures antérieures et un
Livre détaillé qui ne fait point de doute de la part du Seigneur des
mondes.
38 Ou bien prétendent-ils qu'il (le Prophète) l'a inventé ? Dis-leur : Produisez
une seule sourate semblable et, hormis Dieu, appelez qui vous
pourrez à votre aide si vous êtes sincères !
39 En réalité, ils ont traité de mensonge ce *[Livre]* dont ils n'embrassaient
pas la science et dont l'exégèse ne leur était pas encore parvenue. C'est
ainsi que procédèrent ceux qui les avaient précédés : médite quelle fut
la sanction appliquée à ces peuples iniques !
40 Il s'en trouve pour y ajouter foi et d'autres pour le récuser et ton Seigneur
connaît parfaitement les corrupteurs.
41 Et s'ils te traitent d'imposteur réponds-leur : A chacun ses œuvres[7], je
n'ai rien à voir avec ce que vous faites comme vous n'avez rien à voir
avec ce que je fais.
42 Il en est parmi eux qui te prêtent l'oreille : es-tu en mesure de faire
entendre les sourds surtout s'ils n'ont pas leur raison ?

7 Litt. : à moi mes œuvres à vous les vôtres.

43 Il en est d'autres qui te regardent *[avec attention]* : es-tu en mesure de
guider les aveugles alors même qu'ils ne voient rien ?
44 Certes Dieu ne lésera les hommes en rien, mais ce sont les hommes
qui se font du tort à eux-mêmes.
45 Le Jour où Il les rassemblera, il leur semblera n'avoir passé qu'une par-
tie[8] de la journée *[en ce bas monde]* et ils se reconnaîtront entre eux.
Ceux qui avaient traité de mensonge la rencontre avec Dieu courront
à leur perte car ils n'étaient pas bien inspirés (litt. : guidés).
46 Que Nous te fassions voir en partie le châtiment que Nous leur des-
tinons (litt. : dont Nous les menaçons) ou que Nous te fassions périr
*[avant de te l'avoir montré]*, c'est vers Nous que s'opérera leur retour ;
Dieu témoignera alors de ce qu'ils faisaient.
47 Chaque communauté aura son envoyé : une fois qu'il sera venu, un
jugement équitable sera prononcé à leur encontre et ils ne seront
point lésés.
48 Ils te demandent : Quand donc se réalisera cette promesse si vous êtes
véridiques ?
49 Dis : Je ne détiens pour moi-même ni profit ni dommage qu'autant
que Dieu le veuille ; chaque communauté a son terme fixé et une fois
le terme échu, elles ne pourront l'avancer ni le différer, fût-ce d'un
instant.
50 Si le châtiment s'abattait sur vous de nuit ou bien de jour, vous êtes-
vous demandé lequel de ces supplices les criminels souhaiteraient
voir hâter ?
51 Croirez-vous donc au moment où il se produira ? Maintenant *[vous y
ajoutez foi]* ? Vous étiez pourtant si pressés *[de le voir se produire]* !
52 Puis l'on dira aux injustes : Goûtez au supplice perpétuel. Êtes-vous
rétribués pour autre chose que ce que vous avez acquis ?
53 Ils t'interrogent : Cette menace est-elle bien réelle ? Réponds-leur :
Certes, par mon Seigneur, et vous ne sauriez y échapper !

---

8 Litt. : une heure.

54 Chaque tyran[9] serait-il en possession de tous les biens du monde qu'il les abandonnerait pour se racheter. Ils dissimuleront leur dépit lorsqu'ils verront le châtiment ; un jugement équitable sera prononcé à leur encontre et ils ne seront point lésés.
55 N'est-il pas vrai que c'est à Dieu qu'appartient ce qu'il y a dans les cieux et sur la terre ? N'est-il pas vrai que la promesse de Dieu est bien réelle mais la plupart d'entre eux sont dans l'ignorance !
56 C'est Lui qui donne la vie et la mort et c'est auprès de Lui que vous serez ramenés.
57 Hommes, il vous est venu une exhortation de la part de votre Seigneur ainsi qu'un remède contre le mal (litt. : contre ce qui, *limâ*) qui ronge vos poitrines.
58 Dis : De la grâce de Dieu et de Sa Miséricorde, c'est de cela qu'ils doivent se réjouir ! Elles sont préférables à tout ce qu'ils amassent
59 Dis : Avez-vous réfléchi à cette subsistance que Dieu vous a accordée et dont vous avez décrété qu'elle était licite pour une partie, illicite pour l'autre ? Est-ce bien Dieu qui vous a autorisé cela ou bien proférez-vous des mensonges au sujet de Dieu ?
60 Que s'imaginent-ils *[que l'on fera d'eux]* au Jour de la Résurrection, ceux qui profèrent des mensonges au sujet de Dieu ? Certes Dieu dispense Sa Grâce aux hommes mais la plupart d'entre eux sont ingrats.
61 Quelle que soit l'affaire qui t'occupe, quel que soit le passage du Coran que tu récites la concernant, vous n'accomplissez aucune œuvre dont Nous ne soyons Témoin lorsque vous l'entreprenez. Rien n'échappe à ton Seigneur pas même le poids d'un atome sur la terre ni dans le ciel ; rien, fût-il plus grand ou plus petit, qui ne soit consigné dans un livre.

---

9 Litt. : âme inique.

62 N'est-il pas vrai que les protégés de Dieu ne connaissent ni la peur ni l'affliction?
63 A ceux qui ont eu la foi et se sont prémunis,
64 la bonne nouvelle est annoncée dans la vie de ce monde et dans l'Ultime Demeure. Les décisions de Dieu sont irréversibles, telle est la réussite sublime.
65 Ne sois pas affligé de ce qu'ils disent car la puissance tout entière n'appartient qu'à Dieu et Il est Celui qui entend et sait tout.
66 N'est-il pas vrai que tout ce qui peuple les cieux et la terre appartient à Dieu ? Ceux qui invoquent *[des idoles]* en dehors de Dieu ne suivent nullement *[leurs]* associés (c'est-à-dire leurs idoles) ; ils ne suivent que des conjectures et ne sont en réalité que des menteurs !

**Autre traduction possible** : Que suivent donc ceux qui invoquent en dehors de Dieu des divinités ? Cette divergence de traduction est fonction du sens donné à la particule *mâ* dont on peut faire une négation ou un pronom interrogatif.

67 C'est Lui qui a établi la nuit pour votre repos et le jour pour y voir ; certes, il y a en cela des signes pour un peuple capable d'entendement *(yasma'ûn)*.
68 Ils ont prétendu que Dieu avait pris un enfant (c'est-à-dire: S'était attribué...) ! Gloire à Lui ! Il est Indépendant[10] *[de toute chose]* car Il possède ce qu'il y a dans les cieux et sur la terre. Vous n'avez aucun argument pour proférer de telles énormités. Diriez-vous au sujet de Dieu ce que vous ignorez ?
69 Dis : Ceux qui profèrent ainsi des mensonges au sujet de Dieu ne connaîtront pas la réussite.
70 Ils jouiront de ce bas monde, puis c'est vers Nous qu'ils seront ramenés et Nous leur ferons goûter un châtiment terrible pour prix de leur mécréance.

10 *Al-Ganî*, litt. : le Riche, le Souverain, c'est-à-dire Celui qui Se suffit à Lui-même, et qui n'a besoin de personne par opposition aux *fuqarâ'* (indigents) qui ont besoin de Lui à tout instant.

71 Raconte-leur l'histoire de Nûh lorsqu'il eut dit à son peuple : Ô mon peuple, si ma présence parmi vous et mes recommandations relatives aux signes de Dieu vous pèsent, *[sachez que]* c'est à Dieu que je m'en remets, prenez une décision en accord avec vos associés et ne me la cachez pas[11], puis exécutez sans délai *[votre dessein]* à mon endroit !
72 Et si vous vous détournez, *[sachez]* que je ne vous demande pas de salaire ; ma rétribution incombe à Dieu Seul et l'on m'a ordonné d'être au nombre des musulmans.
73 Ils le traitèrent d'imposteur et Nous le sauvâmes ainsi que ceux qui étaient avec lui dans l'Arche et Nous en fîmes les successeurs *[de ceux qui avaient péri]*. Nous fîmes périr par la noyade ceux qui avaient traité Nos signes de mensonges : médite quelle fut la fin de ceux qui avaient été mis en garde.
74 Puis Nous envoyâmes à sa suite des prophètes[12] vers leurs peuples respectifs qui vinrent les trouver avec des signes ; mais ils n'étaient pas enclins à croire ce qu'ils avaient déjà traité de mensonges par le passé. C'est ainsi que Nous apposons un sceau sur le cœur des transgresseurs.
75 Puis Nous envoyâmes à leur suite Mûssâ et Hârûn porteurs de Nos signes auprès de Pharaon et de son entourage mais ils s'enflèrent d'orgueil car ils étaient un peuple de criminels.
76 Et lorsque la Vérité vint à eux de Notre part, ils s'écrièrent : Ce n'est que magie manifeste !
77 Ainsi dites-vous de la Vérité, lorsqu'elle vient à vous : Ne s'agit-il pas de magie ? leur dit Mûssâ. Or, les magiciens ne prospèrent[13] point !
78 Es-tu venu nous détourner du culte dans lequel nous avons trouvé nos pères afin que vous soyez tout-puissants dans ce pays ? *[De toutes les façons]* nous n'aurons pas foi en vous !

---

11 Ne vous cause pas de souci. Néanmoins la plupart des commentateurs lui préfèrent son sens plus lointain de « cacher » qui justifie notre traduction.

12 Litt. : des envoyés.

13 Litt. : ne réussissent point.

79 Amenez-moi tous les magiciens au sommet de leur art *('alîm)*, s'écria alors Pharaon.
80 Une fois les magiciens introduits, Mûssâ leur demanda : Lancez ce que vous avez à lancer !
81 Et lorsqu'ils eurent lancé *[leurs cordes]*, Mûssâ leur dit : Dieu fera avorter la magie que vous avez produite car Il ne favorise pas l'œuvre des corrupteurs.
82 Par Ses arrêts Dieu fera éclater la Vérité, n'en déplaise aux criminels !

**Commentaire** : Par Ses arrêts traduit l'arabe *bi kalimâtihi* qui signifie littéralement : par Ses paroles, mais que les commentateurs interprètent comme signifiant : *bi mawâ'idihi*, par Ses rendez-vous ou par Ses moments fixés ; ce sont ces commentaires qui justifient la traduction que nous avons empruntée à Hamza Bû Bakr. Précisons encore que le mot *yuhiqqu*, « manifester » (ici : « faire éclater ») aurait tout aussi bien pu être rendu par le mot « réaliser » avec toutes les nuances de sens que comportent ces deux termes.

83 Seuls quelques jeunes hommes de son peuple ajoutèrent foi à Mûssâ, en dépit de la crainte des représailles[14] *[que pouvait exercer]* Pharaon à leur encontre et de celle que leur inspiraient leurs propres notables ; car Pharaon était méprisant[15] *('âlin)* dans le pays et il se comportait en souverain abusif *(musrifîna)*.
84 Peuple, leur dit alors Mûssâ, si vous avez foi en Dieu et *[Lui]* êtes réellement soumis, remettez-vous-en à Lui.
85 C'est en Dieu que nous plaçons notre confiance, répondirent-ils. Seigneur, ne fais pas de nous une source de sédition pour ce peuple inique

**Commentaire** : Les partisans de Moïse redoutent que les Égyptiens ne tirent de leur éventuelle supériorité sur eux un argument en faveur de Pharaon au détriment du monothéisme.

86 et délivre-nous, par un effet de Ta Miséricorde, de ce peuple de mécréants !
87 Puis Nous inspirâmes à Mûssâ et à son frère de rechercher en Égypte des demeures pour leur peuple et d'en faire des lieux de culte[16], d'y accomplir la prière et d'annoncer la bonne nouvelle aux croyants.
88 Seigneur, invoqua Mûssâ, Tu as accordé à Pharaon et à son entourage la richesse et le lustre en ce bas monde afin qu'ils égarent *[les hommes]* hors de Ta voie ; Seigneur, anéantis leurs biens et endurcis leurs cœurs en sorte qu'ils ne croiront qu'après avoir vu le châtiment douloureux.

14 Les notables juifs empêchaient en effet leurs coreligionnaires d'afficher leur foi par crainte des représailles de Pharaon.

15 Ou encore : puissant, doué d'un pouvoir coercitif.

16 Selon certains commentaires on aurait pu ajouter : des lieux de culte correctement orientés.

89 J'ai déjà exaucé votre requête, leur répondit-Il, faites donc preuve de rectitude et ne suivez pas la voie des ignorants !

**Commentaire** : La voie des ignorants, c'est-à-dire celle de ceux qui voudraient hâter Nos décisions. On rapporte que Moïse attendit ainsi quarante ans avant de voir ses desseins recevoir un début d'exécution.

90 Puis Nous fîmes traverser la mer *[Rouge]* aux enfants d'Isrâ'îl tandis que Pharaon et ses armées, aiguillonnés par la tyrannie et l'hostilité, les rejoignaient ; celui-ci, exposé à la noyade, s'écria : Je crois qu'il n'est d'autre divinité que celle en laquelle croient les enfants d'Isrâ'îl et je suis d'entre les musulmans !
91 Maintenant ? alors qu'auparavant tu désobéissais et que tu étais au nombre des corrupteurs !
92 En ce jour Nous préserverons ton corps afin que tu sois un signe pour ceux qui viendront après toi, même s'ils sont nombreux les gens qui ne prêtent aucune attention à Nos signes.
93 Puis Nous avons accordé aux enfants d'Isrâ'îl une place honorable et les avons gratifiés d'aliments sains. Ils ne connurent de divergence qu'après avoir reçu la science *[des Écritures]* et ton Seigneur élucidera leurs différends au Jour de la Résurrection.
94 Si tu conçois un doute au sujet de ce que Nous t'avons révélé, interroge ceux qui psalmodiaient les Écritures avant toi ; la Vérité t'est venue de la part de ton Seigneur, aussi ne sois pas du nombre des sceptiques !
95 Et ne sois pas de ceux qui ont traité d'impostures les signes de Dieu de crainte de figurer parmi les perdants,
96 ceux à l'encontre desquels va s'accomplir la Parole de ton Seigneur en sorte qu'ils ne croiront pas
97 tant qu'ils n'auront pas vu le châtiment douloureux, même si toutes sortes de signes leur étaient déjà parvenus.

98 Que n'y a-t-il eu une cité qui ait cru et profité de sa foi, exception faite du peuple de Yûnus : lorsqu'ils ont affiché leur foi Nous les avons délivrés d'un châtiment humiliant dans la vie de ce monde en les en laissant jouir pour un certain temps.
99 Si ton Seigneur l'avait voulu, tous les habitants de la terre sans exception auraient cru ; voudrais-tu contraindre les gens à devenir croyants ?
100 Il n'appartient à personne de croire sans la permission de Dieu et Dieu couvrira les insensés d'infamie.
101 Dis-leur : Méditez sur le contenu des cieux et de la terre, mais ni les signes ni les avertissements ne seront d'aucune utilité pour un peuple qui n'est pas destiné à croire.
102 Qu'attendent-ils, si ce n'est des journées *[d'épreuves]* semblables à celles qu'ont subies ceux qui les ont précédés ? Dis-leur : Attendez donc et je serai avec vous au nombre de ceux qui attendent.
103 Puis Nous sauvons Nos envoyés ainsi que les croyants *[du danger]* car le salut des croyants est un devoir qui Nous incombe.
104 Hommes, si vous avez un doute au sujet de ma religion, *[sachez]* que je n'adore pas les idoles que vous adorez en dehors de Dieu, mais que j'adore Dieu qui vous donne la mort et l'on m'a ordonné d'être parmi les croyants,
105 de consacrer mon être (litt. : de tourner ma face vers) en monothéiste exclusif à cette religion sans être du nombre des associateurs,
106 et de ne pas invoquer en dehors de Dieu des idoles qui ne peuvent causer ni torts ni profits.Si tu faisais cela, tu serais alors du nombre des injustes.

107 Si Dieu veut t'infliger une épreuve, il n'est que Lui qui puisse t'en délivrer et s'Il te veut du bien, nul ne saurait repousser Ses faveurs : Il en gratifie les serviteurs de Son choix et Il est Pardonneur et Très Miséricordieux.
108 Hommes, la Vérité vous est parvenue de la part de votre Seigneur : quiconque en prend la voie n'est guidé que pour lui-même et celui qui s'égare ne le fait qu'à son détriment et je ne suis pas chargé *[de défendre vos intérêts]*.
109 Conforme-toi à ce qui t'est inspiré et fais montre de constance jusqu'à ce que Dieu arbitre *[vos différends]* car Il est le meilleur des juges.

Sourate 11

# Le Prophète Hûd

*Au Nom de Dieu, le Tout Miséricordieux, le Très Miséricordieux*

1 Alif, Lâm, Râ'. Voici un Livre dont les versets ont été fermement établis puis exposés dans leur détail de la part du Sage, du Bien Informé,
2 *[vous enjoignant]* de n'adorer que Dieu — je suis chargé par Lui de vous mettre en garde et de vous apporter la bonne nouvelle —,
3 puis d'implorer le pardon de votre Seigneur et de vous repentir auprès de Lui. Il vous consentira la pleine jouissance *[de ce bas monde]* pour une période déterminée[1] et accordera Sa faveur à ceux qui la méritent ; mais si vous vous détournez, *[sachez]* que je redoute pour vous le châtiment d'un Jour grandiose.
4 C'est auprès de Dieu que vous serez ramenés et Il est Omnipotent.
5 Pourquoi penchent-ils leur poitrine afin de se cacher de Lui ? Lorsqu'ils se recouvrent de leurs habits ignorerait-Il ce qu'ils dissimulent ou ce qu'ils dévoilent alors qu'Il sait ce que recèlent les cœurs ?

**Commentaire :** Ce verset est interprété fort différemment suivant les commentateurs. Pour les uns, il s'adresse aux croyants qui redoutaient le « regard » de Dieu dans certaines situations telles que le fait de se rendre aux ou d'avoir des rapports sexuels. Cela étant, il faut tout de même ajouter que la sexualité, même si elle est rigoureusement codifiée en Islam, n'a rien de honteux.

Pour d'autres, il s'adresse aux mécréants qui voulaient dissimuler au Prophète la haine qu'ils lui vouaient en lui tournant le dos. Il faudrait alors rendre le début par : Pourquoi détournent-ils la poitrine ?

D'autres enfin estiment qu'il est destiné aux hypocrites qui cherchent à se dissimuler de Dieu afin qu'Il n'informe ni le Prophète ni les croyants de leurs misérables desseins.

1 Litt. : jusqu'à un terme fixé.

6 Il n'est aucun être[2] évoluant sur terre dont la subsistance n'incombe à Dieu qui connaît en outre son gîte et son lieu de repos (*mustaqrrahâ wa mustawda'ahâ*), toutes choses consignées dans un Livre explicite (*mubîn*).

**Commentaire** : Les deux termes *mustaqrrahâ wa mustawda'ahâ* ont donné lieu à différentes hypothèses de traduction. Pour les compagnons ils désignaient les « reins » des pères et les « matrices » des mères tandis que d'autres y voyaient le lieu de séjour en ce monde, c'est-à-dire l'habitat et l'ultime séjour de ce monde également, c'est-à-dire la tombe.

7 C'est Lui dont le Trône était sur l'eau et qui a créé les cieux et la terre en six jours afin de vous éprouver *[et de voir]* lequel d'entre vous œuvrerait le plus excellemment. Et si tu dis aux mécréants : Vous serez ressuscités après la mort, ils s'écrient : Cela relève d'une magie manifeste !

8 Et si Nous différons leur châtiment jusqu'à un moment déterminé, ils s'exclament : Qu'est-ce qui Le retient *[de nous châtier]* ? Le Jour où le châtiment s'abattra sur eux rien ne pourra le détourner et ils seront alors victimes de ce dont ils se gaussaient.

9 Faisons-Nous goûter à l'homme une miséricorde de Notre part et la lui retirons-Nous *[par la suite]* qu'il se livre au désespoir et à l'ingratitude !

10 Mais si Nous lui faisons goûter à une faveur après qu'il ait subi une épreuve, le voilà qui s'écrie en arrogant insolent : Le malheur s'est éloigné de moi !

11 Exception faite de ceux qui font montre de constance et œuvrent pieusement : ceux-là auront droit au pardon et à une récompense sublime.

12 Peut-être négliges-tu une partie de ce qui t'a été révélé ou te sens-tu oppressé parce qu'ils vont dire : Pourquoi ne lui fait-on pas descendre un trésor du ciel ou pourquoi un ange n'est-il pas venu avec lui ? Tu es seulement chargé de les mettre en garde et Dieu est Garant de toutes choses.

---

2 Le mot employé est *dâbba*, être ou animal rampant et par extension tout être évoluant à la surface de la terre y compris l'être humain.

13 Ou bien prétendent-ils qu'il l'a inventé ? Dis-leur : Produisez dix sourates semblables et pareillement « inventées » et, hormis Dieu, appelez qui vous pourrez à votre aide si vous êtes sincères !
14 Et s'ils ne répondent pas à votre défi *[sachez]* qu'il a été révélé en conformité avec la science de Dieu et qu'il n'est pas de divinité en dehors de Lui ! Vous soumettrez-vous à Lui ?
15 Nous accorderons *[ici-bas]* à ceux qui convoitent la vie de ce monde et son lustre la rétribution de leurs œuvres dans son intégralité et ils ne seront pas lésés.
16 Mais dans l'Ultime Demeure, ceux-là n'auront d'autre rétribution que le feu car les œuvres qu'ils auront accomplies en ce monde seront réduites à rien en sorte que toutes leurs actions seront vaines.
17 Ceux qui s'appuient sur une preuve *(bayyina)* de leur Seigneur que corroborent un de Ses témoins *(shâhidun)* ainsi que les Écritures révélées par le passé à Mûssâ en guise de guidance et de miséricorde *[sont-ils dans la même situation que ceux qui convoitent ce bas monde]* ? Ceux-là ajoutent foi *[au Livre]* mais que ceux d'entre les coalisés *[mecquois]* qui le renient, *[sachent]* que le feu est au rendez-vous. Ne conçois donc pas de doutes à son sujet car il est la Vérité révélée par ton Seigneur mais la plupart des hommes sont dans l'ignorance.

**Commentaire :** Les interprétations divergent sur l'identité du « témoin » évoqué dans le verset. Pour les uns ce « témoin de Dieu » n'est autre que le Coran qui corrobore les arguments avancés par le Prophète. D'autres l'ont personnifié en l'identifiant à sayyidnâ 'Alî. Pour d'autres c'est la preuve *(bayyina)* qu'il convient d'identifier au Coran tandis que le témoin qui suit cette preuve et s'y conforme est Gabriel.

18 Qui donc est plus inique que celui qui profère des mensonges au sujet de Dieu ? Ceux-là seront présentés devant leur Seigneur et des témoins les chargeront : Voici ceux qui mentaient sur le compte de leur Seigneur ! La malédiction de Dieu ne pèse-t-elle pas sur les iniques ?
19 *[sur]* ceux qui détournent *[les hommes]* de la voie de Dieu, qui cherchent à la rendre tortueuse et qui nient l'existence de l'Ultime Demeure ?

20 Ceux-là ne pourront défier Dieu[3] sur terre et ils ne trouveront aucun protecteur en dehors de Lui. Leur supplice aura été redoublé pour n'avoir pas été capable de voir ni d'entendre.
21 Ceux-là auront provoqué leur propre perte et lors, leurs mensonges se seront évanouis (ou encore : leurs illusions se seront dissipées).

**Commentaire** : Leurs mensonges se seront évanouis : c'est-à-dire que les idoles qu'ils invoquaient auront disparu le Jour du Jugement, les abandonnant à leur triste sort.

22 Il ne fait pas de doute que dans l'Ultime demeure ils courront plus que quiconque à leur perdition.
23 Ceux qui ont cru, qui ont pratiqué les œuvres pies et se sont recueillis devant leur Seigneur sont voués au Paradis où ils demeureront à jamais.
24 Les deux partis sont comparables à quelqu'un privé de la vue et de l'ouïe, et quelqu'un qui jouit de ses sens ; peut-on établir une comparaison entre eux ? Y réfléchirez-vous ?
25 Nous avions envoyé Nûh auprès de son peuple : Je suis chargé de vous adresser une mise en garde sans équivoque,
26 *[vous enjoignant]* de n'adorer que Dieu car je redoute pour vous le châtiment d'un Jour pénible.
27 Les notables de son peuple qui l'avaient renié lui dirent : Nous ne pensons pas que tu sois autre chose qu'un homme comme nous et nous constatons que seuls les plus vils d'entre nous t'ont suivi sans réflexion. Nous ne voyons pas que vous ayez la moindre supériorité sur nous et nous pensons que vous êtes des menteurs.
28 Ô mon peuple, leur répondit-il, que diriez-vous si je m'appuyais sur une preuve révélée par mon Seigneur, qu'Il m'ait accordé de Sa part une miséricorde et que cela vous ait échappé ? Devrais-je vous contraindre *[à l'accepter]* en dépit de votre répugnance ?

3 Ou encore : ne pourront échapper à Dieu.

29 Ô mon peuple, je ne vous demande aucune rétribution car mon salaire n'incombe qu'à Dieu et je ne suis pas homme à repousser ceux qui ont cru car ils vont *[bientôt]* rencontrer leur Seigneur, mais je vous tiens pour un peuple d'ignorants.
30 Ô mon peuple, qui donc pourrait me défendre contre Dieu si jamais je les chassais ? Y avez-vous réfléchi ?
31 Je ne prétends pas devant vous disposer des trésors de Dieu ni connaître ce qui est celé[4]. Je ne prétends pas être un ange et je ne peux pas dire à ceux que vous regardez avec mépris : « Dieu ne vous rétribuera d'aucun bien », sans être aussitôt taxé d'injustice.
32 Nûh, lui dirent-ils, tu as déjà beaucoup trop argumenté avec nous ; fais en sorte que se réalise ce dont tu nous a menacés si tu es un homme véridique !
33 S'Il le veut, Dieu fera en sorte que cela s'abatte sur vous et vous ne pourrez y échapper.
34 Quand bien même m'obstinerais-je à vous donner des conseils, ils ne vous seraient d'aucune utilité si Dieu a décidé de vous égarer : Il est votre Seigneur et c'est vers Lui que vous serez ramenés.
35 Ou bien prétendent-ils qu'il l'a inventé *[de toutes pièces]* ? Réponds-leur : Si je l'ai inventé, mon crime n'incombe qu'à moi et je n'ai rien à voir avec ceux que vous commettez.

**Commentaire** : Ce verset concerne le Prophète et non plus Noé comme les versets précédents.

36 Il fut ensuite révélé à Nûh : Les seuls croyants dans ta communauté seront ceux qui ont déjà la foi, aussi ne t'afflige plus de ce qu'ils font.
37 Construis l'Arche sous Nos yeux et selon Nos indications (*wahî*) inspiration) et ne Me parle plus des injustes car ils vont être noyés.

4 *Al ghayb* : ce qui échappe aux sens, le non-manifesté... Cf. sourate 10, verset 20, note 3.

38 Il construisit donc l'Arche ; chaque fois que les notables de son peuple passaient devant lui, ils le tournaient en dérision. Moquez-vous, leur disait-il, nous nous raillerons bientôt de vous comme vous le faites de nous *[en ce moment même]*.
39 Vous saurez bientôt sur qui va s'abattre un châtiment avilissant et un supplice perpétuel.
40 Si bien que lorsque Notre Ordre eut été donné et que le four fut entré en ébullition, Nous dîmes *[à Nûh]* : Emporte dans l'Arche deux couples[5] de chaque espèce avec ta famille — exception faite de ceux contre lesquels une décision a déjà été retenue — et les croyants. Mais il y en avait peu avec lui qui avaient eu la foi.
41 Montez dans l'Arche, leur dit-il : qu'elle vogue et jette l'ancre au Nom de Dieu, car mon Seigneur est Pardonneur et très Miséricordieux.
42 L'Arche les emporta à travers des vagues hautes comme des montagnes et Nûh appela son fils demeuré à l'écart : Monte avec nous et ne sois pas du nombre des mécréants !
43 Je me réfugierai sur la montagne qui me protégera de l'eau, lui répondit-il. En ce jour nul ne sera préservé du Commandement divin exception faite de ceux auxquels Il accordera Sa Miséricorde. *[Sur ces mots]* les vagues s'interposèrent entre eux et *[son fils]* fut noyé.
44 Dieu enjoignit[6] : Ô terre, absorbe les eaux ! Ô ciel, retiens la pluie ! Les eaux décrûrent, l'Ordre fut accompli et l'Arche s'arrêta sur le mont Jûdî et il fut dit : Que périssent les peuples iniques !
45 Nûh invoqua alors son Seigneur en disant : Seigneur, mon fils fait partie de ma famille ; or Ta promesse est véridique et Tu es le plus équitable des juges.

5 Litt. : de chaque couple, deux. Il semblerait qu'il faille comprendre que, de chaque espèce, Noé ait emporté non pas un mais deux couples.
6 Litt. : il fut dit.

46 Ô Nûh, ton fils n'est pas des tiens, lui répondit-Il, car ses œuvres sont celles d'un impie. Et ne me pose plus de questions sur un sujet que ta science n'embrasse pas ! Je te mets en garde afin que tu ne sois pas d'entre les ignorants.

**Autre traduction possible :** Ô Nûh, ta question est déplacée, répondit-Il.

47 Seigneur, reprit Nûh, garde-moi *[désormais]* de T'interroger sur ce que j'ignore et si Tu ne me pardonnes pas et ne me fais pas miséricorde je serai du nombre de ceux qui courent à leur perdition.

48 Ô Nûh, lui dit-on, débarque de l'Arche assisté de Notre Paix et de Nos bénédictions, toi et les communautés qui sont avec toi ; il en est d'autres que Nous ferons jouir *[de ce bas monde]* avant que ne les frappe un châtiment douloureux infligé par Nous.

49 Ce sont des histoires qui t'étaient celées (*ghayb*) et que Nous t'avons inspirées. Toi et ton peuple, vous les ignoriez avant cette révélation ; aussi fais preuve de constance car une heureuse issue est réservée à ceux qui se gardent *[de Dieu]*.

50 *[De même, Nous avons envoyé]*, auprès *[du peuple]* de 'Âd, leur frère Hûd. Mon peuple, leur dit-il, adorez Dieu car vous n'avez d'autre divinité que Lui. Or vous n'êtes que des fabulateurs *[dans votre idolâtrie]*.

51 Ô mon peuple, je ne vous réclame aucun salaire, ma rétribution n'incombe qu'à Dieu qui m'a créé ! Y avez-vous réfléchi ?

52 Mon peuple, implorez le pardon de votre Seigneur et repentez-vous auprès de Lui, Il fera descendre la pluie sur vous en abondance et vous rendra plus forts que vous ne l'êtes, mais ne vous détournez pas comme des criminels.

53 Hûd, lui dirent-ils, tu ne nous a apporté aucune preuve *[de tout ceci]* et nous ne renoncerons pas à nos divinités sur la foi de tes dires, d'autant que nous ne croyons pas en toi.

54 Nous ne voyons rien d'autre à dire si ce n'est qu'une de nos divinités t'a affligé d'un mal. Je prends Dieu à témoin, répondit-il, et vous demande également de témoigner que je n'ai rien à voir avec ceux que vous Lui associez
55 en l'excluant *(min dûnihi)* *[de votre culte]*. Tous ensemble, dressez sans délai contre moi vos stratagèmes.
56 Moi, je m'en remets à Dieu, mon Seigneur et le vôtre ; il n'est d'être qui ne ploie sous Sa contrainte. Certes mon Seigneur est sur une voie droite.

**Commentaire :** Il n'est d'être qui ne soit soumis à Sa contrainte traduit l'expression arabe : il n'est d'animal rampant (ou : évoluant) qu'Il ne saisisse par son toupet.

57 Et si vous vous dérobez, je vous aurai communiqué ce pour quoi on m'a envoyé : mon Seigneur vous substituera un autre peuple que vous, et vous ne pourrez Lui nuire en rien car mon Seigneur contrôle[7] toutes choses.
58 Et lorsqu'advint Notre Commandement, Nous sauvâmes Hûd et ceux qui avaient cru avec lui par un effet de Notre Miséricorde, les faisant échapper à un rude supplice.
59 Voilà pour 'Âd qui avait récusé les signes de leur Seigneur, désobéi à Ses envoyés tout en se conformant à tous les tyrans obstinés.
60 Ils furent poursuivis en ce monde par la malédiction *[comme ils le seront]* au Jour de la Résurrection. N'est-il pas exact que 'Âd avait renié son Seigneur ? Que la malédiction s'abatte sur 'Âd, le peuple de Hûd.
61 *[De même, Nous avons envoyé]* auprès *[du peuple]* de Thamûd leur frère Sâlih. Mon peuple, leur dit-il, adorez Dieu car vous n'avez d'autre divinité que Lui ; c'est Lui qui vous a créés de terre et qui vous a donné de la bâtir[8]. Implorez Son pardon et repentez-vous auprès de Lui car Il est Proche *[de vous]* et enclin à *[vous]* exaucer.
62 Sâlih, lui dirent-ils, tu étais avant cela promis à un bel avenir parmi nous. Veux-tu nous interdire d'adorer ce que vénéraient nos pères ? Nous doutons fort de ce à quoi tu nous convies.

7 *Hafiz* est un de ces noms divins qui présentent une multitude de sens si bien qu'il est illusoire de vouloir le rendre par un vocable uniforme. Ainsi on pourrait le traduire par : Gardien, Protecteur, Celui qui veille, qui contrôle, etc.

8 Ou encore : de la peupler, de l'habiter.

63 Ô mon peuple, répondit-il, et si je m'appuyais, voyez-vous, sur une preuve de mon Seigneur et qu'Il m'ait accordé de Sa part une miséricorde ? Qui donc me protégerait contre Dieu si je Lui désobéissais ? Vous ne feriez qu'ajouter à mon désarroi[9] !
64 Mon peuple, voici la chamelle de Dieu en guise de signe pour vous : laissez-la paître tranquillement sur la terre de Dieu sans lui faire aucun mal, sans quoi vous subiriez un châtiment immédiat.
65 Ils lui coupèrent les jarrets. Profitez de votre pays trois jours encore, leur dit Sâlih. C'est là une menace qui ne sera pas démentie.
66 Et lorsqu'advint Notre Commandement, Nous préservâmes Sâlih, et ceux qui avaient cru avec lui, de l'humiliation de cette journée-là par un effet de Notre Miséricorde, car ton Seigneur est Puissant et Fort.
67 Un hurlement saisit les injustes qui furent trouvés au matin gisants dans leurs demeures,
68 comme s'ils n'y avaient jamais vécu. Le peuple de Thamûd n'avait-il pas renié son Seigneur ? Périsse le peuple de Thamûd !
69 Nos envoyés étaient venus trouver Ibrâhîm porteurs de la bonne nouvelle et lui avaient adressé une salutation de paix. La paix *[soit sur vous]*! leur avait-il répondu et il ne tarda pas à leur apporter un veau rôti.
70 Mais lorsqu'il vit qu'ils n'y portaient pas la main, il les désavoua et conçut de la frayeur à leur égard. Ne crains rien, lui dirent-ils, nous sommes envoyés auprès du peuple de Lût.
71 Debout, son épouse se prit à rire à l'annonce que Nous lui fîmes de la naissance d'Ishâq et de Ya'qûb à sa suite.

9 Litt. : à ma perte.

72 Malheureuse que je suis, s'écria-t-elle : enfanter alors que je suis une vieille femme et mon mari un vieillard ! En voilà une chose étonnante !

73 Tu t'étonnes de l'Ordre de Dieu ? lui demandèrent-ils. Que la Miséricorde de Dieu et Ses bénédictions soient sur vous, membres de la maison *[prophétique]*, car Il est Glorieux et Digne de louanges.

74 Après que la peur eut abandonné Ibrâhîm et qu'il eut reçu la bonne nouvelle, il se mit à argumenter avec Nous en faveur du peuple de Lût.

75 Certes Ibrâhîm était magnanime, prompt à se ressaisir et à se repentir.

76 Ibrâhîm, renonce à ton plaidoyer car l'Ordre de ton Seigneur a déjà été prononcé : un châtiment inéluctable va bientôt s'appesantir sur eux.

77 Lorsque Nos envoyés vinrent trouver Lût il en fut affligé et en ressentit de la gêne, ce qui lui fit dire : C'est une journée pénible.

**Commentaire :** Ignorant tout d'abord qu'il s'agissait d'anges, Loth redoutait que son peuple ne leur fasse subir un triste sort.

78 Son peuple, qui par le passé avait déjà commis des turpitudes, se précipita alors chez lui. Mon peuple, leur dit-il, voici mes filles qui seront plus pures pour vous. Gardez-vous de Dieu et ne m'humiliez pas à travers[10] mes hôtes. N'y a-t-il parmi vous aucun homme raisonnable ?

79 Tu sais bien, lui répondirent-ils, que nous n'avons que faire de tes filles[11] et tu sais aussi ce que nous voulons.

80 Si seulement j'avais la force de vous résister ou la capacité de me réfugier auprès d'un soutien indéfectible *(rukn shadîd)* !

81 Lût, lui dirent-ils alors, nous sommes les envoyés de ton Seigneur et tu seras placé hors de leur portée[12]. Que pas un de vous ne se retourne, ta femme exceptée car elle subira le même sort qu'eux. Leur rendez-vous est fixé à l'aube et l'aube, n'est-ce pas, n'est plus très éloignée.

10 C'est-à-dire : en abusant de mes hôtes.
11 Ou encore : que nous ne désirons pas tes filles.
12 Ou encore : ils ne pourront te faire le moindre mal.

82 Une fois Notre Ordre advenu, Nous mîmes la cité sens dessus dessous[13] et Nous fîmes pleuvoir sur elle (litt. : sur eux) des pierres d'argile agglomérée,
83 porteuses d'une marque *[provenant]*[14] de ton Seigneur ; et elles ne sont pas si éloignées que cela des tyrans !

**Commentaire** : la phrase elles ne sont pas si éloignées peut désigner les pierres ayant été utilisées pour les supplices antérieurs et qui peuvent toujours s'abattre à nouveau sur les oppresseurs, ou être une allusion à ces cités détruites dont le souvenir n'est pas si éloigné que cela dans la mémoire des Qurayshites.

84 *[De même, Nous avons envoyé]* auprès *[du peuple]* de Madyan leur frère Shu'ayb. Mon peuple, leur dit-il, adorez Dieu car vous n'avez d'autre divinité que Lui et ne fraudez pas sur les poids et les mesures. Je vous vois dans la prospérité mais je redoute pour vous le châtiment *[qui s'abattra]* le Jour où vous serez cernés.
85 Mon peuple, donnez le juste poids et la bonne mesure en toute équité, ne lésez point les gens de leurs biens et ne commettez pas, en corrupteurs, d'iniquités sur terre.
86 Ce que Dieu vous réserve[15] *(baqiyyatu Llâh)* est préférable pour vous si vous êtes des croyants *[sincères]* et je ne suis pas chargé de veiller sur vous[16].
87 Shu'ayb, lui dirent-ils, tes prières t'ordonnent-elles de nous faire renoncer à adorer ce qu'adoraient nos pères ou à disposer de nos biens comme bon nous semble ? *[Réponds donc]*, puisque tu es si longanime et si raisonnable !
88 Mon peuple, leur répondit-il, qu'en diriez-vous si je me fondais sur une preuve de mon Seigneur et qu'Il m'ait gratifié d'une subsistance sans tâche ? Je ne cherche nullement à m'opposer à vous lorsque je vous interdis certaines choses, je ne cherche au contraire qu'à vous amender dans la mesure de mes moyens et mon succès ne dépend que de Dieu. C'est à Lui que je m'en remets et auprès de Lui que je me repens.

---

13 Ou encore : Nous lui fîmes subir un véritable chambardement.
14 Litt. : auprès de.
15 Litt. : vous laisse.
16 Ou encore : je ne suis pas responsable de vous (Hamza Bû Bakr).

89 Mon peuple, fais en sorte que nos dissensions ne soient pas cause
d'un châtiment qui vous frappera comme il a frappé ceux qui vous ont
précédés: les peuples de Nûh, de Hûd, de Sâlih. Et le sort du peuple
de Lût est encore frais[17] *[dans vos mémoires]*.
90 Implorez le pardon de votre Seigneur, revenez à Lui repentants, car
mon Seigneur est Compatissant et Très Miséricordieux.
91 Ô Shu'ayb, reprirent-ils, nous ne comprenons pas grand-chose de ce
que tu nous dis et nous constatons que parmi les nôtres tu es pris
pour un homme faible. N'étaient tes partisans, nous t'aurions lapidé,
car, de toi, nous faisons peu de cas.
92 Mon peuple, faites-vous plus de cas de mes partisans que de Dieu
que vous ne semblez nullement prendre en considération ? Or, mon
Seigneur cerne *[tout de même]* tout ce que vous faites.
93 Mon peuple, agissez à votre guise et j'œuvrerai de mon côté ; bien-
tôt vous saurez sur lequel *[d'entre nous]* s'appesantira un châtiment
humiliant et lequel *[d'entre nous]* est un menteur. Vous n'avez qu'à
guetter *[son échéance]*, je serai avec vous de ceux qui observent.
94 Et lorsqu'advint Notre Commandement, Nous sauvâmes Shu'ayb et
ceux qui avaient cru avec lui par un effet de Notre Miséricorde et
un grondement saisit les injustes qui furent trouvés au matin gisants
dans leurs demeures
95 comme s'ils n'y avaient jamais vécu. Que le peuple de Madyan soit
anéanti comme l'avait été auparavant le peuple de Thamûd.
96 Nous avions également envoyé Mûssâ, porteur de Nos signes et doté
d'un pouvoir évident,
97 auprès de Pharaon et de son entourage ; ils s'en remirent aux ordres
de Pharaon, or le commandement de Pharaon n'était pas judicieux.

17 Litt.: n'est pas éloigné.

98 Au Jour de la Résurrection il précédera son peuple auquel il fera traverser le feu : quelle traversée douloureuse !
99 Ils seront poursuivis en ce monde par la malédiction ainsi qu'au Jour de la Résurrection : quelle détestable assistance *(rifd)* que celle qui leur sera accordée !

**Commentaire** : Les commentateurs font généralement de *rifd* un synonyme de *'awn* : « aide », « soutien », contrairement à la majorité des traducteurs qui le rendent par « cadeau », « don ». Il est vrai qu'en arabe *rifd* est le cadeau et *rafd* l'aide, le soutien, nonobstant l'écriture du mot qui reste la même. Nous avons préféré suivre l'avis des commentateurs qui nous semblait plus plausible.

100 Voici quelques-unes des histoires de ces cités que Nous te racontons ; certaines sont encore sur pied, d'autres ont été rasées.
101 Nous ne leur fîmes aucun tort mais ce sont eux qui se faisaient du tort à eux-mêmes. Les divinités qu'ils invoquaient en dehors de Dieu ne leur servirent à rien lorsque survint l'Ordre de ton Seigneur et ne firent qu'accélérer leur perdition.
102 C'est le traitement que ton Seigneur fait subir aux cités iniques lorsqu'Il les châtie : Son châtiment est douloureux et sévère.
103 En tout cela il y a un signe pour quiconque redoute le châtiment de l'Ultime Demeure ; ce Jour dont tout un chacun pourra témoigner verra les hommes rassemblés.
104 Et Nous ne le différons que jusqu'à un terme bien déterminé.
105 Lorsque ce Jour viendra nul ne pourra parler sans la permission de Dieu : certains hommes seront bienheureux, d'autres réprouvés.
106 Pour ce qui est des réprouvés, ils seront dans le feu où ils se répandront en râles et en sanglots.
107 Ils y demeureront aussi longtemps que dureront les cieux et la terre à moins que Dieu n'en décide autrement, car ton Seigneur fait ce qu'Il veut.
108 Les bienheureux quant à eux seront en Paradis où ils demeureront aussi longtemps que dureront les cieux et la terre à moins que Dieu n'en décide autrement, à titre de don permanent.

109 Ne conçois aucun doute relatif à ce qu'ils adorent ; ils n'adorent que ce que leurs pères vénéraient dans le passé et Nous leur remettrons l'intégralité de leur dû[18] sans rien omettre.
110 Nous avions également révélé à Mûssâ les Écritures[19] qui firent l'objet de différends ; n'était la décision préalable de ton Seigneur *[de différer le Jugement]*, le litige qui les opposait eût été tranché mais ils n'en n'étaient pas moins plongés dans un doute obsédant à leur sujet[20].
111 Toutes les créatures sans exception seront intégralement rétribuées par ton Seigneur car Il est parfaitement Informé de leurs œuvres.
112 Fais montre de rectitude comme on te l'a ordonné ainsi qu'à ceux qui se sont repentis avec toi et ne transgressez pas les limites car Il voit parfaitement tout ce que vous faites.
113 Ne vous reposez pas sur ceux qui commettent des iniquités, car alors le feu vous atteindrait. Vous n'avez aucun protecteur en dehors de Dieu et vous ne seriez pas soutenus.
114 Accomplis la prière aux deux extrémités du jour et une partie de la nuit ; certes les bonnes œuvres effacent les fautes : ceci est un rappel pour ceux qui sont doués de mémoire.
115 Et fais montre de patience car Dieu ne néglige rien de (ou encore : ne dilapide pas) la rétribution des vertueux.
116 Que n'y a-t-il eu parmi les générations qui vous ont précédés des gens qui soient demeurés *[religieux] (baqiyya)*, interdisant de répandre la corruption sur terre, exception faite du petit nombre de ceux que Nous avons sauvés parmi eux, tandis que les prévaricateurs se conformaient aux exigences du luxe en se comportant en criminels.
117 Ton Seigneur n'était pas disposé à anéantir injustement une cité dont les habitants faisaient amende honorable.

---

18 Litt. : de leur part.
19 Litt. : le Livre.
20 Au sujet des Écritures.

118 Si ton Seigneur l'avait voulu, Il aurait fait des hommes une communauté unique, mais ils ont encore des différends,
119 exception faite de ceux auxquels ton Seigneur fait miséricorde. C'est même pour cela qu'Il les a créés[1] ; c'est ainsi que s'accomplit la Parole de ton Seigneur : J'emplirai la Géhenne des hommes et des djinns réunis.
120 Tous ces récits que Nous te communiquons relativement aux prophètes sont destinés à raffermir ton cœur. C'est la Vérité qui t'est parvenue à travers cette sourate ainsi qu'une exhortation et un rappel destinés aux croyants.
121 Dis à ceux qui ne croient pas : Agissez à votre guise, nous œuvrerons de notre côté,
122 et attendez *[la suite]*, nous l'attendrons avec vous.
123 C'est à Dieu qu'appartient *[la connaissance]* de ce qui n'est manifesté[2] ni dans le ciel ni sur la terre et c'est à Lui que revient le Commandement tout entier. Aussi, adore-Le et remets-t'en à Lui *[en sachant]* que rien de ce que vous faites n'échappe à ton Seigneur.

Sourate 12

## Le Prophète Joseph

*Au Nom de Dieu, le Tout Miséricordieux, le Très Miséricordieux*

1 Alif, Lâm, Râ'. Tels sont les versets du Livre explicite.
2 Nous l'avons révélé Coran[3] arabe, afin que vous le méditiez.
3 Par l'intermédiaire de ce Coran que Nous te révélons, Nous te communiquons les plus belles histoires alors qu'auparavant tu étais de ceux qui en ignoraient tout (*ghâfilîn*[4]).
4 *[Aie en mémoire]* lorsque Yûssuf eut dit à son père : Père, j'ai vu onze étoiles, le soleil et la lune se prosterner devant moi.

---

1 Pour diverger selon les uns, pour faire l'objet de Sa Miséricorde selon les autres, voire pour les deux à la fois.

2 Ou : de ce qui est celé.

3 Il n'est pas sans intérêt de rappeler que le premier sens du mot Coran est « lecture » ; ainsi le Coran est-il « la » lecture par excellence, « le » Livre dont tous les autres ne sont que de pâles commentaires, « la Mère » du Livre, prototype de toutes les Écritures saintes. Mais cet ouvrage universel ne nous est accessible qu'à travers la langue de la révélation, à savoir la langue arabe qui sert de véhicule à cette Parole divine inaccessible au commun des mortels.
Du reste, certains commentateurs assimilent le Livre au Coran en considérant le second comme un descriptif du premier. D'autres voient dans le Livre les Écritures antérieures alors que seul le mot Coran désignerait dans ce verset les Écritures musulmanes. Sans doute faut-il voir dans le Livre l'archétype des Écritures révélées et dans le Coran son ultime projection en ce monde.

4 Nombre de traducteurs, faisant abstraction des commentaires, ont traduit *ghâfilîn* par « insouciant ». Nous préférons nettement l'exégèse qui suppose un mot éludé : *ghâfilîna 'an ma'rifatihi*, « de ceux qui n'y prêtent pas attention parce qu'ils l'ignorent ». Quand on connaît un tant soit peu la vie du Prophète et ce dès avant la révélation, on a tout de même du mal à lui appliquer le qualificatif « d'insouciant ».

5 Mon fils, lui dit *[Ya'qûb ]*, garde-toi de raconter ta vision à tes frères car ils ourdiraient contre toi une machination ; le diable est pour l'homme un ennemi déclaré.
6 C'est ainsi : ton Seigneur t'a élu et Il t'enseignera l'interprétation des paraboles[5] *(ahâdîth)* parachevant ainsi la faveur qu'Il t'a faite ainsi qu'à la famille de Ya'qûb, de même qu'Il l'avait fait pour tes ancêtres dans le passé, Ibrâhîm et Ishâq, car ton Seigneur est Très Savant et Très Sage.
7 Assurément *[l'histoire]* de Yûssuf et de ses frères contenait des signes pour ceux qui s'interrogent.
8 *[Notamment]* lorsqu'ils se dirent : Yûssuf et son frère sont plus aimés de notre père que nous alors que nous sommes *[toute]* une bande ? Certes notre père est dans un égarement manifeste.
9 Tuez Yûssuf ou repoussez-le en quelque terre et votre père n'aura plus d'yeux que pour vous[6], après quoi vous redeviendrez un groupe de gens pieux.
10 L'un d'entre eux prit alors la parole : Ne tuez pas Yûssuf, mais jetez-le plutôt au fond d'un puits d'où il sera recueilli par quelque passant si vous êtes résolus à le faire.
11 Notre père, dirent-ils, qu'as-tu donc à ne pas nous confier Yûssuf alors que nous sommes pour lui de bon conseil ?
12 Envoie-le avec nous demain faire paître *[les troupeaux]* et jouer et nous le protégerons.
13 Je serai triste, leur répondit-il, à l'idée que vous l'emmeniez et je crains que le loup ne le mange pendant que vous ne ferez pas attention à lui.
14 Si le loup le dévorait alors que nous sommes *[toute]* une bande ce serait là un grand dommage !

5 Ce mot nous paraît plus approprié que celui de « songes » qui traduit d'ordinaire le mot *ahâdîth*.
6 Litt. : le visage de votre père sera libre pour vous.

15 Lorsqu'ils l'eurent emmené avec eux et qu'ils se furent mis d'accord pour le jeter au fond du puits, Nous lui révélâmes : Tu leur rappelleras leur complot sans même qu'ils s'en rendent compte.
16 Le soir, ils s'en retournèrent auprès de leur père en pleurant.
17 Père, lui dirent-ils, nous nous sommes éloignés en faisant la course et nous avons laissé Yûssuf auprès de nos affaires en sorte que le loup l'a mangé. Et de toutes les façons tu ne nous croiras pas même si nous étions sincères !
18 Puis il lui exhibèrent une chemise maculée d'un sang maquillé[7]. C'est plutôt votre âme qui vous a incités à commettre ce forfait ! *[Il me faut témoigner]* d'une belle patience et c'est à Dieu que je demanderai de l'aide *[pour supporter]* ce dont vous m'avez fait part.
19 Un caravane vint à passer qui envoya son éclaireur ; comme il lançait son seau *[dans le puits]* il laissa s'échapper une exclamation : Un jeune garçon ! Quelle aubaine ! Ils le dissimulèrent en vue de le vendre et Dieu savait fort bien ce qu'ils faisaient.
20 Pour l'avoir mésestimé ils le vendirent à un vil prix, pour quelques dirhams.
21 Celui qui l'acheta était originaire d'Égypte ; il dit à son épouse : Fais-lui une place honorable (ou : traite-le avec des égards), peut-être nous sera-t-il utile ou en ferons-nous notre fils. C'est ainsi que Nous renforçâmes la position de Yûssuf dans le pays ; Nous lui enseignâmes l'interprétation des paraboles *(ahâdîth)* et nul ne saurait s'opposer à l'Ordre de Dieu mais la plupart des gens sont dans l'ignorance.

**Autre traduction possible :** Au lieu de : nul ne saurait s'opposer à l'Ordre de Dieu, on pourrait traduire par : et Dieu prit en charge son destin..., selon que le pronom de la troisième personne hi est rapporté à Dieu ou au prophète Joseph.

22 Lorsqu'il eut atteint la puberté, Nous lui accordâmes la sagesse et la science et c'est ainsi que Nous rétribuons les vertueux.

7 Litt. : mensonger, c'est-à-dire qui n'était pas le sien.

23 La maîtresse de la maison dans laquelle il vivait tenta de le séduire : elle ferma les portes et lui dit : Viens à moi ! Dieu m'en préserve, répondit-il, *[ton époux]* est mon maître et il m'a traité avec des égards ; or les injustes ne connaissent pas la réussite.

**Autre traduction possible** : Dieu m'en préserve, répondit-il, Il est mon Maître et m'a traité avec égard. Le pronom de la troisième personne peut en effet se rapporter à l'intendant de Pharaon ou à Dieu Lui-même.

24 Elle songea à *[commettre l'adultère avec]* lui et il songea à la *[repousser*
*brutalement]* n'était le signe *[que lui fit voir]* son Seigneur : cela afin
que Nous le préservions du mal et de la turpitude car il était d'entre
nos pieux serviteurs.
25 Comme ils s'élançaient tous deux vers la porte, elle déchira sa tuni-
que par-derrière et ils trouvèrent son époux à la porte. *[Aussitôt]* elle
s'écria : Quelle autre rétribution pour celui qui veut du mal à ta famille
que la prison ou un châtiment douloureux ?
26 C'est elle qui a tenté de me séduire contre mon gré, lui dit Yûssuf.
*[C'est alors qu']* un parent de son épouse porta ce témoignage : Si sa
tunique est déchirée par-devant c'est qu'il a menti et qu'elle est sin-
cère,
27 mais si sa tunique est déchirée par-derrière, c'est elle qui a menti et lui
qui est sincère.
28 Et lorsqu'il constata que sa chemise avait été déchirée par-derrière
il s'écria : Voilà bien vos perfidies et il n'est rien de pire que vos perfi-
dies !
29 Yûssuf, poursuivit-il, il te faudra taire cette *[histoire]* ; quant à toi,
demande pardon pour ton péché car tu étais sans conteste fautive.
30 Des femmes jasaient dans la ville : L'épouse du grand intendant a tenté
de séduire son jeune serviteur qui lui inspire une passion ardente. Elle
nous paraît être dans un égarement manifeste.

31 Ayant eu vent de leur perfidie, elle leur fit envoyer une invitation et leur prépara un repas[8], puis elle remit à chacune d'elles un couteau. Ensuite elle ordonna à Yûssuf de se présenter devant elles. Lorsqu'elles le virent, elles en firent grand cas et *[subjuguées par sa beauté]* elles se tailladèrent les mains en s'exclamant : A Dieu ne plaise, ce n'est pas un homme, ce ne peut être qu'un ange noble !
32 Voici celui qui m'a valu votre opprobre, leur dit-elle ; j'ai bien tenté de le séduire mais il s'est refusé à moi et s'il persiste dans son refus de m'obéir il sera emprisonné ou il connaîtra un sort humiliant.
33 Seigneur, dit *[alors Yûssuf]*, je préfère la prison au forfait auquel elles me convient et si Tu ne détournes pas de moi leur perfidie, j'aurai un penchant pour elles et je compterai parmi les ignorants.
34 Dieu exauça sa prière en détournant de lui leurs machinations car Il est Celui qui entend et sait tout.
35 Et bien qu'ils aient constaté les preuves *[de son innocence]* il leur parut bon de l'emprisonner pour un certain temps.

**Commentaire :** C'est de l'entourage de l'intendant qu'il s'agit lorsque le Coran affirme qu'il leur parut bon de l'emprisonner un certain temps, cela afin d'éviter le scandale.

36 Deux jeunes gens entrèrent avec lui en prison. Je me suis vu *[en songe]* en train de presser du raisin, lui dit l'un. Quant à moi, lui dit l'autre, je me suis vu portant sur la tête du pain que picoraient les oiseaux. Faisnous connaître l'interprétation de ces songes[9], toi qui nous sembles être un homme vertueux.
37 Avant qu'on ne vous apporte le repas qui vous est destiné, leur dit-il, je vous aurai fait part de leur interprétation ; cela fait partie des choses que m'a enseignées mon Seigneur. J'ai renoncé à la religion d'une communauté qui ne croit pas en Dieu et qui nie l'existence de l'Ultime Demeure,

8 Ou un divan selon les interprétations.

9 C'est en revanche bien d'un songe qu'il s'agit dans ce passage.

38 et je me suis conformé à celle de mes pères, Ibrâhîm, Ishâq et Ya'qûb :
il ne nous appartient pas de donner à Dieu un quelconque associé.
Cela fait partie des grâces que Dieu nous a accordées ainsi qu'aux
hommes, mais la plupart des hommes sont ingrats.
39 Mes compagnons de prison, des seigneurs disséminés ici et là sont-ils
préférables à Dieu l'Unique, le Contraignant ?
40 En dehors de Lui vous n'adorez que des noms que vous avez donnés
*[à vos idoles]*, vous et vos pères, et pour lesquels Dieu ne vous a révélé
aucune preuve. La décision n'appartient qu'à Dieu qui vous a ordonné
de n'adorer que Lui. Telle est la religion de la rectitude mais la plupart
des hommes sont dans l'ignorance.
41 Mes compagnons d'infortune[10], l'un de vous deux sera l'échanson de
son maître ; quant à l'autre il sera crucifié et les oiseaux viendront
picorer par-dessus sa tête. Ainsi a-t-il été décidé de l'affaire pour
laquelle vous me consultez.
42 Puis il dit à l'intention de celui des deux qu'il pensait sauvé : Souviens-
toi de moi *[une fois rendu]* auprès de ton maître. *[Malheureusement]* le
diable lui fit oublier de rappeler à son maître *[le cas de Yûssuf]* si bien
qu'il demeura en prison quelques années.
43 *[Puis un jour]* le roi d'Égypte dit : J'ai vu en songe sept vaches maigres
qui dévoraient sept vaches grasses et sept épis verts ainsi que sept
autres desséchés. Courtisans, donnez-moi une explication de cette
vision si vous êtes en mesure de l'interpréter.

10 Litt. : de prison.

44 Ce ne sont là que des songes incohérents et *[de toutes les façons]* nous ignorons comment il convient de les interpréter.
45 C'est alors que celui *[des deux]* qui avait été élargi, s'étant souvenu de Yûssuf après tout ce temps, leur dit : C'est moi qui vous en donnerai l'explication. Dépêchez-moi *[vers Yûssuf]*.
46 Yûssuf, toi qui es véridique, donne-nous l'explication de sept vaches maigres qui dévorent sept vaches grasses et de sept épis verts précédant sept épis desséchés ! Ainsi pourrai-je retourner auprès des gens *[qui m'ont délégué]* afin de les éclairer.
47 Pendant sept années consécutives vous sèmerez du blé que vous laisserez sur épi après l'avoir récolté excepté la quantité minima nécessaire à vous nourrir.
48 Puis viendront sept années de disette[11] qui épuiseront les provisions que vous aurez constituées excepté une petite quantité que vous aurez mise en réserve.
49 Puis succédera une année où les gens seront gratifiés de la pluie[12] et où ils pourront se rendre au pressoir.
50 Emmenez-moi Yûssuf, dit alors le roi, mais lorsque son émissaire se fut rendu auprès de lui, il lui intima : Retourne auprès de ton maître et demande-lui à quoi pensaient ces femmes lorsqu'elles se tailladèrent les mains car mon maître est parfaitement au courant de leur perfidie.
51 Qu'avez-vous à dire de Yûssuf lorsque vous avez tenté de le séduire contre son gré ? A Dieu ne plaise, répondirent-elles, il n'est rien que nous sachions lui reprocher ! C'est maintenant qu'est apparue la vérité, s'écria alors l'épouse de l'intendant[13] : c'est moi qui ai voulu le séduire, il n'avait pas menti !
52 *[Je n'ai exigé]* cela[14] *[dit alors Yûssuf]* qu'afin que mon maître sache que je ne l'ai pas trahi dans son dos (ou encore : en secret, *bil-ghayb*) et que Dieu ne permet pas aux artifices des perfides d'aboutir.

**Commentaire** : Par cette réponse, les femmes qui avaient été invitées par l'épouse de l'intendant se mettaient hors de cause tout en attestant de l'innocence de Joseph. Il ne restait plus qu'à mettre en cause l'épouse de l'intendant, d'où la suite…

---

11 Litt. : douloureuses.
12 Ou encore : une année où les gens seront soulagés.
13 Litt. : du puissant.
14 C'est-à-dire : cette mise au point.

53 Je ne cherche pas à me disculper ; l'âme, sans nul doute, *[nous]* incite au mal, exception faite de celle à laquelle Dieu accorde la quiétude (litt. : fait miséricorde) car mon Seigneur est Pardonneur et Miséricordieux.

54 Qu'on me l'amène, dit alors le roi, je l'attacherai à ma personne et lorsqu'il s'adressa à lui *[ce fut pour lui dire]* : Désormais tu jouiras auprès de nous de la stabilité (ou encore : de l'autorité) et de *[notre]* crédit.

**Ou encore** : Désormais tu occuperas auprès de nous un poste d'autorité et tu bénéficieras de notre confiance.

55 Prépose-moi aux trésors du pays car je suis un administrateur[15] avisé *(hafîz 'alîm)*.

56 C'est ainsi que Nous avons consolidé la position de Yûssuf dans ce pays où il s'établissait à sa guise. Nous faisons bénéficier qui Nous voulons de Notre Miséricorde et Nous n'omettons rien de la rétribution des vertueux.

57 Or, la rétribution de l'Ultime Demeure est préférable pour ceux qui ont la foi et qui se gardent *[de Dieu]*.

58 *[Il advint]* que les frères de Yûssuf venus *[en Égypte]* se rendirent auprès de lui. Il les reconnut *[aussitôt]* mais eux ne le reconnurent point.

59 Quand il eut fait préparer leur chargement, il leur dit : Amenez-moi donc ce *[demi-]* frère par votre père, ne voyez-vous pas que je fais bonne mesure et que je suis le meilleur des hôtes ?

60 Et si vous ne me l'amenez pas, ne comptez pas sur notre blé[16] et vous n'aurez plus accès à moi !

61 Nous tâcherons, lui répondirent-ils, de convaincre notre père : c'est comme si c'était chose faite.

62 Remettez, dit alors Yûssuf à ses serviteurs, leurs marchandises[17] à leur place dans leur caravane ; sans doute les reconnaîtront-ils une fois de retour dans leur famille *[j'espère ainsi]* les faire revenir.

63 Lorsqu'ils s'en furent retournés auprès de leur père, ils lui dirent : Père, on nous a interdit d'acheter *[à nouveau]* du blé. Laisse partir notre frère *[Benjamin]* avec nous afin qu'ils nous *[laissent]* nous approvisionner et nous veillerons sur lui.

---

15 Dans le jargon moderne on dirait plus volontiers un « gestionnaire ».

16 Litt. : pas de mesure pour vous chez moi.

17 Il s'agit des marchandises contre lesquelles ils avaient troqué le blé.

64 Vous le confierai-je, dit-il, autrement que je vous avais déjà confié son frère avant lui ? Dieu est le plus vigilant des Protecteurs[18] et Il est le Miséricordieux entre les miséricordieux !

65 Lorsqu'ils ouvrirent leurs bagages ils y trouvèrent leurs marchandises qui leur avaient été restituées. Père, dirent-ils, que demander de plus ? Notre marchandise nous a été restituée, nous allons approvisionner notre famille, nous prendrons soin de notre frère et gagnerons *[de ce fait]* le chargement d'un chameau en plus, ce chargement-ci étant insuffisant.

**Ou encore :** Nous gagnerons *[de ce fait]* le chargement d'un chameau en plus, ce qui représente peu de chose *[pour l'homme de confiance du roi]*.

66 Je ne l'enverrai pas avec vous, leur dit-il, sauf si vous vous engagez devant Dieu à me le ramener à moins que vous ne soyez vous-mêmes encerclés. Et lorsqu'ils eurent pris cet engagement, il rajouta : Dieu est Garant de ce que vous dites.

67 Mes fils, poursuivit-il, n'entrez pas tous par la même porte mais plutôt par des portes différentes. Je ne saurais *[cependant]* vous dispenser en rien de *[l'aide de]* Dieu, la décision n'appartient qu'à Dieu, c'est à Lui que je m'en remets et que s'en remettent les croyants.

68 Ils entrèrent donc par où leur avait ordonné leur père, *[précaution]* qui ne les mettait nullement à l'abri du décret divin ; Ya'qûb avait seulement exprimé le désir qui l'animait *[de protéger ses fils du mauvais œil]* quoiqu'il fut instruit de ce que Nous lui avions enseigné, mais la plupart des gens sont dans l'ignorance *[de ces choses]*.

69 Lorsqu'ils pénétrèrent chez Yûssuf il attira son *[jeune]* frère à lui et lui glissa : Je suis ton frère, ne t'afflige pas de ce qu'ils nous ont fait.

**Commentaire :** Joseph et Benjamin étaient de la même mère, ce qui explique leur complicité et la jalousie de leurs autres frères à leur endroit.

18 *Hâfiz* : Gardien, veilleur, protecteur, etc.

70 Et tout en faisant préparer leur équipement, il fit placer sa coupe dans les bagages de son frère, puis *[sur son ordre]* un héraut lança cet appel : Caravaniers, vous êtes des voleurs !
71 S'étant alors rapprochés des Égyptiens ils leur demandèrent : Que cherchez-vous donc ?
72 Nous cherchons la coupe du roi[19] et celui qui la rapportera aura *[pour récompense]* autant *[de victuailles]* qu'on peut en charger sur un chameau : je m'en porte garant.
73 Par Dieu, s'écrièrent-ils, vous savez bien que nous ne sommes pas venus répandre la corruption dans le pays et nous ne sommes pas des voleurs !
74 Et quelle sera la rétribution de ce forfait si vous vous avérez être des menteurs ?
75 Celui dans les bagages duquel on trouvera cet objet vous sera livré *[comme esclave]* en guise de punition ; c'est ainsi que nous rétribuons les *[comportements]* iniques.

**Commentaire** : Telle était en effet la sanction infligée par les Hébreux aux voleurs. Cette même peine était en vigueur au début de l'Islam, puis elle fut remplacée par l'ablation de la main.

76 Il commença par *[faire]* fouiller leurs bagages avant ceux de son frère puis il finit par l'extraire de son sac ; c'est ainsi que Nous lui suggérâmes cet artifice sans lequel Yûssuf n'était pas en mesure d'emmener son frère selon la loi du roi, à moins que Dieu n'en décide autrement. Dieu élève qui Il veut de plusieurs degrés, et au-dessus de tout homme de science il en est de bien plus savants.
77 S'il a commis un vol, dirent-ils alors, son frère en avait déjà commis un dans le passé. Yûssuf se contint sans rien leur laisser entrevoir de ses pensées : Votre situation n'est pas plus enviable et Dieu sait fort bien *[la réalité]* de ce dont vous nous accusez *(tasifûn)*.
78 Seigneur, lui dirent-ils, il a pour père un vieillard très âgé. Prends l'un de nous à sa place, car nous voyons que tu es homme de bien.

19 Il ne s'agit pas de la coupe du roi proprement dite mais seulement de celle de son intendant. Souvent dans le Coran les titres et les fonctions des chefs d'une hiérarchie sont étendus à leurs représentants.

79 A Dieu ne plaise, répondit Yûssuf, que nous ne retenions un autre que celui dans les bagages duquel notre objet a été retrouvé car nous serions alors tenus pour injustes.

80 Lorsqu'ils eurent désespéré de lui, ils s'isolèrent afin de s'entretenir. Leur aîné prit la parole : Oubliez-vous[20] que votre père a reçu votre engagement devant Dieu et que vous avez déjà abandonné Yûssuf ? Je ne quitterai pas ce pays jusqu'à ce que mon père m'y autorise ou que Dieu ait tranché en ma faveur et Il est le meilleur des juges.

81 Retournez auprès de votre père et dites-lui : Père, ton fils a commis un vol et nous n'avons témoigné que de ce que nous savions et nous ne pouvions prévoir ce qui allait arriver *(lil ghayb)*[21].

82 Interroge les habitants de la cité dans laquelle nous nous trouvions ainsi que la caravane avec laquelle nous sommes arrivés et *[tu verras que]* nous sommes sincères.

83 *[Après qu'ils lui aient fait part de ce récit, leur père]* leur dit : Votre âme vous a incités à commettre une vilenie... Armons-nous d'une belle patience, il se peut que Dieu me les ramène tous, car Il est Très Savant et Très Sage.

84 Puis il les quitta en disant : Quel malheur que la perte de Yûssuf ! et ses yeux se recouvrirent d'un voile[22] sous l'effet d'une affliction qu'il *[s'efforçait]* de contenir.

85 Par Dieu, lui dirent-ils, tu ne te lasseras pas d'évoquer Yûssuf jusqu'à dépérir ou à en mourir !

86 Je ne me plains qu'à Dieu de ma peine et de mon affliction, leur répondit-il, et je tiens[23] de Dieu ce que vous ignorez.

---

20 Litt. : Ignorez-vous.

21 Litt. : nous n'étions pas affranchis de ce qui est celé.

22 Litt. : blanchirent.

23 Litt. : je sais.

87 Mes fils, partez à la recherche de Yûssuf et de son frère et ne désespérez pas de la Miséricorde de Dieu, car il n'y a que la communauté des mécréants pour ne plus l'espérer.
88 Lorsqu'ils pénétrèrent chez Yûssuf, ils lui dirent : Seigneur, l'épreuve s'est abattue sur nous et sur notre famille et nous n'avons apporté qu'une piètre marchandise (ou encore : une somme modique). Fais-nous bonne mesure et gratifie-nous d'un surplus car Dieu aime ceux qui font l'aumône.
89 Savez-vous ce que, dans votre ignorance, vous avez fait de Yûssuf et de son frère ? leur demanda-t-il.
90 Serait-ce donc toi, Yûssuf ? demandèrent-ils. Je suis bien Yûssuf et voici mon frère, Dieu nous a gratifiés *[de Ses faveurs]*, car celui qui se garde *[de Dieu]* et qui fait preuve de constance *[sait que]* Dieu n'omet rien de la rétribution des vertueux.
91 Par Dieu, lui dirent-ils, Dieu t'a préféré à nous et nous étions *[sans conteste]* coupables.
92 Vous n'encourez aucun reproche en ce jour : que Dieu vous pardonne, Lui qui est le Miséricordieux entre les miséricordieux.
93 Apportez à mon père cette tunique qui m'appartient et mettez-la sur son visage : il recouvrera la vue, et amenez-moi ensuite toute votre famille.
94 Lorsque la caravane quitta l'Égypte, leur père s'exclama : N'était la crainte de vos reproches[24] *[je vous dirais que]* j'ai senti l'odeur de Yûssuf.
95 Par Dieu, s'exclamèrent-ils, te voilà repris par tes vieilles erreurs !

---

24 Ou encore : n'était la crainte de me voir taxé de gâtisme.

96 Mais lorsqu'arriva le porteur de la bonne nouvelle, il plaça la tunique sur son visage et il recouvrit la vue. Ne vous avais-je pas annoncé, leur dit-il, que je tiens de Dieu ce que vous ignorez ?
97 Père, dirent-ils alors, implore pour nous le pardon de nos péchés car nous étions coupables.
98 J'implorerai pour vous le pardon de mon Seigneur car Il est Pardonneur et Très Miséricordieux.
99 Et lorsqu'ils pénétrèrent *[à nouveau]* chez Yûssuf, il prit ses parents sous sa protection et leur dit : Entrez en Égypte, si Dieu le veut, assurés de la sécurité.
100 Il éleva ses parents sur le trône et tous tombèrent prosternés devant lui. Père, dit-il, voici l'interprétation de la vision que j'avais eue auparavant ; mon Seigneur en a fait une réalité et m'a témoigné Sa Sollicitude en me délivrant *[tout d'abord]* de la prison et en vous amenant du désert en ce lieu après que le diable eut semé la discorde entre moi et mes frères. Certes mon Seigneur témoigne Sa Bienveillance (litt. : est Bienveillant) à qui Il veut car Il est *[à la fois]* Très Savant et Très Sage.
101 Seigneur, Tu m'as accordé une parcelle de la royauté et Tu m'as enseigné quelque chose de l'interprétation des symboles *(ahâdîth)* ; Créateur des cieux et de la terre, Tu es mon Protecteur en ce monde et dans l'Ultime Demeure, fais-moi périr en musulman[25] et agrège-moi au nombre des gens pieux.
102 Cette histoire fait partie de celles qui t'étaient inconnues *(ghayb)*[26] et que Nous t'avons révélées ; tu n'étais pas auprès d'eux lorsqu'ils se concertaient en vue de comploter.
103 Et même si tu déployais tout ton zèle la plupart des hommes ne croiraient pas !

25 Il est clair qu'il ne s'agit pas ici d'un anachronisme qui ferait des communautés antérieures à l'Islam des musulmans avant la lettre mais de la mise en évidence de l'aspect universel de cette religion dont la caractéristique majeure est de s'abandonner à la Volonté divine en toute circonstance.

26 Comme nous l'avons déjà précisé précédemment le mot *ghayb* présente une grande variété de nuances telles que caché, celé, scellé, occulté, non-manifesté, inconnu, inaccessible, etc.

104 Tu ne leur demandes pourtant pas de salaire ; il ne s'agit que d'un rappel destiné à l'ensemble des mondes.
105 Combien de signes dans les cieux et sur la terre ne rencontrent-ils pas et cependant ils s'en détournent !
106 La plupart d'entre eux n'ajoutent pas foi en Dieu sans Lui donner des associés.
107 Sont-ils assurés de ne pas être cernés par un châtiment venant de Dieu ou de pas être surpris par l'Heure sans qu'ils s'y attendent ?
108 Dis-leur : Telle est ma voie, je convie les hommes *[à Dieu]* en connaissance de cause *('alâ basîra)* ainsi que tous ceux qui m'ont suivi. Glorifié soit Dieu ! je ne suis pas du nombre des associateurs.
109 Avant toi Nous n'avons envoyé que des hommes choisis parmi les habitants des cités, auxquels Nous inspirions *[la révélation]* ; n'ont-ils pas parcouru le pays en considérant quelle fut la fin de ceux qui les ont précédés ? Certes le séjour de l'Ultime Demeure est préférable pour ceux qui se gardent *[de Dieu]* ! Y avez-vous réfléchi ?
110 Et lorsque Nos envoyés désespérèrent *[d'aboutir]* en songeant qu'ils avaient été tenus pour des imposteurs, Notre victoire survint. Nous sauvons qui Nous voulons et nul ne saurait détourner Notre châtiment du peuple des criminels.

**Autre traduction possible** : Et lorsque Nos envoyés désespérèrent *[d'aboutir]* et que leurs communautés les eurent pris pour des imposteurs…

111 Il y a dans ces récits *[relatifs aux envoyés]* matière à réflexion *('ibra)* pour quiconque est doué d'intelligence[27]. Il ne s'agit pas d'histoires inventées *[de toutes pièces]* mais d'une confirmation des messages antérieurs, d'une explication détaillée de toute chose, d'une guidance et d'une miséricorde pour un peuple qui a la foi.

---

27 Le mot *albâb*, pluriel de *lubb*, désigne le cœur, et encore l'intuition, l'intellect, l'intelligence. Les musulmans ne se distinguent pas des autres communautés traditionnelles en faisant du cœur le siège de l'intellect.

Sourate 13

# Le Tonnerre

*Au Nom de Dieu, le Tout Miséricordieux, le Très Miséricordieux*

1 Alif, Lâm, Râ'. Tels sont les Signes du Livre, et ce qui t'a été révélé de la part de ton Seigneur est la Vérité mais la plupart des gens n'y croient pas.

2 Dieu est Celui qui a élevé les cieux sans colonnes que vous puissiez voir ; puis Il S'est établi sur le Trône en soumettant le soleil et la lune à une course jusqu'à un terme fixé. Il planifie l'ordre *[de l'univers]* et détaille Ses signes afin que vous soyez convaincus de la rencontre avec votre Seigneur.

3 C'est Lui qui a étendu la terre et y a placé les montagnes, les fleuves et *[fait croître]* toutes les variétés de fruits en couples. Il recouvre la nuit du jour et il y a certes en tout cela des signes pour un peuple enclin à les méditer.

**Commentaire :** En couples tels que le noir et le blanc, l'amer et le sucré, etc.

4 La terre se compose de parcelles attenantes les unes aux autres, de jardins plantés de vignes, de céréales, de palmiers espacés[1] et de repousses de palmiers ; bien qu'ils soient tous arrosés par une pluie unique, Nous rendons les uns plus agréables que les autres à la consommation. Certes, il y a en cela des signes pour un peuple enclin à la réflexion.

5 Si tu as des sujets d'étonnement, *[sache que]* leur propos : Une fois redevenus poussière serons-nous ramenés par une création nouvelle ? est bien propre à susciter l'étonnement. Ceux-là ont témoigné de leur mécréance à l'égard de leur Seigneur : un carcan fixé à leurs cous, ils seront les hôtes du feu où ils demeureront à jamais.

1 Ou encore : au tronc unique.

6 Ils te demandent *[par dérision]* de précipiter leur châtiment plutôt
que d'en être préservés, alors qu'avant eux se sont produites tant de
sanctions exemplaires ; certes ton Seigneur dispense aux hommes Sa
Miséricorde en dépit de leurs injustices mais Il châtie aussi avec sévé-
rité.
7 Que n'a-t-on fait descendre sur lui un signe de son Seigneur, disent
les mécréants. Tu es seulement chargé de les mettre en garde et cha-
que communauté a son propre guide.
8 Dieu sait ce que porte chaque femelle *[en son sein]* ainsi que les
contractions et les dilatations de chaque matrice, toutes choses *[étant
établies]* auprès de Lui selon une mesure *[déterminée]*.
9 Connaisseur du manifesté comme du non-manifesté, Il est Le Magni-
fique *(Kabîr)*, l'Élevé.
10 Point de différence *[au regard de Dieu]* entre celui qui dissimule ses
propos et celui qui les étale, ni entre celui qui se cache au cœur de la
nuit et celui qui évolue en plein jour.
11 Pour chaque homme sont préposés *[des anges]* qui se succèdent devant
et derrière lui et qui le protègent sur l'Ordre de Dieu. Dieu ne modi-
fie pas *[la condition]* d'un peuple tant qu'il ne modifie pas lui-même
son attitude et s'Il veut faire du tort à un peuple, nul ne saurait Le
repousser car ils ne trouveront en dehors de Lui aucun protecteur.
12 C'est Lui qui vous fait voir l'éclair comme un signe de crainte et d'es-
pérance[2] et qui suscite les lourds nuages.
13 Usant d'une louange qui lui *[est propre]*[3] le tonnerre proclame Sa
gloire ainsi que les anges par crainte de Lui. Il décoche Ses foudres
dont Il atteint les gens de Son choix tandis que les mécréants conti-
nuent à polémiquer à Son sujet. Il est d'une force inébranlable.

**Commentaire :** Ce verset aurait été révélé à propos d'Arbad et de son frère 'Âmir b. Tufayl qui avaient projeté l'assassinat du Prophète - sur lui la grâce et la paix -, même s'il est d'une portée plus générale.

2 Parce qu'il peut annoncer la pluie aussi bien que la tempête.

3 Cette signification est corroborée par le verset selon lequel il n'est de chose qui ne prononce Sa gloire, mais vous ne comprenez pas leur glorification. Selon cette interprétation, tous les êtres s'acquittent de l'affirmation de l'Unité divine dans une langue qui leur est spécifique sans être nécessairement compris de leur entourage.

14 C'est Lui que l'on invoque à bon droit tandis que les idoles qui sont invoquées en dehors de Lui ne peuvent exaucer le moindre vœu de même qu'un homme qui plonge ses mains dans l'eau pour la porter à sa bouche ne saurait y parvenir. Et les invocations des mécréants sont pur égarement !

15 Devant Dieu se prosternent matin et soir, bon gré mal gré, ceux qui sont dans les cieux et sur la terre ainsi que leur ombre.

16 Demande*[-leur]* : Qui est le Seigneur des cieux et de la terre ? Dis*[-leur]* : C'est Dieu ! Pourquoi avoir choisi en dehors de Dieu des protecteurs qui n'ont même pas la capacité de se nuire ou de se faire du bien ? Demande*[-leur]* : Les aveugles sont-ils les égaux de ceux qui jouissent de la vue ? Ou bien les ténèbres sont-elles l'équivalent de la lumière ? Ou bien ont-ils attribué à Dieu des associés qui créent à Son instar en sorte qu'une création similaire les a plongés dans la confusion ? Dis-leur : Dieu est le Créateur de toute chose, Il est l'Unique, le Contraignant.

17 Il a fait descendre du ciel une pluie qui s'est répandue dans les vallées en fonction de leur capacité ; le courant charrie à sa surface une écume semblable au laitier qui s'échappe des métaux que l'on fait fondre au feu pour en faire bijoux et ustensiles. C'est ainsi que Dieu symbolise la Vérité et l'erreur. Pour ce qui est de l'écume, elle s'évanouit rejetée *[par le courant]* tandis que ce qui profite aux hommes demeure dans la terre. Dieu use ainsi de paraboles.

18 Une heureuse issue est promise à ceux qui auront répondu à l'appel de leur Seigneur ; quant à ceux qui n'y ont pas répondu, s'ils possédaient tout l'or du monde[4] voire le double à offrir en rançon, *[ils n'hésiteraient pas]*. Ceux-là sont promis à une douloureuse reddition de comptes, ils auront la Géhenne pour refuge : quelle détestable couche !

4 Litt. : tout ce que contient la terre.

19 Celui qui sait que ce qui t'a été révélé de la part de ton Seigneur est la
Vérité est-il comparable à l'aveugle ? Seuls ceux qui sont doués d'in-
telligence y réfléchissent.
20 Ceux qui sont fidèles aux engagements qu'ils ont contractés avec Dieu
et qui ne trahissent pas Son alliance,
21 ceux qui ne brisent pas les liens que Dieu leur a ordonnés de mainte-
nir, qui craignent leur Seigneur et redoutent une douloureuse reddi-
tion de comptes,
22 ainsi que ceux qui font montre de constance par désir de la Face de
leur Seigneur, qui accomplissent la prière, qui acquittent ouvertement
ou en secret une partie de ce dont Nous les avons gratifiés et qui ren-
dent un bienfait pour une offense, ceux-là sont promis à une heureuse
issue :
23 les jardins d'Éden dans lesquels ils entreront avec ceux d'entre leurs
pères, leurs épouses et leur postérité qui auront été pieux. Les anges
pénétreront chez eux par toutes les portes.
24 Que la paix vous soit accordée pour ce que vous avez supporté ! Quelle
grâce que celle de l'Ultime Demeure !
25 Ceux qui rompent le pacte engagé avec Dieu après l'avoir conclu, qui
brisent les liens que Dieu leur a ordonné de maintenir et qui sèment
la corruption sur terre, ceux-là sont voués à la malédiction et une
détestable demeure leur est destinée.
26 Dieu dispense Sa subsistance à qui Il veut avec largesse ou avec mesure
et ils se sont réjouis de la vie de ce bas monde, or elle est peu de chose
en comparaison de l'Ultime Demeure.
27 Que n'a-t-on fait descendre sur lui un signe de son Seigneur, disent
les mécréants. Réponds-leur : Dieu égare qui Il veut et Il dirige vers
Lui ceux qui se repentent,
28 ceux qui ont cru et dont les cœurs s'apaisent à l'invocation (ou : au
souvenir) de Dieu. N'est-il pas vrai que les cœurs s'apaisent en L'invo-
quant (ou : à Son souvenir) ?

29 Bienheureux ceux qui ont cru et pratiqué les œuvres pies : une heureuse retraite leur sera consentie !
30 Ainsi t'avons-Nous envoyé vers une communauté qui a été précédée de bien d'autres afin que tu leur récites ce que Nous t'avons révélé alors même qu'ils renient le Miséricordieux. Dis-leur : C'est Lui mon Seigneur, il n'est de divinité que Lui, c'est à Lui que je m'en remets et auprès le Lui qu'il convient de se repentir.
31 Les montagnes eussent-elles été ébranlées par le Coran, la terre eût-elle été labourée, les morts eussent-ils parlé *[qu'ils n'y auraient pas ajouté foi pour autant]* ! Or, le Commandement tout entier revient à Dieu ! Les croyants ignorent-ils[5] que si Dieu l'avait voulu Il aurait guidé tous les hommes sans exception ; à cause de ce qu'ils ont fait, les mécréants ne cessent d'être ébranlés par des coups de semonce passés ou à venir[6] jusqu'à ce que se réalise la promesse de Dieu car Dieu ne faillit jamais à Sa promesse.

**Autre traduction possible :** les mécréants ne cessent d'être ébranlés par des coups de semonce à moins que tu ne te tiennes à proximité de leurs demeures. Bien qu'attestée par les commentateurs cette interprétation paraît un peu lointaine et n'est pas pleinement satisfaisante d'un point de vue grammatical.

32 Déjà des envoyés avant toi avaient été tournés en dérision ; Je donnai un délai aux mécréants puis Je M'en saisis : quel ne fut pas Mon châtiment !
33 Celui qui observe les œuvres[7] de chaque être *[est-Il comparable à celui auquel elles échappent]* ? *[Malgré ce]*, ils ont donné à Dieu des associés. Dis-leur : Donnez-leur un nom, puisque vous prétendez Lui apprendre ce qu'Il ignore sur terre *(à savoir l'existence de ces associés)* ! A moins que *[vous ne les nommiez associés]* en vertu d'un simple mot prononcé *[mais dépourvu de réalité]* ? En réalité, leurs artifices ont été embellis aux yeux des mécréants qui ont détourné *[les hommes]* de la voie : celui que Dieu égare ne saurait trouver de guide !
34 Un châtiment leur est réservé en ce monde, et celui de l'Ultime Demeure est encore plus douloureux ; et nul ne sera en mesure de les protéger contre Dieu !

---

5 *Yay'as* : « savoir » dans la langue de la tribu de Hawazân.
6 Litt. : des coups échus ou proches de leurs demeures.
7 Litt. : Celui qui est au-dessus de chaque être et de ses acquisitions.

35 Le Paradis promis à ceux qui se prémunissent est comparable à un
jardin arrosé de fleuves ; durables sont ses fruits, permanents ses
ombrages. Telle est l'heureuse issue de ceux qui se prémunissent ; les
mécréants quant à eux sont voués au feu.
36 Ceux auxquels Nous avons apporté les Écritures se réjouissent de ce
qui t'a été révélé ; il en est parmi les coalisés pour en nier une partie.
Dis : On m'a seulement ordonné d'adorer Dieu sans Lui donner d'as-
sociés. C'est à Lui que je convie, et vers Lui que je serai ramené.
37 C'est ainsi que Nous l'avons révélé en arabe en guise d'arbitre *[entre
les hommes]* et si tu te conformais à leurs passions, après la part de
science qui t'est parvenue, tu ne trouverais ni ami ni protecteur pour
te protéger de Dieu.
38 Nous avons déjà envoyé des prophètes *(rusul)* avant toi et leur avons
accordé épouses et postérité. Il n'appartient pas à un envoyé de pro-
duire un signe sans la permission de Dieu. Chaque terme est consi-
gné par écrit.
39 Dieu efface ce qu'Il veut et confirme *[ce qu'Il veut]* ; auprès de Lui se
trouve le prototype de l'Écriture (litt. : la Mère du Livre).

**Commentaire :** Pour certains, ce que Dieu efface ou confirme ce sont des dispositions légales *(ahkâm)* qui peuvent être modifiées par la Sagesse divine en fonction des circonstances. D'autres ont estimé que la « prédestination » ou le décret divin *(qadâ')* était susceptible d'être divisé en deux catégories :

— un décret immuable *(qadâ' mubram)* que rien ne saurait modifier ; selon eux, c'est à celui-ci que le verset fait allusion quand il évoque ce que Dieu « confirme » ;

— un décret modifiable qui correspond dans ce même verset à ce que Dieu « efface ».

40 Soit Nous te ferons voir quelque chose du châtiment dont Nous les
menaçons, soit Nous te ferons périr *[avant cette échéance]*. Seule t'in-
combe la transmission *[du message]* et c'est à Nous qu'il revient de
faire les comptes !
41 Ne voient-ils pas que c'est Nous qui régissons le pays en amputant
*[progressivement leurs possessions]* de ses extrémités ? Et lorsque Dieu
prend une décision, nul ne saurait la contrer et Dieu est prompt à
faire les comptes !
42 Ceux qui les ont précédés avaient déjà usé d'artifices mais *[en réalité]*
il n'est d'autre artifice que celui de Dieu ; Il sait ce chaque être s'ac-
quiert et les mécréants sauront *[bientôt]* à qui est destiné l'heureuse
issue.

43 Les mécréants prétendent que tu n'es pas un envoyé ! Réponds-leur : Il suffit que Dieu soit Témoin entre vous et moi, ainsi que ceux qui possèdent la science des Écritures.

Sourate 14

## Abraham

*Au Nom de Dieu, le Tout Miséricordieux, le Très Miséricordieux*

1 Alif, Lâm, Râ'. Voici un Livre que Nous t'avons révélé afin de faire
passer les hommes des ténèbres à la lumière *[en les conduisant]* avec la
permission de leur Seigneur sur la voie du Puissant, du Glorieux,
2 de Dieu qui possède ce qu'il y a dans les cieux et sur la terre ! Et mal-
heur aux mécréants qui sont voués à un terrible châtiment,
3 *[malheur à]* ceux qui préfèrent la vie de ce bas monde à celle de l'Ultime
Demeure, qui détournent *[les hommes]* de la voie de Dieu en cher-
chant à la rendre tortueuse ! Ceux-là se sont profondément égarés.
4 Nous n'avons envoyé aucun messager qui ne s'exprime dans la langue
de son peuple afin de l'éclairer. Dieu guide qui Il veut, égare qui Il veut
et Il est le Puissant, le Sage.
5 Déjà Nous avions envoyé Mûssâ porteur de Nos signes *[avec pour
consigne]* : Fais passer ton peuple des ténèbres à la lumière et remets-
leur en mémoire les châtiments[1] de Dieu ! Car en tout cela il y a des
signes pour ceux qui sont pleins de patience et de gratitude.

1 Litt. : les journées.

6 Lors Mûssâ dit à son peuple : Souvenez-vous des bienfaits dont Dieu vous a gratifiés lorsqu'Il vous a délivrés des armées de Pharaon qui vous infligeaient le pire des supplices, immolant vos fils tout en laissant vos femmes en vie ; cela constituait certainement une terrible épreuve de la part de votre Seigneur.
7 *[Souvenez-vous]* lorsque votre Seigneur proclama : Si vous *[Me]* témoignez votre gratitude, Je vous accorderai davantage *[de bienfaits]* et si vous *[Me]* reniez[2] *[sachez]* que Mon châtiment est terrible !
8 Tomberiez-vous dans la mécréance, vous et tous les habitants de la terre, leur dit Mûsâ, que Dieu n'en demeurerait pas moins Indépendant[3] *[de toute chose]* et Digne de louanges !
9 Les histoires des communautés qui vous ont précédés ne vous sont-elles pas parvenues ? Celles de Nûh, de 'Âd, de Thamûd et de ceux qui leur ont succédé. Dieu Seul connaît leur nombre ! Leurs envoyés sont venus à eux avec des signes, mais leurs peuples s'en sont mordu les doigts[4] en disant : Nous ne croyons pas à l'objet de votre mission et nous doutons fort de ce à quoi vous nous conviez.
10 Peut-on douter de Dieu, demandèrent les envoyés, alors qu'Il est le Créateur des cieux et de la terre, qu'Il vous convie au pardon d'une partie de vos péchés et qu'Il vous accorde un délai jusqu'à un terme fixé ? Vous n'êtes, leur dirent les mécréants, que des hommes comme nous et vous voulez nous détourner des idoles qu'adoraient nos pères ? Produisez-nous donc un argument incontestable !

---

2 Ou encore : si vous niez Mes bienfaits.

3 *Al-Ghanî*, litt. : le Riche, le Souverain, c'est-à-dire Celui qui Se suffit à Lui-même et qui n'a besoin de personne par opposition aux *fuqarâ'* (indigents)qui ont besoin de Lui en tout instant.

4 Litt. : se sont mis les mains à la bouche.

11 Certes nous ne sommes que des hommes comme vous, leur répondirent leurs envoyés, mais Dieu accorde Ses faveurs aux serviteurs de Son choix ; il ne nous appartient pas de produire une preuve sans la permission de Dieu et c'est à Lui que les croyants doivent s'en remettre.
12 Pourquoi ne pas nous en remettre à Dieu alors qu'Il nous a guidés sur notre chemin ? Nous supporterons patiemment les torts que vous nous faites subir et c'est à Dieu que s'en remettent ceux qui *[Lui]* font confiance.
13 Les mécréants dirent aux envoyés : Nous vous bannirons de notre pays à moins que vous ne reveniez à notre pratique (*millat*, souvent traduit par « religion » ou par « norme »). Leur Seigneur leur inspira : Nous anéantirons les tyrans,
14 et Nous vous installerons dans leur pays après eux. Telle est *[la récompense]* de ceux qui redoutent de se retrouver devant Moi et qui redoutent Ma menace (litt. : Ma position, *maqâmî*).

**Autre traduction possible** : Au lieu de : qui redoutent de se retrouver devant Moi on aurait pu traduire par : qui redoutent d'être observés par Moi, ou encore : qui redoutent Ma présence.

15 Puis *[les envoyés]* demandèrent *[à Dieu]* de leur accorder la victoire et tous les tyrans opiniâtres furent tenus en échec :
16 la Géhenne sur leurs arrières, ils seront abreuvés d'une eau purulente
17 qu'ils absorberont avec peine[5] sans presque pouvoir la déglutir. La mort les assaillira de toutes parts mais ils ne la goûteront pas, voués qu'ils seront à de terribles tourments.
18 Les œuvres de ceux qui ont renié leur Seigneur sont comparables à des cendres emportées par le vent un jour de tempête ; ils ne pourront rien conserver de ce qu'ils auront acquis : tel est l'égarement irréversible.

5 Ou encore : par petites gorgées.

19 Ne vois-tu pas que Dieu a créé les cieux et la terre par (ou encore : selon) la Vérité ? S'Il le veut Il vous anéantira et vous remplacera par une création nouvelle.

20 Cela ne présente pour Dieu aucune difficulté !

21 Tous paraîtront[6] devant Dieu. Les faibles diront alors aux orgueilleux : Nous n'étions que vos suivants. Allez-vous nous dispenser du châtiment de Dieu ne serait-ce qu'un peu ? Si Dieu nous avait guidés, répondront-ils, nous vous aurions guidés à notre tour. Peu importe maintenant que nous nous plaignions ou que nous nous montrions patients : il n'y a plus d'échappatoire.

22 Une fois le sort de chacun décidé, le diable s'adressera à eux : Ce que Dieu vous avait promis était la Vérité. Quant à moi, j'ai failli à ce que je vous avais promis : je n'avais aucun pouvoir sur vous si ce n'est que, vous ayant convié *[à me suivre]*, vous avez répondu à mon appel. Ne m'adressez aucun reproche mais adressez-vous plutôt des blâmes à vous-mêmes. Je ne vous serai d'aucun secours de même que vous ne me serez d'aucun secours : je désavoue le fait que vous m'ayez associé à Dieu par le passé. Certes les injustes sont promis à un châtiment douloureux.

23 Ceux qui ont cru et pratiqué les œuvres pies seront introduits dans des jardins arrosés par des fleuves où ils demeureront à jamais avec la permission de leur Seigneur. Ils s'y salueront en disant : Paix !

24 N'as-tu pas médité la façon dont Dieu compare la bonne parole à un bel arbre fermement enraciné et dont les branches s'élèvent vers le ciel,

6 D'après les commentateurs cela signifie qu'ils seront exhumés.

25 et qui produit des fruits en toute saison[7] avec la permission de son Seigneur ? Et Dieu propose ces paraboles aux hommes afin qu'ils les méditent,
26 tandis qu'Il compare la parole perverse à un arbre malingre, déraciné à même le sol et dépourvu de ce fait de toute stabilité.
27 Dieu renforce ceux qui ont la foi par une parole ferme en ce monde et dans l'Ultime Demeure et Il égare les injustes : et Dieu fait ce qu'Il veut.
28 N'as-tu pas médité[8] *[l'exemple de]* ceux qui ont substitué la mécréance (ou : l'ingratitude) à la faveur de Dieu et installé leur peuple dans la demeure de la perdition ?
29 La Géhenne dans laquelle ils entreront : quel horrible séjour !
30 Ils ont attribué à Dieu des pairs afin d'égarer *[les hommes]* hors de Sa voie ; dis-leur : Profitez *[maintenant de ce bas monde]* car vous êtes destinés au feu !
31 Dis à Mes serviteurs qui ont la foi d'accomplir la prière et de dépenser en aumônes, publiquement ou en secret, une partie de ce dont Nous les avons gratifiés avant que n'arrive le Jour où il n'y aura plus ni vente ni ami *[secourable]*.
32 Dieu est Celui qui a fait descendre du ciel la pluie au moyen de laquelle il fait pousser à votre intention des fruits en guise de subsistance ; Il a mis à votre disposition des embarcations afin qu'elles évoluent en mer sur Son Ordre et Il vous a soumis les fleuves,
33 comme Il vous a soumis le soleil et la lune dans leurs révolutions, comme Il vous a soumis la nuit et le jour.

7 Litt. : en permanence.

8 Litt. : vu.

34 Il vous a accordé une part de tout ce que vous Lui avez demandé et si
vous dénombrez toutes les faveurs de Dieu, vous n'en ferez pas le tour,
car l'homme est à la fois très injuste et très ingrat.
35 Et lorsqu'Ibrâhîm fit cette invocation : Seigneur, fais en sorte que
ce pays soit sûr et épargne-moi ainsi qu'à mes enfants d'adorer les
idoles.
36 Seigneur, elles ont égaré un grand nombre d'hommes : celui qui me
suit est des miens. Quant à celui qui me désobéit... Tu es Pardonneur
et Miséricordieux.
37 Mon Dieu ! J'ai établi une partie de ma postérité dans une vallée sté-
rile auprès de Ta Demeure sacrée afin qu'ils accomplissent la prière.
Fasse que le cœur de certains hommes ait pour eux de l'affection et
gratifie-les de fruits, peut-être seront-ils reconnaissants.
38 Seigneur, Tu sais ce que nous dissimulons et ce que Nous divulguons
et rien ne saurait être caché à Dieu sur terre ni dans les cieux.
39 Louange à Dieu qui m'a accordé Ismâ'îl et Ishâq sur mes vieux jours[9]
car mon Seigneur a entendu *[ma]* prière[10] !
40 Seigneur, rends-moi assidu *(muqîm)* dans ma prière ainsi qu'une par-
tie de ma descendance et accepte mes invocations !
41 Seigneur, pardonne-moi ainsi qu'à mes parents et aux croyants au
Jour de la reddition des comptes !
42 Et ne t'imagine pas que les actions des injustes échappent à *[la vigi-
lance de]* Dieu : Il leur donne un délai jusqu'au Jour où, le regard
figé,

9 Ou encore : en dépit de ma vieillesse.

10 Litt. : mon Seigneur entend les prières.

43 la tête basse et le cœur paniqué, ils avanceront machinalement sans ciller[11].
44 Mets les hommes en garde contre le Jour où le châtiment s'appesantira et où les injustes supplieront : Seigneur, accorde-nous encore un bref délai, nous répondrons à Ton appel et nous suivrons les envoyés !
N'était-ce pas vous qui aviez juré auparavant que vous ne seriez pas déplacés ?
45 Vous vous étiez pourtant établis à l'endroit même où vivaient[12] ceux qui s'étaient fait du tort à eux-mêmes, vous aviez pris connaissance du sort que Nous leur avions réservé et Nous en avions même fait un exemple à votre destination !
46 Ils ont ourdi un complot ? Leur complot, fût-il de nature à volatiliser les montagnes, n'échappe pas à Dieu.
47 Ne t'imagine pas que Dieu faillira à la promesse qu'Il a faite à Ses envoyés car Dieu est Puissant et en mesure de Se venger.
48 Le Jour où la terre et les cieux seront changés *[pour d'autres]* et qu'ils *[com]*paraîtront[13] devant Dieu l'Unique, le Contraignant,
49 ce Jour-là, tu verras les criminels enchaînés dans des carcans ;
50 *[ils seront]* vêtus de tuniques de poix *[et]* le feu leur léchera le visage,
51 afin que Dieu rétribue chaque être[14] selon ses mérites car Dieu est prompt à faire les comptes.
52 Ce message est destiné aux hommes pour qu'ils soient mis en garde et qu'ils sachent qu'Il est un Dieu Unique, et pour être médité par ceux qui sont doués d'intelligence.

---

11 Dans ce verset, nous n'avons pas respecté l'ordre dans lequel sont énumérés les qualificatifs qui servent à décrire les mécréants.

12 Litt. : où habitaient.

13 D'après les commentateurs cela signifie qu'ils seront exhumés.

14 Litt. : chaque âme.

Sourate 15

# Al-Hijr

*Au Nom de Dieu, le Tout Miséricordieux, le Très Miséricordieux*

1 Alif, Lâm, Râ'. Tels sont les signes du Livre et du Coran[1] explicite.
2 Peut-être les mécréants souhaiteraient-ils être musulmans ?
3 Laisse-les manger et jouir *[de ce monde]* leurrés par leurs espoirs car bientôt ils sauront.
4 Nous n'avons jamais anéanti de cité qui n'ait eu un terme déterminé.
5 Aucune communauté ne saurait précéder (ou : hâter) ni différer son destin[2].
6 Toi auquel le Rappel a été révélé, ont-ils dit, tu es sans conteste un fou !
7 Pourquoi ne viens-tu pas avec les anges si tu es véridique !
8 Nous ne faisons descendre les anges que sur Ordre *(bil-Haqq*[3]*)* et alors ils ne se font pas attendre.
9 C'est Nous qui avons fait descendre ce Rappel et c'est Nous qui le préserverons *[de toute altération]*.
10 Déjà Nous avions envoyé *[des prophètes]* parmi les sectateurs des anciens *[peuples]*.
11 Pas un prophète ne venait les trouver qu'ils ne le tournent en dérision.
12 C'est ainsi que Nous l'insinuons[4] dans le cœur des criminels *[en sorte qu']*
13 ils refusent d'y croire alors que *[l'édifiante]* pratique des premiers sectateurs est *[à peine]* révolue.
14 Leur eussions-Nous ouvert une porte sur le ciel, y monteraient-ils en l'empruntant en permanence
15 qu'ils diraient encore : Nos regards ont été obscurcis ou plutôt nous avons été ensorcelés[5] !

---

1 Cf. note 3 de la sourate 12, verset 2.

2 Litt. : son terme.

3 Autres traductions : *Bil-Haqq* signifie littéralement par la Vérité. Certains commentateurs ont traduit ce *bil-Haqq* par châtiment, c'est-à-dire que les anges ne descendent qu'en vue de châtier les mécréants. Pour d'autres, ils ne descendent que sur inspiration ou dans l'intérêt des créatures.
Ils ne se font pas attendre, c'est-à-dire que les anges ne se font pas « prier » pour infliger le châtiment, mais on peut comprendre également qu'ils n'auront pas à attendre, « ils » désignant dans ce cas les mécréants qui seront immédiatement sanctionnés lors de la descente des anges.

4 Ou encore : que Nous le faisons cheminer dans le cœur des criminels ; ou encore : que Nous le faisons pénétrer dans le cœur des criminels ; ou encore : Nous lui donnons libre cours dans le cœur…

5 Ce qui est ainsi introduit dans le cœur des criminels c'est soit l'esprit de raillerie qui pousse les mécréants à railler ce qui dépasse leur entendement, soit le Coran lui-même qu'ils reçoivent avec un entendement faussé.

16 Nous avons établi dans le ciel les tours zodiacales et Nous l'avons embelli aux yeux *[des spectateurs]*,
17 puis Nous l'avons protégé de tout démon lapidé,
18 à moins que l'un d'eux, tendant l'oreille à la dérobée, ne soit poursuivi d'un trait de feu éblouissant.
19 La terre, Nous l'avons aplanie et Nous y avons ancré (ou encore : implanté) les montagnes et Nous y avons fait croître toutes choses selon une mesure déterminée[6].
20 Nous y avons placé de quoi vous faire vivre *(ma'âyish)* ainsi que ceux dont la subsistance ne vous incombe pas (litt. : que vous ne sustentez pas).
21 Il n'est rien dont Nous possédions les réserves que Nous ne fassions descendre selon une mesure déterminée.
22 Nous envoyons les vents fécondants et faisons descendre du ciel une eau dont Nous vous désaltérons sans que vous disposiez de leur réserve.
23 C'est Nous qui donnons la vie et la mort et qui héritons *[de toute chose]*.
24 Nous connaissons aussi bien l'humanité qui vous a précédés que celle qui vous succédera.
25 Certes ton Seigneur est Celui qui les rassemblera car Il est à la fois Très Savant et Très Sage.
26 Nous avons créé l'homme d'une boue sèche extraite d'un limon malléable.
27 Auparavant Nous avions créé les djinns d'un feu incandescent.
28 Et lorsque ton Seigneur eut dit aux anges : Je M'en vais créer l'homme d'une boue sèche extraite d'un limon malléable,
29 quand J'aurai achevé sa forme et lui aurai insufflé de Mon Esprit, tombez prosternés devant lui !
30 Absolument tous les anges sans exception se prosternèrent,
31 mis à part Iblîs qui refusa de se trouver avec ceux qui se prosternaient.

6 Litt. : connue.

32 Iblîs, demanda Dieu, qu'as-tu à ne pas être de ceux qui se prosternent ?
33 Je ne suis pas disposé, répondit-il, à me prosterner devant un homme que Tu as créé d'une boue sèche extraite d'un limon malléable.
34 Sors d'ici, lui intima-t-Il, car tu es maudit[7]
35 et la malédiction pèsera sur toi jusqu'au Jour du Jugement.
36 Seigneur, dit Iblîs, accorde-moi un délai jusqu'au Jour où ils seront ressuscités.
37 Tu seras, dit-Il, parmi ceux qui seront attendus
38 au Jour dont le temps est convenu.
39 Seigneur, dit-il, puisque Tu m'as égaré je les leurrerai en embellissant *[à leurs yeux leurs crimes]* sur terre, puis je les égarerai tous ensemble,
40 hormis ceux de Tes serviteurs qui ont été élus.
41 Voici selon Moi la voie de la rectitude, lui dit Dieu :
42 tu n'auras certes aucun pouvoir sur Mes serviteurs, à l'exception des illusionnés qui t'auront suivi
43 et pour tous lesquels la Géhenne sera un lieu de rendez-vous ;
44 à chacune des sept portes dont elle est dotée est destinée une fraction de ces damnés !
45 Ceux qui auront su se préserver *[du châtiment]* seront dans des jardins *[arrosés]* de sources.
46 Entrez-y en paix, sans être inquiétés[8].
47 Nous aurons ôté tout ressentiment de leurs poitrines et ils se feront face en toute fraternité *[assis]* sur leurs divans.
48 Ils ne seront pas exposés à la fatigue et n'en seront pas expulsés.
49 Fais savoir à Mes serviteurs que Je suis le Pardonneur, le Très Miséricordieux,
50 et que Mon châtiment est un châtiment douloureux.
51 Rappelle-leur l'histoire des hôtes d'Ibrâhîm,

---

7 Litt. : lapidé.

8 Ou encore : confiants, en toute quiétude.

52 lorsqu'ils pénétrèrent chez lui et prononcèrent une parole *[de]* paix.
Pour sûr, vous nous faites peur, leur dit-il.
53 Ne crains rien, lui répondirent-ils, nous t'annonçons la bonne nou-
velle : la naissance d'un jeune homme doué de connaissance.
54 M'annoncez-vous cette nouvelle alors que je suis atteint par la vieillesse
(ou : sur le tard) ? De quelle bonne nouvelle voulez-vous parler ?
55 D'une bonne nouvelle certaine, répondirent-ils, ne sois pas de ceux
qui désespèrent !
56 Et qui donc, hormis les égarés, désespère de la Miséricorde de Dieu ?
57 Qu'avez-vous à me dire[9], émissaires *[de Dieu]*, demanda-t-il ?
58 Nous avons été envoyés, répondirent-ils, *[en représailles]* auprès d'un
peuple de criminels ;
59 ne sera épargnée que la famille de Lût que nous sauverons en totalité
60 exception faite de son épouse que Nous avons destinée à rester *[avec
les victimes[10]]*.
61 Et lorsque les émissaires allèrent trouver la famille de Lût,
62 ce dernier leur dit : Vous m'êtes des inconnus !
63 Que non ! lui dirent-ils. Nous sommes venus te voir *[afin de leur infli-
ger]* ce supplice dont ils doutaient !
64 C'est la Vérité que nous t'apportons et nous *[ne]* sommes *[rien moins
que]* véridiques !
65 Emmène ta famille en fin de nuit, ferme la marche et que pas un d'en-
tre vous ne se retourne ! Puis allez là où il vous sera ordonné !
66 Nous lui révélâmes cet arrêt, à savoir qu'au matin ils seraient anéantis
du premier au dernier !
67 Les habitants de la ville se rendirent *[chez Lût]* la mine réjouie.
68 Ceux-là sont mes hôtes, leur dit-il, ne me faites pas d'affront *[à travers
eux]*,
69 gardez-vous de Dieu et ne me déshonorez pas !
70 Ne t'avions-nous pas interdit d'inviter qui que ce soit ? s'écrièrent-ils.

9 Ou encore : Quelle est votre mission ?

10 Ou encore : Nous l'avons destinée à être l'une des victimes.

71 Voici mes filles, leur dit-il, si vous êtes résolus à passer à l'acte.
72 Sur ta vie, leur ivresse les plongeait dans l'hébétude.
73 Au lever du soleil, ils furent saisis par un hurlement
74 et Nous mîmes la ville sens dessus dessous en faisant pleuvoir sur eux des pierres de terre cuite.
75 Certes il y a dans tout cela des signes pour qui sait les interpréter
76 car la ville était sur une route passante
77 et tout cela constitue autant de signes pour les croyants.
78 Ceux qui habitaient à proximité des arbustes étaient bel et bien iniques !
79 Nous Nous en sommes également vengé ; or, ces deux cités occupaient une position visible[11].
80 Les habitants du Hijr avaient eux aussi traité *[Nos]* envoyés d'imposteurs.
81 Nous leur avions produit Nos signes dont ils s'étaient cependant détournés.
82 Ils creusaient dans la montagne des maisons *[qui leur donnaient un sentiment de]* sécurité.
83 Un hurlement les saisit au matin
84 sans que leurs possessions[12] se révèlent pour eux de la moindre utilité.
85 Nous n'avons créé les cieux, la terre et ce qu'ils contiennent que par l'entremise de la Vérité, et l'Heure n'est plus éloignée (litt. : va *[bientôt]* se produire) : pardonne donc de la belle manière.
86 Certes ton Seigneur est le Très Savant, Celui qui crée en permanence *(Khallâq)*.
87 Déjà, Nous t'avons accordé les sept redoublées et le Coran sublime.
88 Ne convoite pas du regard ce dont Nous avons gratifié certaines catégories de mécréants et ne t'afflige pas à leur sujet, mais abaisse plutôt ton aile *[protectrice]* sur les croyants
89 et dis-leur : Je suis chargé *[de vous adresser]* une claire mise en garde.
90 *[Nous infligerons aux Qurayshites]* un châtiment semblable à celui que nous avons déjà infligé à ceux qui s'étaient partagés *(muqtasimîn*[13]*)* *[sur le contenu des Écritures]*,

---

11 Ou encore : étaient toutes deux sous la direction de deux guides incontestables.

12 Que ce soient leurs biens ou les habitations censées les mettre à l'abri.

13 Le sens du mot *muqtasimîn*, « ceux qui partagent » ou encore les « jureurs », a été diversement interprété, les uns estimant qu'il désignait les gens du Livre qui avaient scindé les Écritures en deux : une partie à laquelle ils ajoutaient foi, une autre qu'ils récusaient ; d'autres les assimilent aux Qurayshites qui s'étaient postés (ou répartis) devant les différentes portes de la Ka'ba afin de lancer leurs accusations contre le Prophète, celui-ci le taxant de magie, celui-là de folie, etc. D'autres, retenant l'autre sens du mot *iqtasama* : « jurer », les identifient aux conjurés qui s'étaient promis par serment d'attenter à la vie du Prophète.

91 [à] ceux qui taxent le Coran d'œuvre contradictoire ('idîn[1]).
92 Et par ton Seigneur, Nous leur demanderons à tous sans exception
93 de rendre compte de leurs actes.
94 Affiche ce qui t'est ordonné et détourne-toi des polythéistes.
95 Certes Nous t'avons débarrassé des railleurs,
96 ceux qui placent une autre divinité à côté de Dieu et qui bientôt sauront…
97 Nous savons aussi que ton cœur est oppressé à l'audition de leurs propos.
98 Proclame [Sa] gloire en usant de la louange [propre] à ton Seigneur, sois de ceux qui se prosternent,
99 et adore ton Seigneur jusqu'à ce que te vienne la certitude !

Sourate 16

## Les Abeilles

*Au Nom de Dieu, le Tout Miséricordieux, le Très Miséricordieux*

1 L'Ordre de Dieu arrive ! Ne cherchez pas à le précipiter ; gloire à Lui et exalté soit-Il au-delà de ce qu'ils Lui associent.
2 Il fait descendre les anges pour transmettre sur Son Ordre la prophétie (litt. : l'Esprit) aux serviteurs de Son choix en prévenant qu'il n'est de divinité que Moi : aussi, gardez-vous de Moi.
3 Il a créé les cieux et la terre selon la Vérité : exalté soit-Il au-delà de ce qu'ils Lui attribuent.
4 Il a créé l'homme d'une goutte [de sperme] et le voilà transformé en ennemi déclaré !
5 Il a créé les bêtes de somme dont vous tirez [de quoi vous tenir] chaud et bien d'autres avantages et dont vous vous nourrissez.
6 Elles font plaisir à voir lorsque vous les ramenez [le soir du pâturage] et lorsque vous les y menez ;

1 Ou encore : décousue ; ou encore : de magie, selon le sens du mot 'âda.

7 elles portent des charges dans des pays que vous n'atteindriez qu'à
grand peine, certes ton Seigneur est Compatissant et Très Miséricor-
dieux
8 *[Il a créé]* les chevaux, les mulets et les ânes comme animaux de monte
et d'apparat et Il crée ce dont vous ne vous doutez pas.
9 Et c'est à Dieu qu'incombe de montrer la voie car il en est qui sont
déviantes ! Et s'Il l'avait voulu, Il vous aurait tous guidés sans excep-
tion.
10 C'est Lui qui a fait pleuvoir l'eau du ciel à votre intention : eau potable
ou eau *[d'irrigation pour]* les végétaux[2] dont vous faites paître *[vos
troupeaux]*.
11 Grâce à elle Il fait pousser pour vous céréales, palmiers, vignes et tou-
tes sortes de fruits ; en tout cela il y des signes pour un peuple enclin
à la réflexion.
12 Il vous a soumis le jour et la nuit, le soleil et la lune, et les étoiles sont
assujetties à Son Ordre ; autant de signes pour un peuple doué de
raison.
13 Et tous ces végétaux aux couleurs variées dont Il a ensemencé la terre
constituent autant de signes pour un peuple disposé à *[les]* méditer.

**Commentaire :** Selon nombre de commentateurs il ne s'agirait pas uniquement des végétaux mais de tous les règnes y compris le règne animal. Auquel cas il faudrait traduire par : Et toutes ces choses aux couleurs variées qu'Il a créées sur terre à votre intention constituent autant de signes.

14 C'est Lui qui a mis la mer à votre disposition afin que vous en tiriez
pour votre consommation une chair tendre et que vous en extrayez
les parures dont vous vous vêtez. Tu verras les embarcations fendre
les flots afin que vous recherchiez quelque chose des faveurs de Dieu
et que vous vous montriez reconnaissants.

2 Litt. : les arbres.

15 C'est Lui qui a ancré les montagnes sur terre de crainte qu'elle ne vous inflige ses tremblements et *[qui a placé]* fleuves et chemins afin que vous vous guidiez,
16 ainsi que des repères, *[en particulier]* les étoiles au moyen desquelles ils se dirigent.

**Commentaire** : Selon certains commentateurs la fin du verset contient une allusion aux Qurayshites.

17 Celui qui crée est-Il comparable à celui qui ne crée rien ? Y avez-vous réfléchi ?
18 Et si vous dénombrez toutes les faveurs de Dieu vous n'en ferez pas le tour car Dieu est Pardonneur et Très Miséricordieux.
19 Et Dieu connaît aussi bien ce que vous dissimulez que ce que vous dévoilez !
20 Ceux (les idoles) qu'ils invoquent en excluant Dieu *[de leurs invocations]* ne créent rien alors qu'ils sont eux-mêmes créés.
21 Ce sont des morts et non point des vivants, inconscients du moment où ils seront ressuscités.
22 Votre Divinité est une Divinité Unique mais les cœurs de ceux qui ne croient pas à l'Ultime Demeure le nient et ils sont pleins d'orgueil.
23 Il ne fait pas de doute que Dieu connaît ce qu'ils dissimulent aussi bien que ce qu'ils dévoilent ; Il n'aime certes pas les orgueilleux !
24 Et si l'on vient à leur demander : Qu'a donc révélé votre Seigneur ? De vieilles fables[3], répondent-ils.
25 Cela afin qu'ils supportent l'intégralité de leurs fautes au Jour de la Résurrection ainsi qu'une part des fautes de ceux qu'ils ont égarés à cause de leur ignorance : n'est-ce pas un détestable fardeau ?
26 Déjà ceux qui les ont précédés avaient usé d'artifices et Dieu avait détruit leurs demeures par leurs fondations si bien que leurs toits s'étaient écroulés sur eux ; le châtiment s'était abattu sur eux, là où ils ne s'y attendaient pas.

3 Ou encore : d'antiques légendes.

27 Puis au Jour de la Résurrection Dieu les humiliera en leur demandant : Où sont Mes associés qui faisaient l'objet de votre désaccord *[avec les croyants]* ? L'avilissement et le malheur, s'exclameront ceux qui ont reçu la science, seront en ce Jour le lot des mécréants !
28 Ceux que les anges auront fait périr alors qu'ils s'étaient fait du tort à eux-mêmes, et qui se seront résignés *[diront]* : Nous ne faisions aucun mal ! — Oh que si ! Certes Dieu est parfaitement Informé de vos agissements.
29 Entrez par les différentes portes de la Géhenne où vous demeurerez à jamais. Comme il est haïssable, l'asile des orgueilleux !
30 Et l'on demandera à ceux qui se seront gardés *[de Dieu]* : Qu'a révélé votre Seigneur ? Un bien *(khayran)*, répondront-ils. Une récompense *(hassana)* est destinée à ceux qui auront œuvré selon l'excellence *(ahssanû)* en ce bas monde et la Demeure Ultime sera encore préférable : quel excellent séjour que celui de ceux qui se seront gardés *[de Dieu]* :
31 les jardins d'Éden dans lesquels ils pénétreront seront arrosés de fleuves et ils y trouveront tout ce qu'ils désirent. C'est ainsi que Dieu rétribue ceux qui se gardent *[de Lui]*,
32 ceux que les anges auront fait périr exempts de tout associationnisme (ou encore : en état de grâce, *tayyibîn*). La paix soit sur vous ! leur diront-ils, entrez au Paradis pour prix de ce que vous accomplissiez.
33 Qu'attendent les mécréants : que les anges viennent les trouver ou bien que se réalise l'Ordre de ton Seigneur ? C'est ainsi que procédaient ceux qui les ont précédés ; Dieu ne les a nullement lésés mais ils se faisaient du tort à eux-mêmes ;
34 victimes des fautes qu'ils avaient commises, ils furent cernés par ce châtiment qu'ils tournaient en dérision.

35 Les polythéistes argumenteront : Si Dieu l'avait voulu nous n'aurions rien adoré en dehors de Lui, pas plus nous que nos pères, et nous n'aurions rien interdit sans Son consentement[4]. C'est ainsi que procédaient ceux qui les ont précédés. Qu'incombe-t-il à Nos envoyés sinon de faire parvenir *[Notre message]* ?

36 Déjà Nous avions envoyé à chaque communauté un prophète avec pour message : Adorez Dieu et évitez les faux dieux ! Il s'en trouva pour y croire et d'autres dont l'égarement était inéluctable. Parcourez la terre afin de méditer quel fut le sort de ceux qui avaient traité *[les prophètes]* d'imposteurs.

37 Si tu tiens à leur guidance *[tu dois savoir]* que Dieu ne guide pas ceux qu'Il a voués à l'égarement et qu'ils n'auront aucun secours.

38 Il ont juré par Dieu avec la plus grande conviction[5] que Dieu ne ressusciterait pas les morts. Que si ! et en vertu d'une promesse qui sera bel et bien tenue ! Mais la plupart des hommes sont dans l'ignorance.

39 Cela, afin de les éclairer sur ce qui faisait l'objet de leurs différends et que les mécréants sachent qu'ils étaient bien des menteurs.

40 Lorsque Nous voulons une chose, il Nous suffit de dire: Sois ! pour qu'elle voit le jour (litt : pour qu'elle soit).

41 Quant à ceux qui ont émigré en vue de *[plaire à]* Dieu après avoir été opprimés, Nous les installerons en un lieu agréable en ce monde et la rétribution de l'Ultime Demeure est plus considérable. Si seulement ils savaient !

**Commentaire :** L'hégire dont il est question dans ce verset est la première, celle qui fut accomplie en Éthiopie.

42 *[Ce sont]* ceux qui font preuve de constance et s'en remettent à leur Seigneur.

---

4 Litt. : sans Lui.

5 ou encore : à grand renfort de serment.

43 Avant toi, Nous n'avons envoyé que des hommes auxquels Nous inspirions *[la révélation]* ; demandez aux gens du souvenir, si vous êtes dans l'ignorance.

**Commentaire :** L'expression les gens du souvenir, qui est une traduction littérale, a donné naissance à plusieurs interprétations. Certains y voient les savants de l'Islam, les *fuqahâ'* (juristes). Pour d'autres, compte tenu du contexte du verset, il s'agit des détenteurs des Écritures antérieures à l'Islam. D'autres les tiennent pour les « gens du cœur », spirituels qui se remémorent fréquemment Dieu et qui bénéficient du dévoilement initiatique (*kashf*). Tous ces sens ne sont pas exclusifs les uns des autres et c'est pourquoi il nous a paru bon de lui conserver sa relative « imprécision ».

44 *[Nous les avions envoyés munis]* de preuves et *[apportant]* les Écritures et Nous t'avons révélé le Rappel afin d'éclairer les hommes sur ce qui leur a été révélé : peut-être y réfléchiront-ils ?
45 Sont-ils assurés, ceux qui ont ourdi[6] de sombres machinations, que Dieu ne les fera pas engloutir par la terre ou que le châtiment ne les surprendra pas là où ils ne s'y attendaient pas[7] ?
46 Ou qu'il ne les surprendra pas alors qu'ils sont en voyage[8] sans qu'ils puissent y échapper ?
47 Ou qu'il ne les frappera pas alors qu'ils sont en proie à l'angoisse ? Certes ton Seigneur est Compatissant et Très Miséricordieux.
48 N'ont-ils pas vu que, dans tout ce que Dieu a créé, il n'est rien qui ne balance son ombre sur la droite ou sur la gauche, se prosternant en toute humilité ?
49 Devant Dieu se prosterne tout ce qui peuple les cieux et la terre : anges et êtres rampants, et ils ne s'enorgueillissent pas !
50 Ils redoutent leur Seigneur qui est au-dessus d'eux et exécutent ce qui leur est ordonné.
51 Dieu leur a enjoint de ne pas prendre deux divinités distinctes : Vous n'avez qu'une Unique Divinité et c'est Moi qu'il vous faut redouter.
52 C'est à Lui qu'appartient ce qui est contenu dans les cieux et la terre : un culte permanent Lui est dû. Vous prémunirez-vous d'un autre que Dieu ?
53 Il n'est de faveur en votre possession qui ne vienne de Dieu, puis, lorsqu'une catastrophe s'abat sur vous, c'est Lui que vous implorez.
54 Puis, aussitôt qu'Il vous a délivrés de l'épreuve, voilà qu'une fraction d'entre vous donne des associés à son Seigneur !

---

6 Ceux qui ont ourdi de sombres machinations, c'est-à-dire : ceux qui ont tenté de mettre fin à la vie du Prophète en maintes circonstances par les procédés les plus vils.

7 Ou encore : avant qu'ils ne puissent s'en rendre compte ; ou encore : à l'improviste.

8 ou encore : en pleine activité (Hamza Bû Bakr).

55 Montrez-vous ingrats[9] *[en niant]* les faveurs que Nous vous avons accordées et profitez-en bien, car bientôt vous saurez !
56 Et ils attribuent *[à ces idoles dont]* ils ignorent *[si elles sont réellement des divinités]* une part de ce dont Nous les avons gratifiés *(razaqnâhum)* ; par Dieu, il vous sera demandé compte de vos mensonges !
57 Gloire à Dieu ! Ils Lui attribuent des filles[10] alors qu'eux auraient ce qu'ils désirent ?
58 Et lorsqu'on annonce à l'un d'eux la naissance d'une fille son visage s'assombrit tandis qu'il contient *[sa colère]*.
59 Il se cache des siens à cause de la désagréable nouvelle qui vient de lui être annoncée : va-t-il la garder en dépit de l'humiliation ou bien l'ensevelir sous terre ? Leur décision n'est-elle pas odieuse ?
60 Ceux qui ne croient pas à l'Ultime Demeure constituent l'exemple même de l'imperfection *(saw'*[11]*)* alors que c'est à Dieu que revient le symbole suprême et Il est le Très Puissant, le Très Sage.
61 Si Dieu châtiait les êtres pour les injustices qu'ils ont commises, Il n'en aurait laissé aucun à la surface de la terre. Mais Il leur laisse un délai jusqu'à un terme déterminé, et une fois le terme échu ils ne sauraient le hâter ni le différer ne serait-ce que d'une heure.
62 *[Ainsi]* attribuent-ils à Dieu tout ce qu'ils détestent[12] et leurs bouches prétendent de façon mensongère qu'une heureuse issue leur est réservée. Il ne fait pas de doute que le feu leur est destiné et qu'ils sont des transgresseurs.
63 Par Dieu, Nous avions déjà envoyé *[des prophètes]* aux communautés qui t'ont précédé, mais le diable avait embelli leurs œuvres à leurs yeux ; aussi est-il leur allié et un supplice cruel leur est destiné.
64 Et Nous ne t'avons révélé le Livre qu'afin de leur expliquer l'objet de leurs différends et en guise de guidance et de miséricorde à l'intention d'une communauté encline à croire.

9 Montrez-vous ingrats traduit la formule *liyakfurû* qui est un impératif et qui revêt d'ordinaire dans ce genre de phrase un sens causal. Si tel avait été le cas, il aurait fallu traduire par : pour vous être montrés ingrats vous saurez bientôt *[ce qu'il vous en coûte]*. Mais les commentateurs n'ont pas retenu cette possibilité.

10 Les Qurayshites prétendaient en effet que les anges étaient les filles de Dieu ! Ce qu'ils désirent, c'est-à-dire des enfants mâles. On sait que les Qurayshites répugnaient dans certains cas à avoir des filles et qu'il leur arrivait même de les enterrer vivantes (les versets suivants font d'ailleurs allusion à cette pratique barbare). Le Coran les blâme d'attribuer à Dieu une descendance féminine alors qu'eux-mêmes n'en veulent pas.

11 La plupart des traducteurs, suivant en cela l'avis majoritaire des commentateurs, ont donné au mot *saw'* son sens littéral de « mal ». Nous avons préféré suivre l'explication d'al-Kalbî qui fait du mot *saw'* un synonyme de « manque », d'« imperfection » *(naqs)*. Selon lui, le mécréant attribue à Dieu des filles dont Il n'a nul besoin puisqu'Il est Souverain à l'égard des mondes *(Ghanî)* alors que lui-même cherche à se débarrasser, par dépit ou par orgueil, de ces femmes dont il ne saurait cependant se passer faisant par là-même la preuve de son impuissance. Vouloir attribuer ses imperfections à l'Absolu tout en prétendant se passer de ce dont on dépend, voilà une attitude tout à fait contemporaine mais qui a décidément ses racines dans un lointain passé.

12 C'est-à-dire les filles.

65 Et Dieu a fait descendre du ciel une pluie[13] grâce à laquelle Il a redonné vie à une terre frappée de stérilité ; certes, il y a en tout cela des signes pour un peuple doué d'entendement[14].

66 Vous avez dans le bétail matière à réflexion : de ce que contiennent leurs entrailles Nous vous désaltérons d'un lait[15] pur et agréable à boire *[quoiqu'il soit]* situé entre le sang et les déjections.

67 De même, vous extrayez des fruits du palmier et de la vigne une boisson enivrante ainsi que des aliments agréables. En tout cela il y a des signes pour un peuple capable de raisonner.

68 Et ton Seigneur a inspiré aux abeilles de prendre pour abri les montagnes, les arbres et les constructions[16].

69 Butine ensuite toutes sortes de fleurs et avance, docile *(dhululan)*[17], sur les chemins de ton Seigneur. De leur abdomen s'écoule un suc aux couleurs variées recelant un remède destiné aux hommes. En tout cela il y a des signes pour un peuple enclin à la réflexion.

70 C'est Dieu qui vous a créés puis qui vous fera périr ; certains d'entre vous seront ramenés à l'âge de la décrépitude au point d'oublier tout ce qu'ils savaient et Dieu est à la fois très Savant et Très Puissant.

71 Dieu a favorisé certains hommes par rapport à d'autres d'un supplément de richesses ; or ceux qui ont été favorisés ne redistribuent pas leurs biens aux esclaves en leur possession en sorte qu'ils soient leurs égaux ! Nieront-ils les faveurs de Dieu ?

**Commentaire** : Ici encore Dieu donne aux hommes à réfléchir sur leur propre condition. Comment se fait-il qu'ils donnent à Dieu des associés choisis parmi Ses serviteurs alors qu'eux-mêmes refusent d'établir une égalité entre eux et leurs esclaves en redistribuant leurs richesses ?

72 Dieu vous a accordé des épouses *[tirées]* de vous-mêmes, puis Il vous a accordé à partir de celles-ci des fils et des descendants et Il vous a gratifiés d'aliments sains. Croient-ils donc à l'erreur tout en reniant les bienfaits de Dieu ?

---

13 Bien des *hadîths* assimilent la pluie au Coran révélé « du ciel » et la terre stérile aux communautés sans Écritures ou à celles qui avaient altéré les leurs.

14 Litt. : qui entend.

15 Le Coran compare les croyants à un lait pur dont ni la saveur ni la couleur ne sont altérées par les matières qu'il côtoie. Pareillement le croyant est imperméable aux arguments fallacieux des mécréants, arguments qui n'influencent en rien son acte de foi monothéiste.

16 Le *'arîsh* évoque l'idée de branchages entremêlés ce qui correspond globalement à une « cabane ». Les commentateurs l'ont assimilé à toute construction humaine.

17 Selon certains commentaires, *dhulal* décrit non pas les abeilles mais le chemin qu'elles empruntent, auquel cas il faudrait traduire par : avance sur les chemins apprêtés (ou : tracés) par ton Seigneur.

**Commentaire du veset 69** : L'Ordre s'adresse à l'abeille, mais le passage du pluriel au singulier et du style indirect au style direct rend le passage peu compréhensible en français. On aurait pu traduire pour des raisons de clarté par : Et ton Seigneur a inspiré aux abeilles de prendre pour abri les montagnes, les arbres et les constructions et de butiner ensuite toutes sortes de fleurs en avançant, dociles, sur les chemins de leur Seigneur.

**Commentaire du veset 70** : On pourra simplement remarquer qu'après avoir mis en évidence l'indigence de l'humanité qui parvient graduellement à l'âge où l'on ne se souvient de rien et où l'on a besoin de tout et de tous, Dieu nous rappelle opportunément que la véritable Puissance, celle qui ne se perd pas, et la véritable Science qui ne s'acquiert ni ne s'oubli, n'appartiennent qu'à Lui - exalté soit-Il.

73 Ils adorent, tout en excluant Dieu *[de cette adoration]*, des idoles qui ne possèdent nulle subsistance dans les cieux ni sur la terre et qui sont impuissantes.

74 Ne comparez rien à Dieu, car Dieu sait et vous êtes dans l'ignorance.

75 Dieu propose en exemple un serviteur privé de liberté et frappé d'une incapacité totale, et un homme auquel Nous avons accordé une richesse conséquente et qui en fait l'aumône discrètement et en public : sont-ils égaux ? Louange à Dieu ! La plupart d'entre eux sont dans l'ignorance !

76 Et Dieu propose un autre exemple : deux hommes, l'un muet frappé d'incapacité qui est totalement à la charge de son maître, ne lui ramenant rien de bien où qu'il le dirige, et l'autre qui ordonne ce qui est équitable tout en se tenant sur une voie droite ; sont-ils égaux ?

77 C'est à Dieu qu'appartient *[la connaissance]* de ce qui n'est manifesté[18] ni dans le ciel ni sur la terre. L'Ordre relatif à l'Heure aura la brièveté d'un clin d'œil, voire plus bref encore car Dieu est Omnipotent.

78 Et Dieu vous a fait sortir des entrailles de vos mères ignorants de tout et vous a accordé l'ouïe, la vue et le cœur afin que vous soyez reconnaissants.

79 N'ont-ils pas vu les oiseaux assujettis *[à Sa volonté]* dans l'atmosphère céleste : Seul Dieu les retient de tomber. Dans tout cela il y a des signes pour un peuple qui a la foi.

18 Ou : de ce qui est celé.

80 Dieu a fait de vos demeures un asile reposant et Il vous a permis
de transformer les peaux des animaux domestiques en tentes dont
vous appréciez la légèreté en voyage comme à l'étape. De leurs laines,
de leurs poils, de leurs fourrures vous fabriquez du mobilier et des
ustensiles pour un temps indéterminé.
81 A partir de ce qu'Il a créé, Dieu vous a procuré de la fraîcheur ; des
montagnes Il a fait pour vous des abris et Il vous a donné des vête-
ments pour vous protéger de la chaleur, et d'autres pour vous proté-
ger des coups[19]. C'est ainsi qu'Il a parachevé Ses faveurs à votre endroit
afin que vous vous soumettiez.
82 Et s'ils se détournent *[sache]* que seule une claire transmission *[du
message]* t'incombe.
83 Ils savent quels sont les bienfaits de Dieu mais ils les mettent en cause
et la plupart d'entre eux sont des mécréants.
84 Le Jour où Nous susciterons un témoin à l'encontre de chaque com-
munauté, il ne sera pas permis aux mécréants *[de faire valoir leurs
excuses]* et on ne leur demandera plus de satisfaire *[Dieu]*.
85 Et lorsque ceux qui se sont montrés iniques verront le châtiment, il ne
sera plus allégé pour eux ni différé[20].
86 Et lorsque les polythéistes verront leurs associés, ils s'exclameront :
Seigneur, voici nos associés que nous invoquions en dehors de Toi !
mais ces derniers leur lanceront ces mots : Vous êtes des menteurs !
87 Ce jour-là ils s'en remettront totalement à Dieu et les mensonges
qu'ils proféraient s'évanouiront d'eux-mêmes.

---

19 Litt. : de votre violence.

20 Ou encore : et ils ne seront pas sous le regard de Dieu.

88 Nous ferons subir aux mécréants ayant détourné les hommes de la voie de Dieu un châtiment supplémentaire à celui en cours pour prix de la corruption qu'ils auront répandue,
89 le Jour où Nous susciterons à l'encontre de chaque communauté un témoin issu de ses rangs et où Nous te produirons comme témoin à l'encontre de ceux-là ; et Nous avons révélé le Livre comme explication de toutes choses et en guise de guidance, de miséricorde et de bonne nouvelle pour les musulmans.
90 Dieu ordonne la justice, la vertu et la libéralité envers ses proches parents. Il interdit la turpitude, l'illicite[21] et l'iniquité. Il vous exhorte *[à l'obéissance]* : peut-être vous en souviendrez-vous !
91 Soyez fidèles à votre pacte *('ahd)* une fois celui-ci conclu avec Dieu, et ne violez pas vos serments après les avoir prêtés avec conviction et avoir fait de Dieu, à votre encontre, le garant *[de votre sincérité]*, car Dieu connaît tous vos agissements.
92 Ne soyez pas comme celle qui déroulait *[son fuseau]* après l'avoir soigneusement filé en faisant de vos serments un moyen de vous piéger mutuellement sous prétexte que telle tribu est plus puissante que l'autre. Dieu, par ce biais, veut seulement vous éprouver et au Jour de la Résurrection Il vous donnera l'explication de ce qui faisait l'objet de vos divergences.

**Commentaire :** Ce verset est destiné aux tribus arabes qui scellaient entre elles une alliance puis la dénonçait aussitôt que l'occasion d'en contracter une avec une tribu plus puissante se présentait. Quant à celle qui déroulait *[son fuseau]* après l'avoir soigneusement filé, il s'agit d'une simplette qui vivait à La Mecque et qui, le soir, défaisait son ouvrage de la journée à tel point que les Arabes la prenaient en exemple pour sa stupidité devenue légendaire. Le Coran reprend cette histoire à son compte.

93 Si Dieu l'avait voulu, Il aurait fait de vous une communauté unique mais Il égare qui Il veut et Il guide qui Il veut et il vous sera demandé compte de ce que vous faisiez.

21 Ou encore : le répréhensible.

94 Ne faites pas de vos serments un moyen de vous piéger mutuellement : ce serait comme si vous trébuchiez après avoir eu le pied sûr. Vous goûteriez au malheur après avoir détourné *[les hommes]* de la voie de Dieu et un terrible supplice vous serait destiné.
95 Ne troquez pas votre engagement vis-à-vis de Dieu pour un vil prix ; car ce qui se trouve auprès de Dieu est préférable pour vous si seulement vous saviez !
96 Ce qui est en votre possession s'épuise tandis que ce qui se trouve auprès de Dieu est durable[22], Nous rétribuerons intégralement ceux qui ont fait montre de constance en leur allouant un salaire bien supérieur à leurs mérites[23].

**Autre traduction possible** : Nous les rétribuerons intégralement pour ce qu'ils auront fait de mieux. D'un point de vue strictement grammatical cette dernière traduction est plus satisfaisante.

97 Nous ressusciterons pour une vie agréable quiconque, homme ou femme, aura œuvré pieusement en ayant la foi et Nous les rétribuerons intégralement en leur allouant un salaire bien supérieur à leurs mérites (même remarque que pour le verset précédent).
98 Dès lors que tu psalmodies le Coran, demande à Dieu *[avant d'entamer ta lecture]* de te préserver de Satan le maudit[24].
99 Il n'a *[cependant]* aucun pouvoir sur ceux qui ont la foi et s'en remettent à leur Seigneur.
100 Il n'a de pouvoir que sur ceux qui le prennent pour allié et qui sombrent à cause de lui dans l'associationnisme.
101 Lorsque Nous substituons un verset à un autre — et Dieu sait bien ce qu'Il révèle — ils se récrient : Tu n'es qu'un imposteur ! En réalité (*bal*), la plupart d'entre eux sont dans l'ignorance.
102 Dis-leur : C'est l'Esprit de sainteté qui l'a fait descendre renfermant la Vérité de la part de ton Seigneur afin de raffermir ceux qui ont la foi et à titre de guidance et de bonne nouvelle pour les musulmans.

---

22 Litt. : demeure.
23 Litt. : à ce qu'ils œuvraient.
24 Litt. : le lapidé.

103 Nous savons bien qu'ils prétendent que c'est un homme qui le lui a enseigné; or, la langue de celui qu'ils soupçonnent est une langue non arabe tandis que ce Coran *[est rédigé]* dans une langue arabe éloquente.
104 Ceux qui ne croient pas aux signes[25] de Dieu, Dieu ne les guidera pas: un châtiment douloureux leur est destiné.
105 Ceux qui profèrent des mensonges sont ceux qui ne croient pas aux signes de Dieu: ceux-là sont des menteurs.
106 Ceux qui ont renié Dieu après avoir eu la foi — exception faite de ceux qui y ont été contraints et dont le cœur est demeuré serein dans sa foi — ainsi que ceux qui ont ouvert leurs cœurs à la mécréance, ceux-là encourent le courroux divin et un terrible châtiment leur est destiné.

**Commentaire**: Ce verset fut révélé à propos de 'Ammâr b. Yâssir, l'un des premiers compagnons du Prophète - sur lui la grâce et la paix - qui renia l'Islam sous la torture et revint en pleurant auprès du Prophète, effondré à l'idée d'avoir apostasié. Le Prophète le rassura en lui posant cette question: Que se passe-t-il en ton cœur? Il est empli d'une foi sereine, lui répondit-il.

Certains juristes en ont conclu que tout ce qui était obtenu sous la contrainte était de ce fait caduc, tandis que d'autres, tout en admettant son invalidité, y mettaient certaines conditions.

107 Cela parce qu'ils ont préféré la vie de ce monde à celle de l'Ultime Demeure et parce que Dieu ne guide pas le peuple des mécréants.
108 Ce sont ceux-là dont Dieu a scellé le cœur, l'ouïe et la vue et qui sont plongés dans l'insouciance.
109 Il ne fait aucun doute que dans l'Ultime Demeure ce seront eux les perdants.
110 Néanmoins ton Seigneur se montrera Pardonneur et Miséricordieux à l'égard de ceux qui auront émigré après avoir été torturés et qui auront *[par la suite]* combattu en faisant preuve d'endurance.

25 Ou encore: aux versets… auquel cas il faudrait lire Signes avec une majuscule.

111 *[Souviens-toi]* du Jour où chaque être (litt. : chaque âme) viendra assurer sa propre défense, où chacun sera rétribué intégralement selon ses œuvres et où nul ne sera lésé.
112 Dieu propose en exemple une cité paisible et en sécurité qui recevait de toutes parts une subsistance abondante et qui nia les faveurs de Dieu. Dieu lui fit alors goûter[26] la faim et la peur pour prix de ses agissements.

**Commentaire :** L'allusion à La Mecque est évidente ; paisible cité marchande située au carrefour de l'Inde et de Byzance, elle reçoit des richesse des « quatre coins du monde ». L'arrivée du Prophète, qui constitue une faveur supplémentaire (et quelle faveur !) pour les Qurayshites, n'est pas perçue comme telle par ces derniers qui nient les faveurs de Dieu au lieu de reconnaître immédiatement celui dont l'élection va pourtant donner aux Arabes une notoriété sans précédent. Désormais placés sur la route des caravaniers mecquois, les musulmans vont menacer le commerce de la cité tout en exposant ses habitants à la faim et à la peur évoquées dans ce verset.

113 Un Envoyé issu de leurs rangs est venu à eux qu'ils ont traité d'imposteur. Le châtiment s'est abattu sur eux alors qu'ils se livraient à l'iniquité.
114 Mangez de ces aliments licites et agréables dont Dieu vous a gratifiés et témoignez de votre gratitude pour les faveurs que Dieu *[vous a accordées]* si c'est bien Lui que vous adorez.
115 Dieu vous interdit les chairs mortes *[non sacrifiées]*, le sang, la viande de porc et tout ce qui a été immolé à un autre que Dieu. *[Cependant]* quiconque est contraint *[d'en manger]* n'encourt pas de blâme *[à condition]* de ne pas en manger plus *[que le nécessaire, ghayra bâghin[27]]* et de ne pas outrepasser *[la Loi]*, car Dieu est Pardonneur et Miséricordieux.
116 Et ne dites pas, suite aux mensonges qu'ont proférés vos bouches : Ceci est licite et cela ne l'est pas, mentant ainsi sur le compte de Dieu. Ceux qui profèrent des mensonges sur le compte de Dieu ne connaîtront pas la réussite :
117 ils jouiront brièvement de ce monde, puis un châtiment douloureux leur sera destiné.
118 A céux qui faisaient profession de judaïsme, Nous avions interdit ce dont Nous t'avons instruit précédemment et Nous ne les avions pas lésés, mais ce sont eux qui se faisaient du tort à eux-mêmes.

26 Litt. : leur fit goûter l'habit de la faim et de la peur…

27 Pour les différents sens du mot *bâghin* il convient de se reporter au commentaire du verset 173 de la sourate « La Génisse ».

119 A l'égard de ceux qui, par ignorance, ont commis des fautes dont ils se sont ultérieurement repentis et qui se sont amendés, ton Seigneur se montrera Pardonneur et Miséricordieux.
120 Ibrâhîm constituait à lui seul une communauté ; soumis à Dieu en pur monothéiste, il n'était pas d'entre les associateurs !
121 *[Comme il était]* reconnaissant devant Ses bienfaits, Dieu l'élut et le guida sur une voie droite.
122 Nous lui avons accordé une excellente renommée *(hassana)* en ce monde, et dans l'Ultime Demeure il sera au nombre des êtres pieux.

**Commentaire** : C'est al-Kalbî qui fait de cette faveur *(hassana)* une excellente renommée en ce monde en se référant à d'autres versets du Coran tels que celui-ci : fais que les générations à venir gardent de moi un bon souvenir (ou encore : ne disent de moi que la vérité), (Cor. 26, 84). Nous l'avons suivi dans son interprétation.

123 Puis Nous t'avons inspiré de te conformer à la tradition d'Ibrâhîm en pur monothéiste : il n'était pas du cercle des associateurs.
124 Le sabbat ne fut imposé qu'à ceux qui en avaient fait l'objet de leurs divergences et ton Seigneur tranchera entre eux ce litige au Jour de la Résurrection.
125 Invite *[les hommes à suivre]* la voie de ton Seigneur en faisant appel à la sagesse et par une exhortation appropriée, et discute avec eux avec beaucoup de tact ! Certes ton Seigneur connaît bien ceux qui se sont écartés de Sa voie comme Il connaît ceux qui sont bien dirigés.
126 Et si vous châtiez quelqu'un, infligez-lui une punition à la mesure de ce que vous avez subi, mais faire montre de patience *(sabartum)* est préférable pour celui qui a de la patience à revendre *(lil-sâbirîn)*.
127 Montre-toi constant *(sbir)* ! Ta constance *(sabruka)* n'est possible qu'avec l'aide de Dieu ! Ne t'afflige pas pour eux, et ne sois pas oppressé à cause de leurs machinations !

**Remarque** : Les quatre mots arabes entre parenthèses sont tous issus d'une même racine : *sabr*, qui évoque l'idée de patience.

128 Certes Dieu est aux côtés de ceux qui se prémunissent, ceux qui œuvrent selon l'excellence (ou encore : selon la vertu).

Sourate 17

# Le Voyage nocturne ou les Enfants d'Isrâ'îl

*Au Nom de Dieu, le Tout Miséricordieux, le Très Miséricordieux*

1 Gloire à Celui qui a transporté Son serviteur nuitamment de la Mosquée sacrée à la mosquée lointaine dont Nous avons béni l'enceinte afin de lui faire voir Nos signes, car Il est Celui qui entend et qui voit.

2 Nous avons révélé à Mûssâ les Écritures et en avons fait un guide pour les fils d'Isrâ'îl *[leur enjoignant]* de ne point prendre de Garant (*Wakîl*[1]) en dehors de Moi.

3 Ô postérité de ceux que Nous avons emportés avec Nûh, celui-ci était sans conteste un serviteur reconnaissant.

**Autre traduction possible** : combinerait ainsi les versets 2 et 3 : de ne point prendre en dehors de Moi de Garant (*Wakîl*) choisi parmi la postérité de Nûh qui était un serviteur reconnaissant.

4 Dans les Écritures, Nous avions arrêté à l'encontre des fils d'Isrâ'îl : Vous sèmerez par deux fois la corruption sur terre et vous afficherez une superbe démesurée !

5 Une fois accomplie la première de ces deux promesses, Nous envoyâmes contre eux des serviteurs Nôtres d'une dureté implacable qui pénétrèrent dans leurs demeures : ainsi s'accomplit la première promesse.

**Commentaire** : Selon les différents commentaires, ces ennemis impitoyables ont été identifiés comme étant Nabuchodonosor (Bukhtanasr), le roi de Babylone, ou Goliath.

6 Puis Nous vous accordâmes de prendre votre revanche contre eux en vous soutenant par un apport de biens et d'enfants et en faisant de vous une nation nombreuse.

7 Si vous faites le bien vous ne le ferez que pour vous-mêmes, et si vous faites le mal ce sera à votre détriment. Quand la seconde promesse s'accomplira *[Nous en enverrons d'autres]* afin qu'ils fassent naître l'affliction sur vos visages, qu'ils profanent le Temple comme ils l'avaient déjà fait la première fois et qu'ils saccagent tout ce qui leur tombera sous la main.

---

1 Cf. la note 38 du verset 132 sourate 4.

8 Peut-être votre Seigneur vous fera-t-Il miséricorde, mais si vous recommencez *[vos écarts]* Nous réitérerons *[Nos représailles]* et Nous avons fait de la Géhenne une prison pour les mécréants.
9 Certes ce Coran vous conduit à la voie la plus droite et annonce aux croyants qui pratiquent les œuvres pies qu'une grande récompense leur est destinée,
10 et que Nous avons apprêté un châtiment douloureux à ceux qui ne croient pas à l'Ultime Demeure.
11 L'homme appelle de ses vœux le mal comme il le fait pour le bien ; or l'homme est fait de précipitation[2].
12 Nous avons fait du jour et de la nuit deux signes, effaçant celui de la nuit et rendant celui du jour lumineux, afin que vous recherchiez les faveurs de votre Seigneur et que vous puissiez connaître le nombre des années et *[établir]* un comput. Et Nous avons exposé toute chose en détail.
13 Nous avons contraint *(alzamnâ)* la nuque de chaque homme *[à ployer sous]* son destin[3], et au Jour de Jugement Nous lui produirons un livre qu'il trouvera ouvert (ou encore : déployé) *[devant lui]*.
14 Lis donc ton livre ! En ce Jour il suffit que tu te demandes des comptes à toi-même !
15 Quiconque est guidé ne l'est que pour lui-même et celui qui s'égare ne s'égare qu'à son seul détriment. Nul ne se chargera des péchés d'autrui et Nous ne sommes pas disposés à châtier *[une communauté]* sans lui avoir *[au préalable]* envoyé de prophètes.
16 Lorsque Nous voulons anéantir une cité Nous en multiplions *(amarnâ)* le nombre des gens aisés qui se livrent à la corruption et méritent alors un châtiment, puis Nous la détruisons de fond en comble.
17 Combien de générations avons-Nous anéanties après Nûh et il suffit que ton Seigneur ait vu et pris connaissance des péchés de Ses serviteurs !

---

2 Le Coran invite l'homme à ne pas s'emballer en invoquant, par exemple, Dieu contre ses enfants ou contre lui-même, sous l'effet de la colère ou dans toute autre situation analogue.

3 Le mot destin qui traduit l'arabe *tâ'ir*, « l'oiseau », a été considéré par d'autres commentateurs comme étant les œuvres. Cela ne change pas grand-chose au sens général ; ce qu'il faut retenir c'est que les œuvres ou la destinée de l'homme lui « collent au cou » conformément au sens que nous donne la traduction littérale (Nous avons contraint l'oiseau de chaque homme *[à rester]* sur sa nuque). Si l'oiseau a été retenu pour symboliser la destinée, c'est que les anciens Arabes consultaient les augures au même titre que de nombreux peuples de l'Antiquité. Précisons encore qu'en tenant compte du double sens de l'arabe *alzamnâ* nous aurions pu également traduire par : Nous avons assigné son destin à la nuque de chaque homme.

18 Pour ceux qui désirent *[un plaisir]* immédiat, Nous Nous hâtons d'accorder ce que Nous voulons à qui Nous voulons. Puis Nous leur avons destiné la Géhenne où ils entreront honnis et méprisés.
19 Ceux qui convoitent l'Ultime Demeure et qui font ce qu'il faut pour l'obtenir tout en ayant la foi, ceux-là verront leur démarche récompensée.
20 Nous apportons Notre soutien aux uns comme aux autres à titre de libéralité de la part de ton Seigneur et la générosité de ton Seigneur n'est refusée à personne[4].
21 Considère la façon dont Nous avons *[en ce monde]* favorisé les uns par rapport aux autres ; or, l'Ultime Demeure comporte davantage de stations et de faveurs.
22 Ne place pas une autre divinité à côté de Dieu car tu resterais blâmé et sans soutiens.
23 Ton Seigneur a décrété que vous n'adoriez que Lui. Il a prescrit la bonté à l'égard de vos père et mère. Si l'un d'entre eux ou les deux atteignent auprès de toi le seuil de la vieillesse, ne leur dis pas : Fi ! ne les repousse pas mais tiens-leur des propos respectueux.
24 Incline vers eux par miséricorde l'aile de l'humilité et dis : Seigneur, sois miséricordieux envers eux comme ils l'ont été envers moi, lorsqu'ils m'ont éduqué enfant.
25 Votre Seigneur sait mieux que quiconque ce qui se passe en vous *(bi mâ fî anfusikum)* : si vous êtes pieux *[sachez que]* Dieu est Pardonneur à l'égard de ceux qui proclament Sa gloire[5].
26 Accorde son dû à ton proche parent ainsi qu'à l'indigent et au voyageur et ne dilapide pas *[ton bien]* sans retenue !
27 Les gaspilleurs sont certes les frères des démons et Satan s'est montré fort ingrat envers Dieu.

4 Ou : n'est pas exclusive.
5 Ou encore : de ceux qui reviennent à Lui ; ou encore : de ceux qui sont pieux.

28 Et si tu t'écartes des *[indigents]* parce que tu es dans l'attente d'une miséricorde (ou : d'une libéralité) que tu espères de ton Seigneur, adresse-leur tout de même une parole bienveillante.
29 Ne garde pas la main *[fermée]* et comme entravée à ton cou *[par un carcan]* mais ne l'ouvre pas sans retenue car tu serais alors blâmable et dépouillé.
30 Certes ton Seigneur attribue Ses dons à qui Il veut avec largesse ou avec mesure, car Il voit et Il connaît fort bien Ses serviteurs.
31 Ne tuez pas les enfants par crainte de pénuries : c'est Nous qui leur accordons leur subsistance ainsi qu'à vous, car leur assassinat constitue un forfait inqualifiable.
32 Ne vous approchez pas de l'adultère car c'est une turpitude et un mauvais chemin !
33 Ne tuez pas une personne *[dont la vie]* a été décrétée sacrée par Dieu si ce n'est en accord avec la justice *(haqq)*. Nous avons accordé un pouvoir au parent de celui qui a été tué injustement : mais qu'il ne se livre pas à des excès lors des représailles[6] car alors il bénéficie d'un soutien *(en l'occurrence la loi du talion)*.

**Commentaire** : qu'il ne se livre pas à des excès lors des représailles traduit l'arabe *fa lâ yusrif fî al-qatl*, c'est-à-dire : qu'il n'exagère pas dans le meurtre. Ce qu'il faut en comprendre, c'est que le parent de la victime, s'il est en droit de se venger, n'est pas autorisé pour autant à faire n'importe quoi : il ne doit s'en prendre qu'au meurtrier mais à aucun de ses proches et s'il préfère faire appliquer le talion plutôt que d'exiger le « prix du sang » l'exécution doit être accomplie dans les règles.

34 Ne vous approchez des biens de l'orphelin qu'animés des meilleures intentions et ce jusqu'à ce qu'il atteigne l'âge adulte et respectez vos engagements car de ceux-ci il vous sera demandé compte.
35 Faites bonne mesure *[des denrées]* que vous jaugez, ou pesez*[-les]* avec une balance exacte : cela est préférable et de meilleur augure.
36 Ne témoigne[7] pas sans connaissance de cause. Certe, de l'ouïe, de la vue et du cœur, de tout cela il vous faudra rendre compte.
37 N'avance pas sur terre comme un vaniteux ; te ne saurais fendre la terre ni te hisser (litt. : te grandir) au niveau (litt. : à la hauteur) de ses montagnes.
38 Tout ce qu'il y a de coupable dans ces attitudes est détestable au regard de ton Seigneur.

6 Litt. : dans le meurtre.

7 *Lâ tattabi'*, litt. : ne suis pas. Ici : n'accuse pas, n'impute pas, voire ne cherche pas à savoir.

39 Tout cela fait partie de ce que t'a révélé ton Seigneur en guise de sagesse ; ne place pas une autre divinité à côté de Dieu car tu serais jeté dans la Géhenne, en butte à l'opprobre et repoussé *[de tous]*.

40 Ainsi votre Seigneur vous aurait privilégiés en vous accordant des fils alors qu'Il aurait choisi des filles parmi les anges ? Vous proférez vraiment des énormités !

41 Nous avons décliné dans ce Coran toutes sortes d'exemples qui n'ont d'autres effets que d'accroître leur répulsion[8] *[pour la Vérité]*.

42 Dis : S'il y avait eu avec Lui d'autres divinités comme ils le prétendent, ils auraient cherché un moyen *(sabîlan)* de se rapprocher du Possesseur du Trône.

**Autre traduction possible :** (quoique très différente celle-là) : ils auraient cherché un moyen de renverser le Possesseur du Trône.

43 Gloire à Lui ! Exalté soit-Il *[dans Sa Transcendance]* au-delà de leurs allégations.

44 La terre, les sept Cieux et leurs habitants proclament Sa gloire ; il n'est d'être qui ne Lui adresse une louange particulière[9] mais vous n'entendez rien à cette incantation ; cependant Dieu est Longanime et Tout de pardon !

45 Et lorsque tu récites le Coran, Nous plaçons un voile épais entre toi et ceux qui ne croient pas à la vie future,

46 et nous recouvrons leur cœur d'un voile en sorte qu'ils ne le comprennent pas et Nous frappons leurs oreilles de surdité. En viens-tu dans le Coran à mentionner ton Seigneur et Lui Seul qu'ils tournent les talons en fuyant.

47 Nous savons bien dans quelles dispositions ils t'écoutent lorsqu'ils te prêtent l'oreille et qu'ils se retrouvent en aparté, lorsque les injustes *[vous]* accusent de ne suivre qu'un homme ensorcelé.

48 Réfléchis à quoi ils ont voulu te comparer ; ils se sont égarés, incapables de trouver le chemin.

49 Lorsque nous *[ne]* serons *[plus qu']*ossements et poussière serons-nous ressuscités en une création nouvelle ?

8 Litt. : leur fuite, *nufûran*.

9 Particulière traduit le pronom *hî* de *bihî* que les commentateurs rapportent d'ordinaire à Dieu, mais que rien, nous semble-t-il, ne nous empêche de rapporter à celui qui adresse la louange.

50 Dis-leur : Transformez-vous en pierres ou en fer
51 ou bien en n'importe quelle créature revêtant quelque importance à vos yeux[10] ! Ils demanderont alors : Qui donc nous ressuscitera *[dans ce cas]* ? Réponds-leur : Celui qui vous a créés une première fois ! A quand l'échéance ? demanderont-ils de nouveau en secouant la tête devant toi ! Réponds-leur : Elle n'est peut-être plus très éloignée !
52 Le Jour où Dieu vous appellera, vous Lui répondrez en faisant Sa louange et vous songerez n'être restés *[dans la tombe]* que peu de temps.
53 Dis à Mes serviteurs de tenir des propos bienveillants, car le diable veut semer entre eux la dissension et il est pour l'homme un ennemi déclaré.
54 Votre Seigneur vous connaît fort bien : soit Il vous fera miséricorde, soit Il vous châtiera et Nous te t'avons pas envoyé pour être leur représentant *(wakîl)*[11].

**Commentaire** : On pourrait objecter qu'un tel verset semble opposé à l'idée de médiation *(shafâ'a)* que l'on considère généralement comme attachée à la mission du Prophète. En réalité les deux significations ne sont pas incompatibles ; si l'homme et les créatures en général sont tenus pour responsables de leurs actes devant Dieu (et il est bien évident dans ce cas que, selon le Coran lui-même, nul ne se chargera du fardeau d'autrui), cela n'empêche en rien que les intercesseurs que Dieu aura désignés ne puissent intervenir en faveur de leurs proches ou de leurs communautés respectives. L'intercession du Prophète est librement consentie, avec la permission divine, mais nul ne saurait le contraindre à intercéder en sa faveur, ni a fortiori y contraindre Dieu.

55 Ton Seigneur connaît parfaitement ceux qui peuplent les cieux et la terre ; Nous avons élu certains prophètes au-delà des autres et avons accordé les Psaumes à Dâwûd.
56 Dis-leur : Invoquez ceux que vous prétendez être *[Ses associés]* tout en L'excluant *[de cette invocation]* ; ils n'ont ni la capacité de vous délivrer de l'épreuve ni de la détourner !
57 Ceux qu'ils invoquent cherchent eux-mêmes un moyen[12] afin de se rapprocher de Dieu ; c'est à celui qui s'en rapprochera le plus ! Ils espèrent Sa Miséricorde et redoutent Son châtiment car le châtiment de ton Seigneur n'est que désagrément.
58 Et il n'est de cité que Nous n'anéantirons avant le Jour du Jugement ou que Nous ne châtierons avec la plus grande sévérité ! Tout cela est consigné sur la Table gardée (litt. : le Livre)

10 Litt. : dans vos poitrines.
11 Garant, avocat, fondé de pouvoir, etc.
12 Ou encore : un intermédiaire.

59 Seule l'attitude des peuples anciens qui traitaient Nos signes de mensonges Nous empêche d'en produire d'autres. A Thamûd Nous apportâmes la chamelle *[en guise de signe]* visible, mais ils la martyrisèrent et *[en outre]* Nous n'envoyons de signes qu'afin de susciter la crainte.

**Commentaire** : Ce verset fut révélé en réponse aux Qurayshites qui demandaient au Prophète de transformer la colline de *Safâ* en or.

60 *[Souviens-toi]* lorsque Nous te dîmes que ton Seigneur cernait les hommes *[de toutes parts]* ; et Nous n'avions fait de la vision que Nous t'avions accordée, ainsi que de l'arbre maudit évoqué dans le Coran, qu'autant de mises à l'épreuve pour les hommes[13]. Mais Nous avons beau les effrayer, cela ne fait que redoubler leur esprit de rébellion.
61 Et lorsque Nous ordonnâmes aux anges de se prosterner devant Adam, ils s'exécutèrent exception faite d'Iblîs qui protesta : Me prosternerai-je devant ce que Tu as créé de boue ?
62 As-Tu vu celui auquel Tu as accordé davantage de faveurs qu'à moi ? Si Tu me donnes un délai jusqu'au Jour de la Résurrection, je soumettrai sa postérité à l'exception d'un petit nombre d'entre eux.
63 Va donc ! lui dit-Il, vous aurez avec ceux d'entre eux qui te suivront la Géhenne pour rétribution conséquente[14].
64 Séduis[15] de ta voix ceux que tu pourras séduire, menace-les[16] de tes cavaliers et de tes fantassins, sois leur associé dans leurs biens et leurs enfants et fais-leur miroiter des promesses ; or, le diable ne leur fait que des promesses fallacieuses.
65 Tu n'auras cependant aucun pouvoir sur Mes serviteurs : de cela ton Seigneur est un Garant suffisant.
66 Ton Seigneur est Celui qui fait voguer pour vous les navires en mer afin que vous partiez à la recherche de Ses faveurs, car Il est pour vous Tout de Miséricorde.

---

13 Le début du verset contient une allusion à Badr (ton Seigneur cernait les hommes) qui vit la défaite et la mort de quelques-uns des ennemis les plus acharnés du Prophète.
Quant à la vision considérée comme une mise à l'épreuve, il s'agit de celle dont le Prophète fut gratifié lors de l'Ascension céleste *(mi'râj)* qui fut l'occasion d'un grand nombre d'apostasies.
Enfin « l'arbre maudit » est celui de *Zaqqûm* qui prend ses racines au plus profond de l'enfer et qui suscitait les railleries des Qurayshites alléguant qu'on avait du mal à imaginer un arbre survivant dans la fournaise ; ils oubliaient tout simplement que le Livre saint lui-même leur fournissait la réponse : Nous avons tiré un feu de l'arbre vert…
Or, de la même façon que le feu peut être produit par l'eau, l'inverse reste possible…

14 C'est-à-dire abondante, *mawfûran*.

15 Ou encore : Excite-les.

16 Ou encore : fonds sur eux.

67 Et lorsque l'épreuve vous frappe en mer vous en oubliez[17] tous ceux
que vous invoquiez exception faite de Dieu (litt.: Lui). Et lorsqu'Il
vous en délivre *[en vous ramenant]* à la terre ferme, vous vous détour-
nez *[de Lui]* ! Combien l'homme est ingrat !
68 Êtes-vous assurés qu'Il ne vous fera pas engloutir en un quelconque
point de la terre ? Ou qu'Il n'enverra pas contre vous une tempête de
pierres sans que vous puissiez trouver le moindre secours ?
69 Ou bien êtes-vous assurés qu'Il ne vous ramènera pas en mer une
autre fois en déchaînant contre vous une tempête afin de vous y noyer
à cause de votre mécréance ? Puis vous n'auriez personne pour exercer
une poursuite à Notre encontre !
70 Nous avons déjà accordé Nos faveurs aux fils d'Adam en les transpor-
tant sur terre et sur mer et en les gratifiant d'aliments sains et Nous
les avons grandement privilégiés par rapport à nombre de ceux que
Nous avons créés.
71 Le Jour où Nous appellerons les communautés (litt.: les hommes)
du nom de leurs guides, ceux-là qui auront reçu leur livre de la main
droite le liront et ils ne seront pas lésés fût-ce d'un cheveu[18].
72 Quant à celui qui était aveugle ici-bas, il le sera également dans l'Ul-
time Demeure, voire plus égaré encore.
73 Ils ont bien failli te faire dévier de ce que Nous t'avions révélé afin que
tu Nous attribues faussement d'autres propos *[que les Nôtres]*. Alors
seulement ils t'auraient pris pour ami !
74 Si Nous ne t'avions pas raffermi, tu aurais failli leur faire légèrement
confiance.
75 Alors Nous t'aurions fait goûter à un double châtiment en cette vie et
lors de ta mort, et tu n'aurais trouvé personne pour te soutenir contre
Nous.

17 Litt.: s'évanouissent [dans votre esprit]...

18 *Fatîlan* que nous avons traduit par fût-ce d'un cheveu désigne les fibres situées dans la fente du noyau de datte.

76 Peu s'en faut qu'ils ne t'aient poussé à quitter le pays et *[s'ils t'en avaient banni]* ils n'y seraient demeurés que peu de temps après toi,
77 conformément aux habitudes (*sunna*) des prophètes que Nous avons envoyés avant toi. Et tu ne trouveras aucun moyen d'infléchir (ou : d'échapper à, de détourner de) Notre tradition (*sunna*).
78 Accomplis la prière du coucher du soleil à la tombée de la nuit et psalmodie le Coran à l'aube car *[les anges]* assistent à la lecture (*Qurân*) de l'aube.
79 Veille *[en prière]* une partie de la nuit à titre d'œuvre surérogatoire : sans doute ton Seigneur te ressuscitera-t-Il en une station glorieuse !
80 et dis : Seigneur, introduis-moi *[dans Médine[19]]* dans des conditions satisfaisantes et fais-moi sortir *[de La Mecque]* avec une ferme résolution et accorde-moi de Ta part un pouvoir victorieux[20].
81 Dis : La Vérité est venue et l'erreur s'est dissipée, car l'erreur est vouée à disparaître.
82 Et Nous révélons dans ce Coran ce qui constitue une guérison et une miséricorde pour les croyants mais qui enfonce davantage les injustes dans la perdition.
83 Lorsque Nous accordons Nos faveurs à l'homme, il se détourne et s'éloigne de son côté ; mais si un malheur le frappe, le voilà en proie au désespoir.
84 Dis : Chacun se comporte selon ses dispositions[21] et votre Seigneur sait mieux *[que quiconque]* qui emprunte la meilleure voie.
85 Ils t'interrogent au sujet de l'Esprit (*al-Rûh*). Réponds-leur : L'Esprit procède de l'Ordre de mon Seigneur et vous n'avez reçu que peu de science *[à son sujet]*.
86 Si Nous le voulions, Nous te ferions oublier tout ce que Nous t'avons inspiré sans que tu puisses trouver quelqu'un pour en garantir auprès de Nous la restitution.

19 A propos du verset : introduis-moi *[dans Médine]* dans des conditions satisfaisantes et fais-moi sortir *[de La Mecque]* avec une ferme résolution, il convient de signaler que le mot à mot en serait : fais-moi entrer par une entrée de vérité et fais-moi sortir par une issue de vérité. L'« entrée » à laquelle il est fait allusion est celle de Médine au cours de laquelle le Prophète espère ne rien voir de déplacé ni de désagréable (dans des conditions satisfaisantes) ; la « sortie » est le départ de La Mecque que le Prophète veut quitter sans regrets (avec une ferme résolution) comme en témoigne ce *hadîth* : « Mon Dieu, Tu m'as fait quitter le pays qui m'était le plus cher, aussi je Te demande de le remplacer par le pays qui T'est le plus cher. » L'entrée de vérité peut donc être considérée comme une entrée réussie et la sortie de vérité comme une sortie réussie selon la seconde traduction que nous avons proposée.

20 Ou encore : accorde-moi de faire une entrée réussie et une sortie réussie.

21 Ou encore : à sa guise.

87 Cependant, par un effet de la Miséricorde de ton Seigneur, tu ne l'as pas oublié, car Ses faveurs à ton endroit sont considérables.
88 Dis : Si les djinns et les hommes unissaient *[leurs efforts]*[22] en vue de produire un Coran semblable à celui-ci, ils échoueraient *[dans leur tentative]* même s'ils se soutenaient mutuellement.
89 Déjà Nous avons proposé (litt. : exposé) aux hommes dans ce Coran toutes sortes d'exemples, mais la plupart des hommes se refusent à tout, excepté à la mécréance.
90 Nous ne croirons en toi, ont-ils dit, que lorsque tu feras jaillir des sources de terre,
91 ou que tu posséderas un jardin planté de vignes et de palmiers et que tu y feras jaillir des fleuves,
92 ou que tu feras tomber le ciel sur nous, comme tu l'as prétendu, par pans entiers, ou à moins que tu ne viennes avec Dieu et les anges pour témoigner *[de ta sincérité]*[23],
93 ou que tu ne possèdes une maison ornée de dorures et que tu ne t'élèves au ciel ; et encore ne croirions-nous à ton ascension que si tu faisais descendre sur nous un livre que nous puissions lire ! Dis-leur : Glorifié soit mon Seigneur ! suis-je autre chose qu'un homme et qu'un envoyé ?
94 Et qu'est-ce qui a empêché les gens de croire, lorsque la guidance leur est parvenue, si ce n'est de dire : Dieu a-t-Il donc envoyé un homme pour prophète ?
95 Dis-leur : S'il se trouvait sur terre des anges qui y marchent en toute quiétude, Nous leur aurions fait descendre du ciel un ange comme envoyé !
96 Dis-leur : Entre vous et moi Dieu est un témoin suffisant, car Il voit et Il est Informé *[de ce que font]* Ses serviteurs !

---

22 Litt. : s'unissaient.

23 Ou encore : que tu ne viennes avec Dieu et les anges en face de nous.

97 Ceux que Dieu guide sont sur la bonne voie; et en dehors de Lui tu ne trouveras aucun protecteur pour *[ramener]* ceux qu'Il égare. Nous les rassemblerons au Jour de la Résurrection face contre terre, sourds, aveugles et muets et la Géhenne leur servira d'asile. Chaque fois qu'elle s'étouffera, Nous la ranimerons à leur intention.

98 Telle sera leur rétribution pour avoir nié Nos signes. Serons-nous ressuscités, demandent-ils, par le biais d'une création nouvelle, alors que nous ne serons que poussière et ossements ?

99 Ne voient-ils pas que Dieu, Créateur des cieux et de la terre, est capable de créer leur réplique ? Il leur a fixé des termes incontestables[24] mais les mécréants se refusent à tout, sauf à la mécréance.

100 Dis-leur : Si seulement vous possédiez les trésors de miséricorde de mon Seigneur vous les auriez retenus par-devers vous de crainte de les dépenser, car l'homme est avaricieux !

101 Déjà Nous avions accordé à Mûssâ neuf signes probants ; interroge les enfants d'Isrâ'îl lorsqu'ils se sont produits et que, Mûssâ s'étant rendu auprès d'eux, Pharaon lui dit : Je pense, Mûssâ, que tu es ensorcelé.

102 Tu sais pourtant, lui répondit-il, que Seul le Seigneur des cieux et de la terre a pu faire descendre de tels signes comme preuves visibles *(basâ'ir)* et je pense quant à moi, Pharaon, que tu es un homme perdu.

103 Il voulut les pousser à quitter le pays[25] mais Nous le fîmes périr par noyade avec tous ceux qui l'accompagnaient sans exception.

104 Après quoi Nous enjoignîmes aux enfants d'Isrâ'îl d'habiter tel pays[26] et lorsque la promesse relative à l'Heure aura été accomplie Nous vous ferons comparaître les uns avec les autres.

---

24 Tels que la mort et la Résurrection.

25 L'Égypte.

26 Le pays de Shâm.

105 C'est par la Vérité que Nous l'avons révélé et c'est avec la Vérité qu'il
est descendu et Nous ne t'avons envoyé qu'afin de mettre en garde et
de porter la bonne nouvelle,
106 *[Et Nous avons révélé]* ce Coran que Nous avons fragmenté afin que
tu le lises aux hommes sans te hâter (ou encore : graduellement).
107 Dis-leur : Croyez-y ou bien n'y croyez pas ! Ceux qui ont reçu la
science avant sa révélation[1], lorsqu'on le psalmodie devant eux tom-
bent prosternés la face[2] contre terre
108 en disant : Gloire à notre Seigneur ! La promesse de notre Seigneur
s'est d'ores et déjà accomplie.
109 Ils se prosternent face contre terre en pleurant, ce qui a pour effet
d'accroître leur recueillement.
110 Dis-leur : Invoquez Dieu ou invoquez le Miséricordieux, de quelque
nom que vous L'invoquiez, c'est à Lui que reviennent les plus beaux
*[d'entre eux]*. Ne récite pas en prière d'une voix trop forte ni d'une voix
assourdie, mais adopte plutôt entre ces deux tonalités un ton médian.
111 Et dis : La louange *[revient]* à Dieu qui ne S'est pas donné de postérité,
qui n'a pas d'associé dans Son royaume, qui n'a nullement besoin de
protecteur pour Lui épargner une humiliation et proclame Sa gran-
deur avec vénération (ou : avec ferveur) !

Sourate 18

## La Caverne

*Au Nom de Dieu, le Tout Miséricordieux, le Très Miséricordieux*

1 Louange à Celui qui a révélé à son serviteur le Livre exempt d'ambi-
guïté,
2 *[Livre]* tout de rectitude afin de mettre *[les hommes]* en garde contre
un châtiment terrible de Sa part et d'annoncer aux croyants qui
œuvrent pieusement qu'une grande récompense leur est destinée :
3 *[un jardin]* où ils séjourneront à jamais,
4 et de mettre en garde ceux qui ont prétendu que *[Dieu]* S'était choisi
un fils !

1 Litt. : avant lui.
2 Litt. : le menton.

5 De cela ils n'ont aucune connaissance, ni eux ni leurs pères ! C'est une
énormité sortie de leur bouche et ils ne profèrent que des mensonges.
6 Peut-être vas-tu te laisser miner par le chagrin en les poursuivant *[de ton zèle]* s'ils refusent de croire à cette narration !
7 Nous avons fait une parure de ce que Nous avons disposé à la surface de la terre en vue de les éprouver : lequel d'entre eux œuvrera le plus pieusement ?
8 Puis Nous transformerons tout ce décor[3] en un terrain aride.
9 Penses-tu vraiment que les compagnons de la caverne et *d'al-Raqîm* constituent entre tous Nos signes un prodige étonnant ?
10 Lorsque les jeunes gens se réfugièrent dans la caverne en disant : Seigneur, accorde-nous de Ta part une miséricorde et dispose-nous à la droiture en cette circonstance,
11 Nous les plongeâmes dans le sommeil[4] un certain nombre d'années dans la caverne.
12 Puis Nous les réanimâmes afin de savoir lequel des deux partis évaluerait avec le plus de précision la durée de leur séjour.
13 Ainsi Nous te racontons leur histoire en toute vérité, s'agissant de jeunes gens qui avaient foi en leur Seigneur et auxquels Nous avions octroyé un supplément de guidance.
14 Puis Nous raffermîmes leur cœur ; lors, ils se levèrent et proclamèrent : Notre Seigneur est le Seigneur des cieux et de la terre et nous n'invoquerons aucune divinité en dehors de Lui sans quoi nous tomberions dans la divagation.
15 Ceux-ci sont notre peuple qui se sont choisi une divinité en dehors de Lui ; que n'apportent-ils une preuve évidente *[de la validité de leur culte]* ? Et qui se montre plus injuste que celui qui profère des mensonges au sujet de Dieu ?

3 Litt. : tout ce qui la recouvre…
4 Litt. : Nous les frappâmes de surdité, expression symbolique signifiant que Dieu les endormit.

16 Lorsque vous vous séparerez d'eux et de ce qu'ils adorent à l'exclusion de Dieu, réfugiez-vous dans la grotte ! Votre Seigneur répandra sur vous Sa Miséricorde et apportera un adoucissement à votre sort. Voici un des signes de Dieu : celui que Dieu guide est sur la bonne voie, mais tu ne trouveras aucun protecteur disposé à guider celui que Dieu égare.

17 Tu aurais vu le soleil à son lever s'écarter de leur caverne sur sa droite et à son coucher mourir sur sa gauche alors qu'ils reposaient dans une anfractuosité.

18 Tu les aurais cru éveillés alors qu'ils étaient endormis et Nous les faisions basculer (ou : se retourner) tantôt sur le côté droit, tantôt sur le gauche tandis que leur chien étendait ses pattes sur le seuil. Si tu les avais aperçus, tu te serais détourné d'eux et, le cœur empli de crainte, tu aurais pris la fuite.

19 C'est ainsi que Nous les avons ranimés afin qu'ils s'interrogent mutuellement. Combien de temps êtes-vous demeurés *[dans cette caverne]* ? demanda l'un d'eux. Une journée ? Ou une partie de la journée ? répondirent les autres. Notre Seigneur sait mieux que nous combien de temps nous sommes restés, se dirent-ils alors. Dépêchez l'un de vous vers la ville porteur de cette monnaie en argent et qu'il recherche les aliments les plus purs et qu'il vous en rapporte une part, mais sans se faire remarquer ni laisser à personne la possibilité de soupçonner votre présence.

20 Car, s'ils ont le dessus sur vous, ils vous lapideront ou vous contraindront à reprendre leur religion ; jamais alors vous ne connaîtriez la réussite.

21 C'est alors que Nous les fîmes découvrir *[par les habitants de la ville]*
afin qu'ils sachent, lors même qu'ils se disputaient à leur sujet, que
la promesse de Dieu est bien réelle et que *[l'échéance]* de l'Heure ne
fait aucun doute. Bâtissez un édifice au-dessus (ou encore : emmurez-
les), préconisèrent les uns : leur Seigneur sait à quoi S'en tenir sur leur
compte. Construisons plutôt un oratoire (litt. : mosquée, *masjidan*) à
proximité, suggérèrent ceux dont l'avis prévalut.

**Commentaire** : Mis en présence des jeunes gens de la caverne, les habitants de la cité hésitent quant au parti à prendre (ils se disputaient à leur sujet). Les uns préfèrent construire un bâti autour d'eux en vue de les oublier ou au contraire de repérer la grotte, mais en laissant à Dieu le soin de juger de leur statut. Les autres y voient un signe et sont résolus à construire un oratoire à proximité.

Selon d'autres commentateurs, la dispute porte sur la condition des jeunes gens : sont-ils morts ou seulement endormis ? Ou encore sur les conditions de la résurrection : résurrection des corps ou seulement de l'esprit ? C'est alors que Dieu les aurait dirigés vers ces jeunes gens en réponse à leurs interrogations.

22 Ils prétendront qu'ils étaient trois et que leur chien faisait le qua-
trième. Ou encore cinq et que leur chien faisait le sixième, voire sept
et que leur chien était le huitième, en faisant des projections sur ce
qui était occulté. Dis : Mon Seigneur connaît leur nombre mieux que
quiconque et seul un petit nombre de gens le connaît. Aussi ne dis-
cute pas *[avec les gens du Livre]* de ce sujet si ce n'est de façon superfi-
cielle et ne les consulte jamais sur ces jeunes gens.
23 Ne dis jamais d'une chose : Certes je ferai cela demain,
24 *[sans rajouter :]* à moins que Dieu ne le veuille. Et remets-toi ton Sei-
gneur en mémoire si tu viens à L'oublier et dis : Mon Seigneur va sans
doute me guider vers quelque chose de plus probant que tout cela
(*aqraba min hadhâ rashadan*).
25 Ils demeurèrent dans leur caverne trois cents années auxquelles il faut
ajouter neuf ans.
26 Dis : Dieu sait mieux que quiconque combien de temps ils y sont res-
tés. Il possède *[la clef de]* ce qui est celé *[al-ghayb]* dans les cieux et
sur la terre ; qui donc entend ou voit mieux que Lui[5] ? Ils n'ont aucun
protecteur en dehors de Lui et Il n'associe personne à Sa décision.
27 Psalmodie ce qui t'a été révélé du Livre de ton Seigneur et tu ne trou-
veras aucun refuge en dehors de Lui.

5 Litt. : comme Il est Entendant et Audiant !

28 Fais montre de patience *[en demeurant]* avec ceux qui invoquent leur Seigneur matin et soir par désir de Sa Face, et ne détourne pas d'eux ton regard en vue de rechercher les beautés de ce monde ! Et n'obéis pas à celui dont Nous avons rendu le cœur indifférent à Notre souvenir, qui se conforme à ses passions et adopte un comportement laxiste.

29 Dis : La Vérité vient de votre Seigneur ; que celui qui le veut croit et que celui qui le veut soit un mécréant. Nous avons apprêté pour les injustes un feu dont les parois les encercleront et s'ils réclament du secours ils seront secourus par une eau semblable à un résidu gras qui leur grillera le visage. Quelle détestable boisson ! Quelle funeste commodité *(murtafaqan)* !

30 Nous ne négligerons rien de la rétribution de ceux qui auront œuvré selon l'excellence : ceux qui auront cru et pratiqué les œuvres pies.

31 Ceux-là, les jardins d'Éden arrosés par des fleuves leur sont destinés ; accoudés sur des baldaquins, ils y seront parés de bracelets d'or et revêtus d'habits verts de soie et de velours. Quelle plaisante récompense ! Quelles douces commodités !

32 Donne-leur pour exemple *[l'histoire]* de ces deux hommes : à l'un des deux Nous avions dispensé deux jardins plantés de vignes et bordés de palmiers et Nous avions disposé entre les arbres des céréales.

33 Chacun de ces jardins produisait ses fruits sans le léser fût-ce d'une grappe et Nous avions fait jaillir un fleuve entre les deux,

34 si bien qu'il disposait d'une récolte[6] *[abondante]* et qu'il dit à son compagnon au cours d'une conversation engagée avec lui : Je dispose de plus de richesses et de puissance que toi compte tenu de *[l'importance de]* mon clan.

6 Litt. : de fruits.

35 Il pénétra dans son jardin et dit, se faisant ainsi du tort à lui-même : Je ne pense pas que celui-ci puisse un jour disparaître !
36 Je ne crois pas davantage à l'échéance de l'Heure et, si je suis ramené auprès de mon Seigneur, le lieu où je retournerai sera préférable à ce jardin.
37 Son compagnon poursuivant leur échange lui dit : As-tu renié Celui qui t'a créé de terre, puis d'une goutte *[de sperme]*, puis qui a fait de toi un homme harmonieux ?
38 Quant à moi, Dieu est mon Seigneur et je ne donnerai jamais à mon Seigneur le moindre associé !
39 Que n'as-tu dit en entrant dans ton jardin : *[Qu'il en soit fait]* selon la volonté de Dieu. Il n'est de force que par Dieu ! S'*[il est vrai que]* j'ai moins de biens et d'enfants que toi,
40 il se peut que mon Seigneur m'accorde mieux que ton jardin, et que du ciel Il lui envoie une calamité qui le transforme en un terrain meuble,
41 ou bien que son eau tarisse et que tu ne puisses jamais la retrouver.
42 Sa récolte fut en effet détruite ; il se prit à se tordre les mains *[de dépit en songeant à]* ce qu'il avait investi dans son jardin dont les vignes étaient décrochées de leurs treilles. Si seulement, se dit-il, je n'avais pas donné d'associé à Dieu !
43 Nulle faction ne put le soutenir en dehors de Dieu ! Aussi ne reçut-il pas de secours !
44 En de telles circonstances *[on voit bien]* qu'il n'est de protection qu'en Dieu. Récompensant mieux *[que quiconque, Il est Garant de]* la meilleure issue !
45 Donne-leur en exemple la vie de ce monde. Elle est comme une eau que Nous faisons descendre du ciel et sous l'effet de laquelle les plantes s'emmêlent[7]. Puis elles deviennent des herbes desséchées que les vents dispersent et Dieu est Omnipotent.

---

7 Ou encore : qui se mélange aux plantes.

46 Les richesses et les enfants constituent la parure de la vie de ce monde, mais au regard du Seigneur les œuvres pies *[dont les fruits]* demeurent à jamais sont plus méritoires et davantage porteuses d'espérance.
47 Le Jour où Nous mettrons les montagnes en branle, où tu verras la terre totalement nivelée et où Nous les rassemblerons sans omettre personne,
48 ils seront présentés en rangs devant leur Seigneur ; ainsi, vous êtes venus à Nous tels que Nous vous avions créés la première fois alors que vous prétendiez que Nous ne vous fixerions pas de rendez-vous.
49 Alors on *[leur]* présentera[8] le livre *[de leurs œuvres]* et tu verras les criminels apeurés à l'idée de ce qu'il contient. Malheur à nous ! diront-ils, Pourquoi ce registre cerne-t-il[9] tous les péchés, capitaux ou véniels, qu'il passe en revue[10] ? Ils trouveront leurs œuvres présentées *[sous leurs yeux]*[11] et ton Seigneur ne lésera personne.
50 Et lorsque Nous enjoignîmes aux anges de se prosterner devant Adam, ils s'exécutèrent exception faite d'Iblîs qui était un djinn et qui se déroba à l'Ordre de son Seigneur. Les prendrez-vous, lui et sa postérité, pour alliés tout en M'excluant alors qu'ils sont vos ennemis ? A quel échange détestable consentent les iniques !
51 Je ne les ai pourtant pas fait assister à la création des cieux et de la terre ni même à leur propre création et Je ne suis pas disposé à choisir des auxiliaires parmi les fourvoyeurs.
52 Le jour où Dieu dira : Appelez donc ceux que vous prétendiez être Mes associés ! ils les appelleront mais ils n'obtiendront aucune réponse car Nous aurons placé entre eux un abîme[12].
53 Voyant le feu, les criminels réaliseront qu'ils vont y entrer sans pouvoir trouver d'échappatoire.

8 Litt. : posera.
9 Ou : tient-il compte.
10 Ou encore : pourquoi ce registre n'omet-il aucun des péchés, capitaux ou véniels, qu'il passe en revue ?
11 Ou : ils se trouveront en présence de leurs œuvres. (Hamza Bû Bakr).
12 De *mawbiq*, impasse, prison.

54 Nous avons pourtant développé dans ce Coran toutes sortes d'exemples pour les hommes, mais nul n'est plus chicanier que l'homme.
55 Rien n'empêche les hommes de croire et de demander pardon à leur Seigneur une fois que la direction leur a été donnée si ne n'est que le supplice destiné traditionnellement aux anciens va s'abattre sur eux ou que le châtiment va les prendre de face.
56 Nous n'envoyons les prophètes qu'en vue d'annoncer la bonne nouvelle et de mettre *[les hommes]* en garde, mais les mécréants avancent des arguments fallacieux afin de contrer la Vérité en prenant Nos signes et Nos avertissements pour objets de leurs railleries.
57 Qui donc est plus injuste que celui qui se détourne des Signes de son Seigneur malgré le rappel qui lui en a été fait en oubliant ce que ses mains ont commis ! Nous avons recouvert leur cœur d'un voile et frappé leurs oreilles de surdité afin qu'ils ne comprennent rien. Aussi, tu auras beau les convier à la guidance, ils ne trouveront jamais leur chemin.
58 Et *[malgré ce]* ton Seigneur est Pardonneur et Tout de Miséricorde ; s'Il leur en tenait rigueur pour ce qu'ils ont commis, Il aurait *[sans doute]* précipité leur châtiment ; cependant un rendez-vous leur est fixé auquel ils ne pourront échapper.
59 Toutes ces cités *[antiques]*, Nous les avons anéanties lorsqu'elles se sont comportées injustement et Nous avions fixé un terme à leur disparition.
60 Et quand Mûssâ eut dit à son serviteur : Je n'aurai de cesse que je n'atteigne le confluent des deux mers, dussé-je marcher des années[13] !
61 Parvenus au confluent des deux océans, ils oublièrent leur poisson qui reprit librement son chemin dans la mer.

13 Quatre-vingts ans si l'on s'en réfère à l'un des sens du mot *huqb*.

62 Lorsqu'ils eurent dépassé *[le confluent]*, Mûssâ dit à son serviteur :
Apporte-nous notre repas car nous avons enduré beaucoup de fatigue au cours de ce voyage.
63 Que pensez-vous de ceci ? lui dit le serviteur. J'ai oublié le poisson
alors que nous nous abritions près du rocher — seul le diable a pu me faire oublier de m'en souvenir — et il a repris son chemin vers la mer comme par enchantement...
64 C'est cela même que nous recherchons, dit alors Mûssâ ; et ils rebrous-
sèrent chemin, en marchant sur leurs propres traces.
65 Ils trouvèrent alors un de Nos adorateurs, auquel Nous avions accordé
une Miséricorde et enseigné une Science venant de Nous.
66 Puis-je te servir[14], lui demanda Mûssâ, afin que tu m'enseignes en par-
tie la guidance qui t'a été communiquée ?
67 Jamais tu ne sauras te montrer assez patient en ma compagnie (ou
même : Jamais tu ne pourras me supporter), lui répondit *[Al-Khadir]*.
68 Et comment pourrais-tu d'ailleurs montrer de la patience devant ce
que n'embrasse pas ton expérience (litt. : ta science) ?
69 Si Dieu le veut, lui dit Mûssâ, tu me trouveras patient et je ne déso-
béirai à aucun de tes commandements.
70 *[Bien]*, dit *[Al-Khadir]*. Mais si tu me suis, ne m'interroge sur rien
aussi longtemps que je ne t'en ferai pas mention.
71 Et tous deux de se mettre en route. Ils vinrent à embarquer sur un
bateau, et *[Al-Khadir]* y fit une brèche. Mûssâ s'étonna : As-tu percé cette embarcation pour en noyer les passagers ? Tu as commis là un acte détestable !
72 Ne t'avais-je pas dit que tu ne saurais jamais te montrer assez patient
en ma compagnie ? lui rétorqua *[Al-Khadir]*.
73 Ne m'en veux pas d'avoir oublié, s'excusa Mûssâ, mais ne m'impose
pas une épreuve trop difficile !
74 Et tous deux repartirent. Ils finirent par rencontrer un jeune homme
qu' *[Al-Khadir]* tua. Ne viens-tu pas de tuer là un innocent qui n'avait commis aucun crime ? s'indigna Mûssâ. Tu as commis là un acte révoltant !

---

14 Litt. : puis-je te suivre.

75 Ne t'avais-je pas dit, répondit *[Al-Khadir]*, que jamais tu ne saurais te montrer assez patient en ma compagnie ?
76 Ne me gratifie plus de celle-ci, lui dit alors Mûssâ, si après cela je t'interroge sur quoi que ce soit : tu auras mérité des excuses de ma part.
77 Et tous deux repartirent. Ils arrivèrent auprès des habitants d'une cité auxquels ils demandèrent de la nourriture ; ceux-ci leur refusèrent l'hospitalité. Ils virent alors un mur qui menaçait de s'écrouler, et *[Al-Khadir]* le releva. Si tu le voulais, s'étonna Mûssâ, tu pourrais *[au moins]* réclamer un salaire pour ce travail !
78 C'est alors qu' *[Al-Khadir]* lui dit : Voici venu le moment de nous séparer. Mais je vais te donner l'explication pour laquelle tu n'as pas su te montrer assez patient :
79 pour ce qui est du bateau, il appartenait à de pauvres gens qui travaillaient en mer. J'ai voulu l'endommager, car derrière eux venait un roi qui s'emparait par la force de tous les bateaux.
80 Pour ce qui est du jeune homme, il avait pour père et mère deux croyants. Nous avons craint qu'il ne les entraînât dans sa rébellion et sa mécréance,
81 et nous avons voulu que le Seigneur leur accordât en échange un enfant meilleur que celui-ci, plus pur et plus affectueux.
82 Et quant au mur, il appartenait à deux jeunes garçons orphelins de la ville. Sous ce mur se trouve un trésor qui leur était destiné. Leur père était un homme vertueux ; aussi ton Seigneur a-t-Il voulu qu'à leur majorité ils découvrent leur trésor, par une miséricorde de ton Seigneur. Mais tout cela, je ne l'ai pas fait de ma propre initiative. Telle est l'explication de ce pour quoi tu n'as pas su te montrer assez patient[15].
83 Ils t'interrogent aussi au sujet de l'homme aux deux cornes (*Dhu-l-Qarnayn*[16]). Dis-leur : Je m'en vais vous conter son histoire.

15 Sans vouloir rentrer dans le détail d'une histoire coranique fort connue et abondamment commentée, nous relèverons seulement les quelques points suivants :

— bien que Prophète d'une stature exceptionnelle, Moïse apparaît ici en situation « d'infériorité » puisque c'est Al-Khadir, qui n'a pas la qualité de prophète, qui est chargé de lui enseigner une science qu'il ignore et nombre de saints n'ont pas manqué d'identifier cette science au *taçawwuf* ;

— cette histoire illustre les rapports du disciple et du maître ;

— Al-Khadir s'attribue les actes qui peuvent extérieurement apparaître comme douteux tandis qu'il attribue les actes louables à Dieu quoiqu'en réalité tout vienne de Dieu puisque selon ses propres paroles il ne l'a pas fait de sa propre initiative ;

— selon les termes mêmes d'un ***hadîth***, Moïse possède une science qu'ignore al-Khadir : l'inspiration prophétique ; tandis qu'Al-Khadir bénéficie d'une science (une modalité d'inspiration) qui est ignorée de Moïse.

Cette « histoire » constitue à elle seule une présentation générale de la spiritualité exposée avec une coloration islamique.

16 Les cornes symbolisaient sa puissance, qui s'étendait de l'Orient à l'Occident, et l'on dit qu'il s'agissait en fait de deux tresses qu'il portait vers le front. Dhû-l-Qarnayn a été généralement identifié comme étant Alexandre le Grand.

84 Nous lui avions conféré l'autorité sur terre et lui avions accordé une emprise sur toute chose,
85 ce dont il fit un large usage,
86 jusqu'à ce que, parvenu au couchant du soleil, il s'aperçut que celui-ci disparaissait dans une source bouillonnante auprès de laquelle il découvrit une peuplade. Ô Dhû-l-Qarnayn, lui dîmes-Nous, soit tu les châtieras, soit tu les traiteras avec bienveillance.
87 Pour ce qui est des injustes, répondit-il, nous les châtierons, puis ils seront ramenés auprès de leur Seigneur qui leur infligera un supplice abominable.
88 Quant à ceux qui auront cru et pratiqué les œuvres pies, ils auront une magnifique récompense *(al-husnâ)* en guise de rétribution et quant à nous, nous leur faciliterons la tâche.
89 Puis il emprunta une autre voie
90 et finit par arriver au levant où il s'aperçut que le soleil se levait sur une peuplade à laquelle Nous n'avions donné aucun moyen de s'en protéger[17].
91 Ainsi en était-il *[de Dhû-l-Qarnayn]* ; Nous embrassions de notre Science tout ce qui était en sa possession.
92 Puis il emprunta une autre voie
93 et finit par arriver entre les deux barrages où il trouva en contrebas une peuplade qui ne comprenait pour ainsi dire rien de ce qu'on lui disait.
94 Ô Dhû-l-Qarnayn, lui dirent-ils, Ya'jûj et Ma'jûj sèment la corruption sur terre ! Pouvons-nous te demander, moyennant un salaire, d'édifier une digue entre eux et nous ?
95 Le pouvoir que Dieu m'a conféré est préférable *[à votre salaire]* ; aidez-moi *[en conjuguant]* vos forces à établir une muraille entre eux et vous.
96 Apportez-moi des blocs de fer jusqu'à ce que soit comblé l'écart entre ces deux barrages puis *[attisez]* le feu en soufflant dessus jusqu'à ce qu'il devienne incandescent. Apportez-moi, leur dit-il enfin, de l'airain en fusion afin que je le verse dessus.
97 Ya'jûj et Ma'jûj[18] ne purent ainsi ni l'escalader ni la transpercer.

17 C'est-à-dire ni habitat ni vêtements.

18 *Ya'jûj* et *Ma'jûj* sont les Gog et Magog bibliques. Créatures maléfiques et insatiables, elles symbolisent selon certains commentateurs les influences les plus sombres du domaine subtil. A la fin des Temps, elles dévorent tout sur leur passage, arbres, cultures, bétail, et assèchent les fleuves et les cours d'eau y compris le lac de Tibériade en inspirant une véritable terreur aux croyants les plus vaillants. Seul sayydinâ 'Îssâ les stoppera dans leur course.
La grande muraille construite par Dhû-l-Qarnayn est donc destinée à protéger l'humanité de leurs attaques mais elle ne suffira plus à les contenir à la fin des Temps. Certains ont voulu voir dans la grande muraille de Chine un prototype de ces édifices qui préservaient les habitants d'une cité d'influences sinistres.

98 Cette muraille, dit-il alors, est une miséricorde de mon Seigneur ; lorsque s'accomplira la promesse de mon Seigneur, Il la réduira en poussière et la promesse de mon Seigneur est inéluctable.
99 Ce Jour-là, Nous les laisserons déferler les uns sur les autres, puis il sera soufflé dans les trompes et Nous les rassemblerons tous ensemble.
100 Puis Nous présenterons la Géhenne aux mécréants,
101 ceux dont les yeux se voilaient à Mon souvenir et qui étaient incapables de prêter l'oreille.
102 Les mécréants s'imaginent-ils qu'ils prendront *[impunément]* Mes serviteurs pour protecteurs en M'excluant ? Nous avons apprêté la Géhenne en guise de demeure pour les mécréants.
103 Dis : Vous ferons-Nous connaître ceux dont les œuvres ont le plus concouru à leur perte[19] ?
104 Ce sont ceux dont les œuvres auront été vaines dans leur vie de ce monde alors qu'ils s'imaginaient œuvrer pour le mieux.
105 Ceux-là sont ceux qui auront nié les signes de leur Seigneur et *[la possibilité]* de Le rencontrer et auxquels Nous n'accorderons aucun poids au Jour de la Résurrection.
106 La Géhenne ! Telle sera leur rétribution pour prix de leur mécréance et pour avoir tourné Mes signes et Mes envoyés en dérision.
107 Ceux qui auront cru et pratiqué les bonnes œuvres auront le jardin du *Firdaws*[20] comme lieu de séjour.
108 Ils y demeureront à jamais et ne souhaiteront pas le quitter pour un autre endroit.
109 Dis : Si la mer servait d'encre en vue d'écrire les paroles de mon Seigneur, elle se serait tarie sans que les paroles de mon Seigneur aient été épuisées quand bien même Nous l'aurions doublée d'une autre mer en guise d'encre.
110 Dis : Je ne suis qu'un homme semblable à vous mais recevant une inspiration selon laquelle votre Dieu est une Divinité Unique ; aussi, que celui qui espère rencontrer son Seigneur fasse œuvre pie et qu'en adorant son Seigneur, il ne Lui associe personne.

---

19 Ou encore : ceux qui ont le plus perdu à leurs œuvres.

20 Le mot *Firdaws* qui est d'origine sanskrite est un des noms du Paradis dans le Coran. Il est à remarquer que les quelques noms d'origine « étrangère » employés dans le Coran attestent à leur manière d'une façon discrète de l'universalité de l'Islam. Ces vocables étrangers ont posé, semble-t-il, quelques problèmes aux théologiens compte tenu du fait que, selon le Coran lui-même, la révélation s'est faite en une langue arabe limpide ce qui devrait exclure l'usage de mots dont la racine n'est pas strictement arabe. Nous signalons simplement la question ici en nous contentant de renvoyer les lecteurs à des ouvrages qui ont traité de cette question tel l'*Itqân* de l'imâm al-Suyûtî.

Sourate 19

# Marie

*Au Nom de Dieu, le Tout Miséricordieux, le Très Miséricordieux*

1 Kâf, Hâ', Ya', 'Ayn, Sâd.
2 Ceci est le Rappel de la Miséricorde dont ton Seigneur gratifia Son serviteur Zakariyâ
3 lorsqu'il invoqua son Seigneur à voix basse :
4 Seigneur, dit-il, mon ossature s'est affaiblie et mes cheveux ont blanchi et jamais, Seigneur, je n'ai été déçu de T'avoir invoqué.
5 Je redoute *[le comportement de]* mes proches après ma mort[1] et ma femme est stérile. Accorde-moi en guise de cadeau de Ta part un héritier ;
6 il recevra ma succession et celle de la famille de Ya'qûb et fais en sorte, Seigneur, qu'il ait Ton agrément !
7 Ô Zakariyâ, Nous t'annonçons la naissance d'un fils dont le nom sera Yahyâ (Jean). A ce jour, Nous ne lui avons point donné d'homonyme.
8 Seigneur, reprit-il, comment aurais-je un fils alors que ma femme est stérile et que je suis parvenu à un âge avancé[2] ?
9 Il en sera pourtant ainsi, dit-Il. Puis ton Seigneur rajouta : C'est pour Moi chose facile puisque Je t'ai créé naguère alors que tu n'étais rien.
10 Seigneur, accorde-moi un signe, reprit Zakariyâ. Ton signe, lui dit-Il, consistera, bien que tu ne sois pas muet *(sawiyyan)*, à ne pas parler aux hommes trois jours *[consécutifs]*.
11 Il quitta le Temple pour se porter devant son peuple et leur fit signe de proclamer Sa Gloire matin et soir.

---

1 Litt. : après moi.

2 Ou encore : à l'âge de la décrépitude *(Ghétira)*.

12 Ô Yahyâ, reçois[3] les Écritures (litt : le Livre) d'une main ferme ! Nous
lui avions conféré l'autorité[4] dès l'enfance
13 ainsi qu'une Miséricorde (litt. : tendresse, *hanân*) et une pureté de
Notre fait *(ladunnâ)* et il était de ceux qui se gardent *[de Nous]*,
14 bienveillant envers ses père et mère et n'était ni tyrannique ni déso-
béissant.
15 Que la Paix soit sur lui, le jour de sa naissance, le jour de sa mort et le
Jour où il sera ressuscité à la vie.
16 Mentionne, dans le Livre, *[l'histoire de]* Maryam lorsqu'elle s'isola de
sa famille en un lieu situé à l'Orient
17 et qu'elle se dissimula d'eux en se couvrant d'un voile. Nous lui
envoyâmes alors Notre Esprit qui lui apparut sous la forme d'un
jeune homme bien fait.
18 Je demande au Miséricordieux de me préserver de toi, lui dit-elle,
pour peu que tu *[Le]* craignes.
19 Je ne suis envoyé par ton Seigneur qu'afin de te donner un enfant pur,
lui répondit-il.
20 Comment aurais-je un enfant alors qu'aucun homme ne m'a touchée
et que je ne suis pas une femme de mauvaise vie ?
21 C'est ainsi, lui dit-il, que ton Seigneur l'a décrété : Cela M'est chose
facile ! Nous en ferons un signe pour les hommes et une miséricorde
*[dispensée]* par Nous et la chose est déjà résolue.
22 Elle fut enceinte de l'enfant et se mit à l'écart (ou : se retira) en un lieu
éloigné.
23 Les douleurs la poussèrent à s'abriter près d'un tronc de palmier. Plût
au ciel que je fusse morte avant cet événement et que je fusse négligée,
oubliée, se dit-elle.
24 Une voix l'appela, jaillie de dessous elle : Ne t'afflige point, ton Sei-
gneur a placé un ruisseau à tes pieds.

**Commentaire** : Selon les uns, la voix n'est autre que celle de sayyidnâ 'Îssâ (Jésus) qui lui lança cet appel alors qu'il était encore en son sein. Selon d'autres, il s'agit de la voix de l'ange jaillissant des profondeurs de la terre.

25 Secoue *[en attirant]* vers toi le tronc de ce palmier afin d'en faire tom-
ber sur toi des dattes mûres,

3 Litt. : prends !

4 Selon les différents commentaires, il tenait cette autorité de sa sagesse personnelle, de sa connaissance des normes juridiques, ou de la prophétie.

26 manges-en, bois et détends-toi ! Et si tu vois quelqu'un, dis-lui : J'ai
fait vœu de jeûner au Miséricordieux et en ce jour je n'adresserai la
parole à aucun être humain !
27 Elle se rendit dans sa tribu en portant l'enfant. Maryam, lui dirent-ils,
tu as commis une abomination !
28 Ô sœur de Hârûn, ton père n'était pas un libertin ni ta mère une
femme dissolue !

**Commentaire** : Qui est cet Aaron évoqué dans le Coran ? Un dévot zélé auquel on comparait Marie à cause de la piété qui leur était commune ? Ou bien le prophète Aaron avec lequel elle aurait eu des liens de parenté auquel cas il faudrait comprendre par « sœur d'Aaron » membre de la famille d'Aaron ? Le débat n'a pas été vraiment tranché par les commentateurs non plus que la question essentielle : pourquoi l'avoir évoqué à ce moment du récit ? Parce que la pudeur d'Aaron était proverbiale ?

29 Alors elle désigna l'enfant. Comment parlerions-nous, s'écrièrent-ils,
à un enfant encore au berceau ?
30 Je suis le serviteur de Dieu, leur dit-il, *[en guise de réponse]*. Il m'a
accordé les Écritures et a fait de moi un prophète
31 et un être béni où que je me trouve, et Il m'a recommandé la prière et
l'aumône tant que je serai en vie,
32 ainsi que la piété filiale envers ma mère et Il n'a pas fait de moi un
oppresseur scélérat.
33 Et que la Paix soit sur moi le jour de ma naissance, le jour où je mour-
rai et le Jour où je serai ramené à la vie !
34 Tel est 'Îssâ fils de Maryam ; telle est la parole vraie qui fait pourtant
l'objet de leurs doutes.
35 Il ne sied pas à Dieu, exalté soit-Il, de prendre un enfant. Lorsqu'Il
décide d'une chose il Lui suffit de dire : Sois ! pour qu'elle voit le
jour.

**Commentaire** : De prendre un enfant, c'est-à-dire de S'attribuer un enfant, exalté soit-Il au-delà de ce qu'ils Lui attribuent.

36 Dieu est bien mon Seigneur et le vôtre ! Adorez-Le donc, telle est la
voie droite !
37 Les différents partis divergèrent entre eux *[au sujet de Jésus]*. Malheur
aux mécréants lorsqu'ils assisteront à ce Jour terrible !
38 Comme ils entendront bien et comme ils verront bien le Jour où ils
comparaîtront devant Nous ! Alors qu'aujourd'hui ces iniques sont
dans un égarement manifeste !

39 Mets-les en garde contre le Jour du regret lorsque leur sort aura été décidé alors qu'incrédules ils étaient plongés dans l'insouciance.

**Commentaire :** Ce Jour est celui où la mort elle-même, symbolisée par un bélier, sera à son tour sacrifiée. Ce Jour-là, nul n'aura plus la possibilité de modifier la situation dans laquelle il se trouve, ce qui sera l'occasion de regrets pour les mécréants.

40 C'est Nous qui hériterons de la terre et de ceux *[qui vivent]* à sa surface et c'est vers Nous qu'ils seront ramenés.
41 Rappelle dans le Livre *[l'histoire]* d'Ibrâhîm — car il était un prophète véridique —
42 lorsqu'il s'adressa à son père en disant : Père, pourquoi adores-tu ce qui ne voit ni n'entend et qui ne te sera d'aucune utilité ?
43 Père, on m'a consenti une part de science que tu n'as pas reçue ; suis-moi donc et je te conduirai sur une voie harmonieuse.
44 Père, n'adore pas le diable car il fait preuve de désobéissance envers le Miséricordieux.
45 Père, je crains qu'un châtiment ne t'atteigne venant du Miséricordieux et que tu ne sois l'un des alliés (litt. : un saint, *waliyyan*) du diable.
46 Te détournerais-tu de nos divinités, Ibrâhîm ? lui demanda son père. Si tu ne cesses pas, je te ferai lapider ! Et maintenant laisse-moi et *[ne reviens pas]* de sitôt !
47 Que la paix soit sur toi ! lui dit Ibrâhîm. Je demanderai à Dieu de te pardonner, car Il est Bienveillant envers moi.
48 Et je vous abandonne avec ce que vous adorez en dehors de Dieu et j'invoquerai mon Seigneur ; peut-être ne serai-je pas déçu de Lui adresser mes prières !
49 Et lorsqu'il les abandonna avec ce qu'ils adoraient en dehors de Dieu Nous lui donnâmes pour *[descendance]* Ishâq et Ya'qûb et Nous fîmes de tous deux des prophètes.
50 Et Nous les avons gratifiés d'une part de Notre Miséricorde et leur avons accordé un langage sublime de sincérité.
51 Rappelle également dans le Livre *[l'histoire de]* Mûssâ car c'était un élu et c'était un prophète doublé d'un envoyé.

52 Nous l'appelâmes du versant droit de la montagne et le rapprochâmes
*[de Nous]* en faisant Notre confident.
53 Et Nous lui accordâmes par un effet de Notre Miséricorde *[d'avoir]*
en son frère Hârûn (Aaron) un prophète.
54 Rappelle également *[l'histoire]* d'Ismâ'îl qui était sincère dans ses pro-
messes et qui était un prophète doublé d'un envoyé.
55 Il ordonnait aux siens d'accomplir la prière et d'acquitter l'aumône
prescrite et il jouissait de la satisfaction de son Seigneur.
56 Rappelle dans le Livre *[l'histoire]* d'Idrîss qui était un prophète véri-
dique
57 et que Nous avons élevé en un lieu dominant (litt. : élevé).
58 Ceux-là sont ceux auxquels Dieu a accordé Ses faveurs, prophètes
issus d'Adam et de ceux que Nous emportâmes avec Nûh *[dans l'Ar-
che]*, ainsi que de la postérité d'Ibrâhîm et d'Isrâ'îl et de ceux que
Nous avons guidés et élus ; si on leur récite les versets du Miséricor-
dieux ils tombent à terre prosternés en pleurant.
59 Après eux une génération leur a succédé qui a négligé la prière et suivi
ses passions, courant ainsi à sa perte (*ghayyan*)[5],
60 exception faite de ceux qui se sont amendés et qui ont œuvré pieuse-
ment : ceux-là entreront au Paradis et ne seront lésés en rien.
61 *[Ils entreront]* dans les jardins d'Éden que le Miséricordieux a promis
à Ses serviteurs *[les informant]* de ce qui leur était caché (*ghayb*) et Sa
promesse est inéluctable.
62 Ils n'y entendront aucune parole vaine, seulement une parole de paix
et ils y recevront leur subsistance matin et soir.
63 Tel est le Paradis que Nous accordons en héritage à ceux d'entre Nos
serviteurs qui se préservent *[de Nous]*.
64 Et Nous ne descendons que sur Ordre de ton Seigneur qui possède
ce qui est derrière nous, devant nous et ce qui se trouve entre les deux.
Et ton Seigneur n'est pas oublieux !

**Commentaire :** Ce verset fut révélé à l'une des occasions où la visite de l'ange Gabriel tardait et où le Prophète s'inquiétait de la lenteur de la révélation.

5 Certains commentateurs voient dans le *ghayy* une des vallées de l'enfer.

65 Le Seigneur des cieux et de ce qu'ils contiennent : Adore-Le et montre-toi constant dans Son adoration ! Lui connaîtrais-tu un homonyme ?
66 L'homme demande *[de façon déplacée]* : Si je viens à mourir, serai-je ressuscité ?
67 L'homme ne se souvient-il pas que Nous l'avons créé auparavant alors qu'il n'était rien ?
68 Par ton Seigneur, Nous les rassemblerons avec les démons et les ferons se présenter agenouillés autour de la Géhenne.
69 Puis Nous arracherons à chaque groupe ceux qui se seront montrés le plus impertinents vis-à-vis du Miséricordieux.
70 Du reste Nous connaissons mieux que personne ceux qui méritent le plus d'y être précipités.
71 Pas un d'entre vous ne se verra épargner d'y entrer ; de la part de ton Seigneur, il s'agit d'une résolution arrêtée.
72 Puis Nous en sauverons ceux qui se seront gardés *[de Nous]* et Nous y abandonnerons les tyrans sur les genoux.
73 Et lorsqu'on leur récite Nos versets en guise d'explications, les mécréants demandent : Lequel d'entre nous occupe la meilleure place *(maqâman)* et jouit de la meilleure compagnie ?
74 Combien de générations avons-Nous anéanties avant eux, vivant plus confortablement et plus en vue ?
75 Dis : Que le Miséricordieux accorde un délai à ceux qui sont dans l'égarement jusqu'à ce qu'ils voient ce qui leur est promis, le châtiment ou le *[jugement]* de l'Heure ; ils sauront alors lequel est dans la plus mauvaise posture et qui a la troupe la plus faible.
76 Dieu accroîtra l'intuition (litt. : la guidance) de ceux qui sont bien guidés, et les œuvres pies, *[dont les fruits]* demeurent à jamais, sont plus méritoires au regard de ton Seigneur et la garantie d'une meilleure issue.

77 As-tu médité *[l'exemple]* de celui qui a nié Nos signes et prétendu qu'il *[n'en]* recevrait *[pas moins]* biens et postérité ?
78 A-t-il eu un aperçu sur ce qui est celé *(ghayb)* ? Ou bien a-t-il reçu un engagement du Miséricordieux ?
79 Que non pas ! Nous consignerons ses propos et redoublerons (ou : prolongerons) son supplice.
80 Et c'est Nous qui hériterons de ses prétendus biens et il se présentera seul devant Nous !
81 Ils se sont choisi des divinités en dehors de Dieu afin de conforter leur puissance (ou encore : afin qu'elles soient pour eux une source de fierté).
82 Ils renieront leur idolâtrie qui tournera à leur désavantage.

**Autre traduction possible :** Leurs idoles renieront le culte qu'ils leur vouaient et se retourneront contre eux.

83 Ne vois-tu pas que Nous avons envoyé les démons à l'encontre des mécréants afin de les exciter *[à la transgression]* ?
84 Ne témoigne pas d'impatience à leur égard. Nous faisons le compte *[des jours qui leur restent en ce monde]* avec précision.
85 Le Jour où Nous rassemblerons par délégations ceux qui se seront prémunis du Miséricordieux auprès de Lui,
86 et où Nous conduirons les criminels à la Géhenne tels du bétail *[à l'abreuvoir]*,
87 ils ne bénéficieront d'aucune intercession excepté ceux qui auront pris un engagement vis-à-vis du Miséricordieux.

**Commentaire :** C'est-à-dire que seuls les croyants (ceux qui auront pris un engagement) pourront bénéficier au Jour du Jugement de l'intercession des pieux personnages agréés par Dieu pour ce faire.

88 Les mécréants ont prétendu que le Miséricordieux avait pris fils.
89 Vous avez proféré une telle énormité
90 que les cieux sont sur le point de s'ouvrir, la terre de se fendre et les montagnes de s'écrouler en poussière.
91 Prétendre que le Miséricordieux avait pris un fils !
92 alors qu'il ne sied pas au Miséricordieux de prendre un enfant,
93 alors que tous les habitants des cieux et de la terre se présenteront devant Lui en tant que serviteurs.
94 Il les a recensés et dénombrés un par un,
95 et tous se présenteront isolément au Jour de la Résurrection.

96 A ceux qui ont cru et pratiqué les œuvres pies le Miséricordieux dispensera Sa Compassion.
97 Nous avons facilité *[la compréhension du Livre en le révélant]* dans ta langue afin que par son intermédiaire tu annonces la bonne nouvelle à ceux qui se gardent *[de Dieu]* et que tu mettes en garde un peuple acrimonieux (ou : querelleur).
98 Combien de générations avons-Nous anéanties avant eux ? As-tu décelé la présence d'un seul d'entre eux ou entendu un seul de leurs murmures ?

Sourate 20

# Tâ-Hâ

*Au Nom de Dieu, le Tout Miséricordieux, le Très Miséricordieux*

1 Tâ'-Hâ.
2 Nous ne t'avons pas révélé ce Coran pour te faire endurer des souffrances,
3 mais seulement à titre de Rappel pour quiconque a la crainte *[de Dieu]*
4 et en guise de révélation de la part de Celui qui a créé la terre et les cieux élevés :
5 le Miséricordieux établi sur le Trône.
6 Il possède ce qu'il y a dans les cieux, sur la terre, ce qui se situe entre les deux et même le sous-sol (ou : les entrailles de la terre).
7 Et que tu parles à haute voix *[ou à voix basse, sache qu']* Il connaît vos apartés et même ce qui est plus inaccessible (litt. : plus dissimulé[1]).
8 Dieu qui est tel qu'il n'est de divinité que Lui : c'est à Lui qu'appartiennent les plus beaux noms !
9 L'histoire de Mûssâ t'est-elle parvenue ?
10 Lorsqu'il vit un feu, il dit aux siens : Restez ici, je viens de voir du feu. Peut-être pourrais-je vous en ramener un tison ou bien trouver grâce à lui mon chemin ?
11 Lorsqu'il eut atteint son but, il fut appelé par une voix : Mûssâ,
12 c'est Moi qui suis Ton Seigneur, ôte donc tes sandales car tu te trouves dans la vallée sacrée de *Tuwâ*.

1 C'est-à-dire : vos pensées.

13 C'est Moi qui t'ai choisi ; sois attentif (litt. : écoute) à ce qui va t'être révélé !
14 Certes c'est Moi qui suis Dieu et il n'est de divinité que Moi ; aussi adore-Moi et accomplis la prière en souvenir de Moi.
15 L'échéance de l'Heure est proche et peu s'en est fallu que J'aie dissimulé jusqu'à son existence afin que chaque être soit rétribué selon ses œuvres[2].
16 Que *[l'attitude]* des incroyants et de ceux qui se sont adonnés à leurs passions funestes *(tardâ)* ne t'empêche cependant pas d'y croire.
17 Mais que tiens tu dans ta main droite, ô Mûssâ ?
18 C'est mon bâton qui me sert de canne[3], à effeuiller *[les arbres]* pour mes moutons et à bien d'autres usages encore.
19 Jette-le, Mûssâ, lui dit-Il.
20 Mûssâ le jeta et voilà le bâton transformé en serpent rampant.
21 Prends-le et ne crains rien, Nous lui restituerons sa forme première.
22 Replie (litt. : joins) ta main contre ton flanc ; elle en ressortira intacte d'un blanc *[lumineux]* en guise de second signe.
23 Cela afin que Nous te fassions voir quelques-uns de Nos plus grands signes[4].
24 Va-t'en trouver Pharaon car il s'est rebellé.
25 Seigneur, Lui dit-il, soulage (litt. : dilate) ma poitrine
26 et facilite-moi la tâche ;
27 délie-moi la langue
28 afin qu'ils comprennent mes propos
29 et accorde-moi un ministre au sein de ma famille
30 en la personne de mon frère Hârûn
31 afin que par lui je raffermisse mes forces !
32 Associe-le à ma mission
33 afin que nous proclamions Ta Gloire sans relâche
34 et que nous nous souvenions fréquemment de Toi,
35 car Tu nous perçois parfaitement de Ton regard.
36 Mûssâ, ta demande est déjà exaucée, lui répondit Dieu.
37 Nous t'avions déjà accordé Nos faveurs en une autre occasion,

2 Il existe de nombreuses interprétations peu vraisemblables de ce verset dont la compréhension est quelque peu problématique. Nous suivons encore une fois l'interprétation d'Ahmad b. Jazzî al-Kalbî, auteur de l'exégèse intitulée *al-Tashîl li 'Ulûm al-Tanzîl* ou « De la Vulgarisation des sciences de la Révélation. » Précisons toutefois que ce mot de « vulgarisation » n'implique pour nous aucune idée péjorative mais qu'il est simplement synonyme de « mise à la portée d'un public peu averti ».

3 Litt. : sur lequel je m'appuie.

4 Ou encore : le plus grand de Nos signes. Cette différence s'explique selon qu'on considère *kubrâ* (plus grand) comme un complément de *nuria* (Nous te fassions voir) ou comme un qualificatif de *âyâtinâ* (Nos signes).

38 lorsque Nous inspirâmes à ta mère ce qui lui fut inspiré,
39 *[à savoir]* d'abandonner (litt. : jeter) l'enfant dans le Nil après l'avoir placé dans un panier *(tâbût)*[5] afin que le fleuve le rejette sur le rivage et qu'un de ses ennemis et des Miens le recueille. Je t'ai revêtu[6] d'un amour Mien afin que tu sois éduqué sous Mes yeux,
40 *[notamment]* lorsque ta sœur *[leur]* eut dit en passant : Vous indiquerai-je quelqu'un qui le prendra en charge[7] ? C'est ainsi que Nous te ramenâmes à ta mère afin qu'elle se réjouisse et ne s'afflige point. Par la suite tu occis un homme et Nous t'épargnâmes bien des soucis tout en te soumettant à des épreuves ; tu demeuras des années durant parmi les habitants de Madyan puis tu te rendis en ce lieu prédestiné.
41 Je t'ai choisi pour Moi-même ;
42 partez avec ton frère munis de Mes signes et ne faiblissez pas lorsqu'il s'agit de vous souvenir de Moi.
43 Allez auprès de Pharaon car il s'est rebellé
44 et tenez-lui un langage avenant, peut-être se souviendra-t-il *[de Moi]* ou bien *[Me]* craindra-t-il.
45 Seigneur, dirent-ils tous deux, nous redoutons qu'il ne s'emporte ou ne s'insurge contre nous.
46 Ne craignez rien, leur répondit-Il, Je suis à vos côtés pour entendre et pour voir !
47 Allez le trouver et dites-lui : Nous sommes les envoyés de ton Seigneur, laisse partir avec nous les enfants d'Isrâ'îl et ne les soumets pas au supplice. Nous sommes venus te trouver munis de signes de ton Seigneur et que la paix soit sur ceux qui suivent la bonne direction.
48 Il nous a été révélé que le châtiment était destiné aux dénégateurs qui se détournaient *[de Ses signes]*.
49 Et quel est donc votre Seigneur, ô Mûssâ ? demanda Pharaon.
50 Notre Seigneur, répondit-il, est Celui qui a donné à chaque être tout ce dont il avait besoin[8] puis qui les a conduits *[à en faire bon usage]*.
51 Et quel fut donc le sort des générations passées ? poursuivit Pharaon.

---

5 Le *tâbût*, qui est le panier en osier dans lequel fut placé Moïse lors de son abandon dans le Nil, est employé dans la sourate « La Génisse » (verset 248) pour désigner l'Arche d'alliance, source de paix et relique de la famille de Moïse et d'Aaron.

6 Litt. : J'ai jeté sur toi.

7 Moïse refusait le sein de toutes les nourrices qu'on lui présentait. Comme Pharaon avait fait demander une nourrice dont il acceptât le sein, sa sœur proposa sa mère afin que celle-ci puisse allaiter son enfant.

8 Autre traduction possible : qui a assigné à chaque être sa forme propre.

52 La connaissance *[de leur sort]* est consignée dans un livre auprès de
mon Seigneur qui ne saurait ni oublier ni s'égarer,
53 qui a fait de la terre pour vous une étendue et y a tracé des chemins à
votre intention et qui a fait descendre du ciel une eau grâce à laquelle
Nous faisons pousser toutes sortes de plantes.
54 Mangez-en et faites paître votre bétail ; certes en tout cela il y a des
signes pour ceux qui sont doués d'intelligence.
55 C'est d'elle que Nous vous avons créés, c'est à elle que Nous vous ferons
retourner et d'elle que Nous vous ferons sortir une fois encore.
56 Ainsi Nous lui fîmes voir tous Nos signes qu'il traitait d'impostures
et dont il se détourna.
57 Mûssâ, es-tu venu afin de nous bannir de nos terres au moyen de ta
magie ? lui demanda *[Pharaon]*.
58 Nous t'opposerons une magie semblable ; fixe donc entre nous et toi
un rendez-vous en terrain neutre que nous ne manquerons ni les uns
ni les autres.
59 Votre rendez-vous, répondit-il, est fixé au jour de votre fête lorsque
tous les gens seront rassemblés de bon matin.
60 Pharaon se retira, prépara ses artifices et vint *[au jour fixé]*[9].
61 Malheur à vous ! leur dit Mûssâ, ne proférez pas de mensonges sur le
compte de Dieu car Il vous infligerait un châtiment destructeur et les
menteurs risquent une déconvenue.
62 Alors, en aparté, ils se concertèrent secrètement entre eux
63 et dirent : Ces deux-là sont des magiciens qui veulent par leur magie
vous bannir de votre pays et détruire votre réputation exemplaire (ou
encore : saper vos traditions les plus vénérables).
64 Conjuguez vos stratagèmes[10] et resserrez vos rangs[11] ; en ce jour la
réussite est acquise à celui qui aura le dessus.

---

9 Ghédira

10 Ou encore : Soyez résolus dans l'exécution de vos stratagèmes.

11 Litt. : présentez-vous sur un seul rang, c'est-à-dire : comme un seul homme.

65 Mûssâ, dirent-ils, jetteras-tu *[ton bâton]* ? ou bien serons-nous les premiers à jeter *[le nôtre]* ?
66 Jetez-le donc les premiers, leur dit-il. Ils les lancèrent donc, et aussitôt, sous le charme de leur sorcellerie, il s'imagina voir ramper leurs cordes et leurs bâtons.
67 En son for intérieur Mûssâ en éprouva de la crainte.
68 Ne crains rien, lui dîmes-Nous, c'est toi qui sera le vainqueur.
69 Lance donc ce que tu tiens dans ta dextre, il avalera tout ce qu'ils ont élaboré et qui n'est qu'artifice de magicien. Or les magiciens échouent où qu'ils se rendent.
70 Les magiciens se retrouvèrent alors prosternés[12] en disant : Nous avons foi dans le Seigneur de Mûssâ et de Hârûn.
71 Avez-vous cru avant que je vous en donne la permission ? s'exclama Pharaon. Ce ne peut-être que votre maître qui vous a enseigné la magie ! Je vous ferai couper les mains et les pieds opposés puis je vous ferai crucifier sur des troncs de palmier et vous saurez bientôt lequel d'entre nous inflige les supplices les plus sévères et les plus durables.
72 Par Celui qui nous a créés, répondirent-ils, nous ne te préférerons pas aux preuves qui nous ont été données ; fais ce que tu as décidé car tu n'as de pouvoir qu'en la vie d'ici-bas.
73 Nous avons cru en notre Seigneur afin qu'Il nous pardonne nos fautes et cette magie à laquelle tu nous as contraints. Et Dieu *[en tant que recours]* est Meilleur et Seul Durable.
74 Celui qui se présentera devant Dieu comme un criminel est promis à la Géhenne où il ne connaîtra ni la mort ni une vie *[digne de ce nom]*.
75 Mais ceux qui se présenteront devant Lui en croyants ayant accompli des œuvres pies, ceux-là sont destinés *[à séjourner]* dans des stations élevées.
76 Les jardins d'Éden où ils séjourneront à jamais : telle sera la rétribution de ceux qui se seront purifiés.

12 Litt. : furent projetés en prosternation.

77 Nous avons inspiré à Mûssâ d'emmener de nuit Mes serviteurs et de leur frayer un passage sec dans la mer sans craindre d'être rattrapés et sans s'effrayer.

78 Pharaon les poursuivit à la tête de ses armées et ils furent engloutis par les flots.

79 C'est ainsi que Pharaon égara son peuple pour avoir refusé la bonne direction[13].

80 Ô fils d'Isrâ'îl, Nous vous avons délivrés de votre ennemi et vous avons fixé un rendez-vous sur le flanc droit du Sinaï ; puis Nous avons fait descendre sur vous la manne et les cailles.

81 Buvez et mangez de ces aliments sains[14] dont Nous vous avons gratifiés mais sans vous livrer à des excès car Ma colère s'abattrait sur vous et celui qui est victime de Ma colère court à sa perte.

82 Mais Je suis fortement enclin à pardonner à celui qui se repent, œuvre pieusement et se laisse guider.

83 Pourquoi t'être éloigné[15] précipitamment de ton peuple, ô Mûssâ ?

84 Ils étaient sur mes traces, répondit Mûssâ, et je me suis dépêché afin de Te satisfaire !

85 Nous les avons soumis à la tentation après ton départ et le Samaritain les a égarés[16].

86 Mûssâ revint alors vers son peuple, en proie à la colère et à la tristesse : Mon peuple, leur dit-il, votre Seigneur ne vous avait-Il pas fait une promesse satisfaisante ? Avez-vous trouvé trop long le délai *[fixé à son accomplissement]* ? Ou bien vouliez-vous que le courroux de votre Seigneur s'appesantisse sur vous en sorte que vous avez failli à la promesse que vous m'aviez faite ?

87 Nous n'avons pas violé notre engagement de notre propre initiative[17] mais nous nous étions lourdement chargés des bijoux *[provenant]* d'Égypte et nous les avons jetés *[dans le feu pour les faire fondre]* à l'instar du Samaritain.

---

13 Litt. : et il n'était pas guidé. La forme active *hadâ* suggère que c'est Pharaon qui se détourne de la guidance et non que celle-ci lui a été refusée.

14 C'est-à-dire à la fois licites et agréables ainsi que nous l'avons expliqué en d'autres occasions.

15 Moïse avait en effet précédé son peuple au mont Sinaï ; cette question qui se veut un « reproche » est destinée à attirer l'attention de Moïse sur les agissements de son peuple pendant son absence, comme si ces derniers étaient incapables de « se tenir » sitôt qu'il s'éloignait d'eux.

16 Selon le Coran, le Samaritain en question avait eu le sentiment qu'il suffisait de ramasser une poignée de terre foulée par l'ange Gabriel et de la jeter sur des êtres inanimés pour leur donner vie. C'est ainsi qu'il avait momentanément vivifié le veau d'or que les juifs avaient entendu mugir les confortant ainsi dans leur idolâtrie et leur égarement.

17 Ou encore : c'est presque malgré nous que nous avons violé notre engagement.

88 C'est ainsi qu'il façonna[18] à leur intention un corps de veau doué d'un mugissement et qu'ils s'exclamèrent : Voici votre dieu et celui de Mûssâ qu'il a dû oublier[19] ici !
89 Ne voyaient-ils pas qu'il ne leur fournissait aucune réponse et qu'il ne pouvait leur être utile ou nuisible en quoi que ce soit.
90 Hârûn leur avait pourtant bien dit : Mon peuple, vous avez été trompés par ce veau. Votre Seigneur n'est autre que le Miséricordieux, suivez-moi et obéissez à mon ordre.
91 Nous ne cesserons de l'adorer, dirent-ils, jusqu'à ce que Mûssâ soit de retour parmi nous.
92 Hârûn, dit alors Mûssâ *[à son frère]*, qu'est ce qui t'a empêché de me suivre quand tu les a vus ainsi s'égarer ?
93 Aurais-tu enfreint mon ordre ?
94 Ô fils de ma mère, le supplia-t-il, ne me tire pas par la barbe ni par les cheveux[20] ; j'ai craint que tu ne dises : Tu as divisé les fils d'Isrâ'îl pour n'avoir pas observé mes instructions.
95 Et toi, Samaritain, qu'as-tu à répondre *[pour ta défense]* ?
96 J'ai simplement vu, dit-il, ce qu'ils ne voyaient pas et m'étant saisi d'une poignée *[de la terre]* qui avait été foulée par l'émissaire[21] *[de Dieu]* je l'ai projetée *[sur le veau, ou : sur le métal en fusion]* suivant en cela les suggestions de mon âme.

**Commentaire** : Il ressort de cette histoire que Gabriel, puisqu'il s'agit de lui, a un pouvoir de « vivification » analogue à celui de Jésus. Il n'est pas sans intérêt de remarquer que c'est lui qui est chargé d'annoncer sa naissance à Marie. Bien entendu, ce pouvoir n'appartient en réalité qu'à Dieu Seul, même s'il peut être conféré, sous le rapport des apparences, aux serviteurs que Dieu a élus.

97 Va-t'en, lui dit Mûssâ. Désormais il te faudra dire ta vie durant : Ne m'approchez pas ! Et un rendez-vous t'est fixé *[ultérieurement]* que tu ne pourras manquer. Regarde donc ton dieu que tu n'as cessé d'adorer, Nous le brûlerons, puis Nous disperserons ses cendres dans la mer.
98 Vous n'avez d'autre divinité que Dieu : il n'est point de divinité en dehors de Lui et Il embrasse toute chose de Sa Science.

---

18 Litt. : qu'il fit sortir.

19 La fin du verset se termine sur un laconique *fa nasiya* qui signifie simplement : et il oublia. Pour certains commentateurs, il s'agit de propos tenus par les juifs qui s'imaginent que Moïse est monté sur le Sinaï à la recherche de la divinité qu'il avait oubliée sur place.
Selon d'autres commentateurs, c'est le Samaritain qui, dans sa folie idolâtre, en aurait oublié sa religion. Dans ce cas il faudrait traduire : et le Samaritain en oublia *[tout sens commun]*.

20 Litt. : par la tête.

21 *rasûl*... L'émissaire évoqué est l'ange Gabriel.

99 C'est ainsi que Nous te relatons certains faits du passé en te transmettant ce Rappel venant de Nous.
100 Quiconque s'en détourne se chargera au Jour de la Résurrection d'un fardeau
101 *[pesant]* à jamais *[sur ses épaules]*. Quelle détestable surcharge ce sera au Jour de la Résurrection !
102 le Jour où l'on soufflera dans les trompes et où l'on rassemblera les criminels, la mine sombre.
103 Ils se concerteront entre eux dans le plus grand secret : Vous n'êtes restés *[tout au plus]* que dix *[jours en ce monde]*.

**Commentaire :** Vous n'êtes restés, cette phrase est prononcée par certains impies qui s'adressent à leurs semblables.

104 Nous savons fort bien ce qu'ils diront lorsque ceux dont la méthode *[d'appréciation]* sera la plus juste prétendront : Nous ne sommes restés qu'un jour !

**Commentaire :** C'est-à-dire qu'ils minimiseront la durée de leur séjour ici-bas compte tenu des souffrances auxquelles ils auront à faire face dans l'Au-delà.

105 Ils t'interrogent au sujet des montagnes ; réponds-leur : Mon Seigneur les réduira en poussière
106 *[en en faisant]* un sol nivelé.
107 Tu n'y verras plus ni collines ni sinuosités.
108 Ce Jour-là, ils répondront à l'appel (litt. : ils suivront) du héraut, baissant la voix devant le Miséricordieux et tu entendras à peine un murmure.
109 Ce Jour-là, toute intercession sera inutile à moins qu'elle n'émane de quelqu'un d'autorisé par le Miséricordieux et dont Il aura agréé les paroles.
110 Il sait ce qui se trouve devant eux et derrière eux alors qu'ils ne Le cernent pas de leur science.
111 Les faces se sont prosternées devant le Vivant qui subsiste par Lui-même ; et ils ont d'ores et déjà échoué, ceux qui se seront chargés d'iniquité !
112 Celui qui accomplit en croyant des œuvres pies n'aura à craindre ni injustice ni frustration.
113 Ainsi l'avons-Nous révélé Coran arabe[22], en y énumérant toutes sortes de menaces afin qu'ils s'en prémunissent ou qu'il provoque chez eux une réminiscence.

22 Cf. sourate 12, verset 2.

114 Exalté soit Dieu le Roi, l'*[unique]* Réalité (litt.: la Vérité). Ne t'empresse pas de réciter le Coran avant que sa révélation ne t'ait été transmise dans son intégralité et dis: Seigneur, accrois ma connaissance (*'ilman*)!
115 Déjà, avant *[sa chute]*, Nous avions fait à Adam une recommandation qu'il avait vite oubliée. Et Nous ne lui trouvâmes aucune ferme résolution.

**Commentaire :** De l'avis général, le prophète Adam ne fit pas preuve de résolution dans l'application de la recommandation qui lui avait été faite (il s'agit de l'interdit qui lui avait été fait de goûter à l'arbre). Cette interprétation présente cependant l'inconvénient de mettre en cause l'impeccabilité (*'isma*) prophétique. C'est pourquoi nous lui en préférons une autre selon laquelle Dieu ne trouva pas Adam résolu à transgresser l'interdit, mais il se plia à la décision divine en vertu de la connaissance qu'il avait de son destin pour l'avoir entrevu dans « la Table gardée ».

116 *[Souviens-toi]* lorsque Nous enjoignîmes aux anges de se prosterner; ils s'exécutèrent à l'exception d'Iblîs qui s'y refusa.
117 Adam, lui dîmes-Nous, celui-ci est un ennemi pour toi et ton épouse. Qu'il ne vous fasse pas sortir du Paradis car tu serais un réprouvé.
118 Tu n'auras pas à y connaître la faim ni la nudité,
119 pas plus que tu n'y souffriras de la soif ni *[des morsures]* du soleil.
120 Mais le diable le tenta de ses suggestions en disant: T'indiquerai-je l'arbre de l'immortalité[23] ainsi qu'un royaume impérissable?
121 Ils en mangèrent alors tous deux et leur nudité leur apparut, puis ils se mirent à se couvrir avec le feuillage du Paradis. C'est ainsi qu'Adam désobéit à son Seigneur et s'égara.
122 *[Par la suite]* son Seigneur en fit son élu, Il agréa son repentir et le guida *[sur la bonne voie]*.
123 Soyez tous précipités hors du Paradis, ennemis les uns des autres; si vous recevez de Moi une guidance, celui qui s'y conformera ne s'égarera pas et ne sera pas réprouvé.
124 Mais celui qui se détourne de Mon invocation connaîtra une vie étriquée et Nous le ferons comparaître[24] aveugle.
125 Seigneur, dira-t-il, pourquoi m'avoir fait comparaître en aveugle alors que je voyais?

23 Ou encore: de la pérennité.
24 Litt.: Nous le rassemblerons.

126 C'est ainsi, lui répondra-t-Il. N'as-tu pas oublié Nos signes après qu'ils
te soient parvenus ? De la même façon en ce Jour tu seras oublié !
127 C'est ainsi que Nous rétribuerons ceux qui se seront livrés à des
outrances et n'auront pas cru aux signes de leur Seigneur. Et le châti-
ment de l'Ultime Demeure est plus sévère et plus durable.
128 N'ont-ils pas été édifiés par le nombre de générations que Nous avons
anéanties avant eux ? Ne foulent-ils pas le sol sur lequel elles habi-
taient ? Autant de signes pourtant pour ceux qui sont doués d'intelli-
gence !
129 N'était une précédente décision de ton Seigneur et le terme fixé *[pour
le Jugement]*, le châtiment les aurait poursuivis *[dès maintenant]*.
130 Patiente devant leurs propos et proclame les louanges de ton Seigneur
avant le lever du soleil, avant son coucher, et pendant des moments
de la nuit ! Et glorifie-Le aux extrémités du jour afin d'être agréé *[de
Lui]*.
131 Ne convoite pas du regard ce dont Nous avons gratifié certaines caté-
gories de mécréants[25] : ce ne sont que les parures de la vie d'ici-bas au
moyen desquelles Nous les éprouvons alors que la récompense de ton
Seigneur est préférable et plus durable !
132 Ordonne aux gens de ta famille d'accomplir la prière et persévère dans
son accomplissement. Nous ne te demandons pas Notre subsistance,
c'est Nous qui pourvoyons à la tienne et la piété aura les plus heureu-
ses conséquences.
133 Que ne nous apportes-tu, disent-ils, un signe de ton Seigneur ! La
preuve de ce que renfermaient les Écritures antérieures ne leur a-t-
elle pas été donnée ?
134 Si Nous les avions anéantis en leur envoyant un supplice avant *[de
te missioner]*, ils auraient sans doute dit : Seigneur, pourquoi ne pas
nous avoir envoyé de prophète ? Nous aurions alors pris en compte
(litt. : suivi) Tes signes avant d'être soumis à des humiliations dégra-
dantes.
135 Réponds-leur : Chacun d'entre nous se trouve dans l'attente *[de l'Évé-
nement]* ; attendez donc et vous saurez bientôt quels sont ceux qui se
trouvent sur une voie harmonieuse et sont bien dirigés.

25 Cf. sourate 15, verset 88

Sourate 21

# Les Prophètes

*Au Nom de Dieu, le Tout Miséricordieux, le Très Miséricordieux*

1 Le moment est proche où les hommes rendront des comptes, alors que, plongés dans leur insouciance, ils s'en détournent.
2 Il n'est de Rappel de leur Seigneur, fraîchement révélé, qu'ils n'écoutent d'une oreille distraite[1],
3 le cœur insouciant. En aparté ils se font des confidences : Qu'est-il donc sinon un homme comme vous ? Allez-vous vous adonner à la magie en dépit de votre clairvoyance ?
4 Mon Seigneur, affirma *[l'Envoyé]*, sait ce qui se dit dans le ciel et sur terre et Il entend et sait tout.
5 En vérité, ce ne sont là que des songes incohérents, rétorquèrent *[les mécréants]* ; ou encore des mensonges, à moins qu'il ne s'agisse d'un poète ! Qu'il nous apporte donc un signe semblable à ceux qu'ont produits les premiers envoyés !
6 Or les cités que Nous avions anéanties par le passé n'avaient pas eu la foi ; pourquoi ceux-là y croiraient-ils ?
7 Avant toi Nous n'avons envoyé que des hommes auxquels Nous avons inspiré *[la révélation]* ; demandez aux détenteurs des Écritures[2] si vous êtes dans l'ignorance.
8 Nous ne leur avons jamais attribué un corps[3] dispensé de se nourrir pas plus qu'ils n'étaient immortels.
9 Puis Nous tînmes Nos promesses envers eux en les sauvant avec ceux que Nous voulions *[sauver]* et en faisant périr ceux qui se livraient à des outrances.
10 Certes Nous vous avons révélé un Livre contenant un Rappel à votre intention ! Comprendrez-vous enfin ?

1 Litt. : en jouant.
2 *Ahl al-dhikr* ; cf. Cor. 16, 43.
3 Litt. : Nous n'en avons jamais fait des corps…

11 Combien avons-Nous anéanti de cités iniques afin d'y implanter d'autres peuples après elles ?
12 Et lorsqu'ils eurent éprouvé Notre rigueur, ils fuirent leurs cités en toute hâte (ou : à toutes jambes).
13 Ne fuyez pas ! Retournez à votre opulence au sein de vos demeures. Peut-être vous demandera-t-on[4] *[l'aumône]* ?
14 Malheur à nous ! dirent-ils, nous étions dans l'iniquité !
15 Ils ne cessèrent de répéter ces lamentations jusqu'à ce que Nous les ayons fauchés *[comme du blé les laissant]* inertes.
16 Ce n'est pas par jeu que Nous avons créé le ciel, la terre et ce qu'ils contiennent.
17 Eussions-Nous[5] souhaité un tel divertissement qu'il eût été à Notre portée si tant est que Nous y ayons songé !
18 Non ! Nous lançons plutôt la Vérité contre l'erreur de façon à la réfuter et aussitôt celle-ci s'évanouit. Le malheur soit sur vous pour prix de ce que vous *[Lui]* attribuez !
19 C'est à Lui qu'appartiennent les habitants des cieux et de la terre. Ceux qui se trouvent auprès de Lui n'éprouvent en L'adorant ni orgueil ni lassitude.
20 Ils proclament Sa gloire sans relâche (ou : sans se lasser) de nuit comme de jour.
21 Auraient-ils choisi des divinités sur terre capables de ressusciter *[les morts]* ?
22 S'il y avait eu d'autres divinités que Dieu dans le ciel ou sur la terre, ceux-ci se seraient altérés (ou : détériorés). Gloire à Dieu, le Seigneur du Trône, au-delà de ce qu'ils Lui attribuent !
23 On ne saurait Lui demander compte de Ses actes, mais eux devront répondre de ce qu'ils font.
24 Auraient-ils choisi des divinités en dehors de Dieu ? Apportez donc la preuve *[de ce que vous avancez]* ! Cette Remémoration *(dhikr)*[6] est celle de ceux qui sont avec moi et celle de ceux qui m'ont précédé mais la plupart d'entre eux ignorent la Vérité et c'est pourquoi ils s'en détournent.

---

4 Ou encore : Peut-être vous demandera-t-on *[ce qui vous est arrivé]* ?

5 Eussions-Nous souhaité un enfant *(lahwan)* que Nous l'aurions choisi parmi les anges (litt. : près de Nous) *[et non parmi les hommes]*. Bien que suggérée par des commentateurs tout à fait classiques, cette interprétation nous paraît lointaine à la fois sur un plan littéraire et doctrinal.

6 Généralement, quand c'est le sens de « souvenir » qui est retenu pour traduire le mot *dhikr*, les traducteurs emploient plutôt le mot de « rappel ». Nous n'échappons pas à la règle si ce n'est que, dans ce contexte, celui de « remémoration » nous paraît mieux suggérer la « remise en mémoire » d'une Vérité invariable depuis les origines et sans cesse réaffirmée.

25 Il n'est aucun prophète que Nous n'ayons envoyé avant toi sans lui
inspirer qu'il n'est de Dieu que Moi : aussi, adorez-Moi !
26 Ils ont prétendu que le Tout Miséricordieux avait pris fils (litt. : un
enfant) ! Gloire à Lui ! Ce seraient plutôt des serviteurs respectables
27 qui ne prennent jamais la parole avant Lui et *[n']*agissent *[que]* sur
Son Ordre.
28 Il sait ce qui se trouve devant eux et derrière[7] eux et ils n'intercèdent
qu'en faveur de celui auquel Il consent *[le pouvoir d'intercéder]* tout en
étant figés par crainte de Lui.
29 Celui d'entre eux qui prétendrait être une divinité en dehors de Lui,
celui-là Nous le jetterions à la Géhenne en guise de rétribution. C'est
ainsi que Nous rétribuons ceux qui ne mettent pas les choses à leur
place (litt. : les injustes[8]).
30 Les mécréants ne voient-ils pas que les cieux et la terre étaient soudés
les uns à l'autre, que Nous les avons dissociés[9] (litt. : fendus) et que de
l'eau, Nous avons fait toute chose vivante ? Ne croiront-ils pas enfin ?
31 De crainte que la terre ne vous inflige ses tremblements[10], Nous y
avons ancré les montagnes à travers lesquelles Nous avons frayé des
défilés en guise de voies de communication afin que vous puissiez
vous guider.
32 Nous avons fait des cieux une voûte sûre et malgré ce ils se détour-
nent de Nos signes.
33 C'est Lui qui a créé la nuit et le jour, le soleil et la lune, chacun évo-
luant sur une orbite propre.
34 Jamais nous n'avons conféré l'immortalité à quiconque avant toi ! Si
tu viens à mourir seraient-ils, eux, immortels ?
35 Toute âme est destinée à goûter la mort et Nous vous éprouvons par
le bien et le mal en guise de tentation et c'est vers Nous que vous serez
ramenés.

---

7 Il sait ce qui se trouve devant eux et derrière eux, alors qu'ils ignorent tout de Lui tout en prétendant néanmoins Lui attribuer un fils. Dans leur désir de trouver auprès de Dieu un intermédiaire valable ils ont inventé cette « filiation » qui ne leur sera d'aucune utilité puisque seuls intercéderont en leur faveur ceux auquel Il consent *[le pouvoir d'intercéder]* tout en étant figés par crainte de Lui.

8 *Zâlimin* est généralement traduit par « injustes » ou « iniques » ce qui est parfaitement exact. On remarquera toutefois que le fait de rendre la justice est un des attributs du Sage *(al-Hakîm)* dont le rôle consiste à mettre chaque chose à sa place en donnant notamment son dû à chaque ayant droit. Or c'est l'injustice de « l'associateur » précisément qui lui fait attribuer des « qualités divines » aux idoles par lesquelles il entend remplacer Dieu. Cette remarque permettra au lecteur de comprendre pourquoi nous avons fait du *zâlim* celui qui ne met pas les choses à leur place.

9 Ce verset est à rapprocher avec ce que dit la Bible du Chaos primordial qu'il fallut tirer de son indifférenciation en séparant le ciel de la terre (Nous les avons dissociés) afin que de leur rencontre naquissent les êtres. Toujours selon la Bible, l'eau symbolisant l'aspect substantiel de notre monde doit être fécondée par l'Esprit symbolisé, quant à lui, par l'oiseau qui plane à sa surface.

10 Ou encore : ses oscillations.

36 Et lorsque les mécréants te voient, ils ne savent que te railler : Est-ce
bien l'homme qui vilipende vos dieux ? tandis qu'ils renient le Rappel
du Tout Miséricordieux.
37 L'homme a été créé de précipitation ! Mais ne Me demandez pas de
hâter *[votre châtiment]*, car bientôt Je vous montrerai Mes signes !
38 A quand ce rendez-vous, demandent-ils, si vous êtes véridiques ?
39 Si seulement les mécréants connaissaient le moment où ils ne pourront
plus détourner le feu de leurs dos ni de leurs visages et où ils
n'auront plus aucun recours !
40 Le feu[11] fondra sur eux brusquement et les surprendra sans qu'ils
puissent le repousser ou qu'il leur soit accordé le moindre délai.
41 Déjà des prophètes avant toi avaient été pris en dérision et ceux qui
les avaient ainsi raillés avaient été cernés par ce châtiment qu'ils tournaient
en ridicule.
42 Dis-leur : Qui donc vous préserve du Miséricordieux de nuit comme
de jour ? Mais ils se détournent *[car il leur répugne de se]* souvenir de
leur Seigneur.
43 Auraient-ils des divinités qui les protégeront contre Nous ? Elles
seront incapables de se secourir elles-mêmes et les mécréants ne
seront pas à l'abri de Nous-même.
44 Ceux-là, Nous les avons fait jouir de Nos faveurs ainsi que leurs pères
au point *[de les leurrer]* du fait de leur longévité. Ne voient-ils pas que
c'est Nous qui régissons le pays en amputant *[progressivement leurs
possessions]* de ses extrémités ? Sont-ils bien les vainqueurs ?

11 On a pu dire qu'il s'agissait de l'Heure et non du feu.

45 Dis-leur : Mes mises en garde sont uniquement fonction de mon inspiration mais le sourd n'entend pas les appels lorsqu'on l'avertit.
46 Qu'un seul souffle du châtiment de ton Seigneur[12] les effleure et les voilà qui s'écrient : Malheur à nous ! nous étions des injustes.
47 Au Jour de la Résurrection Nous placerons des balances précises et nul ne sera lésé ; s'agirait-il du poids d'un atome de moutarde que Nous l'apporterions ! Il suffira de Nous pour établir les comptes.
48 Déjà Nous avions révélé à Mûssâ et à Hârûn la Discrimination[13] en guise de clarté et de rappel à l'intention de ceux qui se prémunissent,
49 ceux qui craignent leur Seigneur dans l'intimité (litt. : le secret) et redoutent l'échéance de l'Heure.
50 Ce Coran est une réminiscence bénie que Nous avons révélée *[à votre intention]*. Allez-vous le nier ?
51 Avant *[la venue de Mûssâ et de Hârûn]* Nous avions conféré à Ibrâhîm, connaissant ses dispositions, une capacité à guider (*rushdahu*),
52 *[ainsi]* lorsqu'il dit à son père et à son peuple : Que sont ces statues auxquelles vous consacrez tout ce temps ?
53 Nous avons trouvé nos pères, répondirent-ils, qui leur vouaient un culte.
54 Vous et vos pères, leur dit-il, vous étiez dans un égarement manifeste !
55 Parles-tu sérieusement[14] ou es-tu du genre dilettante ?
56 Que non ! répondit-il, votre Seigneur est le Seigneur des cieux et de la terre, Celui qui les a créés ! Et de cela je serai l'un des témoins.
57 Et par Dieu, je jouerai bien un tour à vos idoles après que vous aurez le dos tourné.

12 Ou encore : S'ils ont le moindre avant-goût du châtiment de ton Seigneur…
13 Nous rappelons que la « Discrimination » ou le « Discernement » est l'un des noms donnés au Coran et qu'il est parfois étendu à la Bible.
14 Litt. : Es-tu venu nous apporter la Vérité.

58 Ils les brisa alors en morceaux exception faite de la plus grande d'entre
elles dans l'espoir qu'ils s'en référeraient à elle *(yarji'ûn)*.

**Commentaire** : Le mot *yarji'ûn* a été interprété de trois façons différentes :

— Ils s'en référeraient à elle pour savoir qui avait perpétré ce forfait.

— Ils s'en prendraient à elle pensant que c'était elle qui avait « fait le coup ».

— Ils s'en référeraient à Abraham lui-même pour savoir ce qui s'était passé.

59 Qui donc a pu faire cela à nos divinités se demandèrent-ils. C'est vraiment un sacrilège !
60 Nous avons entendu un jeune homme qui en disait du mal, reprirent-ils ; il a pour nom Ibrâhîm.
61 Faites-le comparaître au vu de la foule, peut-être témoignera-t-elle *[de sa culpabilité]* ?
62 Est-ce toi, Ibrâhîm, demandèrent-ils, qui a fait subir cet outrage à nos divinités ?
63 Certainement pas ! répondit-il. C'est la plus grande que voici qui les a détruites. Interrogez-les donc, si toutefois elles sont en mesure de parler !
64 Alors ils revinrent à eux[15] et reconnurent : C'est nous qui étions des injustes ! (Litt. : Vous étiez des injustes)
65 mais pour se rétracter[16] aussitôt en disant : Tu sais bien que ces idoles ne parlent pas !
66 Adorez-vous donc, reprit Ibrâhîm, en excluant Dieu *[de votre culte]*, ce qui ne vous est utile ni nuisible en rien !
67 La peste soit de vous[17] et de ce que vous adorez en dehors de Dieu ! Avez-vous toute votre raison ?
68 Brûlez-le, s'écrièrent-ils, et apportez votre soutien à vos divinités si vous êtes résolus à agir.
69 Ô feu, sois une source de fraîcheur salutaire pour Ibrâhîm ordonnâmes-Nous.
70 Ils voulurent alors user de stratagèmes à son encontre mais Nous les réduisîmes à l'impuissance.
71 Et Nous le sauvâmes ainsi que Lût *[en les conduisant]* vers le pays que Nous avions béni en faveur des mondes,
72 et Nous lui donnâmes Ishâq et Ya'qûb en présents en faisant de chacun d'eux des êtres pieux.

15 Ou encore : se ravisèrent ou : se ressaisirent.. Hamza Bû Bakr traduit ici par reprendre conscience.

16 Ou : faire volte-face.

17 Traduit la locution arabe *ouffin lakum* qui exprime le dégoût.

73 Et Nous en avons fait des guides qui dirigent *[les croyants]* sur Notre Ordre, et leur avons inspiré d'accomplir de bonnes œuvres, de faire la prière, d'acquitter l'aumône légale et ils étaient de ceux qui Nous adorent.
74 A Lût (Loth) Nous avons accordé la sagesse et la science et l'avons délivré de la cité qui se livrait aux turpitudes, car ils constituaient un peuple malfaisant et pervers,
75 et Nous l'avons introduit au sein de Notre Miséricorde car il était d'entre les gens pieux.
76 *[Souviens-toi de]* Nûh lorsqu'avant *[Abraham]* Nous répondîmes à ses appels et le délivrâmes ainsi que sa famille d'une terrible affliction
77 en lui apportant Notre soutien contre ceux qui avaient traité Nos signes d'impostures car ils constituaient un peuple malfaisant ; aussi les fîmes-Nous tous périr noyés.
78 *[Souviens-toi aussi de]* Dâwûd et de Sulaymân lorsqu'ils eurent à juger d'un champ cultivé que les moutons d'une tribu avaient dévasté. Nous étions Témoin de leur jugement !
79 Nous fîmes comprendre à Sulaymân *[comment résoudre ce litige]*.
Nous les avions dotés tous deux de la science et de la sagesse et avions assujetti à Dâwûd les montagnes et les oiseaux qui proclamaient *[Notre gloire]*, toutes choses en notre Pouvoir[18] !

**Commentaire** : Consulté à propos d'un troupeau qui avait ravagé un champ cultivé, David avait fait donner le troupeau au propriétaire du champ pour le dédommager de la perte de ses récoltes.

Interrogé sur ce même cas de jurisprudence, Salomon avait rendu une sentence différente en donnant au propriétaire du champ l'usufruit du troupeau tant que le berger n'aurait pas réparé les dommages. Une fois le champ remis en état, ce dernier pouvait à nouveau rentrer en possession de ses bêtes. Mis au courant de ce jugement, David lui donna son aval estimant qu'il était plus équitable que celui qu'il avait lui-même rendu. On notera qu'à travers différentes histoires, Salomon, qui est généralement considéré comme le représentant par excellence de la fonction royale, est présenté comme possédant un jugement parfaitement équitable ce qui est un des attributs mêmes de cette fonction.

80 Et Nous lui avons enseigné *[l'art de]* la fabrication des armes[19] afin de vous protéger de votre propre violence ! Serez-vous enfin reconnaissants ?
81 A Sulaymân Nous avions soumis les vents impétueux qui soufflaient sur son ordre dans le pays que Nous avions béni et Nous sommes Omniscient.

---

18 Litt. : et Nous l'avions réellement fait...

19 Le mot *labûs* est interprété tantôt comme étant les armes, tantôt comme les cottes de maille. Le premier nous a paru d'une portée plus générale.

82 Nous lui avions également soumis des démons qui faisaient de la plongée pour son compte[20] et exécutaient d'autres travaux de moindre importance et dont Nous assurions la surveillance.

83 *[Souviens-toi aussi]* de Ayyûb lorsqu'il appela son Seigneur *[à son secours]* : Seigneur, j'ai été victime d'une épreuve et Toi, Tu es le Miséricordieux entre les miséricordieux !

84 Nous répondîmes à son appel, le délivrâmes de l'affliction qui l'accablait et lui rendîmes sa famille en doublant le nombre de ses membres[21] à titre de miséricorde de Notre part et de souvenir mémorable pour *[Nos]* adorateurs.

85 *[Souviens-toi]* d'Ismâ'îl, d'Idrîss et de Dhû al-Kifl : tous firent montre de patience !

86 Nous les introduisîmes au sein de Notre Miséricorde car ils étaient d'entre les gens pieux.

87 *[Souviens-toi]* de Dhû al-Nûn (Yûnus) lorsque, furieux, il quitta *[son peuple]* en pensant que Nous n'allions pas lui causer *[d'autre]* affliction. Puis il *[Nous]* implora dans les ténèbres : Il n'y a de dieu que Toi ! Gloire à Toi, certes oui, j'étais au nombre des transgresseurs.

**Commentaire** : Bien des traducteurs ont traduit *lan naqdira 'alayhi* par : pensant que Nous ne pouvions rien contre lui. Il est totalement exclu de penser qu'un prophète ait pu s'imaginer, ne fût-ce qu'un instant, échapper à la Puissance divine. C'est donc l'autre sens de *qadira* qu'il convient de retenir ici : celui d'affliger, peiner, mettre en difficulté.

88 Nous l'exauçâmes et le délivrâmes de ses affres : c'est ainsi que Nous sauvons les croyants.

89 Et *[souviens-toi]* de Zakariyâ lorsqu'il invoqua son Seigneur *[en ces termes]* : Seigneur, ne me laisse pas sans descendance bien que Tu sois le meilleur des successibles.

90 Nous l'exauçâmes en lui accordant Yahyâ *[pour fils]* après avoir guéri[22] son épouse *[de sa stérilité]* ; tous ceux-là s'empressaient d'accomplir de bonnes œuvres et Nous invoquaient *[à la fois]* par espoir (litt. : par désir) et par crainte tout en s'humiliant (ou : en se recueillant) devant Nous.

20 Ils extrayaient des perles pour le compte de Salomon.

21 Litt. : et avec eux autant qu'eux...

22 *Aslaha* qui signifie littéralement « améliorera ».

91 *[Souviens-toi]* de celle qui sut préserver sa virginité[23] et à laquelle Nous
avons insufflé *[quelque chose]* de Notre Esprit en faisant d'elle et de
son fils un signe pour les mondes !
92 *[Hommes]*, cette communauté-ci est bien une communauté unique et
Je suis quant à Moi votre Seigneur : aussi adorez-Moi !
93 Mais ils divergèrent dans leurs convictions religieuses et pourtant
tous reviendront à Nous !
94 Quiconque accomplit des œuvres pies en croyant *[en Dieu]* ne sera
pas payé d'ingratitude pour sa démarche et c'est Nous qui lui inscri-
rons *[ses œuvres à son actif]*.
95 Il est impossible à une cité dont Nous avons prévu l'anéantissement
de s'amender (litt. : de revenir, *yarji'ûn*),

**AUTRE POSSIBILITÉ DE TRADUCTION :**

— Il est impossible à une cité que Dieu a anéantie de revenir en ce monde.

— Les cités que Nous avons anéanties seront contraintes de revenir *[dans l'Au-delà pour y être jugées]*.

96 et ce jusqu'à ce qu'on libère Ya'jûj et Ma'juj[24] qui dévaleront alors de
toutes les collines.
97 Alors la Promesse incontestable (*al-Haqq*) sera bien près *[de s'accom-*
*plir]* ; leurs regards brusquement figés, les mécréants s'exclameront :
Malheur à nous ! Nous ne nous préoccupions pas de cet événement
et nous étions iniques.
98 Vous et ce que vous adorez en dehors de Dieu servirez de combusti-
ble à la Géhenne à laquelle vous allez accéder.
99 Si ces idoles-là avaient bien été des divinités, jamais elles n'y seraient
entrées. Tous cependant, vous y demeurerez à jamais !
100 Ils laisseront entendre des gémissements alors qu'eux-mêmes seront
privés d'ouïe.
101 Ceux auxquels Nous avons assigné la félicité (ou encore : une place
enviable) de toute éternité, ceux-là seront éloignés du feu.

23 Litt. : son sexe.

24 A propos de Gog et Magog, cf. Commentaire Coran 18, 97.

102 Ils n'entendront *[même]* pas ses crépitements, s'abandonnant à jamais aux désirs de leurs âmes.
103 Ils ne seront pas affligés d'une terreur panique (litt. : la grande peur) et les anges les accueilleront *[par ces mots]* : Voici le Jour qui vous avait été promis !
104 Ce Jour-là Nous ploierons les cieux *[avec autant de facilité]* que l'on plie une feuille destinée à l'impression ; de la même façon que Nous avons initié la création Nous la recommencerons : cette promesse Nous incombe et Nous la réaliserons.
105 Déjà Nous avons consigné dans *[le livre]* des Psaumes, *[après les versets destinés]* au Rappel, que la terre reviendrait en héritage à Mes pieux serviteurs.

**Autre traduction possible** : Déjà Nous avons consigné dans les Écritures après l'avoir inscrit sur la Table gardée que…

106 Ce Livre contient certes un message *[édifiant]* à communiquer à un peuple d'adorateurs,
107 et Nous ne t'avons envoyé que comme miséricorde pour les mondes.
108 Dis : Il m'est seulement inspiré que votre Dieu est un Dieu Unique ; lui serez-vous soumis ?
109 Et s'ils se détournent dis-leur : Je vous ai tous informés sans faire de distinctions et j'ignore si *[l'échéance de]* ce qui vous est promis est proche ou lointaine.
110 Certes Dieu connaît ce qui se dit ouvertement comme Il sait ce que vous dissimulez
111 et j'ignore si ce sursis est pour vous une épreuve ou un moment de jouissance éphémère[25].
112 Seigneur, demanda le Prophète, juge selon la Vérité ! et notre Seigneur est le Tout Miséricordieux dont on implore l'aide contre vos assertions mensongères (litt : contre vos attributions).

25 Litt. : jusqu'à un moment donné.

Sourate 22

# Le Pèlerinage

*Au Nom de Dieu, le Tout Miséricordieux, le Très Miséricordieux*

1 Hommes, gardez-vous de votre Seigneur ! car le séisme *[accompagnant]* l'Heure sera chose terrifiante.

2 Le Jour où vous y assisterez, la nourrice effarée abandonnera son nourrisson et toute femelle enceinte avortera ; tu imagineras (litt. : tu verras) les hommes ivres bien qu'ils ne soient pas pris de boisson mais le châtiment de Dieu sera terrible.

3 Il est des gens qui veulent en découdre avec toi au sujet de Dieu sans aucune connaissance et qui suivent n'importe quel démon rebelle.

4 Or, il est écrit à leur encontre qu'il égarera celui qui s'en fait un allié, et le conduira au supplice du feu !

5 Hommes, si vous concevez des doutes au sujet de la Résurrection, *[sachez que]* Nous vous avons créés de terre puis d'une goutte *[de sperme]*, puis d'une adhérence, puis d'un embryon formé ou non encore formé afin de vous rendre évidente *[Notre Toute-Puissance]*. Nous laissons reposer dans les matrices ce que Nous voulons jusqu'à un terme fixé, puis Nous vous en expulsons, enfants, afin que vous parveniez ensuite à la force de l'âge. *[Enfin]*, il en est que l'on fait périr *[assez tôt]* tandis que d'autres sont ramenés à l'âge de la décrépitude au point de ne plus rien savoir de ce qu'ils avaient appris (litt. : su). Tu verras une terre *[jadis]* desséchée frémir et se boursoufler sitôt que Nous y déversons la pluie pour donner naissance à toutes sortes de magnifiques espèces *[de végétaux]*.

6 Cela parce que Dieu n'est autre que la Vérité, que c'est Lui qui vivifie les morts et qu'Il est Omnipotent,
7 et parce que l'Heure viendra — nul doute en ce qui la concerne — et que Dieu ressuscitera les habitants des tombeaux.
8 Parmi les hommes, il en est qui se lancent dans des débats au sujet de Dieu sans aucune connaissance ni aucune direction et sans *[se référer]* à des Écritures (litt.: un Livre) *[capables]* de les éclairer,
9 tournant le dos avec mépris afin d'égarer *[les hommes]* hors de la voie de Dieu. *[Ils seront]* voués à l'opprobre en ce monde et Nous leur ferons goûter au supplice du feu le Jour de la Résurrection.
10 Ce *[châtiment leur sera infligé]* pour prix de ce que leurs mains auront commis et parce que Dieu n'est pas injuste à l'égard de Ses serviteurs.
11 Il en est d'autres qui L'adorent aussi hésitants *[que s'ils marchaient]* au bord *[d'un précipice]* : un bien leur échoit-il ? ils s'apaisent ! Sont-ils victime d'une épreuve qu'ils font aussitôt volte-face[1] perdant ainsi *[le bénéfice de]* ce bas monde et de l'Ultime Demeure ; voilà un échec patent !
12 Ceux qui invoquent en dehors de Dieu des idoles qui ne sauraient leur nuire ni leur être utiles : voilà le comble du fourvoiement[2] !
13 Ils invoquent ceux qui sont plus susceptibles de nuire que d'être utiles. Quels détestables maîtres ! Quels exécrables alliés !
14 Dieu introduira ceux qui auront cru et pratiqué les œuvres pies dans des jardins arrosés de fleuves dans le sous-sol car Dieu fait ce qu'Il veut.
15 Celui qui pense que Dieu ne le soutiendra ni en ce monde ni dans l'Ultime Demeure n'a qu'à suspendre[3] une corde au plafond (litt.: au

1 Litt.: qu'ils se retournent la tête la première.
2 Ou encore : de l'égarement, de l'aberration.
3 Verset peu évident à comprendre de prime abord. D'abord à cause du choix des mots : le mot employé pour « corde » est en réalité le mot *sabab* (litt.: cause) ; celui qui est traduit par « plafond », *samā'*, désigne en fait le ciel. Enfin le conseil de « se pendre » traduit le mot *lyaqta'* signifiant proprement « qu'il coupe » d'où certaines traductions telles que : « qu'il tende une corde vers le ciel puis qu'il la tranche » qui nous paraissent en l'occurrence fautives. En fait *lyaqta* signifie dans ce verset « qu'il s'asphyxie » ou encore qu'il cesse de « toucher terre ».
Ainsi le désespéré n'est pas invité à trancher la corde comme il ressort de certaines traductions, mais bien à s'y pendre ce qui est tout différent.
Ce geste de désespoir peut-il modifier le cours des choses ? Certes non ! C'est cela que suggère le verset et rien d'autre.
En d'autres termes et pour faire saisir d'une manière un peu triviale le sens de ce verset on pourrait le « retraduire » en disant : Que celui qui désespère de Dieu aille se faire pendre, car Dieu dispose de Son royaume selon Son bon plaisir. Il est clair que ce verset ainsi interprété est à mettre en relation avec le verset onze où il est question de ceux qui adorent Dieu lorsque les circonstances sont favorables pour se retourner aussitôt contre Lui lorsqu'ils sont soumis à l'épreuve : sont-ils victime d'une épreuve qu'il font aussitôt volte-face !
D'autre part, certains commentateurs ont estimé que le pronom le employé dans la phrase celui qui pense que Dieu ne le soutiendra désignait le Prophète, auquel cas la traduction serait bien évidem-

ciel) et s'y pendre (*lyaqta'*) ! Puis, qu'il réfléchisse : son geste (litt. : son manège, ou encore : sa ruse) va-t-il dissiper ce qui provoque sa colère ?

16 Ainsi Nous le révélons en versets clairs et Dieu guide qui Il veut.

17 Au Jour de la Résurrection, Dieu départagera entre ceux qui ont cru *[en cette révélation]*, les juifs, les sabéens, les chrétiens, les zoroastriens et les polythéistes car Il est Témoin de toute chose.

18 Ne vois-tu pas que les habitants des cieux et de la terre se prosternent devant Lui ainsi que le soleil, la lune, les étoiles, les montagnes, les arbres, les animaux et un grand nombre d'hommes, y compris parmi ceux qui méritent un châtiment ? Et celui que Dieu veut humilier ne trouvera personne pour l'honorer, car Dieu fait ce qu'Il veut.

19 Voici deux *[groupes]* antagonistes qui se disputent au sujet de leur Seigneur. Les mécréants se verront confectionner des habits de feu et l'on versera par-delà leurs têtes une eau en ébullition

20 *[portée à une telle température]* qu'elle fera fondre leurs peaux et le contenu de leurs entrailles.

21 Des masses d'armes en fer leur seront destinées.

22 Chaque fois que, poussés par le désespoir, ils voudront en sortir, ils y seront ramenés *[au cri de]* : Goûtez au supplice du feu !

23 Certes Dieu introduira ceux qui ont cru et œuvré pieusement dans des jardins arrosés en sous-sol par des fleuves ; ils y seront parés de bracelets en or et de perles et y seront vêtus de soie.

ment : Celui qui pense que Dieu ne soutiendra pas Son Prophète en ce monde ni dans l'Ultime Demeure… qu'il aille se faire pendre !

24 Ils seront conduits *[à prononcer]* des paroles édifiantes (*tayyib*) et guidés sur la voie de Celui qui est Digne de louanges.

25 A tous ceux qui ont opté pour la mécréance en détournant *[les gens]* de la voie de Dieu et de la Mosquée sacrée que Nous avons fait édifier pour les hommes — sans faire de distinctions entre celui qui y demeure et celui qui s'y rend (*bâd*)[4] — Nous ferons goûter un châtiment douloureux ainsi qu'à ceux qui seront tentés d'y commettre un sacrilège.

26 Et *[souviens-toi]* lorsque Nous indiquâmes[5] à Ibrâhîm l'emplacement du Sanctuaire *[en lui enjoignant]* de ne rien M'associer et de purifier Ma Demeure à l'intention de ceux qui en feront le tour et *[de ceux qui y prieront]* debout, inclinés ou prosternés.

27 Et invite les hommes à accomplir le pèlerinage ; ils s'y rendront à pied et sur toute monture efflanquée en venant des régions les plus lointaines

28 afin d'assister pour leur compte à d'utiles *[transactions]* et d'invoquer le Nom de Dieu pendant des jours déterminés *[pour Le remercier]* de les avoir gratifiés de ce bétail à titre de subsistance. Mangez-en et nourrissez-en le pauvre misérable !

29 Puis *[une fois désacralisés]*, qu'ils se débarrassent de leur crasse, qu'ils s'acquittent de leurs vœux et qu'ils fassent les tournées rituelles autour de l'antique Sanctuaire.

**Commentaire** : C'est à dessein que nous avons traduit le début du verset d'une façon assez triviale (qu'ils se débarrassent de leur crasse) car cela nous paraissait correspondre assez bien à ce qui est suggéré par le texte arabe. Il faut savoir que, pendant le pèlerinage, il est fortement déconseillé au pèlerin de se laver de même qu'il lui est interdit de se couper les ongles, les cheveux ou de se raser. Cet état de négligence reflète l'indigence du serviteur et il est censé évoquer la condition qui sera la sienne au Jour du Jugement lorsqu'il se présentera devant son Seigneur.

Si l'on se réfère à d'autres commentateurs, il faudrait traduire différemment ce passage par : qu'ils achèvent d'accomplir leurs rites.

Quant aux tournées rituelles évoquées à la fin du verset, les exégèses s'accordent pour les identifier aux circumambulations consécutives à la redescente de *'Arafât (tawâf al-'ifâda)*.

30 Telle est *[Notre prescription]* ! Quiconque vénère ce que Dieu a établi de sacré s'attirera un bien auprès de son Seigneur ; *[la consommation]* des animaux domestiques vous est licite exception faite de ceux qui vous ont déjà été énumérés[6]. Abstenez-vous devant Dieu de la souillure que représentent les idoles et abstenez-vous du faux témoignage,

4 Le *bâdî* désigne ici le bédouin qui ne réside pas à La Mecque.

5 Litt. : Nous établîmes, *bawwa'nâ*, ou encore : Nous préparâmes, au dire de certains commentateurs.

6 Ou encore : de ceux dont l'interdiction vous a été prescrite.

31 en purs monothéistes sans rien Lui associer. Celui qui prête un associé à Dieu est comparable à un homme tombé du ciel qui serait ravi par les rapaces ou que le vent emporterait au loin.
32 Ainsi en est-il ! Le respect que vous témoignez pour les sacrifices institués par Dieu *(sha'â'ir*[7]*)* procède de la piété du cœur (litt. : des cœurs) ;
33 **vous serez en droit de tirer parti des bêtes *[destinées à l'offrande]* jusqu'à un terme déterminé, puis elles seront sacrifiées dans l'antique Sanctuaire.**

**Commentaire** : Vous serez en droit de tirer parti des bêtes *[destinées à l'offrande]* en buvant leur lait ou bien en les montant, par exemple. Autre traduction possible si l'on interprète le mot *sha'â'ir* comme étant les lieux sacrés du pèlerinage : vous bénéficierez en ces lieux d'avantages commerciaux (ou encore : de mérites religieux) jusqu'à un terme fixé, puis vous vous désacraliserez (lors du *tawâf* de la redescente) dans l'antique Sanctuaire.

34 Nous avons institué des rites pour chaque communauté afin qu'elles invoquent le Nom de Dieu sur les animaux domestiques dont Nous les avons gratifiées et votre divinité est une Divinité Unique. Soumettez-vous à Elle et annonce *[ô Prophète]* la bonne nouvelle aux humbles,
35 ceux dont le cœur palpite au souvenir de Dieu, ceux qui témoignent de constance dans l'épreuve (ou : dans l'adversité), qui accomplissent la prière et répandent en aumônes une partie de ce dont Nous les avons gratifiés.
36 Nous avons institué les chameaux à votre intention comme prescriptions divines : ils sont d'un grand profit pour vous ! Invoquez sur eux le Nom de Dieu lorsque, debout sur trois pattes *(sawwâf)*, *[ils vont être sacrifiés]*. Et lorsqu'ils seront gisants sur leur flanc vous pourrez en manger et en nourrir le mendiant ainsi que le nécessiteux digne. C'est ainsi que Nous vous les avons soumis afin que vous témoigniez de votre gratitude.
37 Ni leur chair ni leur sang ne vous vaudront *[la Faveur]* de Dieu (litt : n'atteindront Dieu), mais c'est votre crainte salvatrice *(taqwâ)* qui vous vaudra Sa Faveur. C'est ainsi qu'Il vous les a soumis afin que vous magnifiez Dieu pour vous avoir guidés ; et annonce cette bonne nouvelle aux vertueux.
38 Certes Dieu prendra la défense des croyants et Il n'aime pas les traîtres ingrats *(kafûr)*.

---

7 Trois interprétations ont été avancées pour la compréhension du mot *sha'â'ir* :
— Les *sha'â'ir* sont les bêtes destinées au sacrifice.
— Les *sha'â'ir* sont les lieux sacrés ('Arafât, Minâ, Muzdalifa, etc.) que traverse le pèlerin lors du pèlerinage.
— Les *sha'â'ir* sont l'ensemble des rites et prescriptions divines.

39 Permission est donnée désormais à ceux qui ont été injustement agressés *[de se défendre]* — et Dieu est en mesure de leur assurer la victoire ;

40 *[à]* ceux qui ont été expulsés de leur territoire sans autre motif que d'avoir proclamé : Dieu est notre Seigneur ! Et si Dieu ne dressait pas les hommes les uns contre les autres, des monastères eussent été détruits ainsi que des églises, des synagogues et des mosquées dans lesquelles on invoque fréquemment le Nom de Dieu et Dieu accordera la victoire à ceux qui soutiennent Sa cause car Dieu est Puissant et Fort,

41 *[à]* ceux qui, une fois que Nous aurons consolidé leur position sur terre, accompliront leur prière, acquitteront l'aumône prescrite, ordonneront le licite et interdiront le blâmable. Et c'est auprès de Dieu qu'aboutit toute chose.

42 Et s'ils te traitent d'imposteur *[sache]* qu'avant toi les peuples de Nûh, de 'Âd, et de Thamûd,

43 d'Ibrâhîm et de Lût et

44 les habitants de Madyan *[en ont fait de même avec leurs prophètes]* ; que Mûssâ a été traité de menteur et qu'après avoir octroyé un délai aux mécréants, Je les ai châtiés et quelle ne fut pas Ma réprobation !

45 Combien avons-Nous anéanti de cités iniques qui sont maintenant désertées bien que leurs toits *[soient encore debout]* avec leurs puits taris et leurs palais altiers *[abandonnés]* ?

**Autre traduction possible :** Combien avons-Nous anéanti de cités iniques qui sont maintenant écroulées sous leurs toits…

46 N'ont-ils pas parcouru ces contrées afin que leurs cœurs méditent sur ce qui leur était arrivé *(bihâ)* et qu'ils tendent l'oreille pour s'informer de leur sort *(bihâ)* ? Ce ne sont pas les regards qui sont atteints de cécité, mais les cœurs enserrés dans les poitrines.

47 Ils te demandent de précipiter le châtiment mais Dieu ne faillira pas
à Sa promesse : un jour auprès de ton Seigneur équivaut à mille ans
selon votre comput.
48 A combien de cités ai-Je accordé un délai en dépit de leur iniquité ? Puis
Je m'en suis emparé et c'est auprès de Moi que s'achève toute destinée[8].
49 Dis-leur : Hommes, je suis seulement chargé auprès de vous de vous
adresser une claire mise en garde.
50 Ceux qui auront cru et pratiqué les œuvres pies auront droit au Par-
don *[de Dieu]* et à une noble récompense.
51 Ceux qui se seront appliqués à mettre Nos versets en défaut seront
les hôtes de la Géhenne.
52 Et il n'est aucun prophète avant toi ni aucun envoyé qui n'ait espéré *[la
guidance de sa communauté]* ; lors le diable sema le trouble[9] chez *[ceux
qui faisaient l'objet de]* leurs espérances mais Dieu effaça ses sugges-
tions *[du cœur des croyants]* tout en confirmant Ses versets et Dieu est
Très Puissant, Très Sage.

**Commentaire :** Certains commentateurs mal inspirés ont prétendu en se basant sur des *hadîths* irrecevables que le diable aurait mêlé ses propres suggestions à l'inspiration du Prophète en le poussant à son insu à faire l'éloge des principales idoles mecquoises. Si tel avait été le cas, on ne voit pas comment il serait possible désormais de faire confiance à la révélation ! On pourrait toujours objecter que Dieu effaça ses suggestions, mais qui nous garantirait alors que cette partie du verset elle-même n'est pas d'inspiration diabolique ?
La seule interprétation possible est celle qui est suggérée par le shaykh 'Abd al-'Azzîz al-Dabbâgh dans son ouvrage « *Al-'Ibrîz* » et que nous avons retenue pour notre traduction à savoir que l'espoir des prophètes, toutes révélations confondues, est de guider leur communauté. Or le diable n'a de cesse de faire des suggestions pernicieuses à ces communautés dont les prophètes espèrent la guidance, suggestions dont Dieu efface la trace chez ceux qui sont destinés à être guidés, tout en abandonnant les autres à leur sort.

53 Et Il fit des suggestions du diable une épreuve pour ceux dont le cœur
était malade ou endurci, car les iniques sont en divergence profonde
*[avec les croyants]*,
54 de même qu'Il fit connaître *[par ce biais]*, à ceux qui avaient reçu la
science, que le Coran était la Vérité *[exprimée]* par ton Seigneur afin
qu'ils y ajoutent foi et que leur cœur se recueille devant elle. Et Dieu
conduit ceux qui ont la foi sur une voie droite.
55 Les mécréants, quant à eux, ne cesseront d'être dans le doute à son
sujet jusqu'à ce que l'Heure les surprenne à l'improviste ou que
s'abatte sur eux le châtiment d'un Jour définitif[10].

8 Ou encore : c'est auprès de Moi que tout doit revenir.
9 Ou encore : fit des suggestions perverses.
10 Litt. : stérile.

56 En ce Jour le royaume reviendra à Dieu qui tranchera (ou encore : jugera, ou arbitrera) entre eux. Ceux qui auront cru et pratiqué les œuvres pies seront dans les jardins des délices.
57 Quant aux mécréants et à ceux qui auront traité Nos versets d'impostures, un châtiment avilissant leur est destiné.
58 Nous accorderons à ceux qui ont émigré pour la cause de Dieu, puis qui ont été tués ou sont morts *[avec toi en exil]*, une excellente récompense *(rizqan)* et Dieu est le Meilleur des Pourvoyeurs *(Râziqîn)*.

**Commentaire** : Il est rapporté que des compagnons quelque peu jaloux du sort réservé aux martyrs demandèrent au Prophète ce qu'il adviendrait de ceux d'entre eux qui n'étaient pas morts au combat. C'est à cette occasion que fut révélé ce verset : Nous accorderons à ceux qui ont émigré...

59 Et Il les introduira en un lieu qui aura leur agrément et Dieu est Tout de Science et de Longanimité.
60 Ainsi en sera-t-il. Et Dieu prêtera main forte à celui qui, après avoir rendu coup pour coup[11], sera à nouveau victime d'une injustice car Dieu est Indulgent et Pardonneur ;
61 cela parce que Dieu *[dans Sa Puissance est capable]* d'insérer la nuit dans le jour et le jour dans la nuit et Dieu entend et voit tout ;
62 cela parce que Dieu est La Vérité et que ceux qu'ils invoquent en dehors de Lui sont sans consistance (litt. : *[représentent]* l'erreur, *al-bâtil*) et parce que Dieu est l'Altier *(al-'Alî)*, le Magnifique *(al-Kabîr)*.
63 Ne vois-tu pas que Dieu a fait descendre du ciel une pluie *[grâce à laquelle]* la terre devient verdoyante ? Certes Dieu est le Subtil, l'Informé !
64 Tout ce qui se trouve dans les cieux et sur la terre lui appartient et Dieu est Celui qui Se suffit à Lui-même *(al-Ghanî)*, le Digne de louanges.

11 Ou encore : qui, prenant des mesures de rétorsion proportionnelles à l'attaque qu'il a subie.

65 Ne vois-tu pas que Dieu a mis à votre disposition tout ce qui est sur
terre ainsi que les vaisseaux qui évoluent en mer sur Son Ordre ? Et
qu'Il empêche le ciel de chuter en terre sans Sa permission, car Dieu
est pour les hommes Compatissant et Miséricordieux.
66 C'est Lui qui vous a donné la vie, qui vous fera périr puis revivre, mais
l'homme est totalement ingrat.
67 Pour chaque communauté Nous avons institué des rites à observer.
Qu'ils évitent avec toi les controverses sur ce sujet ! Et convie *[les hommes]* à *[adorer]* ton Seigneur car tu es manifestement sur une voie
droite.
68 Et s'ils s'obstinent à en débattre avec toi, dis-leur : Dieu sait fort bien
ce que vous connaissez !
69 C'est Lui qui tranchera entre vous au Jour de la Résurrection sur les
sujets qui faisaient l'objet de vos différends.
70 Ignores-tu que Dieu connaît ce qu'il y dans les cieux et sur la terre,
tout étant consigné dans un Livre (il s'agit de la Table gardée). Cela ne
présente pour Lui aucune difficulté.
71 Ils adorent, tout en excluant Dieu *[de leur culte]*, des idoles qu'Il n'a
nullement accréditées[12] mais les injustes seront privés de partisans
(ou : de soutiens).
72 Lorsque l'on psalmodie Nos versets explicites devant des mécréants
tu liras (litt. : tu verras) la réprobation sur leurs visages : peu s'en
faut qu'ils ne se jettent sur ceux qui les leur récitent. Dis-leur : Vous
indiquerai-je quelque chose de pire ? Le Feu que Dieu a promis aux
mécréants ! Et quel détestable avenir !

12 ou encore : pour l'adoration desquelles Il ne leur a donné aucun argument.

73 Hommes, un exemple vous est proposé auquel vous devriez prêter l'oreille. Ceux que vous invoquez en dehors de Dieu ne créeront jamais une mouche quand bien même ils se réuniraient tous à cette fin ; et si la mouche leur dérobait quelque objet, ils ne pourraient se le faire restituer : pareille faiblesse du solliciteur et du sollicité.
74 Ils n'ont pas donné à Dieu Sa véritable mesure (ou : Ils n'ont pas apprécié Dieu à Sa juste valeur) ; certes Dieu est Puissant et Fort.
75 Dieu choisit des émissaires parmi les anges ainsi que parmi les hommes, car Dieu entend et voit tout.
76 Il sait ce qui est devant comme derrière eux et c'est vers Dieu que seront ramenées toutes choses[13].
77 Ô vous qui avez la foi, inclinez-vous, prosternez-vous et adorez votre Seigneur afin d'obtenir la réussite.
78 Combattez pour Dieu comme il se doit. C'est Lui qui vous a élus et Il n'a pas institué à votre encontre (ou encore : à votre détriment)[14] *[d'obligations]* oppressantes dans *[votre]* religion *[qui est aussi]* celle de votre père Ibrâhîm : c'est lui qui vous a donné le nom de musulmans dans les Écritures antérieures comme dans ce *[Livre-ci]* afin que l'Envoyé soit un témoin à votre encontre et que vous soyez vous-mêmes témoins à l'encontre des hommes. Accomplissez donc la prière, acquittez l'aumône et recherchez la protection de Dieu qui est votre Souverain *(Mawlâ)*. Quel excellent Souverain ! Quel excellent soutien !

13 Ou encore : que tout aboutit. *(Ghédira)*.

14 Autre traduction plus élégante mais moins littérale que nous devons à Sadûq Mâzigh : Il ne vous a pas astreints à…

Sourate 23

## Les Croyants

*Au Nom de Dieu, le Tout Miséricordieux, le Très Miséricordieux*

1 Ont dores et déjà réussi
2 les croyants qui se recueillent dans leur prière,
3 qui se détournent des futilités,
4 qui acquittent l'aumône prescrite,
5 qui préservent leur sexe *[de tout rapport sexuel illicite]*
6 excepté avec leurs épouses ou les esclaves en leur possession *[avec lesquelles]* ils n'encourent aucun blâme,
7 quant à ceux qui recherchent *[du plaisir]* en outrepassant leurs droits *(dhâlik)*, ce sont des transgresseurs,
8 qui restituent les dépôts *[qu'on leur a confiés]* et respectent leurs engagements
9 et qui accomplissent leurs prières avec régularité;
10 ceux-là sont les successibles
11 qui recevront le Paradis (*Firdaws*[1]) en héritage et y demeureront à jamais.
12 Nous avons créé l'homme d'argile pure
13 puis Nous en avons fait une goutte déposée en lieu sûr;
14 de cette goutte Nous avons créé une adhérence[2] et de cette adhérence, un embryon. Puis de cet embryon Nous avons créé les os que Nous avons revêtus de chair, puis Nous en avons fait naître une autre création : Béni soit Dieu le Meilleur des créateurs.
15 Puis après cela vous goûterez à la mort
16 pour être ensuite ressuscités le Jour de la Résurrection.
17 Nous avons créé au-dessus de vous sept *[Cieux en]* strates *[superposées*[3]*]* et Nous ne sommes pas oublieux de cette création !

1 Cf. note du Coran, 18, 107 « La Caverne », le mot *Firdaws* qui est d'origine sanskrite est un des noms du Paradis dans le Coran. Il est à remarquer que les quelques noms d'origine « étrangère » employés dans le Coran attestent à leur manière d'une façon discrète de l'universalité de l'Islam. Ces vocables étrangers ont posé, semble-t-il, quelques problèmes aux théologiens compte tenu du fait que, selon le Coran lui-même, la révélation s'est faite en une langue arabe limpide ce qui devrait exclure l'usage de mots dont la racine n'est pas strictement arabe. Nous signalons simplement la question ici en nous contentant de renvoyer les lecteurs à des ouvrages qui ont traité de cette question tel l'*Itqân* de l'imâm al-Suyûtî.

2 « L'adhérence » (Nous avons créé une adhérence) paraît faire référence à une étape du processus de la fécondation connue sous le nom de nidation ; c'est le moment de l'implantation de l'embryon dans la muqueuse utérine. Puis Nous en avons fait naître une autre création : au moment où l'Esprit est insufflé à l'homme selon certains commentateurs, au moment où il vient au monde selon d'autres. Une interprétation qui n'est pas inintéressante voit dans cette autre création une allusion à la création permanente de Dieu qui maintient ainsi l'Univers.

3 Ou encore : autant de voies superposées.

18 Du ciel Nous faisons descendre en quantité (litt. : selon une mesure) *[déterminée]* une eau que Nous stockons en terre et que Nous sommes en mesure de faire disparaître.
19 Grâce à elle Nous faisons croître à votre intention des jardins *[plantés]* de palmiers et de vignes dans lesquels vous trouvez de nombreux fruits pour votre consommation,
20 ainsi que des oliviers (litt. : des arbres) poussant sur le mont Sinaï et qui produisent de l'huile, condiment *[à l'usage]* des consommateurs.
21 Et vous avez dans les animaux domestiques matière à réflexion : Nous vous abreuvons *[du lait]* contenu dans leurs entrailles et vous en faites de multiples usages, *[notamment]* pour votre consommation.
22 Ils assurent votre transport, de pair avec les vaisseaux[4].
23 Déjà Nous avions envoyé Nûh auprès de son peuple pour lui dire : Ô mon peuple, adorez Dieu, vous n'avez d'autres divinités que Lui. Vous préserverez-vous de Lui ?
24 Ceux d'entre les notables de son peuple qui avaient opté pour la mécréance argumentèrent : Ce n'est qu'un homme comme vous qui veut *[par ce biais]* acquérir une supériorité sur vous, et si Dieu l'avait voulu Il aurait envoyé (litt. : fait descendre) des anges. Nous n'avons jamais entendu une telle prédication (ou : rien entendu de semblable) même chez nos plus lointains ancêtres.
25 Ce n'est qu'un homme possédé par les djinns. Observez-le pendant un certain temps.

**Commentaire :** Pendant un certain temps c'est-à-dire jusqu'à sa mort ou jusqu'à ce que ses djinns l'aient abandonné.

26 Seigneur, invoqua-t-il, accorde-moi Ton soutien car ils m'ont traité d'imposteur.
27 Nous lui inspirâmes alors de fabriquer l'Arche sous Nos yeux et selon Nos indications et lorsque viendra Notre Ordre et que le four sera entré en ébullition, emporte dans l'Arche deux couples de chaque espèce ainsi que ta famille — exception faite de ceux contre lesquels une décision a déjà été retenue — et ne Me parle plus en faveur de ceux qui se sont montrés iniques car ils seront noyés inéluctablement[5].

---

4 En mer.
5 Cf. Cor. 11, 36.

28 Et lorsque tu seras monté à bord de l'Arche avec ceux qui t'accompagnent, dis : Louange à Dieu qui nous a délivrés du peuple des injustes.
29 Puis rajoute : Seigneur, fais-moi aborder un rivage béni car Tu es le meilleur des hôtes.
30 En tout cela il y a des signes et Nous mettons volontiers *[les hommes]* à l'épreuve.
31 Puis après ceux-là Nous suscitâmes (créâmes) une nouvelle génération
32 à laquelle Nous envoyâmes un prophète issu de ses rangs (ou : choisi parmi eux) pour lui ordonner : Adorez Dieu, vous n'avez d'autres divinités que Lui ! Allez-vous enfin vous En préserver !
33 Les notables de son peuple qui avaient choisi la mécréance et traité la rencontre de l'Ultime Demeure d'imposture[6] — ceux-là mêmes auxquels Nous avions accordé le luxe en la vie de ce monde — s'écrièrent : Ce n'est rien d'autre qu'un homme comme vous qui mange et boit comme vous !
34 Si vous obéissez à un homme en tout point pareil à vous, vous serez inévitablement voués à la perdition.
35 Vous promet-il qu'une fois morts et réduits à n'être plus que des os et de la poussière vous serez ressuscités ?
36 Chimères ! Chimères que ce qui vous est promis !
37 Il n'est de vie que celle de ce bas monde : nous vivons, nous mourrons et nous ne serons pas ressuscités.
38 Ce ne peut être qu'un homme qui profère des mensonges au sujet de Dieu et nous ne lui accordons aucun crédit.
39 Seigneur, invoqua-t-il, accorde-moi Ton soutien car ils m'ont traité d'imposteur.
40 D'ici peu, lui répondit-Il, ils en viendront à le regretter.
41 Un hurlement *[émis]* par la Vérité les figea (litt. : les saisit) et Nous en fîmes des déchets. Arrière, peuple d'injustes !
42 Puis Nous suscitâmes (créâmes) après eux de nouvelles générations.

6 Ou encore : nié la rencontre de l'ultime Demeure.

43 Aucune communauté ne saurait hâter ni différer le terme qui lui est
imparti.
44 Puis Nous envoyâmes Nos prophètes qui se succédèrent les uns après
les autres. Chaque fois qu'un prophète se présentait à une commu-
nauté, elle le traitait d'imposteur. Nous les fîmes ainsi se succéder
les uns aux autres tout en faisant des exemples légendaires. Arrière,
peuple d'incroyants !
45 Puis Nous envoyâmes Mûssâ et son frère Hârûn munis d'un pouvoir
manifeste
46 auprès de Pharaon et de sa cour, mais ils s'enflèrent d'orgueil car ils
étaient un peuple altier.
47 Pourquoi croirions-nous, dirent-ils, en deux hommes comme nous
alors que leur peuple nous est asservi ?
48 Aussi les traitèrent-ils d'imposteurs, ce qui occasionna leur perte.
49 Nous avions accordé les Écritures à Mûssâ afin qu'ils soient guidés.
50 Et nous fîmes du fils de Maryam et de sa mère un signe *[à destination
des hommes]* et leur accordâmes un refuge sur une colline agrémentée
de vergers et de sources.

**Ou encore :** sur une colline peu accidentée et agrémentée de sources.

51 Ô envoyés *[de Dieu]*, nourrissez-vous d'aliments sains et œuvrez
pieusement car Je suis parfaitement Informé de vos œuvres.
52 Cette communauté-ci est la vôtre, une communauté unique et Je suis
quant à Moi votre Seigneur, aussi gardez-vous de Moi !
53 Puis leurs adeptes s'entre-déchirèrent du fait de plusieurs Livres révé-
lés, chaque parti se satisfaisant de son propre corpus d'Écritures.
54 Laisse-les s'enfoncer dans leur ignorance pour quelques temps.
55 S'imaginent-ils que le soutien financier et les enfants *[dont Nous les
gratifions]*
56 soient une avance pour eux sur leurs biens *[à venir]* ? Ils sont plutôt
dans l'illusion[7] !
57 Ceux qui sont compatissants (ou : qui s'émeuvent) par crainte de leur
Seigneur,
58 ceux qui croient à Ses signes,
59 ceux qui ne Lui donnent pas d'associés,

7 Il nous semble, bien qu'à notre connaissance aucun commentaire ne l'indique, qu'on aurait pu donner des versets 55 et 56 une interprétation assez différente : S'imaginent-ils que le soutien financier et les enfants *[dont Nous les gratifions soient un bien pour eux]* ? / En réalité Nous Nous empressons de leur donner *[ici-bas]* les biens *[qui leur reviennent]* mais ils ne s'en rendent même pas compte.

60 ceux qui donnent ce qu'ils ont à acquitter le cœur empli de crainte à l'idée qu'ils reviendront auprès de leur Seigneur,

61 ceux qui tout en rivalisant dans l'accomplissement (ou : qui s'empressent d'accomplir) des bonnes œuvres[8] se retrouvent parmi les devanciers *[en Paradis]*.

62 Nous n'imposons à chacun que ce qu'il est en mesure de supporter et Nous disposons[9] d'un Livre qui témoigne de la Vérité (litt. : qui parle selon la Vérité) et ils ne seront pas lésés.

63 Leurs cœurs cependant ne se soucient nullement de cette Vérité et ils ont également d'autres méfaits de moindre envergure à commettre,

64 si bien que lorsque Nous aurons infligé un châtiment aux plus aisés d'entre eux, ils se mettront aussitôt à lancer des appels au secours.

65 En ce Jour, trêve de clameurs ! Vous ne recevrez aucun secours contre Nous.

66 N'aviez-vous pas tourné les talons après avoir entendu réciter Mes versets ?

67 Vous enorgueillissant[10] de la Mosquée sacrée *(bihi)*, vous lanciez des injures *[à l'encontre de l'Islam et de son Envoyé]* lors de vos conversations nocturnes.

68 N'ont-ils pas médité le Coran ? Ou bien ont-ils reçu ce qui n'est jamais parvenu à leurs lointains ancêtres ? (ou encore : ce dont leurs lointains ancêtres n'ont jamais entendu parler).

69 A moins que l'Envoyé ne soit pour eux un inconnu ? ce qui expliquerait leur reniement.

70 Ou prétendent-ils qu'il est possédé par les djinns ? Que non ! Il est venu à eux porteur de la Vérité, mais la plupart d'entre eux tiennent la Vérité en horreur.

71 Si la Vérité était conforme à leurs passions, les cieux la terre et ce qu'ils contiennent se seraient désintégrés. Nous leur transmettons pourtant *[de quoi leur apporter]* la gloire *(dhikrihim)* mais *[malgré cela]* ils s'en détournent[11].

72 A moins que tu ne leur réclames un tribut ? Or le salaire de ton Seigneur est bien préférable et Il est le Meilleur des Dispensateurs *(Râziqîn)*.

73 Il est certain que tu les conduis sur une voie droite

74 et que ceux qui ne croient pas à l'Ultime Demeure s'en écartent.

8 Autre traduction : qui attendent avec empressement *[le salaire]* de leurs bonnes œuvres.

9 Litt. : par-devers Nous...

10 Vous enorgueillissant de la Mosquée sacrée *(bihi)*, vous vous détourniez *[de la Vérité]*... Cela dépend des différentes lectures qui attestent *tuhjirûn* aussi bien que *tahjurûn*.

11 Ou : Nous leur transmettons de quoi les rappeler *[à l'ordre]* mais ils se détournent de ce rappel.

75 Leur eussions-Nous fait miséricorde en les délivrant des épreuves qui
les affligent, qu'ils n'en auraient pas moins persisté à s'aveugler dans
leurs débordements.
76 Déjà Nous leur avons infligé les *[premiers]* châtiments sans que pour
autant ils s'abaissent ni s'humilient devant leur Seigneur,
77 si bien que lorsque Nous déclencherons contre eux une variété de
châtiment encore plus redoutable, ils seront totalement désempa-
rés[12].
78 C'est Lui qui a créé à votre intention l'ouïe, la vue et le cœur ; vous n'en
êtes guère reconnaissants.
79 C'est Lui qui vous a disséminés sur terre et c'est auprès de Lui que
vous serez rassemblés.
80 C'est Lui qui donne la vie et la mort et qui fait succéder la nuit au jour.
N'y réfléchirez-vous point ?
81 Ils ne font au contraire que répéter les propos tenus par les peuples
anciens.
82 Lorsque nous mourrons, disent-ils, et que nous ne serons plus que de
la poussière et des ossements, serons-nous ressuscités ?
83 On nous a déjà fait cette promesse auparavant ainsi qu'à nos ancêtres.
Ce ne sont là que d'antiques légendes !
84 Réponds-leur : A qui appartient la terre et ceux qui la peuplent,
l'ignorez-vous ?
85 A Dieu, répondront-ils. Pourquoi donc ne vous en souvenez-vous
pas ?
86 Interroge-les *[à nouveau]* : Qui donc est le Seigneur des sept Cieux et
Celui du Trône sublime ?
87 C'est Dieu, répondront-ils ! Allez-vous enfin vous *[en]* préserver ?
88 Demande-leur : Qui détient en Ses Mains[13] le royaume de toute chose
et Qui accorde Sa protection sans avoir besoin d'être protégé ? L'igno-
rez-vous ?
89 C'est Dieu, répondront-ils. Comment pouvez-vous vous laisser ainsi
abuser ?

12 Ce verset fait allusion à la bataille de Badr.
13 Litt. : en Sa Main.

90 C'est bien la Vérité que Nous leur avons transmise mais ils ne sont que des menteurs.
91 Dieu ne s'est pas choisi de fils, pas plus qu'il n'y avait une autre divinité à Son côté. *[Si tel avait été le cas]* chaque divinité aurait emporté sa création en cherchant à dominer ses rivales. Gloire à Dieu qui transcende de loin de telles attributions !
92 Il connaît le manifesté comme le non-manifesté : exalté soit-Il au-delà des associés qu'ils Lui donnent !
93 Dis : Seigneur, si Tu devais me montrer le châtiment qui leur est promis,
94 ne me place pas au milieu de ce peuple d'injustes !
95 Certes Nous sommes en mesure de te montrer ce que Nous leur avons promis ;
96 repousse la faute (l'associationnisme) par une œuvre excellente (la profession de foi) ; Nous savons fort bien ce qu'*[injustement]* ils *[M']*attribuent,
97 et dis : Seigneur, préserve-moi des suggestions démoniaques
98 et préserve-moi, Seigneur, de leur présence !
99 Quand la mort surprendra l'un d'entre eux, il s'écriera : Seigneur, fais-moi revenir *[à la vie]*,
100 peut-être ferai-je œuvre pie en ce bas monde que j'ai laissé *[derrière moi]*. Que non ! Voilà bien une parole en l'air[14]. Derrière eux est dressé un isthme *[qui demeurera]* jusqu'au Jour où ils seront ressuscités.
101 Au Jour où l'on soufflera dans les trompes, il ne sera plus question des liens de parenté qui les unissent et ils ne prendront plus de nouvelles *[les uns des autres]*.
102 Ceux dont les œuvres auront du poids, ceux-là seront les bienheureux !
103 Quant à ceux dont les œuvres seront insignifiantes[15] ils auront été cause de leur propre perte et demeureront dans la Géhenne à perpétuité,
104 le feu leur brûlera le visage, leurs lèvres seront grimaçantes.

14 Litt. : une parole qu'il profère *[inutilement]*.
15 Litt. : seront légères.

105 Ne vous récitait-on pas Mes versets que vous traitiez de mensonges ?
106 Ils répondront : Seigneur, c'est notre infortune qui nous a contraints
(litt. : vaincus) et nous étions un peuple d'égarés.
107 Seigneur, fais-nous sortir de l'enfer et si nous recommençons *[nos
méfaits]* alors nous serons injustes.
108 Taisez-vous (ou : demeurez-y), leur dira-t-Il, et ne M'adressez plus la
parole.
109 N'y avait-il pas une partie de Mes serviteurs qui disaient : Seigneur,
nous avons la foi, pardonne-nous et fais-nous miséricorde car Tu es
le Miséricordieux entre les miséricordieux.
110 Vous les avez pris en dérision au point qu'ils vous ont fait oublier de
vous souvenir de Moi et vous en avez fait un objet de dérision.
111 Aujourd'hui Je les récompense pour ce qu'ils ont enduré et leur réus-
site est assurée.
112 Combien d'années êtes-vous demeurés sur terre ? leur demandera-t-
Il.
113 Nous *[y]* sommes restés un jour ou une partie du jour, répondront-ils.
Interroge donc ceux qui savent compter.
114 Savez-vous que vous n'y êtes restés que peu de temps ? leur dira-t-Il.
115 Pensiez-vous que Nous vous avions créés sans but et que vous ne
reviendriez pas à Nous ?
116 Exalté soit Dieu, le Roi, l'*[unique]* Réalité (litt. : la Vérité), il n'est de
divinité que Lui, le Seigneur du noble Trône !
117 Quiconque invoque une autre divinité que Dieu n'a aucune preuve *[de
son existence]* ; c'est son Seigneur qui lui demandera des comptes et les
mécréants ne connaîtront pas la réussite.
118 Et dis : Seigneur, pardonne-moi et fais-moi miséricorde, car Tu es le
Meilleur des miséricordieux.

Sourate 24

# La Lumière

*Au Nom de Dieu, le Tout Miséricordieux, le Très Miséricordieux*

1 Voici une sourate que Nous révélons et prescrivons; Nous y avons révélé des versets explicites afin que vous vous les remémoriez.
2 Faites administrer à chacun de ceux, homme ou femme, qui ont commis l'adultère cent coups de bâton; ne soyez pas pris de compassion pour eux *[lors de l'application]* du Jugement *(dîn)* de Dieu si vous avez foi en Dieu et au Jour dernier et qu'un groupe de croyants assiste à leur châtiment.
3 Le fornicateur n'épousera qu'une femme adultère ou une associatrice; la femme adultère n'épousera qu'un fornicateur ou un associateur, tout cela étant interdit aux croyants.
4 Faites administrer à ceux qui lancent une accusation *[d'adultère]* à l'encontre de femmes honnêtes sans avoir produit quatre témoins, quatre-vingts coups de fouet et refusez à l'avenir de prendre en compte leur témoignage, car ce sont des prévaricateurs;
5 exception faite de ceux qui se seront repentis et amendés après cela, car Dieu est Pardonneur et Miséricordieux.
6 Quant à ceux qui lancent une accusation contre leurs épouses sans avoir d'autre témoin qu'eux-mêmes, qu'ils attestent par quatre fois devant Dieu de leur sincérité.
7 A la cinquième fois, ils en appelleront à la colère de Dieu sur eux-mêmes s'ils s'avèrent être des menteurs[1].

**Commentaire :** La procédure évoquée ici a reçu dans la jurisprudence islamique la dénomination de *mulâ'ana* (malédiction mutuelle). Il n'y a de cinquième fois que lorsque l'épouse persiste à nier les accusations de son mari.

8 La femme pourra s'éviter la sanction en attestant quatre fois par Dieu qu'il est un menteur.
9 A la cinquième fois, elle en appellera à la colère de Dieu contre elle-même s'il s'avère sincère (autrement dit : si elle s'avère être une menteuse).
10 N'étaient la faveur de Dieu et Sa Miséricorde, et le fait qu'Il est Sage et enclin à accepter votre repentir (*Tawwâb*) *[Il vous aurait tenu immédiatement rigueur de vos mensonges]*.

1 Dans le verset, la phrase est au singulier; nous l'avons mise au pluriel par souci d'homogénéité avec le verset précédent.

11 Ceux qui ont répandu la calomnie[2] *[au sujet d'al-sayyida 'Âisha]* ne
sont qu'une fraction d'entre vous. Ne vous imaginez pas qu'il s'agit
d'une mauvaise chose pour vous ; ce serait plutôt un bien. Chacun de
ceux qui y ont participé aura à répondre du péché dont il s'est chargé
(litt. : qu'il s'est ainsi acquis) et celui d'entre eux qui y a la plus grande
part est voué à un terrible supplice.
12 Pourquoi, lorsque vous avez entendu cette énormité, ne pas avoir
pensé du bien des croyants et des croyantes en disant : Voilà une
calomnie[3] évidente !
13 Pourquoi ne pas avoir produit quatre témoins *[à l'encontre des accu-
sés]* ? Pour ne l'avoir pas fait, ils sont des menteurs devant Dieu.
14 N'étaient la faveur de Dieu et la Miséricorde dont Il vous gratifie en
ce bas monde un terrible châtiment vous aurait été infligé pour vous
être livrés sans retenue *(afadtum)* à ces commérages.
15 Lors vous vous transmettiez ces propos de bouche à oreille sans
aucune connaissance des faits ; vous jugiez la chose sans importance
alors qu'elle est très grave au regard de Dieu.
16 Pourquoi ne pas avoir dit en entendant de tels propos : Il ne nous appar-
tient pas d'en discuter ! Gloire à Toi *[mon Dieu]*, quelle terrible calomnie !
17 Dieu vous met en garde de ne jamais retomber dans de telles erreurs
si vous êtes croyants,
18 et Dieu vous expose Ses versets et Il est Très Savant, Très Sage.
19 Ceux qui aiment voir se répandre des ragots sur le compte des croyants
sont voués à un châtiment douloureux en ce monde et dans l'Ultime
Demeure et Dieu sait, alors que vous êtes dans l'ignorance.
20 N'était la faveur de Dieu à votre endroit ainsi que Sa Miséricorde et
le fait que Dieu soit Compatissant et Très Miséricordieux *[Il aurait
précipité votre châtiment]*.

2 Commentaire : Cette regrettable affaire qui mit en cause la Mère des croyants partit d'un fait somme toute banal. Partie avec l'Envoyé de Dieu au cours de l'expédition contre les Banî Mustalaq, al-sayyida 'Âisha était restée en arrière lors d'une étape, à la recherche d'un collier qu'elle avait perdu. La caravane s'était éloignée sans se rendre compte de sa disparition. Revenu sur ses pas, Safawân b. al-Mu'attal aperçut la Mère des croyants qu'il fit aussitôt monter sur son chameau tandis que lui-même marchait à côté de l'animal tout en le tenant par ses rênes. Il la ramena ainsi auprès du Prophète et 'Abd Allâh b. Ubay b. Salûl qui était le chef de file des hypocrites vit là l'occasion rêvée de déverser son venin. Relayé par Hamna bint Jahsh, Mistah b. Athâtha et, dit-on, Hassân b. Thâbit, il fit courir les bruits les plus insidieux sur le compte de l'épouse du Prophète. C'est le Coran qui se charge ici de l'innocenter.

3 Commentaire : Ce verset est à mettre en rapport avec l'attitude qui fut celle d'Abû Ayyûb al-Ansârî lorsque, mis au courant de cette affaire, il interrogea son épouse : Aurais-tu commis l'adultère dans de semblables circonstances ? — Certes, non, lui répondit-elle !
— Es-tu meilleure qu'Âisha ? Bien sûr que non ! Alors notre opinion est faite, conclut Abû Ayyûb.

21 Ô vous qui croyez, ne suivez pas les traces du diable ! Car il ordonne à celui qui le suit à la trace de commettre des turpitudes et tout ce qui est répréhensible. N'étaient la faveur de Dieu à votre endroit et Sa Miséricorde aucun d'entre vous n'aurait jamais pu se purifier ! Mais Dieu purifie qui Il veut et Dieu entend et sait tout.

22 Que ceux d'entre vous qui sont favorisés *[de Dieu]* et vivent dans l'aisance ne fassent pas le serment de ne plus faire l'aumône à leurs proches parents, aux indigents et à ceux qui ont émigré pour la cause de Dieu, mais qu'ils se montrent plutôt indulgents et qu'ils pardonnent. N'aimeriez-vous pas que Dieu vous pardonne ? Et Dieu est certes Pardonneur et Miséricordieux.

**Commentaire** : Bien que d'une portée tout à fait générale, ce verset fut révélé à propos de sayyidnâ Abû Bakr qui avait « coupé les vivres » à Mistah b. Athâtha, petit-fils de sa tante maternelle, pour sa participation à la calomnie relative à al-sayyida 'Âisha. Mistah, qui avait participé à Badr et émigré avec le Prophète, se vit donc restituer la pension que lui allouait Abû Bakr à cause de sa pauvreté.

23 Ceux qui lancent des accusations *[infondées]* contre des croyantes chastes et insouciantes sont maudits en ce monde et dans l'Ultime Demeure et sont voués à un terrible supplice.

24 Le Jour où leurs langues, leurs mains et leurs pieds témoigneront de leurs œuvres à leur encontre,

25 ce Jour-là, Dieu leur accordera leur juste rétribution et ils sauront que Dieu n'est rien moins que la Vérité éclatante.

26 Les *[individus]* débauchés sont destinés aux femmes débauchées et les femmes débauchées aux hommes débauchés. Les individus purs sont destinés aux femmes pures et les femmes pures aux hommes purs : ceux-là sont innocents des calomnies dont les impurs les accusent. Le pardon *[de Dieu]* ainsi qu'une noble récompense leur sont destinés.

27 Ô vous qui avez la foi, n'entrez pas dans d'autres maisons que les vôtres sans en demander la permission et sans en avoir *[au préalable]* salué les habitants. Cela est préférable pour vous, peut-être prendrez-vous la chose en considération !

28 Et si vous n'y trouvez personne, n'y entrez pas tant qu'on ne vous en aura pas donné la permission ! Et si l'on vous dit de vous retirer, exécutez-vous ! Cela est plus pur pour vous, et Dieu est parfaitement Informé de ce que vous faites.

29 Vous n'encourez aucun blâme à pénétrer dans des demeures inhabitées dans lesquelles se trouvent des ustensiles vous *[appartenant]*, Dieu connaît aussi bien ce que vous dévoilez que ce que vous dissimulez.

30 Dis aux croyants de baisser leurs regards et de préserver leur sexe *[de tout rapport illicite]* ; ils n'en seront que plus purs et Dieu est parfaitement Informé de ce qu'ils font.

31 Et dis aux croyantes de baisser également leur regard et de préserver leur sexe ; qu'elles dissimulent leurs charmes (litt. : leurs parures, *zîna*) hormis ce qu'elles ne peuvent en cacher ; qu'elles rabattent leurs voiles sur leurs poitrines afin de ne dévoiler leurs charmes qu'à leurs seuls époux, ou en présence de leurs fils, des fils de leurs époux, de leurs frères et des fils de leurs frères ou de leurs sœurs, de leurs amies (croyantes) et de leurs esclaves ou encore des domestiques mâles qui ne sont pas libidineux ou des jeunes garçons qui ne connaissent rien du sexe féminin. Qu'elles ne frappent pas du pied *[en marchant]* pour que l'on sache qu'elles dissimulent des anneaux (litt. : des parures) et repentez-vous tous, croyants, auprès de Dieu en vue d'obtenir la réussite.

**Commentaire** : A propos des esclaves évoqués dans le Livre, les juristes ont envisagé trois réponses différentes dès lors qu'il s'agit d'esclaves mâles.

— Interdiction absolue pour la femme de se montrer devant lui comme elle le ferait devant un proche parent ; c'est la position de l'imâm al-Shâfi'î.

— Permission lui est donnée de se montrer à lui comme s'il s'agissait d'un parent; cet avis est celui d'al-sayyida 'Âisha et d'ibn 'Abbâs.

— Permission lui est donnée de se montrer à lui comme s'il s'agissait d'un parent dès lors que l'esclave est eunuque ou impuissant; cette position est celle de l'imâm Mâlik.

32 Mariez *[tout d'abord]* ceux d'entre vous qui sont célibataires ainsi que les gens pieux choisis parmi vos serviteurs et vos servantes ; s'ils sont pauvres, Dieu les enrichira par un effet de Sa Grâce et Dieu embrasse et connaît toutes choses.

33 Et que ceux qui ne trouvent pas à se marier fassent preuve de retenue jusqu'à ce que Dieu les enrichisse par un effet de Sa Grâce ; établissez par écrit un contrat *[d'affranchissement]* avec ceux de vos esclaves qui le désirent si vous les en jugez capables, en leur accordant une part des biens dont Dieu vous a gratifiés. Et ne contraignez pas à la prostitution vos jeunes esclaves qui désirent s'en préserver (ou : se marier) dans le but d'obtenir les biens de ce monde. Quant à celles qui y auront été contraintes, Dieu après cela Se montrera Pardonneur et Miséricordieux à leur endroit.

**Commentaire :** Ce verset fut révélé, entre autres, à propos de 'Abd Allâh b. Ubay b. Salûl qui contraignait deux de ses servantes à se prostituer pour en tirer profit. Comme elles étaient allées s'en plaindre au Prophète, ce verset fut révélé en vue de fustiger de telles pratiques.

34 Nous vous avons révélé des versets explicites ainsi que des exemples choisis parmi les communautés qui vous ont précédés, en guise d'exhortation à l'intention de ceux qui se préservent *[de Dieu]*.

35 Dieu est la Lumière des cieux et de la terre ; sa lumière est comparable à une niche contenant une lampe. La lampe est incluse dans un verre semblable à un astre étincelant, alimentée par un arbre béni, un olivier qui n'est ni d'Orient ni d'Occident et dont l'huile éclaire, ou peu s'en faut, même sans être touchée par le feu ! Lumière sur lumière ! Dieu conduit qui Il veut vers Sa lumière ; Il propose des exemples aux hommes et Il est Omniscient.

36 Dans des sanctuaires (litt. : des demeures) que Dieu a permis d'édifier et dans lesquels Il a autorisé de mentionner Son Nom,

37 des hommes, que ni le négoce ni les ventes ne distraient du souvenir de Dieu, de l'accomplissement de la prière et de l'acquittement de l'aumône prescrite, Le glorifient à l'aube et au crépuscule. Ils appréhendent le Jour où les cœurs seront bouleversés et les yeux révulsés.
38 *[Ils Le glorifient]* dans l'espoir que Dieu les rétribue pour ce qu'ils auront fait de mieux et qu'Il leur accorde un supplément de Sa Grâce et Dieu dispense sans compter Ses faveurs à qui Il veut.
39 Les œuvres des mécréants sont comparables à un mirage *[survenu]* en plaine ; l'assoiffé le prend pour de l'eau jusqu'au moment où, l'ayant atteint, il n'y trouve rien, *[ou plutôt]* il y trouve Dieu qui lui réglera l'intégralité de son dû et Dieu est prompt à faire les comptes ;
40 ou encore *[elles sont]* comparables à des ténèbres *[flottant sur]* un vaste océan recouvert de vagues qui s'entrechoquent et surplombé par un *[épais]* nuage. Ténèbres accumulées les unes sur les autres au point que celui qui tendrait la main pourrait à peine la distinguer ! Et de quelle lumière dispose celui que Dieu a privé de lumière ?
41 Ne vois-tu pas que les habitants des cieux et de la terre proclament Sa gloire ? Les oiseaux par rangées connaissent tous les prières et les louanges qui leur sont propres et Dieu est parfaitement Informé de ce qu'ils font !
42 C'est à Dieu qu'appartient le royaume des cieux et de la terre et c'est vers Lui que s'opère le retour de toute chose.
43 Ne vois-tu pas que c'est Dieu qui conduit les nuages et les fait converger si bien qu'ils s'amoncellent les uns sur les autres, puis tu vois la pluie se déverser à partir d'eux et Il fait descendre des nuées des montagnes de grêle qui tombent où bon Lui semble et épargne qui Il veut. Peu s'en faut que l'éclair ne *[les]* aveugle de son éclat !

44 Dieu fait succéder la nuit au jour et il y a bien là matière à réflexion
pour ceux qui possèdent le regard voulu.
45 C'est Dieu qui a créé tout le règne animal à partir de l'eau ; certains
d'entre vous évoluent sur leur ventre, d'autres sur leurs jambes, d'autres
avancent sur leurs quatre pattes et Dieu crée ce qu'Il veut car Dieu est
Omnipotent.
46 Nous avons révélé des versets explicites et Dieu dirige qui Il veut sur
une voie droite.
47 Nous avons foi en Dieu et en Son Envoyé, disent-ils, et nous obéirons.
Puis après cette affirmation, une fraction d'entre eux se détourne :
ceux-là ne sont pas des croyants.
48 Et lorsqu'ils sont conviés auprès de Dieu et de Son Envoyé afin qu'il
tranche leurs différends[4], ils *[choisissent de]* se détourner ;
49 à moins que le droit ne soit de leur côté, auquel cas ils accourent vers
lui, soumis.
50 Leur cœur recèle-t-il une maladie ? Ou bien sont-ils dans le doute ?
Ou encore craignent-ils d'être victimes d'une injustice de la part de
Dieu et de Son Envoyé ? Ceux-là ne mettent rien à sa juste place *(zâli-
mîn)*.
51 Or la seule réponse des croyants, lorsqu'ils sont appelés *[à comparaî-
tre]* devant Dieu et Son Envoyé pour trancher leurs différends, est de
dire : Nous avons entendu *[Ton verdict]* et nous y obéirons. Ceux-là
sont assurés de la réussite.
52 Ceux qui obéissent à Dieu et à Son Envoyé tout en ayant la crainte de
Dieu et en se préservant *[de Lui]*, ceux-là ont d'ores et déjà réussi.
53 Ils ont juré par Dieu en usant des serments les plus solennels que si tu
leur en donnais l'ordre ils vous accompagneraient (litt. : ils partiraient)
*[au combat]*. Dis-leur : Ne jurez de rien. Une obéissance affichée *[voilà
ce qui vous est demandé]* ! Certes Dieu est parfaitement Informé de ce
que vous faites.

4 ou encore : qu'il arbitre entre eux, ou : qu'il les départage.

54 Dis-leur : Obéissez à Dieu et obéissez à Son Envoyé ! Et s'ils se
détournent, il n'est responsable que de ce dont il est chargé et vous
n'êtes responsables que de ce dont vous êtes chargés. Et si vous lui
obéissez, vous vous mettrez dans la bonne direction et seule incombe
à l'Envoyé une claire transmission *[du message]*.

**Commentaire :** Il n'est responsable que de ce dont il est chargé (ou encore : Seul lui incombe ce dont il est chargé) c'est-à-dire de la transmission de la révélation, et vous n'êtes responsables que de ce dont vous êtes chargés (ou encore : seul vous incombe ce dont vous êtes chargés) c'est-à-dire l'obéissance aux préceptes qui vous sont communiqués.

55 Dieu a promis à ceux d'entre vous qui avaient la foi et œuvraient pieu-
sement de faire d'eux *[Ses]* lieutenants sur terre ainsi qu'Il l'avait fait
pour les communautés qui vous ont précédés et de raffermir cette
religion qu'Il avait agréée pour eux et de transformer leurs craintes
en quiétude. Vous M'adorerez sans rien M'associer et ceux qui som-
breront dans la mécréance après cette faveur, ceux-là seront les préva-
ricateurs !
56 Accomplissez la prière, acquittez l'aumône prescrite et obéissez à
l'Envoyé afin qu'il vous soit fait miséricorde.
57 Ne t'imagine pas que les mécréants pourront défier Dieu[5] sur terre ;
le feu leur tiendra lieu de refuge et quelle détestable destination !
58 Ô vous qui avez la foi, que ceux d'entre vous qui n'ont pas atteint la
puberté ainsi que vos esclaves demandent la permission *[d'entrer]* en
trois circonstances (litt. : par trois fois) : avant la prière de l'aube, au
cœur du jour *(al-zahîra)* lorsque vous vous dévêtez *[sous l'effet de la
chaleur]* et après la prière du soir. Ce sont pour vous trois moments
d'intimité ; en dehors de ces moments-là *(ba'da hunna)* vous n'encou-
rez aucun blâme ni les uns ni les autres, s'ils circulent parmi vous ou
si vous vous rendez les uns chez les autres. C'est ainsi que Dieu vous
expose Ses signes et Dieu est Très Savant, Très Sage.

**Commentaire :** Ce sont donc les trois moments où les serviteurs de maison ainsi que les enfants sont particulièrement tenus de demander la permission d'entrer : à l'aube, à la mi-journée et le soir.

5 Ou encore : ne pourront échapper à Dieu.

59 Si vos enfants parviennent à la puberté, qu'ils demandent la permis-
sion d'entrer comme le faisaient ceux qui les ont précédés. C'est ainsi
que Dieu vous expose Ses signes et Dieu est Très Savant, Très Sage.
60 Quant aux vieilles femmes qui n'espèrent plus le mariage, elles n'en-
courent aucun blâme à ôter *[certains]* habits sans exhiber pour autant
leurs atours. Mais il est tout de même préférable pour elles de s'en
abstenir et Dieu entend et sait tout.
61 L'aveugle, le boiteux, le malade pas plus que vous-mêmes n'encourez
aucun blâme à manger dans vos demeures, ni dans celles de vos père
et mère, ni de vos frères et sœurs, ni dans les demeures de vos oncles
et tantes paternels ou maternels, ni dans celles dont vous possédez les
clefs, ni dans celles de vos amis. Vous n'encourez aucun blâme à man-
ger ensemble ou séparément, et si vous pénétrez dans une demeure
adressez à ses habitants une salutation bénie et plaisante de la part
de Dieu. C'est ainsi que Dieu vous expose Ses signes afin que vous y
réfléchissiez.

**Commentaire** : Selon certains commentateurs, une partie du texte serait sous-entendue et il faudrait comprendre : l'aveugle, le boiteux et le malade n'encourent aucun blâme *[à ne pas se rendre à la guerre]*. Quant à vous…

Quant aux demeures dont vous possédez les clefs, ce sont celles qui sont gérées en commun à la suite d'une association ou de tout autre contrat semblable.

D'autre part, la phrase adressez à ses habitants traduit l'arabe *sallimû 'alâ anfusikum* qui signifie littéralement adressez-vous une salutation à vous-mêmes. Certains commentateurs ayant choisi de conserver le sens littéral estiment que cette injonction s'adresse à celui qui pénètre dans une maison inhabitée.

62 Les croyants qui ont foi en Dieu et en Son Envoyé, lorsqu'ils se trouvent avec lui pour une question d'intérêt général ne partent pas sans lui en avoir demandé la permission. Ceux qui sollicitent ton autorisation sont ceux qui ont foi en Dieu et en Son Envoyé. S'ils te sollicitent pour vaquer à l'une de leurs affaires personnelles, accorde ton autorisation à ceux d'entre eux que tu auras choisis et implore pour eux le pardon de Dieu car Dieu est Pardonneur et Miséricordieux.

63 N'interpellez pas l'Envoyé *[avec familiarité]* à la façon dont vous vous appelez les uns les autres[1]. Dieu connaît bien ceux qui se défilent en douce *[pour éviter le combat]*. Que ceux qui contreviennent à Ses ordres prennent garde de ne pas être victimes d'une sédition ou d'un châtiment douloureux !

64 N'est-il pas vrai que ce que contiennent les cieux et la terre appartient à Dieu. Dieu connaît fort bien vos convictions, et le Jour où ils seront ramenés à Lui Il leur rappellera quelles étaient leurs actions et Dieu est Omniscient.

Sourate 25

## La Discrimination (ou le Discernement)

*Au Nom de Dieu, le Tout Miséricordieux, le Très Miséricordieux*

1 Béni soit Celui qui a révélé le Discernement (*Furqân*[2]) à Son serviteur afin qu'il constitue une mise en garde pour les mondes,

2 Celui qui détient le royaume des cieux et de la terre, qui ne S'est pas choisi d'enfants, qui n'a pas d'associés en Son royaume et qui a créé toute chose selon une mesure déterminée.

1 Selon les différents commentaires, le début du verset peut se traduire différemment par :
— Ne mettez pas l'appel que vous lance le Prophète sur le même plan que les appels que vous vous lancez les uns aux autres. Ce qui revient à dire que répondre aux appels du Prophète est une obligation quelles que soient les circonstances, ce qui n'est pas vrai dans les autres cas. Ce sens est celui qui s'accorde le mieux de la suite du verset même si ce n'est pas celui pour lequel nous avons opté dans notre traduction.
— Ne vous figurez pas que les invocations du Prophète à votre encontre soient semblables à celles que vous vous lancez les uns contre les autres. Car les invocations du Prophète ne sont jamais repoussées et il convient de ne pas l'indisposer contre vous.
Révélé à propos de la bataille du fossé, ce verset contient une allusion aux hypocrites qui se refusaient à creuser un fossé autour de Médine en vue de sa défense tandis que les croyants sincères demandaient l'aval du Prophète pour abandonner leur travail en vue d'une urgence ; les hypocrites profitaient de la confusion ambiante pour abandonner leur poste sans s'en excuser.

2 Le « Discernement » ou la « Discrimination » est un des noms donnés au Coran. Cf. note 53 de Cor. 2, 185.

3 Ils se sont choisi, tout en L'excluant, des divinités qui ne créent rien et
qui sont elles-mêmes créées et qui ne sont pas en mesure d'être utiles
à elles-mêmes ni de se nuire, ni de provoquer la vie, ni la mort, ni la
Résurrection.
4 Ce n'est qu'une invention qu'il a forgée aidé d'autres personnes, affirment les mécréants, produisant ainsi un faux témoignage doublé d'une injustice.
5 Légendes de primitifs, disent-ils, qu'il fait transcrire et qu'on lui dicte matin et soir.
6 Réplique-leur : C'est Celui qui connaît *[ce qui demeure]* secret dans les cieux et sur la terre qui l'a révélé car Il est Pardonneur et Miséricordieux.
7 Qu'est-ce donc que ce Prophète qui prend ses repas *[comme tout un chacun]* et qui déambule sur les marchés ? Pourquoi un ange n'a-t-il pas été dépêché avec lui afin de mettre *[les hommes]* en garde ?
8 Que ne lui a-t-on lancé du ciel un trésor ? Ou pourquoi n'a-t-il pas à sa disposition un jardin dont il tire sa nourriture ? Vous ne suivez, prétendent les iniques, qu'un homme ensorcelé !
9 Considère les exemples dont ils ont usé à ton égard ! Ils seront incapables de trouver le bon chemin.
10 Béni soit Celui qui t'accordera selon Son bon plaisir bien mieux que cela : des jardins dont le sous-sol est arrosé de fleuves, et qui t'accordera des palais.
11 En réalité, ils ont traité l'avènement de l'Heure d'imposture et Nous avons promis le feu à quiconque le niait.

12 Lorsque la Géhenne les verra de loin, ils entendront ses grondements
et ses mugissements.
13 Et lorsqu'ils y seront jetés, enchaînés les uns aux autres en un espace
étroit, ils s'écrieront alors : Malheur à nous !
14 En ce Jour, ce n'est pas une seule fois qu'il vous faudra déplorer vos
malheurs en hurlant, mais un grand nombre de fois !
15 Demande-leur : Ceci est-il préférable au jardin perpétuel qui a été
promis en guise d'avenir et de rétribution à ceux qui se prémunis-
sent ?
16 Ils y trouveront ce qu'ils désirent et y demeureront à jamais. C'est une
promesse *[donnée]* en réponse à la demande *[des croyants]*.
17 Le Jour où Il rassemblera les idolâtres avec ce qu'ils adoraient en
dehors de Lui et où Il leur demandera (c'est-à-dire : qu'Il demandera
à leurs idoles) : Est-ce que c'est vous qui avez égaré Mes serviteurs que
voici ou bien est-ce que ce sont eux qui avaient perdu le chemin ?
18 Gloire à Toi ! répondront les idoles (litt. : répondront-ils). Il n'eût pas
été séant que Nous ayons pris des alliés en dehors de Toi mais Tu leur
as accordé ainsi qu'à leurs pères des faveurs *[en ce monde]* en sorte
qu'ils ont oublié de se souvenir *[de Toi]* et qu'ils étaient voués à la
perdition.
19 Ainsi opposeront-ils un démenti à vos assertions et vous ne trouverez
ni soutien ni échappatoire. Et Nous ferons goûter à ceux d'entre vous
qui se comportent injustement un châtiment terrible.
20 Nous n'avons pas envoyé avant toi de prophète qui ne mange comme
tout un chacun et ne se promène sur les marchés. Mais Nous avons
fait des hommes une source de tentation les uns pour les autres afin
de voir si vous alliez passer outre (litt. : l'endurer) et rien n'échappe à
ton Seigneur (litt. : et ton Seigneur voit toute chose).

21 Ceux qui n'espèrent pas Nous rencontrer se sont exclamés : Si seulement on avait fait descendre des anges auprès de nous ou que nous puissions voir notre Seigneur ! Ils se sont accordé bien de l'importance et ont passé les bornes de l'insolence.
22 Le Jour où ils verront les anges, ce ne sera pas une bonne nouvelle pour les criminels et ces derniers leur diront : Cette enceinte vous est interdite !

**Commentaire** : Selon certains commentateurs, la réflexion finale émane des criminels eux-mêmes.

23 Considérant alors les œuvres qu'ils auront accomplies, Nous en ferons de la poussière dispersée.
24 Ce Jour-là, les hôtes du Paradis jouiront d'un meilleur séjour et d'un meilleur lieu de repos.

**Commentaire** : Le Paradis est considéré comme un lieu où la veille est permanente ; le sommeil n'y est donc pas de mise, mais les commentateurs suggèrent en guise d'explication de ce passage que les croyants, malgré leurs nombreuses activités, conserveront une fraîcheur permanente.

25 Le Jour où les cieux se fendront sous le poids des nuages et où les anges seront précipités sur terre sans délai,
26 en ce Jour, la royauté véritable reviendra au Miséricordieux : ce sera un Jour pénible pour les mécréants.
27 *[Ce sera]* le Jour où les injustes s'en mordront les doigts en disant : Si seulement j'avais fait le chemin en compagnie de l'Envoyé !
28 Malheur à moi ! Si seulement je n'avais pas pris untel pour ami !
29 Il m'a détourné du Rappel après qu'il me fut parvenu et le diable est pour l'homme source d'avilissement.
30 Seigneur, dira alors l'Envoyé, mon peuple a pris ce Coran en aversion.
31 C'est ainsi que Nous avons suscité pour chaque prophète un ennemi choisi parmi les criminels, mais ton Seigneur sera pour toi un guide et un soutien suffisants.
32 Si seulement ce Coran avait été révélé en une seule fois ! déplorent les mécréants. Si Nous l'avons révélé graduellement (litt. : ainsi), c'est en vue de raffermir ton cœur et Nous l'avons psalmodié par étapes.

33 Nous te révélerons la Vérité avec des arguments plus convaincants
*[afin de répliquer]* à tous les exemples qu'ils te proposeront.
34 Ceux qui seront rassemblés dans la Géhenne face contre terre occu-
peront la plus mauvaise place, *[celle]* des plus égarés.
35 Déjà Nous avions accordé les Écritures à Mûssâ et Nous avions fait
de son frère Hârûn son second à ses côtés,
36 en leur enjoignant de se rendre auprès du peuple qui avaient traité
Nos signes d'impostures et que Nous anéantîmes en totalité.
37 Et lorsque le peuple de Nûh eut traité Nos envoyés d'imposteurs,
Nous les fîmes engloutir par les flots en faisant d'eux un signe à l'in-
tention des hommes et Nous avons promis aux injustes un châtiment
douloureux.
38 *[Nous fîmes de même]* avec les peuples de 'Âd et de Thamûd ainsi
qu'avec les compagnons du puits et des générations intermédiaires.

**Commentaire** : L'identité de ces compagnons du puits est loin de faire l'unanimité ; il semble cependant qu'ils doivent leur nom au fait d'avoir jeté le prophète que Dieu leur avait destiné dans un puits afin de s'en débarrasser.

39 A chacune de ces communautés Nous avions proposé des exemples,
puis Nous les avons totalement anéanties.
40 Ils étaient pourtant passés par ces cités sur lesquelles s'était déversée
une pluie funeste. Ne les avaient-ils pas vues ? En réalité, ils pensaient
bien ne pas être ressuscités.
41 Et lorsqu'ils te voient ils te prennent uniquement comme objet de
leurs railleries : Est-ce celui-ci que Dieu a envoyé comme prophète ?
42 Peu s'en est fallu qu'il ne nous ait détourné de nos divinités, n'était
notre attachement pour elles. Mais ils finiront bien par savoir, en
voyant le châtiment, lequel d'entre vous était le plus égaré.
43 As-tu médité l'exemple de ceux qui ont pris leur passion pour divi-
nité ? Es-tu chargé de veiller sur eux ?

44 Penses-tu que la plupart d'entre eux entendent ou soient doués de
raison ? On ne peut les comparer qu'à du bétail, à moins qu'ils ne
soient davantage plongés dans l'égarement.
45 Ne vois-tu pas comment ton Seigneur a étendu l'ombre ; s'Il l'avait
voulu, Il l'aurait rendue immobile, puis Nous avons fait du soleil un
moyen de la repérer (litt. : celui qui guide vers elle).

**Commentaire :** Il peut paraître curieux que ce soit le soleil qui serve à repérer l'ombre et non le contraire, d'autant que le soleil est pris d'ordinaire comme symbole de Dieu tandis que l'ombre représente les créatures. Il faut comprendre sans doute par là que c'est la plénitude de l'Être divin qui nous permet d'appréhender l'existence de la créature en même temps que son « néant » ontologique.

46 Ensuite, Nous la faisons progressivement disparaître *[en la résorbant]*
auprès de Nous.
47 C'est Lui qui a fait de la nuit un voile (litt. : un habit) à votre inten-
tion, du sommeil un moyen de repos et du jour le moment de la veille
(litt. : de la Résurrection).
48 C'est Lui qui envoie les vents annonciateurs de la bonne nouvelle et
précédant Sa Miséricorde ; et Nous avons fait tomber du ciel une eau
pure
49 afin de vivifier grâce à elle un pays stérile (litt. : mort) et d'en désalté-
rer, entres autres créatures, du bétail et de nombreux humains.
50 Et Nous avons décliné ce Coran parmi eux afin qu'ils se souviennent,
mais la plupart des gens se refusent à tout sauf à la mécréance.
51 Si Nous l'avions voulu, Nous aurions envoyé à chaque cité quelqu'un
pour la mettre en garde.
52 Aussi, n'obéis pas aux mécréants et emploie-toi, à l'aide du Coran, à
les combattre vigoureusement.
53 C'est Dieu (litt. : C'est Lui) qui a fait converger les deux mers : l'une
d'eau douce et potable, l'autre d'une eau salée et saumâtre. Entre les
deux il a placé un isthme, une barrière infranchissable.
54 C'est Lui qui a créé l'homme à partir de l'eau et lui a accordé une
parenté par la chair, l'autre par alliance et ton Seigneur est Tout-Puis-
sant.
55 *[Malgré cela]* ils adorent, en excluant Dieu *[de leur culte]*, des idoles
qui ne sont pas en mesure de leur nuire ni de leur être utiles et les
mécréants sont les auxiliaires *[du diable]* contre leur Seigneur.

56 Et Nous ne t'avons envoyé qu'afin d'annoncer la bonne nouvelle et de les mettre en garde.
57 Dis-leur : Je ne vous demande aucun salaire pour prix de cette exhortation ; je demande seulement à qui veut prendre le chemin qui conduit vers votre Seigneur *[de le suivre]*.
58 Et remets-t'en au Vivant qui ne meurt point et proclame Sa gloire en usant de Sa louange et il suffit bien que ton Seigneur soit Informé des péchés de Ses serviteurs.
59 C'est Lui, le Miséricordieux, qui a créé en six jours les cieux, la terre et ce qui est situé entre les deux ; puis Il S'est établi sur le Trône : tu n'as qu'à interroger à Son sujet ceux qui en ont connaissance.
60 Et si l'on vient à leur dire : Prosternez-vous devant le Miséricordieux ! ils demandent : Qu'est-ce donc que ce Miséricordieux ? Allons-nous nous prosterner devant Lui simplement parce que tu nous l'ordonnes ? Et cela ne fait qu'accroître leur répulsion.
61 Béni soit Celui qui a placé dans les cieux des constellations et qui y a disposé un luminaire ainsi que la lune étincelante.
62 C'est Lui qui fait se succéder les nuits et les jours à l'intention de ceux qui veulent se souvenir *[de Lui]* ou *[Lui]* témoigner leur gratitude.
63 Les serviteurs du Miséricordieux sont ceux qui marchent sans se hâter (ou encore : humblement) sur terre et qui, lorsque les ignorants leur adressent la parole, leur répondent par des paroles judicieuses (ou : apaisantes) ;

**Commentaire :** La traduction que donnons ici est conforme à certains commentaires quoique nous eussions pu tout aussi bien conserver le sens littéral, ce qui la modifierait comme suit : Les serviteurs du Miséricordieux sont ceux qui marchent sur terre sans se hâter et qui répondent : Paix ! aux ignorants qui les interpellent.
L'exégèse classique comprend alors par ce mot Paix ! : nous vous désavouons, ou encore : nous n'avons rien à voir avec vous.

64 ceux qui passent leur nuit prosternés ou debout devant leur Seigneur,
65 et qui disent : Seigneur, détourne loin de nous le châtiment de la Géhenne car c'est un châtiment destructeur.
66 Quel détestable séjour ! Quel détestable refuge !
67 Ceux qui lorsqu'ils font une dépense ne font montre ni de prodigalité ni d'avarice — car il y a entre celle-ci et celle-là un juste milieu —

68 *[sont]* ceux qui n'invoquent pas avec Dieu d'autres divinités et ne tuent pas un être vivant *(nafs)* dont Dieu a interdit le meurtre sans raison valable et qui ne s'adonnent pas à la fornication. Quiconque se livre à ces manquements en recevra un châtiment.

**Autre traduction** : Qui n'attentent pas à une vie que Dieu a déclarée sacrée - excepté pour une juste raison, (Sadûq Mâzigh). Il eût été préférable à notre sens de remplacer raison par cause. Bû Bakr traduit par : sauf à bon droit, ce qui est moins restrictif et, partant, plus juste. Nous signalons ces traductions pour leur élégance et leur ingéniosité.

69 Son châtiment sera redoublé au Jour de la Résurrection et il y demeurera à jamais dans l'opprobre,
70 exception faite de ceux qui se seront amendés et auront fait œuvre pie : ceux-là Dieu transformera leurs fautes en œuvres méritoires et Dieu est Pardonneur et Miséricordieux,
71 et Dieu agréera volontiers le repentir de ceux qui s'amendent et font œuvre pie,
72 ceux qui ne portent pas de faux témoignages et qui, s'ils viennent à entendre des frivolités (ou : des obscénités), s'éloignent dignement,
73 ceux qui, lorsqu'ils sont rappelés à l'ordre par les versets de Dieu, ne s'en détournent pas *[comme s'ils étaient]* sourds et aveugles,
74 ceux qui invoquent : Seigneur, accorde-nous un motif de satisfaction en la personne de nos femmes et de nos descendants et fais de nous des guides *(imâm)* pour ceux qui se prémunissent,
75 ceux-là auront le Paradis en guise de rétribution pour prix de leur patience. Ils y seront accueillis par des saluts et des paroles de paix.
76 Ils y demeureront à jamais : quel excellent séjour ! quelle merveilleuse demeure !
77 N'était votre servitude (ou : vos invocations), votre Seigneur ne se soucierait nullement de vous ; vous avez traité *[cette exhortation]* d'imposture ? Bientôt, vous ne pourrez plus éluder le châtiment (ou encore : le châtiment ne vous lâchera plus !)

Sourate 26

# Les Poètes

*Au Nom de Dieu, le Tout Miséricordieux, le Très Miséricordieux*

1 Tâ', Sîn, Mîm.
2 Tels sont les Signes du Livre évident.
3 Peut-être te consumeras-tu de chagrin s'ils ne deviennent pas croyants ?
4 Si Nous le voulions, Nous ferions descendre du ciel un signe devant lequel leurs nuques demeureraient ployées en signe de soumission.
5 Il n'est pas de nouveau rappel qui leur parvienne du Miséricordieux sans qu'ils s'en détournent.
6 Déjà ils ont traité *[ce Coran]* d'imposture, mais ils auront bientôt des nouvelles de ce *[châtiment]* dont ils se gaussaient.
7 Ne voient-ils pas combien de variétés de plantes nobles Nous avons fait pousser à la surface de la terre ?
8 En tout cela il y a bien un signe, mais la plupart d'entre eux n'y croient pas !
9 Et ton Seigneur est sans conteste le Puissant, le Miséricordieux.
10 *[Souviens-toi]* lorsque ton Seigneur appela Mûssâ en lui enjoignant de se rendre auprès du peuple des injustes,
11 le peuple de Pharaon : que ne se préservent-ils pas *[de leur Seigneur]* !
12 Seigneur, Lui dit *[Mûssâ]*, je crains qu'ils ne me traitent d'imposteur,
13 que ma poitrine ne soit oppressée et que ma langue ne se noue ; aussi envoie avec moi mon frère Hârûn.
14 Ils ont de plus une faute à me reprocher et je redoute qu'ils ne me tuent.
15 Certainement pas ! Allez ! leur dit-Il, nantis de Nos signes et Nous serons avec vous pour écouter *[leur réponse]*.
16 Rendez-vous auprès de Pharaon et dites-lui : Nous sommes des envoyés du Seigneur des mondes
17 *[chargés de t'ordonner]* de laisser partir avec nous les enfants d'Isrâ'îl.
18 Ne t'avions-nous pas éduqué parmi nous quand tu étais enfant *[répondit Pharaon à Mûssâ]* ? Et n'es-tu pas resté parmi nous plusieurs années de ta vie ?
19 Puis tu as commis l'acte que tu sais, te comportant comme un ingrat !

20 Lorsque je l'ai frappé (litt. : fait) *[reprit Mûssâ]*, je ne me doutais pas[1]
*[que j'allais le tuer]*.
21 Je vous ai alors fui par crainte de vous et mon Seigneur m'a conféré une capacité de jugement (ou : de décider) en faisant de moi l'un de Ses prophètes.
22 Et cette faveur que tu te vantes de m'avoir accordée, est-ce l'asservissement des fils d'Isrâ'îl ?
23 Et qu'est-ce donc que ce Seigneur des mondes, demanda Pharaon ?
24 Le Seigneur des cieux et de la terre et de ce qu'ils contiennent, si vous êtes doués de certitude, répondit Mûssâ.
25 Alors Pharaon s'adressant à son entourage leur dit : Vous avez bien entendu !
26 Votre Seigneur et celui de vos plus lointains ancêtres, reprit alors Mûssâ.
27 Votre prophète qui vient d'être missioné auprès de vous est un fou (*majnûn*[2]), répliqua Pharaon.
28 Il est le Seigneur de l'Orient et de l'Occident et de ce qui est situé entre les deux, pour peu que vous soyez doués de raison, poursuivit Mûssâ.
29 Si tu prends *[pour dieu]* une autre divinité que moi, je te ferai emprisonner, lui dit Pharaon.
30 Même si je te produisais un signe évident, demanda Mûssâ ?
31 Eh bien ! montre-le nous, si tu es véridique, lui répondit Pharaon.
32 Et Mûssâ de jeter son bâton qui se transforma aussitôt en un véritable serpent.
33 Puis il retira sa main *[de son aisselle]* qui apparut aussitôt lumineuse aux yeux des spectateurs.
34 S'adressant à son entourage de notables, Pharaon leur dit : Voilà bien un magicien extraordinaire !
35 et qui a l'intention de vous expulser de votre pays moyennant sa magie ; que me conseillez-vous ?
36 Retiens-le ainsi que son frère, et envoie dans toutes les cités des hommes qui rassembleront
37 et te ramèneront tous les magiciens versés *[dans leur art]*.
38 *[C'est ainsi]* que les magiciens furent rassemblés au jour et à l'heure fixés.
39 On demanda aux gens : Êtes-vous bien tous là *[pour assister au spectacle]* ?

1 Bien que plus éloignée du texte littéral que d'autres traductions, celle-ci présente l'avantage, tout en étant conforme à de nombreux commentaires, de préserver l'idée de l'impeccabilité prophétique (*'isma*).

2 Précisons que *majnûn* peut également signifier « voilé ».

40 Peut-être suivrons-nous les magiciens s'ils ont le dessus *[clama la foule]* ?
41 Lorsque les magiciens se présentèrent, ils demandèrent à Pharaon : Aurons-nous une récompense si nous sommes reconnus vainqueurs ?
42 Cela va de soi, répondit-il, et vous ferez même partie de mes intimes (ou : de mes proches).
43 Lancez ce que vous avez à lancer, leur dit alors Mûssâ.
44 Ils lancèrent alors leurs cordes et leurs bâtons en disant : Par la puissance de Pharaon, c'est nous qui aurons le dessus.
45 Mûssâ jeta son bâton qui dévora aussitôt tous leurs artifices.
46 Projetés à terre les magiciens se retrouvèrent prosternés
47 en proclamant : Nous croyons au Seigneur des mondes,
48 le Seigneur de Mûssâ et d'Hârûn !
49 Ainsi vous croyez en lui avant que je vous en aie accordé la permission ? s'exclama Pharaon. C'est probablement votre maître qui vous a enseigné la magie, mais vous allez bientôt connaître *[ma réaction]*. Je vous ferai couper les mains et les pieds opposés avant de vous crucifier tous sans exception.
50 Cela ne nous portera pas préjudice, répondirent-ils, puisque c'est auprès de notre Seigneur que nous retournerons.
51 Nous espérons que notre Seigneur nous pardonnera nos fautes pour avoir été les premiers croyants.
52 Et Nous inspirâmes à Mûssâ : Emmène Mes serviteurs, car vous allez être poursuivis.
53 Et Pharaon fit envoyer des recruteurs dans les cités
54 pour faire savoir *[à l'armée]* : Ceux-là ne sont qu'un groupuscule
55 qui ont provoqué notre colère
56 alors que nous sommes tous sur nos gardes (ou : nous sommes tous prêts).
57 C'est ainsi que Nous leur fîmes quitter leurs jardins et leurs sources,
58 leurs trésors et leurs nobles fréquentations.
59 Et c'est ainsi que Nous fîmes des héritiers des enfants d'Isrâ'îl.
60 Ils *[Pharaon]* se lancèrent à leur poursuite au lever du soleil ;

61 lorsque les deux groupes furent en vue, les compagnons de Mûssâ s'exclamèrent : Nous allons être rattrapés !
62 Certainement pas, répondit Mûssâ, mon Seigneur est avec moi qui me guide.
63 Nous inspirâmes à Mûssâ de frapper de son bâton la mer qui s'ouvrit *[devant lui laissant]* de part et d'autre comme deux imposants massifs montagneux.
64 C'est là que Nous fîmes s'engager les poursuivants (litt. : les autres)
65 et que Nous délivrâmes Mûssâ ainsi que tous ceux qui l'accompagnaient
66 tout en faisant périr les autres par noyade.
67 En tout cela il y a un signe mais la plupart d'entre eux n'étaient pas des croyants.
68 Certes ton Seigneur est sans conteste le Puissant, le Très Miséricordieux.
69 Psalmodie-leur le récit d'Ibrâhîm,
70 lorsqu'il demanda à son père ainsi qu'à son peuple : Qu'adorez-vous donc ?
71 Nous adorons des idoles auxquelles nous vouons un culte assidu, répondirent-ils.
72 Vous entendent-elles lorsque vous les invoquez ? poursuivit Ibrâhîm.
73 Ou vous sont-elles utiles ? Vous font-elles du tort ?
74 C'est plutôt parce que nous avons vu ce comportement chez nos pères.
75 Avez-vous vu ce que vous adorez,
76 vous et vos ancêtres les plus reculés (ou encore : les plus primitifs) ?
77 Eh bien, tous vos objets de culte sont mes ennemis, exception faite du Seigneur des mondes
78 qui m'a créé et qui me guidera,
79 qui me nourrit et qui me désaltère,
80 qui me guérit lorsque je suis malade,
81 qui donne la mort et qui octroie la vie
82 et dont j'espère le pardon de mes fautes au Jour de la Résurrection.
83 Seigneur, accorde-moi un pouvoir de décision (*hukman*), agrège-moi (*alhiqnî*) aux gens pieux

84 et accorde-moi une renommée enviable parmi les générations[3] futures.
85 Fais de moi l'un des héritiers du jardin des délices,
86 et pardonne à mon père car il était d'entre les égarés ;
87 ne m'humilie pas au Jour où ils seront ressuscités,
88 le Jour où ni les biens ni la descendance ne seront de la moindre utilité
89 si ce n'est pour celui qui se présentera devant Dieu avec un cœur pur.
90 Le Paradis sera rapproché de ceux qui se seront gardés *[de Dieu]*
91 et la Géhenne sera exposée *[aux yeux]* de ceux qui se sont fourvoyés.
92 Où sont, leur sera-t-il demandé, ceux que vous adoriez
93 en excluant Dieu *[de votre culte]* ? Vous soutiennent-ils ? Ou bien vont-ils se secourir eux-mêmes ?
94 Les idoles y seront alors précipitées
95 en compagnie des égarés
96 et de toutes les armées d'Iblîs *[sans exception]*.
97 Tout en se disputant les uns avec les autres, ils s'exclameront : Par Dieu, nous étions dans un égarement manifeste
98 en vous plaçant au même rang que le Seigneur des mondes.
99 Seuls les criminels nous ont égarés
100 et nous ne disposons *[en ce Jour]* d'aucun médiateur (ou : d'aucun intercesseur)
101 ni d'aucun ami chaleureux (ou : désintéressé).
102 Si seulement nous pouvions retourner *[sur terre]* ne serait-ce qu'une fois[4], nous serions d'entre les croyants.
103 En tout cela il y a bien un signe mais la plupart d'entre eux n'y croient pas.
104 Et ton Seigneur est sans conteste le Puissant, le Très Miséricordieux.
105 Le peuple de Nûh a traité les envoyés d'imposteurs.
106 Lorsque Nûh, leur frère, leur demanda : Que ne vous gardez-vous *[de la transgression]* ?
107 Je suis certes pour vous un envoyé fiable,
108 aussi préservez-vous de Dieu et obéissez-moi !
109 Je ne vous demande aucun salaire, ma rétribution n'incombant qu'au Seigneur des mondes.
110 Préservez-vous de Dieu et obéissez-moi !
111 Pourquoi croirions-nous en toi quand ce sont les plus vils *[d'entre nous]* qui t'ont suivi ? demandèrent-ils.

3 Autres traductions possibles : Fais en sorte que les générations à venir soient sincères à mon endroit, ou encore : Fais en sorte que ma langue ne dise que la Vérité pour les générations futures, ou encore : Fais en sorte que les générations à venir gardent de moi un bon souvenir.

4 Remarque : Ne serait-ce qu'une fois traduit le mot *karra* qui signifie bien « une fois » mais qui se termine en outre par un *tâ marbûta* qui, grammaticalement parlant, exprime aussi l'unité. C'est un peu comme s'il était dit sans jeu de mot : une fois *[et]* une *[seule]*, ce qui justifie notre traduction.

112 Je ne sais pas au juste ce qu'ils faisaient, répliqua-t-il,
113 et ce n'est qu'à Dieu qu'ils auront à rendre des comptes : si seulement vous pouviez en être conscients !
114 Je ne suis pas de ceux qui repoussent les croyants,
115 je suis uniquement chargé *[de vous adresser]* une claire mise en garde.
116 Si tu ne cesses *[de nous importuner]*, ô Nûh, tu seras bientôt lapidé !
117 Seigneur, se plaignit Nûh, mon peuple m'a traité d'imposteur.
118 Tranche clairement entre nous et sauve-moi ainsi que les croyants qui m'ont suivi.
119 Nous le délivrâmes ainsi que ceux qui étaient avec lui dans l'Arche bondée ;
120 après quoi, Nous fîmes périr par noyade ceux qui étaient restés en arrière.
121 En tout cela il y a bien un signe mais la plupart d'entre eux n'étaient pas des croyants,
122 et ton Seigneur est sans conteste le Puissant, le Très Miséricordieux.
123 *[Le peuple de]* 'Âd a traité les envoyés d'imposteurs !
124 *[Souviens-toi]* lorsque leur frère Hûd leur eut demandé : Que ne vous gardez-vous *[de la transgression]* ?
125 Je suis certes pour vous un envoyé fiable,
126 aussi préservez-vous de Dieu et obéissez-moi !
127 Je ne vous demande aucun salaire, ma rétribution n'incombant qu'au Seigneur des mondes.
128 Pourquoi construisez-vous sur chaque colline un édifice bien en vue afin de railler *[les passants]* ?
129 Pourquoi prendre des demeures bâties en dur ? Allez-vous y rester à jamais ?
130 Et lorsque vous usez de violence, vous vous comportez en tyrans ?
131 Gardez-vous plutôt de Dieu et obéissez-moi !
132 Gardez-vous de Celui qui vous a procuré le soutien matériel que vous savez,
133 Qui vous a procuré des faveurs et des enfants
134 ainsi que des jardins et des sources!
135 Je redoute pour vous le châtiment d'un Jour grandiose.
136 Peu nous importe, répondirent-ils, que tu nous adresses ou non une exhortation.

137 Ce ne sont que mensonges déjà forgés par les anciens !
138 Et *[de plus]* nous ne serons pas châtiés.
139 Ils le traitèrent d'imposteur et Nous les anéantîmes : en tout cela il y a bien un signe mais la plupart d'entre eux n'étaient pas des croyants
140 et ton Seigneur est sans conteste le Puissant, le Très Miséricordieux.
141 *[Le peuple de]* Thamûd a également traité les envoyés d'imposteurs !
142 *[Souviens-toi]* lorsque leur frère Sâlih les eut exhorté : Que ne vous gardez-vous *[de la transgression]* ?
143 Je suis certes pour vous un envoyé fiable,
144 aussi préservez-vous de Dieu et obéissez-moi !
145 Je ne vous demande aucun salaire, ma rétribution n'incombant qu'au Seigneur des mondes.
146 Pensez-vous que vous serez laissés tranquilles ici-bas,
147 au milieu de jardins et de sources,
148 de récoltes et de palmiers chargés de régimes de dattes fraîches,
149 creusant avec zèle (ou : avec habileté) vos demeures dans la montagne ?
150 Gardez-vous plutôt de Dieu et obéissez-moi !
151 Et n'obéissez pas aux ordres des personnages outranciers
152 qui répandent la corruption sur terre sans rien améliorer.
153 Tu n'es qu'un possédé, lui répondirent-ils,
154 et tu n'es qu'un homme *[en tout point semblable]* à nous ! Apporte-nous donc un signe si tu es d'entre les véridiques !
155 Voici une chamelle *[en guise de signe]*, leur dit-il. Un jour déterminé lui sera alloué pour boire, tandis que vous vous désaltérerez un autre jour,
156 et ne lui faites aucun mal car vous seriez alors victimes du châtiment d'un jour terrible.
157 Ils lui coupèrent *[malgré tout]* les jarrets et se prirent bientôt à le regretter.
158 Le châtiment s'appesantit sur eux, ce qui constituait bien un signe, mais la plupart d'entre eux n'y crurent pas.
159 Et ton Seigneur est sans conteste le Puissant, le Très Miséricordieux.

160 Le peuple de Lût a également traité les envoyés d'imposteurs.
161 *[Souviens-toi]* lorsque leur frère Lût les eut exhorté : Que ne vous gar-
dez-vous *[de la transgression]* ?
162 Je suis certes pour vous un envoyé fiable,
163 aussi préservez-vous de Dieu et obéissez-moi !
164 Je ne vous demande aucun salaire, ma rétribution n'incombant qu'au
Seigneur des mondes.
165 Entre tous les mondes serez-vous *[les seuls]* à copuler avec des hommes
166 tout en délaissant vos épouses que Dieu a créées à votre intention ?
En vérité vous êtes un peuple de transgresseurs !
167 Lût, lui dirent-ils, si tu ne cesses *[de nous importuner]*, tu compteras
bientôt parmi les proscrits.
168 Je suis de ceux qui exècrent ce que vous faites, leur répondit-il.
169 Seigneur, préserve-moi ainsi que ma famille de leurs œuvres scélé-
rates.
170 Et Nous le sauvâmes ainsi que tous les siens
171 excepté son épouse qui demeura en arrière.
172 Puis Nous détruisîmes les autres
173 en faisant tomber sur eux une pluie de pierres. Quelle abominable
pluie que celle *[qui s'abattit]* sur ceux qui avaient été mis en garde !
174 En tout cela il y avait bien un signe mais la plupart d'entre eux n'y
croyaient pas !
175 Et ton Seigneur est sans conteste le Puissant, le Très Miséricordieux.
176 Ceux qui habitaient à proximité des arbustes[5] traitèrent aussi les
envoyés d'imposteurs !
177 *[Souviens-toi]* lorsque Shu'ayb leur eut dit : Que ne vous gardez-vous
*[de la transgression]* ?
178 Je suis certes pour vous un envoyé fiable,
179 aussi préservez-vous de Dieu et obéissez-moi !
180 Je ne vous demande aucun salaire, ma rétribution n'incombant qu'au
Seigneur des mondes.
181 Donnez la bonne mesure et ne soyez pas des fraudeurs !
182 Pesez avec une balance exacte,
183 ne spoliez pas les gens de leurs biens et ne commettez point, en cor-
rupteurs, d'iniquités sur terre.

5 Les habitants de ces fourrés d'arbustes étaient le peuple de Shu'ayb, le Jethro biblique et l'un des prophètes arabes. Lorsqu'ils refusèrent de se soumettre, Dieu les fit consumer par les épineux qui entouraient leur cité. Cf. Cor. 15, 78.

184 Gardez-vous de Celui qui vous a créés ainsi que les générations antérieures !
185 Tu n'es qu'un possédé, lui dirent-ils,
186 et un homme *[en tout point semblable]* à nous et nous pensons bien que tu es un menteur.
187 Fais donc tomber sur nous un fragment du ciel si tu es sincère !
188 Mon Seigneur connaît bien vos œuvres (litt. : sait fort bien ce que vous faites), leur répondit-il.
189 Ils le traitèrent alors d'imposteur et furent saisis par le châtiment du jour de la nuée *[embrasée]* : châtiment d'une journée terrible.

**Commentaire** : Ce « nuage » de feu, ainsi que nous l'avons vu au verset 78 de la sourate *al-Hijr* fut produit par la combustion des fourrés épineux qui entouraient la cité.

190 En tout cela il y avait bien un signe mais la plupart d'entre eux n'y croyaient pas !
191 Et ton Seigneur est sans conteste le Puissant, le Très Miséricordieux.
192 Ce Coran est bien une révélation du Seigneur des mondes
193 que l'Esprit fiable (*al-rûh al-'amîn*) a fait descendre
194 en ton cœur afin que tu sois de ceux qui mettent *[l'univers]* en garde,
195 en une langue arabe explicite.
196 Il était déjà évoqué dans les textes sacrés des peuples anciens.
197 N'est-ce pas pour eux un signe que les docteurs des fils d'Isrâ'îl en soient instruits ?
198 L'eussions-Nous révélé à un non-arabe (ou selon d'autres interprétations : à un muet)
199 et le leur eût-il récité qu'ils n'y auraient pas cru.
200 C'est ainsi que Nous l'avons insinué dans le cœur des criminels
201 en sorte qu'ils n'y croiront pas sans avoir vu le châtiment douloureux
202 qui les surprendra à l'improviste sans même qu'ils le pressentent.
203 Alors ils demanderont : Un délai nous sera-t-il accordé ?
204 Nous demandent-ils *[encore]* de hâter Notre châtiment ?
205 Si Nous leur accordons la jouissance *[de ce bas monde]* durant quelques années,
206 lorsqu'ensuite le châtiment qui leur était promis arrivera

207 penses-tu que ce dont ils auront joui leur sera de quelque utilité ?
208 Jamais Nous n'avons anéanti de cité qui n'ait reçu de mises en garde[6]
209 à titre de rappel et jamais Nous n'avons lésé *[quiconque]*.
210 Ce ne sont pas les démons qui transmettent *[ce Coran]* :
211 cela ne leur sied nullement et ils en seraient bien incapables,
212 car ils ont été écartés de son audition.

**Commentaire :** Selon la tradition, l'accès du ciel a été totalement interdit aux démons à la naissance de Prophète et dès lors ils se sont trouvés dans l'incapacité de dérober les informations qu'ils transmettaient aux devins *(kahana)*. Un certain nombre de cieux leur avaient été déjà interdits à la naissance de Jésus.

213 N'invoque point d'autre divinité à côté de Dieu ce qui te vaudrait d'être châtié !
214 Avertis les membres de ta tribu qui te sont les plus proches,
215 et montre-toi clément envers les croyants qui t'ont suivi. (litt. : abaisse ton aile ou : ton côté).
216 Mais s'ils te désobéissent, dis-leur : Je me désolidarise totalement de vos actes.
217 Et remets-t'en au Puissant, au Très Miséricordieux
218 qui te voit quand tu te tiens debout *[en prière]*
219 et quand tu officies parmi ceux qui se prosternent,
220 car Il entend et sait tout.
221 Vous indiquerai-Je sur qui s'abattent les démons ?
222 Ils s'abattent sur tout imposteur coupable
223 afin de lui communiquer ce qu'ils ont entendu mais la plupart d'entre eux sont des menteurs.
224 Quant aux poètes ils ne sont suivis que des fourvoyés ;
225 tu les verras errer dans toutes les vallées,
226 disant ce qu'ils ne mettent pas en pratique ;
227 exception faite de ceux qui croient, pratiquent les œuvres pies, se remémorent Dieu fréquemment et qui *[grâce à leurs vers]* triomphent de ceux qui les ont blessés injustement. Les agresseurs quant à eux sauront bientôt quelle funeste destination les attend.

6 Litt. : des avertisseurs.

Sourate 27

# Les Fourmis

*Au Nom de Dieu, le Tout Miséricordieux, le Très Miséricordieux*

1 Tâ', Sîn. Tels sont les signes du Coran et d'un Livre explicite,
2 à la fois guidance et bonne nouvelle pour les croyants
3 qui accomplissent la prière, acquittent l'aumône et sont fermement convaincus de *[l'existence de]* l'Ultime Demeure.
4 Certes Nous avons embelli leurs œuvres aux yeux de ceux qui ne croient pas à l'Ultime Demeure si bien qu'ils sont dans la perplexité.
5 Ceux-là sont ceux auxquels un terrible châtiment est réservé et qui, dans l'Ultime Demeure, seront les plus grands perdants.
6 Certes tu reçois ce Coran de la part du Très Sage, du Très Savant.
7 Souviens-toi lorsque Mûssâ eut dit à sa famille : Je viens de voir du feu. Je vais vous en rapporter une indication *[pour poursuivre notre route]* ou une braise ardente afin que vous vous y réchauffiez.
8 Et lorsqu'il s'y rendit, il reçut cet appel : Béni soit Celui qui siège dans le feu ! *[Bénis soient]* ses alentours ! Et gloire à Dieu le Seigneur des mondes !
9 Mûssâ, c'est un fait : Je suis Dieu, le Puissant, le Très Sage !
10 Jette donc ton bâton ! Et lorsque Mûssâ le vit se tortiller comme un serpent, il rebroussa chemin en fuyant sans se retourner. Mûssâ, ne crains rien, les envoyés n'ont rien à redouter auprès de Moi !
11 *[Seuls Me redouteront les injustes]* exception faite de ceux qui auront substitué une œuvre pie à une iniquité, car Je suis Pardonneur et Très Miséricordieux.
12 Introduis ta main sous ta tunique (litt. : poche, fente, *jayb*) elle en ressortira lumineuse et intacte ; ce sera l'un des neuf signes destinés à Pharaon et à son entourage car ils constituent un peuple de pervers.
13 Et lorsque Nos signes se produisirent devant eux en guise de preuves ils crièrent à la pure magie.

14 Ils les nièrent par iniquité autant que par orgueil bien qu'ils fussent intimement convaincus *[de leur véracité]* : médite quel fut le destin de ces corrupteurs !
15 Déjà Nous avions communiqué une science à Dâwûd et à Sulaymân qui nous en rendirent grâce : Louange à Dieu qui nous a privilégiés sur un grand nombre de Ses serviteurs croyants.
16 Sulaymân hérita de Dâwûd et s'adressa aux hommes : Nous avons été instruits de la langue des oiseaux et nous avons reçu une part de toute chose. Certes, voilà bien une faveur insigne.
17 Et les armées de Sulaymân — hommes, djinns et oiseaux — furent assemblées devant lui et maintenues à distance ;
18 *[elles se mirent en marche]* si bien que, lorsque ces armées arrivèrent dans la vallée des fourmis, l'une d'elles s'adressa à ses compagnes : Fourmis, entrez dans vos demeures afin que Sulaymân et ses armées ne vous écrasent pas sans même s'en rendre compte.
19 Souriant puis riant à ces paroles Sulaymân invoqua : Seigneur, accorde-moi de Te remercier pour les faveurs que Tu m'as dispensées ainsi qu'à mes père et mère et d'accomplir une œuvre pie qui aura Ton agrément. Et accueille-moi au sein de Ta Miséricorde parmi Tes pieux serviteurs.
20 Puis comme il inspectait les oiseaux, il questionna : Pourquoi ne vois-je donc pas la huppe ? Serait-elle absente ?
21 Je lui ferai subir un châtiment sévère ou bien je la sacrifierai à moins qu'elle ne m'apporte une excuse valable.
22 L'oiseau ne resta pas longtemps *[éloigné]* : J'ai eu connaissance, lui dit-il, de ce que tu ignorais et je t'apporte des nouvelles sûres de la tribu de Sabâ'.

23 J'y ai trouvé une femme qui était leur reine et qui a reçu en partage une part de toute chose ; elle possède en outre un trône grandiose.
24 Je l'ai trouvée ainsi que son peuple qui se prosternaient devant le soleil en excluant Dieu *[de leur culte]*. Le diable a embelli leurs œuvres à leurs yeux et les a détournés de la voie, si bien qu'ils sont mal dirigés.
25 Que ne se prosternent-ils devant Dieu qui peut dévoiler ce qui est celé dans les cieux et sur la terre et qui sait ce que vous dissimulez aussi bien que ce que vous divulguez.
26 Dieu qui est Tel qu'il n'y a pas de divinité en dehors de Lui, le Seigneur du Trône sublime.
27 Nous verrons bien, lui répondit Sulaymân, si tu dis la vérité ou si tu es une menteuse.
28 Va donc leur porter mon message que voici et remets-le-leur, puis mets-toi en retrait et observe leurs réactions.
29 Dignitaires, leur dit la reine, un noble message m'a été adressé
30 qui émane de Sulaymân ; il débute *[par ces mots]* : Au Nom de Dieu, le Très Miséricordieux, le Tout Miséricordieux,
31 et *[nous invite]* à ne pas nous dresser (litt. : nous élever) contre lui et à le rejoindre en faisant acte de soumission.
32 Dignitaires, veuillez me conseiller à ce sujet, je ne prendrai pas de décisions dont vous ne soyez témoins.
33 Nous sommes dotés d'une grande force et d'une puissance redoutable et c'est à toi qu'appartient le commandement. Vois toi-même ce que tu vas ordonner.
34 Les rois, leur dit-elle, lorsqu'ils pénètrent dans une cité la corrompent et humilient les plus puissants (ou : les plus fiers) de ses habitants : c'est ainsi qu'ils se comportent.
35 Je m'en vais leur envoyer un cadeau et j'examinerai les renseignements que me rapporteront mes émissaires.

**Commentaire :** La reine de Sabâ' voulut ainsi éprouver Salomon et connaître quel était le véritable mobile de ses conquêtes, mondain ou religieux.

36 Lorsqu'ils se rendirent auprès de Sulaymân celui-ci leur demanda : Voulez-vous m'aider de ces richesses alors que ce dont Dieu m'a comblé est bien préférable à ce qu'Il vous a accordé ? C'est plutôt vous qui vous réjouissez de tels présents !
37 Retourne vers les tiens ; nous les rencontrerons à la tête d'une armée contre laquelle ils ne pourront résister et nous les expulserons *[de leur cité]*, avilis et méprisés[1].
38 Puis il s'adressa à son entourage : Lequel d'entre vous m'apportera son trône avant qu'ils ne viennent me présenter leur soumission ?
39 Un djinn particulièrement habile affirma : Je te l'apporterai avant même que tu n'aies quitté ta place. Je suis en mesure *[de te satisfaire]* et *[je mérite]* ta confiance.
40 Un homme qui avait la connaissance des Écritures intervint : C'est moi qui te l'apporterai avant même que tu n'aies cligné de l'œil. Et lorsqu'il vit le trône posé devant lui, Sulaymân s'exclama : Ceci est une des faveurs accordées par mon Seigneur afin de m'éprouver. Serai-je reconnaissant ou ingrat ? Celui qui se montre reconnaissant ne l'est que pour lui-même et quant à l'ingrat, mon Seigneur n'en est pas moins Généreux *[à son endroit]* et Il n'a nul besoin[2] *[de sa reconnaissance]*.
41 Maquillez-lui (litt. : déguisez-lui) son trône, ordonna-t-il ensuite, nous verrons si elle *[la reine]* sera ou non en mesure de le reconnaître.
42 Lorsqu'elle arriva on lui demanda : Ton trône est-il bien ainsi ? Il semble bien qu'il s'agit de lui, répondit-elle. Nous avons reçu la science avant elle *[dit alors Sulaymân]* et nous Lui étions soumis.
43 Et il lui fit abjurer (litt. : il la détourna de) ce qu'elle adorait en dehors de Dieu car elle appartenait à un peuple de mécréants.
44 Entre dans ce palais, lui fut-il intimé. Lorsqu'elle le vit, elle le prit pour une masse d'eau et découvrit ses jambes. Ce n'est qu'un palais pavé de dalles de cristal, lui dit alors Sulaymân. Seigneur, reprit-elle, je me suis fait du tort à moi-même, désormais je me soumets avec Sulaymân devant Dieu, le Seigneur des mondes.

**Commentaire** : Il est dit que Salomon avait fait construire un palais de cristal à son intention et qu'il avait fait installer son trône au centre d'une pièce dallée de pavés de cristal ; la construction était faite de telle sorte qu'on eût pu croire marcher sur les eaux. C'est la raison pour laquelle la reine de Saba' dévoila ses chevilles, mais elle se rendit vite compte qu'il ne s'agissait là que d'un subterfuge, ce qui rassura Salomon sur ses facultés de compréhension qui avaient été mises en cause par les djinns.

---

1 Ou encore : dans un piteux état.
2 *Ghaniyy*.

45 Déjà Nous avions envoyé à Thamûd leur frère Sâlih afin de leur enjoindre d'adorer Dieu et aussitôt deux partis s'affrontèrent.

**Commentaire** : Les *Thamoudites* étaient en effet victimes d'une disette.

46 Mon peuple, leur dit-il, pourquoi demandez-vous que l'on précipite le châtiment plutôt que d'implorer la Miséricorde ? Si seulement vous demandiez le pardon de Dieu, peut-être vous serait-il fait miséricorde !
47 C'est à toi et à ceux qui sont avec toi que nous attribuons nos revers de fortune, dirent-ils. Votre sort n'est-il pas plutôt entre les Mains de Dieu ? répondit Sâlih. En vérité, vous êtes un peuple mis à l'épreuve.
48 Or, il y avait dans leur cité neuf personnages qui répandaient la corruption et n'y faisaient aucun bien.
49 Ils se jurèrent mutuellement devant Dieu de tuer Sâlih de nuit ainsi que sa famille et de dire ensuite aux ayants droit (ou : à ses proches, *waliyyihi*) : Nous n'avons pas assisté au meurtre de sa famille et nous sommes sincères.
50 Ils ourdirent leurs stratagèmes et Nous usâmes également d'artifices à leur insu.
51 Médite quelle fut la conséquence de leurs machinations : Nous les anéantîmes ainsi que tout leur peuple sans exception.
52 Voilà donc leurs demeures à jamais désertes pour prix de leur iniquité. Certes il y a en cela un signe pour un peuple enclin à la connaissance.
53 Et Nous sauvâmes *[du châtiment]* ceux qui avaient la foi et qui se préservaient *[de l'injustice]*.
54 *[Et souviens-toi de]* *Lût* lorsqu'il dit à son peuple : vous vous livrez à des turpitudes au vu de tous ?

**Autre traduction possible** : Vous vous livrez à des turpitudes tout en sachant *[que c'est une vilenie]* ? Le peuple de Loth passe pour avoir perdu toute notion de pudeur.

55 Vous copulez avec les hommes par appétit charnel en vous détournant des femmes ? Vous n'êtes qu'un peuple d'ignorants !

56 Pour toute réponse son peuple lui fit dire : Expulsez la famille de Lût
de votre cité car ce sont des gens qui préservent leur pureté *[en évitant
l'homosexualité]* !
57 Nous le sauvâmes ainsi que sa famille exception faite de son épouse
que Nous avions destinée à rester en arrière.
58 Et Nous fîmes pleuvoir sur eux une pluie *[de pierres]*. Funeste pluie
que celle destinée à un peuple averti *[en vain]* !
59 Dis : La louange revient à Dieu et que la paix soit sur ceux d'entre Ses
serviteurs qu'Il a élus. Dieu n'est-Il pas préférable à ceux qu'ils Lui
associent ?
60 *[Il est]* Celui qui a créé les cieux et la terre et qui a fait descendre
la pluie du ciel à votre intention. Grâce à elle Nous faisons croître
*[des végétaux dans]* de magnifiques jardins et vous n'auriez pas été en
mesure de faire pousser ces arbres. Y a-t-il une autre divinité aux côtés
de Dieu ? Cependant *[contre toute évidence]* ce peuple se détourne *[de
la Vérité]*.

**Ou encore** : Cependant *[contre toute évidence]* ce peuple attribue des semblables à Dieu.

61 *[Il est]* Celui qui a donné à la terre sa stabilité, qui l'a sillonnée de
cours d'eau, qui y a ancré les montagnes et qui a placé un isthme entre
les deux mers. Y aurait-il une divinité aux côtés de Dieu ? Mais la
plupart d'entre eux sont dans l'ignorance.
62 Qui donc exauce le désespéré (ou encore : Qui donc exauce la suppli-
que de celui qui se trouve dans une nécessité extrême) quand il L'in-
voque et le délivre de l'affliction ? Qui a fait de vous Ses lieutenants
sur terre ? Y aurait-il une autre divinité aux côtés de Dieu ? Vous êtes
doués de peu de mémoire.
63 Qui donc vous guide dans les ténèbres sur terre comme en mer et Qui
envoie les vents annonciateurs de la pluie (litt. : de la bonne nouvelle,
*bushrâ*) et devançant Sa Miséricorde ? Y aurait-il une autre divinité
aux côtés de Dieu ? Exalté soit-Il au-delà de ce qu'ils Lui associent !

64 Qui donc initie la création et Qui la recommence ? Qui vous accorde votre subsistance à partir du ciel et de la terre ? Y aurait-il une autre divinité aux côtés de Dieu ? Apportez donc vos preuves si vous êtes véridiques !
65 Dis : En dehors de Dieu, tous les habitants des cieux et de la terre ignorent ce qui est celé *(al-ghayb)*. Ils ne pressentent même pas quand ils seront ressuscités !
66 Jusqu'où leur science de l'Ultime Demeure s'est-elle hissée ? Ils sont plutôt plongés dans le doute à son sujet, voire atteints d'une cécité totale.
67 Quand nous serons redevenus poussière ainsi que nos pères, demandent-ils, serons-nous ressuscités ?
68 On nous a déjà fait cette promesse ainsi qu'à nos pères par le passé : ce ne sont que légendes de primitifs.
69 Dis-leur : Parcourez le pays et considérez quelle fut l'issue des criminels !
70 Ne t'afflige donc pas pour eux et ne sois point oppressé à cause de leurs machinations.
71 A quand *[l'échéance]* de cette promesse, demandent-ils, si vous êtes véridiques ?
72 Il se peut qu'une partie de ce châtiment que vous souhaitez précipiter ne soit plus très éloignée de vous.
73 Certes ton Seigneur dispense Ses faveurs aux hommes mais la plupart d'entre eux sont des ingrats.
74 Et ton Seigneur connaît de façon certaine ce que dissimulent leurs cœurs (litt. : leurs poitrines) et ce qu'ils dévoilent.
75 Rien de celé dans les cieux ni sur terre qui ne soit consigné en un Livre révélateur *(mubîn)* !
76 Certes ce Coran expose aux enfants d'Isrâ'îl la plupart des sujets qui les divisent

77 et il est une guidance et une miséricorde pour les croyants.
78 Et ton Seigneur tranchera (ou : arbitrera) entre eux de Son verdict (ou : de Son autorité) et Il est le Puissant, le Très Savant.
79 Et remets-t'en à Dieu car tu es dans le Vrai de façon éclatante.
80 Tu ne saurais faire entendre les morts pas plus que tu ne saurais faire entendre les sourds qui te tournent le dos en s'éloignant ;
81 et tu ne saurais davantage guider les aveugles qui sont dans l'égarement. Tu ne peux faire entendre *[ce message]* qu'à ceux qui croient à Nos signes et qui *[Nous]* sont soumis (ou encore : qui sont musulmans).
82 Le moment venu *[d'exécuter]* Notre décision à leur encontre, Nous ferons surgir de terre à leur intention une bête qui les informera de ce que les gens n'étaient pas convaincus de Nos signes.
83 Le Jour où Nous rassemblerons dans chaque communauté une multitude de ceux qui auront traité Nos signes de mensonges et où ils seront conduits *[vers Nous]* sans ménagement
84 si bien que lorsqu'ils seront parvenus *[au lieu de Jugement]* Dieu leur demandera : Avez-vous *[osé]* traiter Mes signes de mensonges alors que vous ne les englobiez pas de votre science ou bien que faisiez-vous donc *[que vous puissiez M'opposer aujourd'hui]* ?
85 lors Notre arrêt s'abattra sur eux pour prix de leur iniquité et ils se tiendront cois !
86 Ne voient-ils pas que Nous avons établi la nuit afin qu'ils se reposent et le jour pour y voir ? Certes, il y a en cela des signes pour un peuple qui a la foi.
87 Le Jour où l'on soufflera dans les trompes, les habitants des cieux et de la terre en seront effrayés à l'exception de ceux que Dieu aura choisis ; tous se présenteront humblement devant Lui.
88 Le Jour où tu verras les montagnes que tu crois *[aujourd'hui]* figées se déplacer comme les nuées : telle est l'œuvre de Dieu qui a parfait toute chose et qui est parfaitement Informé de tout ce que vous faites.

89 Ceux qui présenteront des œuvres pies en retireront une récompense encore meilleure et ils seront en ce Jour à l'abri de la terreur.
90 Ceux qui présenteront des péchés seront précipités dans le feu, face contre terre ; êtes-vous rétribués autrement que pour vos œuvres ?
91 On m'a seulement ordonné d'adorer le Seigneur de cette contrée qu'Il a établie sacrée et auquel appartient toute chose et l'on m'a ordonné d'être d'entre les musulmans
92 et de réciter ce Coran ; celui qui suit la bonne direction ne la suit que pour lui-même. Et quant à ceux qui s'égarent (ou : qui dévient) dis*[-leur]* : Je ne suis qu'un de ceux *[qui ont été chargés]* de mettre *[les hommes]* en garde.
93 Et rajoute : Louange à Dieu qui vous montrera bientôt Ses signes que vous ne contesterez pas (ou encore : et vous les reconnaîtrez). Et rien de ce que vous faites n'échappe à ton Seigneur.

Sourate 28

# Le Récit

*Au Nom de Dieu, le Tout Miséricordieux, le Très Miséricordieux*

1 Tâ', Sîn, Mîm.
2 Tels sont les versets d'un Livre révélateur *(mubîn)*.
3 Nous te récitons en toute vérité partie de l'histoire de Mûssâ et de Pharaon à l'intention d'un peuple qui croit.
4 Pharaon s'était érigé en tyran dans le pays *[d'Égypte]* et il avait fractionné ses habitants en divers clans, méprisant[1] une partie d'entre eux dont il sacrifiait les fils tout en épargnant les femmes : il était un corrupteur parmi d'autres.
5 Or, Nous voulions aider ceux qui étaient ainsi déconsidérés dans le pays et faire d'eux à la fois des guides et des héritiers

1 Ou encore : cherchant à affaiblir.

6 tout en consolidant leur position sur terre afin que se réalise sous les yeux de Pharaon, Hamân et de leurs armées ce qu'ils redoutaient d'eux.

7 Nous inspirâmes à la mère de Mûssâ de l'allaiter et de le jeter dans le Nil si elle craignait quelque chose pour lui. Ne crains rien et ne t'afflige pas, Nous te le ramènerons et ferons de lui l'un de *[Nos]* envoyés.

8 La famille de Pharaon le recueillit afin qu'il devienne *[plus tard]* leur ennemi et une source d'affliction pour eux : Pharaon, Hamân et leurs armées étaient fautifs !

9 Qui sait, dit l'épouse de Pharaon, si cet enfant ne sera pas pour toi et moi une consolation (litt. : le plaisir de nos yeux) ? Ne le tuez pas car il se peut qu'il nous soit utile ou même que nous en fassions notre fils : ils ne pressentaient rien *[de ce qui allait advenir]*.

10 Au matin, le cœur atterré, peut s'en fallut que *[la mère de Mûssâ]* ne dévoile ses sentiments si Nous ne l'avions raffermie[2] afin qu'elle restât croyante.

11 Elle dit à sa sœur : Pars à sa recherche (ou : suis-le à la trace) ! Elle l'observait de loin à leur insu.

12 Nous lui interdîmes les nourrices dès la première tétée (*min qabl*). Vous indiquerai-je, dit alors *[sa sœur]*, les membres d'une famille qui le prendront en charge pour votre compte et qui lui seront de bon conseil ?

13 C'est ainsi que Nous le rendîmes à sa mère afin qu'elle s'apaise et ne s'afflige point ; et afin qu'elle sache que la promesse de Dieu était bien une réalité (*haqq*) mais la plupart d'entre eux sont dans l'ignorance.

2 Litt. : si Nous n'avions raffermi son cœur.

14 Lorsqu'il eut atteint la force de l'âge et la maturité Nous lui accordâmes science et autorité : c'est ainsi que Nous rétribuons les vertueux.
15 Il entra dans la ville *[profitant]* d'un moment d'inattention des habitants, et il y trouva deux hommes en train de se battre : l'un appartenait à son clan, l'autre était un de ses ennemis. Celui qui était des siens l'appela à son secours et Mûssâ décocha un coup de poing *[mortel]* à l'Égyptien. Ceci, s'exclama Mûssâ, est l'œuvre du diable car il est un ennemi déclaré et un fourvoyeur.
16 Seigneur, implora-t-il, je me suis fait du tort à moi-même, aussi pardonne-moi. Et Dieu lui pardonna car Il est le Pardonneur, le Très Miséricordieux.
17 Seigneur, poursuivit-il, puisque Tu m'as accordé Tes faveurs je ne serai jamais un soutien pour les criminels.
18 Au matin il était encore dans la ville, inquiet et aux aguets, quand celui qui lui avait demandé son secours la veille lui demanda à nouveau assistance à grands cris. Tu es un provocateur avéré, lui dit alors Mûssâ.
19 Et lorsqu'il voulut fondre sur leur ennemi commun, celui-ci lui dit : Tu veux me tuer de la même façon que tu as tué un homme hier ? Tu veux donc être un despote dans ce pays et tu n'entends rien améliorer ?
20 *[Là-dessus]* un homme arriva en courant de l'autre bout de la ville *[afin de l'avertir]* : Mûssâ, lui dit-il, les notables délibèrent à ton sujet afin de te tuer ; aussi, je m'en vais te donner un bon conseil : pars d'ici !
21 Il quitta *[aussitôt]* la ville, inquiet et aux aguets, en implorant : Seigneur, sauve-moi de ce peuple d'injustes !

22 Lorsqu'il se dirigea en direction de Madyan, il se dit : Sans doute[3]
mon Seigneur va-t-Il me mettre sur le bon chemin.
23 Un fois parvenu au point d'eau de Madyan, il y trouva un groupe
de gens qui étaient venus y puiser *[de l'eau]* et il vit (litt. : trouva)
également deux femmes à l'écart qui retenaient leur troupeau. Qu'est-
ce qui vous retient, demanda-t-il ? Nous ne pourrons abreuver *[nos
bêtes]* qu'après le départ de ces bergers, répondirent-elles, et notre
père est un homme trop âgé *[pour effectuer un telle tâche]*.
24 Il fit donc abreuver leur troupeau puis s'en retourna à l'ombre et fit
cette invocation : Seigneur, j'ai besoin de tous les bienfaits que Tu
voudras bien m'accorder (litt : que tu feras descendre sur moi) !
25 L'une d'elle vint alors le trouver timidement et lui dit : Mon père t'in-
vite afin de te rétribuer d'une récompense pour avoir fait boire *[notre
troupeau]*. Lorsque Mûssâ se rendit auprès de lui, il lui fit le récit de
ce qui s'était passé. Ne crains rien, le rassura-t-il, tu seras sauvé de ce
peuple d'injustes.
26 Père, lui dit l'une des filles, tu n'as qu'à louer ses services. Il n'est de
meilleur salarié que l'homme fort et fiable.
27 Je voudrais te donner en mariage l'une de mes filles, lui dit-il, à condi-
tion que tu sois à mon service durant huit années. Si tu veux prolon-
ger ce délai de deux ans (litt. : jusqu'à dix) cela sera pure faveur de ta
part. Je ne veux rien t'imposer de pénible et tu trouveras en moi, si
Dieu le veut, un homme intègre.
28 Voila qui est convenu entre toi et moi, lui répondit-il. Quel que soit
le délai que je choisirai, tu ne devras pas outrepasser ton droit à mes
dépens et Dieu est le Garant de nos engagements.

3 Litt. : Peut-être.

29 Lorsque Mûssâ eut atteint le délai imparti et qu'il eut emmené son
épouse (litt. : sa famille avec lui) il aperçut un feu. Restez ici, leur dit-
il, car je viens de voir un feu ; peut-être en rapporterai-je une indica-
tion *[pour poursuivre notre route]* ou une braise ardente afin que vous
vous y réchauffiez.
30 Lorsqu'il s'y fut rendu, il entendit un appel sur le versant droit de la
vallée dans la contrée bénie où était situé l'arbuste : Mûssâ, c'est un
fait : Je suis Dieu, le Seigneur des mondes !
31 Jette donc ton bâton ! Et lorsque Mûssâ le vit se tortiller comme un
serpent, il rebroussa chemin en fuyant sans se retourner. Mûssâ,
approche et ne crains rien, tu es de ceux qui ont l'assurance de Ma
protection.
32 Introduis ta main sous ta tunique (litt. : poche, fente, *jayb*) elle en res-
sortira lumineuse et intacte et glisse ta main sous ton aisselle[4] afin de
calmer ton angoisse. Ce seront là deux signes de ton Seigneur destinés
à Pharaon et à ses notables car ils constituent un peuple de pervers.

**Commentaire** : Le second geste (glisse ta main sous ton aisselle) eut pour effet de rendre à sa main son aspect initial ce qui dissipa les inquiétudes de Moïse.

33 Seigneur, dit Mûssâ, j'ai tué l'un des leurs et je crains qu'à mon tour ils
ne me tuent.
34 Mon frère Hârûn a la langue plus déliée que moi (ou : est plus élo-
quent que moi) ; envoie-le avec moi en guise de soutien, il confirmera
mes dires car je crains qu'ils ne me traitent d'imposteur.
35 Nous raffermirons ton bras par *[celui de]* ton frère et Nous vous
accorderons une autorité telle qu'ils ne vous atteindront pas ! Ainsi
soutenus par (litt. : grâce à) Nos signes, vous aurez le dessus, vous et
ceux qui vous auront suivis.

4 Chez les Arabes, ce geste passait en effet pour calmer l'angoisse.

36 Lorsque Mûssâ vint à eux muni de Nos signes explicites, ils crièrent à
la magie forgée de toutes pièces en disant : Nous n'avons rien entendu
de tel chez nos lointains ancêtres.
37 Mon Seigneur, reprit Mûssâ, sait mieux que quiconque qui apporte
la guidance de Sa part et qui héritera de la Demeure finale ; certes, les
iniques ne connaîtront pas la réussite.
38 Dignitaires, dit alors Pharaon, je ne vous connais pas d'autres divi-
nités que moi ! Hamân, allume le feu *[afin de fabriquer des briques]*
en terre cuite[5] et fais-en un palais afin de m'élever jusqu'au Dieu de
Mûssâ, car je le prends pour un imposteur.
39 Il s'enorgueillit sur terre avec ses armées sans aucune justification en
pensant qu'ils ne seraient pas ramenés vers Nous.
40 Nous nous saisîmes de lui et de ses armées et le précipitâmes dans la
mer ; considère quel fut le sort réservé aux injustes !
41 Nous fîmes d'eux des guides qui invitent (ou : convient) *[les hommes]*
au feu, et au Jour de la Résurrection ils ne bénéficieront d'aucun sou-
tien.
42 Nous les avons fait suivre en ce monde d'une malédiction et au Jour
de la Résurrection ils seront réprouvés (litt. : de ceux qui seront reje-
tés).
43 Après avoir anéanti les premières générations Nous avions révélé à
Mûssâ les Écritures révélatrices *(basâ'ir)* à l'usage des hommes et à
titre de guidance et de miséricorde afin qu'ils se les remémorent.

5 Litt. : allume le feu sous l'argile.

44 Tu n'étais pas sur le versant occidental *[du Sinaï]* lorsque Nous investîmes Mûssâ de la prophétie et tu n'étais pas au nombre des témoins.
45 Mais *[depuis]* Nous avons suscité d'autres générations et une longue période s'est écoulée. Tu n'étais pas davantage établi chez les Madyanites pour leur réciter Nos versets mais c'est Nous qui t'avons envoyé *[porteur d'une révélation qui te fait part de leurs histoires]*,

**Commentaire** : Ce discours s'adresse au Prophète. Le Coran argue du fait que le Prophète était dans l'ignorance la plus totale des histoires des communautés antérieures. L'histoire sainte qui est mentionnée dans le Coran constitue donc une preuve de la réalité de sa prophétie. C'est la durée de la longue période écoulée depuis la venue de Moïse (et également de celle de Jésus) qui justifie l'envoi d'un nouveau prophète.
Selon d'autres interprétations, la longueur de cette période est cause d'un oubli général et de la mécréance des hommes aussi bien vis-à-vis des révélations antérieures que de cette nouvelle révélation.

46 pas plus que tu n'étais sur le versant du Sinaï lorsque Nous appelâmes Mûssâ mais Nous *[t'avons envoyé]* à titre de miséricorde de la part de ton Seigneur afin de mettre en garde un peuple qui n'a pas reçu d'avertissement[6] avant toi pour qu'ils le prennent en considération
47 et afin qu'ils ne puissent pas argumenter si une catastrophe s'abattait sur eux pour prix de leur inconduite *[en disant]* : Si seulement Tu nous avais envoyé un prophète, nous aurions suivi Tes signes et serions d'entre les croyants.
48 Et lorsque la Vérité vint à eux de Notre part, ils objectèrent : Que n'a-t-il reçu la même chose que Mûssâ ! N'ont-ils pas renié ce qui avait été révélé à Mûssâ auparavant en disant : Voici deux types de magie *(sihrân)* complémentaires et nous nions chacune des deux.

**Commentaire** : Les deux types de magie complémentaires mis en cause sont la Thora et le Coran. Dans ce cas, l'accusation est le fait des Qurayshites ou de leurs contemporains. Une autre lecture substitue *sâhirân* (deux magiciens) à *sihrân* (deux magies). Dans ce cas, les deux personnages mis en accusation par les mécréants peuvent être Moïse et le Prophète ou encore Moïse et Aaron. Dans cette dernière hypothèse, ce sont bien entendu Pharaon et son entourage qui auraient lancé ces accusations.

49 Dis-leur : Apportez-moi de la part de Dieu un livre qui dirige mieux *[que celui-ci]* afin que je le suive, si vous êtes véridiques.
50 Et s'ils n'accèdent pas à ta requête, sache qu'ils ne suivent que leurs passions. Et qui donc est plus égaré que celui qui se conforme à ses passions sans suivre une direction qui lui vienne de Dieu ? Certes Dieu ne guide pas le peuple des injustes.

6 Litt. : d'avertisseur.

51 Certes Nous leur avons fait parvenir ce Coran afin qu'ils en prennent acte !
52 Ceux auxquels Nous avions révélé les Écritures avant lui y croient,
53 et lorsqu'on le leur récite ils disent : Nous y ajoutons foi, il est bien la Vérité venant de notre Seigneur. Avant même cette révélation nous étions déjà musulmans (ou : soumis).
54 Ceux-là recevront une double rétribution pour prix de leur patience ; ils repoussent le mal par le bien et répandent en aumônes une part des biens que Nous leur avons attribués.
55 Lorsqu'ils entendent les futilités, ils s'en détournent en disant : A nous nos œuvres et à vous les vôtres. La paix soit sur vous. Nous ne souhaitons pas la compagnie des ignorants.

**Autre traduction possible** : Quand ils entendent les propos blessants *[des mécréants]*, ils s'en détournent. Cette traduction est en fait un commentaire que l'on retrouve notamment dans le « *Jalâlayn* ».

56 Tu ne guides certes pas ceux que tu aimes mais Dieu guide qui Il veut et Il sait mieux que quiconque qui est sur la bonne voie.

**Commentaire** : On pourrait s'étonner de cette affirmation péremptoire qui semble contredire l'ordre qui est donné au Prophète de convier son entourage à l'Islam. En réalité, comme l'affirme le Coran en maints passages, seule la transmission du message incombe au Prophète : y croit qui veut et s'en détourne qui veut.

57 Si nous suivions la bonne direction à tes côtés, disent-ils, nous serions chassés[7] de nos terres. Ne leur avons-Nous pas assuré un territoire sacré et sûr vers lequel sont acheminés des fruits de toutes espèces en guise de subsistance de Notre part ? Mais la plupart d'entre eux sont dans l'ignorance.
58 Combien avons-Nous anéanti de cités qui menaient un train de vie insolent ? Voici leurs demeures qui sont restées quasiment inhabitées après eux et dont Nous avons été les héritiers.
59 Et ton Seigneur n'est pas enclin à anéantir une cité sans avoir envoyé dans sa métropole un prophète pour leur réciter Nos versets ; et Nous n'étions pas enclins à détruire une cité dont les habitants n'étaient pas iniques.

7 Litt. : arrachés à nos terres.

60 Toute chose qui vous est octroyée n'est que jouissance et parure de la vie d'ici-bas ; et ce qui se trouve auprès de Dieu est à la fois meilleur et plus durable. Y avez-vous réfléchi ?

61 Celui auquel Nous avons fait une promesse enviable dont il verra la réalisation est-il comparable à celui que Nous avons fait jouir de la vie de ce bas monde et qui, au Jour de la Résurrection, devra comparaître *[devant Nous]* (ou encore : sera présenté au feu) ?

62 Le Jour où Dieu les appellera en disant : Où sont donc passés ceux que vous prétendiez être Mes associés ?

63 ceux qui méritaient le châtiment[8] s'écrieront : Seigneur, voici ceux que nous avons subornés. Nous les avons égarés parce que nous étions nous-mêmes plongés dans l'égarement, mais devant Toi nous désavouons le culte qu'ils nous rendaient.

64 Invoquez donc vos associés ! leur sera-t-il dit. Ils les invoqueront mais ceux-ci ne leur répondront pas[9] et ils verront alors le châtiment. Si seulement ils avaient été bien dirigés !

65 Le Jour où Dieu les appellera pour leur demander : Qu'avez-vous répondu à *[Mes]* envoyés ?

66 ce Jour-là leur esprit sera brouillé[10] au point qu'ils ne songeront même pas à s'interroger *[en vue d'obtenir une réponse]*.

67 Mais ceux qui se seront amendés, qui auront cru et pratiqué les œuvres pies seront sans doute voués à la réussite.

68 Ton Seigneur crée ce qu'Il veut et c'est Lui qui choisit pour les hommes ce qui leur convient le mieux[11]. Exalté soit-Il au-delà de ce qu'ils Lui associent !

69 Ton Seigneur sait ce que leurs cœurs (litt. : leurs poitrines) dissimulent aussi bien que ce qu'ils dévoilent.

70 Et Il est Dieu qui est tel qu'il n'est de divinité que Lui ; c'est à Lui que revient la louange en ce monde et dans l'Ultime Demeure, à Lui qu'appartient l'autorité (ou : la décision) et c'est auprès de Lui que vous serez ramenés.

---

8 Ou encore : ceux contre lesquels Notre décision se réalisera, ou : s'exercera.

9 Ou encore : mais en vain… Cette traduction élégante est due à Saduq Mâzigh mais nous ne l'avons pas retenue la jugeant un peu trop éloignée du sens littéral.

10 Litt. : leur capacité à communiquer sera aveugle…

11 Ton Seigneur crée ce qu'Il veut ; c'est Lui qui choisit et le choix ne leur est point laissé. Ce verset aurait été révélé au Prophète à cause des Qurayshites qui contestaient le choix de Dieu en la personne du Prophète. Ce verset est de ceux qui pourraient laisser croire que le Coran dénie tout libre arbitre à l'être humain. La question est des plus complexes et l'on peut la résumer ainsi : si Dieu crée les actes, comment ceux-ci peuvent-ils être attribués à l'homme et, partant, quelle est la part de sa responsabilité ? Pour résoudre cette épineuse question, les théologiens ont établi un subtil distingo entre la Volonté divine à laquelle rien n'échappe et l'Agrément divin qui, lui, peut être contrarié ; en clair, l'homme ne peut désobéir à Dieu contre Sa volonté mais s'il Lui désobéit il n'en reçoit pas pour autant Son Agrément ! En réalité, il semble que seuls les spirituels musulmans aient apporté une réponse relativement satisfaisante, mais ce n'est pas le lieu de l'exposer compte tenu de la relative simplicité des commentaires proposés dans cette tentative d'interprétation.

71 Dis-leur : Qu'en diriez-vous si Dieu vous avait plongés dans une nuit permanente jusqu'au Jour de la Résurrection ? Quelle divinité autre que Dieu vous apporterait de la clarté ? Allez-vous enfin entendre ?
72 Dis-leur : Qu'en diriez-vous si Dieu vous avait imposé un jour ininterrompu jusqu'au Jour de la Résurrection ? Quelle divinité autre que Dieu ferait surgir la nuit à votre intention afin que vous vous reposiez ? Ne verrez-vous donc point ?
73 Il a établi le jour et la nuit à votre intention du fait de Sa Miséricorde afin que vous vous reposiez et que vous vaquiez à vos affaires (litt. : que vous recherchiez Ses faveurs) ; peut-être vous en montrerez-vous reconnaissants.
74 Le Jour où Il les appellera en disant : Où sont ceux que vous prétendiez être Mes associés ?
75 puis Nous produirons un témoin à l'encontre de chaque communauté en disant : Apportez donc vos preuves si vous êtes véridiques.
76 Qârûn était un des membres de la tribu de Mûssâ qui fit montre d'un orgueil insolent à leur endroit. Nous lui avions donné des trésors dont les clefs étaient trop lourdes *[à porter]* pour une troupe d'hommes forts, mais son peuple lui dit : Ne te réjouis pas ainsi, car Dieu n'aime pas ceux qui se réjouissent *[trop ostensiblement]*.
77 Cherche à obtenir l'Ultime Demeure au moyen de ce que Dieu t'a donné sans oublier la part qui te revient ici-bas, et montre-toi généreux de la même manière que Dieu S'est montré généreux envers toi. Ne recherche pas la corruption sur terre car Dieu n'aime pas les corrupteurs.

78 *[Qârûn leur répondit]* : On ne m'a donné ce trésor qu'en vertu d'une science que je possède. Ignorait-t-il donc que ceux que Dieu avait détruits avant lui dans les siècles précédents étaient plus puissants et plus nombreux que lui ? Les criminels ne seront pas interrogés sur leurs péchés.

79 Puis Qârûn se porta au-devant de son peuple dans ses plus beaux atours. Ceux qui convoitaient la vie d'ici-bas s'écrièrent : Plût au ciel que nous fussions dotés de richesses semblables à celles qu'a reçues Qârûn, il détient une fortune immense !

80 Mais ceux qui avaient reçu la science répliquèrent : Malheureux que vous êtes ! La récompense de Dieu vaut mieux pour celui qui croit et qui fait œuvre pie. Seuls ceux qui sont constants en recevront une part.

81 Nous fîmes engloutir par la terre Qârûn et sa demeure. Il n'y eut aucune faction pour le soutenir contre Dieu et il fut abandonné à son sort.

82 Ceux-là mêmes qui la veille enviaient sa position se firent cette réflexion : Oh ! oh ! C'est comme si Dieu dispensait Ses dons aux serviteurs de Son choix, avec largesse ou avec mesure. N'était la faveur de Dieu, nous aurions été engloutis *[avec lui]*. Oh ! oh ! On dirait que les mécréants ignorent la réussite.

83 Cette Ultime Demeure, Nous l'avons réservée à ceux qui ne veulent pas s'enorgueillir sur terre ni la corrompre. Une heureuse issue est dévolue à ceux qui se prémunissent *[de Dieu]*.

84 Quiconque accomplit une œuvre méritoire *(hassana)* en recevra une récompense bien meilleure que l'œuvre elle-même ; quant à ceux qui commettent une faute, eh bien, leur rétribution sera simplement proportionnelle à la faute commise.

85 Celui qui t'a imposé *[la récitation du]* Coran te ramènera sans nul doute à ton point de départ. Dis-leur : Mon Seigneur sait mieux que quiconque qui est dans la bonne direction et qui est dans un égarement manifeste.

**Commentaire :** Pour les uns, le point de départ n'est autre que La Mecque d'où le Prophète avait été exilé. Pour d'autres, il est plutôt, en conformité avec le sens littéral, un point de retour (*ma'âd*) et désigne de ce fait « l'Ultime Demeure ».

86 Tu ne t'attendais[1] pas à ce que l'on te transmette ces Écritures ; *[elles ne sont]* qu'une miséricorde pour les mondes. Aussi, ne sois pas un soutien pour les mécréants.
87 Que rien ne te détourne des versets de Dieu après qu'ils t'aient été révélés et convie les hommes à ton Seigneur sans être du nombre des associateurs.
88 Et n'invoque aucune divinité aux côtés de Dieu : il n'est de divinité que Lui et toute chose est périssable à l'exclusion de Sa Face ; c'est à Lui qu'appartient l'autorité (ou : la décision) et c'est auprès de Lui que vous serez ramenés.

Sourate 29

## L'Araignée

*Au Nom de Dieu, le Tout Miséricordieux, le Très Miséricordieux*

1 Alif, Lâm, Mîm.
2 Les gens s'imaginent-ils qu'on leur laissera dire : Nous avons la foi, sans qu'ils aient été soumis à l'épreuve
3 alors que Nous avons soumis à l'épreuve ceux qui les ont précédés ? Dieu finira bien par distinguer[2] (litt. : connaître) ceux qui sont sincères des menteurs.
4 Ou bien ceux qui commettent des fautes s'imaginent-ils pouvoir échapper *[à Notre châtiment]* ? Combien leur jugement est erroné !
5 Celui qui espère la rencontre avec Dieu *[doit savoir]* que le terme en est proche et qu'Il est Celui qui entend et sait *[tout]*.
6 Quiconque accomplit des efforts violents[3] ne les accomplit que pour lui-même car Dieu Se passe (*Ghaniyy*) parfaitement des mondes.

1 Litt. : Tu n'espérais pas.
2 Du point de vue islamique, la Science éternelle de Dieu englobe passé, présent et avenir. Dieu a donc de toute éternité parfaitement connaissance de ceux qui sont sincères comme Il connaît déjà ceux qui sont des menteurs. Ce qu'Il « attend » n'est donc rien d'autre que la réalisation ici-bas de ce qui est déjà connu de Lui.
3 *Yujâhid*, la guerre sainte (*jihâd*) faisant également partie de ces efforts violents.

7 Nous remettrons les péchés de ceux qui auront cru et œuvré pieusement et Nous les rétribuerons en fonction de leurs meilleures œuvres.
8 Nous avons recommandé à l'homme la bienveillance vis-à-vis de ses père et mère mais s'ils te poussent à Me donner un associé — chose dont tu n'as aucune connaissance — ne leur obéis pas ! C'est auprès de Moi que vous serez ramenés et Je vous rappellerai quelles étaient vos œuvres.
9 Ceux qui auront cru et fait œuvre pie, Nous les introduirons parmi les gens pieux.
10 Parmi les gens, il en est pour dire : Nous avons foi en Dieu. Mais sitôt qu'ils sont persécutés *[pour la cause de]* Dieu, ils mettent les épreuves que leur imposent les hommes au même plan que le châtiment de Dieu ; si en revanche une victoire *[vous]* échoit de la part de ton Seigneur, ils s'écrient aussitôt : Nous étions bien avec vous. Dieu n'est-Il pas au courant de ce que recèlent les cœurs de tous les êtres *(al-'âlamîn)* ?
11 Dieu finira bien par distinguer les croyants des hypocrites[4].
12 Les mécréants ont fait cette proposition aux croyants : Epousez notre cause[5] et nous nous chargerons de vos péchés. En réalité ils n'en assumeront rien : ce ne sont que des menteurs !
13 Ils seront chargés de leurs propres péchés auxquels s'adjoindront d'autres fardeaux, et au Jour de la Résurrection on leur demandera des comptes au sujet de leurs inventions mensongères.

**Commentaire :** Les autres fardeaux évoqués dans le verset sont les péchés de tous ceux qu'ils auront sciemment détournés de la voie de Dieu.

14 Nous dépêchâmes Nûh auprès de son peuple ; il demeura parmi eux neuf cent cinquante ans puis le déluge les surprit en pleine iniquité.

4 Cf. le commentaire du verset 3 de cette même sourate.

5 Litt. : Suivez notre voie.

15 Et Nous le sauvâmes avec les passagers de l'Arche dont Nous fîmes un signe à l'intention de l'univers (litt. : des mondes).
16 Et *[souviens-toi]* d'Ibrâhîm lorsqu'il eut dit à son peuple : Adorez Dieu et gardez-vous de Lui. Cela sera préférable pour vous si seulement vous êtes en mesure de le savoir.
17 Vous n'adorez en excluant Dieu *[de votre culte]* que des idoles, créant ainsi un blasphème. Or, ceux que vous adorez ainsi en dehors de Dieu ne vous procurent point votre subsistance ; recherchez-la donc auprès de Dieu et témoignez-Lui votre gratitude car c'est auprès de Lui que vous serez ramenés.
18 Et si vous criez au mensonge, les communautés qui vous ont précédés l'avaient déjà fait. Et seule incombe à Notre Envoyé une claire transmission du message.
19 Ne voient-ils pas comment Dieu initie la création et comment Il la recommence ? Or cela Lui est facile !
20 Dis-leur : Parcourez la terre et considérez comment Dieu a initié la création. Puis Dieu suscitera la création ultime car Il est Omnipotent.
21 Il châtie qui Il veut, fait miséricorde à qui Il veut et c'est auprès de Lui que vous serez ramenés.
22 Vous ne sauriez défier *[Sa Puissance]* sur terre ni dans le ciel et vous n'aurez en dehors de Dieu ni soutien ni protecteur.
23 Ceux qui ont nié les Signes de Dieu ainsi que Sa rencontre ont déjà désespéré de Ma miséricorde. Ceux-là sont voués à un châtiment douloureux.

24 Pour toute réponse son peuple s'écria : Tuez-le ou brûlez-le ! Mais Dieu le sauva du feu et il y a en cela un signe pour un peuple de croyants.
25 En excluant Dieu *[de votre culte]*, leur dit-il, vous n'avez pris pour divinités que des idoles en vue *[de renforcer]* l'affection qui vous lie en ce bas monde. Mais au Jour de la Résurrection vous vous renierez mutuellement en vous maudissant les uns les autres et vous aurez le feu pour refuge et serez privés de tout soutien.
26 Lût crut en lui et déclara : Je fuis ce pays pour faire route vers mon Seigneur, car Il est le Puissant, le Très Sage.
27 Nous lui donnâmes pour postérité Ishâq et Ya'qûb et instituâmes au sein de celle-ci la prophétie et les Écritures. Nous lui accordâmes sa rétribution en ce monde et dans l'Ultime Demeure il sera d'entre les gens pieux.
28 Et *[souviens-toi]* de Lût lorsqu'il dit à son peuple : Commettez-vous des turpitudes que nul à travers les mondes n'a commises avant vous ?
29 Vous copulez avec des hommes, vous détroussez les voyageurs[6] et vous commettez des turpitudes sur vos lieux de réunion *(nâdîkum)* ? Pour toute réponse son peuple lui dit : Fais fondre sur nous le châtiment de Dieu si tu es véridique.

**Commentaire** : Le peuple de Loth s'adonnait ouvertement à la sodomie dans les lieux de réunion publique (vous commettez des turpitudes sur vos lieux de réunion).

30 Seigneur, implora-t-il, accorde-moi la victoire sur ce peuple de corrupteurs !

6 Litt. : vous coupez (ou : barrez) les chemins… Le *qâti' al-tarîq* est en effet un bandit de grands chemins.

31 Et lorsque Nos émissaires vinrent trouver Ibrâhîm porteurs de la bonne nouvelle, ils lui dirent : Nous allons anéantir les habitants de cette cité car ils étaient iniques.
32 Mais Lût s'y trouve aussi, objecta Ibrâhîm. Nous savons fort bien qui s'y trouve, répondirent-ils. Nous le sauverons ainsi que sa famille exception faite de son épouse : elle sera de ceux qui resteront en arrière.
33 Et lorsque Nos émissaires se présentèrent à Lût, il en fut affligé et en eut le cœur oppressé. Ne t'afflige point, lui dirent-ils, Nous te sauverons ainsi que ta famille exception faite de ton épouse : elle sera de ceux qui resteront en arrière.
34 Nous allons faire s'abattre sur cette cité un châtiment venu du ciel pour prix de leur perversion.
35 Et Nous en laissâmes une trace (litt. : un signe) évidente à l'intention de ceux qui sont en mesure de réfléchir.
36 *[Souviens-toi lorsque Nous envoyâmes]* à Madyan leur frère Shu'ayb pour leur dire : Mon peuple, adorez Dieu et espérez *[l'échéance]* du Jour dernier mais ne commettez point, en corrupteurs, d'iniquités sur terre.
37 Ils le traitèrent d'imposteur et furent saisis par un hurlement (ou : par un séisme) : au matin, ils gisaient dans leurs demeures, ventres à terre.
38 *[Souviens-toi encore de]* 'Âd et de Thamûd dont les demeures *[en ruine]* constituent un signe pour vous. Le diable avait embelli leurs œuvres à leurs yeux et les avait détournés du bon chemin bien qu'ils aient eu des yeux *[pour y voir clair]*.

**Ou encore** : Bien qu'ils aient été doués d'intuition ou encore : bien qu'ils aient été doués d'intelligence.

39 *[Souviens-toi]* de Pharaon, de Qârûn et de Hâmân que Mûssâ était
venu trouver muni de Nos signes : ils s'étaient enorgueillis sur terre
sans échapper *[pour autant à Notre châtiment]*.
40 Nous les avons tous châtiés pour leurs péchés. Il en est auxquels
Nous avons envoyé des pierres tandis que d'autres étaient saisis par
un hurlement. Il en est que Nous avons fait engloutir par la terre et
d'autres que Nous avons noyés. Dieu n'était pas enclin à les opprimer
mais ils se faisaient du tort à eux-mêmes.
41 Ceux qui se choisissent des protecteurs en dehors de Dieu sont com-
parables à l'araignée qui tisse sa toile en guise de demeure[7], alors que
la plus frêle des demeures est bien celle de l'araignée, si seulement ils
en étaient conscients (litt. : si seulement ils savaient) !
42 Dieu sait bien tout ce qu'ils invoquent en dehors de Lui et Il est le
Puissant, le Sage.
43 Ces exemples, Nous les destinons aux hommes mais seuls les savants
sont à même d'y réfléchir.
44 Dieu a créé les cieux et la terre selon la Vérité ; certes il y a en cela un
signe pour les croyants.
45 Récite ce qui t'est inspiré des Écritures et accomplis la prière car elle
empêche de s'abandonner à la turpitude et à ce qui est blâmable. Et
le souvenir de Dieu est encore plus grand et Dieu est parfaitement
Informé de ce que vous faites.

**Commentaire** : A propos du souvenir de Dieu qui est encore plus grand, trois explications ont été retenues :

— Le souvenir de Dieu est la prière elle-même et celle-ci est de toutes les œuvres la plus méritoire et la plus à même de préserver de la turpitude.

— Le souvenir de Dieu est distinct de la prière et il est « plus grand » que celle-ci car on doit se souvenir de Dieu en toutes circonstances alors que la prière s'accomplit à des moments déterminés.

— Le souvenir de Dieu est l'œuvre la plus méritoire conformément à ce qu'enseignent certains *hadîths*.

7 Litt. : qui fait de sa toile sa demeure.

46 Ne discutez avec les gens du Livre que de la manière la plus courtoise (litt. : de la meilleure manière) exception faite de ceux d'entre eux qui se sont montrés iniques et dites-leur : Nous avons foi en ce qui nous a été révélé comme nous avons foi en ce qui vous a été révélé et notre Dieu et le vôtre est un Dieu Unique auquel nous sommes soumis.
47 C'est ainsi que Nous t'avons révélé le Livre, et ceux auxquels Nous avons révélé les Écritures y ajoutent foi. Il en est également parmi ceux-là *[les Qurayshites]* pour y croire et seuls les mécréants apportent un déni à Nos signes.

**Commentaire :** C'est ainsi que Nous t'avons révélé le Livre, c'est-à-dire: Nous te l'avons révélé comme Nous avons révélé les Écritures antérieures.

48 Avant ce Livre-ci tu ne récitais aucune Écriture pas plus que tu ne l'écrivais de ta dextre ; *[si tel avait été le cas]*, les dénégateurs en auraient conçu des doutes.
49 Mais il est bel et bien composé de versets explicites (ou : révélateurs) ancrés dans la poitrine de ceux qui ont reçu la science et seuls les iniques opposent un déni à Nos versets.
50 Si seulement il lui avait été conféré, disent-ils, des signes de son Seigneur[8] ; réponds-leur : les signes n'appartiennent qu'à Dieu (litt. : sont auprès de Dieu) et je suis seulement chargé quant à moi de vous adresser une claire mise en garde.
51 Ne leur suffit-il pas que Nous leur ayons révélé *[en guise de miracle]* ce Livre qui leur est récité ? Tout ceci constitue certainement une miséricorde et un rappel pour un peuple de croyants.
52 Dis-leur : Dieu suffit comme Témoin entre vous et moi, Lui qui connaît ce qui se trouve dans les cieux et sur terre. Ceux qui croient aux fictions et qui ont renié Dieu, ceux-là sont voués à la perdition.

8 Ou encore : Si seulement sa venue avait été accompagnée de signes de son Seigneur.

53 Ils te demandent de hâter le châtiment ! N'était le fait que son
échéance est déjà fixée, le châtiment se serait déjà abattu sur eux. Il
les surprendra à l'improviste sans même qu'ils s'y attendent (ou : sans
qu'ils l'aient pressenti).
54 Ils te demandent de précipiter le châtiment alors que la Géhenne cer-
nera les mécréants de toutes parts,
55 le Jour où le châtiment les enveloppera des pieds à la tête (Litt. : au-
dessus d'eux et par-dessous leurs pieds) et où Il leur dira : Goûtez
*[maintenant]* au fruit de vos œuvres.
56 Ô Mes serviteurs qui avez la foi, sachez que Ma terre est vaste et que
c'est Moi qu'il vous faut adorer !
57 Toute âme goûtera à la mort et c'est vers Moi que vous serez rame-
nés.
58 Ceux qui auront cru et œuvré pieusement, Nous les installerons en
Paradis dans des résidences au pied desquelles s'écouleront des fleu-
ves : ils y demeureront à jamais. Quelle rétribution plus digne de ces
*[bons]* ouvriers
59 qui faisaient preuve de constance et s'en remettaient à leur Seigneur ?
60 Combien y a-t-il de bêtes évoluant sur terre qui sont trop faibles pour
porter leur subsistance[9] ? C'est Dieu qui la leur accorde ainsi qu'à vous
et Il est Celui qui entend et sait tout.
61 Et si tu viens à leur demander : Qui donc a créé les cieux et la terre ?
Qui a assujetti le soleil et la lune ? Ils te répondront : Dieu ! Alors,
pourquoi proférer des mensonges ?
62 Dieu dispense largement ou avec mesure Sa subsistance aux servi-
teurs de Son choix, car Dieu est Omniscient.
63 Et si tu leur demandes : Qui fait descendre la pluie du ciel en vue
de vivifier (ou : de fertiliser) une terre qui était devenue stérile, ils te
répondront : Dieu ! Dis-leur : La louange en revient à Dieu mais la
plupart d'entre eux sont incapables de réflexion.

9 Litt. : qui ne portent pas leur subsistance.

64 La vie de ce bas monde n'est que jeux et distractions, mais la Demeure Ultime est le siège de la vie éternelle. Si seulement ils savaient !
65 Lorsqu'ils embarquent dans un vaisseau, ils invoquent Dieu en Lui vouant un culte exclusif. Mais une fois qu'Il les a sauvés *[de la tempête]* en les ramenant sur la terre ferme ils Lui attribuent aussitôt des associés,
66 reniant ainsi les faveurs que Nous leur avons accordées en vue de jouir *[de ce bas monde]*. Mais bientôt ils sauront *[à quoi s'en tenir]*.
67 Ne voient-ils pas que Nous avons fait *[de leur cité]* un territoire sacré et sûr alors que tout autour d'eux on enlève des gens ? Croient-ils donc à des choses vaines tout en niant les bienfaits de Dieu ?

**Commentaire** : Dieu veut pour preuve des faveurs qu'Il a faites aux Qurayshites le caractère sacré qu'Il a conféré à leur cité et qui lui assurait une paix relative alors que tout autour d'eux on enlève des gens au cours de guerres et de razzias meurtrières. Les Arabes répugnaient en effet à attaquer La Mecque qu'ils considéraient tous comme leur sanctuaire.

68 Et qui donc est plus injuste que celui qui profère des mensonges au sujet de Dieu ou qui traite la Vérité d'imposture lorsqu'elle lui parvient ? N'y a-t-il pas dans la Géhenne un asile pour les mécréants ?
69 Nous dirigerons dans Nos voies ceux qui auront fait de violents efforts (ou encore : qui auront combattu) pour Nous (ou : pour Notre cause). Et Dieu est aux côtés de ceux qui se comportent selon la perfection.

Sourate 30

## Les Byzantins

*Au Nom de Dieu, le Tout Miséricordieux, le Très Miséricordieux*

1 Alif, Lâm, Mîm.
2 Les Byzantins ont été vaincus
3 dans une région voisine ; mais après leur défaite ils seront à nouveau vainqueurs[1]
4 d'ici quelques années. Le Commandement appartient à Dieu avant comme après *[cet épisode]* et ce jour-là les croyants se réjouiront
5 du soutien de Dieu qui accorde la victoire aux belligérants de Son choix car Il est le Puissant, le Sage.

1 Les Byzantins avaient été défaits par les Perses ce qui avait provoqué le mécontentement des musulmans car les Byzantins étaient pour eux des *ahl al-kitâb*, des gens du Livre. De leur côté, les Qurayshites informés de la victoire perse en profitèrent pour provoquer les musulmans. Le Coran ayant annoncé une prochaine revanche des Byzantins, Abû Bakr, avant que l'interdiction des jeux de hasard ne fut entérinée, paria cent chamelles avec 'Ubay b. Khalaf qu'avant neuf années révolues (« d'ici quelques années », *bid' sinin*, le terme *bid'* pouvant signifier de trois à neuf) les Byzantins auraient pris leur revanche. Ce fut le fils d'Ubay qui honora la dette de son père défunt lors de la victoire de ces derniers.

6 Telle est la promesse de Dieu et Dieu ne faillit pas à Sa promesse
mais la plupart des hommes sont des ignorants.
7 Ils ne connaissent que les apparences de la vie d'ici-bas mais ne se
soucient nullement de l'Ultime Demeure.
8 Que n'ont-ils médité sur eux-mêmes[2] ! Dieu n'a créé les cieux, la terre
et l'espace intermédiaire que selon la Vérité et pour un terme fixé. Et
malgré ce, un grand nombre de gens nient la rencontre avec leur Sei-
gneur.
9 N'ont-ils pas parcouru la terre et médité sur le sort de ceux qui les ont
précédés ? Plus robustes qu'eux, ils avaient labouré la terre et l'avaient
bâtie (ou : peuplée) mieux qu'ils ne l'ont fait eux-mêmes, et leurs
envoyés étaient venus à eux munis de signes. Dieu n'était pas enclin à
leur faire du tort mais ils se faisaient du tort à eux-mêmes.
10 Le pire des sorts fut réservé à ceux qui avaient fait du mal pour avoir
traité les signes de Dieu d'imposture et les avoir tournés en dérision.
11 C'est Dieu qui initie la création et qui la recommence et c'est auprès
de Lui que vous serez ramenés.
12 Le Jour où l'Heure sonnera, les criminels en seront dépités.
13 Ils n'auront aucun intercesseur parmi les associés *[qu'ils attribuaient à
Dieu]* et qu'ils renieront *[spontanément]*.
14 Le Jour où l'Heure arrivera, ce Jour-là les hommes seront divisés.
15 Ceux qui auront cru et pratiqué des œuvres pies s'ébattront dans des
jardins.

2 Ou encore : Que n'ont-ils réfléchi au plus profond d'eux-mêmes ?

16 Les mécréants qui auront traité d'impostures Nos signes ainsi que la rencontre de l'Ultime Demeure seront exposés au châtiment.
17 *[Proclamez]* : Gloire à Dieu ! soir et matin.
18 C'est à Lui que revient la louange dans les cieux et sur terre, le soir et au zénith.
19 Il fait sortir le vif du mort et Il fait sortir le mort du vif ; Il vivifie la terre après qu'elle eut été stérile et c'est ainsi que vous serez extraits *[de vos tombes]* (ou : que vous serez ressuscités).
20 Entre autres (litt. : entre tous Ses) signes, Il vous a créés de terre et vous voilà *[devenus]* des hommes évoluant *[sur terre]*.
21 Un autre de Ses signes est d'avoir créé à partir de vous-mêmes des épouses à votre intention afin que trouviez le repos auprès d'elles et d'avoir mis entre vous affection et miséricorde. Certes il y en cela des signes pour un peuple disposé à la réflexion.
22 Un autre de Ses signes est d'avoir créé les cieux et la terre et d'avoir diversifié vos langues et vos couleurs. Cela constitue autant de signes à l'intention de l'univers (litt. : des mondes).
23 Votre sommeil de jour et de nuit est un autre de Ses signes au même titre que la quête *[à laquelle vous vous livrez]* afin de rechercher Ses faveurs. Tout ceci constitue autant de signes pour un peuple doué d'entendement (litt. : qui entend).
24 Un autre de Ses signes consiste à vous faire voir l'éclair comme un signe de crainte et d'espérance[3] et à faire descendre la pluie du ciel pour vivifier la terre après qu'elle soit devenue stérile. Certes il y a en tout cela des signes pour un peuple enclin à la réflexion.

---

3 Parce qu'il peut annoncer la pluie aussi bien que la tempête.

25 Un autre de Ses signes est que les cieux et la terre soient stabilisés sur Son Ordre et qu'ensuite au premier de Ses appels vous soyez extraits de la terre.
26 C'est de Lui que relèvent les habitants des cieux et de la terre : tous Lui sont soumis.
27 C'est Lui qui initie la création puis qui la recommence : rien ne Lui est plus facile. C'est à Lui que revient l'exemple (ou : le symbole) suprême dans les cieux et sur terre et Il est le Puissant, le Sage.
28 Il vous a donné des exemples tirés de vous-mêmes : avez-vous parmi vos esclaves des associés *[qui partagent]* la subsistance que Nous vous avons accordée en sorte que vous soyez à parts égales et dont vous ayez peur comme de vous-mêmes ? C'est ainsi que Nous détaillons Nos signes à l'intention d'un peuple capable de réflexion.
29 Mais les injustes ne font que suivre leurs passions sans connaissance de cause ; qui donc guidera celui que Dieu a égaré ? Ceux-là n'auront pas de partisans.
30 Tourne (litt. : dresse) ta face en pur monothéiste en direction de la religion : telle est la nature originelle selon laquelle Dieu a façonné les hommes et il n'y a pas d'alternative à la création de Dieu. Telle est la religion de la rectitude mais la plupart des hommes sont dans l'ignorance.
31 *[Tournez votre face vers Dieu]* en revenant à Lui et gardez-vous de Lui en accomplissant la prière et sans être du nombre des associateurs,
32 de ceux qui ont divisé leur religion et se sont constitués en schismes, chaque parti étant satisfait de sa propre doctrine.

33 Lorsque les hommes sont victimes d'une calamité, ils invoquent leur
Seigneur, repentants, puis sitôt qu'Il leur fait goûter à Sa miséricorde,
une fraction d'entre eux donnent des associés à leur Seigneur
34 afin de nier les faveurs que Nous leur avons accordées. Profitez-en
bien car bientôt vous saurez *[à quoi vous en tenir]*.
35 Ou bien leur avons-Nous accordé une preuve qui plaide en faveur de
ceux qu'ils Lui associent ?
36 Lorsque Nous faisons goûter aux hommes *[Notre]* Miséricorde ils
s'en réjouissent, mais si une épreuve les frappe comme conséquence
de leurs actes les voilà désespérés.
37 Ne voient-ils pas que Dieu dispense largement ou avec mesure Sa
subsistance aux serviteurs de Son choix. Certes il y en cela des signes
pour un peuple de croyants.
38 Accorde donc son droit à ton proche parent, à l'indigent et au voya-
geur ; cela est préférable pour ceux qui recherchent la Face de Dieu et
ceux-là sont assurés de la réussite.
39 Les prêts usuraires que vous consentez en vue de faire fructifier les
biens d'autrui ne s'accroissent nullement auprès de Dieu. Mais si vous
distribuez vos aumônes par désir de la Face de Dieu, vous serez de
ceux qui multiplient *[les bénéfices]*.
40 C'est Dieu qui vous a créés, qui vous a accordé votre subsistance puis
qui vous fera périr pour ensuite vous ressusciter. Parmi ceux que vous
Lui associez, y en a-t-il un seul pour accomplir le moindre de ces
actes ? Gloire à Lui et exalté soit-Il au-delà de ce qu'ils Lui associent!
41 La corruption est apparue sur terre comme sur mer à cause de ce que
les gens ont acquis de leurs mains, cela afin que Dieu leur fasse goûter
une partie de leurs méfaits : peut-être se reprendront-ils (litt. : peut-
être reviendront-ils) ?

42 Dis-leur : Parcourez la terre et considérez quel fut le sort de ceux qui vous ont précédés ; or la plupart d'entre eux étaient des associateurs.
43 Dresse ta face en vue de *[te conformer à]* la religion de la rectitude avant que ne survienne, *[sur Ordre]* de Dieu, le Jour que nul ne pourra repousser : ce Jour-là les hommes seront partagés.

**Autre traduction possible :** avant que ne survienne le Jour que Dieu ne voudra pas repousser.

44 Les mécréants auront à supporter les conséquences de leur ingratitude et ceux qui auront œuvré pieusement n'auront préparé leur lit que pour eux-mêmes !

**Commentaire :** La phrase n'auront préparé leur lit que pour eux-mêmes traduit assez « légèrement » le verbe *yamhadûn* qui signifie « fouler au pied », « aplanir » (un chemin), éventuellement « faire son lit », la deuxième forme de ce verbe signifiant plus simplement « préparer ». Nous avons proposé cette traduction en nous inspirant de certains commentaires et en ayant à l'esprit le proverbe français populaire qui exprime une idée voisine de celle du texte : « comme on fait son lit on se couche ».

45 *[Cela]* afin qu'Il rétribue les croyants qui auront œuvré pieusement de Ses faveurs car Il n'aime pas les mécréants.
46 Un de Ses signes consiste à envoyer les vents annonciateurs de la bonne nouvelle afin de vous faire goûter à Sa Miséricorde et de faire avancer les vaisseaux sur Son Ordre ; ainsi pouvez-vous rechercher Ses faveurs. Peut-être serez-vous reconnaissants !

**Commentaire :** ainsi pouvez-vous rechercher Ses faveurs, c'est-à-dire vaquer à vos occupations.

47 Avant toi Nous avons délégué auprès de leurs peuples des prophètes qui vinrent à eux munis de preuves et Nous avons tiré vengeance des criminels car c'est à Nous qu'incombe de soutenir les croyants.
48 C'est Dieu qui a envoyé les vents pour soulever les nuages et les disperser (litt. : les étaler) dans le ciel comme Il l'entend. Ils les dispose en strates et tu vois la pluie se déverser de leurs profondeurs. Et lorsqu'elle se répand sur les serviteurs de Son choix, les voilà aussitôt réjouis
49 alors que juste avant de recevoir cette ondée ils étaient plongés dans la désespérance !
50 Médite les conséquences de la Miséricorde de Dieu : sur la façon dont Il vivifie la terre après qu'elle soit devenue stérile. C'est Lui qui ressuscitera les morts car Il est Omnipotent.

51 Et si Nous déchaînons un vent dont ils constatent qu'il dessèche *[la végétation]* (litt. : un vent jaunissant) ils n'ont de cesse, après son passage, de *[Nous]* témoigner leur ingratitude.
52 Certes tu ne feras pas entendre les morts pas plus que tu ne feras entendre les sourds qui te tournent le dos en s'éloignant.
53 Tu ne sauras davantage guider les aveugles plongés dans l'égarement ; tu ne peux faire entendre *[le message]* qu'à ceux qui croient à Nos versets et qui *[Nous]* sont soumis.
54 C'est Dieu qui vous a créés à partir d'un élément inconsistant (litt. : de faiblesse), puis qui a transformé votre faiblesse en force, puis qui a fait de nouveau de *[vous, des individus]* robustes, *[des vieillards]* débiles aux cheveux blancs. Il crée ce qu'Il veut et Il est le Savant, le Puissant.
55 Le Jour où l'Heure sera échue, les criminels jureront n'être restés qu'une heure *[sur terre]* ; c'est déjà ainsi qu'ils divaguaient *[ici-bas]*.
56 Mais ceux qui auront reçu la foi et la science en partage diront : Selon le Livre de Dieu, vous êtes demeurés jusqu'au Jour de la Résurrection. Voici donc ce Jour venu mais vous ne le saviez pas.
57 Ce Jour-là, les excuses des injustes ne leur seront d'aucune utilité et ils seront insatisfaits (*yusta'tabûn*).

**Remarque** : Selon al-Kalbî, *yusta'tabûn* signifie simplement *yardûn* sans inclure une notion de demande comme la plupart des verbes de 10° forme. Pour d'autres commentateurs, ce verbe ne fait pas exception auquel cas il faudrait le traduire par : il ne leur sera plus demandé (ou : ils ne seront plus admis à) de satisfaire *[aux exigences divines]*.

58 Dans ce Coran Nous avons donné toutes sortes d'exemples aux hommes. Si tu leur produisais un signe les mécréants s'écrieraient : Vous n'êtes que des faussaires !
59 C'est ainsi que Dieu appose un sceau sur le cœur des ignorants.
60 Fais preuve de constance car la promesse de Dieu est une réalité, et que ceux qui sont dénués de certitude ne te troublent point !

Sourate 31

# Luqmân

*Au Nom de Dieu, le Tout Miséricordieux, le Très Miséricordieux*

1 Alif, Lâm, Mîm.
2 Voici les versets des nobles Écritures (litt. : du noble Livre)
3 *[constituant]* une guidance et une miséricorde pour les vertueux
4 qui accomplissent la prière, acquittent l'aumône légale et sont convaincus de l'existence de l'Ultime Demeure.
5 Ceux-là sont sur la voie de leur Seigneur, ceux-là sont assurés de la réussite.
6 Il est des hommes pour acheter des textes futiles afin d'égarer par ignorance *[les hommes]* hors de la voie de Dieu et la tourner (litt. : la prendre) en dérision ; ceux-là sont voués à un châtiment humiliant.
7 Annonce un châtiment douloureux à ceux qui, lorsqu'on leur récite nos versets, s'en détournent avec hauteur comme s'ils ne les avaient pas entendus ou s'ils étaient durs d'oreille.
8 Ceux qui ont cru et pratiqué les bonnes œuvres sont destinés au Paradis des délices.
9 Ils y demeureront à jamais, la promesse de Dieu est inéluctable et Il est le Puissant, le Sage.
10 Il a créé les cieux sans colonnes (ou : sans support) que vous puissiez voir et Il a implanté les montagnes sur terre de crainte qu'elle ne vous inflige ses tremblements ; Il y a répandu toutes sortes d'espèces et Nous avons fait descendre du ciel une pluie grâce à laquelle Nous faisons croître toutes sortes d'espèces généreuses.
11 Telle est la création de Dieu ; montrez-moi donc ce qu'ont créé ceux qui Lui sont inférieurs. Les injustes sont plutôt dans un égarement manifeste.

12 Nous avons accordé à Luqmân la sagesse de remercier Dieu (litt. : remercie Dieu). Celui qui témoigne de la gratitude le fait pour lui-même. Et quant à l'ingrat, Dieu Se passe bien de tout *(Ghanî)* et Il est Digne de louange.
13 Lors, Luqmân exhorta son fils par ces mots : Mon fils, ne donne aucun associé à Dieu, car le polythéisme est une injustice[1] de taille.
14 Nous avons recommandé à l'homme *[de prendre soin de]* ses parents — sa mère l'a porté *[endurant]* fatigue sur fatigue et il aura fallu deux ans pour le sevrer ! — et de M'être reconnaissant ainsi qu'envers ses parents. Je suis l'aboutissement de votre devenir.

**Commentaire :** La phrase: *[endurant]* fatigue sur fatigue est généralement considérée comme une allusion à la grossesse et à l'accouchement.

15 Mais s'ils s'efforcent de te contraindre à Me donner des associés — chose dont tu n'as aucune connaissance —, ne leur obéis pas ! Montre-toi à leur égard un compagnon serviable en ce monde et suis la voie de ceux qui reviennent à Moi. C'est auprès de Moi que vous serez ramenés et Je vous rappellerai quelles étaient vos œuvres.
16 Mon fils, ne s'agirait-il que *[d'une faute]* du poids d'une graine de moutarde dissimulée dans un rocher, dans les cieux ou sur terre, Dieu la retrouverait (litt. : la ramènerait) car Il est le Subtil, l'Informé.
17 Mon fils, accomplis la prière, ordonne ce qui est licite (ou : conforme), interdis ce qui est blâmable et supporte patiemment les épreuves qui t'atteignent car cela témoigne de ta force de caractère (ou encore : car cela fait partie des événements inéluctables).
18 Ne détourne pas ton visage des hommes et ne marche pas sur terre avec insolence car Dieu n'aime pas les vaniteux insolents.
19 Marche à allure modérée et baisse le ton ; le son le plus détestable est sans conteste le braiment de l'âne.

1 Rappelons simplement que l'injustice telle qu'elle est définie par le Coran consiste, entre autres, à ne pas mettre les choses à leur vraie place.

20 Ne vois-tu pas que Dieu vous a assujetti tout ce que contiennent les cieux et la terre et qu'Il vous a comblés de Ses bienfaits visibles ou imperceptibles ? Et il est des gens pour en découdre avec Dieu en toute ignorance alors qu'ils ne bénéficient d'aucune direction ni d'aucun Écrit révélateur (ou : éclairant).
21 Et si l'on vient à leur dire : Conformez-vous à ce que Dieu a révélé, ils rétorquent : Nous nous conformons à la religion que pratiquaient nos pères ! Et si c'était le diable qui les conviait au châtiment du feu ?
22 Celui qui soumet sa face devant Dieu tout en œuvrant selon la perfection (ou : tout en œuvrant vertueusement) s'est saisi d'un lien indéfectible et c'est auprès de Dieu qu'aboutit toute chose.
23 Quant aux mécréants, que leurs dénégations ne t'affligent point ! C'est auprès de Nous qu'ils seront ramenés et Nous leur rappellerons quels étaient leurs actes car Dieu sait fort bien ce que recèlent les cœurs (litt. : les poitrines).
24 Nous les ferons jouir quelques temps *[de ce bas monde]* puis Nous les contraindrons à un supplice douloureux.
25 Et si tu leur demandes qui a créé les cieux et la terre, ils te répondront : Dieu ! Dis-leur alors : Louange à Dieu ! Mais la plupart d'entre eux sont dans l'ignorance.
26 C'est à Dieu qu'appartient ce qu'il y a dans les cieux et sur la terre car Dieu Se suffit à Lui-même et Il est Digne de louanges !
27 Si tous les arbres de la terre étaient des calames et qu'à la mer on adjoigne sept autres mers *[en guise d'encre]*, cela ne suffirait pas à épuiser les paroles de ton Seigneur. Certes Dieu est Puissant et Sage.
28 Votre création et votre résurrection ne sont pas plus *[complexes]* que celle d'une seule âme car Dieu entend et voit tout.

29 Ne vois-tu pas que Dieu fait pénétrer le jour dans la nuit et la nuit dans le jour, qu'Il a assujetti le soleil et la lune, chacun évoluant jusqu'à un terme fixé et qu'Il est parfaitement Informé de ce que vous faites ?

30 Il en est ainsi parce que Dieu est la Vérité et que les idoles qu'ils invoquent en dehors de Lui représentent l'erreur et parce que Dieu est l'Altier (*al-'Aliyy*), le Magnifique (*al-Kabîr*).

31 Ne vois-tu pas que les vaisseaux évoluent en mer par la grâce de Dieu afin qu'Il vous fasse voir quelque chose de Ses signes ? Car il y a bien en tout cela des signes pour ceux qui font montre d'une grande patience et de gratitude.

32 Une vague semblable à *[une montagne]* ombreuse les recouvre-t-elle ? Ils invoquent alors Dieu en Lui vouant un culte exclusif. Mais une fois qu'Il les a sauvés *[en les ramenant]* sur la terre ferme, certains d'entre eux redeviennent hésitants. Cependant seuls les félons ingrats renient Nos signes *[en totalité]*.

33 Hommes, gardez-vous de votre Seigneur et redoutez le Jour où le père ne sera plus d'aucune utilité à son fils ni le nouveau-né à son père. Certes la promesse de Dieu est une réalité ; aussi, ne vous laissez pas abuser par la vie de ce bas monde et que vos espoirs fallacieux (*gharûr*) ne vous leurrent pas au sujet de Dieu !

**Commentaire :** Certains ont voulu voir dans cette illusion (*gharûr*) le diable lui-même.

34 Dieu détient la science de l'Heure ; Il fait tomber la pluie ; Il sait ce que recèlent les matrices ; personne (litt. : toute âme) ne sait ce qu'il acquerra demain ; personne ne sait en quelle contrée il périra. Et Dieu est sans conteste le Très Savant, le Bien Informé.

Sourate 32

# La Prosternation

*Au Nom de Dieu, le Tout Miséricordieux, le Très Miséricordieux*

1 Alif, Lâm, Mîm.
2 Voici de la part de Dieu la révélation du Livre qui ne fait point de doute !
3 A moins qu'ils ne prétendent qu'il *[le Prophète]* l'ait inventé ? Alors qu'il est bien la Vérité de ton Seigneur afin que tu mettes en garde un peuple qui n'avait pas reçu d'avertissement[1] avant toi : peut-être se mettront-ils dans la bonne direction ?
4 Dieu est Celui qui a créé les cieux, la terre et ce qui les sépare en six jours, puis S'est établi sur le Trône. En dehors de Lui, vous n'avez ni protecteur ni intercesseur. Y avez-vous réfléchi ?
5 Du ciel en terre, Il élabore le Commandement qui remonte ensuite vers Lui en une journée dont la durée équivaut à mille ans selon votre compte.
6 Tel est Celui qui connaît le non-manifesté au même titre que l'apparent, *[tel est]* le Puissant, le Très Miséricordieux,
7 Celui qui a parfait tout ce qu'Il a créé et qui a commencé la création de l'homme à partir de boue,
8 et lui a accordé une descendance tirée d'une eau méprisable.
9 Puis Il lui a donné sa stature (ou encore : une forme harmonieuse) et lui a insufflé de Son Esprit en lui accordant (litt. : en vous) l'ouïe, la vue et le cœur. Mais vous en êtes peu reconnaissants.
10 Lorsque nous serons devenus poussière, demandent-ils, serons-nous créés de nouveau ? En vérité, ils nient la rencontre avec leur Seigneur !
11 Dis-leur : L'Ange de la mort qui a été chargé de vous vous fera périr puis vous serez ramenés vers votre Seigneur.

1 Litt. : d'avertisseur.

12 Si seulement tu pouvais voir les criminels lorsque, la tête basse, *[ils*
*comparaîtront]* devant leur Seigneur *[en disant]* : Seigneur, nous avons
vu et entendu, laisse-nous revenir *[sur terre]* afin d'y œuvrer pieusement car désormais nous avons la certitude.
13 Si Nous l'avions voulu, Nous aurions accordé à chaque âme sa guidance mais Ma décision est exécutoire : Je remplirai la Géhenne des hommes et des djinns tout ensemble.
14 Goûtez *[au châtiment]* pour avoir oublié la rencontre de ce Jour qui est le vôtre ; goûtez au châtiment perpétuel pour prix des méfaits que vous accomplissiez.
15 Seuls croient à Nos versets ceux qui, lorsqu'on les leur remet en mémoire, se prosternent la face contre terre en proclamant la louange de leur Seigneur et qui ne s'enflent pas d'orgueil.
16 Leurs flancs se séparent de leurs couches ; ils invoquent leur Seigneur, partagés entre la crainte et l'espérance, et répandent en aumônes une partie de la subsistance que Nous leur avons accordée.
17 Aucune personne *(nafs)* ne sait ce qui a été dissimulé à son intention en guise de grâces en récompense de ses œuvres.
18 Celui qui s'affiche croyant est-il comparable au corrompu ? Ils ne sont pas à égalité !
19 Ceux qui ont cru et pratiqué les bonnes œuvres auront pour résidence le Paradis du refuge pour prix de leurs œuvres.
20 Les corrompus quant à eux auront le feu pour asile ; chaque fois qu'ils voudront en sortir ils y seront ramenés et on leur dira : Goûtez au supplice de ce feu que vous traitiez de fiction !

21 Et Nous leur ferons goûter au(x) châtiment(s) de ce bas monde avant
de leur faire goûter au châtiment suprême, peut-être se reprendront-
ils[2] !
22 Et qui donc est plus inique que celui auquel on a remis en mémoire
les versets de son Seigneur et qui s'en est détourné ? Nous Nous ven-
gerons sans nul doute des criminels !
23 Nous avions bien accordé les Écritures à Mûssâ — ne doute pas de
le rencontrer — et Nous avions fait une direction pour les enfants
d'Isrâ'îl.

**Commentaire** : Ne doute pas de le rencontrer lors de l'« Ascension céleste » où il fut accordé au Prophète de diriger la prière devant tous les envoyés.

24 Et nous avons fait d'eux des chefs de file qui guidaient les hommes sur
Notre Ordre en récompense de leur patience et de leur foi inébranla-
ble en Nos versets.
25 Certes ton Seigneur tranchera entre eux au Jour de la Résurrection
sur ce qui faisait l'objet de leurs différends.
26 N'ont-ils pas été édifiés par le nombre de générations que Nous avons
anéanties avant eux ? Ne foulent-ils pas le sol sur lequel elles habi-
taient ? Il y a pourtant des signes en tout cela ! N'entendez-vous donc
rien ?
27 Ne voient-ils pas que Nous acheminons l'eau vers une terre stérile et
que, grâce à elle, Nous faisons pousser des récoltes dont ils se nour-
rissent ainsi que leurs troupeaux ? Ne voient-ils donc rien ?
28 A quand donc la victoire si vous êtes véridiques ? demandent-ils.
29 Réponds-leur : Le Jour de son échéance il ne servira plus à rien aux
mécréants d'avoir la foi et aucun délai ne leur sera accordé !
30 Éloigne-toi donc d'eux et attends *[le dénouement]* car *[de leur côté]* ils
guettent (litt. : ils attendent) *[ta perte]*.

2 Litt. : reviendront-ils.

Sourate 33

# Les Coalisés

*Au Nom de Dieu, le Tout Miséricordieux, le Très Miséricordieux*

1 Ô Prophète, n'obéis ni aux mécréants ni aux hypocrites ; Dieu est sans conteste Très Savant et Très Sage.
2 Conforme-toi à ce qui t'est inspiré de la part de ton Seigneur car Dieu est parfaitement Informé de ce que vous faites.
3 Et remets-t'en à Dieu car Dieu est un garant suffisant !
4 Dieu n'a pas placé deux cœurs[1] dans la poitrine de l'homme et Il n'a pas fait des épouses que vous répudiez *[selon une certaine modalité]* vos mères ; pas plus qu'Il n'a fait de vos enfants adoptifs vos véritables enfants. Ce sont uniquement des propos qui sortent de votre bouche et Dieu dit la Vérité et c'est Lui qui dirige *[les hommes]* vers la *[bonne]* voie.
5 Appelez vos enfants adoptifs du nom de leurs pères : cela sera plus équitable au regard de Dieu. Et si vous ignorez qui était leur père considérez-les comme vos frères en religion ou comme vos affiliés. Vous ne serez pas blâmés pour les erreurs que vous avez commises mais seulement pour ce que vos cœurs auront prémédité. Et Dieu est Pardonneur et Très Miséricordieux.
6 Le Prophète est plus proche des croyants qu'ils ne le sont d'eux-mêmes ; ses épouses sont leurs mères et les parents selon la chair ont, d'après le Livre de Dieu, priorité *[en matière d'héritage[2]]* sur les croyants et les émigrés à moins que vous ne vouliez faire une faveur à vos alliés *(awliyâ')* *[en leur laissant un testament]*. Tout cela (c'est-à-dire : tout ce processus d'abrogation) est consigné dans le Livre.

---

1 Les Qurayshites avaient donné le surnom de « celui qui possède deux cœurs » *(dhû-l-qalbayn)* à l'un des membres de leur tribu connu pour sa vivacité d'esprit. Le Coran les remet à leur place en leur faisant savoir que le fait de « jouer sur plusieurs tableaux » n'est pas un signe d'intelligence et que l'homme ne saurait en aucun cas emprunter plusieurs directions à la fois.
— Les anciens Arabes avaient coutume, lorsqu'ils voulaient répudier une de leurs épouses, de lui dire : « Tu m'es désormais interdite au même titre que le dos de ma mère. » Cette modalité de répudiation dont le statut (modifié par l'Islam) est diversement commenté par les différentes écoles n'a pas de toute façon les faveurs de la Loi car Il n'a pas fait des épouses que vous répudiez *[selon une certaine modalité]* vos mères.

2 Lors de l'Hégire, le Prophète avait établi des liens de parenté symboliques entre les émigrés mecquois et les Médinois qui les accueillaient. Ces liens de parenté consacrant une alliance spirituelle plus forte que celle de la chair eurent pour effet, sur un plan « juridique », de permettre aux uns d'hériter des autres au même titre que s'il s'agissait de parents authentiques. Le Coran intervint pour annuler cette pratique en restituant la primauté des liens du sang et c'est pour cette même raison que l'adoption est mise en cause dans le verset précédent.

7 Et *[souviens-toi]* lorsque Nous reçûmes un engagement de la part des prophètes : de toi-même, de Nûh, d'Ibrâhîm, de Mûssâ, de 'Îssâ fils de Maryam. Nous reçûmes de leur part un engagement lourd[3] *[de conséquences]*,
8 afin qu'Il demande des comptes aux véridiques sur leur sincérité et qu'Il apprête un châtiment douloureux à l'intention des mécréants.
9 Ô vous qui avez la foi, souvenez-vous des faveurs que Dieu vous a faites lorsque les armées se portèrent à votre rencontre et que Nous déchaînâmes contre elles les vents ainsi que des légions que vous ne pouviez voir. Et Dieu voit parfaitement tout ce que vous faites.

**Commentaire** : Lors de la bataille dite du « fossé », Dieu déchaîna les vents contre les coalisés, ce qui eut pour effet de provoquer chez eux une peur panique. En outre, comme le jour de Badr, Dieu avait envoyé une légion d'anges pour soutenir les croyants.

10 Soudain (ou : lors, *idh*) ils surgirent au-dessus de vos têtes et en contrebas *[de la ville]*, vos yeux se révulsèrent, vos cœurs en furent soulevés[4] et vous vous livriez au sujet de Dieu à des conjectures incongrues.
11 C'est à cet instant que les croyants furent éprouvés et qu'ils furent violemment ébranlés
12 lorsque les hypocrites et ceux dont le cœur était rongé par la maladie leur dirent : Dieu et Son Envoyé ne nous ont promis que des chimères !
13 et qu'une fraction d'entre eux ajouta : Gens de Yathrib, votre place n'est pas ici ; retournez *[d'où vous venez]*. Une partie d'entre eux demanda *[même]* au Prophète la permission *[de faire défection]* en prétextant : Nos maisons sont restées à découvert. *[En réalité]* elles n'étaient pas à découvert : ils ne cherchaient que la fuite.
14 S'ils avaient été assaillis de toutes parts, ou si on leur avait demandé d'abjurer, ils se seraient exécutés et *[malgré ce]* ils n'y seraient demeurés que peu de temps.
15 Auparavant ils s'étaient pourtant engagés devant Dieu à ne pas tourner les talons en fuyant. Il *[leur]* sera pourtant demandé compte de *[tout]* engagement contracté devant Dieu.

---

3 *ghalîzan*.
4 Litt. : vos cœurs vous remontèrent dans la gorge.

16 Dis-leur : Si vous cherchez à fuir la mort ou le combat, la fuite ne vous servira de rien ! *[Car de toute façon]* vous ne profiterez que brièvement de la vie.
17 Dis-leur : Qui donc pourra vous soustraire (litt. : vous protéger) *[à la volonté de]* Dieu s'Il veut vous faire du tort ou vous accorder *[Sa]* Miséricorde ? Et ils ne trouveront ni protecteurs ni soutiens en dehors de Dieu.
18 Dieu connaît ceux d'entre vous qui font obstacle *[à la guerre sainte]*, qui incitent leurs frères à venir les rejoindre[5] et ne se rendent que rarement au combat
19 par avarice envers vous. Lorsque la peur est au rendez-vous (ou : s'intensifie) tu les verras te regarder de leurs yeux révulsés comme quelqu'un qui va défaillir par crainte de la mort. Mais une fois la peur dissipée, ils vous agressent de leurs langues acérées par cupidité pour le butin : ceux-là ne sont pas des croyants. Dieu a réduit leurs œuvres à néant et cela est pour Dieu chose facile.
20 Ils s'imaginent que les coalisés ne sont pas encore partis. *[Du reste]* si les coalisés se présentaient *[à nouveau]* devant eux ils souhaiteraient être des bédouins dans le désert et demander de vos nouvelles ! Et s'ils étaient restés parmi vous ils n'auraient combattu qu'avec tiédeur (ou plus littéralement : que rarement).
21 Vous avez dans l'Envoyé de Dieu un bel exemple pour ceux qui placent leur espoir en Dieu et dans le Jour dernier et qui se remémorent Dieu fréquemment.
22 A la vue (litt. : lorsqu'ils virent les) des coalisés les croyants s'exclamèrent : Voici ce que Dieu et Son Envoyé nous avaient promis ! Dieu et Son Envoyé avaient dit vrai ! Et cela ne fit qu'accroître leur foi et leur soumission.

5 Litt. : venez nous rejoindre.

23 Parmi les croyants il est des hommes qui ont respecté l'engagement qu'ils avaient contracté avec Dieu. Certains sont passés de vie à trépas *(qadâ nukhbah)*, d'autres attendent *[leur fin]* sans avoir rien modifié *[de leurs convictions]*,

**Commentaire :** L'expression *qadâ nukhbah* qui est généralement considérée comme exprimant le fait de mourir a été parfois interprétée dans ce verset comme signifiant « faire son temps », « accomplir ses devoirs » ou « son destin » sans mourir pour autant. Un *hadîth*, qui range Talha dans cette catégorie de ceux ayant accompli « leur devoir » ou « leur destin », semble même corroborer cette interprétation car, au moment où le Prophète parlait ainsi de Talha, celui-ci était encore en vie.

24 cela afin que Dieu rétribue les véridiques de leur sincérité et qu'Il châtie les hypocrites ou qu'Il agrée leur repentir selon Son bon vouloir car Dieu est Pardonneur et Très Miséricordieux.
25 Dieu a repoussé les mécréants en proie à leur colère sans qu'ils aient obtenu le moindre avantage, épargnant ainsi le combat aux croyants. Et Dieu est Fort et Puissant !
26 Dieu a fait descendre de leurs forteresses les gens du Livre qui avaient soutenu les coalisés et Il a mis l'effroi en leur cœur : Vous en avez tué une partie et réduit l'autre en captivité.

**Commentaire :** Les Banî Qurayza, juifs médinois qui avaient passé un pacte de non-agression avec le Prophète, avaient soutenu les coalisés dans leur entreprise contre les musulmans en dépit de cet accord. Réfugiés dans leur forteresse après l'échec de la coalition, ces derniers consentirent à accepter le sort que leur réserverait leur vieil allié Sa'd b. Mu'âdh. Consulté à leur sujet, Sa'd émit un jugement sans pitié : les hommes devaient être tués et les femmes emmenées en captivité. Mis au courant de sa décision, le Prophète lui fit savoir qu'il avait émis la même sentence que Dieu et Son Envoyé.

27 Il vous a fait hériter de leurs terres, de leurs territoires, de leurs biens et d'un pays que vous n'aviez jamais foulé de votre pied et Dieu est Omnipotent.
28 Prophète, dis à tes épouses : Si vous convoitez la vie de ce bas monde ainsi que ses artifices (litt. : ses parures), venez donc que je vous fasse un présent *[de prix]* tout en vous accordant une répudiation avantageuse.
29 Mais si vous espérez Dieu et Son Envoyé ainsi que l'Ultime Demeure, *[sachez]* que Dieu a préparé à celles d'entre vous qui se seront montrées vertueuses une récompense sublime.
30 Ô épouses du Prophète, celle d'entre vous qui commettra une turpitude manifeste aura à subir une double peine. Une telle mesure (litt. : cela) ne posera à Dieu aucune difficulté.

31 Nous accorderons à celle d'entre vous qui fait acte de soumission à Dieu et à Son Envoyé une double récompense et Nous lui avons préparé une noble rétribution.
32 Ô épouses du Prophète, vous n'êtes pas comparables au commun des femmes. Évitez de parler avec douceur de crainte de faire naître la convoitise chez celui dont le cœur est en proie à la maladie et ne tenez que des propos convenables.
33 Et demeurez dans vos maisons sans vous exhiber fardées comme au temps révolu de l'ignorance. Accomplissez la prière, acquittez l'aumône prescrite et obéissez à Dieu et à Son Envoyé ; Dieu veut seulement effacer en vous toute *[trace de]* souillure, ô gens de la maison du Prophète, et vous purifier totalement.
34 Et souvenez-vous des versets de Dieu et des *[paroles de]* sagesse qui sont récitées dans vos demeures et Dieu est sans conteste le Subtil, le Bien Informé.
35 Certes ceux qui sont soumis à Dieu et celles qui Lui sont soumises, les croyants et les croyantes, les hommes pieux et les femmes pieuses, les hommes sincères et les femmes sincères, les hommes patients et les femmes patientes, les hommes et les femmes qui sont recueillis, les hommes et les femmes qui font l'aumône, les hommes et les femmes qui jeûnent, les hommes et les femmes chastes, les hommes et les femmes qui mentionnent fréquemment Dieu : voilà ceux auxquels Dieu a préparé un pardon et une récompense sans limite.

36 Il n'appartient ni aux croyants ni aux croyantes, lorsque Dieu et Son Envoyé ont décidé (ou : tranché) d'une affaire, de réserver leur choix ; et celui qui désobéit à Dieu et à Son Envoyé est dans un grand égarement.

37 *[Souviens-toi]* lorsque tu disais à celui que Dieu avait comblé de Ses grâces et auquel tu avais toi-même fait des faveurs : Conserve ton épouse et garde-toi de Dieu ! dissimulant ainsi en toi-même ce que Dieu voulait mettre en évidence. Tu craignais ainsi les gens et Dieu est plus en droit d'être craint. Lorsque Zayd eut cessé de désirer *(qadâ wataran)*[6] son épouse, Nous la fîmes tienne afin que les croyants ne soient pas gênés *[par la perspective]* d'un mariage avec les épouses de leurs fils adoptifs une fois que ceux-ci les auraient répudiées (*qadâ wataran,* même expression qu'un peu plus haut) et l'Ordre de Dieu est irrévocable.

38 Le Prophète n'a pas à être gêné (ou : blâmé) de ce que Dieu lui a imposé ; telle est la norme *(sunna)* que Dieu a instituée pour ceux qui l'ont précédé et l'Ordre de Dieu procède d'un arrêt immuable,

39 *[pour]* ceux qui communiquent les messages de leur Seigneur et Le redoutent et qui ne redoutent nul autre que Lui. Et Dieu suffit pour établir les comptes !

40 Muhammad n'est le père d'aucun d'entre vous[7] mais il est l'Envoyé de Dieu et le Sceau des prophètes et Dieu est Omniscient.

**Commentaire :** Le Coran, comme la tradition prophétique, affirme nettement le caractère ultime de la prophétie muhammadienne. Les spirituels musulmans en ont tiré quelques conclusions fondamentales dont l'antériorité spirituelle du Prophète (corroborée par un *hadîth*) et le caractère providentiel de l'Islam, véritable « Arche de Noé » des religions, suscité pour sauver tout ce qui pouvait l'être dans les religions antérieures.

41 Ô vous qui avez la foi, souvenez-vous fréquemment de Dieu

42 et glorifiez-Le matin et soir (ou encore : à l'aube comme au crépuscule) !

43 C'est Lui qui répand Sa grâce *(yusallî)* sur vous ainsi que Ses anges afin de vous faire sortir des ténèbres vers la lumière et Dieu est particulièrement Miséricordieux[8] pour les croyants.

---

6 *qadâ wataran* signifie littéralement « assouvir son envie ». L'expression traduite telle quelle ne saurait convenir ici, tout d'abord à cause de sa trivialité et ensuite parce que Zayd était en désaccord avec al-sayyida Zaynab depuis un certain temps.

7 Litt. : le père de l'un de vos hommes.

8 Le *Rahîm* (le Très Miséricordieux) est celui qui accorde une grâce particulière.

44 Le jour où ils Le rencontreront, ils n'auront d'autre salutation que le mot : Paix ! et Il leur a préparé une noble rétribution.
45 Ô Prophète, Nous t'avons envoyé comme témoin, comme annonciateur et à titre de mise en garde
46 afin de convier *[les hommes]* à Dieu avec Sa permission tel un flambeau étincelant.
47 Annonce la bonne nouvelle aux croyants, à savoir qu'une faveur insigne leur est destinée de la part de Dieu.
48 N'obéis pas aux mécréants ni aux hypocrites, renonce à leur nuire et remets-t'en à Dieu et Dieu est un garant suffisant.

**Autre traduction possible** : Ne réponds pas à leurs railleries... au lieu de : renonce à leur nuire.

49 Ô vous qui avez la foi, lorsque vous répudiez des croyantes que vous avez épousées avant d'avoir consommé *[le mariage]*, vous n'avez pas à leur imposer de délai de viduité. Faites-leur un cadeau *[compensatoire]* et rendez-leur leur liberté sans leur faire de tort.

**Commentaire** : Cette clause n'est valable que dans le cas où le montant de la dot n'a pas été établi. Dans le cas contraire, l'époux qui n'a pas consommé devra verser la moitié de la dot prévue lors du contrat. Pour certaines écoles juridiques, le cadeau est une faveur consentie par l'époux qui devra de toutes les façons reverser la moitié de la dot prévue initialement ou la moitié de la dot due à une femme de son rang si le montant n'a pas été établi lors du contrat. Cf. commentaire Cor. 2, 236-237.

50 Prophète, Nous avons établi pour toi la licéité de toute épouse à laquelle tu auras accordé sa dot ainsi que des esclaves que Dieu t'aura accordées à titre de butin ; *[te sont également permises]* tes cousines, filles de tes oncles et tantes paternelles ou filles de tes oncles et tantes maternelles qui ont accompli l'Hégire avec toi. Et si une croyante s'offre au Prophète et que ce dernier consente à l'épouser, ce privilège ne concerne que lui (litt. : que toi) à l'exclusion des autres croyants. Nous savons ce que Nous leur avons imposé relativement à leurs épouses et à leurs esclaves ; cela afin que tu ne sois pas en butte à la gêne (ou : au blâme) et Dieu est Pardonneur et Miséricordieux.

51 Libre à toi d'écarter celles que tu veux écarter ou d'en accueillir d'autres ; tu ne seras pas davantage à blâmer pour chercher à reprendre une de celles que tu avais initialement éloignée. Cela est plus propice à leur procurer de la satisfaction, à leur éviter de l'affliction et à toutes les contenter de ce que tu leur auras accordé. Dieu sait ce que dissimulent vos cœurs et Il est Savant et Longanime.
52 Il ne t'est point permis *[désormais]* d'épouser d'autres femmes ou de changer d'épouses quand bien même leur beauté te séduirait, exception faite de tes esclaves. Et Dieu est à l'affût de toute chose.

**Commentaire :** Selon Ibn'Abbâs, lorsque le Prophète eut donné à choisir à ses épouses entre ce bas monde et Dieu et Son Envoyé et qu'elles eurent fait le bon choix, Dieu les récompensa de leur fermeté en limitant le nombre de ses épouses — sur lui la grâce et la paix — à celles qui étaient déjà sous son toit.
Selon d'autres interprétations, il ne t'est point permis d'épouser d'autres femmes signifie simplement : il ne t'est point permis de rechercher d'épouses en dehors des catégories qui viennent d'être énumérées.

53 Ô vous qui avez la foi, ne pénétrez pas dans les demeures du Prophète sauf si vous avez été conviés à un repas et sans attendre *[à l'extérieur]* que celui-ci soit prêt ; et lorsque vous y serez conviés, entrez donc pour vous disperser aussitôt que vous aurez mangé sans entamer une conversation ! Cela incommode le Prophète qui est gêné de vous en parler mais Dieu, Lui, n'a pas honte de la Vérité. Et si vous demandez quelque chose à ses épouses, faites-le de derrière un voile : cela préservera davantage la pureté de vos cœurs et des leurs. Il ne vous appartient pas de faire du tort au Prophète ni d'épouser ses épouses après lui, car cela constituerait une énormité au regard de Dieu.
54 Dieu est au courant de la moindre chose, que vous la dévoiliez ou que vous la dissimuliez !

55 Elles n'encourent aucun blâme à se dévoiler devant leurs pères, leurs fils, leurs frères, leurs neveux[9], les autres femmes *[de leur entourage]* ou leurs esclaves ; mais gardez-vous de Dieu, car Dieu est Témoin de toute chose.
56 Puisque Dieu *[en Personne]* et Ses anges prient sur le Prophète, ô vous qui avez la foi, priez sur lui et adressez-lui vos salutations (ou encore : demandez à Dieu de le préserver).

**Commentaire** : La « prière » divine sur le Prophète est une descente de la grâce et de la miséricorde dont celui-ci est le canal pour l'ensemble de sa communauté et même pour les mondes. Quant à celle des anges, elle est une intercession en faveur des croyants.

57 Ceux qui offensent Dieu et Son Envoyé, Dieu les maudit en ce monde et dans l'Ultime Demeure et Il leur a apprêté un châtiment humiliant.
58 Ceux qui font du tort aux croyants et aux croyantes pour un péché qu'ils n'ont pas commis se rendent coupables d'infamie et se chargent d'un péché flagrant.
59 Ô Prophète, ordonne à tes épouses, à tes filles ainsi qu'aux femmes des croyants de ramener sur elles un pan de leurs tuniques *(jalâbîb)* ; ainsi, il sera plus aisé de les reconnaître et elles ne s'exposeront plus à des attitudes offensantes et Dieu est Pardonneur et Très Miséricordieux.

**Commentaire** : Selon Ibn 'Abbâs, la femme qui ramène son habit sur son visage laissera un seul œil découvert pour lui permettre d'y voir.

60 Si les hypocrites, ceux dont le cœur est rongé par la maladie, et les alarmistes de Médine ne renoncent pas *[à leurs agissements]*, Nous te dresserons contre eux et ils ne demeureront plus guère de temps dans ton voisinage.
61 A jamais ces maudits seront réduits en captivité où qu'ils se trouvent et seront exterminés
62 en vertu de la règle *(sunna)* divine appliquée à ceux qui t'ont précédé et tu ne trouveras pas d'alternatives à cette norme *(sunna)* de Dieu.

9 Litt. : Les fils de leurs frères et de leurs sœurs.

63 Les hommes t'interrogent au sujet de l'Heure! Réponds-leur: La science de l'Heure n'appartient qu'à Dieu (litt.: se trouve auprès de Dieu) et qui sait (litt.: qu'est-ce qui te fera savoir), peut-être n'est-elle plus très éloignée!

64 Certes Dieu a maudit les mécréants et leur a apprêté une fournaise

65 où ils demeureront à jamais sans jamais trouver protecteur ni soutien.

66 Le Jour où leurs visages seront convulsés dans le feu, ils s'écrieront: Plût au ciel que nous ayons obéi à Dieu et à l'Envoyé!

67 Seigneur, diront-ils, nous n'avons fait qu'obéir à nos maîtres et à nos grands hommes et ils nous ont égarés hors de la bonne voie.

68 Seigneur, inflige-leur un double châtiment et fais-leur subir le poids d'une lourde malédiction.

69 Ô vous qui avez la foi, ne soyez pas comme ceux qui ont fait du tort à Mûssâ si bien que Dieu *[a dû]* le disculper de leurs propos car il était au regard de Dieu un homme éminent.

70 Ô vous qui croyez, gardez-vous de Dieu et prononcez des paroles judicieuses;

71 Il *[fera en sorte]* d'améliorer vos œuvres et vous pardonnera vos péchés. Et celui qui obéit à Dieu et à Son Envoyé obtiendra un immense succès.

72 Nous avions proposé le dépôt *[de la foi]* aux cieux, à la terre et aux montagnes qui ont refusé de s'en charger et s'en sont effrayés. Ce fut l'homme qui s'en chargea car il est tyrannique et ignorant.

**Commentaire**: Dépôt de la foi, ou dépôt des prescriptions légales, ce qui est ainsi proposé aux montagnes leur semble trop pesant. L'homme accepte alors cette charge dont il ne mesure pas toute la portée et se révèle transgresseur (tyrannique) et ignorant de tout ce qu'elle impliquait. Selon une autre interprétation, c'est parce qu'il est injuste envers lui-même et ignorant de la portée de ses actes que l'homme accepte cette redoutable mission.

73 *[Il en est ainsi]* afin que Dieu châtie les hypocrites et les polythéistes des deux sexes et qu'Il agrée le repentir des croyantes et des croyants car Dieu est Pardonneur et Miséricordieux.

Sourate 34

# La Tribu de Sabâ'

*Au Nom de Dieu, le Tout Miséricordieux, le Très Miséricordieux*

1 Louange à Dieu qui possède ce qu'il y a dans les cieux et sur terre ; la louange lui revient dans l'Ultime Demeure et Il est le Sage, le Bien Informé.
2 Il sait ce qui pénètre dans la terre et ce qui en sort, ce qui descend du ciel et ce qui s'y élève et Il est le Très Miséricordieux, le Pardonneur.
3 Les mécréants ont prétendu que l'Heure ne les surprendrait pas ! Certes si, par mon Seigneur qui connaît ce qui est celé, l'Heure s'abattra sur vous à coup sûr. Rien ne Lui échappe, fût-ce le poids d'un atome ni dans les cieux ni sur la terre. Il n'est rien de plus grand ni de plus petit qui ne soit consigné dans un Livre révélateur *(mubîn)*,
4 afin qu'Il rétribue ceux qui ont cru et pratiqué les œuvres pies : ceux-là sont promis au pardon et à une noble récompense.
5 Ceux qui se seront appliqués à mettre Nos versets en défaut, ceux-là sont voués à un châtiment humiliant et douloureux.
6 Ceux qui ont reçu la science en partage voient bien que ce qui t'a été révélé de la part de ton Seigneur est la Vérité et conduit sur la voie du Puissant, du Glorieux.
7 Les mécréants disent *[en raillant]* : Voulez-vous que nous vous indiquions un homme vous prédisant qu'une fois que vous aurez été totalement décomposés, vous serez ressuscités en une création nouvelle ?

8 Est-il possédé par un djinn ou bien profère-t-il des mensonges au sujet de Dieu ? En vérité ceux qui ne croient pas à l'Ultime Demeure sont voués au châtiment et grandement égarés.
9 Ne voient-ils pas les parties du ciel situées devant eux et derrière eux ? Si Nous le voulions, Nous les ferions engloutir par la terre ou Nous ferions tomber sur eux des pans entiers de ciel ; certes il y a en cela un signe pour tout serviteur repentant !
10 Nous avions accordé notre faveur à Dâwûd en ordonnant à la montagne et aux oiseaux de reprendre ses cantiques avec lui ; et pour lui, Nous avions rendu le fer malléable !
11 Fabrique des cottes de maille en ajustant les mailles correctement et œuvre pieusement car Je vois tout ce que vous faites.
12 A Sulaymân Nous avions soumis les vents qui parcouraient le matin la distance d'un mois de marche et autant le soir et Nous avions fait couler à son intention une source d'airain. Il y avait des djinns qui travaillaient pour son compte (litt. : devant lui) sur Ordre de leur Seigneur et Nous faisions goûter le supplice du feu à celui d'entre eux qui se détournait.
13 Ils fabriquaient pour son compte ce qu'il voulait : édifices, statues, plateaux de la taille de bassins, chaudrons solidement ancrés ; travaillez, gens de la maison de Dâwûd ! Et il ne se trouve guère de Mes serviteurs pour témoigner leur gratitude.
14 Et lorsque Nous eûmes arrêté sa mort, seules les termites (litt. : les bêtes de la terre) qui rongeaient son sceptre les informèrent de l'événement. Lorsque le défunt s'écroula enfin, les djinns se rendirent bien compte que, s'ils avaient eu quelque connaissance de ce qui est celé, ils ne seraient pas demeurés ainsi soumis à un châtiment humiliant.

15 La tribu de Saba' avait pourtant un signe dans son territoire, en l'oc-
currence deux jardins situés à droite et à gauche *[de celui-ci]*. Man-
gez de ce dont votre Seigneur vous gratifie et témoignez-Lui votre
gratitude : *[pour]* ce pays si agréable et *[pour]* un Seigneur accordant
volontiers Son pardon.
16 Ils se détournèrent néanmoins et Nous déchaînâmes contre eux le
torrent qui avait crevé les digues et Nous substituâmes à leurs jardins
deux autres plantés d'épineux, de tamaris et de quelques jujubiers.
17 C'est ainsi que Nous les rétribuâmes pour prix de leur mécréance et
qui donc est ainsi sanctionné si ce n'est le mécréant ?

**Commentaire** : Le croyant peut espérer le pardon de Dieu malgré ses fautes tandis que le mécréant est soumis à la loi du talion : « œil pour œil, dent pour dent ».

18 Nous avions établi entre eux et les cités que Nous avions bénies une
succession de villes (ou : des villes presque contiguës) dont Nous
fîmes autant d'étapes[1] à leurs déplacements. Circulez entre ces villes,
de nuit comme de jour, en toute sécurité.

**Commentaire** : Ces bourgades étaient suffisamment rapprochées les unes des autres pour permettre au voyageur de passer la nuit dans l'une d'entre elles tout en s'approvisionnant le lendemain matin dans la suivante. Comme il arrive trop souvent en pareil cas, la tribu de Sabâ' finit par trouver la facilité fastidieuse et demanda à Dieu de « corser » la difficulté. On pourra se souvenir de l'exemple des Banî Isrâ'îl qui, à force de questions oiseuses, finirent par se rendre la tâche quasi impossible lorsqu'il s'agit de sacrifier une vache comme cela leur avait été demandé par Moïse.

19 Seigneur, demandèrent-ils, rallonge-nous (ou : espace) les étapes ! Ils
se firent ainsi du tort à eux-mêmes et Nous fîmes d'eux des exemples
légendaires et les dispersâmes aux quatre coins du pays. Il y a en tout
cela des signes pour ceux qui sont doués d'une grande patience et qui
sont reconnaissants.
20 Iblîs put ainsi vérifier l'opinion qu'il avait d'eux : ils le suivirent tous à
l'exception d'un groupe de croyants.
21 Il n'avait aucune *[réelle]* autorité sur eux mais Nous voulions distin-
guer celui qui croit à l'Ultime Demeure de celui qui en doute. Et ton
Seigneur est Gardien de toute chose (ou : veille sur toute chose) !
22 Dis-leur : Invoquez donc ceux que vous prétendez *[être des divinités]*
en dehors de Dieu ! Ils ne possèdent pas le poids d'un atome dans
les cieux ni sur la terre ; plus, ils n'y ont aucune part et Il ne leur est
redevable d'aucune aide !

1 Litt. : en mesurant les déplacements dans (ou : à partir de.) ces villes.

23 Auprès de Lui toute intercession s'avère inutile sauf si elle émane de ceux qui ont reçu Son autorisation si bien que, lorsque leur cœur s'apaise de ses craintes[2], ils demandent : Qu'a dit votre Seigneur ? La Vérité, répondent-ils, et Il est l'Altier, l'Immense.

**Commentaire** : Certains commentateurs ont voulu attribuer la question ainsi posée (qu'a dit votre Seigneur ?) aux mécréants. Il semble plus vraisemblable d'y voir une question posée par les anges qui demeurent dans l'attente d'une permission de leur Seigneur. Une fois que l'intercession leur est accordée, leur cœur s'apaise et la crainte éprouvée devant leur Seigneur se dissipe. Ce verset aurait été révélé en réponse à certains Qurayshites qui prétendaient que les anges leur serviraient d'intercesseurs auprès de Dieu au Jour du Jugement.

24 Dis-leur : Qui donc vous accorde votre subsistance à partir des cieux ou de la terre ? Dis-leur : C'est Dieu ! et nous sommes ainsi que vous dans la bonne direction ou dans un égarement manifeste.
25 On ne vous demandera nul compte des crimes que nous avons commis et nous ne serons pas comptables (ou : redevables) de ce que vous faites.
26 Dis-leur : C'est notre Seigneur qui nous réunira et qui tranchera *(yaftah)* entre nous selon la Vérité et Il est le Juge *(Fattâh)*[3] Très Savant.
27 Dis-leur : Faites-moi voir ceux que vous avez prétendu Lui agréger comme associés ! Que non ! En vérité Il est Dieu, le Puissant, le Sage.
28 Nous ne t'avons envoyé que comme annonciateur *[de la bonne nouvelle]* et comme mise en garde à l'humanité entière mais la plupart des hommes sont dans l'ignorance.
29 A quand *[l'échéance]* de cette promesse ? Demandent-ils.
30 Votre rendez-vous est fixé en un Jour que vous ne pourrez hâter ni différer, fût-ce d'une heure.
31 Les mécréants ont affirmé : Nous ne croirons ni à ce Coran ni aux Écritures antérieures. Si seulement tu pouvais voir lorsque les iniques seront arrêtés devant leur Seigneur et qu'ils s'invectiveront mutuellement : Sans vous, nous aurions été des croyants, diront ceux qui ont été méprisés aux superbes.

2 Ou : que la frayeur retombe en leur cœur.

3 Le *Fattâh* est également Celui qui lève les obstacles.

32 Les puissants leur répliqueront : Est-ce nous qui vous avons détournés de la bonne direction après qu'on vous l'ait indiquée[4] ? En vérité vous étiez un peuple de criminels !
33 Les humbles les reprendront : Ce sont plutôt vos artifices *[ourdis contre nous]* de jour comme de nuit lorsque vous nous ordonniez de renier Dieu et de lui attribuer des pairs *[qui nous ont égarés]*. A la vue du châtiment ils dissimuleront leurs regrets et Nous placerons des carcans au cou des mécréants ! Ils ne seront rétribués ainsi que pour ce qu'ils ont fait.
34 Nous n'avons jamais adressé de mise en garde (litt. : Nous n'avons jamais envoyé d'avertisseurs dans) à une cité sans que ceux qui vivaient dans l'opulence proclament : Nous nions ce pour quoi vous avez été envoyés,
35 et qu'ils ajoutent : Nous avons plus de biens et plus d'enfants *[que vous]* et nous ne serons *[probablement]* pas châtiés.
36 Dis-leur : Mon Seigneur dispense largement ou avec mesure Sa subsistance à qui Il veut mais la plupart des hommes sont dans l'ignorance.
37 Ni vos enfants ni vos biens ne sont de nature à vous rapprocher de Nous à l'exception de ceux qui auront cru et œuvré pieusement ; ceux-là auront droit à une double rétribution pour prix de leurs œuvres et ils seront en sécurité dans leurs appartements.
38 Quant à ceux qui se seront appliqués à mettre Nos versets en défaut, ceux-là devront comparaître pour le châtiment.
39 Dis : Mon Seigneur dispense largement ou avec mesure Sa subsistance aux serviteurs de Son choix. Quelque dépense que vous fassiez, c'est Lui qui vous la rendra (ou : c'est Lui qui vous la paiera en retour) car Il est le plus généreux des dispensateurs.

4 Litt. : après qu'elle vous soit parvenue.

40 Et le Jour où Il les réunira tous ensemble et où Il dira à Ses anges : Ce sont bien ceux-là qui vous adoraient ?
41 Gloire à Toi ! s'exclameront les anges. Tu es notre Protecteur à l'exclusion de ceux-là ! Ils adoraient plutôt les djinns car la plupart d'entre eux y croyaient.
42 En ce Jour vous ne serez pas en mesure de vous nuire ni de vous être utiles les uns aux autres et Nous dirons aux injustes : Goûtez au châtiment de ce feu que vous traitiez de chimères !
43 Et lorsqu'on leur récite Nos versets *[les plus]* explicites, ils vitupèrent : Ce n'est qu'un homme qui veut vous détourner de ce qu'adoraient vos pères ! puis ils ajoutent : Ce n'est qu'un mensonge inventé de toutes pièces. Et lorsque la Vérité parvient aux mécréants, ils s'écrient : Ce n'est là que pure magie !
44 *[Pourtant]* Nous ne leur avons pas révélé d'Écritures qu'ils aient étudiées et Nous ne leur avons pas envoyé avant toi de mise en garde.
45 Leurs devanciers avaient également crié au mensonge. *[Les Mecquois]* n'ont pas reçu le dixième de *[la puissance]* que Nous leur avions accordée. Ces derniers ont traité Nos envoyés d'imposteurs et quel ne fut pas Mon châtiment !
46 Dis-leur : Je ne vous adresse qu'une seule exhortation : Levez-vous pour accomplir le service de Dieu deux par deux ou isolément puis méditez. Votre compagnon n'est pas possédé par un djinn ; il n'est qu'une mise en garde à votre intention précédant un châtiment terrible.
47 Dis-leur : Je ne vous demande aucun salaire ; gardez-le donc ! Mon salaire n'incombe qu'à Dieu qui est Témoin de toute chose.
48 Dis : Certes mon Seigneur inspire (litt. : projette) *[Ses envoyés]* selon la Vérité et Il a la connaissance de tout ce qui est celé.

49 Dis : La Vérité est venue et ce n'est pas l'erreur, qui ne peut rien commencer ni renouveler.
50 Dis-leur : Si je m'égare, c'est à mes dépens. Et si je suis sur la bonne voie, c'est à ce qui m'est inspiré de la part de mon Seigneur *[que je le dois]* car Il entend tout et Il est tout Proche.
51 Si tu pouvais les voir lorsqu'on s'emparera d'eux, effrayés, (il n'y aura alors aucune échappatoire) en un lieu tout proche.
52 C'est *[en vain]* qu'ils s'écrieront : Nous y croyons *[désormais]*. Comment obtenir de si loin *[l'objet de son désir]* ?
53 Alors qu'il l'avait renié par le passé en faisant des projections *(yaqdhifûn)* hypothétiques *(makân ba'îd)* sur tout ce qui est celé (ou : mystérieux, *ghayb*) ?
54 Entre eux et l'objet de leur désir *[tardif]* se dressera un obstacle semblable à celui qui gêna les adhérents de la même secte *(ashyâ'ihim)* par le passé, affligés qu'ils étaient d'un doute lancinant.

**Commentaire :** La secte dont il est question ici ne désigne nullement un groupe particulier mais bien plutôt l'ensemble des « mécréants », toutes tendances confondues, selon ce qu'en affirme l'adage connu : « la mécréance est une profession de foi unique » *(millatu-l-kufr wâhida)*.

Sourate 35

## Le Créateur ou les Anges

*Au Nom de Dieu, le Tout Miséricordieux, le Très Miséricordieux*

1 La louange revient à Dieu qui a créé les cieux et la terre et qui a fait de *[Ses]* anges des émissaires pourvus d'une, deux, trois ou quatre ailes. Il accorde davantage à telle créature (litt. : création, *khalq*) selon Son bon vouloir car Dieu est Omnipotent.
2 Nul ne saurait empêcher Dieu de dispenser une quelconque miséricorde aux hommes comme nul ne peut dispenser ce qu'Il retient et Il est le Puissant, le Sage.
3 Hommes, souvenez-vous des faveurs que Dieu vous a accordées ! Y a-t-il un autre Créateur que Dieu pour vous accorder votre subsistance du ciel en terre ?

4 Et s'ils te traitent d'imposteur, des envoyés avant toi ont déjà été traités de la sorte et c'est auprès de Dieu que seront ramenées toutes choses.
5 Hommes, la promesse de Dieu est une réalité : Ne vous laissez pas abuser par la vie de ce monde et que vos espoirs fallacieux *(gharûr)* ne vous leurrent pas au sujet de Dieu[1] !
6 Certes le diable est pour vous un ennemi ; considérez-le donc comme tel ! Il incite ses sectateurs à êtres les hôtes du feu !
7 Les mécréants sont voués à un terrible châtiment et ceux qui auront cru et pratiqué les œuvres pies auront droit au pardon *[divin]* et à une grande récompense.
8 Celui dont les œuvres perverses ont été embellies à ses yeux et qui les tient pour bonnes *[peut-il être comparé à un homme lucide]* ? Dieu guide qui Il veut, aussi ne te laisse pas aller à gémir sur leur sort car Dieu sait bien ce qu'ils font.
9 C'est Dieu qui a envoyé les vents pour soulever les nuages ; puis Nous les conduisons vers une contrée stérile *(mayyit)* dont Nous vivifions la terre après la sécheresse (litt. : après sa mort) et c'est ainsi qu'aura lieu la Résurrection.
10 Que celui qui convoite la puissance *[sache]* que c'est à Dieu qu'appartient la puissance tout entière. C'est auprès de Lui que s'élève la bonne parole qui « sert de tremplin » aux œuvres pies *(wa al-'amalu al-sâlih yarfa'uhu)* ; quand à ceux qui ourdissent des œuvres perverses, ils sont voués à un terrible châtiment et leurs artifices sont voués à l'échec.

**Commentaire :** La phrase *wa al-'amalu al-sâlih yarfa'uhu* (litt. : et l'action pieuse l'élève) est susceptible de trois interprétations :

— Dieu élève jusqu'à Lui les œuvres pies au même titre que la « bonne parole » qui est généralement interprétée comme étant la profession de foi *(shahâda)*.

— C'est la bonne parole qui élève (« sert de tremplin ») aux œuvres car les œuvres sans la foi ne sont d'aucune utilité.

— Ce sont les œuvres qui « servent de tremplin » à la bonne parole. En théologie sunnite, cette affirmation n'est recevable que si l'on entend par là que les œuvres donnent davantage de poids à la profession de foi. En revanche on ne peut admettre, comme les *mu'tazilites*, que la foi sans les œuvres est inutile.

11 Et c'est Dieu qui vous a créés de terre puis d'une goutte *[de semence]* et qui a fait de vous des couples. Il n'est pas une femelle qui ne tombe enceinte ou qui ne mette bas sans qu'Il le sache, pas un être dont la durée de vie, longue ou brève, ne soit consignée dans le Livre. Tout cela ne présente aucune difficulté pour Dieu.

1 Cf. Cor. 31, 33.

12 Les deux mers sont dissemblables : l'une d'eau douce et potable, agréable au goût, l'autre d'une eau salée et saumâtre. Et pourtant vous consommez une chair de poisson fraîche dans l'une comme dans l'autre et vous en extrayez des perles dont vous vous parez. Tu verras les embarcations fendre les flots afin que vous recherchiez quelque chose des faveurs de Dieu et que vous vous *[en]* montriez reconnaissants.

13 Il fait pénétrer la nuit dans le jour et Il fait pénétrer le jour dans la nuit et Il a assujetti le soleil et la lune qui évoluent chacun (ou : qui poursuivent leur course) jusqu'au terme fixé. Tel est Dieu, votre Seigneur et ceux que vous invoquez en dehors de Lui ne possèdent pas même une pelure !

14 Si vous les invoquez, ils n'entendent pas vos invocations ! Les eussent-ils entendues qu'ils ne vous auraient pas exaucés et le Jour du Jugement ils renieront même votre associationnisme. Et nul ne te renseignera mieux que Celui qui est bien Informé !

15 Hommes, vous êtes dans le dénuement *[le plus total]* *(fuqarâ')* à l'égard de Dieu et Dieu est Digne de louanges et Il est Souverain (litt. : Riche ou Indépendant, *Ghaniyy*) à l'égard des mondes !

16 S'Il le voulait, Il vous anéantirait pour vous remplacer ensuite par une création nouvelle :

17 cela ne présente aucune difficulté pour Dieu.

18 Personne (litt. : nulle âme) ne se chargera des péchés d'autrui. Qu'une personne croulant *[sous ses péchés]* demande donc à une autre de se charger des siens, elle s'y refusera même s'il s'agissait d'un parent proche. Ta mise en garde n'a d'effet que sur ceux qui redoutent leur Seigneur dans le secret et qui accomplissent la prière ; quiconque se purifie, se purifie pour lui-même et c'est auprès (litt. : vers) de Dieu qu'aboutit toute destinée.

19 L'aveugle et le voyant ne sont pas à égalité,
20 pas plus que les ténèbres et la lumière,
21 pas plus que la fraîcheur et la fournaise.
22 Les vivants ne sont en rien comparables aux morts ; certes Dieu peut faire entendre qui Il veut mais, toi, tu ne saurais faire entendre les habitants des tombeaux.
23 Tu n'es chargé que de mettre en garde !
24 Nous t'avons envoyé porteur de la Vérité afin d'annoncer la bonne nouvelle et de mettre *[les hommes]* en garde et il n'est pas de communauté qui n'ait reçu *[un prophète]* afin de l'avertir.
25 Et s'ils te traitent d'imposteur, ceux qui les ont précédés avaient déjà crié au mensonge en dépit du fait que leurs envoyés leur avaient apporté des preuves, les Psaumes et le Livre révélateur *(mubîn)*.
26 Puis Je Me suis emparé des mécréants et quel ne fut pas Mon châtiment !
27 Ne vois-tu pas que Dieu a fait descendre la pluie du ciel grâce à laquelle Nous faisons pousser des fruits de couleurs variées ? Les montagnes elles-mêmes sont striées de couleurs blanchâtres, ocre aux tons variés ou noir foncé.
28 De même il est des hommes, des bêtes rampantes, des animaux domestiques aux couleurs différenciées ; entre tous Ses serviteurs, seuls les savants ont la crainte de Dieu, car Dieu est Puissant et Pardonneur.
29 Ceux qui psalmodient le Livre, qui accomplissent la prière et dépensent une partie de ce dont Nous les avons gratifiés en aumônes, secrètement et en public, peuvent espérer un bénéfice sans récession ;
30 cela afin qu'Il les rétribue intégralement tout en leur accordant même une gratification supplémentaire par un effet de Sa grâce car Il est Pardonneur et Il reconnaît *[les mérites de Ses serviteurs]* *(Shakûr)*.

31 Et la part de l'Écriture que Nous t'avons révélée est la Vérité confirmant les Écritures antérieures car Dieu est parfaitement Informé de Ses serviteurs et Il ne les perd pas de vue (litt. : Il les voit fort bien, *Basîr*).
32 Puis Nous avons donné les Écritures en héritage à ceux d'entre Nos serviteurs que Nous avions choisis ; certains se sont fait du tort à eux-mêmes[2], d'autres s'y sont conformés avec modération. D'autres enfin ont été, avec la permission de Dieu, des devanciers en matière de bonnes œuvres ; telle est la grande faveur !
33 Ils pénétreront dans les jardins d'Éden dans lesquels ils seront parés de bracelets d'or et de perles et où ils seront revêtus de soie,
34 et ils diront : Louange à Dieu qui a dissipé notre tristesse car notre Seigneur est Pardonneur et Il reconnaît volontiers *(Shakûr) [nos mérites]*,
35 Lui qui, par un effet de Sa grâce, nous a installés dans cette Demeure permanente où ne nous ne sommes jamais victimes de la fatigue ni de l'affliction.
36 Quant aux mécréants, ils sont destinés au feu de la Géhenne : ils ne seront pas anéantis car ils en mourraient mais leur supplice ne sera pas allégé pour autant. C'est ainsi que Nous rétribuerons tous les dénégateurs (*kafûr*, mécréants, ingrats, voilés, etc.).
37 Au cœur du feu ils hurleront : Seigneur, fais-nous-en sortir, nous œuvrerons pieusement, en agissant autrement que nous ne l'avions fait *[sur terre]*. Ne vous avions-Nous pas accordé une vie suffisamment longue pour que ceux qui avaient à réfléchir le fassent ? Une mise en garde ne vous est-elle pas parvenue ?
38 Goûtez *[au feu maintenant]* ! Les injustes n'auront alors aucun soutien.

2 Ou : qui se sont montrés injustes envers eux-mêmes ; ou encore : intransigeants avec eux-mêmes.

39 Dieu sait parfaitement ce qui est celé (*ghayb*) dans les cieux et sur terre et Il connaît ce que dissimulent les cœurs (litt.: les poitrines). C'est Lui qui a fait de vous *[Ses]* lieutenants sur terre ; les dénégateurs supporteront le poids de leurs dénégations et les reniements des mécréants ne feront qu'accroître Sa colère auprès de leur Seigneur. Leurs reniements ne feront qu'accélérer leur perdition.
40 Dis-leur : Avez-vous vu les associés que vous invoquez en dehors de Dieu ? Montrez-Moi : Qu'ont-ils créé sur terre ? Ou bien ont-ils une part du ciel ? A moins que Nous ne leur ayons communiqué un livre dont ils tirent l'explication *[de toute chose]* ? En réalité, les injustes ne se promettent mutuellement que des chimères.
41 Dieu certes maintient en équilibre les cieux et la terre de crainte qu'ils ne s'effondrent. Et s'ils venaient à s'effondrer, nul ne pourrait les soutenir après Lui. Certes Il est le Longanime, le Pardonneur.
42 Ils avaient pourtant juré par Dieu en usant de leurs serments les plus engageants que, si une mise en garde leur était adressée[3], ils suivraient mieux la voie que certaines communautés ! Mais lorsqu'un *[Prophète chargé de]* les avertir vint à eux, cela ne fit qu'accroître leur répulsion
43 à cause de leur orgueil et de leur perfidie. Or, les artifices pervers ne se retournent que contre ceux qui les ont conçus. Qu'attendent-ils si ce n'est le *[châtiment]* coutumier réservé aux anciens peuples ? Et tu ne trouveras aucune alternative à la norme (*sunna*) de Dieu !
44 N'ont-ils pas parcouru le pays afin de méditer sur le sort de ceux qui les avaient précédés ? Ils étaient pourtant bien plus puissants qu'eux ! Mais Dieu est tel que rien dans les cieux ni sur la terre ne peut Le défier (ou encore : Le mettre en échec). Certes Il est le Très Savant, le Tout-Puissant !

3 Litt.: que si un avertisseur venait à eux.

45 Si Dieu réprimait les hommes pour ce qu'ils ont acquis, Il n'aurait laissé en vie aucun animal évoluant à la surface de la terre mais Il leur accordera un délai jusqu'à un terme déterminé, et une fois le terme échu Dieu aura Ses serviteurs à l'œil (*Basîran*).

Sourate 36

# Yâ Sîn

*Au Nom de Dieu, le Tout Miséricordieux, le Très Miséricordieux*

1 Yâ, Sîn.
2 Par le Coran empreint de sagesse,
3 tu es bien du nombre des envoyés
4 sur une voie droite.
5 Ceci est une révélation du Puissant, du Très Miséricordieux
6 afin que tu mettes en garde un peuple dont les ancêtres n'ont pas été avertis si bien qu'ils sont dans l'insouciance.
7 Déjà Notre décision est arrêtée à l'encontre de la plupart d'entre eux en sorte qu'ils ne croiront pas !
8 Nous leur avons placé des carcans *[les enserrant]* autour du cou jusqu'au menton, ce qui les contraint à lever la tête.
9 Nous avons placé devant et derrière eux un obstacle et Nous les avons enveloppés d'un voile si bien qu'ils ne voient rien.
10 Peu importe que tu les mettes en garde ou non : ils ne croiront pas !
11 Ta mise en garde n'aura d'effets que sur ceux qui se conforment au Rappel (*dhikrâ*, c'est-à-dire : au Coran) et qui redoutent le Miséricordieux dans le secret ; annonce-leur *[Mon]* pardon et une noble récompense.
12 C'est Nous qui vivifions les morts et consignons les œuvres qu'ils ont précédemment accomplies ainsi que les traces qu'ils ont laissées. Et Nous avons circonscrit toute chose dans un Livre (litt. : un guide, *imâm*) révélateur.

**Autre traduction possible** : C'est Nous qui vivifions les morts et consignons les œuvres qu'ils ont précédemment accomplies ainsi que les conséquences de ce qu'ils *[ont fait]*.

13 Et propose-leur en exemple les habitants de telle cité lorsqu'elle reçut les émissaires *[de Jésus]*,

**Commentaire :** D'après les commentateurs il s'agit de la cité d'Antioche dans laquelle se rendirent des apôtres en vue de son évangélisation.

14 lorsque Nous leur envoyâmes deux personnes qu'ils traitèrent d'imposteurs, Nous confortâmes ceux-ci d'une troisième et ils affirmèrent *[tous ensemble]* : Nous avons été dépêchés auprès de vous.
15 Vous n'êtes que des hommes comme nous, leur dirent-ils, et le Miséricordieux ne *[vous]* a rien révélé. *[En vérité]*, vous n'êtes que des menteurs.
16 Notre Seigneur, répondirent les messagers, sait que nous sommes dépêchés auprès de vous ;
17 seule nous incombe une claire transmission du message.
18 C'est à vous que nous attribuons notre mauvaise fortune (*tatayyarnâ bikum*[1]), leur dirent-ils. Si vous ne cessez *[de nous importuner]* nous vous ferons lapider ou nous vous ferons subir un châtiment douloureux.
19 En vérité votre sort est entre vos mains, poursuivirent *[les messagers]*. *[Vous augurez mal de notre présence]* parce que vous avez été rappelés *[à l'ordre]* ? Vous n'êtes qu'une communauté portée aux outrances.
20 Un homme survint en courant des extrémités de la ville. Mon peuple, leur dit-il, conformez-vous aux envoyés !
21 Conformez-vous à ceux-là qui n'exigent de vous aucun salaire et qui sont sur la bonne voie.
22 Et pourquoi n'adorerais-je pas Celui qui m'a créé et auprès duquel vous serez ramenés ?
23 Prendrais-je en dehors de Lui des divinités dont l'intercession ne me sera d'aucune utilité et qui ne me sauveront pas si le Miséricordieux veut me faire du tort ?
24 Je serais alors dans un égarement manifeste !
25 Pour moi, j'ai foi en votre Seigneur, écoutez-moi donc !
26 Entre au Paradis, lui fut-il dit. Si seulement mon peuple savait, dit-il,

**Commentaire :** Selon les commentateurs, les habitants d'Antioche résolurent de le faire périr. C'est à sa mort qu'il entendit une voix qui lui disait : Entre au Paradis.

27 quel pardon m'a accordé mon Seigneur et comment Il m'a mis au nombre de ceux qui sont honorés.

1 Le *tatayyur* est l'ancienne pratique qui consistait à déterminer l'opportunité d'entreprendre une action en étudiant le vol des oiseaux. Les habitants de la cité voient dans les apôtres des « oiseaux de mauvais augure ».

28 Après sa disparition (litt.: après lui) Nous n'envoyâmes pas contre
son peuple d'armée céleste et Nous n'avions pas même à le faire[2]:
29 ce ne fut qu'un cri unique et ils en furent aussitôt pétrifiés.
30 Comme il est affligeant le comportement des serviteurs *[de Dieu]*!
Pas un envoyé ne vint les trouver sans qu'ils se moquent de lui.
31 Ne voient-ils pas combien de générations Nous avons anéanties avant
eux? Ne voient-ils pas qu'elles ne reviendront plus parmi eux?
32 Tous sans aucune exception devront comparaître devant Nous!
33 La terre stérile est un signe qui leur est adressé: Nous la vivifions puis
Nous en faisons sortir des semences dont ils tirent leur nourriture
34 et Nous y établissons des jardins plantés de vignes et de palmiers au
milieu desquels Nous faisons jaillir des sources
35 afin qu'ils en mangent les fruits et *[qu'ils mangent]* du travail de leurs
mains.
36 Gloire à Celui qui a créé toutes les espèces: celles que produit la terre,
les hommes eux-mêmes et les créatures qui leur sont inconnues.

**Autre traduction possible**: à partir de celles que produit la terre, à partir d'eux-mêmes et *[même]* à partir de créatures (litt.: de ce que...) qui leur sont inconnues.

Cette différence est fonction de la valeur que l'on accorde au partitif *mimmâ* que l'on peut considérer comme introduisant simplement un exemple de la variété des espèces envisagées à moins que l'on ne conserve au partitif toute sa valeur comme dans la seconde traduction proposée.

37 La nuit constitue un signe à leur intention: Nous en extrayons le jour
et les voilà plongés dans l'obscurité.
38 Le soleil poursuit sa course jusqu'à une halte qui lui est propre selon
l' *[ordre]* déterminé par le Puissant, le Sage.
39 A la lune Nous avons assigné des mansions jusqu'à ce qu'elle devienne
semblable à une palme desséchée.

**Commentaire**: Trois éléments justifient cette comparaison:

— La finesse de la palme en sa terminaison et la minceur de la lune en bout de course.

— La courbure de la palme et l'orbe que décrit la lune dans sa course.

— La couleur jaunâtre qui leur est commune.

40 Il ne sied pas au soleil de rattraper la lune ni à la nuit de devancer le
jour, chacun évoluant (litt.: nage, flotte) sur son orbite.

2 Ou encore: Nous n'étions pas disposés à le faire.

41 Un autre signe à leur intention : Nous avons transporté leur postérité sur des embarcations bondées (ou : sur une Arche bondée, s'il y a là une allusion à l'Arche de Noé).
42 Et Nous avons créé *[également]* à leur intention sur le même modèle d'autres montures qui les véhiculent.

**Ou encore** : d'autres vaisseaux sur lesquels ils s'embarquent, cette traduction prenant en compte l'hypothèse selon laquelle l'embarcation évoquée au verset 41 est bien l'Arche de Noé. Dans l'autre cas, ce sont les diverses montures tels que chevaux, chameaux, éléphants qui ont été créés à partir du modèle initial.

43 Et si Nous le voulions, Nous les ferions périr noyés : ils ne recevraient aucun secours et ne pourraient donc se sauver,
44 si ce n'est par un effet de Notre Miséricorde et afin qu'ils jouissent *[encore]* quelque temps *[de la vie]*.
45 Et si l'on vient à leur dire : Gardez-vous par-devant et par-devers vous, peut-être vous sera-t-il fait miséricorde, *[ils s'éloignent]*.
46 Pas un des signes de leur Seigneur ne leur est parvenu sans qu'ils s'en détournent.
47 Et si l'on vient à leur dire : Dépensez en aumônes une partie de ce dont Dieu vous a gratifiés, les mécréants répliquent à ceux qui ont la foi : Allons-nous nourrir *[à Sa place]* ceux que Dieu aurait pu nourrir s'Il l'avait voulu ? Vous êtes dans un égarement manifeste !
48 Ils n'attendent qu'un seul cri qui les saisira *[à la gorge]* en pleine dispute !
49 A quand cette promesse, demandent-ils, si vous êtes sincères ?
50 Ils ne seront plus en mesure de faire un testament ni de retourner chez les leurs.
51 Il sera alors soufflé dans les trompes et ils sortiront précipitamment de leurs tombes pour se rendre auprès de leur Seigneur.
52 Malheur à nous ! s'écrieront-ils. Qui donc nous a ressuscités de notre tombe ? Voici ce que nous avait promis notre Seigneur et les envoyés avaient dit vrai !
53 Il n'y aura qu'un cri, un seul, et aussitôt tous comparaîtront devant Nous.
54 En ce Jour, aucune âme ne sera lésée et vous ne serez rétribués que pour ce que vous aviez accompli.

55 Les hôtes du Paradis s'adonneront à leurs plaisirs ;
56 ils seront accoudés, eux et leurs épouses, sur des divans, à la fraîcheur.
57 Des fruits leur sont destinés ainsi que tout ce à quoi ils pourront prétendre.
58 Ils entendront le mot : Paix ! en guise de parole *[de bienvenue]* de la part de leur Seigneur,
59 *[tandis qu'aux autres il sera dit :]* Criminels, en ce Jour séparez-vous (ou : distinguez-vous) *[des croyants]* !
60 Ne vous avais-Je pas engagés, ô fils d'Adam, à ne pas adorer le diable car il est pour vous un ennemi déclaré,
61 et à M'adorer car telle est Ma voie droite ?
62 Il avait pourtant égaré un grand nombre de générations ! Aviez-vous perdu la raison ?
63 Voici la Géhenne qui vous était promise !
64 Entrez-y en ce Jour pour prix de votre mécréance !
65 En ce Jour Nous apposerons un sceau sur votre bouche et ce sont vos mains qui Nous parleront et vos pieds qui porteront témoignage de ce que vous avez acquis.
66 Si Nous l'avions voulu, Nous les aurions frappés de cécité et ils se seraient précipités à la recherche d'un chemin mais comment auraient-ils pu le voir ?
67 Si Nous l'avions voulu, Nous les aurions métamorphosés (ou : figés) sur place et ils n'auraient pu ni avancer ni revenir sur leurs pas.
68 Ne réfléchissent-ils pas au fait que Nous amoindrissons la constitution de celui dont Nous prolongeons la vie ?
69 Nous ne lui avons pas enseigné la poésie et cela ne lui sied point. Il ne s'agit que d'un Rappel et d'une Lecture (litt. : d'un Coran) révélatrice,

**Commentaire** : C'est bien entendu du Prophète qu'il s'agit dans ce verset (Nous ne lui avons pas enseigné).

70 afin qu'il mette en garde ceux qui sont vivants et que l'arrêt divin prenne effet contre les mécréants.

71 Ne voient-ils pas que Nous avons créé de Nos Mains à leur intention
des animaux domestiques dont ils sont les possesseurs ?
72 Nous les leur avons soumis, certains leur servant de monture, d'autres
de nourriture.
73 Utiles à de nombreux usages, *[ils leur fournissent]* également une bois-
son ; que ne sont-ils reconnaissants ?
74 Ils se sont choisi des divinités en dehors de Dieu avec l'espoir qu'elles
les soutiendront,
75 alors qu'elles ne leur seront d'aucun secours bien qu'ils soient à leur
service tels des soldats à la revue.

**Autre traduction possible :** (et diamétralement opposée) : alors qu'elles ne leur seront d'aucun secours constituant même autant de soldats requis à leur encontre.

76 Que leurs propos ne t'affligent pas : Nous savons ce qu'ils dissimulent
aussi bien que ce qu'ils affichent.
77 L'homme ne voit-il pas que Nous l'avons créé à partir d'une goutte *[de
sperme]* pour se transformer aussitôt en ennemi déclaré ?
78 Il Nous a proposé un exemple en oubliant sa propre création et en
demandant : Qui donc redonnera vie aux ossements lorsqu'ils ne
seront plus que poussière ?
79 Dis-leur : Leur redonnera vie Celui qui les a créés une première fois
et qui a parfaitement connaissance de toute la création,
80 Celui qui a tiré pour vous de l'arbre vert un feu que vous entretenez
*[dans vos foyers]*.
81 Celui qui créé les cieux et la terre n'est-Il pas capable d'en créer de
semblables ? Oh que si ! Et Il est le Créateur Très Savant.
82 Lorsqu'Il veut une chose il Lui suffit de lui intimer : Sois ! pour qu'elle
voit le jour (litt. : pour qu'elle soit).
83 Gloire à Celui qui détient en Sa Main le royaume de toute chose et
auprès Duquel vous serez ramenés !

Sourate 37

## Les Rangées

*Au Nom de Dieu, le Tout Miséricordieux, le Très Miséricordieux*

1 Par ceux qui sont disposés en rangs ordonnés,
2 par ceux qui dissuadent (ou : qui repoussent) avec sévérité,
3 par ceux qui récitent l'invocation,
4 votre Divinité est Unique !
5 Seigneur des cieux et de la terre et de ce qui les sépare et Seigneur des Orients.
6 Nous avons orné le ciel de ce monde de la parure des étoiles
7 et afin de *[le]* préserver de tout démon rebelle.
8 Ils ne prêtent plus l'oreille *[aux propos]* de l'Assemblée suprême car on leur tire dessus de tous côtés
9 afin de les repousser ; un châtiment perpétuel leur est destiné.
10 A moins qu'ils n'écoutent[1] à la dérobée, poursuivis par un météore aveuglant.
11 Pose-leur la question[2] : Sont-ils les êtres que Nous ayons eu le plus de difficulté à créer alors que Nous ne les avons créés que d'une boue qui adhère ?
12 Tu t'en émerveilles plutôt *[de cette création]* alors qu'eux, ils s'en moquent !
13 Et lorsqu'on leur remet *[la réalité]* en mémoire, ils ne se souviennent de rien.
14 Lorsqu'ils voient un signe, ils le tournent en dérision
15 en disant : Tout cela n'est que pure magie !
16 Lorsque nous serons morts et que nous serons redevenus des ossements et de la poussière, serons-nous ressuscités
17 ainsi que nos lointains ancêtres ?
18 Réponds-leur : Certes, et vous vous ferez alors tout petits !
19 Il n'y aura qu'un seul son *[de trompe]* et tous seront aussitôt dans l'attente *[du Jugement]* (ou : ils verront tous *[le sort qui les attend]*).
20 Malheur à nous, s'écrieront-ils, voici le Jour du Jugement !
21 Voici venu ce Jour de la Discrimination *[opérée entre les créatures]* que vous traitiez de chimère.
22 Rassemblez les iniques et leurs épouses avec ce qu'ils adoraient
23 en excluant Dieu *[de leur culte]* et conduisez-les sur le chemin de la Géhenne.
24 Arrêtez-les car ils ont des comptes à rendre !

1 Il a déjà été signalé que l'accès du ciel était désormais interdit aux démons depuis la mission du Prophète Muhammad ﷺ ce qui explique qu'ils ne puissent plus écouter les informations échangées par le « Plérôme suprême ».

2 La question est adressée aux hommes.

25 Qu'avez-vous donc à ne pas vous soutenir mutuellement ?
26 Ce jour-là, ils feront plutôt preuve de soumission !
27 Certains d'entre eux viendront à hauteur des autres.
28 Vous nous abusiez[3] à force de serments, leur diront-ils.
29 En réalité vous n'étiez pas des croyants, leur répliqueront ces derniers,
30 et nous n'avions du reste aucun pouvoir sur vous. Vous étiez simplement un peuple de transgresseurs,
31 si bien que nous allons subir l'arrêt de notre Seigneur *[et que]* nous allons goûter *[au châtiment]* !
32 Nous vous avons égarés car c'était dans notre nature !
33 Ce Jour-là, ils seront tous associés dans le châtiment.
34 C'est ainsi que Nous traitons les scélérats.
35 Lorsqu'on leur répétait qu'il n'est point de divinités en dehors de Dieu, ils s'enflaient d'orgueil
36 et objectaient : Allons-nous abandonner nos divinités pour un poète fou ?
37 Alors qu'il est venu porteur (litt. : avec) de la Vérité pour confirmer les prophètes antérieurs.
38 Certes vous allez goûter maintenant au supplice douloureux
39 et vous ne serez rétribués qu'en fonction de vos œuvres,
40 exception faite pour Mes serviteurs élus
41 auxquels est destinée une rétribution régulière :
42 en l'occurrence des fruits, et ils seront honorés
43 dans les jardins des délices,
44 se faisant face sur des divans.
45 Une coupe circulera parmi eux emplie d'une liqueur *[en provenance]* d'une source
46 claire et agréable au goût des consommateurs
47 et ne causant ni maux de tête ni ébriété.
48 Auprès d'eux se trouveront des femmes aux grands yeux qui baisseront chastement leur regard,
49 d'une blancheur comparable à une *[coquille]* d'œuf dissimulée.
50 Ils convergeront les uns vers les autres afin de s'interroger.
51 J'avais un compagnon, dira l'un d'eux,

---

3 Commentaire : Vous nous abusiez à force de serments traduit l'expression arabe vous veniez sur notre droite qui a reçu trois interprétations différentes :
— Vous nous interdisez l'accès au chemin de la droite qui est la voie de la vertu.
— Vous nous oppressiez en abusant de votre puissance et en nous ordonnant de renier les prophètes.
— Vous nous abusiez à force de serments, interprétation que nous avons retenue ici.
Ces reproches sont ceux qu'adresseront les faibles aux puissants de ce monde, ou encore les hommes aux djinns.

52 qui me demandait : Es-tu de ceux qui croient
53 que, lorsque nous serons morts et que nous ne serons plus qu'ossements et poussière, on nous demandera des comptes ?
54 Souhaiteriez-vous aller le voir ?
55 Il s'enquerra alors *[de sa situation]* et le verra au cœur de la Géhenne.
56 Par Dieu, s'exclamera-t-il, peu s'en est fallu que tu ne me perdes !
57 N'était la grâce de mon Seigneur, j'eusse été de ceux qui ont comparu !
58 Ne sommes-nous donc morts
59 que de notre première mort si bien que nous ne serons pas ressuscités ?
60 Certes, voilà bien la réussite sublime !
61 C'est à une tâche semblable que doivent s'atteler ceux qui œuvrent !
62 Cette résidence est-elle préférable à l'arbre de *Zaqqûm*
63 dont Nous avons fait une épreuve pour les injustes ?

**Commentaire** : Arbre dont les racines plongent au cœur de la Géhenne, l'arbre de *Zaqqûm* devint un objet de dérision pour les Qurayshites qui ne pouvaient concevoir que « la verdure » siège au milieu de feu. La sourate « Yâ Sîn » leur fournit pourtant une réponse explicite : Celui qui a tiré pour vous de l'arbre vert un feu que vous entretenez *[dans vos foyers]*.

64 Il s'agit d'un arbre qui pousse au fin fond de la Géhenne.
65 On pourrait comparer ses fruits à des têtes de démons !
66 Certes les mécréants en mangeront et s'en empliront l'estomac,
67 puis ils ingurgiteront par-dessus un breuvage bouillant ;
68 après quoi ils seront ramenés à la Géhenne.
69 Ils avaient trouvé leurs pères *[plongés]* dans l'égarement
70 et s'étaient empressés de suivre leurs traces !
71 Avant eux, la plupart des anciens s'étaient aussi égarés
72 et Nous leur avions envoyé *[des prophètes]* pour les mettre en garde !
73 Médite quel fut le sort réservé à ceux qui avaient été ainsi avertis,
74 exception faite pour les serviteurs que Dieu avait élus.
75 Déjà Nûh Nous avait adressé une invocation : avec quelle rapidité Nous l'exauçâmes !
76 Nous le sauvâmes ainsi que sa famille de la grande affliction

77 et Nous fîmes de sa postérité les seuls survivants.
78 Nous fîmes perdurer sa renommée à travers les générations ultérieures.
79 Que la paix soit sur Nûh à travers les mondes !
80 C'est ainsi que Nous récompensons les vertueux :
81 car il fut sans conteste du nombre de Nos serviteurs croyants.
82 Puis Nous fîmes périr les autres par noyade.
83 Ibrâhîm faisait sans conteste partie de sa famille spirituelle *(shî'a)*,
84 lorsqu'il se présenta (litt. : il vint) devant son Seigneur avec un cœur pur (litt. : sain)
85 et qu'il s'adressa à son père et à sa communauté en disant : Qu'adorez-vous donc ?
86 Voulez-vous *[adorer]* des divinités mensongères en excluant Dieu *[de votre culte]* ?
87 Et que dites-vous du Seigneur des mondes ?
88 Il lança alors un regard dans les étoiles
89 et déclara : Je suis malade !
90 Ils s'éloignèrent alors de lui en retournant sur leurs pas.
91 S'approchant discrètement de leurs divinités, il leur demanda : Ne mangerez-vous pas ?
92 Qu'avez-vous donc à ne pas parler ?
93 Puis il se rua sur leurs divinités pour les frapper[4] de sa dextre.
94 Ils accourent auprès de lui avec empressement.
95 Adorez-vous, leur demanda-t-il, ce que vous avez sculpté,
96 alors que c'est Dieu qui vous a créés ainsi que vos œuvres ?
97 Édifiez-lui un bûcher et jetez-le dans la fournaise, dirent-ils.
98 Ils voulurent ainsi user de stratagèmes à son encontre mais Nous leur infligeâmes une défaite.
99 Je m'en vais auprès de mon Seigneur qui me guidera, dit alors Ibrâhîm.
100 Seigneur, accorde-moi un fils pieux !
101 Nous lui annonçâmes la naissance d'un enfant plein de sagesse.
102 Je me suis vu en songe en train de t'immoler, réfléchis *[à cela]* et donne-moi ton avis (ou plus littéralement : regarde ce que tu vois). Mon père, répondit-il, fais ce qui t'est ordonné[5] et tu me trouveras, si Dieu le veut, patient dans l'épreuve !

---

4 Pour les frapper avec force, ou encore : pour les frapper afin d'honorer son serment.

5 Dieu ordonne à Son Prophète d'immoler son fils pour éprouver son degré de soumission : Abraham ne fléchit pas et s'apprête à exécuter la sentence. C'est alors que Dieu lui ordonne de substituer un bélier à Ismâ'îl. C'est en souvenir de cet épisode que les musulmans immolent une brebis pour la fête dite du sacrifice *('îd al-adhâ)*, le dix de Dhû al-Hijja.

103 Lorsqu'ils se soumirent à *[la Volonté de]* Dieu et qu'il l'eut couché le
front contre terre,
104 Nous lui lançâmes cet appel : Ibrâhîm,
105 tu as *[d'ores et déjà]* accrédité ta vision : c'est ainsi que Nous rétribuons
les vertueux.
106 Ce fut une épreuve très révélatrice !
107 Nous le rachetâmes par une offrande considérable
108 et Nous fîmes perdurer sa renommée à travers les générations ultérieures.
109 Que la paix soit sur Ibrâhîm à travers les mondes !
110 C'est ainsi que Nous récompensons les vertueux
111 car il fut sans conteste du nombre de Nos serviteurs croyants.
112 Et Nous lui annonçâmes la naissance d'Ishâq, un prophète d'entre les
gens pieux.
113 Nous le bénîmes ainsi qu'Ishâq ; leur postérité comprit des gens de
bien et d'autres qui se firent du tort à eux-mêmes[6].
114 Nous accordâmes également Nos faveurs à Mûssâ et Hârûn,
115 et Nous les sauvâmes ainsi que leur peuple de la grande tribulation
(litt. : affliction).
116 Nous leur accordâmes Notre soutien et ce furent eux les vainqueurs.
117 Et Nous leur fîmes don des Écritures[7] révélatrices (ou : limpides)
118 et les guidâmes tous deux sur une voie droite
119 en faisant (litt. : et Nous fîmes) perdurer leur renommée à travers les
générations ultérieures.
120 Que la paix soit sur Mûssâ et Hârûn à travers les mondes !
121 C'est ainsi que Nous récompensons les vertueux,
122 car ils furent sans conteste du nombre de Nos serviteurs croyants.
123 Ilyâs était sans conteste d'entre les envoyés
124 lorsqu'il dit à son peuple : Ne vous garderez-vous pas de Dieu ?
125 Invoquerez-vous Baal en délaissant le meilleur des créateurs,
126 Dieu qui est votre Seigneur et celui de vos lointains ancêtres ?

6 Ou : intransigeants avec eux-mêmes.
7 Litt. : du Livre…

127 Ils le traitèrent d'imposteur et ils auront à comparaître,
128 exception faite de Nos serviteurs élus.
129 Nous fîmes perdurer sa renommée à travers les générations ultérieures.
130 Que la paix soit sur Il Yâ Sîn !
131 C'est ainsi que Nous récompensons les vertueux,
132 car il fut sans conteste du nombre de Nos serviteurs croyants.
133 Lût était sans conteste d'entre les envoyés,
134 lors Nous le sauvâmes ainsi que sa famille tout entière,
135 à l'exception d'une vieille femme qui demeura en arrière.
136 Puis Nous anéantîmes les autres.
137 Le matin vous croisez bien leurs vestiges
138 et de même le soir ; n'y avez-vous pas réfléchi ?
139 Certes Yûnus faisait également partie des envoyés
140 lorsqu'il prit la fuite sur l'embarcation bondée.
141 Ayant participé à un tirage au sort, il le perdit.
142 La baleine l'avala : il méritait un blâme.

**Commentaire :** Rendu furieux par le comportement de sa communauté, Jonas l'avait abandonnée sans en demander la permission à Dieu et s'était embarqué en mer sur un vaisseau surchargé. Comme il flottait avec peine, l'équipage en conclut qu'il fallait en chercher la cause chez les passagers et il leur proposa de tirer au sort afin de déterminer le « coupable ». Ce fut Jonas que le sort désigna pour être jeté à la mer, sa faute étant d'avoir fui ses « ouailles » de son propre chef.

143 S'il n'avait été du nombre de ceux qui célèbrent les louanges de Dieu,
144 il serait resté dans le ventre de la baleine jusqu'au Jour de la Résurrection.
145 Nous le fîmes rejeter malade dans le désert,
146 et fîmes croître au-dessus de lui un plant de citrouille.
147 Nous l'envoyâmes *[comme messager]* auprès de cent mille âmes, voire davantage.
148 Comme ils avaient cru *[en lui]*, Nous leur accordâmes de jouir *[de la vie]* un certain temps.
149 Pose-leur la question : Ton Seigneur aurait-Il des filles et eux des fils ?

**Commentaire :** Les anciens Arabes prétendaient que les anges étaient les « filles de Dieu » !

150 Ou bien avons-Nous créé sous leurs yeux les anges de sexe féminin ?
151 N'est-il pas exact que dans leur délire *(ifk)* ils prétendent
152 que Dieu a engendré ? Ce sont de fieffés menteurs !
153 Aurait-Il préféré les filles aux garçons ?

154 Qu'avez-vous à prononcer des jugements *[aussi ineptes]* ? (Litt. : Comment jugez-vous ?)
155 Vous ne vous souvenez donc de rien ?
156 Ou bien disposez-vous de preuves évidentes ?
157 Produisez donc vos Écritures si vous êtes sincères !
158 Ils ont établi entre Lui et les djinns une parenté ; or, les djinns[8] savent bien qu'ils devront comparaître
159 — Gloire à Dieu au-delà de ce qu'ils Lui attribuent ! —
160 exception faite des serviteurs élus de Dieu[9].
161 Vous-mêmes *[mécréants de La Mecque]* et les idoles que vous adorez,
162 vous ne séduirez jamais
163 que ceux qui sont destinés à pénétrer dans la Géhenne.
164 Il n'est aucun d'entre nous qui n'ait une place déterminée.
165 C'est nous qui nous plaçons en rangs *[pour rendre un culte]*,
166 et c'est nous qui proclamons la Gloire[10] *[de notre Seigneur]*.
167 Les Mecquois (litt. : ils) disaient pourtant volontiers :
168 Si nous disposions d'un Rappel comme les anciens,
169 nous aurions été les serviteurs élus de Dieu.
170 Malgré ce, ils l'ont renié et ils sauront bientôt *[ce qu'il leur en coûte]*.
171 Notre décision a été précédemment arrêtée en faveur de Nos serviteurs les prophètes,
172 à savoir qu'ils seront soutenus par Nous
173 et que Nos armées leur assureront la victoire.
174 Détourne-toi d'eux pour un temps
175 et observe-les ! Bientôt ils verront.
176 Sont-ils donc si pressés *[de subir]* Notre châtiment ?
177 Lorsque Notre châtiment s'abattra sur eux, quel sinistre matin pour ceux qui auront été *[vainement]* avertis !
178 Détourne-toi d'eux pour un temps
179 et observe-les ! Bientôt ils verront.
180 Gloire à ton Seigneur, le Seigneur de la Toute-Puissance — exalté soit-Il — au-delà de ce qu'ils Lui attribuent !
181 La Paix soit sur les envoyés !
182 et la louange revient à Dieu, le Seigneur des mondes.

---

8 D'après certains commentateurs les djinns désigneraient dans le verset les anges qui sont voilés (c'est le sens du mot djinns) au regard des hommes.

9 Ce verset fait suite au verset 158.

10 Les derniers versets sont des paroles attribuées aux anges.

Sourate 38

# Sâd

*Au Nom de Dieu, le Tout Miséricordieux, le Très Miséricordieux*

1 Sâd. Par le Coran qui fait office de Rappel !
2 Les mécréants ne sont que vanité et chicanes !
3 Combien avons-Nous anéanti de générations avant eux qui appelèrent au secours quand ce n'était plus le moment du salut.
4 Ils s'étonnent de ce que l'un d'eux est venu leur adresser une mise en garde, et les mécréants de s'écrier : Voilà bien un magicien et un imposteur !
5 A-t-il fait de toutes ces divinités une divinité unique ? Voilà une chose bien singulière !
6 Leurs notables s'en allèrent *[décidant]* de persister[1] et de se montrer constants *[dans la défense]* de vos divinités. C'est là *[se dirent-ils]* une chose souhaitable !
7 Nous n'avons rien entendu de tel dans les autres traditions : tous ces propos (litt. : tout cela) ne sont que pure invention !
8 Le Rappel lui aurait-il été révélé à lui seul parmi nous ? En réalité ils doutent de Ma révélation ou plutôt ils n'ont pas encore goûté à Mon châtiment.
9 A moins qu'ils ne disposent des trésors de la Miséricorde de ton Seigneur, le Puissant, le Donateur.
10 Ou bien possèdent-ils le royaume des cieux et de la terre et de ce qui les sépare ? Qu'ils s'élèvent donc jusqu'aux portes du ciel !
11 Ils ne sont jamais qu'une armée de factieux qui seront défaits ici même.
12 Les peuples de Nûh et de 'Âd ainsi que Pharaon, l'homme qui suppliciait par le pal *(dhû al-awtâd*[2]*)*, ont crié avant eux au mensonge ;
13 Thamûd, le peuple de Lût et les compagnons du buisson[3], bref tous les factieux *[firent de même]*.
14 Il n'en est pas un qui n'ait traité les prophètes d'imposteurs, méritant ainsi Mon châtiment.
15 Ils n'attendront qu'un seul cri qui ne sera pas répété.
16 Seigneur, demandent-ils, précipite le châtiment qui nous est dû *(qittanâ)* avant le Jour *[de la reddition]* des comptes.

1 Litt. : d'avancer.

2 Pharaon est souvent désigné dans le Coran comme l'homme « aux pieux » *(dhû al-awtâd)*, le mot *watad*, singulier *d'awtâd*, signifiant « pieu »...

3 Cf. Cor. 15, 78 et Cor. 26, 176.

17 Endure patiemment leurs propos, et souviens-toi de Notre serviteur
Dâwûd à la forte constitution, car il revenait aisément[4] à Dieu.
18 Nous lui avions assujetti les montagnes afin qu'elles proclament avec
lui Notre gloire en fin d'après-midi et au lever du jour,
19 et avec elles les oiseaux : tous répétaient après lui (ou : tous lui étaient
soumis).
20 Nous raffermîmes son royaume et lui accordâmes la sagesse et la
faculté de juger.
21 La nouvelle des deux plaideurs (litt. : adversaires, *khasm*) qui grimpè-
rent sur le mur du sanctuaire t'est-elle parvenue ?
22 Lorsqu'ils pénétrèrent chez Dâwûd et lui inspirèrent de la crainte :
Ne crains rien, lui dirent-ils, nous sommes seulement deux adversai-
res et l'un de nous a abusé l'autre. Tranche donc entre nous en toute
équité et sans être partial et conduis-nous sur la voie de la sagesse.
23 L'un d'eux déclara : Voici mon frère qui dispose de quatre vingt-dix-
neuf brebis alors que je n'en possède qu'une. Il m'a demandé de la
prendre en charge et m'a parlé avec rudesse.
24 Ton frère s'est montré injuste envers toi en te demandant d'adjoindre
ta brebis aux siennes et il est de nombreux intimes (ou : d'associés)
qui se font ainsi du tort exception faite de ceux qui croient et pra-
tiquent les bonnes œuvres mais ils ne sont pas nombreux. Dâwûd
ayant réalisé que Nous l'avions éprouvé demanda pardon[5] à son Sei-
gneur, tomba prosterné et se repentit.
25 Nous lui pardonnâmes cette erreur et il occupera auprès de Nous une
place honorable et une excellente retraite (litt. : lieu de retour).
26 Ô Dâwûd, Nous avons fait de toi Notre lieutenant sur terre ; pro-
nonce la justice entre les hommes en toute équité et ne t'abandonne
pas à la passion car elle t'égarerait hors de la voie de Dieu. Un châti-
ment douloureux est destiné à ceux qui égarent *[les hommes]* hors de
la voie de Dieu pour avoir oublié le Jour *[de la reddition]* des comptes.

4 La phrase il revenait aisément à Dieu traduit le mot *'awwâb* qui exprime la condition de celui qui ne se laisse pas distraire par ce bas monde, et qui, si cela vient à se produire, retourne vers son Seigneur sans difficulté.

5 Les deux plaideurs, de l'avis général des commentateurs, sont deux anges dépêchés à David pour lui remettre en mémoire une « faute » qu'il aurait commise envers Dieu et oubliée. Sur la nature de cette « faute » de nombreux commentateurs se sont encore laissés aller à des exégèses totalement inconvenantes s'agissant d'un prophète. Nous préférons les passer sous silence à l'exception de celle proposée par les *soufiyya* qui offre au moins l'avantage de ne pas porter tort à la *'isma* (perfection prophétique). Selon eux, David aurait demandé à Dieu, comme une faveur, de pouvoir exercer la fonction liée à l'un des quatre-vingt dix-neuf noms (celui de *Razzâq*, le Pourvoyeur). Très vite il prit conscience de son incapacité à « usurper » une telle fonction, et il s'en repentit aussitôt après que Dieu lui ait envoyé ces deux anges en vue de le ramener à la raison.

27 Nous n'avons pas créé les cieux, la terre ni ce qui les sépare en vain !
Cela est l'opinion des seuls mécréants. Malheur aux mécréants *[victimes]* du feu !
28 Mettrons-Nous ceux qui ont cru et pratiqué les bonnes œuvres au
même rang que ceux qui sèment la corruption sur terre ? Ou mettrons-Nous ceux qui se gardent *[de Dieu]* au même rang que les dépravés ?
29 Voici un Livre que Nous t'avons révélé béni afin qu'ils en méditent
les versets et que ceux qui sont doués d'intelligence se le remettent en mémoire.
30 Et Nous accordâmes à Dâwûd Sulaymân pour fils ; quel excellent serviteur, prompt à revenir *[vers Nous]* !
31 *[Notamment]* lorsqu'un soir on lui présenta de magnifiques coursiers ;
32 J'ai préféré, s'exclama-t-il, ces bienfaits au souvenir de mon Seigneur
jusqu'à ce qu'on les ait dérobés à mes yeux (litt. : jusqu'à ce qu'ils aient disparu derrière le voile[6]).
33 Ramenez-les-moi, *[ordonna-t-il]*, et il se mit à leur couper les jarrets et
le col[7].
34 Déjà Nous avions éprouvé Sulaymân en plaçant sur son trône un
corps *[à sa ressemblance]* puis il était revenu *[à son Seigneur]*.
35 Seigneur, demanda-t-il, pardonne-moi et accorde-moi un royaume
qu'il ne siéra à personne de posséder après moi car Tu es le Donateur généreux !
36 Nous lui soumîmes alors les vents qui, sur son ordre, soufflaient avec
mesure là où il le voulait ;
37 Nous lui soumîmes également les démons : certains étaient des bâtisseurs, d'autres des plongeurs *[en haute mer]*,
38 d'autres encore étaient attachés les uns aux autres par des entraves.
39 Telles sont Nos largesses ! (litt. : telle est Notre largesse !) Distribue-
les ou retiens-les par devers-toi : il ne t'en sera pas demandé compte.
40 Il occupera auprès de Nous une place honorable et une excellente
retraite (litt. : lieu de retour).
41 Souviens-toi d'Ayyûb, notre serviteur, lorsqu'il implora son Seigneur
*[en ces termes]* : Le diable m'a fait subir des difficultés et des épreuves.
42 Frappe le sol *[de ton pied, lui fut-il répondu]* : voici une source fraîche
à laquelle tu pourras te laver et te désaltérer.

---

6 Là encore certains commentaires laissent à désirer. On peut difficilement admettre que Salomon ait oublié la prière jusqu'au coucher du soleil comme certains l'ont suggéré en interprétant la fin du verset (jusqu'à ce qu'il ait disparu derrière le voile) comme étant une allusion au coucher du soleil. Il est plus vraisemblable qu'il s'en soit voulu d'avoir négligé, fût-ce momentanément, de se souvenir de son Seigneur captivé qu'il était par la beauté des chevaux qui défilaient devant lui sans pour autant qu'il ait négligé une seule de ses obligations religieuses.

7 Ou : à leur flatter les jarrets et l'encolure, selon une autre interprétation moins vraisemblable.

43 Et Nous lui restituâmes sa famille[8] *[perdue]* et autant de membres
avec elle par un effet de Notre Miséricorde et à titre de rappel pour
ceux qui sont doués d'intelligence.
44 Prends dans ta main un faisceau de baguettes et frappes-en ton épouse[9]
sans renoncer à ton serment. Et Nous le trouvâmes constant *[dans
l'adversité]* ; quel excellent serviteur, prompt à revenir *[vers Nous]*.
45 Et souviens-toi *[également]* de Nos serviteurs Ibrâhîm, Ishâq et Ya'qûb
aux bras puissants et aux regards aiguisés.
46 Nous les avons distingués d'une faveur particulière[10] : celle de rappe-
ler *[aux hommes l'existence de]* l'Ultime Demeure.
47 Et ils seront auprès de Nous parmi les élites choisies.
48 Souviens-toi d'Ismâ'îl, d'al-Yassa' et de Dhû al-Kifl : tous faisaient
partie de *[Nos]* élus.
49 Ceci est un rappel et ceux qui se gardent *[de Dieu]* sont destinés à la
meilleure des retraites :
50 les jardins d'Éden dont les portes leur seront grandes ouvertes.
51 Ils y demeureront accoudés tout en commandant des fruits et des
boissons variées.
52 Auprès d'eux se trouveront des femmes au regard *[pudiquement]*
baissé, toutes d'un âge égal.
53 Voilà ce qui vous était promis pour le Jour *[de la reddition]* des comptes.
54 Telle est Notre gratification inépuisable.
55 Voilà *[pour les gens du Paradis]* ! Et quant aux transgresseurs, ils
connaîtront une détestable retraite :
56 la Géhenne dans laquelle ils pénétreront, quelle odieuse couche !
57 Cela étant, qu'ils goûtent au pus et à l'eau bouillante
58 et à d'autres *[châtiments]* du même genre et d'espèces variées.
59 *[On annoncera ainsi aux chefs de la mécréance]* : Voici un groupe com-
pact de réprouvés venus se joindre à vous ! Ils ne sont pas les bienve-
nus *[répondront-ils]*, ils vont affronter le feu !
60 C'est plutôt vous qui n'êtes pas les bienvenus car c'est vous qui nous
avez offert *[ce cadeau empoisonné]* ; quel détestable séjour !
61 Seigneur, ajouteront-ils, redouble le supplice infernal de ceux qui
nous l'ont offert.

8 On rapporte que Dieu ressuscita ses enfants défunts et qu'il en conçut un nombre égal doublant ainsi sa famille.

9 Job avait fait le vœu d'administrer cent coups de bâton à son épouse ; ce conseil de Dieu lui permit de respecter son serment sans lui faire de mal.

10 Autres traductions :
— Nous les avons distingués d'une faveur particulière : celle de se remémorer uniquement l'Ultime Demeure.
— Nous les avons élus pour une faveur particulière : leur accorder ce que l'Ultime Demeure a de meilleur.
— Nous les avons élus pour jouir d'une renommée particulière en ce monde.

62 Qu'avons-nous *[demanderont les chefs de file]* à ne pas distinguer ici des gens que nous tenions pour mauvais
63 et dont nous avions fait l'objet de nos railleries ? A moins que nous ne les ayons perdus de vue[11] ?
64 C'est ainsi qu'aura lieu la dispute bien réelle des gens du feu.
65 Dis-leur : Je suis uniquement chargé de vous mettre en garde ; il n'est de Dieu que l'Unique, le Contraignant,
66 Seigneur des cieux et de la terre et de ce qui les sépare, le Puissant, le Pardonneur.
67 Dis-leur : Il s'agit d'une prédiction formidable
68 dont vous vous détournez !
69 Je n'avais aucune connaissance de l'Assemblée suprême ni de leur débat[12].
70 On m'a inspiré que je suis uniquement chargé d'adresser une claire mise en garde.
71 Lorsque ton Seigneur S'adressa aux anges : Je M'en vais créer un homme à partir de boue
72 et, lorsque Je lui aurai donné sa forme et insufflé de Mon Esprit, vous vous jetterez prosternés devant lui,
73 tous les anges, absolument tous sans exception, se prosternèrent
74 hormis Iblîs qui s'enfla d'orgueil et qui était du nombre des mécréants.
75 Iblîs, demanda-t-Il, qu'est-ce qui t'a empêché de te prosterner devant ce*[lui]* que J'ai créé de Ma Main ? T'es-tu enorgueilli ou faisais-tu preuve de dédain ?
76 Je suis meilleur que lui, répondit-il : Tu m'as créé de feu alors que Tu l'as créé de boue !
77 Sors d'ici, lui dit-Il, car tu es maudit ;
78 et tu supporteras le poids de Ma malédiction jusqu'au Jour de la Rétribution.
79 Seigneur, demanda Iblîs, accorde-moi un délai jusqu'au Jour où ils seront ressuscités.
80 Tu seras de ceux qui bénéficient d'un répit
81 jusqu'au Jour dont le terme *[Nous]* est connu.
82 Par Ta puissance, poursuivit Iblîs, je les égarerai tous
83 excepté ceux d'entre Tes serviteurs qui auront été choisis.

---

11 Autres traductions possibles :
— dont nous avions fait l'objet de nos railleries et que Nous ne daignions même pas regarder ?
— dont nous avions fait l'objet de nos railleries ? Nous les avions certainement perdus de vue.

12 il s'agit du débat auquel se livrèrent les anges lorsque Dieu eut pris la décision de faire d'Adam Son lieutenant sur terre.

84 C'est la Vérité et la Vérité seule que Je proclame, affirma alors Dieu :
85 J'emplirai la Géhenne de toi et de tous ceux d'entre eux qui t'auront suivi.
86 Dis-leur : Je ne vous demande aucun salaire pour cette mission et je ne suis pas de ceux qui occupent une telle charge indûment.
87 Il ne s'agit que d'un Rappel destiné aux mondes.
88 Et d'ici quelque temps vous connaîtrez *[la véracité de]* cette prédiction.

Sourate 39

## Les Groupes

*Au Nom de Dieu, le Tout Miséricordieux, le Très Miséricordieux*

1 La révélation de ce Livre provient de Dieu, le Puissant, le Sage.
2 Certes Nous te l'avons révélé selon la Vérité : aussi, adore Dieu en Lui consacrant un culte exclusif.
3 N'est-ce pas à Dieu que revient le culte exclusif ? Et ceux qui ont pris des protecteurs en dehors de Lui prétendent : Nous ne les adorons qu'afin qu'ils nous rapprochent grandement de Dieu. Certes Dieu tranchera entre eux sur ce qui fait l'objet de leurs différends car Dieu ne guide pas le fieffé menteur ni le renégat.
4 Si Dieu avait voulu Se donner (litt. : prendre) un enfant, Il aurait élu parmi Ses créatures un individu de Son choix. Gloire à Lui ! Il est le Puissant, le Contraignant.
5 Il a créé les cieux et la terre selon la Vérité, faisant succéder la nuit au jour et le jour à la nuit (litt. : enroulant la nuit sur le jour et le jour sur la nuit) et Il a assujetti le soleil et la lune qui poursuivent leur course jusqu'à un terme déterminé. N'est-Il pas réellement le Puissant, le Pardonneur ?

6 Il vous a créés à partir d'une seule personne *(nafs)* dont il a tiré son épouse ; Il vous a accordé huit couples d'animaux domestiques et Il crée *[l'embryon]* dans le sein de vos mères par créations successives *[enveloppé]* de trois ténèbres. Tel est Dieu votre Seigneur et c'est à Lui qu'appartient le royaume, il n'est de divinité que Lui : pourquoi vous en détournez-vous ?

**Commentaire** : De l'avis général les trois ténèbres sont identifiées comme étant le ventre, la matrice et le placenta.

7 Si vous *[Le]* reniez, Il n'a aucun besoin de vous (ou : Il Se passe tout à fait de vous) et Il n'admet pas les dénégations (ou : la mécréance) de Ses serviteurs. Mais si vous vous montrez reconnaissants, Il agréera votre gratitude et il n'est pas un pécheur (litt. : une *[âme]* pécheresse) qui se chargera du fardeau d'autrui ; puis c'est auprès de Lui que vous serez ramenés et Il vous rappellera quelles étaient vos œuvres car Il sait ce que recèlent les cœurs (litt. : les poitrines).

8 Lorsque l'homme est victime d'une catastrophe, il implore son Seigneur en se repentant envers Lui mais, sitôt qu'Il lui accorde une *[nouvelle]* faveur, il en oublie les invocations qu'il Lui adressait auparavant, en Lui accordant des pairs afin d'égarer *[les hommes]* hors de Sa voie. Dis : Jouis quelques temps de ta mécréance car tu fais *[déjà]* partie des hôtes du feu.

9 Celui qui invoque Dieu au cœur de la nuit, prosterné ou debout, qui redoute l'Ultime Demeure et espère la Miséricorde de Son Seigneur *[est-il comparable au commun des mortels]* ? Dis : Ceux qui savent et les ignorants sont-ils au même rang ? Seuls les hommes doués d'intelligence réfléchissent.

10 Dis : Ô Mes serviteurs qui avez la foi, gardez-vous de votre Seigneur ; ceux qui auront œuvré excellemment en ce bas monde seront rétribués en conséquence[1] et vaste est la terre de Dieu ! Ceux qui font montre de constance recevront l'intégralité de leur rétribution sans qu'il leur soit demandé de comptes.

1 Litt. : auront une excellente rétribution.

11 Dis : Il m'a seulement été ordonné d'adorer Dieu en Lui consacrant un culte exclusif
12 et l'on m'a ordonné d'être le premier des musulmans (ou : de ceux qui se soumettent).
13 Dis-leur : Je crains, si je désobéis à mon Seigneur, le châtiment d'un Jour grandiose.
14 Dis : C'est Dieu que j'adore en Lui consacrant ma religion de façon exclusive.
15 Adorez ce que vous voulez en dehors de Lui ; ceux qui sont voués à la perdition sont ceux qui auront perdu leurs personnes (ou : leurs âmes) et leurs familles au Jour de la Résurrection : n'est-ce point là la perdition manifeste ?
16 Des strates de feu recouvriront leurs têtes et d'autres s'étendront sous leurs pieds ; c'est contre cela que Dieu met en garde Ses serviteurs. Ô mes serviteurs, gardez-vous de Moi !
17 Quant à ceux qui auront évité d'adorer les faux dieux *(tâghût)*[2] et qui seront revenus vers Dieu, annonce-leur la bonne nouvelle ;
18 ceux d'entre Mes serviteurs qui écoutent la bonne parole et en prennent le meilleur (ou : et suivent ce qu'elle a de meilleur) : ceux-là sont ceux que Dieu a guidés, ceux-là sont ceux qui sont doués d'intelligence.

**Commentaire** : et en prennent le meilleur en préférant l'indulgence à la vengeance, par exemple, fût-elle légale.

19 Celui à l'encontre duquel a été arrêtée la décision de le châtier... Pourras-tu sauver celui qui est *[déjà]* dans le feu ?
20 Mais ceux qui se seront gardés de leur Seigneur auront des résidences surplombées d'autres résidences solidement bâties au pied desquelles s'écouleront des fleuves. Telle est la promesse de Dieu et Dieu ne faillit pas à Sa promesse.
21 Ne vois-tu pas que Dieu a fait descendre la pluie du ciel et qu'Il l'achemine sous terre jusqu'aux sources, puis que grâce à elle Il fait pousser des céréales d'espèces variées ? Puis elles se fanent et tu les vois jaunir pour qu'Il les transforme enfin en chaume. Il y a en tout cela un rappel pour ceux qui sont doués d'intelligence.

2 Cf. Cor. 2, 256-257 et 4, 76.

22 Celui dont Dieu a ouvert le cœur (litt. : dilaté la poitrine) à l'Islam
et qui possède une lumière de son Seigneur est-il comparable à celui
dont le cœur est fermé au souvenir de Dieu ? Malheur à ce dernier !
Celui-là est dans un égarement manifeste.
23 Dieu a révélé le meilleur des récits sous la forme d'un Livre homogène
et répétitif à l'écoute duquel la peau de ceux qui redoutent leur Seigneur frissonne (ou : se hérisse) ; puis leurs membres (litt. : leur peau)
et leurs cœurs se détendent au souvenir de Dieu ; telle est la voie de
Dieu selon laquelle Il dirige qui Il veut et celui que Dieu veut égarer
ne trouvera aucun guide.
24 Celui qui cherchera à se protéger le visage du pire des châtiments
*[est-il comparable à celui qui en sera préservé]* ? Et l'on dira aux iniques :
Goûtez *[au fruit de]* ce que vous vous êtes acquis.
25 Ceux qui les ont précédés avaient déjà crié au mensonge et le châtiment s'était appesanti sur eux là où ils ne s'y attendaient pas.
26 Et Dieu leur fit goûter l'avilissement dans la vie de ce monde mais le
supplice de l'Ultime Demeure est sans conteste plus terrible, si seulement ils savaient !
27 Déjà dans ce Coran Nous avons proposé aux hommes toutes sortes
d'exemples afin qu'ils les gardent en mémoire.
28 Coran arabe, non tortueux, afin qu'ils se prémunissent.
29 Dieu propose en exemple un homme au service de plusieurs associés
acariâtres et un autre au service exclusif d'un seul maître ; sont-ils à la
même enseigne ? La louange revient à Dieu mais la plupart sont dans
l'ignorance !
30 Certes tu es mortel comme ils sont mortels (Litt. : tu es *[déjà]* mort et
ils sont *[déjà]* morts)
31 et vous en découdrez auprès de votre Seigneur le Jour de la Résurrection !

32 Qui donc est plus inique que celui qui profère des mensonges au sujet de Dieu, traitant la Vérité d'imposture lorsqu'elle lui parvient ? N'y a-t-il pas dans la Géhenne un refuge pour les mécréants ?
33 Quant à celui qui apporte la Vérité et à celui qui la confirme, ceux-là sont ceux qui se prémunissent.
34 Ils auront ce qu'ils désirent auprès de leur Seigneur : telle est la rétribution des vertueux
35 afin que Dieu efface les pires de leurs péchés et qu'Il leur accorde leur rétribution en fonction de leurs meilleures œuvres.
36 Dieu ne suffit-Il pas à Son serviteur ? Ils tentent de t'effrayer *[en invoquant]* ceux qui Lui sont inférieurs ? Celui que Dieu égare ne saurait avoir de guide !
37 Et celui que Dieu guide ne saurait être égaré ; Dieu n'est-Il pas le Puissant en mesure de Se venger ?
38 Et si tu leur demandes : Qui donc a créé les cieux et la terre ils te répondront : C'est Dieu ! Demande-leur : A votre avis, à supposer que Dieu veuille me faire du tort, ceux que vous invoquez en excluant Dieu *[de votre culte]* sont-ils en mesure de me l'épargner ? Et s'Il veut me faire miséricorde, sont-ils en mesure de L'en empêcher ? Dis-leur : Dieu me suffit et c'est à Lui que s'en remettent ceux qui sont confiants.
39 Dis-leur : Ô mon peuple, œuvrez selon vos habitudes, j'agirai de mon côté et vous saurez bientôt
40 sur qui s'abattra un châtiment avilissant et qui subira un supplice perpétuel.

41 Nous t'avons révélé le Livre à l'intention des gens selon la Vérité; celui qui accepte la guidance l'accepte pour lui-même, et celui qui s'égare, s'égare à son détriment et tu n'es pas chargé de les représenter *(wakîl)*.
42 C'est Dieu qui Se réapproprie les âmes[3] au moment de leur trépas, ainsi que celles qui ne meurent pas au cours de leur sommeil. Il retient celles dont Il a décidé la mort tout en libérant les autres jusqu'à un terme déterminé : il y a en cela des signes pour un peuple capable de réflexion.
43 Ont-ils choisi des intercesseurs en dehors de Dieu ? Réponds-leur : Même s'ils ne possédaient rien et étaient dépourvus d'intelligence ?
44 Dis-leur : toute intercession passe par (litt. : n'appartient qu'à) Dieu. C'est à Lui qu'appartient le royaume des cieux et de la terre, puis c'est à Lui que vous serez ramenés.

**Commentaire** : Le fait que l'intercession n'appartienne qu'à Dieu ne contredit en rien la doctrine selon laquelle la « grande intercession » est consentie au Prophète au Jour du Jugement. Du reste, en dehors de l'intercession qui lui est propre, il est question d'un certain nombre d'intercesseurs de moindre importance auxquels il est accordé d'intervenir en faveur d'un entourage plus ou moins large. Ce verset (et d'autres semblables) signifie simplement qu'il ne saurait y avoir de médiation sans la permission de Dieu.

45 Le cœur de ceux qui ne croient pas à l'Ultime Demeure répugne à entendre mentionner Dieu Seul. Mais lorsque sont mentionnés ceux qui sont invoqués en dehors de Lui, ils donnent aussitôt libre cours à leur joie.
46 Dis : Mon Dieu, Créateur des cieux et de la terre, Toi qui connais le manifesté aussi bien que ce qui est celé, c'est Toi qui arbitreras entre Tes serviteurs l'objet de leurs différends.
47 Si seulement les iniques disposaient de tout ce que contient la terre et d'encore autant, ils l'offriraient en rançon pour s'éviter le pire des châtiments au Jour de la Résurrection et ils verront apparaître venant de Dieu ce qu'ils n'avaient pas escompté.

3 Ou encore : qui recouvre, ou qui fait périr.

48 Les fautes qu'ils s'étaient acquises leur apparaîtront nettement et le châtiment dont ils se raillaient s'abattra sur eux.

49 Lorsque l'homme est victime d'une catastrophe, il implore son Seigneur en se repentant envers Lui mais, sitôt qu'Il lui accorde une *[nouvelle]* faveur, il prétend l'avoir reçue en connaissance de cause alors qu'il s'agit plutôt d'une tentation mais la plupart sont dans l'ignorance.

**Autre traduction possible** : Mais, sitôt qu'Il lui accorde une *[nouvelle]* faveur, il prétend l'avoir reçue en vertu d'une science qu'il possède...

50 Ceux qui les ont précédés avaient déjà tenu les mêmes propos et leurs gains ne leur ont été d'aucun secours.

51 Ils eurent à subir *[les conséquences]* des fautes qu'ils avaient acquises et ceux d'entre eux qui s'étaient montrés iniques seront plus particulièrement touchés et ils ne pourront défier *[Dieu impunément]*.

52 Ignorent-ils que Dieu dispense largement ou avec mesure Sa subsistance à qui Il veut ? Il y a en cela des signes pour un peuple disposé à croire !

53 Dis-leur : Ô Mes serviteurs qui vous êtes montrés outranciers à votre détriment, ne désespérez pas de la Miséricorde de Dieu car Dieu pardonne tous les péchés et Il est le Pardonneur, le Tout Miséricordieux.

54 Revenez à votre Seigneur repentants et soumettez-vous à Lui avant que le châtiment ne s'abatte sur vous sans que vous puissiez être secourus.

55 Suivez ce que votre Seigneur vous a révélé de plus sublime avant que le châtiment ne vous surprenne à l'improviste sans que vous l'ayez pressenti,

56 et aussi de crainte que l'âme ne s'écrie : Malheur à moi pour avoir négligé le droit divin (ou : la Majesté divine) ! J'étais auparavant de ceux qui le tournaient en dérision ;

57 ou encore : Si seulement Dieu m'avait guidée ! j'eusse été de ceux qui se prémunissent.
58 Ou encore qu'elle ne dise lors de la vision du châtiment : Si seulement j'avais la possibilité de retourner *[sur terre]* ! je serais d'entre les vertueux.
59 Que non ! Mes Signes te sont bien parvenus, tu les as traités d'impostures, tu t'es enorgueilli et tu étais du nombre des mécréants.
60 Au Jour de la Résurrection tu verras les visages noircis de ceux qui ont menti sur le compte de Dieu ! N'y a-t-il pas dans la Géhenne un asile pour les mécréants ?
61 Dieu assurera le salut de ceux qui se sont prémunis du fait de leur réussite. Ils ne seront accablés ni par le malheur ni par la tristesse.
62 Dieu est le Créateur de toute chose, et de toute chose Il est le Garant.
63 Il possède les clefs des cieux et de la terre et ceux qui ont nié les signes de Dieu, ceux-là sont voués à la perdition.
64 M'ordonnerez-vous d'en adorer un autre que Dieu, espèces d'ignorants ?
65 Il t'a été inspiré ainsi qu'à ceux qui t'ont précédé que, si tu Me donnais un associé, tes œuvres seraient réduites à rien et que tu serais d'entre les perdants.
66 Adore plutôt Dieu et sois de ceux qui sont reconnaissants !
67 Ils n'ont pas évalué Dieu à sa juste valeur : Il saisira la terre tout entière au Jour de la Résurrection et les cieux seront ployés dans Sa dextre. Gloire à Lui et exalté soit-Il au-delà de ce qu'ils Lui associent !

68 L'on soufflera dans la trompe et les habitants des cieux et de la terre seront foudroyés excepté ceux que Dieu voudra *[épargner]* ; puis il y sera soufflé une seconde fois, et les voilà aussitôt debout dans l'attente *[du Jugement]* (ou : et les voilà en train de regarder).

69 La terre resplendira de la lumière de son Seigneur et le livre *[des œuvres]* sera déposé *[devant leurs auteurs]*. On fera venir les prophètes et les martyrs et les hommes seront jugés selon la Vérité sans être lésés en rien.

70 Chaque personne sera rétribuée selon ses œuvres et Il sait mieux *[que quiconque]* ce qu'ils auront accompli.

71 Les mécréants seront conduits en groupes à la Géhenne. Lorsqu'ils s'y présenteront, ses portes leur seront ouvertes et ses gardiens leur diront : Des envoyés choisis parmi vous ne sont-ils pas venus vous trouver en vous récitant les versets de votre Seigneur et en vous mettant en garde contre la rencontre prévue en ce Jour ? Certes, répondront-ils, mais la décision du châtiment à l'encontre des mécréants est inéluctable.

72 Entrez, leur sera-t-il dit, par les différentes portes de la Géhenne où vous demeurerez à jamais. Quel détestable asile que celui des orgueilleux !

73 Ceux qui se seront gardés de leur Seigneur seront conduits en groupes vers le Paradis. Lorsqu'ils s'y présenteront, ses portes leur seront grandes ouvertes et ses gardiens leur diront : La Paix soit sur vous, vous étiez d'une telle suavité *(tibtum)*[4] ! Entrez-y pour y demeurer à jamais.

74 Louange à Dieu qui nous a tenu Ses promesses, diront-ils, et nous a donné la terre en héritage en nous permettant de prendre place en Paradis, là où nous le désirons. Quelle excellente rétribution que celle de ceux qui œuvrent *[pieusement]*.

4 Le mot *tâba* traduit tout à la fois le parfum, le goût et l'essence d'une chose.

75 Tu verras les anges entourant le Trône *[divin]* proclamer Sa gloire en usant des louanges propres à leur Seigneur. Ils seront jugés selon la Vérité et l'on clamera : La louange revient à Dieu le Seigneur des mondes !

Sourate 40

## L'Indulgent, ou Celui qui met en sécurité

*Au Nom de Dieu, le Tout Miséricordieux, le Très Miséricordieux*

1 Hâ, Mîm.
2 La révélation de ce Livre provient de Dieu, le Puissant, le Très Savant,
3 Celui qui pardonne les péchés, qui agrée le repentir *[de Ses serviteurs]*, qui inflige un châtiment violent et qui accorde Ses grâces ; il n'est d'autre divinité que Lui et toute destinée aboutit auprès de Lui.
4 Seuls les mécréants discutent les signes de Dieu ; ne te laisse pas abuser par leur regain d'activité dans le pays.
5 Dans le passé, la communauté de Nûh et après elle les factieux ont aussi crié au mensonge. Chaque communauté a songé à tuer son prophète et avancé des arguments spécieux afin de contrecarrer la Vérité. Je Me suis alors emparé d'eux et quel ne fut pas Mon châtiment !
6 Et c'est ainsi que se réalise la décision de ton Seigneur à l'encontre des mécréants car ils sont *[destinés à]* être les hôtes du feu.
7 Ceux qui portent le Trône ainsi que ceux qui l'entourent proclament la gloire de leur Seigneur en usant de Ses louanges ; ils croient en Lui et demandent le pardon des croyants : Seigneur, Tu embrasses toute chose de Ta Miséricorde et de Ta science, pardonne à ceux qui se sont repentis et qui ont suivi Ta voie et préserve-les du châtiment de la Géhenne.

8 Seigneur, fais-les entrer, avec ceux d'entre leurs pères, leurs épouses et leur postérité qui auront été pieux, dans les jardins d'Éden que Tu leur a promis car Tu es le Puissant, le Sage.
9 Préserve-les du péché car celui que Tu auras préservé fera ce Jour-là l'objet de Ta Miséricorde et c'est bien là la réussite sublime !
10 Un appel sera lancé aux mécréants : Le courroux de Dieu, lorsque vous L'avez renié *[en ce monde]* après avoir été invités à la foi, est bien pire que celui que vous vous vouez *[présentement]* à vous-mêmes.
11 Seigneur, diront-ils, Tu nous a fait périr deux fois, Tu nous a donné la vie deux fois et nous avons reconnu nos péchés. Y aurait-il *[pour nous]* un moyen de sortir de là ?
12 Cet *[emprisonnement ne connaîtra pas de fin]* parce que vous avez renié Dieu lorsqu'Il était invoqué Seul et qu' *[en revanche]* vous ajoutiez foi à tout polythéisme ; *[en ce Jour]*, la décision reviendra à Dieu l'Altier, le Magnifique.
13 C'est Lui qui vous fait voir Ses signes et qui fait descendre du ciel à votre intention une subsistance. Mais seuls s'en souviennent ceux qui reviennent *[à Dieu]* repentants.
14 Invoquez Dieu en Lui consacrant un culte exclusif, n'en déplaise aux mécréants !
15 Occupant les degrés les plus élevés, Possesseur du Trône, Il projette sur Son Ordre l'Esprit *[de l'inspiration]* sur les serviteurs de Son choix afin de mettre en garde contre le Jour de la rencontre *[fatidique]*.

**Autre traduction possible** : Plaçant *[Ses serviteurs]* aux degrés les plus élevés, Possesseur du Trône, Il projette l'Esprit *[de l'inspiration]* vecteur de Son Ordre sur les serviteurs de Son choix.

16 Ce Jour-là, mis à nus[1] (ou : sortant de leurs tombes), ils ne pourront rien dissimuler à Dieu de ce qui les concerne. A qui appartient le royaume en ce Jour ? A Dieu, l'Unique, le Contraignant.

**Commentaire** : Il est évident que le royaume n'appartient qu'à Dieu en toutes circonstances, mais au Jour de la Résurrection il n'y aura personne pour le contester.

1 Litt. : apparents.

17 En ce Jour, chaque âme sera rétribuée en fonction de ce qu'elle a acquis : en ce Jour, point d'injustices car Dieu est prompt à faire les comptes.
18 Mets-les en garde contre le Jour de l'échéance finale lorsque les cœurs seront soulevés[2] et que les injustes affligés n'auront point de protecteurs ni d'intercesseurs susceptibles d'être entendus.
19 Dieu connaît les regards jetés à la dérobée *[sur ce qu'il ne convient pas de regarder]*[3] ainsi que ce que recèlent les cœurs,
20 et Dieu juge selon la Vérité, tandis que ceux qu'ils invoquent en dehors de Lui sont dans l'incapacité de juger (ou : de décider) de quoi que ce soit car Dieu *[Seul]* est Celui qui entend et qui voit tout.
21 Que n'ont-ils parcouru la terre afin de méditer quel fut le sort de ceux qui les ont précédés ? Ils étaient pourtant plus puissants qu'eux et ont laissé sur terre davantage de vestiges. Or, Dieu S'empara d'eux à cause de leurs péchés et ils n'eurent personne pour les protéger de Lui.
22 Cela parce que leurs envoyés venaient les trouver avec des signes qu'ils niaient, si bien que Dieu Se saisit d'eux car Il est le Fort, Celui qui châtie avec sévérité.
23 Déjà Nous avions envoyé Mûssâ muni de Nos signes et d'un pouvoir évident
24 auprès de Pharaon, de Hamân et de Qârûn qui s'écrièrent : Voici un magicien doublé d'un fieffé menteur !
25 Et lorsqu'il vint les trouver porteur d'une Vérité venant de Nous, ils s'écrièrent : Tuez les fils de ceux qui ont cru avec lui mais laissez leurs femmes en vie ! Cependant les artifices des mécréants sont voués à l'échec.

2 Litt. : les cœurs remonteront à la gorge.
3 Ou : la perfidie des regards.

26 Laissez-moi tuer Mûssâ, dit alors Pharaon, et qu'il invoque son Seigneur ! Je crains qu'il n'altère votre religion ou qu'il ne fasse naître la corruption sur terre.
27 Je prends refuge auprès de mon Seigneur et du vôtre, répliqua Mûssâ, contre tout orgueilleux qui refuse de croire au Jour de la reddition des comptes.
28 Un croyant de l'entourage de Pharaon qui dissimulait sa foi fit cette objection : Allez-vous tuer un homme simplement parce qu'il dit que Dieu est son Seigneur alors qu'il vous a apporté des signes de Sa part ? S'il ment son mensonge se retournera contre lui, mais s'il est sincère vous subirez en partie ce dont il vous menace car Dieu ne guide pas les imposteurs outranciers.
29 Ô mon peuple, la royauté vous appartient en ce jour et vous êtes victorieux sur cette terre, mais qui nous secourra contre la violence de Dieu lorsque nous y serons confrontés ? Je ne vous donne pour avis, répondit Pharaon, que ce qui me semble judicieux à moi-même et je ne vous conduis que sur la voie de la raison !
30 Mon peuple, reprit celui qui avait la foi, je redoute pour vous une Journée semblable à celle *[qui vit la défaite]* des factieux ;
31 semblable à ce qu'avait subi le peuple de Nûh, de 'Âd et de Thamûd et de ceux qui leur succédèrent et Dieu ne souhaite point l'injustice à l'encontre de Ses serviteurs.
32 Ô mon peuple, je redoute pour vous le Jour de l'Appel,
33 le Jour où vous tournerez les talons pour vous enfuir et où vous n'aurez personne pour vous protéger de Dieu et celui que Dieu égare ne saurait trouver de guide.

**Commentaire :** Le Jour de l'Appel a reçu ce nom parce que les créatures seront appelées à comparaître devant leur Juge au Jour de la Résurrection ou encore parce que les hommes s'interpelleront les uns les autres.

34 Auparavant Yûssuf était venu à vous muni de signes ; mais bien que vous n'ayez cessé de douter de ce qu'il vous avait apporté, vous avez affirmé à sa mort : Dieu n'enverra plus de prophète après lui. C'est ainsi que Dieu égare les sceptiques qui se livrent à des excès.
35 Ceux qui disputent des signes (ou : des versets) de Dieu sans que la moindre preuve leur soit parvenue sont tenus en grande aversion par Dieu et ceux qui ont la foi ! C'est ainsi que Dieu appose un sceau sur le cœur de tout potentat orgueilleux.
36 Pharaon s'adressa à Hâmân : Construis-moi une tour afin que je puisse atteindre les causes,
37 celles des cieux, et que je puisse m'enquérir du Dieu de Mûssâ car je le prends pour un menteur ! C'est ainsi que Dieu embellit aux yeux de Pharaon la pire de ses œuvres et qu'Il le détourna de la voie. Et le stratagème de Pharaon avorta (ou : était fatalement voué à l'échec).
38 Celui qui avait la foi *[dans l'entourage de Pharaon]* s'adressa *[aux siens]* : Mon peuple, suivez-moi, je vous conduirai sur la voie de la raison.
39 Mon peuple, la vie de ce bas monde n'est que brève jouissance et c'est l'Ultime Demeure qui constitue la demeure stable.
40 Quiconque commet un péché ne sera rétribué que pour ce seul péché alors que tous les croyants, hommes ou femmes, qui auront œuvré pieusement, entreront en Paradis où ils seront récompensés sans compter.

41 Ô mon peuple, pourquoi donc me conviez-vous au feu alors que je vous convie au salut ?
42 Vous me demandez de renier Dieu et de Lui attribuer des associés sans connaissance de cause alors que je vous convie *[à vous rapprocher]* du Puissant, du Pardonneur.
43 Il ne fait aucun doute que ce à quoi vous me conviez est dépourvu de valeur (ou : déraisonnable) en ce monde comme dans l'Ultime Demeure, que c'est à Dieu que nous retournerons et que ceux qui commettent des excès seront les hôtes du feu.
44 Vous vous souviendrez de ce que je vous dis et je remets mon sort *[entre les Mains de]* Dieu car Dieu voit parfaitement Ses serviteurs.
45 Dieu le préserva des méfaits qu'ils avaient ourdis *[contre lui]* et le pire des châtiments s'abattit sur l'entourage de Pharaon.
46 Ils seront exposés au feu[4] matin et soir, et le Jour où sonnera l'Heure *[on clamera]* : Introduisez l'entourage de Pharaon dans le pire des supplices!
47 Lors, ils se disputeront dans le feu et les plus faibles *[d'entre eux]* diront à ceux qui s'étaient enflés d'orgueil *[sur terre]* : Nous ne faisions que vous suivre ; est-ce que vous pouvez nous épargner ne serait-ce qu'une part du feu ?
48 Les superbes leur répondront : Nous y sommes tous *[jusqu'au cou]* car Dieu a déjà tranché entre *[Ses]* serviteurs.
49 Ceux qui demeureront dans le feu diront aux habitants de la Géhenne (c'est-à-dire aux damnés) : Invoquez votre Seigneur afin qu'il allège notre châtiment, fût-ce d'un jour !

4 Ou encore : présentés devant le feu.

50 Vos prophètes ne sont-ils pas venus à vous avec des preuves ? répon-
dront *[les gardiens des enfers]*. Si fait ! avoueront les damnés. Alors
invoquez *[vos idoles]* mais les prières des mécréants resteront vaines.
51 Certes Nous soutiendrons Nos envoyés et ceux qui auront cru dès la
vie de ce bas monde et au Jour où se dresseront les témoins,
52 le Jour où les excuses des tyrans ne leur seront plus d'aucun secours et
où ils seront voués à la malédiction et à la pire des demeures.
53 Déjà Nous avions révélé la guidance à Mûssâ et Nous avions accordé
les Écritures en héritage aux enfants d'Isrâ'îl
54 en guise de direction et de rappel destinés à ceux qui sont doués d'in-
telligence.
55 Fais montre de constance car la promesse de Dieu est infaillible (litt. :
est réelle), demande pardon pour ton péché et proclame la gloire de
ton Seigneur en usant de Sa louange dans la soirée et tôt le matin !
56 Certes les cœurs (litt. : les poitrines) de ceux qui discutent des ver-
sets de Dieu sans qu'aucune preuve leur soit parvenue ne dissimulent
(litt. : ne renferment) qu'une ambition *[démesurée]* qu'ils ne parvien-
dront pas *[à réaliser]*. Demande la protection de Dieu car Il est Celui
qui entend et qui voit tout.
57 La création des cieux et de la terre est sans nul doute plus grandiose
que la création des hommes mais la plupart d'entre eux sont dans
l'ignorance.
58 L'aveugle ne saurait égaler celui qui jouit de la vue pas plus que celui
qui œuvre pieusement n'est comparable au malfaiteur ; vous n'avez
que peu de mémoire !

59 Certes il ne fait point de doute que l'Heure est inéluctable mais la plupart des hommes sont incrédules (litt. : n'y croient pas !)
60 Et votre Seigneur a affirmé : Invoquez-Moi, je vous exaucerai ; ceux qui, par vanité, se détournent de Mon adoration entreront dans la Géhenne soumis à humiliation.
61 C'est Dieu qui a établi la nuit pour votre repos et le jour pour y voir car Dieu dispense Ses faveurs aux hommes mais la plupart d'entre eux sont ingrats.
62 Tel est Dieu votre Seigneur, Créateur de toute chose, il n'est de divinité que Lui : comment pouvez-vous vous en détourner ?
63 C'est ainsi que seront écartés tous ceux qui nient les signes de Dieu !
64 Dieu est Celui qui a fait de la terre une résidence stable à votre intention et du ciel un édifice ; Il vous a imprimé votre forme et l'a parachevée et Il vous a gratifiés de mets sains. Tel est Dieu votre Seigneur ! Béni soit Dieu le Seigneur des mondes !
65 Il est le Vivant et il n'est de divinité que Lui ; invoquez-Le en Lui consacrant un culte exclusif et la louange revient à Dieu le Seigneur des mondes !
66 Dis-leur : Il m'a été interdit, une fois que les preuves me sont parvenues de la part de mon Seigneur, d'adorer les idoles que vous invoquez en excluant Dieu *[de votre culte]* et l'on m'a ordonné de me soumettre au Seigneur des mondes.

67 C'est Lui qui vous a créés à partir de terre, puis d'une goutte *[de sperme]*, puis d'une adhérence ; puis Il vous fait sortir, bébés, *[de la matrice]* afin que vous atteigniez la force de l'âge et que vous deveniez ensuite des vieillards même s'il en est que l'on fait périr plus tôt ; *[autant d'étapes préalables]* afin que vous parveniez au terme fixé. Peut-être y réfléchirez-vous ?
68 C'est lui qui fait vivre et qui fait mourir et, lorsqu'Il arrête une décision, il Lui suffit de dire : Sois ! pour qu'elle voit le jour.
69 Ne vois-tu pas comment ceux qui contestent les signes de Dieu sont écartés ?
70 Ceux qui ont traité les Écritures et le message (litt. : ce que Nous avions envoyé avec les prophètes) des prophètes d'imposture, ceux-là connaîtront bientôt *[la Vérité]*,
71 lorsque des carcans seront passés à leur cou et qu'ils seront traînés par des chaînes
72 et précipités dans l'eau bouillante et livrés au feu.
73 Puis il leur sera dit : Où sont ces idoles que vous associiez
74 à Dieu ? Elles nous ont abandonnés, répondront-ils, ou plutôt, nous n'invoquions rien auparavant, et c'est ainsi que Dieu égare les mécréants !
75 Cela parce que vous fanfaronniez sur terre sans raison *[valable]* et que vous vous y montriez insolents !
76 Entrez par les différentes portes de la Géhenne pour y demeurer à jamais et quel détestable asile que celui des orgueilleux !
77 Et fais montre de constance car la promesse de Dieu est bien réelle ! Soit Nous te donnerons de voir exécuter une partie de ce dont Nous les avions menacés, soit Nous te ferons périr *[avant]* et *[dans tous les cas]* c'est vers Nous qu'ils seront ramenés.

78 Nous avions déjà envoyé avant toi des prophètes : il en est dont Nous t'avons conté l'histoire tandis que pour d'autres Nous te l'avons tue. Il n'appartient pas à un prophète de produire un signe sans la permission de Dieu mais sitôt qu'advient le Commandement de Dieu un jugement est prononcé selon la Vérité et c'est alors que les dénégateurs sont perdus !

79 C'est Dieu qui a mis les animaux domestiques à votre disposition afin que vous en fassiez pour partie des montures et pour partie votre alimentation.

80 Et ils vous procurent encore d'autres avantages : vous pouvez atteindre au but que vous vous étiez intérieurement fixé et c'est sur ces montures et sur les embarcations que vous êtes transportés.

81 Et *[c'est ainsi qu']* Il vous fait voir Ses signes. Lequel des signes de Dieu contestez-vous ?

82 Que n'ont-ils parcouru le pays afin de méditer le sort de ceux qui les ont précédés ? Ils étaient pourtant plus puissants qu'eux et ont laissé sur terre davantage de vestiges. Or, tout ce qu'ils avaient acquis ne leur fut d'aucun secours !

83 Lorsque leurs envoyés vinrent les trouver avec des preuves, ils se réjouirent de posséder une science *[en contradiction avec la révélation]* et le châtiment dont ils se gaussaient s'abattit alors sur eux.

**Autre traduction possible** : Les envoyés se réjouirent de la science qu'ils possédaient…

84 *[Alors]* lorsqu'ils virent Notre sévérité, ils s'écrièrent : Nous avons foi en Dieu Seul ! et nous renions tous ceux que nous Lui associons.

85 Dès lors, après qu'ils aient ainsi subi Notre châtiment selon la norme que Dieu avait instituée dans le passé à l'encontre de Ses serviteurs, leur foi ne leur fut plus d'aucune utilité et c'est là que furent perdus les mécréants !

Sourate 41

## Les Sourates distinctes

*Au Nom de Dieu, le Tout Miséricordieux, le Très Miséricordieux*

1 Hâ, Mîm.
2 Cette révélation provient du Très Miséricordieux, du Tout Miséri-
cordieux.
3 C'est un Livre dont les versets ont été détaillés en un Coran arabe à
l'intention d'un peuple *[enclin]* au savoir (litt. : d'un peuple qui sait),
4 en guise de bonne nouvelle et de mise en garde mais la plupart d'entre
eux se sont détournés en sorte qu'ils n'entendent rien.
5 Nos cœurs, disent-ils, sont voilés à l'égard de ce à quoi tu nous convies,
nos oreilles sont frappées de surdité et un voile nous sépare ; œuvre
donc *[de ton côté]* et nous agirons du nôtre !
6 Dis-leur : Je ne suis qu'un mortel comme vous auquel il est inspiré que
votre divinité est une Divinité Unique ! Témoignez de votre droiture
envers Elle et demandez-Lui pardon ; et malheur aux polythéistes,
7 ceux qui n'acquittent pas l'aumône légale et nient *[l'existence]* de l'Ul-
time Demeure !
8 Certes ceux qui ont cru et pratiqué les bonnes œuvres auront une
récompense ininterrompue.
9 Dis-leur : Reniez-vous donc Celui qui a créé la terre en deux jours
pour Lui attribuer des pairs, Lui qui est le Seigneur des mondes ?
10 Il a ancré les montagnes à sa surface, Il l'a bénie et a déterminé ses
richesses en quatre jours exactement, *[voilà en réponse]* aux curieux.
11 Puis Il S'est établi au ciel alors que celui-ci était de la fumée et lui a dit
ainsi qu'à la terre : Venez à Moi bon gré mal gré. Nous venons *[à Toi]*
de notre plein gré, répondirent-ils.

12 Il façonna sept cieux en deux jours et inspira à chacun d'eux Son Commandement et Il orna le ciel de ce monde de luminaires *[destinés aussi]* à le protéger. C'est ainsi que tout fut déterminé par le Puissant, le Très Savant.
13 Et s'ils se détournent dis-leur : Je vous mets en garde contre des foudres semblables à celles qui ont frappé 'Âd et Thamûd,
14 lorsque leurs envoyés vinrent à eux de toutes parts pour les inciter à n'adorer que Dieu. Si Dieu l'avait voulu, dirent-ils, Il aurait fait descendre Ses anges et nous nions le message avec lequel vous avez été envoyés.

**Autre traduction possible** : lorsque leurs envoyés se présentèrent dans les périodes qui les précédèrent et qui les suivirent…

15 'Âd, quant à eux, s'enorgueillirent sur terre sans aucun motif valable et s'exclamèrent : Qui donc a plus de force que nous ? Ne voyaient-ils pas que Dieu qui les a créés a plus de puissance qu'eux et que *[malgré ce]* ils niaient Ses signes ?
16 Nous déchaînâmes contre eux un vent glacial (ou : mugissant) durant des jours sombres afin de leur faire (litt. : afin que Nous leur fassions) goûter un châtiment ignominieux en la vie de ce monde et le châtiment de l'Ultime Demeure est plus avilissant encore et ils ne recevront aucun secours.
17 Pour ce qui est de Thamûd, ils donnèrent la préférence à l'aveuglement sur la guidance et un châtiment foudroyant et avilissant s'appesantit sur eux pour prix de ce qu'ils avaient acquis.
18 Nous assurâmes le salut de ceux qui avaient la foi et qui se gardaient *[de Dieu]*.
19 Et le Jour où les ennemis de Dieu seront réunis auprès du *(ilâ)* feu et où ils y seront contenus,

**Autre traduction possible** : pour où ils y seront contenus : où ils y seront précipités.

20 *[et ce]* jusqu'au moment où, le feu arrivant sur eux, leur ouïe, leur vue et leurs peaux témoigneront à leur encontre de ce qu'ils faisaient.

21 Pourquoi avez-vous témoigné contre nous ? demanderont-ils à leurs peaux. C'est Dieu qui nous a fait parler, répondront-elles, Lui qui fait parler toute chose ; c'est Lui qui vous a créés la première fois et c'est à Lui que serez ramenés.
22 Vous ne pouviez vous dissimuler de votre vue, ni de votre ouïe, ni de votre peau en vue de ne pas les laisser témoigner contre vous, mais vous songiez que Dieu ignorait bon nombre de vos actions !

**Autre traduction possible** : Vous ne pouviez vous préserver du témoignage de votre vue, de votre ouïe ni de votre peau…

23 Telle était l'opinion que vous aviez de votre Seigneur ; *[cependant]* Il vous a anéantis, et vous êtes les perdants.
24 S'ils font montre d'obstination (litt. : de patience), eh bien le feu leur servira d'asile, et s'ils demandent l'agrément *[divin]*, ils ne l'obtiendront pas !
25 Nous leur avons associé des compagnons qui ont embelli à leurs yeux leurs œuvres passées et à venir et la décision *[préalable]* de leur châtiment a été arrêtée contre eux parmi d'autres communautés, djinns et hommes, qui les avaient précédés car ils étaient voués à la perdition.
26 Les mécréants recommandent : Ne prêtez pas l'oreille à ce Coran et couvrez sa récitation de vos clameurs afin d'avoir le dessus.
27 Nous ferons goûter aux mécréants un châtiment terrible et Nous les rétribuerons en fonction des pires de leurs actions.
28 Telle est la rétribution des ennemis de Dieu : le feu qui leur servira de demeure permanente en guise de rétribution pour avoir nié Nos signes.
29 Les mécréants s'écrieront : Seigneur, fais-nous voir ceux d'entre les djinns et les hommes qui nous ont égarés afin que nous les placions sous nos pieds et qu'ils soient ainsi au plus bas !

30 Les anges descendent auprès de ceux qui ont dit : Dieu est notre Seigneur ! et qui ont fait preuve de rectitude, en disant : Ne craignez point et ne vous affligez point ! Réjouissez-vous *[à l'annonce]* du Paradis qui vous a été promis.

31 Nous sommes vos protecteurs dans ce monde et dans l'autre. Vous y trouverez tout ce à quoi vous aspirez et tous vos vœux seront comblés.

32 Un tel séjour *[vous sera accordé]* par Celui qui pardonne, le Très Miséricordieux.

33 Et qui donc prononce une meilleure parole que celui qui convie les hommes à Dieu, œuvre pieusement et affirme être du nombre des musulmans ?

34 Les bonnes et les mauvaises actions ne sont pas équivalentes. Repousse celles-ci par celles-là (litt. : par les meilleures) et voilà que celui qui te témoignait de l'hostilité devient semblable à un ami protecteur.

35 *[Mais une telle attitude]* n'est donnée qu'à ceux qui se sont montrés patients ; elle n'est accordée qu'à ceux qui détiennent une faveur immense.

36 Et si le démon t'incite au mal, cherche la protection de Dieu car Il est Celui qui entend et qui sait tout.

37 Entre autres signes de Dieu il y a la nuit et le jour, le soleil et la lune ; ne vous prosternez pas devant le soleil ni devant la lune mais prosternez-vous devant Dieu qui les a créés si c'est bien Lui que vous adorez.

38 Et s'ils s'enflent d'orgueil, ceux qui se trouvent auprès de Lui prononcent Sa gloire nuit et jour inlassablement.

39 Un autre de Ses signes : tu verras la terre *[préalablement]* desséchée
frémir et se boursoufler sitôt que Nous y faisons descendre la pluie ;
certes Celui qui l'a ainsi vivifiée ressuscitera les morts car Il est Omni-
potent.
40 Ceux qui se détournent de Nos signes ne Nous échapperont pas !
Ceux qui seront précipités dans le feu sont-ils meilleurs que ceux qui
se présenteront assurés *[de l'impunité]* au Jour de la Résurrection ?
Agissez comme bon vous semble car Il voit parfaitement toutes vos
actions !
41 Certes ceux qui ont nié le Rappel lorsqu'il leur est parvenu *[sont voués
à la perdition]* car il est sans conteste une noble Ecriture *[au regard de
Dieu]*,
42 inaccessible à l'erreur d'où qu'elle vienne et provenant du Très Sage,
éminemment Digne de louanges.
43 On ne fait que te tenir les mêmes propos que ceux qui avaient été
adressés aux prophètes antérieurs ; certes ton Seigneur est Tout de
pardon mais Il est aussi le dispensateur d'un châtiment douloureux.
44 Si Nous avions fait de ce Livre un texte sans éloquence (ou : sans
consistance, *a'jamî*), ils auraient argumenté : Pourquoi ses versets
ne sont-ils pas plus clairs ? Un *[texte]* inconsistant et un *[Prophète]*
arabe ? Réponds-leur : Il est pour ceux qui ont la foi une guidance et
une guérison mais les incrédules sont frappés de surdité et aveuglés à
son égard, *[un peu comme si]* un appel trop lointain leur était lancé !

**Autre traduction possible** : Si Nous avions révélé ce Livre dans une autre langue que l'arabe, ils se seraient écriés : Pourquoi ses versets n'ont-ils pas été exposés en une claire *[langue arabe]* ? Pourquoi un texte étranger destiné aux Arabes ?
Ces deux possibilités de traduction correspondent à deux lectures différentes, *a'jamî* pour la première, *'ajamî* pour la seconde ; *a'jamî* signifiant « inéloquent », « inexpressif », « malhabile », « mal rédigé », etc., tandis que *'ajamî* signifie tout simplement « non arabe ».

45 Déjà Nous avions révélé à Mûssâ les Écritures qui suscitèrent des
controverses. N'était une décision préalable de ton Seigneur, un arbi-
trage eût été prononcé entre eux mais ils demeurent à leur sujet dans
un doute lancinant.
46 Quiconque œuvre pieusement œuvre pour lui-même et quiconque
fait du tort le fait à son détriment et ton Seigneur n'est pas injuste
envers Ses serviteurs.

47 C'est à Lui qu'est rapportée (ou : laissée) la science de l'Heure ; il n'est pas un fruit qui sorte de son périanthe ni de femelle qui conçoive ou mette bas sans que ce soit en conformité avec Sa Science et le Jour où Il les appellera *[pour leur demander]* : Où sont Mes associés ? ils répondront : Nous t'informons qu'il n'en est aucun d'entre nous pour porter un tel témoignage !

48 Ceux qu'ils invoquaient par le passé se seront évanouis (ou : leur feront défaut) et ils auront acquis la certitude qu'il n'y a plus d'échappatoire.

49 L'homme ne se lasse pas d'invoquer *[en vue d'obtenir]* un bienfait mais, lorsqu'il est victime d'un malheur, le voilà désemparé, désespéré !

50 Et si Nous lui faisons goûter à quelque miséricorde de Notre part après une précédente épreuve, il affirme : Ceci me revient *[de droit]*. Et si je suis ramené vers mon Seigneur, j'aurai droit auprès de Lui à ce qu'il y a de mieux ; Nous rappellerons alors aux mécréants quelles étaient leurs œuvres et Nous leur ferons goûter un terrible supplice.

51 Sitôt que Nous avons accordé Nos faveurs à l'homme, il se détourne et s'éloigne de son côté ; mais si un malheur le frappe, il invoque alors *[Dieu]* avec insistance.

52 Dis-leur : A votre avis, si ce Coran que vous avez nié s'avère bien une révélation de Dieu, qui donc est plus égaré que celui qui s'adonne à des dissensions stériles (ou : illusoires) ?

53 Nous leur ferons voir Nos signes dans toutes les contrées *(afâq)* ainsi qu'en eux-mêmes jusqu'à ce qu'ils réalisent qu'il s'agit bien de la Vérité. Ne *[leur]* suffit-il pas que ton Seigneur soit Témoin de toute chose ?

**Commentaire** : Trois explications ont été fournies pour préciser quelles étaient ces contrées que le Coran oppose à eux-mêmes dans ce verset.

— Les contrées désignent les terres conquises par les musulmans alors qu'eux-mêmes désignerait La Mecque dont la prise est davantage assimilable à une restitution qu'à une conquête.

— Les contrées désignent les épreuves qu'ont subies les communautés antérieures par opposition à eux-mêmes qui contient une allusion aux défaites essuyées par les Qurayshites, notamment le jour de Badr.

— Les contrées désignent l'univers ou le macrocosme par opposition à eux-mêmes, c'est-à-dire à l'homme ou au microcosme.

54 Ne sont-ils pas plongés dans le doute en ce qui concerne la rencontre avec leur Seigneur ? Ne cerne-t-Il pourtant pas toute chose ?

Sourate 42

# La Concertation

*Au Nom de Dieu, le Tout Miséricordieux, le Très Miséricordieux*

1 Hâ, Mîm,
2 'Ayn, Sîn, Qâf.
3 C'est ainsi que Dieu, le Puissant, le Sage, t'inspire comme Il l'avait fait pour ceux qui t'ont précédé.
4 Il possède ce que contiennent les cieux et la terre et Il est l'Altier, le Sublime.
5 Peu s'en faut que les cieux ne se fendent par le haut *[par crainte de Dieu]* ; les anges proclament Sa gloire en usant d'une louange propre à leur Seigneur et ils implorent le pardon de ceux qui peuplent la terre. N'est-il pas vrai que Dieu est le Pardonneur, le Très Miséricordieux ?
6 Quant à ceux qui se sont choisi des protecteurs en dehors de Dieu, c'est *[tout de même]* Lui qui veille sur eux et tu n'es pas chargé de les représenter.
7 C'est ainsi que Nous t'avons inspiré ce Coran arabe afin que tu mettes en garde la Mère des cités et ceux qui peuplent ses environs ; et que tu les mettes en garde contre le Jour inéluctable où ils seront réunis, une fraction *[d'entre eux]* étant destinée au Paradis, l'autre au feu.

**Commentaire** : L'expression « Mère des cités » désigne un centre urbain d'importance qui peut servir de modèle à la fondation d'autres villes ou d'autres centres spirituels de moindre rayonnement.

8 Si Dieu l'avait voulu, Il aurait fait de vous une seule communauté mais Il fait entrer qui Il veut au sein de Sa Miséricorde et les iniques n'auront ni protection ni secours.
9 Ont-ils pris des protecteurs en dehors de Dieu ? C'est Lui le Protecteur et c'est Lui qui vivifie les morts et Il est Omnipotent.
10 Et c'est à Dieu qu'il appartient de trancher l'objet de vos différends. Tel est Dieu mon Seigneur, c'est à Lui que je m'en remets et c'est auprès de Lui que je reviens repentant.

11 Il est le Créateur des cieux et de la terre et Il vous a attribué des épouses à partir de vous-mêmes et des animaux domestiques par couples et c'est par ce biais qu'Il vous multiplie. Il n'est rien qui Lui soit comparable est Il est Celui qui entend et qui voit.
12 C'est à Lui qu'appartiennent les clefs des cieux et de la terre et Il dispense largement ou avec mesure Sa subsistance à qui Il veut car Il est Omniscient.
13 En guise de religion Il a tracé à votre intention la même voie qu'Il avait recommandée à Nûh, celle que Nous t'avons inspirée et celle que Nous avons recommandée à Ibrâhîm, à Mûssâ et à 'Îssâ *[à savoir]* : pratiquez votre religion et qu'elle ne soit pas pour vous motif à vous diviser ! Ce à quoi tu les invites pèse aux polythéistes. Dieu attire à Lui qui Il veut et Il guide celui qui vient à Lui repentant.
14 Ce n'est qu'après avoir reçu la science que les gens du Livre se sont divisés parce qu'ils souhaitaient prévaloir les uns sur les autres. N'était une décision préalable de ton Seigneur *[de remettre leur jugement]* à un terme fixé, Dieu eût déjà tranché entre eux ; certes ceux qui ont reçu après eux les Écritures en héritage demeurent à leur sujet dans un doute lancinant.
15 Convie donc *[les hommes]* à cette Loi et fais montre de rectitude ainsi que cela t'a été ordonné et ne te conforme pas à leurs passions ! Et dis-leur : J'ai foi en ce que Dieu a révélé en guise d'Écritures et l'on m'a ordonné l'équité entre vous. Dieu est notre Seigneur et le vôtre, nous avons nos œuvres et vous avez les vôtres ; il n'y a pas lieu de débattre entre nous, c'est Dieu qui nous réunira et c'est vers Lui que toute destinée aboutit.

16 Les arguments de ceux qui veulent disputer au sujet de Dieu après que son appel eut été entendu sont vains au regard de leur Seigneur ; ils encourent la colère de Dieu et un terrible châtiment leur est destiné.
17 Dieu est Celui qui vous a révélé le Livre selon la Vérité et qui a institué la justice *[à votre intention]*. Qu'en sais-tu ? Peut-être l'Heure est-elle imminente ?
18 Ceux qui n'y croient pas demandent qu'elle soit précipitée mais ceux qui ont la foi la redoutent car ils savent qu'elle est bien réelle. Ceux qui débattent au sujet de l'Heure sont grandement égarés.
19 Dieu est Bienveillant à l'égard de Ses serviteurs, Il accorde Sa subsistance à qui Il veut et Il est le Puissant, le Fort.
20 A celui qui veut semer (litt. : labourer) en vue de l'Ultime Demeure, Nous accorderons un regain de semences ; quant à celui qui entend semer *[uniquement]* en vue de ce bas monde, Nous lui en accorderons *[les fruits]* mais il n'aura aucune part à l'Ultime Demeure.
21 Auraient-ils des associés qui leur auraient imposé une religion n'ayant pas reçu l'aval de Dieu ? N'était la décision préalable *[de Dieu]*, un jugement serait intervenu entre eux et un supplice douloureux est destiné aux iniques.
22 Et tu verras les injustes angoissés à l'idée de ce qu'ils se sont acquis et *[dont les conséquences]* s'abattront sur eux ; quant à ceux qui auront cru et pratiqué les bonnes œuvres, ils seront dans des jardins paradisiaques où ils trouveront ce qu'ils veulent auprès de leur Seigneur. Voilà une faveur insigne !

23 C'est cette bonne nouvelle que Dieu avait annoncée à Ses serviteurs croyants ayant pratiqué de bonnes œuvres. Dis-leur : Je ne vous demande d'autre salaire *[pour accomplir ma mission]* que de témoigner de l'affection pour mes proches (ou : pour ma parenté). Nous multiplierons la rétribution de ceux qui accomplissent une bonne action car Dieu est Pardonneur et Reconnaissant *(Shakûr)*.

**Commentaire** : L'attribut divin *Shakûr* a posé problème aux théologiens selon lesquels Dieu qui est Souverain à l'égard de Ses serviteurs ne saurait rien attendre d'eux ni a fortiori les « remercier » pour leurs œuvres et cela d'autant moins que les œuvres elles-mêmes ne sont accomplies que grâce au soutien *(imdâd)* divin. Ils en ont donc conclu que le *Shakûr* était Celui qui rétribue largement Ses serviteurs. Si nous avons pris le parti de le traduire assez littéralement, c'est pour montrer l'une des difficultés auxquelles pouvaient se trouver confrontés les exégètes, les théologiens, voire les traducteurs et de manière générale tous ceux qui abordent le texte coranique.

24 Ou bien prétendent-ils qu'il a proféré des mensonges au sujet de Dieu ? Si Dieu le voulait, Il apposerait un sceau sur ton cœur, Il effacerait l'erreur et manifesterait la Vérité par Ses paroles car Il sait bien ce que recèlent les cœurs (litt. : les poitrines).
25 C'est Lui qui accepte le repentir de Ses serviteurs, Se montre Indulgent pour leurs fautes et sait quelles sont vos actions.
26 Il exauce ceux qui ont cru et pratiqué les bonnes œuvres et leur accorde un regain de Ses faveurs et un terrible châtiment est destiné aux mécréants.
27 Si Dieu avait trop largement accordé Sa subsistance à Ses serviteurs, ils se seraient mutuellement oppressés mais Il fait descendre ce qu'Il veut avec mesure car Il est parfaitement Informé de Ses serviteurs qu'Il voit *[dans leurs moindres détails]*.
28 C'est Lui qui fait tomber la pluie après qu'ils aient perdu tout espoir. Il répand Sa Miséricorde et Il est le Protecteur Digne de louanges.
29 L'un de Ses signes est d'avoir créé les cieux et la terre et d'y avoir fait évoluer tous les animaux, et Il est, s'Il le veut, en mesure de les réunir.
30 Toute épreuve qui vous afflige est le fruit de ce que vos mains ont perpétré quoiqu'Il vous pardonne nombre de vos péchés.
31 Vous n'êtes pas en mesure de Le défier sur terre et vous n'avez en dehors de Dieu ni soutien ni protecteur.

32 *[Vous verrez]* entre autres signes, les vaisseaux qui évoluent *[en mer]* semblables à des montagnes.
33 S'Il le voulait, Il apaiserait les vents et les embarcations demeureraient immobiles à la surface *[de l'eau]*. En tout cela il y a des signes pour tout individu enclin à une grande patience et à la gratitude.
34 Ou encore Il pourrait les faire couler à cause des péchés commis *[par ses passagers]* et encore passe-t-Il sur nombre de fautes.
35 Et ceux qui débattent des signes de Dieu savent qu'ils n'auront pas d'échappatoire.
36 Tout ce qui vous a été accordé n'est que jouissance de la vie en ce bas monde. Et ce qui se trouve auprès de Dieu est à la fois meilleur et plus durable pour ceux qui ont la foi et qui s'en remettent à leur Seigneur :
37 ceux qui évitent les péchés capitaux et les turpitudes et implorent le pardon *[de Dieu]* après s'être mis en colère ;
38 ceux qui répondent à l'appel de leur Seigneur, qui accomplissent la prière, dont les décisions font suite à une concertation mutuelle et qui dépensent en aumônes une partie de ce dont Nous les avons gratifiés ;
39 ceux qui, lorsqu'ils sont victimes d'une injustice, prennent leur revanche
40 *[en appliquant cette règle]* : la rétribution d'une offense est proportionnelle à la faute commise. Quant à celui qui se montre indulgent et qui cherche la conciliation, c'est à Dieu qu'incombera sa récompense car Dieu n'aime pas les injustes.
41 Il n'y a aucune action à intenter contre ceux qui auront exercé leur droit de vengeance après avoir été lésés.
42 On ne peut exercer de représailles que contre ceux qui lèsent les gens et sèment sans justifications le désordre sur terre ; ceux-là sont voués à un châtiment douloureux.
43 Et faire preuve de constance et d'indulgence témoigne de votre force de caractère.
44 Celui que Dieu égare ne saurait trouver de protecteur en dehors de Lui et tu verras les iniques une fois confrontés au châtiment s'écrier : Y a-t-il un moyen de revenir *[sur terre]* ?

45 Tu les verras, exposés au feu, courbés sous l'humiliation, jeter des regards à la dérobée, tandis que les croyants s'exclameront : Il n'est d'autres perdants que ceux qui ont perdu leurs âmes (ou : qui se sont perdus eux-mêmes) ainsi que leurs familles au Jour de la Résurrection ! N'est-il pas vrai que les iniques sont voués à un châtiment perpétuel ?

46 Ils n'auront, en dehors de Dieu, aucun protecteur pour les secourir et celui que Dieu égare ne trouvera pas de chemin *[salutaire]*.

47 Répondez à l'appel de votre Seigneur avant que ne survienne le Jour que l'on ne pourra plus repousser contre *[la volonté de]* Dieu ; ce Jour-là vous ne trouverez aucun refuge et vous ne pourrez rien contester !

48 Et s'ils se détournent, Nous ne t'avons pas envoyé auprès d'eux pour veiller sur leurs intérêts ! Seule t'incombe la transmission *[du message]* ! Dès lors que Nous faisons goûter à l'homme une quelconque miséricorde il s'en réjouit, mais lorsqu'il est victime d'une épreuve *[consécutive aux forfaits]* perpétrés par ses mains le voilà rempli d'ingratitude !

49 C'est à Dieu qu'appartient le royaume des cieux et de la terre ; Il crée ce qu'Il veut, octroyant les filles à qui Il veut et les *[enfants]* mâles à qui Il veut.

50 Ou Il en fait des jumeaux garçons et filles et Il rend stérile qui Il veut car Il est le Très Savant, le Tout-Puissant.

51 Il n'appartient pas à l'homme de se voir adresser la parole par Dieu autrement que par inspiration ou encore de derrière un voile ; ou en lui envoyant un émissaire pour lui inspirer sur Son Ordre ce qu'Il veut car Il est Altier et Sage.

52 C'est ainsi que Nous t'avons inspiré un Écrit spirituel (litt. : un Esprit)
procédant de Notre Ordre ; tu ignorais ce qu'étaient l'Écriture et la
foi mais Nous en avons fait une lumière au moyen de laquelle Nous
guidons les serviteurs de Notre choix et tu conduis sans conteste *[les
hommes]* sur une voie droite,
53 la voie de Dieu, le Possesseur de ce que contiennent les cieux et la
terre ; n'est-il pas vrai que le destin de toute chose est de retourner à
Dieu ?

Sourate 43

# L'Ornement

*Au Nom de Dieu, le Tout Miséricordieux, le Très Miséricordieux*

1 Hâ, Mîm.
2 Par le Livre révélateur !
3 Nous en avons fait un Coran arabe afin que vous le méditiez.
4 *[Consigné]* dans son prototype (litt. : dans la « Mère du Livre »), il se
trouve auprès de Nous empreint de hauteur et de sagesse.

**Commentaire :** La doctrine islamique envisage l'existence d'un Livre céleste qui serait le prototype du Coran, celui-ci constituant en quelque sorte une traduction appropriée en temps et en lieux de cette (non-) révélation originelle. Partant de là, certains ont voulu voir dans la « Mère du Livre » la partie des Écritures qui ne pouvait souffrir aucune modification, par opposition à celle qui était susceptible d'être abrogée.

5 Nous abstiendrons-Nous de vous adresser ce Rappel par indulgence[1]
*[à votre égard uniquement]* parce que vous êtes un peuple outrancier ?
6 Combien avons-Nous envoyé de prophètes dans les premières générations ?
7 Pas un prophète ne vint les trouver sans qu'ils se gaussent de lui !
8 Nous en avons anéanti de plus puissants qu'eux mais leur exemple
appartient au passé !
9 Et si tu en viens à les interroger : Qui donc a créé les cieux et la terre ?
ils te répondront : C'est le Puissant, le Très Savant qui les a créés.
10 C'est Lui qui a fait de la terre un berceau et qui y a placé des chemins
afin que vous puissiez vous guider.

1 Ou encore : Nous abstiendrons-Nous de vous adresser ce Rappel en vue de Nous détourner de vous…

11 C'est Lui qui fait tomber du ciel selon une mesure déterminée la pluie grâce à laquelle Nous vivifions un pays stérile et c'est ainsi que vous serez ressuscités !
12 C'est Lui qui a créé les espèces de toutes sortes et qui a fait des vaisseaux et des bêtes de somme des montures à votre intention
13 afin que vous vous installiez sur leurs dos *[pour vos déplacements]* et qu'une fois en place vous disiez après vous être souvenus des bienfaits de votre Seigneur : Gloire à Celui qui a mis ceci à notre disposition alors que nous n'aurions pu nous-mêmes le soumettre !
14 Certes nous retournerons à notre Seigneur !
15 Ils ont fait de Ses serviteurs une partie intégrante de Lui-même ! L'homme est à l'évidence d'une ingratitude manifeste !
16 A moins qu'Il ne Se soit choisi des filles parmi Ses créatures et qu'Il ne vous ait fait la faveur de vous accorder des fils ?

**Commentaire :** Pour saisir le sens de ce verset et des trois suivants, il est indispensable de savoir que les Qurayshites considéraient que les anges étaient les « filles » de Dieu ! Le Coran les reprend en leur demandant comment Dieu - exalté soit-Il - pourrait bien S'attribuer une progéniture ? Et à supposer qu'Il l'ait fait, pourquoi aurait-Il choisi pour Lui-même des filles, tout en vous abandonnant les créatures qui ont votre préférence, à savoir des fils ?

17 Et lorsqu'on leur annonce *[la naissance]* de ce qu'ils prétendent être à la ressemblance du Miséricordieux (c'est-à-dire une fille), leur visage s'assombrit et ils contiennent *[mal leur colère]*.
18 *[Attribuez-vous à Dieu des enfants qui]* ont grandi au milieu de bijoux futiles et qui sont incapables de convaincre (ou : de s'expliquer) lors d'une discussion ?
19 Ils ont fait des anges — qui, eux, sont des serviteurs du Miséricordieux — des filles. Ont-ils assisté à leur création ? Nous enregistrerons leur témoignage et il leur en sera demandé compte.
20 Si le Miséricordieux l'avait voulu, prétendent-ils, nous ne les aurions pas adorés. De cela, ils n'ont aucune connaissance et ils ne font que proférer des mensonges.
21 A moins que par le passé Nous ne leur ayons révélé des Écritures auxquelles ils adhèrent fermement ?
22 En réalité ils allèguent simplement : Nous avons trouvé nos pères qui faisaient partie de telle communauté et nous nous laissons guider en suivant leurs traces.

23 Il en est ainsi : jamais avant toi Nous n'avons adressé de mise en garde[2]
à une cité sans que ceux qui vivaient dans l'opulence proclament :
Nous avons trouvé nos pères qui faisaient partie de telle communauté
et nous prenons exemple sur eux en suivant leurs traces.
24 Et si nous vous indiquions une voie mieux orientée que celle dans
laquelle vous avez trouvé vos pères ? Nous nions, répondirent-ils, ce
pour quoi vous avez été envoyés.
25 A la suite de quoi Nous Nous sommes vengé d'eux ; médite quel fut
le sort de ceux qui traitaient *[les envoyés]* d'imposteurs !
26 Et *[souviens-toi]* lorsqu'Ibrâhîm s'adressa à son père ainsi qu'à son
peuple : Je n'ai rien à voir (ou : je désavoue totalement) avec ce que
vous adorez,
27 exception faite pour Celui qui m'a créé car c'est Lui qui me guide.
28 Et Ibrâhîm fit de ce désaveu une profession de foi *(kalima)* qui devait
se perpétuer dans sa postérité afin qu'ils reviennent *[à Dieu]*.
29 Plus encore ! J'ai suffisamment accordé à ceux-là ainsi qu'à leurs pères
de jouir *[de ce bas monde]* et ce jusqu'à la venue de la Vérité en la per-
sonne d'un Prophète éloquent *(mubîn)*.
30 Mais lorsque la Vérité leur parvint ils s'écrièrent : Ceci est de la magie
et nous ne pouvons que la réfuter !
31 Si seulement, disent-ils, ce Coran avait été révélé à quelque notable de
l'une ou l'autre des deux cités !

**Commentaire** : Les deux cités évoquées dans le verset sont La Mecque et *Tâif* et les deux personnages qui se seraient bien vus investis de cette charge sont respectivement al-Walîd b. al-Mughîra et 'Urwa b. Mas'ûd. Les Qurayshites avaient du mal à admettre que le choix de Dieu ait pu se porter sur un orphelin de leur tribu.

32 Seraient-ils chargés de répartir la Miséricorde de ton Seigneur ? C'est
Nous qui répartissons les moyens de subsistance dans la vie de ce
monde et qui élevons les uns au-dessus des autres afin que ceux-ci
prennent ceux-là en dérision ; et la Miséricorde de ton Seigneur est
préférable à ce qu'ils amassent.

**Commentaire** : Ce verset est à rapprocher de cet autre : Et si Dieu ne contenait (litt. : ne repoussait) les hommes les uns par les autres, la terre se serait corrompue. (Cor. 2, 251).

33 N'était la crainte de voir les hommes former une seule communauté
*[de mécréants]*, Nous aurions pourvu les maisons de ceux qui nient le
Miséricordieux de terrasses en argent avec des escaliers pour y accéder,

2 Litt. : d'avertisseur.

34 ainsi que de portes *[du même métal]*, de divans sur lesquels ils puis-
sent s'accouder,
35 et de diverses parures (ou: de mobilier varié). Tout cela n'est que
jouissance de la vie d'ici-bas mais l'Ultime Demeure auprès de ton
Seigneur est destinée à ceux qui se prémunissent.
36 Quant à celui qui est distrait du rappel *[adressé]* par le Miséricor-
dieux, Nous lui destinons un démon qui sera son compagnon insépa-
rable.
37 Ces démons détournent *[l'homme négligent]* de la voie *[de Dieu]* alors
qu'il s'estime bien dirigé !
38 Et ce jusqu'au moment où, comparaissant devant Nous, il s'écriera :
Malheur à moi ! Plût au ciel qu'il y eût entre toi et moi la distance qui
sépare les deux Orients. Quel exécrable compagnon tu fais !
39 Après avoir réalisé votre iniquité (litt. : après vous être comportés
en injustes ici-bas) il ne vous servira à rien en ce Jour d'être associés
quand vous serez exposés au (litt. : dans le) châtiment.
40 Saurais-tu faire entendre les sourds ou encore guider les aveugles et
ceux qui sont dans un égarement manifeste ?
41 Soit Nous te ferons périr avant de Nous venger d'eux,
42 soit Nous te ferons voir *[de ton vivant]* ce que Nous leur avons promis
car Nous sommes en mesure de les *[contraindre]*.
43 Adhère fermement à ce qui t'est inspiré car tu es sur une voie droite.
44 Ce Coran est un rappel qui t'est destiné ainsi qu'à ton peuple et dont
il vous sera bientôt demandé compte.
45 Interroge ceux des prophètes que Nous avons envoyé avant toi :
avons-Nous institué en dehors du Miséricordieux des divinités qu'il
eût fallu adorer ?
46 Déjà Nous avions envoyé Mûssâ muni de Nos signes auprès de Pha-
raon et de sa cour et il leur avait dit : Je suis l'envoyé du Seigneur des
mondes.
47 Et lorsqu'il se présenta à eux en produisant Nos signes, ils se gaussè-
rent aussitôt de lui.

48 Nous ne leur en fîmes pas voir un qui ne fut plus impressionnant
(litt. : plus grandiose) que le précédent et Nous leur infligeâmes *[une*
*série]* de châtiments afin qu'ils reviennent *[à la raison]*.
49 Ô magicien, lui dirent-ils alors, invoque ton Seigneur *[en Lui rappe-*
*lant]* la promesse qu'Il t'a faite et nous prendrons aussitôt la bonne
orientation.

**Commentaire :** La promesse consistait à épargner aux Égyptiens les épreuves (les plaies d'Égypte) pour peu qu'ils adhérent au monothéisme.

50 Mais lorsque Nous les eûmes délivrés du supplice ils se rétractèrent
aussitôt,
51 et Pharaon fit lancer cet appel au sein de son peuple : Mon peuple,
leur dit-il, le royaume d'Égypte ne m'appartient-il pas avec tous ces
fleuves qui coulent à mes pieds ? Ne le voyez-vous pas ?
52 Ne suis-je pas meilleur que cet être méprisable qui est à peine audible
(ou : compréhensible) ?

**Commentaire :** Il est dit en effet que Moïse avait un léger défaut de prononciation, d'où le mépris affiché par Pharaon.

53 Que n'a-t-il été paré de bracelets en or ? Et pourquoi les anges ne
sont-ils pas venus l'accompagner en toutes circonstances ?
54 Il enflamma son peuple *[contre Moïse]* et ils lui obéirent car ils étaient
un peuple de pervers.
55 Lorsqu'ils eurent provoqué Notre colère, Nous tirâmes vengeance
d'eux et les fîmes tous périr par noyade.
56 Et Nous fîmes d'eux un précédent et un exemple pour les générations
à venir.
57 Et lorsque le fils de Maryam fut donné en exemple, son peuple se prit
à le railler.
58 Ils demandèrent : Nos divinités ne lui sont-elles pas préférables ? Ils
ne proposèrent cette comparaison (litt. : cet exemple) qu'en vue de se
lancer dans de vaines polémiques car ils formaient un peuple enclin
aux querelles.
59 'Îssâ n'est qu'un serviteur auquel Nous avions accordé Nos grâces et
que Nous avions proposé en exemple aux enfants d'Isrâ'îl.
60 Si Nous l'avions voulu, Nous vous aurions remplacés sur terre par des
anges qui vous auraient succédé.

61 Et *[l'apparition de]* 'Îssâ est, n'en doutez point, l'un des signes de l'Heure ; aussi, suivez-moi car c'est une voie droite.
62 Et que le diable ne vous détourne pas car il est pour vous un ennemi déclaré.
63 Lorsque 'Îssâ se présenta à eux muni de preuves, il leur dit : Je suis venu vous apporter la sagesse et vous éclairer sur certains différends qui vous opposent, aussi gardez-vous de Dieu et obéissez-moi !
64 Dieu ! C'est Lui qui est mon Seigneur et le vôtre, adorez-Le donc, ceci est une voie droite.
65 Les différents partis divergèrent entre eux *[à son sujet]* ; le malheur soit des injustes qui auront à subir le châtiment d'un Jour éprouvant (litt. : douloureux) !
66 Attendent-ils autre chose que l'Heure qui les surprendra à l'improviste sans même qu'ils l'aient pressentie ?
67 Ce Jour-là les amis intimes seront ennemis les uns des autres à l'exception de ceux qui se seront prémunis *[du châtiment]*.
68 Ô Mes serviteurs, en ce Jour vous n'avez rien à craindre et vous ne serez pas affligés.
69 *[Ce sont]* ceux qui ont ajouté foi dans Nos signes et qui s'y sont soumis (ou : qui étaient musulmans) ;
70 entrez en Paradis, vous et vos épouses, vous y ferez l'objet de *[Nos]* faveurs.
71 On fera circuler au milieu d'eux des plats en or et des coupes contenant ce que l'âme désire et qui est plaisant à voir et vous y demeurerez à jamais ;
72 tel est le jardin que vous avez reçu en héritage en récompense des œuvres que vous avez accomplies !
73 Vous y recevrez en abondance des fruits dont vous vous délecterez.

74 Les criminels quant à eux seront à jamais voués au châtiment de la
Géhenne,
75 qui ne sera jamais allégé et dans laquelle ils demeureront muets de
désespoir.
76 Nous ne les aurons pas lésés mais ils se faisaient du tort à eux-mêmes.
77 Et ils appelleront : Ô Mâlik, que ton Seigneur nous accorde la mort[3] !
Vous y demeurerez à jamais, leur répondra-t-il.
78 Nous leur avions pourtant apporté la Vérité mais la plupart d'entre
eux n'éprouvaient pour elle que de la répulsion.
79 A moins qu'ils n'aient arrêté un complot ? Nous avons Nous-même
arrêté *[leur perte]*.
80 Ou qu'ils ne s'imaginent que Nous n'entendons ni leurs secrets ni
leurs apartés ? Que si et Nos émissaires *[délégués]* auprès d'eux les
consignent !
81 Dis-leur : Si le Miséricordieux avait un fils, je serais le premier de ses
adorateurs !
82 Gloire au Seigneur des cieux et de la terre et au Seigneur du Trône,
au-delà de ce qu'ils Lui attribuent !
83 Laisse-les s'enfoncer *[dans leurs erreurs]* et s'adonner à leurs jeux jus-
qu'au Jour où ils seront confrontés à (litt. : où ils rencontreront) ce qui
leur était promis.
84 C'est Lui qui est Dieu dans les cieux et qui est Dieu sur la terre et Il
est le Sage, le Très Savant.
85 Béni soit Celui qui détient le royaume des cieux et de la terre et de ce
qu'ils contiennent, qui possède la science de l'Heure et auprès Duquel
vous serez ramenés.
86 Ceux qu'ils invoquent en L'excluant *[de leurs invocations]* n'ont pas la
capacité d'intercéder excepté ceux qui témoignent selon la Vérité en
connaissance de cause.
87 Et si tu viens à leur demander : Qui donc vous a créés ? Ils répon-
dront : C'est Dieu. Pourquoi alors S'en détourner ?
88 *[Ou s'imaginent-ils que Nous n'entendons pas]* la plainte (*qîlahu*[4]) du
Prophète : Seigneur, ceux-là sont un peuple d'incroyants.
89 Montre-toi indulgent à leur égard et dis-leur *[simplement]* : Paix ! car
bientôt ils sauront *[quel sort leur est réservé]*.

---

3 Les mécréants souhaitent la mort pour apaiser leurs souffrances mais celle-ci leur est refusée.

4 Le mot *qîlahu* a été attesté selon les trois flexions existant en arabe (nominatif, accusatif, ablatif), ce qui offre plusieurs hypothèses de traduction. Nous nous contentons de donner en sus celle qui correspond au troisième cas (*qîlihi*) dont la lecture est la plus répandue : … et qui entend la plainte du Prophète. Dans ce cas la phrase doit être coordonnée au verset quatre-vingt-cinq : qui possède la science de l'Heure et qui entend la plainte du Prophète.

Sourate 44

## La Fumée

*Au Nom de Dieu, le Tout Miséricordieux, le Très Miséricordieux*

1 Hâ, Mîm.
2 Par le Livre révélateur,
3 Nous l'avons révélé au cours d'une nuit bénie, résolu à vous mettre en garde.
4 Au cours de cette nuit on tranche (ou : l'on détaille) toute disposition bien arrêtée
5 en vertu d'un Ordre qui vient de Nous ; c'est Nous qui envoyons *[les prophètes]*
6 par un effet de la Miséricorde de ton Seigneur car Il est Celui qui entend et sait tout,
7 Seigneur des cieux et de la terre et de ce qu'ils contiennent pour peu que vous ayez la certitude.
8 Il n'est de divinité que Lui : Il donne la vie et Il donne la mort et Il est votre Seigneur et Celui de vos lointains ancêtres.
9 Cependant, en proie au doute, ils s'adonnent à leurs divertissements.
10 Guette le Jour où le ciel se déplacera chargé d'une fumée très dense
11 qui enveloppera les hommes : voici un châtiment douloureux !
12 Seigneur, *[imploreront-ils alors]*, délivre-nous de ce supplice car nous sommes croyants.
13 Comment les mécréants se souviendraient-ils *[maintenant]*, alors qu'un Messager éloquent *(mubîn)* était déjà venu à eux
14 et qu'ils se sont détournés en disant : C'est un fou (ou : un possédé) qui a reçu un enseignement !
15 Nous desserrerons quelque temps Notre étreinte et vous retournerez certainement *[à votre mécréance]*.
16 Le Jour où Nous vous ferons subir le grand châtiment, c'est alors que Nous Nous vengerons.
17 Avant eux Nous avions déjà soumis le peuple de Pharaon à des épreuves et un noble prophète s'était présenté à lui
18 *[lui enjoignant]* : Laisse partir avec moi (litt. : Remets-moi) les serviteurs de Dieu car je suis pour vous un envoyé fiable,

19 et ne cherchez pas à vous élever au-dessus de Dieu car je suis venu à
vous muni d'une preuve éclatante.
20 Et j'ai demandé à mon Seigneur qui est aussi le vôtre de me préserver
afin que vous ne me lapidiez pas.
21 Et si vous ne croyez pas en moi, laissez-moi partir !
22 Puis il invoqua son Seigneur en disant : Ceux-là sont un peuple de
criminels.
23 Emmène Mes serviteurs *[lui enjoignit Dieu]* car vous allez être pour-
suivis,
24 et laisse *[derrière toi]* une mer docile car les armées *[de tes poursui-
vants]* vont périr noyés.

**Commentaire** : D'après les commentateurs Moïse avait songé à laisser la mer se refermer pour faire barrage aux armées de Pharaon. Dieu lui aurait alors ordonné de laisser un passage à sec afin que ses poursuivants s'y engagent en vue de laisser la mer se refermer sur eux et de les faire périr par noyade.

25 Combien ont-ils laissé derrière eux de jardins et de sources ?
26 Combien de récoltes et de demeures hospitalières ?
27 Combien de faveurs dont ils avaient la jouissance ?
28 Et c'est ainsi que Nous les léguâmes en héritage à un autre peuple !
29 Ni les cieux ni la terre ne versèrent de larmes sur leur sort et ils ne
bénéficièrent d'aucun délai.
30 Ainsi avons-Nous délivré les enfants d'Isrâîl d'un châtiment avilissant ;
31 *[Nous les avons délivrés]* de Pharaon car il était orgueilleux et outrancier.
32 Et Nous les avons élus au-delà des mondes en connaissance de cause,
33 tout en leur accordant des signes qui constituaient une épreuve évi-
dente.
34 Or voilà que ceux-là *[il s'agit des Qurayshites]* prétendent :
35 Il n'est d'autre mort que la première que nous subissons et nous ne
serons pas ressuscités.
36 Ramenez-nous donc nos pères si vous êtes véridiques !
37 Sont-ils meilleurs que le peuple de Tubba'[1] qui les a précédés ? Nous
les avons anéantis car ils étaient des criminels.
38 Nous n'avons pas créé les cieux, la terre et ce qu'ils contiennent par
jeu (ou : en vain) !
39 Nous ne les avons créés que selon la Vérité mais la plupart d'entre eux
sont dans l'ignorance.

1 Tubba' était un roi de Himyar qui conservait la foi en dépit de son peuple. Celui-ci fut anéanti pour prix de sa mécréance et la question est adressée aux Qurayshites qui avaient connaissance de son histoire.

40 Le Jour de la Discrimination sera le rendez-vous fixé à tous sans exception.
41 Le Jour où vassal et suzerain ne seront d'aucune utilité l'un pour l'autre et où ils n'auront à attendre de secours de personne,
42 exception faite de ceux auxquels Dieu aura fait miséricorde car Il est Le Puissant le Très Miséricordieux.
43 Certes l'arbre de *Zaqqûm*
44 sera l'aliment des coupables ;
45 tel le plomb en fusion, il bouillonnera dans les estomacs
46 comme de l'eau portée à ébullition.
47 Emparez-vous de lui et conduisez-le sans ménagements au cœur de la Géhenne
48 et versez sur sa tête une eau bouillante en guise de supplice !
49 Goûte donc, toi qui es si noble et si puissant !
50 Voici réalisé tout ce dont vous doutiez.
51 Ceux qui se seront gardés de *[Dieu]* seront en lieu sûr
52 dans des jardins *[auprès]* de sources.
53 Ils seront vêtus de satin et de brocart, se faisant face les uns aux autres.
54 Il en sera ainsi ; et Nous leur donnerons pour épouses des *Hûrs* aux grands yeux noirs.
55 Ils y demanderont toutes espèces de fruits en toute quiétude.
56 Ils n'y goûteront pas la mort à l'exclusion de la mort première et Il les aura préservés du châtiment de la Géhenne
57 par l'effet d'une pure faveur *[venant]* de ton Seigneur. Voilà la réussite suprême !
58 Nous t'avons facilité sa récitation *[en le révélant]* dans ta langue afin qu'ils le méditent.
59 Observe *[les événements]* avec soin car toi aussi tu fais l'objet de leur attention (litt. : car eux aussi ils observent.).

**Commentaire :** Observe la victoire prochaine que Nous allons t'accorder, même si de leur côté ils guettent ta perte.

Sourate 45

# L'Agenouillée

*Au Nom de Dieu, le Tout Miséricordieux, le Très Miséricordieux*

1 Hâ, Mîm.
2 La révélation de ce Livre provient de Dieu, le Puissant, le Très Sage.
3 Certes il y a dans les cieux et la terre des signes destinés aux croyants.
4 Votre propre création ainsi que les animaux disséminés *[à la surface de la terre]* constituent autant de signes pour un peuple enclin à la certitude ;
5 la succession des jours et des nuits, l'eau que Dieu fait tomber du ciel en guise de subsistance et grâce à laquelle Il vivifie la terre après qu'elle eut été stérile, et la mise en mouvement des vents : autant de signes pour un peuple porté à la réflexion.
6 Tels sont les signes de Dieu que Nous t'exposons en toute vérité ! A quel discours vont-ils ajouter foi après avoir nié Dieu et Ses signes ?
7 Malheur à tout imposteur coupable
8 qui entend les versets de Dieu récités devant lui et qui persiste dans son orgueil comme s'il ne les avait pas entendus. Annonce-lui un châtiment douloureux !
9 Et s'il prend connaissance de quelques versets, c'est pour les prendre en dérision. Ceux-là sont voués à un châtiment humiliant.
10 La Géhenne les attend et tout ce qu'ils ont acquis ne leur sera d'aucune utilité, pas plus que les protecteurs qu'ils se sont choisis en dehors de Dieu : un terrible châtiment leur est destiné.
11 Ce Coran est une guidance et ceux qui auront nié les versets de leur Seigneur auront part à un châtiment douloureux.
12 Dieu est Celui qui vous a soumis la mer afin que les embarcations évoluent à sa surface sur Son Ordre et que vous recherchiez ainsi Ses faveurs *[telles que la pêche]* ; peut-être *[Lui]* témoignerez-vous de la gratitude !
13 Il vous a assujetti, faveur de Sa part, tout ce que contiennent les cieux et la terre ; certes tout cela constitue des signes pour un peuple enclin à la réflexion.

14 Dis à ceux qui ont la foi de se montrer indulgents envers ceux qui ne
sauraient espérer les faveurs (Litt.: les journées de Dieu) de Dieu,
afin qu'Il rétribue chaque communauté pour ce qu'elle aura acquis.
15 Quiconque œuvre pieusement le fait pour lui-même; quiconque
commet une faute la commet à son détriment, puis c'est auprès de
votre Seigneur que vous serez ramenés.
16 Nous avions transmis aux enfants d'Isrâ'îl les Écritures, la sagesse et
la prophétie; Nous les avions gratifiés d'aliments sains et les avions
élus par-delà les mondes.
17 Nous leur avions fourni des preuves de *[la véracité]* de leur religion;
ce n'est qu'après avoir reçu la connaissance qu'ils divergèrent entre eux
afin de se léser mutuellement. C'est ton Seigneur qui tranchera entre
eux au Jour du Jugement au sujet de ce qui faisait l'objet de leurs différends.
18 Puis Nous t'avons placé sur une voie normative[1]; suis-la donc et abstiens-toi de suivre les passions des ignorants!
19 Ils ne te seront d'aucune utilité contre Dieu: les iniques seront les
protecteurs les uns des autres et Dieu sera le Protecteur de ceux qui
se prémunissent.
20 Source d'intuitions (*basâ'ir*, ou encore: éclairage) pour les hommes,
ce Coran est une guidance et une miséricorde pour un peuple pétri de
certitudes.
21 Ceux qui ont commis des fautes s'imaginent-ils que Nous les pla-
cerons, vivants ou morts, au même rang que ceux qui auront cru et
œuvré pieusement? Quel manque de (litt.: quel mauvais) jugement!
22 Dieu a créé les cieux et la terre selon la Vérité afin que chaque âme
soit rétribuée selon ce qu'elle s'était acquis et nul ne sera lésé.

1 *Min al-amr*, c'est-à-dire procédant de l'Ordre, Ordre que les commentateurs ont identifié à la norme traditionnelle *(milla)* ou à la religion *(dîn)*, d'où notre traduction.

23 Que penses-tu de celui qui a fait de ses passions une divinité et que
Dieu a égaré en accord avec ce qu'Il savait *[de lui]* en apposant un
sceau sur son ouïe et son cœur et en lui voilant le regard (litt. : la vue) ?
Qui donc le guidera après *[que]* Dieu *[l'ait égaré]* ? N'y réfléchirez-
vous pas ?
24 Il n'est d'autre vie que notre vie en ce bas monde, disent-ils, et le temps
*[qui passe]* est seul responsable de notre mort ! De cela ils n'ont aucune
connaissance et ne se livrent qu'à des conjectures.
25 Lorsqu'on leur récite Nos versets *[les plus]* explicites ils n'ont d'autres
arguments que de dire : Ramenez-nous nos pères si vous êtes véridi-
ques !
26 Dis : C'est Dieu qui vous fait vivre et qui vous fera périr, puis qui vous
rassemblera pour ce Jour de la Résurrection qui ne fait point de doute
mais la plupart des hommes sont dans l'ignorance.
27 C'est à Dieu qu'appartient le royaume des cieux et de la terre et le Jour
où l'Heure arrivera, ce Jour-là les dénégateurs seront rassemblés.
28 Tu verras chaque communauté à genoux, appelée *[à comparaître]*
devant le livre *[de ses œuvres]* ; en ce Jour vous serez rétribués pour le
prix de vos actions.
29 Voici Notre livre qui exprime la vérité à votre encontre ; Nous fai-
sions enregistrer (ou : recopier) toutes vos œuvres !
30 Ton Seigneur introduira ceux qui auront cru et pratiqué les bonnes
œuvres au sein de Sa Miséricorde : voilà la réussite éclatante.
31 Et quant aux mécréants, *[il leur sera dit]* : Ne vous enorgueillissiez-
vous pas lorsqu'on vous lisait Mes versets ? N'étiez-vous pas un peu-
ple de scélérats ?
32 Et lorsqu'on vous disait : La promesse de Dieu est une réalité et
l'Heure ne fait point de doute, vous répondiez : Nous ignorons ce
qu'est l'Heure, nous ne faisons *[à ce sujet]* que des conjectures et nous
n'avons aucune certitude.

33 C'est alors que leur apparaîtra la vilenie de ce qu'ils avaient commis et
que s'appesantira sur eux ce châtiment dont ils se gaussaient.
34 En ce Jour, leur sera-t-il dit, Nous vous oublions comme vous aviez
oublié le rendez-vous[1] qui vous était fixé aujourd'hui ; le feu vous ser-
vira d'asile et vous n'aurez personne pour vous secourir.
35 Tout cela pour avoir pris les versets de Dieu en dérision et vous être
laissé illusionner par la vie de ce monde. En ce Jour, on ne vous fera
pas sortir de là et on ne vous demandera plus de chercher à satisfaire
*[Dieu]*.
36 C'est à Dieu que revient la louange, le Seigneur des cieux, le Seigneur
de la terre et le Seigneur des mondes !
37 C'est à Lui qu'appartient la grandeur dans les cieux et sur terre et Il
est le Puissant, le Sage.

Sourate 46

## Al-'Ahqâf

*Au Nom de Dieu, le Tout Miséricordieux, le Très Miséricordieux*

1 Hâ, Mîm.
2 La révélation de ce Livre provient de Dieu, le Puissant, le Très Sage.
3 C'est selon la Vérité et pour un terme imparti que Nous avons créé les
cieux, la terre et ce qu'ils contiennent mais les mécréants se détour-
nent des mises en garde qui leur sont adressées.
4 Dis-leur : Voyez-vous ces idoles que vous invoquez en excluant Dieu
*[de votre culte]*, qu'ont-elles créé sur terre ? Ou bien ont-elles un asso-
cié dans les cieux ? Amenez-moi une Écriture antérieure à ce Livre ou
quelques vestiges d'une *[antique]* science si vous êtes véridiques !
5 Et qui donc est plus égaré que celui qui invoque en dehors de Dieu
des idoles qui ne l'exauceront pas jusqu'au Jour de la Résurrection et
qui n'ont que faire de leurs invocations

1 Litt. : comme vous aviez oublié la rencontre de ce Jour-ci.

6 et qui, lorsque les hommes seront rassemblés, seront leurs ennemies et renieront le culte qu'on leur vouait !

7 Lorsqu'on leur récite Nos versets *[les plus]* explicites, les mécréants disent de la Vérité qui leur est parvenue : C'est une magie manifeste !

8 A moins qu'ils ne prétendent qu'il l'a inventé[2] *[de toutes pièces]*. Dis-leur : Si je l'ai réellement inventé vous ne pourrez rien pour moi face à Dieu qui sait parfaitement quels débats vous animent à Son sujet. Dieu suffit comme Témoin entre vous et moi et Il est le Pardonneur, le Très Miséricordieux.

9 Dis-leur : Je ne suis pas un innovateur au sein des prophètes et j'ignore ce qu'il sera fait de moi comme de vous. Je ne fais que me conformer à ce qui m'est inspiré et je suis *[uniquement chargé de vous adresser]* une claire mise en garde.

10 Dis-leur : A votre avis, s'il procédait bien de Dieu et si vous le reniiez alors qu'un témoin parmi les enfants d'Isrâ'îl atteste de sa conformité aux Écritures antérieures (litt. : de sa conformité à son semblable), ainsi il y ajouterait foi tandis que vous seriez figés dans votre orgueil ? C'est que Dieu ne guide pas les peuples d'injustes !

11 Les mécréants ont affirmé à ceux qui avaient la foi : Si l'Islam était un bien, ceux-là ne nous auraient pas devancés ; lors, refusant de se laisser guider, ils prétendront que ce ne sont que de vieilles fabulations.

**Commentaire** : Cet argument était celui qu'employaient les chefs Qurayshites pour dénigrer des convertis sans clan ni fortune tels que Bilâl, Suhayb ou 'Ammâr.

12 Avant le Coran, la Thora fut révélée à Mûssâ à titre de direction et de miséricorde. Et voici un Livre *[révélé]* en langue arabe pour confirmer *[les Écritures antérieures]* et afin de mettre les injustes en garde et d'annoncer la bonne nouvelle aux gens de bien.

13 Ceux qui ont proclamé : Dieu est notre Seigneur ! et qui ont fait montre de rectitude n'éprouveront ni peur ni affliction.

14 Ce sont eux les hôtes du Paradis et ils y demeureront à jamais en récompense de leurs œuvres.

---

2 C'est-à-dire que le Prophète aurait, selon les polythéistes, inventé le Coran de toutes pièces.

15 Nous avons recommandé à l'homme d'user de bienveillance envers ses parents : sa mère l'a porté avec difficulté et en a accouché dans la douleur. La grossesse et le sevrage couvrent une période de trente mois. Une fois parvenu à la force de l'âge, *[c'est-à-dire]* à quarante ans, l'homme fait cette invocation : Seigneur, fais en sorte que je Te sois reconnaissant des faveurs dont Tu m'as gratifié ainsi que mes parents, que j'accomplisse une œuvre pie qui aura Ton agrément et que ma postérité soit des gens de bien. Je me repens auprès de Toi et je suis d'entre les musulmans.

16 Ce sont ceux-là dont Nous acceptons les œuvres les plus méritoires et dont Nous pardonnons les fautes au sein des hôtes du Paradis en vertu de la promesse sincère qui leur avait été faite.

17 Quant à celui qui dit à ses parents : Vous m'ennuyez tous deux ! Vous me menacez de la Résurrection alors que des générations entières ont déjà disparu ? Cependant qu'ils implorent l'assistance de Dieu : Malheur à toi ! Crois donc, car la promesse de Dieu est inéluctable. Et lui de leur répondre : Ce ne sont que d'antiques légendes.

18 Ceux-là sont ceux qui ont mérité le châtiment (ou : contre lesquels Notre décision est arrêtée) au sein des générations passées, qu'ils soient djinns ou hommes, car ils étaient voués à la perdition.

19 Chacun occupera un rang en fonction de ses œuvres afin qu'elles leur soient rétribuées dans leur intégralité et ils ne seront pas lésés.

20 Le Jour où les mécréants seront exposés au feu *[il leur sera dit]* : Vous avez mangé votre pain blanc[3] dans la vie d'ici-bas et vous en avez joui pleinement. En ce Jour, vous allez subir un châtiment dégradant pour vous être enflés d'orgueil sur terre sans justification et pour prix de votre perversion.

---

3 Litt. : Vous avez dilapidé tous vos plaisirs.. Le proverbe populaire « il a mangé son pain blanc » nous semble rendre parfaitement compte de l'idée contenue dans l'expression arabe *adhhabtum tayyibâtikum*.

21 Souviens-toi du frère *[du peuple]* de 'Ad lorsqu'il mit sa tribu en garde
à *al-Ahqâf* précédé et suivi en cela par de nombreux avertisseurs :
N'adorez que Dieu car je redoute pour vous le châtiment d'un Jour
grandiose.

**Commentaire** : La plupart des commentateurs situent la région *d'al-Ahqâf* au Yémen. Quant au frère *[du peuple]* de 'Ad, il désigne le prophète Hûd.

22 Es-tu venu afin de nous détourner de nos divinités ? lui demandè-
rent-ils. Fais en sorte que se produise ce dont tu nous menaces si tu es
véridique !
23 La connaissance *[de votre destin]* n'appartient qu'à Dieu et je vous
communique seulement ce pour quoi j'ai été envoyé mais je vois en
vous un peuple d'ignorants.
24 Et lorsqu'ils virent un nuage qui faisait face à leur vallée, ils s'écriè-
rent : Voici un nuage qui nous apporte la pluie ! Il n'en est rien ! C'est
plutôt le châtiment que vous réclamiez instamment : un vent porteur
d'un châtiment cruel,
25 qui détruira tout sur Ordre de son Seigneur. Au matin on ne vit *[plus
rien d'eux]* si ce n'est leurs demeures ; c'est ainsi que Nous rétribuons
un peuple de criminels.
26 Nous leur avions pourtant accordé une position plus stable que la
vôtre et les avions dotés de l'ouïe, de la vue et d'un cœur qui ne leur
furent d'aucune utilité puisqu'ils niaient les Signes de Dieu et que
s'abattit sur eux le châtiment dont ils se gaussaient.
27 Déjà Nous avions anéanti toutes les cités qui vous environnent et
Nous avions conjugué les signes afin qu'ils reviennent *[à la raison]*.
28 Pourquoi les divinités qu'elles s'étaient choisies en dehors de Dieu
afin de s'En rapprocher ne les ont-elles pas secourues ? Au contraire,
elle se sont évanouies ! Voilà quelle fut *[la preuve]* de leur imposture
et *[la preuve]* qu'ils fabulaient !

29 Et *[souviens-toi]* lorsque Nous attirâmes à toi un groupe de djinns qui prêtèrent l'oreille au Coran et, lorsqu'ils eurent assisté à sa récitation, ils s'ordonnèrent *[mutuellement]* le mutisme. Et une fois sa récitation terminée, ils s'en retournèrent auprès de leur peuple pour les mettre en garde.

30 Notre peuple, dirent-ils, Nous avons prêté l'oreille à une Écriture révélée après Mûssâ et venu confirmer les Écritures antérieures ; il (le Coran) guide vers la Vérité et conduit sur une voie droite.

31 Notre peuple, répondez à l'appel du héraut de Dieu et croyez en Lui, Il vous pardonnera partie de vos péchés et vous protégera d'un cruel châtiment.

32 Et celui qui ne répond pas à son appel ne saurait défier *[Dieu bien longtemps]* sur terre et il ne trouvera pas de protecteurs en dehors de Lui. Ceux-là sont dans un égarement manifeste.

33 Ne voient-ils pas que Dieu, qui est Celui qui a créé les cieux et la terre sans éprouver la moindre fatigue lors de leur création, est en mesure de ressusciter les morts ? Oh que si ! car Il est Omnipotent.

34 Le Jour où les mécréants seront exposés au feu *[il leur sera dit]* : N'est-ce pas la réalité ? Certes si, par notre Seigneur ! Goûtez au châtiment, leur dira-t-il, pour prix de votre mécréance.

35 Fais montre de la même constance qu'ont témoignée les prophètes doués d'une ferme résolution et ne t'impatiente pas de les voir *[châtier]*. Le Jour où ils verront ce qui leur avait été promis, il leur semblera n'être demeurés qu'une heure *[en ce monde]* ! Voilà un message suffisamment explicite *(balâgh)* ! Et qui donc sera anéanti en dehors des peuples de pervers ?

Sourate 47

# Muhammad

*Au Nom de Dieu, le Tout Miséricordieux, le Très Miséricordieux*

1 Dieu a réduit à néant les œuvres des mécréants et de ceux qui ont détourné *[les hommes]* de la cause (litt. : de la voie) de Dieu.
2 Dieu effacera les fautes de ceux qui auront eu la foi, qui auront œuvré pieusement et cru que ce qui était révélé à Muhammad était la Vérité *[venue]* de leur Seigneur et Il améliorera leur condition.
3 Cela parce que les mécréants se sont conformés à l'erreur et que les croyants se sont conformés à la Vérité *[venue]* de leur Seigneur. C'est ainsi que Dieu propose aux hommes des exemples à leur intention.
4 Et si vous rencontrez les mécréants, frappez-les à la nuque jusqu'à ce que vous les ayez anéantis ; alors, vous resserrerez les liens *[des prisonniers]* que vous libérerez par la suite gracieusement ou contre rançon et cela jusqu'à ce que la guerre cesse avec ses atrocités (litt. : jusqu'à ce que la guerre dépose ses péchés ou : ses charges...). Tout ceci afin que Dieu vous éprouve les uns par les autres car, s'Il l'avait voulu, Il aurait eu le dessus sur eux. Quant à ceux qui se seront fait tuer pour la cause de Dieu, Dieu ne négligera aucune de leurs œuvres.
5 Il les guidera, améliorera leur condition,
6 et les introduira dans le Paradis dont Il leur aura fait la visite.
7 Ô vous qui avez la foi, si vous apportez votre soutien à Dieu, Il vous accordera la victoire et raffermira vos pas.
8 En revanche, que périssent les mécréants et que leurs œuvres soient réduites à néant !
9 Cela en raison de la répulsion qu'ils éprouvent pour ce que Dieu a révélé si bien qu'Il a rendu leurs actes inopérants (ou : caducs).
10 Que n'ont-ils parcouru le pays afin de méditer le sort de ceux qui les ont précédés ! Dieu les a anéantis et un sort comparable attend les mécréants.
11 Cela parce que Dieu est le Maître (ou : le Souverain, *Mawlâ*) de ceux qui ont la foi tandis que les mécréants n'en ont point.

12 Dieu introduira ceux qui ont cru et pratiqué les bonnes œuvres dans des jardins sous lesquels s'écouleront des fleuves. Les mécréants qui jouissent *[de toute chose]* et mangent comme des animaux auront le feu pour asile.
13 Combien de cités bien plus puissantes que celle qui t'a exilé n'avons-nous pas anéanties ? Elles n'ont bénéficié d'aucun secours.
14 Celui qui possède une preuve de son Seigneur peut-il être comparé à ceux dont les œuvres *[perverses]* ont été embellies à leurs yeux et qui se sont conformés à leurs passions ?
15 Voici la description du Paradis promis à ceux qui se prémunissent : des fleuves d'une eau qui ne croupit pas, des fleuves de lait à la saveur inaltérable, d'autres de vin, agréables au goût des buveurs et d'autres de miel pur. Ils y auront toutes sortes de fruits ainsi que le pardon de leur Seigneur. *[Ceux-là]* sont-ils comparables aux hôtes permanents du feu auxquels on versera une eau en ébullition qui leur déchiquettera les entrailles ?
16 Il en est qui te prêtent une oreille mais, sitôt qu'ils sont sortis de chez toi, ils s'adressent à ceux qui ont reçu la science en disant : Qu'a-t-il dit ce tantôt ? Ceux-là sont ceux dont Dieu a scellé le cœur et qui se sont abandonnés à leurs passions.

**Commentaire :** A propos de ceux qui ont reçu la science la tradition rapporte qu'il s'agit de 'Abd Allâh b. Mas'ûd.

17 Et quant à ceux qui sont sur la bonne voie, *[les propos des dénégateurs]* ne font que raffermir leur orientation[1].
18 Qu'attendent-ils sinon l'Heure qui les surprendra à l'improviste et dont les conditions sont déjà réunies ? Mais à quoi leur servira ce rappel quand elle fondra sur eux ?
19 Sache qu'il n'est de divinité que Dieu et demande le pardon de tes péchés ainsi que pour les croyants et les croyantes et Dieu connaît aussi bien le champ de vos activités que votre lieu de repos !

**Commentaire :** Le champ de vos activités en ce bas monde et votre lieu de repos dans vos tombes. Ou encore : Le champ (ou : l'étendue) de vos activités à l'état de veille et votre lieu de repos lorsque vous dormez.

1 Litt. : qu'augmenter leur guidance.

20 Les croyants *[se plaisent]* à espérer : Si seulement une sourate nous
était révélée ! Mais, lorsqu'une sourate fermement établie *(muhkama)*
dans laquelle le combat est évoqué est révélée, tu verras ceux dont le
cœur est rongé par la maladie te lancer un regard défaillant, semblable
au regard de celui qui perd connaissance à l'approche de la mort. Il eût
été préférable pour eux[2]

**Commentaire :** *Muhkama* signifie « qui n'est pas susceptible d'être abrogé ».

21 d'obéir et de tenir leur langue (litt. : de tenir des propos décents) et,
une fois la résolution *[du combat]* prise, de se montrer sincères envers
Dieu.
22 Si vous vous détourniez *[du combat]*, se pourrait-il que vous semiez la
corruption sur terre et que vous brisiez les liens du sang ?
23 Ceux-là sont ceux que Dieu a maudits en les frappant de surdité et de
cécité.
24 Que n'ont-ils médité le Coran à moins que leur cœur ne soit fermé ?
25 Ceux qui ont fait volte-face après que leur soit apparue la bonne
direction ont été séduits par le diable qui leur a dicté *[leur attitude]*.
26 Cela parce qu'ils ont affirmé à ceux qui tenaient en aversion ce que
Dieu leur révélait : Nous vous obéirons partiellement. Or, Dieu
connaît parfaitement leur for intérieur (ou : leurs secrets).
27 Qu'en sera-t-il d'eux le Jour où les anges les feront périr en les frap-
pant à la face et dans le dos ?
28 Cela pour s'être conformés à ce qui provoquait l'ire de Dieu et parce
qu'ils répugnaient à Le satisfaire, si bien qu'Il réduira leurs œuvres à
néant.
29 Ceux dont le cœur est rongé par la maladie se sont-ils imaginé que
Dieu ne ferait pas éclater leur haine au grand jour ?

2 Ou encore : Malheur à eux.

30 Si Nous l'avions voulu, Nous te les aurions fait voir *[il s'agit des hypocrites]* et tu les aurais reconnus à leurs signes distinctifs. Tu les reconnaîtras cependant à la fausseté de leur accent et Dieu connaît bien vos œuvres.

31 Nous vous éprouverons jusqu'à ce que Nous connaissions ceux qui combattent *[à Notre service]* et qui font preuve de constance et que Nous mettions votre réalité en évidence.

32 Les mécréants qui ont détourné les hommes de la cause (litt. : de la voie) de Dieu après que la bonne direction leur soit apparue ne pourront en rien faire du tort à Dieu : Il réduira leurs œuvres à néant.

33 Ô vous qui avez la foi, obéissez à Dieu et à *[Son]* Envoyé et ne rendez pas vos œuvres caduques !

34 Les mécréants qui ont détourné les hommes de la cause de Dieu et qui sont morts comme tels, Dieu ne leur pardonnera point.

35 Ne faiblissez point et ne les invitez pas à une trêve alors que vous êtes les plus forts et que Dieu est avec vous et Dieu ne diminuera en rien *[le mérite]* de vos œuvres.

36 La vie de ce bas monde n'est que jeu et distractions mais, si vous croyez et que vous vous prémunissez *[de Dieu]*, Il vous accordera votre rétribution sans vous demander *[de contrepartie]* sur vos biens.

37 S'Il vous les demandait avec insistance, vous vous en montreriez avares et Il ferait éclater votre haine au grand jour.

38 Voici qu'on vous appelle à dépenser *[vos biens]* pour la cause de Dieu : il en est qui s'en montrent avares — et l'avaricieux l'est à son détriment — ; Dieu n'a besoin de personne et vous êtes des indigents. Si vous vous détournez, Il vous remplacera par un autre peuple qui sera différent de vous !

Sourate 48

# La Victoire

*Au Nom de Dieu, le Tout Miséricordieux, le Très Miséricordieux*

1 Nous t'avons accordé une victoire éclatante
2 afin que Dieu te pardonne tes péchés antérieurs et à venir, qu'Il achève de te combler de Ses faveurs et te guide sur une voie droite,
3 et qu'Il t'accorde ainsi un soutien considérable.
4 C'est Lui qui a fait descendre la paix dans le cœur des croyants afin de redoubler leur foi et c'est à Dieu qu'appartiennent les armées des cieux et de la terre et Dieu est *[à la fois]* Très Savant et Très Sage.
5 *[Toutes ces faveurs]* afin d'introduire croyants et croyantes dans des jardins arrosés par des fleuves où ils demeureront à jamais et de leur pardonner leurs fautes, tout cela constituant au regard de Dieu une réussite sublime.
6 Et aussi afin de châtier et les hypocrites et les polythéistes des deux sexes qui se font de Dieu une piètre opinion. Qu'ils soient victimes des vicissitudes du sort ! Dieu S'est courroucé contre eux, Il les a maudits et leur a apprêté la Géhenne : quel détestable devenir !
7 C'est à Dieu qu'appartiennent les armées des cieux et de la terre et Dieu est Puissant et Sage.
8 Certes Nous t'avons envoyé en guise de témoin annonciateur de la bonne nouvelle mais aussi d'une mise en garde,
9 afin que vous croyiez en Dieu, que vous le magnifiez, que vous le respectiez et que vous proclamiez Sa gloire matin et soir.

10 Ceux qui passent un pacte avec toi ne font rien moins qu'en passer un avec Dieu : la Main de Dieu est au-dessus de leurs mains. Quiconque faillit au pacte se parjure à son détriment et Dieu accordera une rétribution sublime à celui qui respecte ce à quoi il s'est engagé.
11 Ceux qui ont fait défection parmi les bédouins te diront : Nous étions préoccupés par nos biens et nos familles, aussi pardonne-nous. Ils disent de leurs bouches le contraire de ce qu'ils ont dans le cœur. Réponds-leur : Qui sera en mesure de vous soustraire *[à la volonté de]* Dieu s'Il veut vous faire du tort ou vous être utile ? En vérité, Dieu était parfaitement Informé de ce que vous faisiez.
12 Vous pensiez plutôt que ni l'Envoyé ni les croyants ne reviendraient dans leurs familles et cela n'était pas pour déplaire à vos cœurs ; vous vous faisiez une bien piètre opinion et vous étiez un peuple en perdition !
13 Que celui qui ne croit ni en Dieu ni en Son Envoyé *[sache]* que Nous avons apprêté une fournaise à l'intention des mécréants.
14 C'est à Dieu qu'appartient le royaume des cieux et de la terre ; Il pardonne à qui Il veut, Il châtie qui Il veut et Dieu est Pardonneur et Très Miséricordieux.
15 Si jamais vous vous mettez en route pour vous emparer d'un butin, ceux qui ont fait défection vous diront : Laissez-nous vous suivre. Ils veulent ainsi modifier la promesse de Dieu. Répondez-leur : Vous ne nous suivrez pas, c'est ainsi que Dieu en a décidé auparavant ! Ainsi vous êtes envieux à notre égard, reprendront *[les bédouins]*. Il n'en est rien mais ils n'ont guère de compréhension.

**Commentaire :** Dieu avait en effet promis à ceux qui avaient assisté au pacte d'al-Hudaybiyya de remplacer le butin qu'ils espéraient à La Mecque par celui de Khaybar sans que personne ne puisse s'associer à eux dans l'entreprise. Les bédouins « planqués » qui n'en convoitaient pas moins le butin voulurent y participer, modifiant ainsi dans le sens de leurs intérêts la « décision divine ». Le Coran coupe court à leurs espoirs.

16 Dis aux bédouins qui ont fait défection : Vous serez appelés à com-
battre un peuple d'une bravoure indomptable. Soit vous les combat-
trez, soit ils se soumettront à l'Islam. Si vous obéissez, Dieu vous
accordera une belle rétribution mais, si vous vous dérobez comme
vous l'avez déjà fait dans le passé, Il vous infligera un châtiment dou-
loureux.
17 L'aveugle, le boiteux, le malade n'encourent aucun blâme *[à ne pas
participer au combat]* et Dieu introduira dans des jardins arrosés de
fleuves ceux qui obéissent à Dieu et à Son Envoyé. Mais Il infligera un
supplice cruel à ceux qui s'en détournent.
18 Dieu fut satisfait des croyants qui passèrent sous l'arbre un pacte avec
toi. Il savait quels sentiments animaient leurs cœurs ; Il fit descendre
sur eux la paix et leur accorda en compensation une victoire dans un
bref délai
19 ainsi qu'un butin considérable dont ils s'emparèrent et Dieu est Puis-
sant et Sage.
20 Il vous fit bénéficier immédiatement du butin *[de Khaybar]* et fit
renoncer les Mecquois *(al-nâs)* à vous porter des coups, cela en guise
de signe destiné aux croyants et afin de vous guider sur une voie
droite.
21 *[Il vous accorda aussi]* d'autres victoires (ou : d'autres prises) qui
n'étaient pas à votre portée mais à celle *[de la Puissance]* divine car
Dieu est Omnipotent.
22 Si les mécréants vous avaient combattus, ils auraient tourné les talons
et n'auraient ensuite trouvé ni soutien ni protection.
23 Telle est la Norme divine *(sunnat Allâh)* telle qu'elle fut appliquée
dans le passé et tu ne lui trouveras aucune alternative !

24 C'est Lui qui vous a préservés de leurs coups comme Il les a préservés des vôtres dans la vallée de La Mecque après vous avoir accordé la victoire sur eux. Et Dieu voit parfaitement tout ce que vous faites.

25 Ce sont les mécréants qui vous ont détournés de la Mosquée sacrée et *[qui ont]* empêché que les bêtes sacrificielles entravées ne parviennent au lieu du sacrifice. N'étaient des croyants et des croyantes dont vous ignoriez la présence et que vous auriez pu anéantir (litt. : piétiner) par ignorance vous causant ainsi des regrets, *[Nous vous aurions soumis les Mecquois]* ; cela afin que Dieu introduise qui Il veut au sein de Sa Miséricorde. Si les croyants avaient pu se distinguer des mécréants, Nous aurions infligé à ces derniers un cruel châtiment.

26 Lors, le cœur des mécréants fut animé de l'esprit de corps[1] propre à la période de l'ignorance tandis que Dieu faisait descendre la paix sur Son Envoyé et sur les croyants en les contraignant *[à répéter]* une parole pieuse (ou : protectrice) à laquelle ils avaient plus droit que quiconque et dont ils étaient les plus dignes, et Dieu est Omniscient.

27 Dieu a confirmé la véracité de la vision de Son Envoyé : vous pénétrerez dans la Mosquée sacrée, si Dieu le veut, en toute quiétude après vous être rasés et sans craindre *[personne]*. Il savait ce que vous ignoriez et vous a accordé au préalable une victoire moins lointaine (litt. : prochaine).

**Commentaire** : Le Prophète avait vu en songe la prise de La Mecque et l'avait annoncée à ses coreligionnaires qui s'étaient imaginé une victoire immédiate. La réalisation tardive de cette vision (plus d'un an après) avait même causé quelques doutes chez les plus indécis. Cette victoire sera néanmoins précédée d'une autre moins lointaine (Khaybar) et Dieu corroborera par le Coran la vision de Son Envoyé.

28 C'est Lui qui a envoyé Son Prophète afin *[d'indiquer]* la direction et la religion de la Vérité et la faire prévaloir sur toutes les autres et Dieu est un Témoin suffisant.

1 Ou encore : de l'esprit partisan, ou de l'esprit tribal.

29 Muhammad eśt l'Envoyé de Dieu et ceux qui sont avec lui sont
inflexibles vis-à-vis des mécréants et miséricordieux entre eux. Tu les
verras inclinés ou prosternés rechercher les faveurs de Dieu et Son
agrément. Leurs visages portent des marques distinctives conséquen-
ces de la prosternation. C'est ainsi qu'ils sont décrits dans la Thora
et dans l'Évangile : tel un plant qui donne naissance à de jeunes épis
et les renforce et dont la tige s'épaissit pour finir par se tenir droite,
provoquant l'admiration du cultivateur et l'ire des mécréants. Dieu a
promis à ceux d'entre eux qui auront eu la foi et pratiqué les bonnes
œuvres *[Son]* pardon et une récompense sublime.

**Commentaire :** Cette comparaison flatteuse, qui n'est pas sans rappeler la parabole évangélique du semeur, compare le Prophète de l'Islam à un plant qui donne naissance à de nombreux épis (ses partisans) allant en se renforçant au grand dam des mécréants.

Sourate 49

# Les Appartements

*Au Nom de Dieu, le Tout Miséricordieux, le Très Miséricordieux*

1 Ô vous qui avez la foi, ne vous avancez pas devant Dieu ni devant Son
Envoyé et gardez-vous de Dieu car Dieu entend et sait tout.

**Commentaire :** Trois interprétations ont été avancées par les commentateurs pour expliquer l'expression ne vous avancez pas :
— N'anticipez pas sur les ordres de Dieu.
— Ne mettez pas en avant des personnages d'importance sans avoir préalablement consulté le Prophète.
— Ne précédez pas le Prophète lorsque vous marchez en sa compagnie.

2 Ô vous qui avez la foi, ne couvrez pas de votre voix celle du Prophète
et n'élevez pas la voix en vous adressant à lui comme vous l'eussiez fait
entre vous (litt. : les uns avec les autres) de crainte de voir vos œuvres
réduites à néant sans même que vous vous en rendiez compte.
3 Ceux qui baissent le ton devant l'Envoyé de Dieu sont ceux dont
Dieu a éprouvé les cœurs *[comme étant]* propres à la piété. Le pardon
*[de Dieu]* leur est destiné ainsi qu'une récompense sublime.
4 La plupart de ceux qui t'appellent de l'extérieur de tes appartements
n'ont pas toute leur raison !

5 Si seulement ils avaient patienté jusqu'à ce que tu sortes à leur ren-
contre, c'eût été un bien pour eux !
6 Ô vous qui avez la foi, lorsqu'un pervers vous apporte une nouvelle
assurez-vous de son authenticité, de crainte de porter préjudice à des
gens par ignorance et d'avoir à le regretter par la suite.
7 Et sachez que l'Envoyé de Dieu est parmi vous ! S'il obéissait à nom-
bre de vos décisions vous en eussiez éprouvé des déconvenues (ou :
des difficultés) mais Dieu vous a donné l'amour de la foi et l'a embellie
dans vos cœurs alors qu'Il vous a fait honnir la mécréance, le liberti-
nage et la transgression. Ceux-là sont bien guidés
8 par la faveur et la grâce de Dieu et Dieu est Savant et Sage.
9 Et si deux factions de croyants se combattent, œuvrez à les réconci-
lier ; si l'une des deux agresse l'autre injustement, combattez l'agres-
seur jusqu'à ce qu'il s'en remette à l'Ordre de Dieu et œuvrez à les
réconcilier en toute équité. Soyez justes car Dieu aime ceux qui sont
équitables.
10 Les croyants ne sont rien moins que frères ! Aussi, œuvrez à les récon-
cilier et gardez-vous de Dieu afin qu'il vous soit fait miséricorde.
11 Ô vous qui avez la foi, que pas un groupe d'entre vous ne se moque
d'un autre. Il se pourrait que ceux qui sont tournés en dérision
vaillent mieux que leurs agresseurs. Et que les femmes ne se moquent
pas d'autres femmes car celles-ci sont peut-être meilleures que celles-
là. Ne vous calomniez pas et ne vous affublez pas mutuellement de
sobriquets injurieux. Quel nom déplaisant que *[de s'entendre appeler]*
pervers alors qu'on a la foi. Quant à ceux qui ne se repentent pas,
ceux-là sont des injustes.

**Commentaire :** A propos de cette partie du verset — quel nom déplaisant que *[de s'entendre appeler]* pervers alors qu'on a la foi —, les commentateurs ont estimé qu'elle pouvait s'appliquer aussi bien au moqueur qui méritait désormais le nom de pervers pour s'être moqué de son frère qu'à celui qui était tourné en dérision et qui était en butte à l'insulte malgré sa qualité de croyant.

12 Ô vous qui avez la foi, évitez *[de recourir]* à nombre de vos opinions car certaines d'entre elles sont un péché, ne vous espionnez pas et ne médisez pas les uns des autres. Lequel d'entre vous aimerait manger la chair de son frère mort ? Cela certes vous répugnerait ! Craignez donc Dieu, car Dieu accorde généreusement Son repentir et Il est Miséricordieux.

13 Hommes, Nous vous avons créés d'un homme et d'une femme et Nous vous avons établis en peuples et en tribus pour que vous *[appreniez]* à vous connaître. Le plus noble d'entre vous est, au regard de Dieu, le plus pieux et Dieu est Savant et bien Informé.

14 Les bédouins affirment *[avec ostentation]* : Nous avons la foi ! Dis-leur : Vous n'avez pas encore la foi. Dites plutôt : Nous nous sommes soumis car la foi n'a pas encore pénétré vos cœurs, et si vous obéissez à Dieu et à Son Envoyé Il ne vous lésera en rien de vos œuvres car Dieu est Pardonneur et Miséricordieux.

15 Les croyants qui ont foi en Dieu et en Son Envoyé, qui ne connaissent pas le doute et qui ont combattu de leurs biens et de leurs personnes pour la cause de Dieu, ceux-là sont les véridiques.

16 Dis-leur : Prétendrez-vous enseigner à Dieu votre religion alors qu'Il sait ce qu'il y a dans les cieux et sur terre et qu'Il est Omniscient ?

17 Ils se prévalent du don qu'ils t'auraient fait de leur Islam ! Réponds-leur : Ne me faites pas don de votre Islam car c'est Dieu qui vous a fait un don en vous guidant à la foi, si vous êtes sincères !

18 Dieu connaît ce qui est celé au ciel comme sur la terre et Dieu voit tout ce que vous faites.

Sourate 50

# Qâf

*Au Nom de Dieu, le Tout Miséricordieux, le Très Miséricordieux*

1 Qâf. Par le Coran glorieux!
2 Ils se sont étonnés de ce que celui qui avait à *[les]* mettre en garde soit
l'un d'entre eux. Voilà une chose étrange, ont affirmé les mécréants.
3 *[Serons-nous ressuscités]* lorsque nous serons morts et ne serons plus
que poussière ? Voilà un retour bien improbable !
4 Nous savons exactement ce que la terre va ronger de leurs cadavres et
Nous disposons auprès de Nous d'un livre qui n'omet rien.
5 Ils ont plutôt jeté un déni sur la Vérité qui leur est parvenue et ils sont
plongés dans une situation trouble.

**Commentaire :** Les Qurayshites durent en effet « accorder leurs violons » pour présenter des arguments homogènes et cohérents en vue de contrecarrer le Prophète ﷺ.

6 Que n'ont-ils considéré le ciel au-dessus de leurs têtes : *[Que n'ont-*
*ils considéré]* comment Nous l'avons édifié et paré d'étoiles sans qu'il
présente la moindre faille.
7 La terre, Nous l'avons aplanie et Nous y avons ancré les montagnes et
y avons fait pousser toutes sortes d'espèces magnifiques
8 afin d'ouvrir les yeux de tout serviteur repentant et en guise de rappel
*[à son intention]*.
9 Et Nous avons fait descendre du ciel une pluie bénie grâce à laquelle
Nous faisons croître des jardins, des semences céréalières
10 et des palmiers élancés porteurs de régimes de dattes compacts,
11 en guise de subsistance destinée à *[Nos]* serviteurs ; c'est grâce à cette
eau que Nous vivifions un pays stérile et c'est ainsi qu'aura lieu la
Résurrection.
12 Déjà avant eux le peuple de Nûh, les compagnons d'ar-Rass[1] et la
tribu de Thamûd avaient crié à l'imposture ;
13 de même pour 'Âd, Pharaon et la tribu de Lût,
14 les compagnons du buisson et le peuple de Tubba' : tous traitèrent les
envoyés d'imposteurs et virent Mes menaces mises à exécution.
15 Aurions-Nous été fatigué par la première création pour que *[l'éven-*
*tualité]* d'une création nouvelle les plonge dans la confusion ?

1 *Al-Rass* était un puits appartenant à une tribu idolâtre qui s'était empressée d'y jeter le prophète venu les mettre en garde et de le recouvrir de pierres. Dieu les anéantit pour leur crime.

16 Nous avons déjà créé l'homme *[une première fois]* : Nous savons ce que son âme lui suggère et Nous sommes plus près de lui que sa veine jugulaire
17 lorsque les deux anges *[chargés]* de l'accueillir sont assis à sa droite et à sa gauche.
18 Il ne prononce pas un mot sans qu'il y ait auprès de lui un observateur averti.
19 La torpeur de la mort vous révélera la Vérité : Voilà ce que tu voulais fuir !
20 Et il sera soufflé dans la trompe : Voici le Jour dont Nous vous menacions !
21 Toute âme sera accompagnée d'un guide et d'un témoin.
22 Tu ne te souciais guère de tout cela, mais en ce Jour Nous t'avons ôté le voile et ton regard a l'acuité requise (ou encore : et tu es doté d'un regard d'acier[2]).
23 Son accompagnateur[3] dira alors : Celui-ci auprès de moi est prêt *[pour son destin]*.
24 Jetez dans la Géhenne tout mécréant entêté,
25 qui interdisait le bien, transgresseur et dubitatif,
26 et qui plaçait à côté de Dieu une autre divinité. Livrez-le à un châtiment terrible !
27 Son mauvais démon s'écriera : Seigneur, je ne l'ai point séduit, c'est lui qui était plongé dans un égarement total !
28 Ne vous disputez pas devant Moi, leur répondra-t-Il, Je vous avais déjà adressé des menaces préalables.
29 Mes édits ne sauraient être modifiés devant Moi et Je ne suis pas injuste envers *[Mes]* serviteurs.
30 Le Jour où Nous demanderons à la Géhenne : Es-tu remplie ? elle répondra : Y en a-t-il encore ?
31 Le Paradis sera rapproché de ceux qui se prémunissent à une très brève distance :
32 Voilà ce qui vous était promis ainsi qu'à tout individu repentant et respectueux des prescriptions *[divines]*,
33 craignant le Tout Miséricordieux dans l'intimité et se présentant avec un cœur contrit.
34 Entrez au Paradis en paix ! Voici venu le Jour qui n'a point de fin.
35 Ils y trouveront ce qu'ils désirent, et auprès de Nous il y en aura encore davantage.

2 Litt. : ton regard est de fer.

3 Sur cet accompagnateur les commentateurs divergent : les uns y voient l'ange qui accompagne le « prévenu » à son supplice, d'autres le démon qui l'accompagne tout au long de sa vie terrestre.

36 Combien avons-Nous anéanti avant eux de générations plus puissan-
tes qu'eux ? Parcourant le pays dans tous les sens, ils demandaient : Y
a-t-il une planche de salut ?
37 En tout cela il y a un rappel pour quiconque possède un cœur et qui
prête l'oreille avec attention[1].
38 Nous avons créé les cieux et la terre en six jours sans éprouver la
moindre fatigue.
39 Patiente devant leurs propos et proclame la gloire de ton Seigneur *[en
usant]* de Sa louange avant le lever du soleil et avant qu'il se couche.
40 Et proclame Sa gloire une partie de la nuit et suite aux prosternations[2].
41 Prête l'oreille le Jour où le héraut lancera un appel d'un endroit rap-
proché !
42 Le Jour où ils entendront ce cri révélateur de la Vérité, ce sera le Jour
de la Résurrection.
43 C'est Nous qui donnons la vie et la mort et c'est auprès de Nous
qu'aboutit toute destinée.
44 Le Jour où la terre se fendra libérant *[les morts]* qui se précipiteront
*[au rendez-vous]*. Un tel rassemblement est pour Nous chose aisée !
45 Nous savons leurs propos mieux *[que quiconque]* et tu n'es pas chargé
de les contraindre *[à adopter l'Islam]*. Rappelle simplement *[à l'ordre]*
en usant du Coran ceux qui redoutent Mes menaces.

Sourate 51

## Les Ouragans

*Au Nom de Dieu, le Tout Miséricordieux, le Très Miséricordieux*

1 Par les vents qui tourbillonnent,
2 par les lourds nuages chargés,
3 par les vaisseaux qui évoluent avec aisance,
4 par les anges qui se répartissent les charges !
5 ce qui vous est promis est une réalité
6 et le jugement est inéluctable.

1 Litt. : et qui est témoin.
2 Suite aux prosternations, c'est-à-dire après la sunna du *Maghrib* selon sayyidnâ 'Umar et sayyidnâ 'Alî, ou après toutes les prières surérogatoires selon Ibn 'Abbâs.

7 Par les cieux couverts de stries (*hubuk*)[3] !
8 vous vous enfoncez dans des propos divergents !
9 Ne sera détourné *[de la foi]* que celui qui en était déjà détourné *[de*
*toute éternité]*.
10 Que périssent les fabulateurs
11 qui sombrent dans la stupidité !
12 Ils questionnent : A quand le Jour de la Rétribution ?
13 Le Jour où ils seront éprouvés devant le feu
14 *[il leur sera dit]* : Goûtez à votre épreuve, voici ce que vous attendiez
avec impatience !
15 Ceux qui se seront gardés *[de Dieu]* seront au milieu de jardins et de
sources,
16 recevant ce que leur Seigneur leur aura accordé pour prix de leurs
œuvres antérieures :
17 ils dormaient seulement une courte partie de la nuit
18 et imploraient le pardon de Dieu peu avant l'aube.
19 Ils prélevaient sur leurs biens la part du mendiant et de l'indigent.
20 Il y a sur terre de nombreux signes pour ceux qui sont doués de certi-
tude
21 ainsi qu'en vous-mêmes. Ne les voyez-vous pas ?
22 C'est le ciel qui est le siège de votre subsistance et de ce qui vous est
promis !
23 Et par le Seigneur des cieux et de la terre, tout cela est aussi vrai que
le fait que vous soyez doués de la parole !
24 Le récit des hôtes honorés d'Ibrâhîm t'est-il parvenu ?
25 Lorsqu'ils pénétrèrent chez lui, *[ils le saluèrent]* en disant : Paix ! La
paix *[soit sur vous]*, ô groupe d'inconnus, répondit-il.
26 Puis il alla directement chez son épouse et en revint avec un veau
gras
27 qu'il leur offrit en disant : Vous en mangerez bien ?
28 A leur contact, il éprouva quelque crainte. Ne crains rien, lui dirent-
ils, et ils lui annoncèrent la naissance d'un garçon fort savant.
29 Son épouse accourut en poussant un cri et en se frappant au visage. Je
ne suis, dit-elle, qu'une veille femme stérile !
30 C'est pourtant ainsi qu'en a décidé ton Seigneur, répondirent-ils, car
Il est Très Savant et Très Sage.

---

3 Les stries évoquées dans le verset sont les traces laissées par les étoiles ou les planètes évoluant sur leurs orbites.

31 Quelle affaire vous amène, émissaires *[de Dieu]* ? poursuivit Ibrâhîm.
32 Nous avons été dépêchés auprès d'un peuple de criminels, répondirent-ils,
33 afin de faire pleuvoir sur eux des blocs d'argile
34 marqués d'un signe auprès de ton Seigneur et destinés aux outranciers.
35 Nous fîmes sortir *[de la cité]* tous les croyants qui s'y trouvaient
36 mais Nous ne trouvâmes guère qu'une demeure de gens soumis.
37 Puis Nous y laissâmes un signe destiné à ceux qui redoutent un châtiment douloureux.
38 Mûssâ constitue un autre signe, lorsque Nous l'envoyâmes vers Pharaon muni d'un pouvoir évident.
39 Il (Pharaon) s'écarta *[de la foi]* avec toutes ses forces *(rukn)*[4] et s'écria : Voilà un fou ou un magicien !
40 Nous Nous emparâmes de lui et de ses armées et les précipitâmes dans la mer, objets d'opprobre.
41 'Âd en est un autre signe, *[tribu]* contre laquelle Nous déchaînâmes un vent desséchant (ou : dévastateur)
42 qui ne laissa que poussière sur son passage.
43 De même Thamûd lorsqu'il leur fut dit : Profitez encore *[de la vie]* un certain temps.
44 Par orgueil ils contrevinrent à l'Ordre de leur Seigneur et ils furent saisis par la foudre sous leurs regards *[impuissants]*.
45 Ils ne purent même pas se lever et ne disposèrent d'aucun soutien.
46 Et avant eux le peuple de Nûh qui était un peuple de pervers.
47 Les cieux, Nous les avons édifiés en puissance (litt. : de Nos Mains) et Nous étions en mesure de le faire.

**Autres traductions possibles :**

— et Nous les avons élargis ;
— et Nous y avons « stocké » *[la subsistance des êtres]*.

48 La terre, Nous l'avons aplanie et quel excellent artisan Nous fûmes !
49 De toutes les espèces Nous avons créé des couples[5] afin que vous vous rappeliez *[vos origines]*.
50 Fuyez donc vers Dieu ! Je suis une claire mise en garde adressée à votre intention.
51 Ne placez pas d'autre divinité à côté de Dieu ! Je suis une claire mise en garde adressée à votre intention.

4 De *rukn* : appui, soutien, colonne, coin, encoignure.
5 Ou encore : Nous avons créé toutes les espèces en couple.

52 C'est ainsi : pas un envoyé n'est venu trouver leurs devanciers qu'ils n'aient crié au fou ou au sorcier.
53 Se sont-ils donné des conseils mutuels *[pour en arriver tous au même résultat]* à moins qu'il ne s'agisse plutôt d'un peuple insolent (ou : sans limites).
54 Détourne-toi d'eux et tu ne seras pas à blâmer !
55 Remets-leur *[l'Islam]* en mémoire car ce Rappel sera utile aux croyants !
56 Je n'ai créé les djinns et les hommes qu'afin qu'ils M'adorent ;
57 Je n'attends d'eux aucune subsistance ; Je n'attends pas d'eux qu'ils me sustentent !
58 C'est Dieu qui dispense *[aux êtres]* leur subsistance, Lui qui est Tout d'une force inébranlable !
59 Les iniques auront leur part *[de châtiment]* tout comme leurs devanciers ; qu'ils ne se montrent pas impatients !
60 Malheur aux mécréants *[lorsqu'ils seront]* confrontés à ce Jour dont ils avaient été menacés !

Sourate 52

## Le Mont Sinaï

*Au Nom de Dieu, le Tout Miséricordieux, le Très Miséricordieux*

1 Par le mont *[Sinaï]*,
2 par l'Écriture consignée[1]
3 sur un parchemin déployé,
4 par la Demeure visitée[2],
5 par la voûte élevée,
6 par la mer en ébullition,
7 certes le châtiment de ton Seigneur est inéluctable !
8 Nul ne saurait le repousser !
9 Le Jour où les cieux oscilleront,
10 où les montagnes se déplaceront (ou : seront pulvérisées),
11 malheur en ce Jour à ceux qui criaient au mensonge,
12 ceux qui se divertissaient dans les affabulations !
13 Ce Jour-là ils seront poussés brutalement dans le feu de la Géhenne.
14 Le voici ce feu que vous traitiez de chimère !

1 La Table gardée, le Coran ou le livre des œuvres selon les commentaires.
2 La Demeure visitée est la Ka'ba céleste régulièrement visitée par les anges qui y rendent des actions de grâce. L'idée d'une cité sainte qui a sa réplique dans le ciel est d'ailleurs commune aux trois religions du monothéisme, puisque christianisme et judaïsme admettent l'existence d'une Jérusalem « céleste » dont la « descente » devrait clôturer notre présente humanité.

15 Serait-ce de la magie ? A moins que vous ne le voyiez pas ?
16 Entrez-y *[maintenant]* ! Que vous le supportiez ou non cela ne changera rien pour vous ! Vous n'êtes rétribués que pour vos œuvres.
17 Ceux qui se seront prémunis *[du châtiment]* seront partagés entre jardins et délices,
18 satisfaits de ce que leur aura accordé leur Seigneur, et leur Seigneur les aura préservés du feu de la Géhenne.
19 Mangez et buvez à satiété en récompense de vos œuvres *[passées]*,
20 accoudés sur des divans disposés en rangs et Nous leur avons accordé pour épouses des femmes à la peau claire *(Hûrs)* et aux yeux noirs.
21 Nous ferons rejoindre ceux qui auront cru et qui auront été suivis par leur postérité dans la foi par cette dernière, sans rien ôter de leurs œuvres ; et chacun sera l'otage (ou : le responsable) de ses œuvres.
22 Nous les approvisionnerons en fruits et en viandes de leur choix.
23 Ils feront circuler entre eux une coupe qui ne provoquera ni ébriété ni propos déplacés.
24 De jeunes éphèbes à leur service circuleront parmi eux semblables à des perles dissimulées.
25 Ils se porteront les uns au-devant des autres afin de s'interroger :
26 Nous vivions, diront-ils, dans la crainte au milieu des nôtres ;
27 Dieu nous a comblés de faveurs en nous préservant du châtiment du feu *(samûm)*.
28 Dans le passé nous L'invoquions car Il est Tout de Mansuétude (*Barr*) et de Miséricorde.
29 Rappelle *[les hommes à l'ordre]* car, par la grâce de Dieu, tu n'es ni un devin ni un fou.
30 Ou bien prétendent-ils qu'il est un poète dont *[ils disent]* : Nous attendons que les vicissitudes du sort l'emportent.
31 Dis-leur : Vous n'avez qu'à attendre, j'attendrai *[de mon côté]*.

32 A moins que ce ne soient leurs songes qui leur ordonnent *[une telle attitude]* ou encore qu'ils ne soient un peuple insolent (ou : sans limites).
33 A moins qu'ils ne prétendent qu'il l'a forgé de toutes pièces[3] ?
34 Qu'ils produisent donc un récit *(hadîth)*[4] semblable s'ils sont véridiques !
35 A moins qu'ils n'aient été créés de rien ou qu'ils ne soient eux-mêmes les créateurs ?
36 Ou qu'ils n'aient créé les cieux et la terre ? En vérité ils n'ont aucune certitude !
37 Disposeraient-ils des trésors de ton Seigneur ? Auraient-ils le dessus sur toute chose ?
38 Ou disposeraient-ils d'une échelle qui leur permette d'écouter *[les informations venues du ciel]* ? Que leur auditeur produise donc une preuve évidente !
39 Aurait-Il des filles et vous des fils ?
40 A moins que tu ne leur demandes un salaire et qu'ils ne croulent sous le poids des charges ?
41 Ou bien ont-ils connaissance de tout ce qui est celé en sorte qu'ils le consignent ?
42 A moins qu'ils n'ourdissent un complot ? Les mécréants seront eux-mêmes victimes des plus fins stratagèmes !
43 Auraient-ils une autre divinité que Dieu ? Gloire à Dieu au-delà de ceux qu'ils Lui associent !
44 S'ils voyaient un pan du ciel s'écrouler sur eux ils trouveraient le moyen de dire : *[Ce ne sont que]* des nuages amoncelés !
45 Laisse-les jusqu'à ce qu'ils soient confrontés au Jour au cours duquel ils seront foudroyés,
46 le Jour où leur stratagème ne leur sera plus d'aucune utilité et où ils ne recevront aucun soutien.
47 Les iniques auront même droit à un autre châtiment que celui-là mais la plupart d'entre eux sont dans l'ignorance !
48 Patiente devant la décision de ton Seigneur car tu évolues sous Nos yeux, et prononce Sa gloire en usant de Sa louange lorsque tu te lèves (litt. : te dresses, *taqûm*).
49 Prononce Sa gloire une partie de la nuit et au coucher des étoiles.

3 C'est-à-dire le Coran.

4 Il est intéressant de noter que le mot *hadîth* « récit, conversation » qui est de même racine que le mot *hâdith* « nouveau », « créé », « contingent », est souvent mis en opposition avec celui de Coran ; il désigne alors un discours humain avec une origine temporelle par opposition au Coran qui est la Parole de Dieu et donc éternelle. Bien entendu cette signification reste vraie lorsqu'elle s'applique aux paroles du Prophète (les « *hadîths* ») mais elle se revêt alors d'une connotation beaucoup plus noble que lorsqu'il s'agit d'un simple discours humain.

Sourate 53

# L'Étoile

*Au Nom de Dieu, le Tout Miséricordieux, le Très Miséricordieux*

1 Par l'étoile quand elle décline,
2 votre compagnon ne s'est pas égaré ni fourvoyé !
3 Il ne parle pas sous l'effet de la passion individuelle.
4 Il ne s'agit que *[du fruit]* d'une inspiration continue
5 que lui a enseignée l'Être d'une force inébranlable
6 et Doué de puissance qui S'est établi
7 en se tenant à l'horizon suprême.
8 Puis il s'est approché se tenant suspendu *[entre ciel et terre]*
9 pour se retrouver à une distance de deux arcs ou moins encore.
10 Il inspira à Son serviteur ce qu'il Lui plût de lui inspirer.
11 Le cœur ne saurait mettre en cause ce qu'il a vu.
12 Contestez-vous ce qu'il a vu
13 alors qu'il l'a déjà vu une autre fois
14 près du Lotus de la limite
15 auprès duquel est situé le refuge paradisiaque ?
16 Lors le Lotus fut recouvert d'une enveloppe.
17 Le regard ne se détourna point et ne trahit point.
18 Ainsi vit-il le plus grand des signes de son Seigneur !
19 Avez-vous vu al-Lât et al-'Uzzâ ?
20 Et Manât cette autre idole, la troisième ?
21 Vous auriez les garçons et Il aurait les filles ?
22 Voilà donc un partage bien injuste !
23 En vérité, ce ne sont que des noms que vous avez donnés à vos idoles, vous et vos pères sans que Dieu vous ait fourni le moindre argument *[pour les adorer]*. Ils ne font que se conformer à de *[vaines]* conjectures et suivre les désirs passionnels de leur ego alors que la guidance leur est parvenue de la part de leur Seigneur.
24 Ou bien l'homme aurait-il tout ce qu'il désire ?
25 Or c'est à Dieu qu'appartiennent ce monde et l'Ultime Demeure.
26 Combien y a-t-il d'anges dans les cieux dont l'intercession ne sera d'aucun secours si ce n'est après que Dieu ait accordé permission d'intercéder à qui Il veut et à Son gré ?

27 Ceux qui ne croient pas à l'Ultime Demeure donnent aux anges des
noms féminins ;
28 ils n'ont aucune science de la chose, ne faisant que suivre des conjectures ; mais les conjectures ne servent de rien contre la Vérité.
29 Écarte-toi de celui qui s'est détourné de Notre souvenir et qui ne
convoite que la vie de ce bas monde.
30 Telle est l'ultime limite de leur savoir ; ton Seigneur connaît mieux
que quiconque celui qui s'est égaré hors de Sa voie et Il connaît mieux
que quiconque celui qui est bien guidé.
31 C'est à Dieu qu'appartient ce qu'il y a dans les cieux et sur la terre afin
qu'Il rétribue les malfaisants en fonction de leurs actes et les vertueux
de la meilleure manière,
32 ceux qui évitent les péchés capitaux et les turpitudes à l'exception des
péchés véniels ; certes ton seigneur pardonne avec largesse[1]. Il vous
connaît mieux que quiconque pour vous avoir créés de terre et lorsque vous étiez des embryons dans les entrailles de vos mères. Ne faites pas votre propre éloge, Il connaît mieux que personne ceux qui se
prémunissent.
33 As-tu considéré *[l'exemple de]* celui qui s'est détourné[2]
34 donnant quelque peu *[de ses biens]* pour les retenir *[ensuite]* ?
35 Posséderait-il la science de ce qui est celé en sorte qu'il verrait *[l'avenir]* ?
36 Ne l'a-t-on pas averti du contenu des feuillets de Mûssâ ?
37 et de ceux d'Ibrâhîm qui sut se montrer fidèle ?
38 A savoir que personne ne se chargera des péchés d'autrui,
39 que l'homme n'aura d'autre viatique que le fruit de ses œuvres,
40 et que ses actes seront connus (litt. : vus) *[de tous]* ?
41 Puis il sera rétribué à la perfection,
42 et c'est auprès de Dieu qu'aboutit toute chose.
43 C'est Lui qui fait rire et qui fait pleurer,
44 qui donne la vie et la mort

---

1 Ou : embrasse toute chose de Son pardon.
2 Al-Walîd b. al-Mughîra selon certains, al-'As b. Wâ'il selon d'autres.

45 et qui a créé le couple, mâle et femelle,
46 à partir d'une goutte *[de sperme]* éjaculée.
47 C'est à Lui qu'incombe l'autre création,
48 c'est Lui qui appauvrit, Lui qui enrichit,
49 Lui qui est le Seigneur de Sirius,
50 Lui qui a anéanti les premiers 'Adites
51 ainsi que Thamûd sans en laisser aucun en vie ;
52 *[Lui qui a détruit]* le peuple de Nûh par le passé car ils formaient un peuple inique et transgresseur ;
53 Lui qui a précipité la cité mise sens dessus dessous[1]
54 et qui l'a recouverte de ce dont Il l'a recouverte.
55 De quel bienfait de ton Seigneur doutes-tu ?
56 Voici une mise en garde analogue aux précédentes !
57 L'événement est imminent,
58 et nul en dehors de Dieu ne pourra nous en délivrer[2].
59 Vous étonnez-vous de ce récit ?
60 Vous en riez et vous ne pleurez point,
61 adonnés que vous êtes à vos divertissements ?
62 Prosternez-vous devant Dieu et adorez-Le !

Sourate 54

# La Lune

*Au Nom de Dieu, le Tout Miséricordieux, le Très Miséricordieux*

1 L'Heure est proche et la lune s'est fendue !
2 Et s'ils voient un signe, ils s'en détournent en disant : C'est une magie continuelle !
3 Les mécréants crièrent au mensonge pour s'abandonner à leurs passions et toute chose aura sa conclusion.
4 Ils ont reçu suffisamment de récits contenant une mise en garde
5 et une grande sagesse ; à quoi leur ont servi ces avertissements ?
6 Éloigne-toi d'eux au Jour où le héraut les conviera à une chose terrible.

1 Il s'agit de Sodome et Gomorrhe. Cf. Cor. 9, 70.
2 Ou encore : et il n'est connu que de Dieu.

7 Le regard contrit, ils seront ressuscités de leurs tombes, semblables à
des nuées de sauterelles[3].
8 S'empressant vers le héraut, les mécréants s'exclameront : Voilà un
Jour difficile !
9 Avant eux le peuple de Nûh avait déjà crié au mensonge en traitant
Notre serviteur d'imposteur et de fou en l'injuriant.
10 Il invoqua alors son Seigneur en ces termes : J'ai le dessous, accorde-
moi Ton soutien !
11 Nous ouvrîmes alors les portes du ciel laissant le passage à une pluie
torrentielle.
12 De la terre Nous fîmes jaillir des sources et les eaux se rassemblèrent
selon un ordre prédestiné.
13 Et Nous le transportâmes sur *[un vaisseau]*, assemblage de planches
et de clous,
14 évoluant sous Nos yeux en guise de récompense pour celui qui avait
été renié.
15 Et Nous laissâmes l'Arche à titre de signe ; y a-t-il quelqu'un pour le
prendre en considération ?
16 Quel ne furent pas Mon châtiment et Mes mises en garde !
17 Nous avons facilité ce Coran en vue de sa mémorisation, y a-t-il quel-
qu'un pour prendre cela en considération ?
18 'Âd avait également crié au mensonge ; et quel ne furent pas Mon châ-
timent et Mes mises en garde !
19 Nous déchaînâmes contre elle par une journée sinistre et intermina-
ble un vent mugissant
20 qui soulevait les gens comme s'ils eussent été des souches de palmiers
déracinés.
21 Quel ne furent pas Mon châtiment et Mes mises en garde !
22 Nous avons facilité ce Coran en vue de sa mémorisation, y a-t-il quel-
qu'un pour prendre cela en considération ?
23 Thamûd avait aussi traité nos mises en garde d'impostures
24 en disant : Allons-nous suivre un seul homme choisi parmi nous ?
Nous serions des fous égarés !
25 Quoi ! Le Rappel lui aurait été révélé à lui seul au milieu de nous
tous ? Quel menteur arrogant (ou : exubérant) !
26 Demain ils sauront qui est le menteur arrogant !
27 Nous allons leur envoyer la chamelle afin de les tenter : observe-les
patiemment[4] !

---

3 Litt. : semblables à des sauterelles dispersées.

4 Voir Cor. 7-77. L'histoire du Prophète Sâlih est contée avec davantage de détails.

28 Et avertis-les que l'eau est à partager entre eux *[et la chamelle]* et que
chacun boira à tour de rôle.
29 Ils en appelèrent à leur sacrificateur (litt. : leur compagnon) qui s'en-
hardit à l'égorger.
30 Quel ne furent pas Mon châtiment et Mes mises en garde !
31 Nous lançâmes contre eux une seule imprécation (litt. : un seul cri) et
les voilà semblables au foin couché dans l'enclos !
32 Nous avons facilité ce Coran en vue de sa mémorisation, y a-t-il quel-
qu'un pour prendre cela en considération ?
33 Le peuple de Lût traita nos mises en gardes d'impostures,
34 et Nous fîmes pleuvoir sur eux une pluie *[de pierres]*[5] exception faite
de la famille de Lût que Nous sauvâmes à l'aube
35 par l'effet d'une faveur de Notre part ; c'est ainsi que Nous récompen-
sons la gratitude.
36 Il les avaient pourtant mis en garde contre Notre dureté mais ils se
montraient sceptiques à l'égard de Nos avertissements.
37 Ils tentèrent même de le convaincre *[de leur laisser]* ses hôtes et Nous
les frappâmes de cécité ; Goûtez à Mon châtiment *[consécutif à]* Mes
menaces !
38 Tôt le matin, ils furent surpris par un châtiment interminable.
39 Goûtez à Mon châtiment *[consécutif à]* Mes menaces !
40 Nous avons facilité ce Coran en vue de sa mémorisation, y a-t-il quel-
qu'un pour prendre cela en considération ?
41 Des mises en garde étaient parvenues à l'entourage de Pharaon.
42 Ils traitèrent tous Nos signes de mensonges et Nous Nous saisîmes
d'eux comme il sied à Dieu Fier et Tout-Puissant.
43 Vos mécréants à vous seraient-ils meilleurs que ces mécréants-là ? A
moins qu'un viatique (ou : un blanc-seing) ne vous soit offert par les
Écritures ?
44 ou qu'ils ne prétendent : Nous serons une coalition victorieuse ?
45 La coalition sera défaite et ils nous tourneront le dos en fuyant.
46 L'Heure est fixée pour leur rendez-vous et elle sera plus cruelle et plus
amère.
47 Les criminels seront dans l'égarement, puis ils seront plongés dans le feu
48 le Jour où ils y seront traînés face contre terre : éprouvez donc son
contact !
49 Certes Nous avons créé toute chose selon une mesure,

5 Cf. Cor. 29, 40.

50 et Notre Ordre ne tient qu'en un mot aussi bref qu'un clin d'œil.
51 Déjà Nous avons anéanti tous vos semblables : y a-t-il quelqu'un pour prendre cela en considération ?
52 Et tous leurs actes sont consignés dans les Écritures.
53 Toutes leurs actions d'importance ou minimes sont couchées par écrit.
54 Ceux qui se sont gardés *[de Dieu]* se partageront entre des jardins et des fleuves
55 en un séjour empreint de gravité (ou : dénué de frivolités)[1] auprès d'un Roi Tout-Puissant.

Sourate 55

## Le Tout Miséricordieux

*Au Nom de Dieu, le Tout Miséricordieux, le Très Miséricordieux*

1 Le Miséricordieux
2 a enseigné le Coran,
3 a créé l'homme
4 et lui a appris l'éloquence.
5 Le soleil et la lune évoluent selon un calcul prévisible
6 et les étoiles[2] et les arbres se prosternent.
7 Il a élevé les cieux et institué la balance,
8 *[avec pour consigne]* de ne pas frauder sur les pesées !
9 Établissez le poids avec équité sans rien en ôter.
10 La terre, Il l'a établie à l'intention des hommes ;
11 elle donne des fruits et des palmiers *[aux pousses]* enveloppées[3],
12 ainsi que des céréales donnant naissance à de petites fleurs[4] et des plantes aromatiques (ou : du basilic).
13 Lequel des bienfaits de votre Seigneur nierez-vous donc[5] ?
14 Il a créé l'homme d'une boue séchée semblable à l'argile *[du potier]*
15 et Il a créé les djinns d'un feu crépitant.
16 Mais lequel des bienfaits de votre Seigneur nierez-vous donc ?

1 Litt. : un séjour de sincérité.
2 Selon Ibn 'Abbâs, le mot *najm* que nous avons traduit par étoile selon son acception habituelle, désigne aussi toute plante sans tige ni tronc (***kullu nabât lâ sâqa lahâ***).
3 *Dhât al-akmâm* ; le mot *akmâm* désigne toute enveloppe florale.
4 Litt. : *Dhû al-'asf*, muni de feuilles bractéales. Les bractées sont de petites feuilles entourant la fleur.
5 Ce verset qui va revenir tout au long de la sourate est au « duel » parce qu'il s'adresse à la fois aux djinns et aux hommes.

17 Le Seigneur des deux Orients et des deux Occidents !
18 Mais lequel des bienfaits de votre Seigneur nierez-vous donc ?
19 Il a fait converger les deux mers vers leur point de rencontre ;
20 entre les deux, un isthme les empêche de se compénétrer.
21 Mais lequel des bienfaits de votre Seigneur nierez-vous donc ?
22 Les perles et le corail en sont extraits.
23 Mais lequel des bienfaits de votre Seigneur nierez-vous donc ?
24 C'est à lui qu'appartiennent les vaisseaux façonnés *[par les hommes]* qui évoluent en mer comme des montagnes.
25 Mais lequel des bienfaits de votre Seigneur nierez-vous donc ?
26 Tous ceux qui peuplent la surface de la terre sont voués à l'anéantissement
27 et Seule demeure la Face de ton Seigneur Tout de Majesté et de Générosité.
28 Mais lequel des bienfaits de votre Seigneur nierez-vous donc ?
29 Les habitants des cieux et de la terre Lui adressent leurs suppliques ; chaque jour Il vaque à une occupation différente.
30 Mais lequel des bienfaits de votre Seigneur nierez-vous donc ?
31 Hommes et djinns, Nous Nous consacrerons entièrement à vous !
32 Mais lequel des bienfaits de votre Seigneur nierez-vous donc ?
33 Hommes et djinns, si vous êtes en mesure d'échapper aux espaces célestes ou terrestres, faites-le ! Vous ne le pourrez qu'avec un pouvoir *[vous venant de Dieu]*.
34 Mais lequel des bienfaits de votre Seigneur nierez-vous donc ?
35 On vous lancera des traits de feu et d'airain et vous n'aurez pas la victoire.
36 Mais lequel des bienfaits de votre Seigneur nierez-vous donc ?
37 Lorsque les cieux se fendront et qu'ils seront enduits d'un rouge écarlate.
38 Mais lequel des bienfaits de votre Seigneur nierez-vous donc ?
39 Ce Jour-là, on n'interrogera plus ni les djinns ni les hommes sur leurs péchés.
40 Mais lequel des bienfaits de votre Seigneur nierez-vous donc ?

41 On reconnaîtra les criminels à des signes distinctifs et on se saisira d'eux par le toupet *[de leurs cheveux]* et par leurs pieds.
42 Mais lequel des bienfaits de votre Seigneur nierez-vous donc ?
43 Voici la Géhenne que les criminels traitaient de chimère !
44 Ils circuleront entre elle et une eau brûlante en ébullition.
45 Mais lequel des bienfaits de votre Seigneur nierez-vous donc ?
46 Celui qui aura craint de se tenir devant (litt. : la station de) son Seigneur aura deux jardins *[pour récompense]*.
47 Mais lequel des bienfaits de votre Seigneur nierez-vous donc ?
48 *[Deux jardins]* très arborés.
49 Mais lequel des bienfaits de votre Seigneur nierez-vous donc ?
50 Dans lesquels s'écouleront deux sources[6].
51 Mais lequel des bienfaits de votre Seigneur nierez-vous donc ?
52 Et qui contiendront deux variétés de chaque espèce de fruits.
53 Mais lequel des bienfaits de votre Seigneur nierez-vous donc ?
54 Ils seront accoudés sur des tapis doublés de velours et les fruits mûrs des deux jardins seront à portée de main.
55 Mais lequel des bienfaits de votre Seigneur nierez-vous donc ?
56 Ils abriteront des femmes au regard pudique que n'auront jamais touché avant eux ni homme ni djinn.
57 Mais lequel des bienfaits de votre Seigneur nierez-vous donc ?
58 On pourrait les croire de la jacinthe ou du corail.
59 Mais lequel des bienfaits de votre Seigneur nierez-vous donc ?
60 Y a-t-il d'autre récompense pour un bienfait qu'un autre bienfait[7] ?
61 Mais lequel des bienfaits de votre Seigneur nierez-vous donc ?
62 En-deçà de ces deux jardins sont situés deux autres.
63 Mais lequel des bienfaits de votre Seigneur nierez-vous donc ?
64 A la verdure épaisse.
65 Mais lequel des bienfaits de votre Seigneur nierez-vous donc ?
66 Qui abritent deux sources vives.
67 Mais lequel des bienfaits de votre Seigneur nierez-vous donc ?

6 Ou : arrosés par deux sources.
7 Bienfait est à prendre ici au sens étymologique du terme.

68 Ainsi que des fruitiers, des palmiers et des grenadiers.
69 Mais lequel des bienfaits de votre Seigneur nierez-vous donc ?
70 Ils abritent aussi des femmes vertueuses et belles.
71 Mais lequel des bienfaits de votre Seigneur nierez-vous donc ?
72 Des *ḥûrs*[1] aux grands yeux protégées (ou : cloîtrées) par leurs tentes.
73 Mais lequel des bienfaits de votre Seigneur nierez-vous ?
74 Que n'auront jamais touché avant eux ni homme ni djinn.
75 Mais lequel des bienfaits de votre Seigneur nierez-vous donc ?
76 Accoudées sur des coussins verts et des moquettes épaisses.
77 Mais lequel des bienfaits de votre Seigneur nierez-vous donc ?
78 Béni soit le Nom de ton Seigneur empreint de majesté et de générosité !

Sourate 56

## L'Événement inéluctable

*Au Nom de Dieu, le Tout Miséricordieux, le Très Miséricordieux*

1 Lorsque l'inéluctable se sera produit,
2 nul ne contestera son avènement.
3 *[Tour à tour]* il élèvera et il abaissera.
4 Lorsque la terre subira un violent tremblement
5 et que les montagnes se seront volatilisées
6 pour n'être plus que poussières dispersées,
7 vous serez alors trois groupes.
8 Les compagnons de la droite… Qui seront les compagnons de la droite ?
9 Et les compagnons de la gauche… Qui seront les compagnons de la gauche ?
10 Et les devanciers… Ah ! les devanciers !
11 Ce seront eux les rapprochés
12 dans les jardins des délices.
13 Assez répandus parmi les premiers
14 ils seront peu nombreux chez les derniers.
15 Accoudés sur des lits *[aux draps]* tissés d'or
16 ils se feront face.

---

1 Les *ḥûrs* sont les épouses paradisiaques destinées aux élus.

17 Parmi eux circuleront des éphèbes sans âge
18 porteurs de coupes, d'aiguières et de verres emplis d'une liqueur *[en provenance]* d'une source
19 qui ne leur provoquera ni maux de tête ni ébriété,
20 ainsi que des fruits de leur choix,
21 des chairs de volailles objets de leurs désirs,
22 et des *hûrs*[2] aux grands yeux,
23 semblables à des perles dissimulées *[aux regards]*,
24 en récompense de leurs actes.
25 Ils n'y entendront ni futilités ni propos blessants,
26 *[ils n'y entendront]* que ces mots : Paix ! Paix !
27 Et les compagnons de la droite... Qui seront les compagnons de la droite ?
28 Au milieu de lotus sans épines
29 et de bananiers *(talh)*[3] *[chargés de régimes]* superposés,
30 *[ils disposeront]* sous de vastes ombrages
31 d'une eau intarissable
32 et de fruits à profusion,
33 ni défendus ni en rupture d'approvisionnement,
34 ainsi que de couches élevées.
35 Nous les avons créées exemptes de défauts (litt. : d'une création nouvelle, c'est-à-dire exemptes de défauts)
36 Nous avons fait *[des hûrs]* des vierges
37 passionnées et d'égale jeunesse
38 à l'intention des compagnons de la droite.
39 Ils seront assez répandus parmi les premiers
40 comme parmi les derniers.
41 Et les compagnons de la gauche... Qui seront les compagnons de la gauche ?
42 Exposés à une chaleur torride et à une eau brûlante,
43 à « l'ombre[4] » d'une fumée noirâtre,
44 ils ne goûteront ni la fraîcheur ni l'hospitalité.
45 Auparavant ils vivaient dans l'opulence
46 tout en s'entêtant dans le péché capital,
47 et en disant : Lorsque nous ne serons plus que poussière et ossements, serons-nous ressuscités ?
48 En sera-t-il de même de nos lointains ancêtres ?
49 Réponds-leur : Certes les premiers et les derniers
50 seront rassemblés au rendez-vous d'un Jour déterminé *[de toute éternité]*.

2 Cf. note sourate 55 verset 72.
3 Le *talh* pourrait être également l'acacia ; or, l'acacia était souvent considéré comme symbolisant l'immortalité tandis que la banane symbolise une science purement spirituelle étant un fruit « sans noyau ».
4 Cette ombre enfumée ne donnera aucune fraîcheur. C'est pourquoi la fumée est synonyme d'ignorance.

51 Puis vous, les égarés qui criaient au mensonge,
52 vous mangerez *[du fruit]* de l'arbre de *Zaqqûm*
53 dont vous vous emplirez la panse
54 et vous boirez par-dessus de l'eau en ébullition ;
55 vous boirez tels des chameaux assoiffés *(hîm)*[5].
56 Ce sera *[le plat]* en entrée au Jour de la Reddition *[des comptes]*.
57 C'est Nous qui vous avons créés et si vous ne Nous croyez pas…
58 Avez-vous vu ce que vous éjaculez ?
59 Est-ce vous qui le créez ? Ou bien est-ce Nous qui en sommes les Créateurs[6] ?
60 Nous avons établi par décret que la mort *[rôderait]* parmi vous et nul ne saurait Nous empêcher
61 de vous substituer des hommes semblables à vous et de vous créer à nouveau sous une forme que vous ignorez.
62 Déjà vous aviez connaissance de la création première ! Vous en souviendrez-vous ?
63 Avez-vous considéré ce que vous cultivez ?
64 Est-ce vous ou bien Nous qui faisons germer la semence[7] ?
65 Si Nous l'avions voulu, Nous en aurions fait du chaume et vous en seriez encore tout éplorés :
66 Quelle lourde perte ! *[diriez-vous]*,
67 ou plutôt : Nous voilà privés *[de récolte]* !
68 Avez-vous considéré l'eau que vous buvez ?
69 Est-ce vous qui la faites descendre en pluie, ou bien est-ce Nous qui la faisons descendre ?
70 Si Nous l'avions voulu, Nous en aurions fait une eau saumâtre ! Serez-vous enfin reconnaissants ?
71 Et le feu que vous faites jaillir ?
72 Est-ce vous qui avez fait croître les arbres qui l'alimentent ou est-ce Nous ?
73 Nous en avons fait un rappel et un élément vital pour les voyageurs.
74 Proclame la gloire du Nom de ton Seigneur le Sublime.
75 Je n'en jurerai pas par le couchant des étoiles,
76 car c'est là, si vous le saviez, un serment de poids !

5 Le *hîm* est une maladie frappant les chameaux qui leur donne une soif atroce. Par extension *hîm* signifie aussi soif.
6 Le Coran emploie ici un pluriel
7 Litt. : Est-ce vous qui semez ou bien Nous qui semons ?

77 Ce Livre est bien un noble Coran (une noble Lecture)
78 conservé sur un Ouvrage *[original]* dissimulé ;

**Remarque** : Nous avons déjà évoqué cette notion de prototype des Écritures qui serait à l'origine de toutes les révélations à propos de la « Mère du Livre ».

79 seuls ceux qui se sont purifiés peuvent le toucher.
80 Il est une révélation du Seigneur des mondes.
81 Considérez-vous ce récit avec mépris[1] ?
82 Votre reconnaissance consiste-t-elle à le traiter de mensonges ?
83 Lorsque l'esprit vital remonte à la gorge *[du moribond]*
84 sous vos yeux,
85 Nous sommes plus près de lui que vous-mêmes mais vous ne le voyez pas ;
86 si vous n'étiez pas contraints *[à la mort[2]]*,
87 pourquoi ne le feriez-vous pas revenir à la vie si vous êtes sincères ?
88 Si le défunt est d'entre les rapprochés,
89 il goûtera au repos et aux parfums dans les jardins des délices ;
90 s'il est des compagnons de la droite :
91 La paix t'est consentie, de la part des compagnons de la droite.
92 Mais s'il fait partie de ces égarés qui criaient à l'imposture
93 *[il aura droit]* en entrée (*nuzul*[3]) à une eau en ébullition
94 et sera précipité dans la Géhenne.
95 Tout cela est bien la Vérité intangible.
96 Prononce Sa gloire en usant du Nom de ton Seigneur le Sublime !

Sourate 57

# Le Fer

*Au Nom de Dieu, le Tout Miséricordieux, le Très Miséricordieux*

1 Tout ce qui se trouve dans les cieux et sur la terre prononce Sa gloire et Il est le Puissant, le Sage !
2 C'est à Lui qu'appartiennent le royaume des cieux et de la terre ; Il donne la vie et Il donne la mort et Il est Omnipotent.
3 Il est le Premier et le Dernier, le Manifeste et l'Occulté et Il est Omniscient !

1 Ou : avec négligence.
2 Ou : si vous ne deviez pas passer en jugement.
3 Selon al-Kalbî, le *nuzul* est en effet le premier plat qu'on présente à son invité.

4 C'est Lui qui a créé les cieux et la terre en six jours puis qui S'est établi sur le Trône ; Il sait ce qui pénètre en terre et ce qui en sort, ce qui descend du ciel et ce qui s'y élève et Il est avec vous où que vous soyez et rien de ce que vous faites n'échappe à Dieu (litt. : et Dieu voit tout...).
5 Il possède le royaume des cieux et de la terre et c'est auprès de Dieu que reviennent toutes choses !
6 Il fait pénétrer la nuit dans le jour et le jour dans la nuit et Il sait parfaitement ce que dissimulent les cœurs.
7 Croyez en Dieu et en Son Envoyé et dépensez en partie le bien qu'Il vous a accordé en tant que simples gérants ; ceux d'entre vous qui auront eu la foi et auront dépensé leurs biens en aumônes auront droit à une récompense sublime.

**Autre traduction possible :** et dépensez en partie le bien que vous avez reçu en héritage *[avant que vous ne le léguiez vous-mêmes]*...
Ce verset avait été révélé à propos de Sayyidnâ 'Uthmân qui avait équipé « l'armée en difficulté » *(jaysh al-'usra)*.

8 Qu'avez-vous à ne pas ajouter foi en Dieu et en Son Envoyé alors qu'il (l'Envoyé) vous convie *[simplement]* à croire en votre Seigneur et qu'il a déjà reçu votre engagement si vous êtes *[d'authentiques]* croyants ?
9 C'est Lui qui a révélé à Son serviteur des versets explicites afin de vous faire sortir des ténèbres vers la lumière et Dieu est sans conteste Compatissant à votre égard et Très Miséricordieux.
10 Qu'avez-vous à ne pas faire de dépenses pour la cause de Dieu alors que c'est à Dieu que revient l'héritage des cieux et de la terre ? Ceux d'entre vous qui ont fait des dépenses *[pour la cause de Dieu]* et combattu avant la conquête *[de La Mecque]* ne sont pas dans la même situation (litt. : ne sont pas à égalité) que ceux qui ont dépensé et combattu après *[celle-ci]* même si Dieu a promis à chacun une excellente récompense. Les premiers occupent une place plus élevée *[auprès de Dieu]* et Dieu est parfaitement Informé de ce que vous faites.
11 Qui donc consentira à Dieu un prêt gracieux *(hasanan)* qu'Il lui rendra au centuple (litt. : qu'Il multipliera de façon conséquente) et *[pour lequel]* il obtiendra une noble récompense ?

12 Le Jour où tu verras les croyants et les croyantes rayonnant d'une lumière les éclairant devant eux et sur leur côté droit, voici une bonne nouvelle pour vous en ce Jour : des jardins, arrosés par des fleuves[4], dans lesquels vous demeurerez à jamais. Telle est la réussite sublime !
13 Le Jour où les hypocrites des deux sexes diront aux croyants : Accordez-nous un regard (ou : attendez-nous) afin que nous recevions quelque peu de votre lumière ! Retournez sur vos pas, leur sera-t-il ordonné, et cherchez-y donc la lumière. Et un rempart doté d'une porte sera dressé entre eux dont l'intérieur abritera la Miséricorde tandis qu'à l'extérieur, exactement en face, se déroulera le châtiment.
14 Ils appelleront alors les croyants : N'étions-nous pas avec vous ? Oh que si ! répondront ces derniers, mais vous vous êtes soumis à la tentation en guettant *[les vicissitudes du sort]* et en vous laissant ronger par le doute. Vous vous êtes laissé illusionner par des espoirs fallacieux jusqu'à ce que l'Ordre de Dieu soit rétabli et le séducteur vous a trompé sur le compte de Dieu.
15 En ce Jour on n'acceptera plus aucune rançon de votre part ni de celle des mécréants, et le feu vous servira d'asile. *[Désormais]*, il est votre maître : quelle épouvantable destinée !
16 Le moment n'est-il pas venu pour les croyants de se recueillir en leur cœur à la mention de Dieu et de ce qui a été révélé selon (litt. : par) la Vérité et de ne pas être comme ceux qui ont reçu les Écritures avant eux : ayant trouvé le temps long, leurs cœurs s'endurcirent et nombre d'entre eux furent des pervers.
17 Sachez que Dieu vivifie la terre après qu'elle ait été stérile ; Nous avons exposé ces signes à votre intention afin que vous y réfléchissiez.

**Commentaire** : Il n'est pas sans intérêt de remarquer que ce verset dans lequel il est question d'une terre stérile que Dieu revivifie fait suite à un autre où il est question du cœur. Ce n'est donc pas sans raisons que certains spirituels musulmans établissent une analogie entre la terre, l'âme et le cœur lorsqu'ils sont évoqués dans le Coran.

18 Ceux et celles qui dépensent leurs biens en aumônes et qui consentent à Dieu un prêt gracieux seront rétribués au centuple et une noble récompense leur est destinée.

---

4 Litt. : des jardins sous lesquels s'écoulent des fleuves.

19 Ceux qui auront cru en Dieu et en Ses envoyés seront les véridiques
et les témoins *(shuhadâ')*[5] auprès de leur Seigneur. Ils recevront leur
rétribution et leur lumière. Et quant aux mécréants qui auront traité
Nos signes de mensonges, ceux-là seront les hôtes de la Géhenne.
20 Sachez que la vie de ce monde n'est que jeu, distraction, vaine parure,
rivalité entre vous, profusion de biens et d'enfants. Elle est compara-
ble à une pluie. La végétation qu'elle fait pousser séduit les mécréants
puis elle se fane, jaunit et se dessèche. Il y aura dans l'Au-delà un
châtiment terrible ainsi que le pardon et l'agrément de Dieu et la vie
de ce monde n'est qu'un plaisir illusoire.
21 Empressez-vous d'obtenir un pardon de votre Seigneur et un Paradis
aussi large que le ciel et la terre, apprêté pour ceux qui auront cru en
Dieu et en Ses envoyés. Telle est la faveur de Dieu : Il l'accorde à qui
Il veut et Dieu détient une faveur immense.
22 Il n'est pas une épreuve qui s'abatte sur la terre ou qui vous atteigne
dans vos personnes qui ne soit consignée dans un livre avant même
que Nous la manifestions. Certes cela est pour Dieu chose aisée !
23 Cela afin que vous ne regrettiez pas ce qui vous a échappé et que vous
ne vous réjouissiez pas trop de ce qu'Il vous a accordé car Dieu n'aime
pas les vaniteux arrogants,
24 ceux qui se montrent avares et qui poussent (litt. : qui ordonnent)
les gens à l'avarice. Et que celui qui se détourne *[sache]* que Dieu n'a
besoin de personne et qu'Il est Digne de louanges.

5 Le terme *shahîd*, comme en grec le mot marturos, désigne à la fois le témoin et le martyr.

25 Nous avons envoyé Nos prophètes avec des preuves et Nous avons révélé les Écritures avec eux ; Nous avons institué[6] la justice[7] afin que les hommes agissent avec équité et Nous avons révélé[8] *[l'usage]* du fer, source de maux terribles pour les hommes mais aussi *[propre à]* de multiples usages. Cela afin que Dieu sache qui Le soutiendra avec Ses prophètes *[fût-ce]* à l'insu de tous et Dieu est le Fort, le Puissant.
26 Nous avions envoyé Nûh et Ibrâhîm et institué la prophétie et les Écritures dans leur postérité ; certains d'entre eux furent bien guidés mais un grand nombre se comporta en pervers.
27 Puis Nous les fîmes suivre de Nos messagers. Nous avons envoyé après eux Jésus fils de Marie, Nous lui avons révélé l'Évangile et Nous avons mis dans le cœur de ceux qui l'ont suivi miséricorde et compassion. Le monachisme qu'ils avaient instauré uniquement en vue d'obtenir la satisfaction de Dieu, Nous ne le leur avions pas imposé mais ils ne l'ont pas pratiqué avec la rigueur voulue. Nous accordâmes à ceux d'entre eux qui avaient cru leur récompense et nombre d'entre eux furent des pervers.
28 Ô vous qui avez la foi, gardez-vous de Dieu et croyez en Ses prophètes ; Il vous accordera une double part de Sa Miséricorde ainsi qu'une lumière qui vous permettra d'avancer et Il vous pardonnera car Dieu est Pardonneur et Miséricordieux.
29 Cela afin que les gens du Livre sachent qu'ils n'auront rien à attendre de la faveur de Dieu et que la grâce est dans la Main de Dieu : Il l'accorde à qui Il veut et Dieu détient une faveur immense.

6 Litt. : fait descendre.
7 Litt. : la balance.
8 Litt. : fait descendre.

Sourate 58

# La Controverse

*Au Nom de Dieu, le Tout Miséricordieux, le Très Miséricordieux*

1 Dieu a déjà entendu les propos de celle qui entretient une controverse
avec toi au sujet de son époux et qui se plaint à Dieu et Dieu entend
votre conversation car Dieu entend et voit tout !
2 Ceux qui répudient leurs épouses en les comparant au dos de leurs
mères *[doivent savoir]* qu'elles ne le sont point. Seules sont leurs mères
celles qui les ont enfantés, et ils profèrent des propos blâmables et
mensongers. Mais Dieu est Indulgent et Pardonneur.

**Commentaire** : Les anciens Arabes avaient coutume, lorsqu'ils voulaient répudier une de leurs épouses, de lui dire : « Tu m'es désormais interdite au même titre que le dos de ma mère. » Cette modalité de répudiation, dont le statut (modifié par l'Islam) est diversement commenté par les différentes écoles, n'a pas de toute façon les faveurs de la loi car Il n'a pas fait des épouses que vous répudiez *[selon une certaine modalité]* vos mères ; cf. Cor. 33, 4.

3 Ceux qui après avoir répudié leurs épouses en les comparant au dos
de leurs mères retombent dans ce travers se doivent, à titre d'exhorta-
tion, d'affranchir un esclave avant qu'ils aient à nouveau un commerce
charnel et Dieu est parfaitement Informé de vos actes.
4 Celui qui n'a pas d'esclave devra jeûner deux mois consécutifs avant
qu'il ait à nouveau un commerce charnel et celui qui n'est pas en
mesure de jeûner devra nourrir soixante pauvres : autant de prescrip-
tions *(dhâlika) [pour preuve]* de votre foi en Dieu et en Son Envoyé.
Telles sont les limites établies par Dieu et les mécréants sont voués à
un châtiment douloureux.
5 Ceux qui cherchent à s'opposer à Dieu et à Son Envoyé seront répri-
més comme ceux qui les ont précédés ; Nous avons révélé des versets
explicites et les mécréants sont voués à un châtiment humiliant,
6 le Jour où Dieu les ressuscitera tous ensemble et où Il leur rappellera
quelles étaient leurs œuvres dont aucune ne Lui aura échappé alors
qu'ils les auront oubliées. Et Dieu est Témoin de toute chose.

7 Ne vois-tu pas que Dieu sait ce qui *[se passe]* dans les cieux comme
sur terre ? Nul aparté à trois dont Il ne soit le quatrième, ni à cinq
dont Il ne soit le sixième ; il n'est de réunion plus ou moins nom-
breuse sans qu'Il soit avec ses participants où qu'ils se trouvent, puis
Il leur rappellera quelles étaient leurs œuvres au Jour de la Résurrec-
tion car Dieu est Omniscient !
8 Ne vois-tu pas ceux auxquels on a interdit de tenir des réunions
secrètes et qui ont de nouveau transgressé cet interdit ; ils se concer-
tent pour pécher, témoigner leur hostilité au Prophète et lui désobéir,
et lorsqu'ils viennent à toi ils t'adressent des salutations différentes
de celles que Dieu t'a adressées, se disant en eux-mêmes : Pourquoi
Dieu ne nous châtie-t-Il pas pour ce que nous disons ? Il leur suffira
d'être jetés dans la Géhenne *[en guise de punition]* ! Quel détestable
devenir !
9 Ô vous qui avez la foi, lors de vos concertations discrètes évitez de
parler pour pécher, témoigner votre hostilité au Prophète ou lui déso-
béir, mais concertez-vous en vue de vous encourager à la vertu et à
la piété salvatrice et gardez-vous de Dieu auprès duquel vous serez
réunis.
10 Les apartés procèdent *[presque]* exclusivement du diable pour affliger
ceux qui ont la foi. Ils ne sauraient leur faire de tort sans la permission
de Dieu et c'est à Dieu que s'en remettent les croyants.
11 Ô vous qui avez la foi, s'il vous est demandé de faire de la place dans
une assemblée, faites-le, Dieu vous fera de la place *[en Paradis]* et, si
l'on vous demande de vous lever, faites-le ! Dieu élèvera ceux d'entre
vous qui ont la foi et ceux qui ont reçu la science de plusieurs degrés
et Dieu est parfaitement Informé de ce que vous faites.

12 Ô vous qui avez la foi, si vous vous adressez en particulier au Prophète faites précéder cet entretien d'un don : cela sera à la fois plus pur et préférable pour vous, car Dieu est Pardonneur et Très Miséricordieux.
13 Craindriez-vous de faire précéder ces entretiens d'une aumône ? Si vous ne l'avez pas fait et que Dieu vous ait pardonné *[cette omission]*, accomplissez la prière, acquittez l'aumône légale et obéissez à Dieu et à Son Envoyé ; et Dieu est parfaitement Informé de ce que vous faites.
14 Ne vois-tu pas ceux qui ont pris pour alliés un peuple qui encourt la colère de Dieu ? *[N'étant]* ni des vôtres ni des leurs, ils se livrent sciemment à des serments mensongers.
15 Dieu leur a apprêté un terrible châtiment ; à quels actes détestables ne se livraient-ils pas !
16 Usant de leurs serments comme d'une protection, ils se sont détournés de la cause de Dieu ; un châtiment avilissant leur est destiné.
17 Ni leurs biens ni leurs enfants ne leur seront de la moindre utilité contre Dieu ; ceux-là seront les hôtes du feu dans lequel ils demeureront à jamais.
18 Le Jour où Dieu les ressuscitera tous ensemble, ils feront devant Lui des serments tout comme ils en faisaient devant vous, s'estimant ainsi détenteurs *[d'une « planche de salut »]*. Ne sont-ils pas des imposteurs ?
19 Les ayant totalement possédés, le diable leur a fait oublier de se souvenir de Dieu. Ceux-là constituent le parti du diable ! Les adhérents du parti du diable ne sont-ils pas voués à la perdition ?
20 Certes ceux qui contreviennent à Dieu et à Son Envoyé seront parmi les individus méprisables.
21 Dieu a décrété : Certes la victoire M'est acquise ainsi qu'à Mes prophètes, car Dieu est Puissant et Fort.

22 Tu ne trouveras aucun peuple ayant foi en Dieu et au Jour dernier qui témoigne de l'amitié à ceux qui s'opposent à Dieu et à Son Envoyé, fussent-ils leurs pères, leurs fils, leurs frères ou leur tribu. Ceux-là, Dieu a inscrit la foi dans leurs cœurs et les a raffermis par un Esprit procédant de Lui. Il les introduira dans des jardins arrosés par des fleuves où ils demeureront à jamais. Dieu leur consentira Sa satisfaction et ils seront satisfaits de Lui. Ceux-là constituent le parti de Dieu. Les membres du parti de Dieu ne sont-ils pas voués à la réussite ?

Sourate 59

# Le Rassemblement

*Au Nom de Dieu, le Tout Miséricordieux, le Très Miséricordieux*

1 Tout ce qui se trouve dans les cieux et sur terre proclame Sa gloire et Il est le Puissant, le Sage.

2 C'est Lui qui a chassé les mécréants d'entre les gens du Livre de leur territoire lors du premier rassemblement ; vous ne pensiez pas qu'il fût possible qu'ils en sortent et, de leur côté, ils s'imaginaient être protégés de Dieu par leur forteresse. Dieu les surprit par où ils ne s'attendaient pas et Il jeta l'effroi dans leurs cœurs si bien qu'ils ruinèrent leurs demeures de leurs propres mains et de la main des croyants. Prenez cela en considération, vous qui êtes doués de clairvoyance.

**Commentaire :** Ce verset fut révélé à propos des Banî Nadîr, tribu juive de Khaybar qui fut contrainte à l'exil par le Prophète après l'avoir trahi. Les commentaires divergent pour déterminer quel est ce premier rassemblement auquel le verset fait allusion ; néanmoins il semble bien que ce soit l'exil même de cette tribu qui soit considéré comme une anticipation du Rassemblement et du Jugement final.

3 Si Dieu ne leur avait prescrit l'exil, Il les aurait châtiés dès ce bas monde, et dans l'Ultime Demeure le châtiment du feu leur est destiné,

4 cela pour avoir témoigné de l'hostilité à Dieu et à Son Envoyé et Dieu
châtie avec sévérité ceux qui Lui témoignent de l'hostilité.
5 Il n'est de palmiers que vous ayez coupés ou laissés sur pieds sans que
ce soit avec la permission de Dieu et cela afin qu'il humilie les pervers
*[comme il se doit]*.
6 Le butin que Dieu a accordé à Son Envoyé aux dépens *[des Bani
Nadîr]*, vous n'avez pas forcé le galop des chevaux ni la marche des
chameaux pour vous en emparer, mais Dieu met qui Il veut au pou-
voir de Ses envoyés car Dieu est Omnipotent.

**Commentaire** : La reddition des Banî Nadîr fut obtenue sans difficultés particulières ce qui amène le Coran à apporter cette précision, à savoir que c'est Dieu qui les mit au pouvoir du Prophète en lui laissant le soin de gérer le butin. Le Prophète en garda une maigre part pour sa famille et répartit le reste entre les combattants mecquois après en avoir prélevé une autre part destinée au « trésor de guerre ».

7 Le butin que Dieu a accordé à Son Envoyé aux dépens des habi-
tants de la cité sera réparti entre Dieu et Son Envoyé, les proches, les
orphelins, les indigents et les voyageurs afin qu'il ne soit pas dévolu
aux seuls d'entre vous qui sont riches : ce que l'Envoyé vous apporte,
prenez-le, mais abstenez-vous de ce qu'il vous interdit et gardez-vous
de Dieu car Dieu châtie avec sévérité.
8 *[Le butin est aussi destiné]* aux pauvres et aux émigrés (*muhâjirîn*) qui
ont été chassés de leur territoire et privés de leurs biens pour avoir
recherché la faveur de Dieu et Son agrément et avoir apporté leur
soutien à Dieu et à Son Envoyé : ceux-là sont des véridiques ;
9 *[et il l'est également]* à ceux qui étaient établis dans le pays et ancrés
dans leur foi[1] avant qu'ils arrivent (litt. : avant eux), et qui aiment ceux
qui se sont réfugiés auprès d'eux. Ils n'éprouvent aucun ressentiment[2]
du fait de ce qui est accordé *[à ces émigrés]* et ils font montre d'abnéga-
tion, fût-ce à leur détriment : et ceux qui se préservent de leur propre
ladrerie, ceux-là sont assurés de la réussite.

---

1 Il s'agit bien entendu des Médinois accueillant les Mecquois. Le fait que les Médinois aient été ancrés dans la foi avant l'arrivée des Mecquois n'implique en rien qu'ils les aient précédés dans la conversion, ce qui constituerait un anachronisme patent.

2 Litt. : aucune envie.

10 *[Et enfin à]* ceux qui sont venus après en disant : Seigneur, pardonne-
nous ainsi qu'à nos frères qui nous ont devancés dans la foi et ne mets
pas de haine en nos cœurs à l'encontre de ceux qui ont cru car Tu es
Compatissant et Miséricordieux.
11 N'as-tu pas médité *[l'exemple de]* ces hypocrites qui disent à leurs frè-
res mécréants choisis parmi les gens du Livre : Si vous êtes expulsés
nous partirons avec vous et nous n'obéirons à personne à votre sujet,
et si vous êtes combattus nous vous apporterons notre soutien : Dieu
atteste qu'ils sont des menteurs !
12 S'ils sont expulsés ils ne partiront pas avec eux, et s'ils sont combat-
tus ils ne les soutiendront pas et quand même ils les soutiendraient,
ce serait pour tourner les talons et ils ne seraient *[en définitive]* pas
victorieux (ou : pas secourus).
13 Vous suscitez plus de crainte en leurs cœurs que Dieu Lui-même, cela
parce qu'il s'agit d'un peuple stupide.
14 Jamais ils ne vous combattront tous ensemble si ce n'est dans une cita-
delle protégée ou de derrière des remparts. Il règne entre eux une
hostilité venimeuse ; tu les crois unis mais leurs cœurs sont divisés,
cela parce qu'il s'agit d'un peuple dépourvu de raison.
15 Semblables à ceux qui les ont devancés il y a peu, ils ont goûté aux
conséquences catastrophiques de leur attitude et un châtiment dou-
loureux leur est destiné.

**Commentaire** : Les devanciers immédiats des Banî Nadîr étaient une autre tribu juive de Médine : les Banî Qaynuqâ', exilés par le Prophète pour les mêmes raisons que ces derniers.

16 Semblables également au diable qui incite l'homme à la mécréance et
qui lui dit, une fois la chose faite : Je n'ai rien à voir avec toi, car moi je
crains Dieu le Seigneur des mondes.

17 La funeste conséquence fut pour tous deux d'être voués au feu et d'y
demeurer à jamais car telle est la rétribution des iniques.
18 Ô vous qui avez la foi, gardez-vous de Dieu et que chaque personne
considère ce qu'elle a apprêté en vue du lendemain ; et gardez-vous de
Dieu qui est parfaitement Informé de ce que vous faites.
19 Et ne soyez pas comme ceux qui ont oublié Dieu, si bien que Dieu a
fait en sorte qu'ils s'oublient eux-mêmes ; ceux-là sont des pervers.
20 Les hôtes du feu et ceux du Paradis ne sont pas sur un pied d'égalité ;
seuls les hôtes du Paradis ont remporté un succès.
21 Si Nous avions révélé ce Coran à une montagne, tu l'aurais vue se
fendre et s'humilier par crainte de Dieu ; de tels exemples, Nous les
proposons aux hommes afin qu'ils y réfléchissent.
22 Il est Dieu qui est tel qu'il n'y a point de divinité en dehors de Lui !
Connaisseur du non-manifesté comme du manifesté, Il est le Tout
Miséricordieux, le Très Miséricordieux.
23 Il est Dieu qui est tel qu'il n'est point de divinité en dehors de Lui, le
Roi sanctissime, la Paix, Celui qui sécurise, le Dominateur, le Puis-
sant, le Contraignant, le Superbe, gloire à Dieu au-delà de ce qu'ils
Lui associent.
24 Il est Dieu le Créateur, l'Initiateur, le Formateur : c'est à Lui qu'appar-
tiennent les plus beaux noms. Tout ce qui se trouve dans les cieux et
sur terre proclame Sa gloire et Il est le Puissant, le Sage.

Sourate 60

# La Mise à l'épreuve

*Au Nom de Dieu, le Tout Miséricordieux, le Très Miséricordieux*

1 Ô vous qui avez la foi, ne prenez pas Mes ennemis et les vôtres pour alliés en leur prodiguant des marques d'affection alors qu'ils ont nié la Vérité qui vous est parvenue, bannissant le Prophète et vous-mêmes pour avoir cru en Dieu votre Seigneur. Si vous vous êtes mis en campagne afin de défendre Ma cause et de rechercher Mon agrément, vous ne pouvez leur vouer une amitié secrète alors que Je sais parfaitement ce que vous dissimulez comme ce que vous dévoilez. Ceux d'entre vous qui persisteraient dans cette attitude s'égareraient hors de la voie de l'harmonie (ou : du juste milieu).

2 S'ils ont le dessus (litt. : s'ils mettent la main sur vous), ils se comporteront en ennemis portant la main sur vous et donnant libre cours à leur médisance[1] : ils voudraient tellement que vous reniez...

3 Ni vos liens de parenté ni vos enfants ne vous seront de la moindre utilité au Jour de la Résurrection où il sera tranché entre vous (ou encore : où vous serez séparés) et rien de ce que vous faites n'échappe à Dieu[2].

4 Vous avez dans Ibrâhîm et dans ceux qui étaient à ses côtés un excellent exemple (litt. : modèle) lorsqu'ils dirent à leur peuple : Nous n'avons rien à voir avec vous ni avec ces idoles que vous adorez en excluant Dieu *[de votre culte]* et nous vous renions. L'inimitié et la haine sont désormais affichées entre nous aussi longtemps que vous ne croirez pas en Dieu Seul !

*[Vous avez dans Ibrâhîm un excellent exemple]* exception faite pour ce propos qu'Ibrâhîm adressa à son père : Je demanderai *[à Dieu]* ton pardon[3] car je ne peux rien faire d'autre en ta faveur auprès de Lui. Seigneur, c'est à Toi que nous nous en remettons, auprès de Toi que nous nous repentons et qu'aboutit toute destinée.

5 Seigneur, ne fais pas de nous une source de sédition pour les mécréants et pardonne-nous, Seigneur, car Tu es le Puissant, le Sage.

**Commentaire :** Seigneur, ne fais pas de nous une source de sédition pour les mécréants en leur accordant sur nous une victoire facile qui leur laisserait supposer qu'ils sont dans le vrai.

---

1 Litt. : déliant leurs langues.

2 Litt. : et Dieu voit tout ce que vous faites.

3 Selon les commentateurs, Abraham aurait dû faire preuve de fermeté devant l'attitude de son père et ne pas demander son pardon puisqu'il s'agissait d'un mécréant, ce qui explique le reproche qui lui est adressé dans le Coran : exception faite pour ce propos qu'Ibrâhîm adressa à son père... D'autre part la plupart des commentateurs estiment qu'il s'agit non de son père mais plutôt de son oncle que l'on appelait « père » chez les sémites en l'absence de ce dernier.

6 Vous avez dans ceux-là un excellent exemple pour quiconque place son espoir en Dieu et dans le Jour dernier. Et que ceux qui se détournent *[sachent que]* Dieu n'a besoin de quiconque et qu'Il est Digne de louanges.

7 Il se peut que Dieu établisse entre vous et ceux auxquels vous témoignez de l'hostilité des liens d'affection ; Dieu a ce pouvoir[4] et Dieu est Pardonneur et Très Miséricordieux.

8 Dieu ne vous empêche pas de traiter avec bienveillance ni de vous montrer équitables avec ceux qui ne vous ont pas bannis de vos territoires car Dieu aime les hommes justes.

9 Dieu vous interdit seulement de prendre pour alliés des gens qui vous ont combattus à cause de votre religion, qui vous ont expulsés de vos territoires ou ont contribué à votre bannissement. Ceux qui s'en font des alliés (ou : des amis), ceux-là sont des injustes.

10 Ô vous qui avez la foi, si des croyantes viennent à vous en vue d'émigrer mettez-les à l'épreuve. Dieu sait mieux que quiconque *[la réalité]* de leur foi. Si elles s'avèrent être des croyantes[5] ne les renvoyez pas aux mécréants. Il n'est pas licite pour elles *[de les épouser]* pas plus qu'ils ne sont en droit *[de les épouser]* ; restituez *[aux ex-époux]* les dépenses faites *[pour elles]* et vous n'encourrez aucun blâme à les épouser dès lors que vous leur aurez remis leur dot. Ne retenez pas en revanche les mécréantes par les liens du mariage et réclamez-leur ce que vous avez dépensé en leur faveur. Telle est la décision que Dieu a arrêtée entre vous, et Dieu est Très Savant, Très Sage.

11 Si certaines de vos épouses vous ont échappé pour rejoindre les mécréants et que vous ayez *[par la suite]* acquis du butin, dédommagez de leurs dépenses ceux dont les épouses sont passées *[à l'ennemi]* et gardez-vous de Dieu auquel vous ajoutez foi !

---

4 Litt. : Dieu est Puissant.

5 Litt. : et si vous les savez croyantes.

12 Ô Prophète, si les croyantes viennent te trouver afin de s'engager devant toi à ne rien associer à Dieu, à ne pas voler ni commettre d'adultère, à ne pas tuer leurs enfants et à ne pas attribuer mensongèrement *[à leurs époux]* un bâtard qu'elles déposeraient entre leurs mains et leurs pieds et à ne pas te désobéir en ce qui est notoirement illicite, alors accepte leur allégeance et implore pour elles le pardon de Dieu car Dieu est Pardonneur et Très Miséricordieux !

**Commentaire :** à ne pas attribuer mensongèrement *[à leurs époux]* un bâtard qu'elles déposeraient entre leurs mains et leurs pieds traduit de façon assez peu claire une phrase dont le sens littéral est encore plus obscur (à ne pas produire de calomnies qu'elles proféreraient entre leurs mains et leurs pieds).

Certaines épouses sans enfants qui redoutaient de se voir répudiées par leurs maris ramenaient à la maison un enfant trouvé en prétendant qu'il était de lui. La calomnie consiste donc dans ce cas à « tricher » sur les origines de l'enfant ; le fait de le déposer (ou de le proférer selon le sens littéral) entre leurs mains et leurs pieds suggère que l'épouse laisse entendre qu'elle l'a réellement porté (entre leurs mains signifiant aussi devant elles) et mis au monde (et leurs pieds).

13 Ô vous qui avez la foi, ne vous faites pas les amis d'un peuple qui subit la colère de Dieu et qui désespère de l'Ultime Demeure au même titre que les mécréants désespèrent des habitants de la tombe.

Sourate 61

# Le Rang

*Au Nom de Dieu, le Tout Miséricordieux, le Très Miséricordieux*

1 Tout ce qui se trouve dans les cieux et sur terre proclame Sa gloire et Il est le Puissant, le Sage.

2 Ô vous qui avez la foi, pourquoi dites-vous ce que vous ne faites pas ?

3 Dieu exècre vous entendre dire ce que vous ne faites pas !

4 Dieu aime ceux qui combattent pour Sa cause en rangs serrés tels un édifice solidement cimenté.

5 *[Souviens-toi de]* Mûssâ lorsqu'il dit à son peuple : Pourquoi me faites-vous du tort alors que vous savez que je suis l'Envoyé de Dieu auprès de vous ? Et lorsqu'ils dévièrent, Dieu brouilla leur perception (litt. : leurs cœurs) et Dieu ne guide pas le peuple des pervers.

6 Et de 'Îssâ fils de Maryam qui, s'adressant *[aux juifs]*, leur dit : Ô
enfants d'Isrâ'îl, je suis envoyé par Dieu auprès de vous pour confirmer la Thora qui m'est antérieure et pour annoncer la venue d'un prophète après moi qui aura pour nom Ahmad. Mais lorsqu'il vint à eux avec des preuves, ils crièrent à la magie manifeste.
7 Et qui donc est plus inique que celui qui profère des mensonges au sujet de Dieu alors qu'on l'invite à l'Islam et Dieu ne guide pas un peuple d'injustes.
8 Ils veulent éteindre la lumière de Dieu de leurs bouches mais Dieu fera resplendir Sa lumière n'en déplaise aux mécréants !
9 C'est Lui qui a envoyé Son Prophète afin de transmettre la guidance et la religion de la Vérité et de lui assurer la suprématie sur toute autre religion, n'en déplaise aux associateurs.
10 Ô vous qui avez la foi, vous guiderai-je vers un négoce qui vous préservera d'un châtiment douloureux ?
11 Croyez en Dieu et en Son Envoyé et combattez pour la cause de Dieu, de vos biens et de vos personnes, cela est préférable pour vous si vous appréhendez *[les choses à leur juste valeur]*.
12 Il vous pardonnera vos péchés et vous introduira dans des jardins arrosés par des fleuves ainsi que dans des demeures agréables dans les jardins d'Éden. Telle sera *[pour vous]* la réussite indéniable.
13 *[Il vous accordera]* une autre largesse qui aura vos faveurs : un soutien venant de Dieu et une victoire prochaine. Annonce-le aux croyants !
14 Ô vous qui avez la foi, soyez des auxiliaires *(ansâr)* de Dieu tels que l'entendait 'Îssâ fils de Maryam lorsqu'il s'adressa aux apôtres : Qui seront mes partisans *(ansârî)* *[dans le combat qui mène]* à Dieu ? Nous serons les auxiliaires de Dieu, répondirent les apôtres. Une fraction des enfants d'Isrâ'îl ajouta foi *[au message]* que l'autre renia. Nous renforçâmes ceux qui avaient la foi contre leurs ennemis et ils remportèrent la victoire.

Sourate 62

# Le Vendredi

*Au Nom de Dieu, le Tout Miséricordieux, le Très Miséricordieux*

1 Tout ce qui se trouve dans les cieux et sur terre proclame Sa gloire, le Roi sanctissime, le Puissant, le Sage.

2 C'est Lui qui a envoyé aux illettrés un Prophète choisi parmi eux afin de leur réciter Ses versets, de les purifier et de leur enseigner le Livre et la sagesse, même s'ils étaient par le passé dans un égarement manifeste ;

**Commentaire :** L'illettrisme attribué ici aux Arabes doit être envisagé non pas comme un manque mais bien comme une « vertu ». Privés jusque-là d'Écritures sacrées, ils vont recevoir le Coran par l'intermédiaire du Prophète, lui-même qualifié « d'illettré », avec l'attention caractéristique de celui qui a « tout à apprendre » et qui n'est pas encombré par un savoir vain ou superficiel. Cet illettrisme est donc une forme de virginité propice à la réception du Verbe divin.

3 *[Il l'a envoyé aussi]* à d'autres qui ne les ont pas encore rejoints et Il est Le Puissant, le Sage.

**Commentaire :** Interrogé à propos de ces autres qui n'allaient pas tarder à rejoindre la première vague de croyants, le Prophète avait saisi la main de Salmân pour faire comprendre qu'il s'agissait des Persans.

4 Telle est la faveur de Dieu, Il l'accorde à qui Il veut et Dieu détient une faveur immense.

5 Ceux qui ont été chargés *[de propager]* la Thora et qui n'en assument plus *[les injonctions]* sont comparables à des ânes portant des trésors *[sur leurs dos]*. Quelle détestable comparaison que celle appliquée à ceux qui ont traité d'impostures les versets de Dieu et Dieu ne guide pas les peuples d'injustes.

6 Dis-leur : Vous qui faites profession de Judaïsme, si vous prétendez être les protégés *(awlyâ')* de Dieu à l'exclusion des autres hommes, souhaitez donc la mort si vous êtes sincères !

7 Jamais ils ne la souhaiteront eu égard aux méfaits commis par leurs mains et Dieu connaît bien les injustes.

8 Dis-leur : La mort que vous fuyez vous rattrapera bientôt, puis vous serez ramenés vers Celui qui a connaissance de ce qui est celé comme de ce qui est manifesté et Il vous avisera de ce que vous faisiez.

9 Ô vous qui avez la foi, lorsqu'on vous appelle pour la prière du Vendredi mettez-vous en route *[pour vous rendre à l'office]* en vue de vous remettre Dieu en mémoire et cessez tout négoce ! Cela vous sera bien plus profitable, si seulement vous pouviez vous en rendre compte (litt. : le savoir) !
10 Et une fois la prière accomplie, dispersez-vous sur terre afin de rechercher la faveur de Dieu et mentionnez Dieu fréquemment, peut-être obtiendrez-vous le succès !

**Commentaire** : Il semble bien que, selon le *hadîth*, la faveur à rechercher soit de nature spirituelle quoique certains commentateurs y voient plutôt une autorisation à recommencer le négoce une fois la prière terminée.

11 Et lorsqu'ils voient une vente *[en cours]* ou un divertissement, ils s'y rendent aussitôt en t'abandonnant debout *[en prière]*. Dis-leur : Ce qui se trouve auprès de Dieu est préférable aux divertissements et au négoce et Dieu est le meilleur des pourvoyeurs.

Sourate 63

## Les Hypocrites

*Au Nom de Dieu, le Tout Miséricordieux, le Très Miséricordieux*

1 Lorsque les hypocrites viennent à toi, ils te disent : Nous attestons que tu es l'Envoyé de Dieu ! Dieu sait fort bien que tu es Son Envoyé mais Dieu atteste que les hypocrites sont des menteurs.
2 Ils se sont fait une protection de leurs serments tout en se détournant de la cause de Dieu ; que leurs actes étaient détestables !
3 Tout cela pour avoir cru puis renié leur foi, en sorte qu'un sceau a été apposé sur leurs cœurs si bien qu'ils ne comprennent rien !
4 Lorsqu'on (Litt. : lorsque tu) les regarde, on est séduit par leur aspect corporel, et lorsqu'ils parlent on prête attention à leurs propos. Semblables à des poteaux fichés *[en terre]*, ils s'imaginent que le moindre cri leur est destiné. Ce sont des ennemis, garde-toi d'eux ! Dieu les combatte ! Comment se détournent-ils ?

**Commentaire** : Semblables à des poteaux fichés[1] *[en terre]*, ou encore : à des poteaux reposant *[contre un mur]* signifie, selon les commentateurs, « totalement inutiles ». A titre de comparaison la poutre n'est utile que si elle soutient la charpente, mais abandonnée à elle-même elle est l'exemple même de l'inutilité.

1 Ou : dressés.

5 Et si l'on vient à leur dire : Venez donc afin que l'Envoyé de Dieu implore votre pardon, ils détournent la tête et tu les verras s'éloigner pleins d'orgueil !
6 Peu importe que tu demandes ou non leur pardon : Dieu ne leur pardonnera pas car Dieu ne guide pas le peuple des pervers.
7 Ce sont eux qui ont dit : Ne faites pas de dépenses en faveur de ceux qui se trouvent auprès de l'Envoyé de Dieu jusqu'à ce qu'ils l'abandonnent alors que c'est à Dieu qu'appartiennent les trésors des cieux et de la terre mais les hypocrites ne comprennent rien.
8 Si nous revenons à Médine, disent-ils, le plus puissant d'entre nous en fera sortir le plus vil ! Or, c'est à Dieu, à Son Envoyé et aux croyants qu'appartient la grandeur, mais cela, les hypocrites l'ignorent.

**Commentaire :** Lors de la bataille des Banî Mustalaq un serviteur de sayyidnâ 'Umar b. al-Khattâb avait eu une altercation à propos d'un point d'eau avec Sinân al-Juhanî, Médinois allié de 'Abd Allâh b. Ubay b. Salûl, tête de file des hypocrites médinois. Mis au courant des faits, ce dernier eut cette réflexion qui témoignait bien de son état d'esprit : « Nos rapports (entre Mecquois et Médinois) sont bien illustrés par le proverbe engraisse ton chien, il finira bien par te manger. Si nous revenons à Médine le plus puissant d'entre nous en fera sortir le plus vil ! »

Informé de ses propos par Zayd b. Arqam, le Prophète fit demander à Ibn Salûl ce qu'il en était ; ce dernier nia farouchement les avoir tenus mais, malheureusement pour lui, le Coran vint confirmer les accusations de Zayd. Certains membres de son entourage lui conseillèrent alors d'aller implorer le pardon du Prophète, mais il s'y refusa d'un orgueilleux mouvement de tête signalé au verset cinq. Ibn Salûl devait mourir peu après.

9 Ô vous qui avez la foi, que ni vos biens ni vos enfants ne vous distraient du souvenir de Dieu, car quiconque se comporte ainsi est voué à la perdition.
10 Faites l'aumône d'une partie de ce dont Dieu vous a gratifiés avant que la mort ne surprenne l'un de vous et qu'il ne dise : Seigneur, si seulement Tu avais différé ma mort fût-ce pour un bref délai, j'aurais fait l'aumône et me serais comporté en homme pieux !
11 Dieu n'accordera de délai à personne lorsque son heure sera venue et Dieu est parfaitement Informé de vos agissements.

Sourate 64

# La Déconvenue

*Au Nom de Dieu, le Tout Miséricordieux, le Très Miséricordieux*

1 Tout ce qui se trouve dans les cieux et sur terre proclame Sa gloire, c'est à Lui qu'appartient le royaume et que revient la louange et Il est Omnipotent.
2 C'est Lui qui vous a créés : certains d'entre vous étant croyants et d'autres mécréants. Dieu voit tout ce que vous faites.
3 Il a créé les cieux et la terre selon la Vérité et vous a dotés d'une belle forme et c'est vers Lui qu'aboutit toute destinée.
4 Il sait ce qui se trouve dans les cieux et sur terre comme Il sait ce que vous dissimulez et ce que vous affichez et Dieu sait fort bien ce que recèlent les cœurs.
5 Les nouvelles des mécréants qui vous ont précédés ne vous sont-elles pas parvenues ? Ils eurent à subir les conséquences catastrophiques de leur attitude et un châtiment douloureux leur est réservé.
6 En effet[1] chaque fois que leurs envoyés venaient les trouver avec des preuves ils s'étonnaient : Un homme peut-il nous guider ? Ils les reniaient alors et s'éloignaient de la foi mais Dieu S'en passa fort bien car Il n'a besoin de personne et Il est digne de louanges !
7 Les mécréants prétendent qu'ils ne seront pas ressuscités. Oh que si ! Par Mon Seigneur, vous serez ressuscités et l'on vous rappellera quels étaient vos agissements et cela est pour Dieu chose aisée.
8 Croyez donc en Dieu et en Son Envoyé ainsi qu'à la lumière que Nous avons fait descendre et Dieu est parfaitement Informé de vos œuvres
9 Le Jour où Il vous rassemblera afin de comparaître, ce sera la Journée de la déconvenue. Quiconque croit en Dieu et œuvre pieusement se verra effacer ses péchés et sera introduit dans des jardins arrosés par des fleuves où il demeurera à jamais. Cela sera *[pour lui]* une réussite extraordinaire.

1 Litt. : Cela parce que.

10 Et quant aux mécréants qui traitaient Nos signes de mensonges, ils seront les hôtes du feu ; quelle horrible destinée !
11 Aucun malheur ne vous frappe (ou : ne vous atteint) sans la permission de Dieu ; Dieu orientera[2] le cœur de celui qui croit en Lui et Dieu est Omniscient.
12 Obéissez à Dieu et obéissez à l'Envoyé mais, si vous vous détournez, *[sachez]* que seule incombe à l'Envoyé une claire transmission *[du message]*.
13 Dieu est tel qu'il n'y a de divinité que Lui et c'est à Dieu que s'en remettent les croyants.
14 Ô vous qui avez la foi, vous avez un ennemi en certains de vos *[proches]*, femmes ou enfants, aussi gardez-vous d'eux ! Mais si vous vous montrez indulgents, cléments et pardonneurs, Dieu sera *[à Son tour]* Pardonneur et Miséricordieux.
15 Vos biens et vos enfants ne sont qu'une tentation et Dieu dispose d'une sublime récompense.
16 Gardez-vous de Dieu autant que vous le pouvez ; écoutez et obéissez et dépensez du bien en aumônes dans votre propre intérêt. Ceux qui sauront se prémunir de la ladrerie de leur âme connaîtront la réussite.
17 Si vous consentez à Dieu un prêt gracieux, Il vous le rendra au centuple et vous pardonnera vos péchés car Dieu est Reconnaissant (*Shakûr*) et Longanime.

**Commentaire :** Nous avons déjà signalé ce que les théologiens entendaient par « Reconnaissant » envisagé comme attribut divin. Dieu étant Souverain (*Ghani*) ne saurait faire l'objet des bienfaits de Ses créatures ni a fortiori les « remercier ». En conséquence le *Shakûr* est Celui qui rétribue largement Ses serviteurs sans pour autant leur être « redevable » en quoi que ce soit.

18 Connaisseur de ce qui est célé comme de ce qui est perceptible (ou encore : du manifesté comme du non-manifesté), Il est le Puissant, le Sage.

---

2 Litt. : guidera.

Sourate 65

# Le Divorce (ou la Répudiation)

*Au Nom de Dieu, le Tout Miséricordieux, le Très Miséricordieux*

1 Ô Prophète, lorsque vous répudiez vos épouses répudiez-les au terme
de leur délai de viduité et comptez-en le nombre de jours ; gardez-
vous de Dieu, votre Seigneur, et ne les laissez pas sortir de leurs
demeures. Qu'elles-mêmes ne sortent pas *[à leur guise]* sauf en cas
d'insolence[1] *(fâhisha)* caractérisée. Telles sont les normes établies par
Dieu ; quiconque les transgresse se fait du tort à lui-même. Tu ignores
si Dieu ne suscitera pas d'ici là une nouvelle règle.
2 Une fois qu'elles auront atteint le terme de cette période, vous pourrez
soit les retenir avec bienveillance *(bi ma'rûf)*, soit vous séparer[2] d'elles
avec élégance *(bi ma'rûf)* et prenez à témoin deux hommes équita-
bles choisis parmi vous ; acquittez-vous du témoignage sans omettre
Dieu, cette exhortation étant destinée à ceux qui croient en Dieu et
au Jour dernier ; Dieu trouvera une issue à quiconque se garde de Lui
3 et Il pourvoira à sa subsistance par des moyens qu'il n'escomptait pas.
Dieu suffira à quiconque s'en remet à Lui car Il parvient toujours à
Ses fins et Il a fixé à toute chose sa mesure.
4 Celles d'entre vos épouses qui ont atteint la ménopause[3] et pour les-
quelles vous concevez un doute devront observer un délai de trois
mois ; il en va de même pour celles qui n'ont pas encore eu de règles ; le
délai imparti aux femmes enceintes s'étend jusqu'à leur accouchement
et Dieu facilitera la tâche de celui qui se garde de Lui.
5 Voici le Commandement de Dieu tel qu'Il te l'a révélé et Dieu effacera
les fautes de celui qui se garde de Lui et Il magnifiera sa rétribution.

---

1 Pour ce qui est de la *fâhisha* (turpitude, indécence, adultère, insolence) évoquée dans ce verset les commentateurs l'ont interprétée de manière très diverse :
— Comme étant l'adultère. Il convient alors de faire sortir la femme adultère pour lui appliquer la peine.
— Comme étant ses écarts de langage vis-à-vis de sa belle famille, ce qui justifierait que celle-ci lui refuse le gîte. Cette interprétation est celle d'Ibn 'Abbâs et nous l'avons retenue pour notre traduction.
— Comme étant des turpitudes de quelque nature qu'elles soient : vol, adultère, etc. Ce point de vue a également été défendu par Ibn 'Abbâs.
— Comme étant la volonté affichée de la femme de sortir de chez elle pendant la période de viduité sans raisons valables. Ce point de vue est adopté par le rite malékite.
— Enfin comme étant le caractère désobéissant de l'épouse avant même sa répudiation.
Quant à la nouvelle règle que Dieu laisse espérer aux croyants, il s'agit de la possibilité de reprendre l'épouse pendant la période de viduité. Ce verset aurait été révélé au Prophète après la répudiation de Hafsa.

2 Se séparer d'elles avec élégance signifie leur accorder la part de dot qui leur revient ou leur faire un cadeau en l'absence de dot.

3 Le doute évoqué dans le verset a reçu deux interprétations de la part des commentateurs. Il peut s'agir :
— soit d'un doute portant sur la durée des règles de la ménopausée,
— soit d'un doute sur sa qualité même ; est-elle réellement ménopausée ?

6 Logez vos épouses à la même enseigne que vous et selon vos moyens. Ne cherchez pas à leur nuire afin de les mettre dans la gêne et, si elles sont enceintes, assurez leurs dépenses jusqu'à leur accouchement ; si elles allaitent *[l'enfant]* pour votre compte accordez-leur leur rémunération après une concertation amiable (ou : équitable). Et si cela vous pose des difficultés, ce sera une autre nourrice qui allaitera pour le compte du père.

**Commentaire** : afin de les mettre dans la gêne, c'est-à-dire de les forcer à quitter le domicile conjugal.

7 Que celui qui est dans l'aisance prélève *[le salaire de la nourrice]* sur ses biens et que celui dont les moyens sont limités dépense une partie de ce que Dieu Lui a accordé. Dieu n'impose à personne *[de charge]* qui ne soit compatible avec les moyens qu'Il lui a accordés et Dieu fera succéder l'aisance à la difficulté.

8 Combien y a-t-il de cités ayant contrevenu à l'Ordre de leur Seigneur et de leurs envoyés auxquelles Nous avons demandé brutalement des comptes et auxquelles Nous avons infligé un châtiment odieux ?

9 Elles goûtèrent aux conséquences funestes de leur attitude qui les conduisit à leur perte.

10 Dieu leur a apprêté un terrible châtiment ; ô vous qui êtes doués d'intelligence et qui avez la foi, gardez-vous de Dieu qui vous a révélé ce Rappel

11 en la personne d'un Envoyé qui vous récite Ses versets explicites afin de faire passer ceux qui ont la foi et qui œuvrent pieusement des ténèbres à la lumière ; et quiconque croit en Dieu et œuvre pieusement sera introduit dans des jardins arrosés de fleuves où il demeurera (litt. : ils demeureront à jamais), Dieu lui accordant de ce fait une excellente récompense.

12 Dieu est Celui qui a créé les sept Cieux et autant de terres à partir de la nôtre. Son Ordre descend graduellement des cieux en terre afin que vous sachiez qu'Il est Omnipotent et qu'Il embrasse toute chose de Sa Science.

Sourate 66

## L'Interdiction

*Au Nom de Dieu, le Tout Miséricordieux, le Très Miséricordieux*

1 Ô Prophète, pourquoi t'interdire ce que Dieu a établi comme licite pour toi en vue de satisfaire tes épouses ? Et Dieu est Pardonneur et Miséricordieux !

2 Dieu vous impose de vous délier[1] de vos serments et Dieu est votre Souverain (*Mawlâ*) et Il est le Très Savant, le Sage.

3 Lorsque le Prophète eut avec l'une de ses épouses un entretien confidentiel, elle le divulgua *[à son entourage]* et Dieu en avisa *[aussitôt]* Son prophète qui fit part de leur entretien *[à la coupable]* tout en omettant une partie. Après qu'il l'ait mise au courant, elle lui demanda : Qui donc t'a informé de tout cela ? L'Omniscient, qui est Informé de toutes chose ! lui répondit-il.

**Commentaire :** Hafsa avait mis 'Âisha au courant du succès de son intervention auprès du Prophète.

4 Si vous vous repentez toutes deux[2] auprès de Dieu, c'est bien parce que vos cœurs avaient perdu tout bon sens mais, si vous vous liguez contre lui *[c'est-à-dire contre le Prophète]*, eh bien sachez que Dieu est son Souverain et que Gabriel, les pieux d'entre les croyants et les anges viendront alors lui apporter leur soutien.

5 Il se peut, s'il en vient à vous répudier, que son Seigneur vous remplace par des épouses meilleures que vous, soumises, croyantes, pleines de retenue, repentantes, adoratrices et observant le jeûne, qu'elles aient déjà été mariées ou qu'elles soient vierges.

6 Ô vous qui avez la foi, préservez-vous ainsi que vos familles d'un feu dont le combustible sera constitué d'hommes et de pierres et qui sera gardé par des anges durs et inflexibles ne désobéissant pas aux ordres de Dieu et exécutant ce qui leur est commandé.

7 Mécréants, ne Me présentez pas vos excuses en ce Jour ; vous n'êtes rétribués qu'en fonction de vos œuvres.

---

1 Sur l'intervention de Hafsa, le Prophète avait accepté de renoncer à Maryam « la copte ». Dieu le reprend dans le Coran arguant du fait qu'il n'a pas à renoncer à ses prérogatives pour satisfaire ses épouses. Quant aux serments dont Dieu ordonne de se délier, il s'agit d'une certaine catégorie d'entre eux définie ultérieurement par les *fuqahâ'* (juristes) et dont on se délie moyennant une expiation (*kaffâra*).

2 On ne peut être qu'admiratif devant la qualité du soutien que Dieu entend opposer à ces deux gentes dames en cas de « dissidence ».

8 Ô vous qui avez la foi, repentez-vous auprès de Dieu d'un repentir sincère ; sans doute votre Seigneur vous pardonnera-t-Il vos fautes et vous introduira-t-Il dans des jardins arrosés par des fleuves. Le Jour où Dieu épargnera toute humiliation au Prophète et à ceux qui auront cru avec lui, leur lumière évoluera devant eux et sur leur droite. Seigneur, diront-ils, fais en sorte que notre lumière brille avec toute son intensité et pardonne-nous car Tu es Omnipotent.

9 Ô Prophète, combats les mécréants et les hypocrites et montre-toi dur avec eux ; ils auront la Géhenne pour asile, quelle détestable destinée !

10 Dieu propose en exemple aux mécréants l'épouse de Nûh et celle de Lût qui se trouvaient sous l'autorité de deux de Nos pieux serviteurs. Leur trahison à leur endroit ne leur fut d'aucun secours contre Dieu. Entrez dans le feu, leur dira-t-on, avec ceux qui y sont destinés.

11 Et Dieu propose en exemple aux croyants l'épouse de Pharaon lorsqu'elle eut dit : Seigneur, bâtis-moi auprès de Toi une demeure en Paradis, préserve-moi de Pharaon et de ses œuvres et préserve-moi du peuple des injustes ;

12 et Maryam fille de 'Imrân qui sut préserver sa virginité et à laquelle Nous insufflâmes de Notre Esprit. Elle ajouta foi aux paroles de son Seigneur et à Ses livres et elle était d'entre les soumises.

Sourate 67

# Le Royaume

*Au Nom de Dieu, le Tout Miséricordieux, le Très Miséricordieux*

1 Béni soit Celui qui détient en Sa Main le royaume et qui est Omnipotent,

2 qui a créé la mort et la vie afin de vous éprouver *[et de savoir]* lequel d'entre vous œuvrerait selon la perfection et Il est le Puissant, le Pardonneur,

3 qui a créé sept Cieux en strates superposées ; tu ne verras pas de dysharmonie (ou : de disproportion) dans l'œuvre du Miséricordieux. Lève donc ton regard, y vois-tu une faille ?

4 Relève-le une seconde fois, il te reviendra frustré (ou : penaud) et fatigué *[d'y avoir cherché une faille sans la trouver]*.

5 Nous avons orné le ciel de ce monde de luminaires dont Nous avons fait des projectiles contre les démons et Nous leur avons apprêté le supplice du feu.

6 Le supplice de la Géhenne est destiné à ceux qui ont renié leur Seigneur et quel détestable devenir !

7 Lorsqu'ils y seront précipités ils y entendront son mugissement alors qu'elle sera en ébullition.

8 Peu s'en faut que le feu ne se scinde *[en plusieurs foyers]* de rage *[contre les mécréants]*. Chaque fois qu'un groupe y sera précipité, leurs gardiens leur demanderont : N'aviez-vous pas reçu de mise en garde ?

9 Certes oui, répondront-ils, des prophètes chargés de nous mette en garde sont venus à nous, mais nous les avons traités d'imposteurs en disant : Dieu ne vous a rien révélé, vous êtes seulement plongés dans un grand égarement.

10 Si seulement nous avions écouté ou réfléchi *[à ce message]*, ajouteront-ils, nous ne serions pas les hôtes du feu !

11 Ils reconnaîtront alors leurs péchés. Que soient rejetés (ou : que périssent) les hôtes du feu !

12 Ceux qui redoutent leur Seigneur dans l'intimité sont promis au pardon *[de Dieu]* et à une grande récompense.

13 Que vous dissimuliez vos propos ou que vous les divulguiez, Dieu sait ce que recèlent les cœurs.
14 Ignorerait-Il qui a créé alors qu'Il est le Subtil, l'Informé ?
15 C'est Lui qui a aplani[1] la terre sous vos pas (litt. : à votre intention) ; parcourez-la de tous côtés, mangez de ce dont Il vous gratifie et c'est auprès de Lui que vous serez ressuscités.
16 Êtes-vous assurés que Celui qui est dans le ciel ne vous fera pas engloutir par la terre ? La voilà qui se met à onduler !
17 Êtes-vous assurés que Celui qui est dans le ciel ne déchaînera pas contre vous une tempête ? Vous connaîtrez alors la nature de Mes avertissements !
18 Déjà ceux qui les ont précédés avaient crié au mensonge. Quel ne fut pas Mon châtiment (litt. : Ma réprobation) !
19 N'ont-ils pas considéré les oiseaux dans le ciel qui déploient leurs ailes et les replient ? Seul le Miséricordieux les retient *[de tomber]* car Il voit toute chose.
20 Ceux qui vous servent d'auxiliaires pourraient-ils vous accorder leur secours en dehors du Miséricordieux ? En réalité les mécréants nagent dans l'illusion.
21 Qui donc pourrait vous accorder votre subsistance s'Il voulait retenir la pluie (litt. : Sa subsistance) ? Mais ils s'obstinent dans leur insolence et leur répulsion !
22 Celui qui avance face contre terre est-il mieux guidé que celui qui évolue d'une démarche harmonieuse[2] sur une voie droite.
23 Dis-leur : C'est Lui qui vous a créés et vous a attribué la vue, l'ouïe, et un cœur. Combien êtes-vous peu reconnaissants !
24 Dis-leur : C'est Lui qui vous a multipliés sur terre et c'est auprès de Lui que vous serez rassemblés.
25 Quand donc se réalisera cette promesse si vous êtes sincères ? demandent-ils.
26 Dieu Seul en a connaissance et je suis seulement chargé de vous adresser une claire mise en garde.

1 Litt. : qui l'a rendue humble à votre intention.
2 Ou encore : qui marche élégamment.

27 Et lorsqu'ils verront le châtiment de leurs yeux, le visage des mécréants s'assombrira et il leur sera dit : Voici ce châtiment que vous appeliez de vos vœux !
28 Dis-leur : A votre avis, si Dieu me faisait périr[1] ainsi que ceux qui sont avec moi ou s'Il nous faisait miséricorde, qui donc préserverait *[pour autant]* les mécréants d'un châtiment douloureux ?
29 Dis-leur : Il est le Miséricordieux, Nous avons foi en Lui, c'est à Lui que nous nous en remettons et vous saurez bientôt lequel *[d'entre nous]* se trouve dans un égarement manifeste.
30 Dis-leur : A votre avis, si l'eau dont vous *[disposez]* s'infiltrait dans *[les profondeurs de]* la terre, qui donc pourrait vous procurer une eau vive ?

Sourate 68

# Le Calame

*Au Nom de Dieu, le Tout Miséricordieux, le Très Miséricordieux*

1 Nûn. Par le Calame et ce qu'ils *[les anges]* consignent[2].
2 Non ! par la grâce de ton Seigneur, tu n'es pas fou,
3 et une récompense ininterrompue t'est destinée.
4 En outre, tu es doté de mœurs sublimes.
5 *[Bientôt]* tu verras et ils verront
6 lequel d'entre vous est possédé.
7 Certes ton Seigneur distingue[3] mieux *[que quiconque]* celui qui s'est égaré hors de Sa voie de celui qui est bien guidé.
8 Aussi, n'obéis pas à ceux qui crient au mensonge !
9 Ils aimeraient bien que tu *[leur]* témoignes de la souplesse[4] ; alors ils feraient de même *[avec toi]*.
10 N'obéis à aucun de ces parjures méprisables,
11 ces calomniateurs colporteurs de ragots,
12 *[qui sont]* avares de leurs biens, transgresseurs et coupables,
13 épais, et pour couronner le tout[5] enfants adultérins.
14 *[Ne leur obéis pas]* au prétexte qu'ils ont des enfants et des biens.
15 Lorsqu'on récite Nos versets devant l'un d'eux, il s'écrie : Ce sont des légendes antiques *(asâtîru-l-awwalîn)* !

1 Les Qurayshites invoquaient leurs dieux avec l'espoir qu'ils feraient périr le Prophète. La réponse à leur attitude leur est fournie par ce verset du Coran.
2 Ceux qui consignent sont les anges chargés de noter les actes de l'humanité.
3 Litt. : sait.
4 Ou encore : que tu te montres accommodant ; que tu transiges, etc.
5 Litt. : après cela, de surcroît.

16 Nous le marquerons sur son groin (*khurtûm*)[6] !
17 Nous les avons éprouvés comme Nous avons éprouvé les compagnons du jardin lorsqu'ils firent le serment d'aller en récolter les fruits au petit matin
18 sans faire dépendre *[leur entreprise de la volonté de Dieu]*.
19 Alors qu'ils étaient endormis, un feu s'abattit sur le jardin
20 qui le calcina en totalité.
21 Au matin ils s'étaient interpellés :
22 Rendez-vous à votre jardin, si vous êtes résolus à en cueillir *[les fruits]*.
23 Ils se mirent en route échangeant à voix basse :
24 Que pas un indigent ne vienne vous y surprendre en ce jour !
25 Ils partirent convaincus qu'ils pourraient en interdire l'accès *[aux pauvres]*.
26 Mais lorsqu'ils le virent *[ainsi ravagé]*, ils s'exclamèrent : Nous nous sommes égarés ! (ou : Nous nous sommes trompés de jardin !)
27 Hélas non, nous voilà bien privés de récolte !
28 Le plus sensé d'entre eux prit alors la parole : Ne vous avais-je pas encouragé à proclamer la gloire *[de Dieu]* ?
29 Gloire à notre Seigneur, reprirent-ils, nous étions des injustes !
30 Ils s'abordèrent les uns les autres en s'adressant mutuellement des reproches.
31 Malheur à nous, s'écrièrent-ils, nous nous sommes montrés outranciers !
32 Il se peut que notre Seigneur le remplace par un bien préférable *[à ce jardin]* car nous aspirons à *[satisfaire]* notre Seigneur.
33 Voici un exemple de châtiment et le châtiment de l'Ultime Demeure est bien plus terrible, si seulement ils pouvaient s'en douter[7].
34 Ceux qui se seront prémunis seront auprès de leur Seigneur dans les jardins des délices.
35 Placerons-Nous les musulmans au même rang que les criminels ?
36 Qu'avez-vous à porter un tel jugement ?
37 A moins que vous n'ayez en votre possession des Écritures que vous avez étudiées
38 stipulant que vous aurez droit au traitement de votre choix ?
39 A moins que Nous ne Nous soyons engagés jusqu'au Jour de la Résurrection par des serments en votre faveur à vous accorder ce que vous déciderez ?
40 Demande-leur : Lequel d'entre eux s'en porte garant ?
41 A moins qu'ils n'aient des associés ? Eh bien, qu'ils les fassent venir s'ils sont sincères !
42 Le Jour où la peur atteindra son paroxysme et où ils seront appelés à se prosterner sans pouvoir s'exécuter,

6 En fait le *khurtûm* est le museau de la hyène.
7 Litt. : si seulement ils savaient.

43 le regard contrit, ils seront couverts d'humiliation. Déjà, ils avaient été invités à se prosterner alors qu'ils jouissaient pleinement de leur santé.
44 Laisse-Moi avec ceux qui traitent ce récit de mensonge ; à leur insu Je les conduirai graduellement à leur perte,
45 tout en leur accordant un délai car Mes stratagèmes sont éprouvés (litt. : solides).
46 Leur demanderais-tu un salaire en sorte qu'ils croulent sous les charges ?
47 A moins qu'ils n'aient connaissance de ce qui est celé et qu'ils le consignent ?
48 Montre-toi patient devant la décision de ton Seigneur et ne sois pas comme le compagnon de la baleine qui invoqua son Seigneur en proie à une grande affliction.
49 S'il n'avait bénéficié d'une faveur de ton Seigneur, il eût été rejeté sur un littoral désert, voué à l'opprobre.
50 Mais son Seigneur en fit un élu et le mit au nombre des hommes pieux.
51 Peu s'en faut que les mécréants ne te fassent trébucher de leurs regards à l'écoute de cette réminiscence.
52 Or elle n'est qu'un Rappel destiné aux mondes.

Sourate 69

## La Confirmation

*Au Nom de Dieu, le Tout Miséricordieux, le Très Miséricordieux*

1 La confirmation,
2 qu'est-ce que la confirmation ?
3 Qui t'apprendra ce que signifie la confirmation ?
4 Thamûd et 'Âd avaient traité de chimère celle qui frappera *[les esprits de stupeur]*.
5 Pour ce qui est de Thamûd, ils furent anéantis par un hurlement insupportable ;
6 'Âd, quant à eux, furent décimés par une tempête impétueuse
7 que Dieu leur fit subir sept nuits et huit jours consécutifs ; tu aurais vu ses membres gisant dans leurs demeures pareils à des souches creuses de palmiers.
8 En vois-tu un seul d'entre eux qui soit demeuré en vie ?

9 Déjà, Pharaon, ses prédécesseurs et les cités laminées avaient commis des fautes.
10 Parce qu'ils avaient désobéi à l'envoyé de leur Seigneur, Il Se saisit d'eux sans ménagements.
11 Lorsque les eaux *[du déluge]* se déchaînèrent, Nous vous transportâmes à bord de l'Arche
12 afin d'en faire un souvenir à méditer par toute oreille attentive.
13 Lorsque l'on soufflera une fois dans la trompe,
14 lorsque la terre et les montagnes seront transportées et brusquement tassées,
15 ce Jour-là se produira l'inéluctable ;
16 les cieux se fendront, sans consistance,
17 et les anges se tiendront sur ses confins. Ce Jour-là, huit d'entre eux porteront le Trône de ton Seigneur au-dessus de leur tête,
18 ce Jour-là, on vous fera comparaître sans que vous puissiez rien dissimuler !
19 Celui qui aura reçu son livre de la main droite s'écriera : Venez donc lire mon livre !
20 J'étais convaincu d'être confronté à la reddition des comptes.
21 Il mènera une vie agréable (litt. : satisfaisante)
22 dans un jardin en hauteur
23 dont les fruits seront à portée *[de main]*.
24 Mangez et buvez à satiété pour les efforts que vous aviez précédemment accomplis dans les jours révolus.
25 Ceux qui auront reçu leur livre de la main gauche s'écrieront : Plût au ciel que je n'aie pas reçu mon livre,
26 et que j'ignore tout de mon compte.
27 Si seulement la mort *[en ce bas monde]* avait été définitive !
28 Mes biens ne m'auront servi en rien !
29 Mon autorité s'est dissoute !
30 Emparez-vous de lui et ligotez-le !
31 Puis précipitez-le dans la Géhenne
32 et attachez-le à une chaîne de soixante-dix coudées
33 car il ne croyait pas en Dieu le Magnifique,
34 pas plus qu'il n'incitait à nourrir le pauvre.

35 Aujourd'hui il n'aura en ce lieu aucun ami chaleureux
36 et, pour tout repas, il recevra une eau en ébullition
37 dont seuls les coupables se sustenteront.
38 J'en jure par ce que vous voyez
39 comme par ce que vous ne voyez pas :
40 ce sont des propos *[transmis]* par un noble envoyé (en l'occurrence l'ange Gabriel)
41 et ce ne sont pas les propos d'un poète, hommes de peu de foi !
42 Ce ne sont pas davantage ceux d'un devin, vous n'avez guère de mémoire.
43 C'est une révélation du Seigneur des mondes !
44 S'il avait forgé sur Notre compte quelques propos inexacts,
45 Nous l'aurions saisi de Notre dextre
46 et lui aurions sectionné l'aorte ;
47 et pas un d'entre vous n'aurait été en mesure de s'interposer (ou : de Nous en empêcher).
48 Il s'agit d'un Rappel destiné à ceux qui se prémunissent ;
49 Nous savons bien que certains d'entre vous crient à l'imposture
50 mais il n'en sera pas moins fatal aux mécréants.
51 Il est la Vérité certaine !
52 Glorifie le Nom de ton Seigneur le Sublime.

Sourate 70

## Les Échelons

*Au Nom de Dieu, le Tout Miséricordieux, le Très Miséricordieux*

1 Un invocateur a appelé de ses vœux un châtiment inéluctable
2 dont nul ne sera en mesure de préserver les mécréants
3 contre Dieu, le Maître des échelons *[célestes]*.
4 Les anges et l'Esprit s'élèvent jusqu'à Lui en un Jour dont la durée est de cinquante mille ans.
5 Fais montre d'une belle patience !
6 Ils le voient comme un événement lointain
7 alors que Nous le voyons tout proche,
8 le Jour où le ciel sera de plomb
9 et les montagnes pulvérisées telles de la laine cardée
10 et où personne ne demandera *[le soutien]* de ses amis

11 bien qu'ils soient visibles les uns des autres ; les criminels souhaiteront se préserver du châtiment fût-ce en offrant leurs fils en rançon,
12 leur compagne ou leur frère,
13 voire toute la parenté qui lui offrait sa protection,
14 et même la terre entière à condition qu'il soit sauvé !
15 Oh que non ! Ce sera un feu incandescent,
16 qui dépècera la peau du crâne
17 et interpellera tous ceux qui se seront écartés *[de l'Islam]* en tournant le dos *[à la foi]*,
18 qui auront thésaurisé dans des « bas de laine »[1].
19 Certes l'homme a été créé fébrile[2] :
20 anxieux lorsque le malheur le frappe,
21 *[il devient]* avaricieux lorsqu'un bien lui échoit,
22 exception faite de ceux qui prient
23 et qui témoignent de régularité dans cette pratique,
24 de ceux qui reconnaissent un droit sur leurs biens
25 au mendiant et à l'indigent ;
26 de ceux qui accréditent le Jour de la Rétribution et
27 qui redoutent le châtiment de leur Seigneur,
28 car nul n'est à l'abri de Son châtiment,
29 de ceux qui se préservent des rapports sexuels
30 si ce n'est avec leurs épouses ou leurs esclaves[3] car ils n'encourent alors aucun blâme.
31 Et quant à ceux qui recherchent un plaisir en dehors de celles-ci (litt. : par-derrière cela, ou par-delà), ce sont des transgresseurs.
32 Ceux qui prennent soin des dépôts *[qu'on leur a confiés]* et respectent leurs engagements,
33 ceux qui s'acquittent correctement de leur témoignage
34 et qui accomplissent la prière en son temps,
35 ceux-là seront honorés dans des jardins.
36 Qu'ont donc ces mécréants à se précipiter, en bandes
37 sur ta droite et sur ta gauche[4], les yeux rivés sur toi ?
38 Chacun d'entre eux espère-t-il être introduit dans le Paradis des délices ?
39 Que non ! Nous les avons créés de ce qu'ils savent ;

---

1 Litt : dans des récipients.
2 Ou : anxieux.
3 Litt. : « possessions de la main droite », c'est-à-dire : esclaves.
4 Remarque : Pour une question d'intelligibilité nous avons regroupé ces deux versets, le tronçon de phrase en bandes sur ta droite et sur ta gauche constituant le verset 36.

40 et J'en jure par le Seigneur des Orients et des Occidents, Nous sommes en mesure
41 de leur en substituer de meilleurs qu'eux et nul ne saurait Nous en empêcher.
42 Laisse-les s'enfoncer *[dans de vaines discussions]* et se divertir jusqu'à ce qu'ils soient confrontés au Jour dont on les a menacés,
43 le Jour où ils sortiront précipitamment de leurs tombes comme s'ils déferlaient vers leurs idoles (ou encore : des autels sacrificiels, *nusub*[1]),
44 le regard contrit, couverts de honte, voici venu le Jour qui leur était promis !

Sourate 71

# Noé

*Au Nom de Dieu, le Tout Miséricordieux, le Très Miséricordieux*

1 Nous avions envoyé Nûh auprès de son peuple *[avec pour consigne]* : Avertis ton peuple avant que ne les surprenne un châtiment douloureux ;
2 Mon peuple, leur dit-il, je suis *[chargé]* pour vous *[d']*une claire mise en garde :
3 adorez Dieu, gardez-vous de Lui et obéissez-moi,
4 Il vous pardonnera certains de vos péchés et différera *[votre trépas]* jusqu'à un terme fixé ; car l'échéance fixée par Dieu, lorsqu'elle échoit, ne saurait être différée, si seulement vous saviez !
5 Seigneur, poursuivit-il, j'ai exhorté mon peuple de jour comme de nuit,
6 mais mes appels n'ont fait qu'accroître sa répulsion.
7 Chaque fois que je les ai conviés afin que Tu leur pardonnes, ils se sont bouché les oreilles de leurs doigts et ont retroussé leurs habits[2], persistant *[dans leur mécréance]* et s'enflant d'orgueil.
8 Puis je les ai exhortés publiquement,
9 pour finir par leur parler tantôt ouvertement, tantôt en privé,
10 et je leur ai dit : Implorez le pardon de votre Seigneur car Il pardonne volontiers,

1 Déjà évoqués à la sourate de « La Table servie » (5, 3), les autels sacrificiels (*al-nusub*) étaient des pierres de grande taille que les Arabes vénéraient sans pour autant les adorer et sur lesquelles ils sacrifiaient leurs offrandes. D'autres ont voulu y voir des idoles et c'est cette interprétation que nous avons retenue ici, car seule l'affection qu'ils vouaient à celles-ci peut expliquer la précipitation qui leur est prêtée.
2 Ou encore : se sont enfouis sous leurs habits.

11 Il vous enverra du ciel une pluie abondante
12 et vous soutiendra par un regain de biens et d'enfants, tout en vous accordant des jardins et des fleuves.
13 Qu'avez-vous à désespérer de la générosité[3] divine ?
14 alors qu'Il vous a créés par étapes ?

**Commentaire :** ...prenant soin de vous à chacune d'entre elles.

15 Ne voyez-vous pas comment Dieu a créé les sept Cieux en strates superposées,
16 en y plaçant la lune en guise de luminaire et y faisant du soleil un flambeau ?
17 Dieu vous a assuré votre croissance à partir de la terre,
18 puis Il vous y fera retourner pour vous en faire sortir de nouveau.
19 Puis, à votre intention, Il a fait de la terre *[une étendue semblable à]* un tapis
20 afin que vous puissiez en parcourir les chemins spacieux.
21 Seigneur, s'écria Nûh, ils m'ont désobéi et n'ont suivi que ceux dont les biens et les enfants ont conduit davantage à leur perte[4]
22 et ils ont ourdi de sombres machinations,
23 tout en prônant : Ne délaissez pas vos dieux, ne renoncez pas à Wadd, ni à Suwâ', ni à Yaghûth, ni à Ya'ûq, ni à Nasr.
24 Ils ont ainsi égaré un grand nombre *[d'hommes]*, aussi fais en sorte que seul croisse leur égarement !
25 Pour prix de leurs fautes ils périrent noyés pour être ensuite introduits dans le feu et ils ne trouveront aucun soutien en leur faveur en dehors de Dieu.
26 Seigneur, ajouta-t-il, ne laisse en vie aucun mécréant à la surface de la terre
27 car, si Tu les épargnes, ils égareront Tes serviteurs et ne mettront au monde que des pervers ingrats.
28 Seigneur, pardonne-moi ainsi qu'à mes parents et à tous ceux qui seront entrés chez moi en croyants, aux croyants et aux croyantes, et fais en sorte que les injustes ne connaissent d'autre regain qu'un regain de perdition !

---

3 Autres possibilités de traduction :
— Qu'avez-vous à désespérer du soutien de Dieu ?
— Pourquoi ne redoutez-vous pas la grandeur de Dieu ?
— Pourquoi ne redoutez-vous pas de demeurer à jamais en un lieu déterminé ?

4 Litt. : ont accru la perte, ou encore : ont accru la dégradation.

Sourate 72

# Les Djinns

*Au Nom de Dieu, le Tout Miséricordieux, le Très Miséricordieux*

1 Dis : Il m'a été inspiré qu'un groupe de djinns s'exclamèrent à l'écoute *[du Livre révélé]* : Nous avons entendu une révélation (litt. : un Coran) étonnante ;
2 elle conduit à la sagesse et nous y avons ajouté foi, aussi ne donnerons-nous jamais d'associés à notre Seigneur
3 car notre Seigneur — exaltée soit Sa grandeur — n'a pris ni compagne ni descendance.
4 Les insensés *[parmi nous]* ne proféraient à Son sujet que des énormités,
5 et jamais nous n'aurions pu supposer que les djinns ni les hommes racontent de tels mensonges sur le compte de Dieu.
6 Il y avait bien des hommes parmi le genre humain pour demander la protection des djinns mâles, ce qui les rendit encore plus stupides.
7 Ils s'imaginaient, tout comme vous-mêmes, que Dieu ne ressusciterait personne.
8 Nous avons touché au ciel et l'avons trouvé empli de gardiens intransigeants et de météorites incandescents.
9 *[Auparavant]* nous nous y postions à l'écoute, mais celui qui cherche à écouter trouvera désormais des traits de feu aux aguets.
10 Et nous ignorons si l'on veut du mal à ceux qui peuplent la terre ou si leur Seigneur veut seulement les guider.
11 Certains d'entre nous sont pieux, d'autres moins *[voire pas du tout, dûna dhâlika]* ; nous sommes autant de factions divergentes.
12 Nous savons bien que nous ne pouvons défier Dieu sur terre ni Lui échapper en fuyant.
13 Lorsque nous avons entendu la guidance, nous y avons ajouté foi et quiconque croit en son Seigneur ne redoute ni l'injustice ni les tourments.

14 Certains d'entre nous se sont soumis, d'autres sont restés iniques ; ceux qui se sont soumis ont réfléchi sagement.
15 Et quant aux iniques, ils serviront de bois à la Géhenne.
16 S'ils avaient fait montre de rectitude dans la voie, Nous leur aurions versé à boire de l'eau en abondance
17 afin de les y soumettre à l'épreuve. Et Dieu conduira vers un châtiment graduel celui qui se détourne du souvenir de son Seigneur.
18 Et *[il m'a été inspiré]* que les mosquées sont consacrées à Dieu, aussi n'invoquez personne à Ses côtés ;
19 et que lorsque le serviteur de Dieu se dressa pour L'invoquer, peu s'en est fallu qu'ils ne s'attroupent massivement autour de lui.

**Commentaire :** Selon les uns, ce sont les djinns qui s'attroupèrent ainsi autour du Prophète - sur lui la grâce et la paix - en vue de prêter l'oreille à la récitation du Coran. Pour d'autres, ce sont les mécréants, surpris par la beauté du texte sacré et néanmoins désireux d'étouffer l'appel du Prophète dans l'œuf.

20 Dis : Je ne fais qu'invoquer mon Seigneur sans Lui associer quiconque.
21 Dis : Je ne possède ni les moyens de vous nuire ni ceux de vous guider.
22 Dis : Nul ne saurait me protéger de Dieu et je ne trouverai nul refuge en dehors de Lui
23 si ce n'est de transmettre une communication venant de Lui ainsi que Ses messages, et quiconque désobéit à Dieu et à Son Envoyé est voué au feu de la Géhenne où il demeurera à jamais.
24 *[Ils demeureront ainsi dans la mécréance]* jusqu'au moment où ils verront ce qui leur était promis ; ils sauront alors qui bénéficie d'un moindre soutien et du plus petit nombre *[de partisans]*.
25 Dis : J'ignore si ce dont vous êtes menacés est proche ou si mon Seigneur va en différer l'échéance.
26 Connaisseur du non-manifesté, Il ne dévoile ce qui est celé à personne
27 si ce n'est aux envoyés qui ont Son agrément et qu'Il fait précéder et suivre d'une protection vigilante
28 afin de savoir s'ils ont bien fait parvenir les messages de leur Seigneur ; Il englobe ce qu'ils possèdent *[en guise de science]* et circonscrit (ou : recense) le nombre de toute chose.

Sourate 73

## Celui qui s'enveloppe

*Au Nom de Dieu, le Tout Miséricordieux, le Très Miséricordieux*

1 Ô toi qui t'enveloppes[1] *[de ta tunique]*,
2 lève-toi la nuit *[et veille-la]* à l'exception d'une brève partie :
3 la moitié ou un peu moins,
4 ou *[au contraire]* un peu plus et psalmodie le Coran en articulant distinctement.
5 Nous allons projeter sur toi des paroles lourdes *[de sens]*.
6 Certes l'activité pieuse *(nâshi'a)* de nuit est source d'énergie *(ashaddu wat'an)* et davantage propice à la justesse dans les propos *(wa aqwamu qîlan)*.
7 Certes, de lourdes[2] charges t'absorbent dans la journée.
8 Souviens-toi du Nom de ton Seigneur et consacre-toi exclusivement à Lui !
9 Le Seigneur de l'Orient et de l'Occident, il n'est de Dieu que Lui, prends-Le donc pour Garant (ou encore : remets-t'en à Lui[3]).
10 Patiente devant leurs propos et évite-les de la belle manière.
11 Laisse-moi avec ces sceptiques qui ont reçu tant de faveurs et accorde-leur un bref délai.
12 Certes Nous disposons de chaînes et d'un brasier
13 ainsi que d'aliments étouffants (ou : épineux) et d'un douloureux supplice,
14 le Jour où la terre et les montagnes trembleront et où les montagnes seront transformées en dunes mouvantes.
15 Certes Nous avons dépêché auprès de vous un Envoyé témoin à votre encontre de la même façon que Nous en avions envoyé un à Pharaon.
16 Or Pharaon désobéit à l'envoyé, et Nous Nous emparâmes de Lui sans ménagement.
17 Comment vous préserverez-vous, si vous reniez *[ce message]*, d'un Jour qui fera des jeunes gens des vieillards grisonnants ?
18 Les cieux seront alors fendus et Sa promesse se réalisera.
19 Ceci est un Rappel ; que celui qui le désire prenne une voie le conduisant à son Seigneur !

---

1 Selon un *hadîth* célèbre, le Prophète à la suite de la première révélation revint chez lui en tremblant d'effroi et demanda à ce que son épouse al-sayyida Khadîja l'enveloppe dans un habit afin d'apaiser ses craintes résultant de sa première confrontation avec l'ange.

2 Litt. : de longues.

3 Cf. Voir la note Cor. 4, 132.

20 Certes ton Seigneur sait bien que tu te lèves ainsi qu'un groupe à
tes côtés un peu moins des deux tiers de la nuit, la moitié ou le tiers,
et c'est Dieu qui détermine la durée du jour et de la nuit. Il savait
que vous ne feriez pas d'évaluations précises (ou encore: que vous
ne pourriez veiller la nuit entière) et vous a de ce fait accordé Son
repentir: aussi contentez-vous de réciter du Coran ce qu'il vous sera
possible d'en réciter; Il savait qu'il y aurait parmi vous des malades,
d'autres qui parcourent la terre à la recherche des faveurs de Dieu et
d'autres enfin qui combattent pour la cause de Dieu, aussi lisez uniquement ce que vous êtes en mesure d'en lire et accomplissez la prière,
acquittez l'aumône légale et consentez à Dieu un prêt gracieux; les
bienfaits dont vous faites l'avance pour vous-mêmes *[ici-bas]*, vous les
retrouverez auprès de Dieu en mieux et sous forme d'une rétribution plus importante et demandez le pardon de Dieu car Dieu est
Pardonneur et Très Miséricordieux.

Sourate 74

## Celui qui se recouvre

*Au Nom de Dieu, le Tout Miséricordieux, le Très Miséricordieux*

1 Ô toi qui te couvres *[de tes habits]*[1],
2 Dresse-toi et mets *[les hommes]* en garde!
3 Magnifie ton Seigneur!
4 Purifie tes habits!
5 Évite la souillure!
6 Ne donne pas dans l'espoir de recevoir davantage[2]!
7 Fais montre de patience pour *[la Face de]* ton Seigneur!
8 Lorsqu'il sera soufflé dans la trompe,
9 ce Jour-là sera un jour pénible
10 sans aménité pour les mécréants.
11 Laisse-Moi avec celui que J'ai créé[3] isolé
12 et auquel J'ai accordé des biens considérables
13 et de nombreux enfants encore en vie;
14 Je lui ai facilité toute chose
15 et il en espère encore davantage!
16 Oh que non! Il s'est montré réticent (ou: rebelle) à Nos signes;
17 Je l'accablerai en lui faisant gravir une montagne.

1 Même commentaire qu'au premier verset de la sourate précédente.
2 Autres traductions possibles: Ne donne rien en attribuant à ce don une valeur exagérée!; N'évoque pas tes dons dans l'espoir de recevoir davantage (ou: en leur attribuant une valeur exagérée).
3 Autres traductions possibles: avec celui que J'ai créé sans le recours de personne; avec celui que J'ai créé *[selon une condition privilégiée]* unique.

18 Il a réfléchi et évalué *[ce qu'il allait dire pour dénigrer le Coran]* ;
19 il s'est exposé ainsi à la mort quelle que soit sa réflexion,
20 puis il s'est exposé à la mort quelle que soit sa réflexion.
21 Puis il a examiné *[ses propos, ou encore: son entourage]*,
22 puis il s'est renfrogné et s'est assombri,
23 en se détournant *[de la Vérité]* avec orgueil
24 et en prétendant : Ce n'est qu'une magie héritée *[des anciens]*,
25 ce n'est qu'une parole d'homme.
26 Je le précipiterai dans le *Saqar* (le feu infernal) !
27 Et qui donc te fera connaître la nature de *Saqar* ?
28 Il détruit tout, n'épargne rien
29 et consume l'épiderme *(lawwâhatun lil bashar)*.
30 Il est gardé par dix-neuf personnes !
31 A la garde du feu Nous n'avons assigné que des anges et Nous n'avons
fait de leur nombre qu'une source de trouble pour les mécréants afin
que soient convaincus ceux qui ont reçu les Écritures et que se ren-
force (litt.: qu'augmente) la foi des croyants, et afin que croyants et
gens de l'Écriture ne conçoivent pas de doutes et que les mécréants
et ceux dont le cœur recèle une maladie s'exclament : Qu'a donc bien
voulu signifier Dieu par cet exemple ? C'est ainsi que Dieu guide qui
Il veut et qu'Il égare qui Il veut ; nul en dehors de Lui ne circonscrit
(litt.: connaît) les armées de ton Seigneur et la Géhenne n'est qu'un
rappel à l'usage du genre humain.
32 Oh que non ! Par la lune !
33 Par la nuit lorsqu'elle se détourne,
34 par l'aurore lorsqu'elle apparaît (litt.: lorsqu'elle brille),
35 la Géhenne est un des plus grands signes !
36 Destinée à mettre en garde les hommes,
37 *[destinée]* à ceux d'entre vous qui veulent avancer ou reculer ;
38 chaque âme est l'otage de (litt.: mise en gage par) ses œuvres,
39 à l'exception des compagnons de la droite
40 qui, dans des jardins,
41 s'interrogeront au sujet des criminels.
42 Qu'est ce qui vous a conduit au *Saqar* ?
43 Nous n'étions pas, répondront-ils, de ceux qui prient ;
44 nous ne nourrissions pas l'indigent,
45 nous nous plongions dans de vaines discussions
46 et traitions le Jour de la Rétribution de chimère
47 et ce, jusqu'au jour où nous avons été confrontés à (litt.: où nous est
venue) la certitude.

48 L'intercession des médiateurs ne leur sera alors d'aucune utilité.
49 Qu'ont-ils donc à se détourner du Rappel
50 comme s'ils étaient des ânes effrayés
51 fuyant un lion *(qaswara)* ?
52 Chaque homme parmi eux espérerait plutôt recevoir *[du ciel]* un livre ouvert (litt. : des feuillets déployés).
53 Certainement pas ! En réalité ils ne redoutent pas l'Ultime Demeure.
54 Et pourtant ce Coran est bien un Rappel !
55 S'en souvienne qui veut !
56 Et ils ne s'en souviendront que si Dieu le veut bien ; c'est Lui dont il convient de Se garder et c'est Lui Seul qui a la capacité de pardonner !

Sourate 75

## La Résurrection

*Au Nom de Dieu, le Tout Miséricordieux, le Très Miséricordieux*

1 J'en jure[1] par le Jour de la Résurrection,
2 J'en jure par l'âme prompte à se blâmer !
3 L'homme s'imagine-t-il que Nous ne réunirons pas ses ossements ?
4 Oh que si ! Nous sommes même en mesure de reconstituer ses empreintes digitales[2] !
5 Mais l'homme souhaite répandre la corruption devant lui.
6 Il demande : A quand le Jour de la Résurrection ?
7 Lorsque le regard sera ébloui,
8 la lune éclipsée,
9 et que le soleil et la lune seront réunis,
10 ce Jour-là l'homme dira : y a-t-il une échappatoire ?
11 Certes pas ! Il n'y aura pas d'issue secourable !
12 C'est auprès de ton Seigneur *[que tous auront leur]* point de chute.
13 Ce Jour-là l'homme sera avisé de ses actions initiales et ultimes
14 mais, de fait, l'homme lui-même sera lucide à son endroit
15 quand bien même il se répandra en excuses.
16 N'agite pas ta langue pour te hâter *[de retenir]* le Coran ;
17 c'est à Nous de te le faire retenir et psalmodier.
18 Lorsque Nous te le lirons, suis-en attentivement la lecture.
19 Puis c'est à Nous qu'il incombe de l'expliciter.

1 Litt. : Je n'en jurerais pas par.
2 Litt. : le bout de ses doigts.

20 Hélas ! vous n'aimez que l'immédiat
21 et vous négligez l'Ultime Demeure.
22 Ce Jour-là il y aura des visages lumineux[1]
23 contemplant leur Seigneur,
24 tandis que d'autres seront assombris
25 et songeurs *[dans l'attente]* de l'épreuve qu'on leur fera subir.
26 Hélas lorsque l'âme *[vitale]* sera parvenue au niveau de la clavicule
27 et qu'on demandera : Qui donc *[ici]* est un guérisseur ?
28 lorsque l'agonisant sera convaincu que *[l'heure de]* la séparation est venue
29 et qu'*[en se crispant]*, il se sera croisé les tibias[2],
30 c'est auprès de ton Seigneur que s'opérera le retour.
31 Il n'avait pas fait l'aumône ni prié
32 mais il avait crié à l'imposture et s'était détourné
33 pour retourner auprès des siens en se pavanant.
34 Malheur à toi et encore malheur à toi !
35 Et puis malheur à toi et encore malheur à toi !
36 L'homme s'imagine-t-il qu'il sera abandonné à lui-même ?
37 N'était-il pas une goutte de sperme éjaculée ?
38 Puis une adhérence que Dieu a créée *[homme]* et harmonisée
39 et dont il a fait un couple, mâle et femelle ?
40 Celui-là n'est-Il pas en mesure de ressusciter les morts ?

Sourate 76

## L'Homme

*Au Nom de Dieu, le Tout Miséricordieux, le Très Miséricordieux*

1 Un laps de temps s'est écoulé au cours duquel l'homme n'était même pas une réalité mentionnable[3].
2 Nous l'avons créé d'une goutte composite en vue de l'éprouver et Nous en avons fait un être voyant et entendant.
3 Puis Nous l'avons conduit sur la voie : soit reconnaissant, soit ingrat !
4 A l'intention des mécréants, Nous avons apprêté des chaînes et des carcans ainsi qu'un feu ardent.
5 Certes les justes boiront d'une aiguière *[d'un vin]* coupé avec du camphre

1 Ou : resplendissants.

2 Cette expression arabe est censée exprimer le paroxysme de l'agonie.

3 Dans le Coran le verset est énoncé comme une interrogation, mais les commentateurs s'accordent à y voir une « figure de style ». Si l'on tenait à conserver cette interrogation on aurait pu traduire de façon tout à fait plausible par : l'homme a-t-il souvenir d'un laps de temps où il n'était... Mais une telle traduction n'est pas attestée par les commentateurs.

6 puisé à une source à laquelle se désaltéreront les serviteurs de Dieu en la faisant jaillir de toutes parts.
7 Ils auront respecté leurs vœux, redouté le Jour dont les conséquences néfastes se propageront
8 et distribué, en dépit du besoin, de la nourriture aux indigents, à l'orphelin et aux prisonniers.
9 Nous ne vous nourrissons qu'en vue de la Face de Dieu ; nous n'attendons de vous ni rétribution ni remerciements.
10 Nous redoutons de la part de notre Seigneur un Jour sombre et menaçant[4].
11 Dieu les préservera des conséquences de cette Journée et leur communiquera une beauté éclatante et de la joie ;
12 pour *[les récompenser de]* leur patience, Il les rétribuera en leur accordant un jardin et de la soie.
13 Accoudés sur des divans, ils seront à l'abri du soleil comme du froid glacial[5].
14 Leurs ombrages (c'est-à-dire : ceux des jardins) s'étendront sur eux et des grappes de fruits pendront jusqu'à terre.
15 On circulera au milieu d'eux en portant des récipients en argent et des coupes de cristal,
16 *[coupes]* d'un cristal argenté et dont il sera fait bonne mesure.
17 On leur versera à boire dans des verres contenant *[un vin]* coupé de gingembre
18 puisé à une source du nom de *Salsabîl*.
19 D'immortels éphèbes circuleront parmi eux : les verrais-tu que tu les prendrais pour des perles disséminées.
20 Si *[seulement]* tu regardais *[ce spectacle]* là-bas, tu verrais des faveurs et un royaume immense.
21 Revêtus d'habits de soie verts et de velours, ils seront parés de bracelets en argent et leur Seigneur leur versera une boisson pure.
22 Tout ceci vous est destiné en guise de rétribution et vos efforts seront reconnus.
23 C'est bien Nous qui t'avons révélé graduellement ce Coran.
24 Patiente devant la décision de ton Seigneur et n'obéis à aucun d'entre eux, pécheur ou mécréant ;
25 mentionne le Nom de ton Seigneur le matin et l'après-midi

4 Ou encore : pénible, douloureux.
5 Litt. : ils n'y verront ni soleil ni froid.

26 et prosterne-toi devant Lui une partie de la nuit ! Proclame longue-
ment Sa gloire durant la nuit !
27 Ceux-là aiment l'immédiat et négligent le Jour lourd *[de conséquences]*
qui les attend (litt. : qui vient après eux).
28 C'est Nous qui les avons créés et *[qui avons]* renforcé leur constitution,
et si Nous le voulions Nous les remplacerions par leurs semblables.
29 Certes ceci est un Rappel ; prenne le chemin qui conduit à son Sei-
gneur qui veut !
30 Et vous ne le voudrez qu'autant que Dieu le veut car Dieu est Très
Savant, Très Sage.
31 Il introduit qui Il veut au sein de Sa Miséricorde et Il a apprêté un
châtiment douloureux pour les iniques.

Sourate 77

## Les Envoyés

*Au Nom de Dieu, le Tout Miséricordieux, le Très Miséricordieux*

1 Par les vents qui ont été envoyés en rafales (ou : comme une faveur),
2 par les vents qui soufflent en tempête,
3 par les vents qui dispersent *[la pluie]* dans tous les sens,
4 par les versets qui établissent une distinction,
5 par les anges qui projettent le Rappel *[vers les créatures]*
6 en guise de viatique (litt. : d'excuse) ou de mise en garde,
7 ce qui vous est promis est inéluctable !
8 *[Cela se produira]* lorsque les étoiles seront éteintes,
9 lorsque les cieux seront lézardés,
10 lorsque les montagnes seront réduites en poussière,
11 et lorsque le moment sera venu pour les prophètes *[de témoigner]*.
12 Jusqu'à quel jour ce moment a-t-il été différé ?
13 Jusqu'au Jour de la Discrimination !
14 Et qu'est-ce qui te fera connaître la nature du Jour de la Discrimina-
tion ?
15 Malheur en ce Jour à ceux qui criaient au mensonge !
16 N'avons-Nous pas anéanti les premières générations
17 que Nous avons fait suivre des générations postérieures ?
18 C'est ainsi que Nous procédons avec les criminels !
19 Malheur en ce Jour à ceux qui criaient au mensonge !

20 Ne vous avons-Nous pas créés d'une eau sans consistance
21 que Nous avons disposée dans un réceptacle stable (la matrice)
22 pour une période déterminée ?
23 Nous en étions capables ; hommage *[soit rendu]* aux puissants[1] !
24 Malheur en ce Jour à ceux qui criaient au mensonge !
25 N'avons-Nous pas fait de la terre un habitacle
26 à l'usage des vivants et des morts ?
27 N'y avons-Nous pas ancré de hautes montagnes ? Ne vous avons-Nous pas abreuvés d'eau douce ?
28 Malheur en ce Jour à ceux qui criaient au mensonge !
29 Rendez-vous en ce *[lieu]* que vous teniez pour des chimères !
30 Rendez-vous auprès de cette fumée répartie en trois colonnes,
31 qui ne vous fera point d'ombre et ne vous sera d'aucun secours contre le feu !
32 Car la fournaise projettera des étincelles de la taille d'un palais,
33 qu'on pourrait comparer à du cuivre sulfureux[2] (ou : jaune).
34 Malheur en ce Jour à ceux qui criaient au mensonge !
35 Ce Jour-là ils ne prononceront pas un mot,
36 et il ne leur sera pas permis de présenter des excuses.
37 Malheur en ce Jour à ceux qui criaient au mensonge !
38 Ceci est le Jour de la Discrimination ; Nous vous avons rassemblés avec les premiers hommes.
39 Si maintenant vous disposez d'un stratagème, usez-en !
40 Malheur en ce Jour à ceux qui criaient au mensonge !
41 Ceux qui se seront gardés *[de Dieu]* seront au milieu d'ombrages et de sources,
42 ainsi que de fruits dont ils raffolent.
43 Mangez et buvez à satiété pour prix de vos œuvres *[passées]*
44 car c'est ainsi que Nous rétribuons les vertueux.
45 Malheur en ce Jour à ceux qui criaient au mensonge !
46 Mangez et jouissez brièvement *[de la vie]* car vous n'êtes que des criminels.
47 Malheur en ce Jour à ceux qui criaient au mensonge !
48 Lorsqu'on leur disait : Inclinez-vous, ils s'y refusaient.
49 Malheur en ce Jour à ceux qui criaient au mensonge !
50 Mais à quel récit pourraient-ils bien croire après celui-là ?

---

1 Litt. : Qu'ils sont excellents les *[êtres]* capables.

2 Ou encore : semblables à des chameaux de soufre.

Sourate 78

# La Prédiction

*Au Nom de Dieu, le Tout Miséricordieux, le Très Miséricordieux*

1 A quel sujet s'interrogent-ils mutuellement ?
2 Ils s'interrogent au sujet de la formidable prédiction
3 qui fait l'objet de leur différend.
4 Bien sûr qu'ils sauront !
5 Encore une fois, bien sûr qu'ils sauront !
6 N'avons-Nous pas étendu la terre telle une couche ?
7 Et fait des montagnes des piliers ?
8 Ne vous avons-Nous pas créés en couples ?
9 N'avons-Nous pas fait de votre sommeil le moyen de vous reposer ?
10 Ne vous avons-Nous pas revêtus *[du voile]* de la nuit ?
11 Et fait du jour le moment de gagner votre vie ?
12 N'avons-Nous pas édifié au-dessus de vous sept Cieux inébranlables
13 en y plaçant un luminaire (lit. : un flambeau) éblouissant ?
14 Et fait tomber des lourds nuages (ou : des nuages entassés) une pluie battante
15 grâce à laquelle Nous faisons pousser des graines et des plantes
16 et des jardins enchevêtrés ?
17 Certes le Jour de la Discrimination est déjà fixé,
18 le Jour où l'on soufflera dans les trompes et où vous accourrez en nombre
19 et où les cieux seront ouverts et pourvus de portes,
20 où les montagnes seront ébranlées et *[disparaîtront]* telles un mirage.
21 Certes la Géhenne sera alors aux aguets
22 et servira de refuge aux rebelles
23 qui y demeureront des siècles
24 sans y goûter de fraîcheur ni de boissons
25 autre que de l'eau bouillante et du pus
26 à titre de rétribution adéquate.
27 Ils ne comptaient pas sur la reddition des comptes
28 et taxaient effrontément Nos signes de mensonges ;
29 or, toutes choses Nous les avons consignées (ou : recensées) en un livre.
30 Goûtez donc ! Nous ne ferons qu'accroître vos tourments !

31 Certes un refuge est destiné à ceux qui se gardaient *[de Dieu]* :
32 des jardins et des vignes,
33 des jeunes filles nubiles d'un âge égal
34 et des coupes pleines.
35 Ils n'y entendront ni mensonges ni paroles vaines.
36 Ce sera une rétribution émanant de ton Seigneur en guise de don compensatoire *[pour leurs œuvres]*,
37 le Seigneur des cieux et de la terre et de ce qu'ils contiennent, le Miséricordieux. Ils n'auront, venant de Lui, aucun droit à la parole.
38 Le Jour où l'Esprit et les anges se dresseront en rang (ou : sur un rang) sans parler, à l'exception de ceux qui en auront reçu la permission du Miséricordieux et qui ne diront que la vérité,
39 ce Jour-là sera bien réel ; prenne le chemin qui conduit à son Seigneur qui veut !
40 Certes Nous vous avons mis en garde contre un châtiment prochain *[qui se déroulera]* le Jour où le mécréant, considérant ce qu'ont produit ses mains, s'écriera : Malheur à moi ! Si seulement je pouvais n'être que poussière !

Sourate 79

## Celles qui arrachent

*Au Nom de Dieu, le Tout Miséricordieux, le Très Miséricordieux*

1 Par celles qui ôtent sans ménagements,
2 par celles qui retirent en douceur,
3 par celles qui évoluent en flottant *[dans les cieux]*,
4 par celles qui devancent *[les croyants au Paradis]*,
5 par celles qui régissent le commandement *[de ce bas monde]*,
6 le Jour où vibrera le son de la trompe
7 et que celui-ci sera suivi immédiatement d'un second coup de trompette,
8 ce Jour-là les cœurs seront palpitants de frayeur
9 et les regards contrits.
10 Ils diront : Serons-nous ramenés[1] à la vie,
11 après n'avoir plus été que des ossements cariés ?
12 Ce serait, ajouteront-ils, un retour fatidique.
13 On n'entendra (litt. : ce ne sera) qu'un son
14 et les voilà soudain revenus à la vie !
15 L'histoire de Mûssâ t'est-elle parvenue,

1 Autre traduction possible : Serons-nous ramenés à notre première condition ou encore : au feu ?

16 lorsque son Seigneur l'appela dans la vallée sacrée de *Tuwâ* ?
17 Va-t'en trouver Pharaon car il s'est rebellé
18 et dis-lui : Es-tu disposé à te purifier,
19 afin que je te conduise à ton Seigneur et que tu Le redoutes ?
20 Il lui fit alors voir le plus grand des signes
21 mais Pharaon, criant à l'imposture, désobéit *[à Mûssâ]*
22 puis il se détourna et se mit à l'œuvre
23 en réunissant les siens et en les faisant appeler ;
24 puis il proclama : Je suis votre Seigneur le Très-Haut.
25 Dieu s'empara alors de lui afin de le châtier doublement *(al-'âkhira wa al-'ûlâ*[2]*).*
26 Il y a en cela matière à réflexion pour ceux qui ont la crainte *[de Dieu]*.
27 Seriez-vous plus difficiles à créer que le ciel qu'Il a édifié ?
28 Il en a élevé la voûte et l'a harmonisée,
29 Il a rendu sa nuit noire et en a fait sortir la clarté matinale ;
30 et, après cela, Il a étendu la terre,
31 dont Il a fait jaillir l'eau et pousser les pâturages.
32 Il a ancré les montagnes
33 pour votre bien-être et celui de vos troupeaux.
34 Et lorsque surviendra la grande calamité
35 et qu'en ce Jour l'homme se souviendra de ce qu'il avait accompli,
36 lorsque la Géhenne sera rendue visible à tous ceux qui jouissent de la vue,
37 c'est alors que le rebelle
38 ainsi que celui qui aura donné le pas à la vie de ce monde
39 auront la Géhenne pour refuge.
40 Quant à celui qui aura redouté de se tenir devant son Seigneur et qui aura contenu les passions de l'âme,
41 celui-là aura le Paradis pour asile.
42 Ils te questionnent au sujet de l'Heure : A quand son échéance ?
43 Comment pourrais-tu en parler ?
44 C'est en ultime recours à ton Seigneur *[qu'il appartient de la déterminer]*.
45 Toi, tu es seulement chargé de mettre en garde ceux qui la redoutent.
46 Le Jour où ils la verront, il leur semblera n'être pas restés *[sur terre]* plus d'une soirée ou d'un matin.

---

2 Afin de le châtier doublement, par la noyade ici-bas *(al-'ûlâ)* et le feu dans l'Au-delà *(al-'âkhira)*. Certains exégètes ont interprété ce verset différemment en disant : afin de le châtier pour son premier et son second manquement. Les deux manquements attribués à Pharaon sont deux paroles déplacées qui constituent autant de prétentions à la seigneurie : Je ne vous connais pas d'autre divinité que moi ! (Cor. 28, 38) et celle citée ici même : Je suis votre Seigneur le Très-Haut.

Sourate 80

# Il s'est assombri

*Au Nom de Dieu, le Tout Miséricordieux, le Très Miséricordieux*

1 Il s'est assombri et s'est détourné
2 parce que l'aveugle est venu le trouver.
3 Et, qui sait[1], peut-être se serait-il purifié ?
4 Ou bien aurait-il profité de ton exhortation, ce rappel lui ayant été utile ?
5 Quant à celui qui s'est enrichi,
6 tu te consacres à lui *[avec attention]*.
7 Or, tu n'es pas responsable s'il ne se purifie pas !
8 *[En revanche]*, celui qui vient à toi en hâte
9 *[poussé]* par la crainte *[de Dieu]*
10 tu ne t'en soucies pas !
11 Oh que non ! Ceci est un Rappel ;
12 s'en souvienne qui veut.
13 *[Un Rappel]* consigné sur des feuillets objets des meilleurs soins,
14 purs et d'une grande élévation,
15 aux mains d'émissaires
16 nobles et vertueux.
17 Périsse l'homme ! Qui de plus ingrat[2] ?
18 A partir de quoi l'a t-Il créé ?
19 Il l'a créé d'une goutte et l'a déterminé.
20 Puis Il lui a facilité la voie ;
21 puis Il l'a fait périr et mis au tombeau.
22 Puis, lorsqu'Il le voudra, Il le ressuscitera.
23 Oh que non ! L'homme n'a pas accompli ce que Dieu lui avait ordonné.
24 Que l'homme considère sa nourriture :
25 comment Nous faisons tomber la pluie en trombes ;
26 comment Nous fendons la terre en sillons
27 pour y faire pousser des semences,
28 des vignes et de la luzerne (ou : des légumes),
29 des oliviers, des palmiers
30 et des jardins touffus
31 ainsi que des fruits et des prairies
32 pour votre bien-être et celui de vos troupeaux.
33 Mais lorsque retentira[3] *[le bruit]* assourdissant,
34 le Jour où l'homme fuira son frère,
35 son père et sa mère,
36 sa compagne et ses enfants,
37 chaque homme ce Jour-là sera préoccupé exclusivement de son propre sort (litt. : de sa propre affaire).
38 Ce Jour-là certains visages seront rayonnants,
39 rieurs et enjoués,
40 tandis que d'autres auront une mine terreuse,
41 voilée et sombre[4] :
42 tels seront les mécréants prévaricateurs !

1 Litt. : qu'est-ce qui te fera savoir ?
2 Ou : qu'est ce qui l'a poussé à l'ingratitude ?
3 Litt. : viendra.
4 Ou encore : rembrunie.

Sourate 81

# L'Obscurcissement

*Au Nom de Dieu, le Tout Miséricordieux, le Très Miséricordieux*

1 Lorsque le ciel se sera obscurci,
2 lorsque les étoiles auront perdu leur éclat,
3 lorsque les montagnes auront été ébranlées,
4 lorsque les chamelles *(al-'ishâr)* pleines auront été abandonnées,
5 lorsque les animaux sauvages auront été rassemblés,
6 lorsque les mers auront été asséchées,
7 lorsque les âmes seront regroupées par affinités,
8 lorsque la fillette enterrée vivante aura été interrogée :
9 pour quel crime a-t-elle été ainsi assassinée ?
10 lorsque les feuillets *[relatifs aux œuvres]* auront été déployés,
11 lorsque les cieux auront été dépecés,
12 lorsque la Géhenne aura été attisée,
13 et que le Paradis se sera rapproché,
14 toute âme aura connaissance de ce qu'elle avait apprêtée.
15 J'en jure par les constellations
16 qui évoluent et disparaissent,
17 par la nuit quand elle se dissipe
18 et par l'aube quand elle s'étire,
19 il s'agit bien de la Parole *[transmise]* par un noble envoyé (il s'agit de l'ange Gabriel),
20 doué de force et fermement établi auprès du Possesseur du Trône,
21 obéi et fiable.
22 Votre compagnon n'est pas un possédé ;
23 déjà il l'a vu[1] à l'horizon lumineux
24 et il n'est pas avare *[de révélations]* concernant le mystère *(al-ghayb)*.
25 Ce ne sont pas davantage les propos d'un démon maudit !
26 Ou donc allez-vous ?
27 Il ne s'agit que d'un Rappel destiné aux mondes,
28 pour ceux d'entre vous qui veulent se rectifier.
29 Mais vous ne le voudrez qu'autant que Dieu, le Seigneur des mondes, le voudra.

1 Là encore une majorité des commentateurs pensent qu'il s'agit de la vision que le Prophète aurait eue de l'ange Gabriel lors de la révélation ou du « Voyage nocturne » alors que d'autres, plus conséquents, veulent y voir une allusion à l'« Ascension céleste » *(mi'râj)* consécutive au « Voyage nocturne » et qui sera pour le Prophète l'occasion d'une rencontre avec son Seigneur. Cf. Cor. 53, 14.

Sourate 82

## Le Ciel lézardé

*Au Nom de Dieu, le Tout Miséricordieux, le Très Miséricordieux*

1 Lorsque le ciel sera lézardé,
2 lorsque les étoiles seront disséminées,
3 lorsque les mers se seront entrechoquées[1],
4 lorsque les tombes seront retournées,
5 toute âme connaîtra les œuvres qu'elle a initialement accomplies et celles qu'elle a différées.
6 Homme, qu'est-ce donc qui t'a illusionné au sujet de ton généreux Seigneur
7 qui t'a créé en t'accordant harmonie et équilibre ?
8 qui t'a agencé selon la forme de Son choix ?
9 Hélas ! vous traitez la reddition *[des comptes]* de mensonges
10 alors qu'au-dessus de vous de nobles
11 gardiens consignent *[vos actes]*,
12 qui connaissent tout ce que vous faites.
13 Certes les vertueux seront plongés dans des délices *(na'îm)*
14 et les libertins dans la Géhenne.
15 Il y entreront au Jour du Jugement
16 auquel ils ne pourront se soustraire.
17 Et qu'est-ce qui te fera connaître la nature du Jour du Jugement ?
18 Oui, qu'est-ce qui te fera connaître la nature du Jour du Jugement ?
19 Ce sera le Jour où personne ne pourra être de la moindre utilité à ses pairs[2] ; ce Jour-là, le Commandement reviendra à Dieu.

Sourate 83

## Les Fraudeurs

*Au Nom de Dieu, le Tout Miséricordieux, le Très Miséricordieux*

1 Malheur aux fraudeurs !
2 *[Ceux]* qui exigent la juste mesure lorsqu'ils se font peser *[la marchandise]* par autrui
3 et qui trafiquent les poids et mesures lorsqu'ils *[la]* leur vendent.
4 Ceux-ci n'ont-ils pas réfléchi qu'ils seront ressuscités
5 à l'occasion d'un Jour terrible ?
6 Le Jour où les hommes se dresseront devant le Seigneur des mondes ?

---

1 Ou encore : lorsque les mers auront débordé, ou seront asséchées.

2 Litt. : où aucune âme ne pourra être utile à une autre.

7 Hélas ! Le livre des prévaricateurs sera conservé dans le *Sijjîn* ?
8 Et qui donc t'apprendra ce qu'est le *Sijjîn* ?
9 C'est un livre numéroté *(marqûm)*.

**Commentaire** : *Sijjîn* est manifestement dérivé du mot *sijn* qui signifie « prison » ; le livre des œuvres des mécréants est donc un livre soustrait aux regards et porteur d'un « chiffre » ou d'une marque distinctive.

10 Malheur ce Jour-là à ceux qui criaient au mensonge
11 et qui traitaient le Jour du Jugement de chimère !
12 Or il n'est que les transgresseurs coupables pour le considérer comme tel !
13 Lorsqu'on leur lit Nos versets, ils commentent : Légendes de primitifs !
14 Oh que non ! Mais les œuvres qu'ils se sont acquises leur ont voilé le cœur.
15 Hélas ! ce Jour-là ils seront voilés à l'égard de leur Seigneur
16 puis ils pénétreront dans la Géhenne
17 et on leur dira : Voici ce châtiment que vous qualifiiez de chimère !
18 Oh que non ! Les vertueux seront mentionnés dans le *'Illiyîn* !
19 Et qui donc t'apprendra ce qu'est le *'Illiyîn* ?
20 C'est un livre numéroté *(marqûm)*

**Commentaire** : *'Illiyîn* qui est dérivé du mot *'uluw* (élévation) est le nom donné au livre relatant les œuvres des justes.

21 que contempleront ceux qui ont été placés dans la proximité *[divine]*.
22 Certes les vertueux *[seront plongés]* dans des délices ;
23 *[accoudés]* sur des divans, ils promèneront leurs regards.
24 On lira sur leur visage l'éclat de la félicité
25 et on leur servira à boire un vin cacheté
26 laissant un arrière-goût de musc. C'est pour une telle faveur (litt. : pour ceci) que les émules doivent entrer en compétition.
27 *[Ce vin]* sera coupé d'eau de *Tasnîm*,
28 source à laquelle se désaltèrent les rapprochés.
29 Ceux qui commettaient des crimes se moquaient des croyants,
30 et lorsqu'ils passaient devant eux ils s'adressaient des clins d'œil.
31 Lorsqu'ils s'en retournaient auprès des leurs ils en plaisantaient encore,
32 et lorsqu'ils voyaient les croyants ils s'exclamaient : Voilà bien des égarés !
33 On ne les avait pourtant pas chargés de les surveiller.
34 Le Jour où ceux qui ont la foi se moqueront des mécréants

35 et où, *[accoudés]* sur des divans, ils promèneront leurs regards :
36 Les mécréants ont-ils bien été rétribués pour prix de leurs actions ?

Sourate 84

## La Fêlure

*Au Nom de Dieu, le Tout Miséricordieux, le Très Miséricordieux*

1 Lorsque le ciel se sera fendu
2 se soumettant à bon droit à son Seigneur,
3 lorsque la terre sera aplanie
4 et qu'elle rejettera ce qu'elle renferme en son sein pour se vider…
5 se soumettant à bon droit à son Seigneur,
6 Homme, tu avances laborieusement vers ton Seigneur pour Le rencontrer enfin.
7 Celui qui aura reçu son livre de la main droite
8 verra examiner ses comptes avec indulgence
9 et s'en retournera auprès des siens dans l'allégresse.
10 Quant à celui qui aura reçu son livre derrière son dos,
11 il s'écriera: Malheur *[à moi]* !
12 et sera précipité dans le feu.
13 Certes, il était heureux au sein de sa famille
14 en songeant qu'il ne retournerait jamais vers Dieu.
15 Oh que si ! Car ton Seigneur l'observait avec soin[1].
16 J'en jure par les rougeurs du couchant *(shafaq)*,
17 par la nuit et ce qu'elle dissimule (litt. : contient),
18 par la lune en son plein,
19 vous passerez par des conditions successives (*tabaq*[2], ou encore : vous serez regroupés par catégories)
20 Qu'ont-ils donc à ne pas croire
21 et à ne pas se prosterner lorsqu'on leur récite le Coran ?
22 Les mécréants crieraient plutôt au mensonge,
23 mais Dieu sait bien ce qu'ils dissimulent.
24 Annonce-leur un châtiment douloureux,
25 à l'exception de ceux qui auront cru et pratiqué les œuvres pies, car une rétribution ininterrompue leur est destinée.

1 Litt. : le voyait très bien. N'était la trivialité de l'expression « ton Seigneur l'avait à l'œil », nous aurions pu l'employer pour rendre assez précisément l'expression arabe.
2 Les conditions (ou les « catégories » selon les exégètes) par lesquelles les hommes sont amenés à passer

Sourate 85

# Les Constellations Zodiacales

*Au Nom de Dieu, le Tout Miséricordieux, le Très Miséricordieux*

1 Par les cieux ornés des constellations !
2 Par le Jour inéluctable (litt. : promis) !
3 Par le témoin[1] et ce dont il témoigne !
4 Périssent les compagnons du fossé[2]
5 empli d'un feu alimenté par un combustible *[incandescent]*.
6 Lors, ils étaient assis sur le rebord,
7 témoins de ce qu'ils faisaient subir aux croyants.
8 Ils ne leur en voulaient que d'avoir cru en Dieu, le Puissant, le Digne de louanges
9 qui détient le royaume des cieux et de la terre et Dieu est Témoin de toute chose.
10 Ceux qui ont ainsi torturé les croyants et les croyantes sans témoigner de repentir sont voués au châtiment de la Géhenne et au supplice du feu.
11 Ceux qui auront cru et pratiqué les œuvres pies sont destinés *[à habiter]* des jardins arrosés par des fleuves : telle est la réussite sublime.
12 La rigueur de ton Seigneur est implacable,
13 c'est Lui qui initie *[la création]* et qui la recommence
14 et Il est le Pardonneur Compatissant,
15 Le Possesseur du Trône, le Glorieux,
16 Il agit à Sa guise.
17 L'histoire des armées de Pharaon et de Thamûd
18 t'est-elle parvenue ?
19 Malgré ce, les mécréants crient au mensonge
20 alors que Dieu les cerne sur leurs arrières ;
21 il s'agit pourtant bien d'un Coran glorieux
22 *[consigné]* sur une Table préservée *[de toute altération]*.

1 Ce témoin et ce dont il témoigne ont fait l'objet d'interprétations fort diverses dont nous livrons « pêle-mêle » un certain nombre : 1) Le témoin n'est autre que Dieu tandis que l'objet du témoignage peut être les créatures, les œuvres ou le Jour du Jugement. 2) Le témoin est le Prophète amené à témoigner à l'encontre de sa communauté au Jour de la Résurrection. 3) Le témoin est la communauté muhammadienne qui sert de référence auprès des autres communautés au Jour de la Résurrection. 4) Jésus à l'encontre de sa communauté. 5) Les hommes qui assistent au Jour du Jugement. 6) Les anges qui témoignent de la qualité des œuvres. 7) La prière de l'aube à laquelle assistent les anges. 8) Les membres de l'être humain qui témoignent à son encontre.
Il n'existe pas moins de dix-huit interprétations qui ne sont pas contradictoires entre elles et dont la plupart se basent sur des versets du Coran.

2 Ou encore : *[Les Qurayshites ont été tués]* comme l'ont été les compagnons du fossé.

Sourate 86

## Celle qui surgit nuitamment

*Au Nom de Dieu, le Tout Miséricordieux, le Très Miséricordieux*

1 Par le ciel et par celle qui surgit nuitamment,
2 et qui *[donc]* te fera connaître la nature de celle qui surgit nuitamment ?
3 C'est une étoile scintillante.
4 Il n'est d'âme qui n'ait un gardien !
5 Que l'homme considère ce dont il a été créé !
6 Il a été créé d'un liquide éjaculé
7 qui s'écoule entre les reins et les iliaques.
8 Certes Dieu est en mesure de le ressusciter
9 le Jour où les secrets intimes seront dévoilés :
10 il n'aura alors ni force ni soutien.
11 Par le ciel qui revient *[en pluie]*,
12 par la terre productrice *[de plantes]*,
13 il s'agit d'un Verbe discriminatoire *[entre Vérité et erreur]*
14 qui n'est pas à prendre à la légère.
15 Certes ils ourdissent leur stratagème
16 tandis que J'affine le Mien.
17 Accorde donc un délai aux mécréants ! Accorde-leur un bref répit.

Sourate 87

## Le Très Haut

*Au Nom de Dieu, le Tout Miséricordieux, le Très Miséricordieux*

1 Glorifie le Nom de ton Seigneur le Très Haut,
2 qui a créé harmonieusement *[les créatures]*,
3 qui *[les]* a déterminées et guidées,
4 qui a fait pousser les prairies
5 pour en faire du fourrage (ou : du chaume) desséché.
6 Nous te ferons réciter le Coran si bien que tu ne l'oublieras pas,
7 si ce n'est ce que Dieu voudra *[te faire oublier]*, car Il sait ce qui se dit ouvertement et ce qui reste dissimulé.
8 Et Nous te faciliterons l'accès à une voie aisée.
9 remets-leur *[le Coran]* en mémoire pour autant que le Rappel soit efficace.
10 Celui qui est habité par la crainte s'en souviendra
11 mais le réprouvé s'en écartera,
12 qui entrera dans le plus grand des feux
13 où il ne vivra pas mais sans mourir *[pour autant]*.
14 A d'ores et déjà réussi quiconque s'est purifié,
15 s'est souvenu du Nom de son Seigneur et a prié.

16 Malheureusement vous préférez la vie de ce bas monde
17 alors que l'Ultime Demeure est meilleure et plus durable.
18 Ces vérités sont consignées dans les premières Écritures,
19 les feuillets d'Ibrâhîm et de Mûssâ.

Sourate 88

## Celle qui enveloppe

*Au Nom de Dieu, le Tout Miséricordieux, le Très Miséricordieux*

1 Le récit de celle qui enveloppe t'est-il parvenu ?
2 Ce Jour-là des visages seront contrits,
3 *[visages de créatures]* peinants et harassés.
4 Elles pénétreront un feu incandescent
5 et seront abreuvées à une source en ébullition.
6 Pour tout aliment, elles auront des épineux
7 qui n'engraissent point ni n'apaisent la faim.
8 Ce Jour-là il y aura de beaux visages
9 satisfaits de ce qu'ils auront accompli.
10 *[Ils seront]* dans un jardin élevé
11 dans lequel tu n'entendras pas de paroles futiles,
12 et où seront situés une source jaillissante,
13 des lits surélevés,
14 des coupes bien disposées,
15 des coussins ordonnés
16 et des tapis étendus.
17 Ne considèrent-ils point comment le chameau a été créé ?
18 Comment les cieux ont été élevés ?
19 Comment les montagnes ont été dressées ?
20 Ou comment la terre a été aplanie ?
21 Remets-leur *[la Vérité]* en mémoire, tu es seulement chargé de ce Rappel.
22 Tu n'as aucun pouvoir sur eux,
23 si ce n'est sur ceux qui se détournent en niant
24 et auxquels Dieu infligera le châtiment suprême.
25 Certes c'est auprès de Nous qu'ils retourneront,
26 et c'est à Nous qu'il incombe de faire leurs comptes.

Sourate 89

# L'Aube

*Au Nom de Dieu, le Tout Miséricordieux, le Très Miséricordieux*

1 Par l'aube
2 et par les dix nuits[1] !
3 Par le pair et l'impair[2],
4 et par la nuit lorsqu'elle se dissipe,
5 n'y a-t-il pas en tout cela un serment à l'usage d'un homme doué d'entendement ?
6 N'as-tu pas médité la façon dont ton Seigneur a traité 'Âd,
7 *[la tribu d']*Iram aux colonnes en hauteur
8 *[qui était]* telle que jamais il n'en fut créé de semblable dans le pays ?
9 Et Thamûd[3] qui creusa des cavités dans la vallée ?
10 Et Pharaon, l'homme qui suppliciait par le pal *(dhû al-awtâd*[4]*)*,
11 tous ceux qui se livraient à des outrances dans le pays,
12 et qui y répandaient la corruption,
13 et auxquels ton Seigneur fit « donner le bâton » en guise de châtiment ?
14 Car ton Seigneur est bien aux aguets !
15 Pour ce qui est de l'homme, lorsque ton Seigneur l'éprouve en l'honorant et en lui accordant Ses faveurs, il s'exclame : Mon Seigneur m'a honoré !
16 Mais lorsqu'Il l'éprouve en lui mesurant (ou : en lui comptant) Ses largesses, le voilà qui s'écrie : Mon Seigneur m'a humilié !
17 Oh que non ! Mais vous n'êtes pas généreux envers les orphelins,
18 vous n'incitez pas à nourrir le pauvre,
19 vous mangez goulûment les héritages,
20 et vous aimez la richesse sans retenue.
21 Que non pas ! Lorsque la terre aura été pulvérisée à la suite de plusieurs coups successifs,
22 lorsque ton Seigneur sera venu ainsi que les anges, rangée par rangée,
23 lorsque ce Jour-là on présentera la Géhenne, l'homme se souviendra ! Mais alors, de quelle utilité lui sera ce souvenir ?

1 De l'avis général, les dix nuits du mois de Dhû al-Hijja.

2 Le pair et l'impair désignent 'Arafât (le neuf de Dhû al-Hijja) et le jour de la Fête (le dix du même mois) selon un *hadîth* du Prophète, ou encore les diverses prières quotidiennes, paires et impaires, selon un autre *hadîth*. C'est peut-être le lieu de rappeler que, d'après le prophète, « Dieu est impair et Il aime l'imparité », tandis que, de l'avis général, la dualité est à l'origine même de la création.

3 Thamûd était un peuple troglodyte.

4 Voir note 2 du verset 12, sourate 38.

24 Malheur à moi ! dira-t-il. Si seulement j'avais apprêté (litt. : avancé) *[quelque œuvre pie]* pendant ma vie *[d'ici-bas]* !
25 Ce Jour-là, nul autre que Lui n'infligera un tel châtiment,
26 et nul autre que Lui ne serrera aussi fortement les liens[1] *[des suppliciés]*.
27 Ô toi, l'âme apaisée,
28 retourne auprès de ton Seigneur, satisfaite et agréée,
29 et entre au nombre de Mes serviteurs,
30 entre en Mon Paradis.

Sourate 90

## La Cité

*Au Nom de Dieu, le Tout Miséricordieux, le Très Miséricordieux*

1 J'en jure par cette cité
2 alors même que tu l'habites.
3 Par le géniteur[2] et par ceux qu'il a enfanté !
4 Certes Nous avons créé l'homme exposé à l'affliction.
5 S'imagine-t-il que personne ne pourra quelque chose contre lui ?
6 J'ai dilapidé un bien considérable ! s'écrie-t-il.
7 S'imagine-t-il que personne ne le voit ?
8 Ne lui avons-Nous pas donné deux yeux ?
9 Une langue et deux lèvres ?
10 Ne l'avons-Nous pas conduit vers les deux voies ?
11 Or il n'a pas affronté la difficulté (ou encore plus littéralement : il n'a pas défié, ou il n'a pas gravi la montagne).
12 Et qu'est-ce qui te fera connaître la nature de cette difficulté ?
13 Elle consiste à libérer un esclave
14 et à nourrir, en période de disette,
15 un parent orphelin
16 ou un indigent dans le besoin.
17 Puis il était de ceux qui ont la foi et qui se recommandent mutuellement la patience et la compassion.
18 Ceux-là sont les compagnons de la droite.
19 Et quant à ceux qui auront renié Nos signes, ce seront les compagnons de la gauche.
20 Ils seront recouverts d'un feu compact (ou : étouffé).

1 Ou encore : ne ligotera...
2 Les commentateurs ont essayé de donner un nom à ce géniteur que Dieu prend à témoin dans le verset en l'identifiant tour à tour aux prophètes Adam, Noé, Abraham et à notre Prophète.

Sourate 91

## Le Soleil

*Au Nom de Dieu, le Tout Miséricordieux, le Très Miséricordieux*

1 Par le soleil et par sa clarté matinale,
2 par la lune quand elle lui succède,
3 par le jour quand il le dévoile (ou : quand il le fait briller),
4 par la nuit quand elle le recouvre,
5 par le ciel et par Celui qui l'a édifié,
6 par la terre et par Celui qui l'a étendue (ou : aplanie),
7 par l'âme et par Celui qui l'a harmonisée
8 en lui inspirant licence ou bien piété !
9 A d'ores et déjà réussi celui qui l'a purifiée,
10 tandis que celui qui l'a enfouie *[dans la souillure]* a assurément échoué.
11 Thamûd, tout à sa rébellion, a crié au mensonge
12 lorsque le plus mauvais d'entre eux s'élança *[en vue d'égorger la chamelle]*.
13 *[N'oubliez]*, leur avait dit l'envoyé de Dieu, ni la chamelle ni de l'abreuver.
14 Ils le traitèrent de menteur et l'égorgèrent (la chamelle) si bien que
ton Seigneur fulmina contre eux à cause de leur péché et les anéantit
15 sans en redouter les conséquences.

Sourate 92

## La Nuit

*Au Nom de Dieu, le Tout Miséricordieux, le Très Miséricordieux*

1 Par la nuit lorsqu'elle recouvre,
2 par le jour lorsqu'il se dévoile,
3 par celui qui a créé le mâle et la femelle,
4 vos comportements sont très diversifiés !
5 *[A]* celui qui aura fait l'aumône et se sera gardé *[de Dieu]*
6 tout en accréditant la belle parole (c'est-à-dire la profession de foi),
7 Nous faciliterons l'accès à la félicité.
8 Mais celui qui se sera montré avare et plein de suffisance
9 et qui aura tenu la belle parole pour un mensonge,
10 Nous l'acculerons au malheur
11 et ses biens ne lui seront d'aucun secours quand il sera anéanti[1].
12 C'est à Nous qu'il incombe de montrer la voie,
13 et c'est Nous qui disposons de l'Ultime Demeure comme de ce bas
monde.
14 Je vous ai mis en garde contre un feu incandescent

1 Ou encore : quand il sera précipité dans l'abîme ;
quand il sera revêtu d'un linceul ;
quand il descendra dans la tombe.

15 dans lequel seuls les réprouvés seront précipités,
16 ceux qui auront crié au mensonge et se seront détournés.
17 Sera écarté *[du feu]* l'homme pieux
18 qui donne son bien pour se purifier,
19 dont les bienfaits ne sont pas intéressés,
20 *[et qui n'agit que]* par désir de la Face de son Seigneur le Très-Haut.
21 *[Celui-là]* sera satisfait *[de son sort]*.

Sourate 93

## La Clarté matinale

*Au Nom de Dieu, le Tout Miséricordieux, le Très Miséricordieux*

1 Par la matinée,
2 par la nuit quand elle se dissipe[1],
3 ton Seigneur ne t'a ni abandonné ni pris en aversion (ou : ni honni).
4 Et l'Ultime Demeure sera préférable pour toi à celle-ci[2].
5 Ton seigneur t'accordera Ses dons et tu en seras satisfait.
6 Ne t'a-t-Il pas trouvé orphelin ? Ne t'a-t-Il pas donné asile ?
7 Ne t'a-t-Il pas trouvé errant ? Et ne t'a-t-Il pas guidé ?
8 Ne t'a-t-Il pas trouvé dans le besoin ? Et ne t'a-t-Il pas enrichi ?
9 Aussi, ne spolie pas l'orphelin *[de ses biens]*,
10 ne repousse pas le mendiant,
11 et fais part des bienfaits dont ton Seigneur t'a gratifié !

Sourate 94

## La Dilatation

*Au Nom de Dieu, le Tout Miséricordieux, le Très Miséricordieux*

1 N'avons-Nous pas dilaté ta poitrine ?
2 Ne t'avons-Nous pas délesté du fardeau
3 qui te rompait le dos
4 tout en hissant ta renommée ?
5 Certes l'aisance accompagne l'adversité !
6 Oui l'aisance[3] accompagne bien l'adversité !
7 Une fois que tu auras terminé une tâche, efforce-toi *[d'en entamer une autre]*
8 et aspire[4] *[à la rencontre]* de ton Seigneur.

1 Ou encore : par la nuit quand elle tombe ; par la nuit tombée ; par la nuit paisible.
2 Litt. : à la première.
3 Remarque : Nombre de traducteurs ont suggéré que l'aisance succédait à la difficulté. Or, ce n'est pas du tout ce qui figure dans le texte, au contraire l'idée qui s'en dégage c'est que l'aisance réside au cœur même de la difficulté ce qui est tout à fait différent.
4 Litt. : désire.

Sourate 95

## Le Figuier

*Au Nom de Dieu, le Tout Miséricordieux, le Très Miséricordieux*

1 Par le figuier et l'olivier,
2 par le mont Sinaï
3 et par cette contrée sûre,
4 Nous avons créé l'homme dans la plus harmonieuse des formes,
5 puis Nous l'avons ramené au plus bas de l'échelle (litt. : au plus bas des plus bas),
6 exception faite de ceux qui croient et pratiquent les œuvres pies : ils auront une rétribution illimitée.
7 Quant à celui qui, après cela, traitera cette religion de mensonge :
8 Dieu n'est-Il pas le plus équitable des juges ?

Sourate 96

## L'Adhérence

*Au Nom de Dieu, le Tout Miséricordieux, le Très Miséricordieux*

1 Lis au Nom de ton Seigneur qui a créé,
2 qui a créé l'homme d'une adhérence.
3 Lis et ton Seigneur est le plus généreux,
4 qui a enseigné par le Calame,
5 qui a enseigné à l'homme ce qu'il ignorait.
6 Hélas, l'homme se rebelle
7 aussitôt qu'il se voit enrichi ;
8 Certes c'est auprès de ton Seigneur que s'opérera le retour !
9 As-tu médité *[l'exemple]* de celui qui interdit
10 à un serviteur de prier ?
11 Penses-tu qu'il soit sur la bonne voie ?
12 Ou qu'il incite à (litt. : ordonne) la piété ?
13 Es-tu d'avis, s'il crie au mensonge et se détourne,
14 qu'il ignore que Dieu le voit ?
15 Oh que non ! S'il ne cesse *[de vous importuner]* Nous le saisirons par sa mèche frontale,
16 mèche menteuse et pécheresse.
17 Qu'il en appelle alors à son entourage,
18 Nous en appellerons aux gardiens de l'ordre *(zabâniyya)*.
19 Oh que non ! Ne lui obéis pas, prosterne-toi et rapproche-toi *[de Dieu]*.

Sourate 97

## La Mesure (ou la Détermination)

*Au Nom de Dieu, le Tout Miséricordieux, le Très Miséricordieux*

1 Certes Nous l'avons révélé au cours de la Nuit de la Détermination (*qadr*[1]).
2 Et qui te fera connaître la nature de la Nuit de la Détermination ?
3 La Nuit de la Détermination est préférable à mille mois.
4 Les anges et l'Esprit descendent avec la permission de leur Seigneur afin de tout régir.
5 Elle est Paix jusqu'au lever de l'aube.

Sourate 98

## La Preuve

*Au Nom de Dieu, le Tout Miséricordieux, le Très Miséricordieux*

1 Les mécréants parmi les gens du Livre et les polythéistes n'étaient pas appelés à disparaître sans avoir reçu de preuve

**Ou encore** : n'étaient pas tenus à renoncer à leur culte sans avoir reçu de preuve.

2 en la personne d'un Envoyé qui leur récitait des feuillets immaculés
3 contenant des Écritures orthodoxes.
4 Or, les tenants des Écritures ne se divisèrent qu'après avoir reçu cette preuve.
5 Il ne leur avait pourtant été ordonné que d'adorer Dieu en Lui consacrant un culte exclusif, en monothéistes sincères (ou : en hommes véridiques) qui accomplissent la prière et acquittent l'aumône prescrite. Telle est la Religion de la rectitude (ou : des Justes).
6 Les mécréants parmi les gens du Livre et les polythéistes sont voués au feu de la Géhenne où ils demeureront à jamais : ceux-là sont les pires des créatures.
7 Ceux qui auront cru et pratiqué les bonnes œuvres, ceux-là seront les meilleures des créatures.

---

1 La « Nuit de la Détermination » est celle au cours de laquelle s'opéra la descente du Coran dans sa globalité sur la poitrine du Prophète ﷺ. A cette descente « globale » va succéder une autre descente, graduelle celle-là, pendant les vingt-trois années qui vont constituer le temps de sa prédication. Généralement les musulmans, se basant sur les *hadîths* les plus fiables en la matière, situent cette Nuit au vingt-sept du mois de Ramadân, encore qu'il n'y ait aucune certitude à ce sujet et que d'autres *hadîths* nous incitent à la rechercher pendant les dix derniers jours de ce même mois.

8 Ils auront pour rétribution, auprès de leur Seigneur, les jardins d'Éden arrosés par des fleuves où ils demeureront à jamais. Dieu sera satisfait d'eux et ils seront satisfaits de Lui : cela étant destiné à qui redoute son Seigneur.

Sourate 99

## Le Tremblement

*Au Nom de Dieu, le Tout Miséricordieux, le Très Miséricordieux*

1 Lorsque la terre aura tremblé de son ultime tremblement,
2 qu'elle aura rejeté son fardeau (en l'occurrence ses morts),
3 et que l'homme s'interrogera : Qu'a-t-elle donc ?
4 ce Jour-là, elle contera son histoire
5 parce que ton Seigneur le lui aura inspiré.
6 Ce Jour-là, les hommes se détacheront en groupes épars afin qu'on leur montre leurs œuvres.
7 Quiconque aura fait le poids d'un atome de bien le verra,
8 et quiconque aura fait le poids d'un atome de mal le verra.

Sourate 100

## Les Coursiers

*Au Nom de Dieu, le Tout Miséricordieux, le Très Miséricordieux*

1 Par les coursiers haletants
2 dont les sabots font jaillir des étincelles !
3 Par ceux qui chargent à l'aube
4 en soulevant un nuage de poussière
5 et en pourfendant les groupes (ou : les rangs) d'ennemis !
6 Certes l'homme n'a aucune gratitude envers son Seigneur
7 et il en est parfaitement conscient (litt. : témoin).
8 Et de plus il témoigne d'une formidable cupidité pour les biens *[de ce monde]*.
9 Ignorerait-il que, lorsque les tombes seront retournées

10 et le secret des cœurs (litt. : le contenu des poitrines) dévoilé,
11 ton Seigneur sera au fait de tout ce qui les concerne ?

Sourate 101

## Le Fracas retentissant

*Au Nom de Dieu, le Tout Miséricordieux, le Très Miséricordieux*

1 Le fracas retentissant !
2 Qu'est-ce que le fracas retentissant ?
3 Et qui t'enseignera ce qu'est le fracas retentissant ?
4 Le Jour où les hommes seront tels des papillons dispersés
5 et où les montagnes se volatiliseront comme laine cardée,
6 celui dont les *[bonnes]* œuvres pèseront lourd
7 connaîtra une vie plaisante (litt. : satisfaisante),
8 mais celui dont les œuvres seront de peu de poids
9 aura la *Hâwiya* pour asile (litt. : pour mère).
10 Et qui t'enseignera ce qu'est la *Hâwiya* ?
11 C'est un feu incandescent !

Sourate 102

## La Prolifération

*Au Nom de Dieu, le Tout Miséricordieux, le Très Miséricordieux*

1 La prolifération[1] *[de richesses]* vous occupe (litt. : vous distrait)
2 et ce jusqu'au Jour où vous visiterez les tombes.
3 Hélas ! vous connaîtrez bientôt *[votre sort]* !
4 Et encore hélas ! vous le connaîtrez bientôt !
5 Hélas ! Si seulement vous saviez de science certaine,
6 vous verriez la Géhenne,
7 puis vous la verrez de l'œil de la certitude,
8 puis, ce Jour-là, il vous sera demandé compte des faveurs *[dont vous étiez gratifiés]*.

1 Autre traduction possible : La prolifération *[de richesses et d'honneurs]* vous occupe et ce même au moment où vous rendez visite à vos morts. C'est-à-dire que la visite des mort, au lieu d'être en ce qui les concerne un moyen de se rappeler le caractère éphémère de ce bas monde, est encore l'occasion de se vanter du nombre et de la qualité de ses ancêtres. Cette interprétation, attestée par les commentateurs, est l'exacte opposée de la précédente.

Sourate 103

## L'Époque

*Au Nom de Dieu, le Tout Miséricordieux, le Très Miséricordieux*

1 Par l'époque,
2 en vérité l'homme est en perdition,
3 à l'exception de ceux qui ont la foi, qui pratiquent les bonnes œuvres, qui se conseillent mutuellement la Vérité et qui s'exhortent à la patience.

Sourate 104

## Le Calomniateur

*Au Nom de Dieu, le Tout Miséricordieux, le Très Miséricordieux*

1 Malheur à tout calomniateur qui fait des signes entendus
2 et amasse des biens qu'il compte et recompte.
3 S'imagine-t-il que ses biens l'assurent de demeurer à jamais ?
4 Oh que non ! Il sera précipité dans le *Hutama*.
5 Et qui te fera connaître la nature du *Hutama* ?
6 C'est le feu incandescent de Dieu
7 qui dévore les cœurs
8 et qui les emprisonnera
9 dans d'immenses colonnes.

Sourate 105

## L'Éléphant

*Au Nom de Dieu, le Tout Miséricordieux, le Très Miséricordieux*

1 Ne vois-tu pas comment ton Seigneur a traité les compagnons de l'éléphant ?
2 N'a-t-Il pas mis leur stratagème en déroute
3 en envoyant à leur encontre les oiseaux d'*Abâbîl*

**Commentaire :** Selon certains commentateurs, *abâbîl* signifierait « en groupes compacts ».

4 qui les lapidèrent à l'aide de pierres en terre cuite,
5 les laissant pareils à de la paille déchiquetée.

Sourate 106

# Quraysh

*Au Nom de Dieu, le Tout Miséricordieux, le Très Miséricordieux*

1 Au nom de l'habitude contractée par les Qurayshites,
2 habitude consistant à entreprendre un voyage en hiver et un en été,
3 qu'ils adorent donc le Seigneur de ce Sanctuaire (litt. : de cette Maison),
4 qui les a préservés de la faim et les a mis à l'abri de la peur.

Sourate 107

# Le Nécessaire

*Au Nom de Dieu, le Tout Miséricordieux, le Très Miséricordieux*

1 As-tu vu celui qui tient le Jugement dernier pour un mensonge ?
2 C'est celui qui repousse brutalement l'orphelin
3 et qui n'incite pas à nourrir le pauvre.
4 Malheur à ceux qui prient
5 tout en négligeant *[le moment]* de la prière,
6 ceux qui font preuve d'ostentation
7 et refusent *[aux pauvres]* le strict nécessaire.

Sourate 108

# Le Kawthar

*Au Nom de Dieu, le Tout Miséricordieux, le Très Miséricordieux*

1 Certes Nous t'avons accordé le *Kawthar* ;

**Commentaire :** Le *Kawthar* est le nom d'un fleuve paradisiaque que le Prophète reçoit en guise de cadeau dans « l'Ultime Demeure ».

2 prie donc ton Seigneur et offre-Lui un sacrifice.
3 En vérité c'est celui qui te déteste qui est privé de postérité.

Sourate 109

## Les Mécréants

*Au Nom de Dieu, le Tout Miséricordieux, le Très Miséricordieux*

1 Dis : Ô mécréants,
2 Je n'adore pas ce que vous adorez
3 et vous n'adorez pas ce que j'adore.
4 Je ne suis pas disposé à adorer ce que vous adorez
5 et vous-mêmes vous n'adorerez pas ce que j'adore.
6 Vous avez votre religion et j'ai la mienne !

Sourate 110

## L'Assistance divine

*Au Nom de Dieu, le Tout Miséricordieux, le Très Miséricordieux*

1 Lorsque viendra l'assistance de Dieu ainsi que la victoire
2 et que tu verras les hommes entrer en masse dans la religion de Dieu,
3 alors glorifie ton Seigneur par la louange *[qu'Il S'est adressée à Lui-même]* et demande-Lui Son pardon, car Il accorde volontiers Son repentir.

Sourate 111

## La Corde

*Au Nom de Dieu, le Tout Miséricordieux, le Très Miséricordieux*

1 Que périssent les deux mains d'Abû Lahab[1] !
2 Son bien ne lui a servi à rien pas plus que ce qu'il a acquis.
3 Il pénétrera dans un feu aux flammes *[incandescentes]*,
4 et son épouse, la porteuse de bois,
5 portera à son cou une corde tressée (ou : en fibres de palmier).

---

1 Abû Lahab, l'un des oncles paternels du Prophète, se comporta en ennemi acharné de l'Islam. On prétend qu'il devait sa ***kunya*** d'Abû Lahab (« le père du feu ») à la beauté de son visage mais les musulmans eurent tôt fait d'en détourner le sens initial pour en faire « celui qui est voué au feu ». Son épouse, Umm Jamîl bint Harb qui était la sœur d'Abû Sufyân, avait coutume de semer sur le chemin du Prophète des buissons épineux dans l'espoir qu'il se blesse, ce qui lui vaut son surnom de « porteuse de bois ».
Toutefois, selon d'autres commentaires, ce surnom était significatif de sa fâcheuse tendance à colporter des ragots pour semer la zizanie entre les gens.
Signalons au passage que le Prophète n'aimait pas à entendre répéter cette sourate de façon outrancière et qu'il en déconseillait même la lecture systématique en disant : « Ne me faites pas de tort à travers ma famille » ***(lâ tu'dhûnî fî ahlî)***.

Sourate 112

## Le Culte exclusif

*Au Nom de Dieu, le Tout Miséricordieux, le Très Miséricordieux*

1 Dis : Il est Dieu, l'Un.
2 Dieu qui Se suffit à Lui-même.
3 Il n'a pas engendré et n'a pas été engendré
4 et Il n'a aucun pair.

Sourate 113

## L'Aube ou la Fente

*Au Nom de Dieu, le Tout Miséricordieux, le Très Miséricordieux*

1 Dis : Je recherche la protection du Seigneur de l'aube
2 contre les méfaits de ce qu'Il a créé,
3 et contre les méfaits de la nuit lorsqu'elle s'épaissit (ou : lorsqu'elle tombe[1]),
4 et contre les méfaits de celles qui soufflent dans les nœuds[2],
5 et contre les méfaits de l'envieux lorsqu'il exerce son envie.

Sourate 114

## Les Hommes

*Au Nom de Dieu, le Tout Miséricordieux, le Très Miséricordieux*

1 Dis : Je demande la protection du Seigneur des hommes,
2 du Roi des hommes,
3 du Dieu des hommes,
4 contre les méfaits du tentateur qui se dérobe,
5 celui qui insuffle ses suggestions dans le cœur des gens,
6 qu'il soit d'entre les djinns ou les hommes.

1 L'expression *min sharri ghâssiqin idhâ waqab* a reçu une dizaine d'interprétations. Retenons parmi les plus significatives celles qui veulent y voir une éclipse de lune ou de soleil, et celle, assez amusante, selon laquelle il s'agirait du sexe mâle en érection. Cette dernière est attribuée à Ibn 'Abbâs lui-même.

2 « Celles qui soufflent dans les nœuds » sont les sorcières qui recourent à des procédés magiques afin d'empêcher leurs victimes de se livrer à certaines activités. En l'occurrence, le verset contient une allusion aux filles du juif Labîd b. al-'Asam qui avaient tenté d'ensorceler le Prophète ; c'est cette tentative même qui avait été l'occasion de la révélation des deux dernières sourates dont les onze versets (cinq et six) correspondaient au nombre de nœuds dans lesquelles elles avaient « soufflé » en vue de le paralyser.

# GLOSSAIRE

# GLOSSAIRE

| | |
|---|---|
| 'Ahd : | Le pacte, la promesse, le serment. |
| Ahl al-Kitâb : | Les gens du Livre. Ceux qui ont reçu les Écritures révélées. |
| Ajrama : | Mécroire, perpétrer un crime. |
| Akmâma : | Fruits. |
| 'Alaqa : | Sang, adhérence. |
| 'Amânî : | Pluriel de *'umniyya* : espérance, mensonge. |
| Amr : | Commandement, Ordre divin. |
| 'Anâba : | Se repentir. |
| Ardâ : | Faire périr. |
| 'Arsh : | Le Trône divin. Synonyme *d'al-Kursî*. |
| Asâ : | S'attrister. |
| Asmâ' al-husnâ (al) : | Les plus beaux Noms. Selon le Coran, c'est à Dieu qu'appartiennent les plus beaux Noms (7, 180), et selon le *hadîth* : Dieu possède quatre-vingt dix neuf Noms. |
| Asaf : | Tristesse, colère. |
| Asbât : | Les douze tribus d'Israël. |
| Awhâ : | Inspirer. |

Awjasa : Ressentir, éprouver.

Awza'a : Inspirer, pousser.

'Âya : Signe, verset coranique.

'Ayyûb : Job.

Baghâ : Attaquer, envier.

Bakhs : Vil, de peu de prix.

Ba'l (Baal) : Nom d'une idole ou nom de Dieu en assyrien.

Baraka : Grâce, bénédiction ou influence spirituelle dispensée par Dieu.

Bighâ' : Prostitution.

Dâkhir : Humilié.

Darb : Coup, contrainte, exemple.

Dawâ'ir : Retournements de situation.

Dâwûd : David.

Dhibh : Sacrifié.

Dhikr : Rappel, remémoration, réminiscence, souvenir, méditation, invocation, prière et parfois, incantation. Le Coran mentionne le *dhikr* comme un acte d'adoration (2, 152 par exemple).

Dhimmî : Les protégés, c'est-à-dire les bénéficiaires de la protection du pouvoir musulman en contrepartie d'un tribut reversé à l'état, principalement les gens du Livre.

Dhû al-Nûn : Jonas.

**Diya :** Prix du sang. Cf. Commentaire (Cor. 2, 178).

**Djinn :** Êtres doués d'une nature subtile et capables de revêtir une forme corporelle.

**Fâkih :** Heureux, insouciant.

**Faqr :** Pauvreté matérielle ou spirituelle, indigence.

**Fatara :** Créer (au sens de naturer).

**Fâtiha :** La Liminaire, nom de la première sourate du Coran.

**Fatwâ :** Décision ayant trait à la doctrine ou au droit religieux, rendue par un *muftî* et qui fait autorité sur un plan juridique.

**Fisâl :** Sevrage.

**Fitna :** Rébellion, contestation, trouble, sédition. Toute division au sein de la communauté des musulmans due à une rébellion contre l'autorité légitime. La *fitna* généralisée constitue un des signes traditionnels de l'Heure.

**Fitra :** Nature (originelle), pureté, norme primordiale. Etat d'harmonie entre l'homme et Dieu qui en fait un synonyme d'état paradisiaque. L'Islam se présente comme la religion en mesure de restaurer cet état.

**Fuqahâ' :** Juristes.

**Futûr :** Vides, manques.

**Ghâda :** Manquer, baisser (niveau d'eau).

**Ghain :** Trahir.

**Ghayb :** Présente une grande variété de nuances telles que caché, celé, scellé, occulté, non-manifesté, inconnu, inaccessible, qui échappe aux sens, mystérieux.

**Ghill :** Haine.

**Ghuluw :** Outrance.

**Hadîth :** Traditions ayant trait aux actes, paroles et réflexions accomplis par le Prophète, tels que les compagnons les ont rapportés.

**Hadith qudsi :** Parole de Dieu autre que le Coran et transmise par le truchement du Prophète.

**Hady :** Réussite, inspiration.

**Hajj :** Pèlerinage aux lieux saints de La Mecque, que le croyant doit accomplir à une période déterminée au moins une fois dans sa vie, s'il en a la capacité physique et les moyens financiers. Le *hajj* constitue l'un des cinq piliers de l'Islam.

**Hamîm :** Ami, eau en ébullition.

**Hâqa :** S'abattre sur.

**Haram :** Territoire sacré situé dans le périmètre de la Mecque et de Médine s'étendant sur plusieurs kilomètres et dans lequel les non-musulmans n'ont pas le droit de pénétrer.

**Hasanât :** Bonnes œuvres.

**Hâsib :** Vent violent.

**Hawâ :** Être précipité.

**Hawâ' :** Air, passion.

**Hijr :** Interdiction, lien, tutelle, habitation de Thamûd.

**Hill :** Zone à partir de laquelle le pèlerin qui se rend au *hajj* doit se mettre en état de sacralisation. Ce territoire fait le lien entre le *haram*, le territoire sacré, et les pays limitrophes. Cf. Commentaire de Cor. 2, 199.

**Hudâ :** Bonne voie.

**Hudaybiya :** Vallée située non loin de la Mecque où un important traité fut passé entre le Prophète et les Mecquois en l'an six de l'Hégire.

**Huqub :** Périodes de temps, siècles.

**Hûr :** Femme paradisiaque.

**'Ibrâhîm :** Abraham.

**'Ihsân :** Perfection, savoir-faire, vertu, excellence, bien-faire. Cf. Commentaire de Cor. 3, 134.
Il y aurait beaucoup à dire sur les mots *muhsinîn* (vertueux) et 'ihsân (vertu, mais surtout perfection) dont la traduction en français fait ressortir une valeur morale qui n'y figure pas forcément. L'*ihsân* est stricto sensu le bien-faire et même le savoir-faire quel que soit le domaine de l'activité envisagé. Ainsi le *hadîth* nous enseigne-t-il, lors d'un sacrifice rituel, qu'il faut sacrifier correctement la bête (*'ahsinû al-dhibha*), c'est-à-dire ne pas la faire souffrir. Par ailleurs il est question, dans un autre hadîth, de la station de *l'ihsân* consistant à adorer Dieu comme si on Le voyait. Là encore, c'est de la perfection d'une attitude dont il s'agit et non pas simplement de vertu morale. La traduction française tend donc à affadir le terme et il conviendra de ne jamais perdre de vue le sens initial de la racine pour en percevoir à travers ou plutôt en dépit de la traduction, la véritable portée.

**'Ijtihâd :** Effort d'interprétation. Une des sources du droit musulman après le Coran et la sunna. Le *qiyâs*, principe d'analogie et *l'ijmâ'*, le consensus de la communauté des savants relèvent de l'*ijtihâd*. Les « portes » de *l'ijtihâd* sont considérées comme closes depuis neuf siècles, même si, de fait, son usage se révèle inévitable pour résoudre des questions qui n'avaient pas lieu de se poser dans le passé. Toutefois cet effort entrepris pour établir une jurisprudence adaptée aux besoins de l'époque ne saurait remettre en cause, contrairement aux désirs de certains modernistes, les fondements essentiels du droit islamique.

'Imlâq : Indigence.

'Injîl : Évangile.

'Ishâq : Isaac.

Isr : Péché, contrat, engagement.

'Ittaqâ : Se préserver, se garder, se prémunir, craindre, être doué de piété.

Jahiliyya: « Époque de l'ignorance » qui correspond à la période précédent la révélation de l'Islam.

Jihad: Effort dans la voie de Dieu. Le combat contre l'âme en est l'aspect le plus élevé. La guerre sainte n'en constitue qu'une modalité répondant d'ailleurs à des conditions très strictes tant dans son déclenchement que dans son exécution.

Jizya : Tribut payé au pouvoir musulman par les non-musulmans bénéficiant de sa protection, les gens du Livre principalement.

Kafîl : Garant.

Kafir : Voilé, d'où mécréant.

Kalala : Sans postérité.

kashf : Dévoilement initiatique.

Kayd : Ruse, ruse divine, volonté divine, destinée.

Khadn : plur. *akhdân* : ami.

Khakâq : Part, au sens d'avoir part à.

Kharusa : Emettre une opinion, mentir, évaluer.

Khidr (al) : Personnage coranique doué de la science infuse et d'une longévité exceptionnelle, considéré par certaines écoles comme le maître des « Solitaires » (*Afrâd*).

Khilâl : Affection, parmi, au milieu.

Kitâb : Le livre, le décret, le Livre, le Coran.

Khulla : Amitié.

Kursî : Le Trône divin. Généralement considéré comme un synonyme d'*al-'Arsh*, il ne se réfère pas, selon nombre de spirituels musulmans au même degré ontologique.

Labisa : Être ambigu.

Laghw : Parole vaine, obscénité.

Lawh (al) : *Al-Lawh al-mahfûz* : La Table protégée. Le Coran dit de lui-mêm qu'il « est consigné sur une Table préservée [de toute altération] ». (85, 21-22). Sur cette table est enregistré également le destin (*al-qadar*).

Lubb : Cœur, intuition, intelligence, Intellect, centre de l'être.

Mahis : Echappatoire

Ma'in : A profusion

Makhmasa : Faim

Mala' : Les Notables.

Maraja : Mélanger ; *mârij*, flamme.

Ma'rûf : Bonne action, bien, conformité à l'ordre établi ; fameux, illustre...

Mawlâ : Maître.

Milla : Religion, tradition, norme et, par extension, communauté spirituelle.

Mi'râj (al) : « L'Ascension céleste » du Prophète Muhammad. (Cf. Commentaire de Cor. 53, 14).

Muhkam : Intangible, immuable, clair, sans ambiguïté de (Cf. Commentaire de Cor. 3, 7).

Mubîn : Révélateur, explicite, clair, manifeste, éclatant, détaillé.

Mublis : Malheureux, misérable, silencieux, triste.

Mudgha : Morceau de chair.

Muhl : Huile bouillante ou plomb fondu.

Mulk yamîn : « Possession de la main droite », c'est-à-dire esclave.

Munkar : Réprouvé, blâmable, conforme à l'ordre.

Mûssâ : Moïse.

Nabî : Prophète qui n'est pas chargé de transmettre la révélation dont il est le dépositaire.

Nasara : Nazaréen, chrétiens.

Nazar : Regard, réflexion.

Nûh : Noé.

Nutfa : Goutte [de sperme].

**Qadâ'** : Décision, ordre, destin, action, achever, mourir, annoncer. (Cf. Commentaire de Cor. 97, 2). Précisons que le mot *qadâ'* ne fait pas partie du vocabulaire coranique.

**Qadar** : Le Décret divin.

**Qatara** : Poussière.

**Qibla** : Orientation rituelle de la prière.

**Qunût** : Invocation, obéissance, servitude, prière, silence.

**Regadah** : Abondant, multiple.

**Rasul** : Messager, envoyé. Il s'agit d'un prophète qui est chargé de transmettre une nouvelle révélation à un fragment de l'humanité voire à celle-ci tout entière. On a alors affaire à un type de prophétie légiférante. Entrent dans cette catégorie : Adam, Seth, Noé, Abraham, Ismaël, Moïse, Loth, Sâlih, Hûd, Shu'ayb, Muhammad.

**Rawh** : Odeur agréable, joie.

**Rûh (al)** : L'Esprit.

**Saba'** : Tribu arabe.

**Sa'iqa** : La mort, l'épreuve, l'éclair.

**Sekina** : La Paix ; synonyme de la Présence divine elle exprime la sérénité qui gagne le cœur du croyant en présence de son Seigneur.

**Salâm** : Nom divin qui signifie « Paix », mais aussi « exempt de toute imperfection ».

**Salât** : Prière. Canoniquement elles sont au nombre de cinq ; la prière est un des piliers de l'Islam.

**Salsâl :** Boue séchée.

**Samûm :** Feu intense, l'un des noms de l'enfer.

**Sarh :** Palais, édifice en hauteur.

**Sarîkh :** Recours secourable.

**Saw'a :** Les parties génitales.

**Sawm :** Jeûne, entre autres celui du mois de Ramadân. Le jeûne est un des piliers de l'Islam.

**Shahâda :** Attestation de foi du musulman. Témoignage. Sa prononciation conditionne l'adhésion à l'Islam.

**Shahîd :** Témoin ou martyr, ce qui en fait un synonyme du grec *marturos*.

**Shirk :** Associationnisme, à ne pas confondre avec la théorie philosophique qui porte ce nom. En Islam, c'est le péché capital, celui qui consiste à attribuer un pouvoir réel à un autre que Dieu. Il est de deux natures, apparent ou caché (*khafî*). Le *shirk* manifeste est l'idolâtrie pure et simple. Le *shirk* caché revient à se laisser voiler par les causes secondes en croyant par exemple que le médicament guérit, que le couteau coupe, que le feu brûle, etc., alors qu'il n'est d'autre Agent que Dieu. Enfin une forme encore plus pernicieuse de shirk *khafî* consiste à adorer son ego en le substituant plus ou moins consciemment à Dieu.

**Sulaymân :** Salomon.

**Sunna :** Tradition, coutume, habitude. D'un point de vue strictement islamique, ce mot est employé pour désigner les actes et les paroles du Prophète qui sont donnés en exemple à sa communauté.

**Talibyya :** Formule attribuée au prophète Abraham lorsqu'il appela l'humanité à se rendre en pèlerinage à la « Maison de

Dieu » à la Mecque. Sa récitation rituelle (Me voici Seigneur, me voici...) est l'un des rites qui introduit le *hajj* et la *'umra*.

Tawl : Richesse, superflu.

Tawrat : Thora.

Tayammum : Purification opérée à l'aide de terre ou d'une pierre et qui tient lieu d'ablution mineure ou de grande ablution selon les cas.

Tayyib : Délicieux et licite. Nous avons essayé de combiner ces deux notions par le mot « sain » tout en convenant que cela n'est pas entièrement satisfaisant.

Ujâj : Amer, saumâtre.

Umma : La communauté musulmane au-delà des appartenances ethniques ou « nationales ».

'Umra : Pèlerinage mineur accompli en dehors de la période du hajj et comprenant un moindre nombre de rites. La *'umra* peut être effectuée aussi à l'occasion du *hajj*.

'Uswa : Modèle, exemple.

Wakîl : Représentant, fondé de pouvoir garant. (Cf. commentaire de Cor. 4, 132).

Walî : Ami, auxiliaire, protecteur ou protégé et, par extension, l'Ami de Dieu, le saint.

Waliya : Prendre en charge, protéger, soutenir, être proche, posséder.

Wâsib : Perpétuel.

Wati'a : Fouler au pied, commercer charnellement.

Yahyâ : Jean Batiste

Ya'qûb : Jacob.

Zakât : Impôt purificateur. Un des cinq piliers de l'Islam. Rite qui consiste à donner une partie de ses biens excédentaires afin de purifier ce que l'on garde pour soi.

Zâlim : Stricto sensu le *zâlim* est l'injuste. Mais dans le texte sacré, l'injustice consiste à ne pas mettre les choses à leur vrai place. Ainsi le *shirk* (associationnisme) est-il taxé d'injustice. Accorder trop d'importance à ce bas monde relève de l'injustice. La transgression est injustice, etc.

Zubur : Les psaumes.

## INDEX DES SOURATES

TABLE DES MATIÈRES

# INDEX DES SOURATES

TABLE DES MATIÈRES

# COMMENTAIRES

# COMMENTAIRES

Coran, 2-190

**Commentaire :** Sans outrepasser les limites, c'est-à-dire sans tuer les femmes ni les enfants selon certains, ou sans combattre ceux qui ne vous ont pas agressés selon d'autres. Dans la seconde hypothèse, ce verset est abrogé par cet autre verset ultérieur : Combattez tous les polythéistes de la même manière qu'ils vous combattent tous *[sans exception]*. Le statut du combat a donc évolué dans le temps de la révélation passant par trois phases différentes :
— interdiction pure et simple de combattre ;
— ordre est donné de tuer ceux qui vous combattent ;
— ordre est donné de combattre tous les polythéistes.

Coran, 2-196

**Commentaire :** Quiconque est empêché par la maladie ou par un ennemi d'accomplir son pèlerinage devra sacrifier une brebis afin de se désacraliser tout en restant redevable d'un pèlerinage pour l'année suivante. Signalons que pour al-Shâfi'î seul l'ennemi est à prendre en considération dans ce cas précis, tandis que Mâlik estime pour des raisons linguistiques qu'il n'y a que la maladie que l'on puisse considérer comme un empêchement à faire le *hajj*.
— Il est permis à celui qui souffre de maux de tête ou qui a des poux de se raser avant le terme du pèlerinage ainsi que le Prophète avait autorisé Ka'b b. 'Ajra à le faire. En compensation, il devra se racheter en tenant compte des modalités définies dans le Coran.
— *Man tamatta'a* : celui qui aura bénéficié (litt. : aura joui de...) d'une désacralisation entre la *'umra* et le pèlerinage. La notion de *tamattu'* qui signifie proprement « jouissance », est interprétée différemment selon les juristes :

— Il peut s'agir tout d'abord de la jouissance que procure la liberté retrouvée entre la 'umra et le pèlerinage pour celui qui se sera désacralisé entre ces deux périodes. C'est ce point de vue qu'inclut notre traduction. Précisons pour ceux qui ignoreraient tout des rites islamiques que le pèlerin, en se sacralisant, s'interdit (*yuhrimu 'alâ nafsihi*) pendant toute la durée de ce rite un certain nombre de choses telles que les rapports sexuels, le parfum, l'épilation, etc., qui sont licites en dehors du hajj. C'est pourquoi celui qui a entamé son pèlerinage par une 'umra, jouit, après s'être désacralisé de celle-ci, d'un temps de liberté qui ne cessera qu'avec le début du hajj proprement dit, moment où il sera tenu de « se remettre en ihrâm », c'est-à-dire de se sacraliser à nouveau pour se rendre à 'Arafât
— Pour Mâlik, il s'agit de la bonne opération réalisée par celui qui aura accompli une 'umra et un pèlerinage en période de pèlerinage : celui-ci s'évite en effet deux voyages en regroupant les deux rites sur une seule période.
— Pour Ibn al-Zubayr, il s'agit de la condition de celui qui, ayant été empêché d'accomplir le pèlerinage, se sera désacralisé en accomplissant une 'umra. Cela ne peut se faire bien entendu que pour celui qui sera en mesure de se rendre à La Mecque mais sans pouvoir arriver à temps à 'Arafât. Tenu de recommencer le pèlerinage l'année suivante, il pourra négliger les interdits propres à ce rite jusqu'à ce qu'il le recommence puisqu'il s'en est temporairement dégagé.
Enfin le rite dit de *tamattu'* ('umra suivie d'une désacralisation, puis du pèlerinage) ne concerne pas les Mecquois dont la famille réside précisément dans la Mosquée sacrée.

### Coran, 3-130

**Commentaire :** Les intérêts étaient reconduits chaque année, aussi bien ceux qui portaient sur le capital proprement dit que ceux qui affectaient les intérêts des années précédentes venus grossir le capital initial. Rien de nouveau sous le soleil : les grandes nations contemporaines qui, sous couvert d'assainir l'économie des nations les plus démunies leur imposent des règles drastiques dont l'effet le plus visible est de les rendre incapables de rembourser non seulement leur dette mais les simples intérêts de celle-ci n'ont donc rien inventé.

Coran, 4-2

**Commentaire :** Ce verset est destiné :
— soit aux anciens Arabes qui négligeaient de faire hériter les mineurs,
— soit aux tuteurs qui peuvent prélever sur les biens des orphelins de quoi les nourrir et les vêtir.
De façon générale, les tuteurs ont tout d'abord reçu l'ordre de ne pas mêler leurs biens propres aux biens des orphelins pour éviter les confusions et les tentations, puis ce verset a été abrogé par le verset 220 de la sourate « La Génisse » : Mais si vous les immiscez dans votre entourage, vous les traiterez comme vos frères.

Coran, 4-3

**Commentaire :** Selon al-sayyida 'Âisha, ce verset a été révélé à propos des tuteurs qui avaient des filles à leur charge et qui étaient tentés de les épouser en rognant sur leur dot. Le Coran les engage à se montrer équitables dans l'évaluation du montant de la dot, ou à épouser des étrangères avec lesquelles le problème ne se pose pas.

Coran, 4-4

**Commentaire :** Mangez-en en toute quiétude sans en redouter les conséquences traduit deux mots simplement : *hanî'an marî'an*. Cette traduction s'inspire des commentaires les plus courants mais ce qu'il faut surtout retenir, c'est la licéité du procédé (remise partielle de la dot) qui est affirmée ici même. Hamza Bû Bakr, quant à lui, en offre une traduction assez élégante : disposez-en à votre aise (ou : à votre guise) et en toute quiétude.

Coran, 4-11

**Commentaire :** Sans entrer dans le détail des questions d'héritage, on remarquera que l'héritage de la mère est ramené du tiers au sixième en présence de frères et sœurs, qu'il s'agisse de demi-frères ou de demi-sœurs ou de frères et sœurs à part entière, peu importe. Le différend a porté sur le nombre de frères et sœurs qui « voilent » la mère, la faisant passer du tiers au sixième ; pour les uns, *ikhwa* étant un pluriel, il faut au moins trois frères et sœurs pour « voiler » la mère, alors que d'autres comme l'imâm Mâlik considèrent que, dans la langue usuelle, le duel équivaut dans ce cas au pluriel et que, de ce fait, deux frères et sœurs suffisent à la « voiler ».

Par ailleurs, l'héritage ne peut être distribué qu'après purgation des dettes et exécution du testament s'il en existe un. Ce testament bénéficiant à ceux qui n'ont pas droit aux parts d'héritages prescrites par le Coran ne saurait en aucun cas excéder le tiers du montant total de l'héritage.

La fin du verset semble faire allusion à d'anciennes coutumes arabes selon lesquelles il était préférable de privilégier tel ou tel membre de la famille lors d'un héritage en vue de le « retrouver » en cas de besoin. Le Coran resitue là aussi les choses à leur vraie place : Vous ignorez qui de vos pères ou de vos enfants vous seront le plus utiles *[en cas de besoin]*.

CORAN, 4-19

**COMMENTAIRE :** Selon Ibn 'Abbâs, au temps de l'ignorance *(al-jâhiliyya)* les héritiers du défunt considéraient son épouse comme partie intégrante de l'héritage (il ne vous est pas permis d'hériter des femmes...). Ils s'arrogeaient le droit de l'épouser, de la remarier à un tiers ou même de l'empêcher de se remarier. Le Coran prohibe cette pratique, de même qu'il interdit à l'époux de retenir sa femme en la maltraitant avec l'intention de la forcer à racheter sa liberté moyennant une partie de la dot qui lui avait été versée (...ni de les retenir *[de force]* en vue de leur reprendre une partie de ce que vous leur avez donné). Quant à la turpitude évoquée dans ce verset, si certains veulent y voir de l'adultère d'autres estiment qu'il s'agit simplement d'insoumission, auquel cas (chez Mâlik notamment) il est permis à l'époux de reprendre la dot en lui rendant sa liberté ce qui constitue le *khul'*.

CORAN, 6-105

**COMMENTAIRE :** Cet argument qui veut faire du Coran le résultat d'une compilation des Écritures antérieures reviendra fréquemment

dans la bouche des gens du Livre. Comme il ne résiste guère à un examen sérieux, beaucoup d'orientalistes ont renoncé à l'employer quoiqu'il réapparaisse périodiquement. C'est ainsi que nous avons récemment entendu sur une radio nationale un éminent sorbonnard professeur d'hébreu[1] soutenir sans rire que l'Islam était un mélange de Judaïsme et de Christianisme mais qu'il devait beaucoup plus au Judaïsme puisque le nom de Moïse apparaissait plus fréquemment dans le Coran que celui de Jésus. Avec de tels arguments on pourrait aussi rechercher à quel prophète biblique le Christianisme doit le plus avec l'espoir de l'y rattacher ? Et pourquoi s'arrêter en si bon chemin et ne pas étudier les origines sumériennes ou égyptiennes du Judaïsme en ne considérant plus celui-ci que comme une déformation de celles-là (ce que prétendent d'ailleurs certains adversaires du Judaïsme).
Signalons encore qu'une autre lecture du mot *darasta* en *dârasta* pourrait entraîner la modification suivante : afin qu'ils disent : Tu as rappelé aux gens du Livre...

### Coran, 15-1

**Commentaire :** Certains commentateurs assimilent le Livre au Coran en considérant le second comme un descriptif du premier. D'autres voient dans le Livre les Écritures antérieures alors que seul le mot Coran désignerait dans ce verset les Écritures musulmanes. Sans doute faut-il voir dans le Livre l'archétype des Écritures révélées et dans le Coran son ultime projection en ce monde. (Cf. commentaire sourate 12, verset 2).

### Coran, 15-13

**Commentaire :** Ce qui est ainsi introduit dans le cœur des criminels c'est soit l'esprit de raillerie qui pousse les mécréants à railler ce qui dépasse leur entendement, soit le Coran lui-même qu'ils reçoivent avec un entendement faussé.

1 M. Fenton sur « Europe 1 ». Précisons qu'il n'est pas un cas particulier et que nous ne le citons qu'à titre d'exemple ; ce genre de spécialistes devrait se cantonner à l'étude de la Bible avec laquelle ils se sentent manifestement plus à l'aise.

Coran, 15-72

**Commentaire** : La concupiscence leur fit perdre tout contrôle d'eux-mêmes au point qu'ils ne se rendirent pas compte, fût-ce une seconde, de qui il s'agissait. Le serment qui entame le verset (Sur ta vie) confirme la grandeur du Prophète ﷺ.

Coran, 15- 78

**Commentaire** : Les habitants de ces fourrés d'arbustes étaient le peuple de Shu'ayb, le Jethro biblique, et l'un des prophètes arabes. Lorsqu'ils refusèrent de se soumettre, Dieu les fit consumer par les épineux qui entouraient leur cité.

Coran, 15- 79

**Commentaire** : Cela signifie que la situation géographique des deux cités ayant encouru la colère de Dieu permettait à tout un chacun de voir ce qui leur était arrivé et de méditer sur leur sort.

Coran, 15- 87

**Commentaire** : La plupart des commentateurs identifient ces « sept redoublées » à la première sourate du Coran parce qu'elle comprend sept versets qui sont des invocations du serviteur engendrant autant de réponses de son Seigneur.
Selon d'autres, les sept redoublées désignent les sept plus longues sourates du Coran.

Coran, 16-62

**Commentaire** : Tout ce qu'ils détestent : il s'agit bien sûr des filles qu'ils attribuent à Dieu. Selon d'autres commentateurs, l'heureuse issue serait la bonne postérité, auquel cas on devrait traduire de la façon suivante : leurs bouches[2] prétendent de façon mensongère que la seule postérité désirable (litt. : la bonne postérité, c'est-à-dire les mâles) leur est réservée.

2 Litt. : leurs langues.

Coran, 17-16

**Commentaire :** Le mot *amarnâ* pouvait poser problème d'un point de vue théologique puisqu'il est hors de question que Dieu ordonne aux hommes, quels qu'ils soient, de corrompre une cité. Cette difficulté a été diversement éludée:

— *Amarnâ* pourrait avoir son sens habituel, ce qui laisse supposer que le reste de la phrase est sous-entendu : Nous ordonnons aux gens aisés *[d'obéir à Nos ordres]* mais ils se livrent à la corruption…

— *Amarnâ* pourrait signifier « prédestiner » : Nous prédestinons les gens aisés à se livrer à la corruption…

— *Amarnâ* pourrait également signifier « multiplier » et c'est le sens que nous avons retenu pour notre traduction.

Signalons deux autres lectures : l'une en *âmarnâ* (avec prolongation du hamza initial) qui a rigoureusement le même sens que la précédente, l'autre en *ammarnâ* (avec un redoublement de la lettre médiane) qui donnerait au verset ce quatrième sens : Nous faisons des gens aisés les princes de la cité afin qu'ils s'y livrent à la corruption…

Coran, 18-24

**Commentaire :** Le verset vingt-trois fut révélé dans des circonstances particulières alors que les Qurayshites étaient allés trouver les juifs pour leur demander ce qu'il fallait penser du Prophète - sur lui la grâce et la paix -. Ces derniers leur avaient alors conseillé de lui poser trois questions relatives à des jeunes gens qui vivaient à une époque révolue (les compagnons de la caverne), puis à un homme qui avait parcouru l'Orient et l'Occident (Alexandre le Grand, *dhû-l-qarnayn*) et enfin à l'Esprit *(al-Rûh)*. « S'il parle des deux premiers et garde le silence sur le troisième, c'est qu'il s'agit bien d'un prophète », avaient-ils ensuite expliqué aux Qurayshites. Interrogé sur l'Esprit, le Prophète leur promit de leur donner la réponse le lendemain, sans rajouter : « Si Dieu le veut. » L'inspiration s'interrompit durant deux semaines au grand désarroi du Prophète qui finit tout de même par recevoir sa réponse avec l'explication de ce retard. Notons que la réponse n'en était pas vraiment une, ce qui

ne fit que confirmer les suppositions des juifs à son égard.
Quant à la fin du verset vingt-quatre (mon Seigneur va sans doute me guider vers quelque chose de plus probant que tout cela), elle peut signifier :
— que le Prophète disposait de preuves de sa prophétie bien plus probantes que la simple connaissance de ce qui était arrivé aux compagnons de la caverne ;
— ou encore que Dieu lui avait accordé d'œuvrer avec plus de piété et de connaissance que les gens de la caverne ;
— ou enfin qu'il disposait de plus d'informations à leur sujet que les juifs et les chrétiens.

Coran, 20-28

**Commentaire :** On rapporte en effet que Moïse avait un léger défaut de langue suite à une brûlure occasionnée par une braise alors qu'il était enfant. C'est son frère Aaron qui le plus souvent faisait office d'orateur. Le « mutisme » de Moïse joint à « l'éloquence » d'Aaron font ressortir la complémentarité des tâches qui incombaient à ces deux prophètes. Dans un *hadîth* célèbre le Prophète enseigne : Je vous ai laissé deux mises en garde, l'une muette l'autre éloquente. Celle qui vous parle ouvertement n'est autre que le Coran ; et quant à la mise en garde muette, il s'agit de la mort.

Coran, 21-79

**Commentaire :** Consulté à propos d'un troupeau qui avait ravagé un champ cultivé, David avait fait donner le troupeau au propriétaire du champ pour le dédommager de la perte de ses récoltes.
Interrogé sur ce même cas de jurisprudence, Salomon avait rendu une sentence différente en donnant au propriétaire du champ l'usufruit du troupeau tant que le berger n'aurait pas réparé les dommages. Une fois le champ remis en état, ce dernier pouvait à nouveau rentrer en possession de ses bêtes. Mis au courant de ce jugement, David lui donna son aval estimant qu'il était plus équitable que celui qu'il avait lui-même rendu. On notera qu'à travers différentes histoires, Salomon, qui est généralement considéré comme le représentant par excellence de la fonction royale, est présenté

comme possédant un jugement parfaitement équitable ce qui est un des attributs mêmes de cette fonction.
D'autre part, à travers ce verset coranique, les juristes musulmans se sont posé quelques questions dignes d'intérêt :
— Un prophète peut-il se prononcer après s'être livré à un effort de réflexion personnelle ou s'appuie-t-il nécessairement sur l'inspiration prophétique ?
— Si c'est la première supposition qui est retenue, David a-t-il renoncé à un effort d'interprétation pour un autre, celui de son fils en l'occurrence, ou bien s'est-il incliné devant une inspiration dont aurait bénéficié Salomon, également prophète ?
Il semble que l'expression coranique fîmes comprendre puisse être entendue comme un appel à la raison justifiant ainsi l'usage de *l'ijtihâd* pour les prophètes eux-mêmes. Du reste, l'ensemble des législations sacrées ont toujours pris le soin d'établir une distinction entre ce qui relevait de l'inspiration (*wahî* ou *ilhâm* pour ce qui concerne l'Islam) et ce qui relevait de la transmission (*naql*) en considérant bien entendu *l'ijtihâd* ou ce qui pouvait en tenir lieu dans d'autres religions comme un aspect de cette dernière.
Précisons toutefois que, dans la terminologie théologique, il arrive que le *naql* soit synonyme d'inspiration dès lors que ce sont des textes inspirés (Coran, *hadîths*) qui sont transmis, mais il suffit dans un tel contexte de savoir ce que les termes recouvrent pour éviter les contresens.
Une chose en tout cas est acquise, c'est que, d'un point de vue islamique, la décision de David ne pouvait être que bonne même s'il avait décidé de son propre chef de lui en substituer une meilleure, puisqu'en vertu du principe de la *'isma* (l'infaillibilité prophétique) un prophète n'est pas sujet à l'erreur.
Il n'est d'ailleurs pas exclu que le prophète David ait envisagé les deux solutions en proposant celle qui semblait aller de soi au détriment de l'autre qui lui paraissait plus lointaine.
Une histoire qui est couramment rapportée à propos du chef de file de l'école hanéfite (Abû Hanîfa) donnera une idée de ce que nous entendons par cela. On rapporte que ce dernier avait dicté à ses élèves une sentence de *fiqh* stipulant que l'eau ayant servi aux ablutions était impure et qu'en conséquence on devait s'en débarrasser.
Une autre fois cependant, il déclara son usage toléré lorsqu'il s'agissait d'en boire ou de laver des vêtements, par exemple, mais sans

qu'on puisse la réutiliser pour les ablutions. Comme on lui signalait cette contradiction en lui demandant laquelle des deux *fatwâs* devait être retenue, il répondit qu'il fallait consigner la seconde et renoncer à celle qui avait initialement prévalu. Puis il précisa que lorsqu'il avait dicté la première des deux sentences, il venait juste de voir par dévoilement *(kashfan)* du sang s'écouler des membres d'une personne venant de s'ablutionner. En revanche la seconde décision était le fruit d'une réflexion méthodique *(ijtihâd)* et c'est cette réflexion que la jurisprudence devait retenir et non le résultat d'un dévoilement initiatique. Si de telles précautions ont été prises par des saints, on conçoit sans peine que des prophètes aient pu prendre des décisions analogues, sans que le mobile nous paraisse évident. Pour en revenir à la question de la *'isma* (l'infaillibilité prophétique), c'est pour une raison similaire, à savoir l'impossibilité pour un prophète d'être assujetti à des maladies repoussantes, que la tradition islamique récuse en bloc comme autant de légendes certaines histoires telles que les épreuves attribuées au prophète Job (Ayyûb). Si la cécité de ce dernier est parfaitement admissible du point de vue de cette tradition, il est en revanche inconcevable (à titre d'exemple) que des vers aient pu grouiller dans sa chair putréfiée.

### Coran, 24-12

**Commentaire :** Ce verset est à mettre en rapport avec l'attitude qui fut celle d'Abû Ayyûb al-Ansârî lorsque, mis au courant de cette affaire, il interrogea son épouse : Aurais-tu commis l'adultère dans de semblables circonstances ? — Certes, non, lui répondit-elle ! — Es-tu meilleure que 'Âisha ? Bien sûr que non ! Alors notre opinion est faite, conclut Abû Ayyûb.

### Coran, 33-37

**Commentaire :** L'abolition de l'adoption eut pour point de départ une affaire que le Coran évoque dans ce verset et qui a fait couler bien de l'encre. Le fils adoptif du Prophète, Zayd b. Hâritha, avait une épouse, Zaynab bint Jahsh, avec laquelle il ne s'entendait guère et qui lui rendait la vie impossible car elle lui reprochait sa condi-

tion. Comme il s'en plaignait au Prophète, celui-ci lui conseilla de conserver son épouse et de se prémunir de la colère divine en évitant de la maltraiter car elle était une femme de haut lignage (Zaynab était en outre fille de Umayma, tante du Prophète, et elle était donc sa cousine).
Convaincu par révélation que Zayd allait répudier son épouse et qu'il devrait l'épouser, le Prophète dissimulait cette certitude par crainte du « qu'en dira-t-on » tout en se reprochant son attitude et en se répétant : « Tu dissimules ce que Dieu veut manifester au vu de tous, à savoir la possibilité d'épouser la femme répudiée de son fils adoptif », chose qui était impensable chez les Arabes. Le verset abolissant l'adoption (le troisième après celui-ci) va d'ailleurs clore toute discussion à ce sujet en éradiquant une pratique qui était assez courante dans le milieu. Al-sayyida 'Âisha avait coutume de dire : « Si le Prophète avait voulu dissimuler un verset dans le Coran, il aurait sans nul doute dissimulé celui-là ! » Quant aux commentateurs qui ont prétendu que le Prophète aurait conçu un désir immodéré pour sa cousine après avoir entraperçu quelques-uns de ses charmes, ils commettent une erreur des plus grossières en remettant en cause l'impeccabilité prophétique (*'isma*). Aucun prophète de sayyidnâ Yussuf à sayyidnâ Muhammad ne peut être soupçonné de manquer de sang-froid devant le « sexe faible » ; al-sayyida 'Âisha l'affirme sans ambages quand elle décrit l'Envoyé de Dieu en disant : « Il avait la virilité de trente hommes mais il était plus maître de son sexe qu'aucun d'entre vous. »

Coran, 37-3

**Commentaire** : Ceux qui s'adonnent ainsi à l'invocation sont les anges. Certains commentateurs pensent que ce sont les nuages qui sont chassés par les anges mais cette interprétation est un peu réductrice.

Coran, 37-102

**Commentaire** : Bien que connue, l'histoire mérite un bref rappel compte tenu du raccourci saisissant opéré par ces versets. Sur l'ordre de Dieu, Abraham a abandonné Hajar, sa servante, dans le désert avec son propre fils Ismâ'îl. Dieu va sauver la mère et l'enfant à l'insu d'Abraham qui ignore ce qu'ils sont devenus. Une vingtaine d'années se sont déjà écoulées quand Dieu va les mettre à nouveau en présence alors qu'Ismâ'îl est devenu un beau jeune homme. Après de brèves retrouvailles, Dieu ordonne à Son Prophète d'immoler son fils pour éprouver son degré de soumission : Abraham ne fléchit pas et s'apprête à exécuter la sentence. C'est alors que Dieu lui ordonne de substituer un bélier à Ismâ'îl. C'est en souvenir de cet épisode que les musulmans immolent une brebis pour la fête dite du sacrifice *('îd al-adhâ)*, le dix de Dhû al-Hijja.

Coran, 38-12

**Commentaire :** Pharaon est souvent désigné dans le Coran comme l'homme « aux pieux » *(dhû al-awtâd)*, le mot *watad*, singulier d'*awtâd*, signifiant « pieu », « pal », « pilier ». Ce surnom a été différemment commenté :
— Pour les uns Pharaon recourait volontiers au supplice du pal.
— Pour d'autres le royaume de Pharaon était fermement établi, ce qui justifie la référence à des « piquets » fichés en terre. Ce terme de *watad*, employé du reste dans la terminologie de la spiritualité islamique, a en effet une connotation de stabilité.
— D'autres y voient une allusion aux structures en bois dont les constructions de l'Égypte étaient coutumières à cette époque.
— Selon une quatrième explication il s'agirait d'une espèce de jeu en usage à la cour et composé de pièces de bois, jeu qui avait les faveurs de Pharaon.

Coran, 38-13

**Commentaire :** Les habitants de ces fourrés d'arbustes étaient le peuple de Shu'ayb, le Jethro biblique, et l'un des prophètes arabes. Lorsqu'ils refusèrent de se soumettre, Dieu les fit consumer par les épineux qui entouraient leur cité. Cf. Cor. 15, 78 et Cor. 26, 176.

Coran, 38-16

**Autres traductions possibles :** Le mot *qitt* est susceptible de signifier « livre » (hâte la lecture de notre livre) ou encore « quote-part ».

Dans ce dernier cas, les exégètes envisagent trois sens possibles :
— Hâte la part de bienfaits qui nous revient en ce monde.
— Précipite le châtiment qui nous est dû.
— Hâte pour nous la lecture de nos œuvres.

Coran, 38-20

**Commentaire :** Selon sayyidnâ 'Alî, David fut le premier à mettre en pratique la règle de droit selon laquelle c'est à l'accusation de faire la preuve de ce qu'elle avance. Selon Ibn 'Abbâs, David tranchait les différends avec un grand sens de la justice. Pour al-Zamakhsharî *fasl al-khitâb* est synonyme de « parole audible », « compréhensible », interprétation qui est retenue par Ibn 'Atiyya.

Coran, 38-34

**Commentaire :** Quatre hypothèses ont été avancées pour expliquer la nature de cette épreuve :
— Un djinn s'était emparé de l'anneau de Salomon, symbole de son pouvoir, et avait pris sa ressemblance afin de diriger son royaume.
— Une des épouses de Salomon avait adoré à son insu un portrait de son père qu'elle conservait chez lui et qu'elle plaçait sur son trône en son absence.
— Les djinns avaient fait périr l'un de ses enfants qu'il chérissait tendrement.
— Salomon avait fait le vœu de connaître une centaine de ses épouses au cours d'une seule nuit afin qu'elles donnent toutes naissance à un guerrier redoutable mais sans en remettre la possibilité entre les Mains de Dieu.
Les trois premières affirmations sont peu vraisemblables. Et rien ne prouve que la dernière, bien qu'attestée par un *hadîth*, soit une exégèse de ce verset.

Coran, 52-35

**Commentaire :** Étant créés de rien, ils n'auraient de compte à rendre à personne.

Coran, 53-14

**Commentaire :** Les dix-huit premiers versets de cette sourate contiennent une allusion manifeste à l'« Ascension céleste » du Prophète consécutive au « Voyage nocturne » déjà évoqué à la sourate dix-sept. Ce n'est que le *hadîth* qui fait état de l'Ascension entreprise par l'Envoyé à travers les sept Cieux, Ascension qui le conduira à rencontrer son Seigneur. Le Lotus de la limite situé également au septième Ciel est une plante dont les fruits sont de la taille de jarres tandis que ses feuilles peuvent être comparées à des oreilles d'éléphants. Marquant le terme ultime de la connaissance divine accessible aux créatures, ce seuil sera néanmoins franchi par le Prophète - sur lui la grâce et la paix - qui se verra favorisé d'un entretien avec Dieu au cours duquel Il lui imposera les cinq prières quotidiennes ainsi qu'à sa communauté. Il n'y a donc aucune raison de penser, comme le voudraient certains commentateurs qui s'appuient sur des *hadîths* rapportés par al-sayyida 'Âisha, que le signe évoqué dans cette sourate ferait allusion à une rencontre avec l'ange Gabriel ! Sans vouloir remettre en cause la place éminente de l'ange Gabriel, transmetteur de l'inspiration prophétique, on ne doit pas oublier que le Prophète le rencontrait parfois quotidiennement et l'on voit mal comment cette rencontre pourrait être considérée comme « Le » signe adressé par Dieu à son Prophète alors même que le Prophète avait un entretien avec Dieu ce même jour.

Du reste, al-sayyida 'Âisha qui n'était qu'une enfant lors de cet événement fut la seule à remettre en cause cette rencontre et fut d'ailleurs contredite par la majorité des compagnons du Prophète.

Pour ce qui est de la « distance de deux arcs » séparant le Prophète de son Interlocuteur, bien des interprétations en ont été données. Disons pour résumer ces interprétations qu'elle représente ce par quoi Dieu est à jamais distinct de Ses créatures quelle que soit leur grandeur.

Coran, 60-5

**Commentaire :** Seigneur, ne fais pas de nous une source de sédition pour les mécréants en leur accordant sur nous une victoire facile qui leur laisserait supposer qu'ils sont dans le vrai.

Coran, 70-3

**Commentaire :** L'idée d'une échelle dont les échelons graviraient jusqu'au ciel n'est pas une particularité de l'Islam. Ils ont été interprétés le plus souvent comme autant d'étapes ou de stations *(manâzil, maqamât)* à franchir avant de parvenir au terme de la voie, ou encore comme les diverses qualités qui permettent d'y accéder. Certains maîtres ont même identifié ces étapes avec les vertus qui y conduisent.

Coran, 73-6

**Autres traductions possibles :** Le mot *nâshi'a* a reçu maintes interprétations dont nous donnons ici une liste non exhaustive :
— l'âme pleine de zèle qui pousse à la veille pieuse ;
— les groupes de dévots qui consacrent leurs nuits à la prière ;
— les actes de servitude accomplis de nuit ;
— la veille qui succède immédiatement au sommeil ;
— la veille pendant des périodes déterminées de la nuit.
L'expression *ashaddu wat'an* quant à elle peut signifier également « plus pénible », auquel cas il faudrait traduire par : Certes l'activité pieuse *(nâshi'a)* de nuit est plus pénible *[pour l'âme]*.

Coran, 74-25

**Commentaire :** Révélés à propos d'al Walîd b. al-Mughîra, ces versets font allusion à un épisode où l'on voit ce dernier, séduit par la beauté du texte coranique, sur le point de se rendre chez Abû Bakr en vue de se convertir. Raillé par Abû Lahab pour son brusque changement de cap, al-Walîd se « reprit » tout en réfléchissant à ce qu'il devrait dire pour rabaisser le texte aux yeux des Qurayshites (il a réfléchi et évalué). Puis il se livra à un examen de ses propos pour en tester l'efficacité (puis il a examiné), ou, selon d'autres, il examina l'effet produit par son nouveau revirement sur le visage de son entourage et finit par opter pour une accusation de magie portée à l'encontre du Coran comme étant la plus vraisemblable.

CORAN, 74-25

**COMMENTAIRE :** Révélés à propos d'al Walîd b. al-Mughîra, ces versets font allusion à un épisode où l'on voit ce dernier, séduit par la beauté du texte coranique, sur le point de se rendre chez Abû Bakr en vue de se convertir. Raillé par Abû Lahab pour son brusque changement de cap, al-Walîd se « reprit » tout en réfléchissant à ce qu'il devrait dire pour rabaisser le texte aux yeux des Qurayshites (il a réfléchi et évalué). Puis il se livra à un examen de ses propos pour en tester l'efficacité (puis il a examiné), ou, selon d'autres, il examina l'effet produit par son nouveau revirement sur le visage de son entourage et finit par opter pour une accusation de magie portée à l'encontre du Coran comme étant la plus vraisemblable.

CORAN, 74-29

**OU ENCORE :** et il est perceptible aux hommes *[de très loin]*.

CORAN, 74-51

**AUTRES TRADUCTIONS POSSIBLES :** Le mot *qaswara* a reçu de nombreuses interprétations, il pourrait, entre autres, signifier : « archers », « hurlements », « hommes brutaux », « crépuscule ».

CORAN, 74-52

**COMMENTAIRE :** les Qurayshites avaient en effet demandé au Prophète que Dieu adresse à chacun d'eux un édit portant la mention de son nom : à l'intention d'untel fils d'untel.

CORAN, 75-17

**COMMENTAIRE :** Le *hadîth* nous apprend que le Prophète - sur lui la grâce et la paix - répétait les fragments de Coran que l'ange lui révélait de crainte de l'oublier. Par ce verset Dieu rassure son Prophète en le prémunissant contre l'oubli et en lui assurant qu'Il se charge Lui-même de « l'imprimer » dans sa poitrine.

Coran, 79-5

**Commentaire :** La réponse sous-entendue à tous ces serments est l'affirmation du Jour du Jugement (c'est-à-dire par celles qui *[...]* la Résurrection aura bien lieu) et elle fait le lien avec le verset suivant.

Pour ce qui est de celles qui sont évoquées dans ces cinq versets les commentateurs y voient généralement des anges : qui ôtent et retirent l'âme vitale de l'agonisant en douceur ou avec brutalité selon sa condition (1-2) et qui évoluent dans les cieux sur l'Ordre de Dieu (3) et devancent les croyants au Paradis (4) tout en présidant aux affaires de ce monde (5).

D'autres veulent y voir des étoiles qui évoluent de l'Orient vers l'Occident (1) et se déplacent en suivant le parcours des constellations zodiacales (2) et en évoluant selon une orbite qui leur est propre (3) et se devancent mutuellement dans leur course (4) tout en permettant d'évaluer les distances et le temps mis à les parcourir (5).

Précisons enfin que la forme féminine employée en arabe (par celles qui...) s'emploie aussi bien pour les anges que pour les étoiles, aussi l'avons-nous conservée telle quelle en français.

Coran, 79-7

**Commentaire :** Selon d'autres exégètes ce sera la terre qui tremblera et ce tremblement sera suivi d'un second qui mettra les cieux en branle.

Coran, 80-2

**Commentaire :** Tandis que le Prophète était en grande conversation avec des notables Qurayshites dont il espérait la conversion, 'Abd Allah b. Umm Maktûm, qui était aveugle, vint l'interrompre inconsidérément ce qui irrita le Prophète qui se détourna de lui.

C'est à la suite de cet épisode que l'Envoyé disait à Ibn Umm Maktûm : « Bienvenu à celui qui m'a valu un reproche de mon

Seigneur. » Toutefois, il convient de rappeler que selon certains *shuyûkh* du *Taçawwuf* :
— Le Prophète avait en vue l'islamisation de toute sa tribu ;
— Ibn Umm Maktûm, du fait de son infirmité, était intervenu de façon incongrue et inopportune ; il est difficile dans ces conditions de parler d'une « erreur » du Prophète comme certains se sont empressés de le faire, mais Dieu traite Ses créatures selon Son bon vouloir et il était de circonstance de rappeler que Dieu guide qui Il veut.

CORAN, 81-1

**AUTRES TRADUCTIONS POSSIBLES :** Lorsque le ciel sera ployé, lorsque le ciel aura disparu.

CORAN, 81-4

**COMMENTAIRE :** *Al-'ishâr* désignent les chamelles enceintes de dix mois qui constituaient un bien des plus précieux aux yeux des Arabes.

CORAN, 81-6

**OU ENCORE :**
— lorsque les mers seront en ébullition ;
— lorsque les mers se seront rejointes ;
— lorsque les mers seront en feu.

CORAN, 81-7

**OU ENCORE :**
— lorsque les âmes seront réunies aux corps ;
— lorsque les âmes seront regroupées en couples.

CORAN, 81-14

**COMMENTAIRE :** Il s'agit bien sûr des signes de l'Heure.

CORAN, 84-19

**COMMENTAIRE :** Les conditions (ou les « catégories » selon les exégètes) par lesquelles les hommes sont amenés à passer ont été diversement commentées comme étant :
— Mort, résurrection, reddition des comptes, rétribution.
— Goutte de sperme, adhérence, fœtus, naissance, décrépitude et mort.
Selon une interprétation encore fort différente, cela pourrait signifier : vous épouserez les coutumes de tous ceux qui vous ont précédés.
D'autres encore veulent y voir : — l'annonce de la destruction progressive des mécréants.
— celle de la conquête graduelle de leurs territoires.
— ou l'élévation progressive du Prophète à travers les sept Cieux (*tabaq*).

CORAN, 85-4

**COMMENTAIRE :** Pour avoir eux-mêmes tué des croyants de la manière qui va être exposée dans les versets suivants.

CORAN, 86-12

**OU ENCORE :** par la terre couverte de sillons.

CORAN, 87-13

**COMMENTAIRE :** Ce n'est effectivement « pas une vie » que d'être exposé au feu en permanence, mais il ne leur sera pas donné pour autant d'en finir une fois pour toutes.

CORAN, 89-24

**OU ENCORE :** Si seulement j'avais apprêté (litt. : avancé) *[quelque œuvre pie]* en vue de l'Ultime Demeure !

Coran, 90-8

**Commentaire :** Comment l'homme peut-il penser que Celui qui lui a accordé la vue soit Lui-même aveugle ?

Coran, 90-10

**Commentaire :** lui laissant ainsi le choix de sa destinée ?

Coran, 90-2

**Autres traductions possible :**

— J'en jure par cette cité où tu n'es pas respecté *[par les mécréants]*.

— J'en jure par cette cité où tout t'est licite. Selon le Prophète lui-même, la mise à mort de certains polythéistes lui fut rendue licite lors de la prise de La Mecque pour une heure de temps.
Signalons que la sourate commence par une négation (Je n'en jure pas…) qu'exégètes et grammairiens confondus considèrent comme « rajoutée » *(zâ'ida)* sous le rapport du sens. Un *shaykh* contemporain, al-sayyid Makkî al-'Alawî, estimant qu'il n'y a rien de « rajouté » dans le Coran, traduisait donc le verset littéralement par : Je n'en jurerais pas par cette cité alors même que tu l'habites, ce qui signifierait selon lui : comment pourrait-on jurer par cette cité alors même qu'elle abrite en son sein un Prophète au regard duquel elle perd beaucoup de son importance ? Bien qu'inédite cette interprétation méritait d'être signalée.

Coran, 92-6

**Ou encore :** tout en ajoutant foi à la belle récompense.

Coran, 96-2

**Commentaire :** « L'adhérence » paraît faire référence à une étape du processus de la fécondation connue sous le nom de nidation ; c'est le moment de l'implantation de l'embryon dans la muqueuse utérine.

Coran, 96-18

**Commentaire :** La *zabâniyya*, synonyme arabe de « police », désigne dans le contexte les anges assignés à la garde des enfers.

Printed in Great Britain
by Amazon

58966323R00368